青年法学学术著作
资助出版项目

青年法学学术著作
资助出版项目

民事一审裁判技术研究：

以事实认定技术为中心

On the Civil Adjudicative Methods in the First Instance:

Concentrating on the Finding of Facts

曹志勋 著

法律出版社
LAW PRESS·CHINA
—— 北京 ——

图书在版编目(CIP)数据

民事一审裁判技术研究：以事实认定技术为中心 / 曹志勋著. -- 北京：法律出版社，2022
ISBN 978 -7 -5197 -6239 -1

Ⅰ. ①民… Ⅱ. ①曹… Ⅲ. ①民事诉讼–审判–研究–中国 Ⅳ. ①D925.118.24

中国版本图书馆 CIP 数据核字(2021)第 241980 号

民事一审裁判技术研究
——以事实认定技术为中心
MINSHI YISHEN CAIPAN JISHU YANJIU
—YI SHISHI RENDING JISHU WEI ZHONGXIN

曹志勋 著

策划编辑 赵明霞
责任编辑 赵明霞
装帧设计 李 瞻

出版发行 法律出版社
编辑统筹 法商出版分社
责任校对 王晓萍
责任印制 胡晓雅
经　　销 新华书店

开本 710 毫米 × 1000 毫米 1/16
印张 31.5 **字数** 482 千
版本 2022 年 4 月第 1 版
印次 2022 年 4 月第 1 次印刷
印刷 固安华明印业有限公司

地址：北京市丰台区莲花池西里 7 号(100073)
网址：www.lawpress.com.cn
投稿邮箱：info@lawpress.com.cn
举报盗版邮箱：jbwq@lawpress.com.cn
销售电话：010 - 83938349
客服电话：010 - 83938350
咨询电话：010 - 63939796

书号：ISBN 978 - 7 - 5197 - 6239 - 1
定价：128.00 元
凡购买本社图书，如有印装错误，我社负责退换。电话：010 - 83938349

青年法学学术著作出版基金资助出版说明

法律出版社作为全国规模最大的法律专业出版机构，一直秉承“为人民传播法律”的理念，与学术界共同推动法学研究的繁荣与发展。2018年5月，法律出版社设立青年法学学术著作出版基金，用于资助法学学术著作出版和奖励优秀法学图书，旨在支持优秀法学学术著作出版，扶持具有较大潜力的青年学者。

经过法律出版社学术委员会委员推荐、专家匿名评审和法律出版社编辑委员会评审，共有5部作品获得法律出版社第三届(2020年)青年法学学术出版基金资助。

期待更多年轻法律人的优秀学术作品！

法律出版社

2021年5月

献给我的父亲曹佩华先生、母亲陈玉玲女士、夫人黄若微女士

献给我的学术导师傅郁林教授

Für meinen akademischen Lehrer Prof. Dr. Dr. h. c. Peter Gottwald

序

本书是曹志勋在博士学位论文基础上，经过几年积淀和深化后修订而成的，聚焦于民事诉讼一审裁判技术，特别是其中事实发现的技术问题及其背后的诉讼法理。作者在提出裁判技术这一具有基础性意义的概念之后，针对民事裁判的结构、效力、补救和法律适用技术形成基本研究框架，围绕事实发现这个核心，关注裁判说理中事实概念的不同含义、证明的不同方式、书证的真伪和证明力，以及证明责任的不同模式，尝试对具体问题进行类型化、要件化、系统化分析，借此形成重构裁判及其说理的可行进路。

就中国问题意识与比较法而言，本书体现了曹志勋博士研究的突出特色与综合优势。我一向主张，比较研究应当首先从外国法的具体民事程序技术规范中解析其所承载的制度功能和所体现的价值目标，随后确定本国民事司法程序的价值目标和制度功能，最后是将这些根据中国语境所确定的中国司法制度价值目标和程序预期功能铸入中国程序技术规范之中。表面上看，这只是一个“外国（地区）法技术规范解构 + 中国法技术规范重构”的过程，但由于这一过程是以问题为指向、以价值和功能为内涵的，故由外国（地区）法技术规范解构其制度功能和价值目标时结合了具体语境，再重组中国程序技术规范时则是在中国语境下确定中国制度的价值选择与功能预设。本书对裁判技术的讨论，大量引入了德国的一手资料，也部分跟进了日本、我国台湾地区和英美法系的前沿文献，但书中对相关问题的讨论远不止于对外国（地区）法经验的全面准确介绍，而是发掘本土实践中的现实问题和真实做法，结合对我国国情的整体评判，提出对外国（地区）法经验借鉴与扬弃并存的中国方案。

就法学方法论立场而言，曹志勋从博士学位论文选题到完成再到修订出版本书的期间，正好是我国自立法论向解释论转向的过渡时期，特别是以《民事诉讼法》在 2012 年的修改为标志，民事诉讼法学研究的任务和方法也应随研究对象而相应转型，作者在写作中也受到这一范式变迁的深刻影响。作者努力通过独立、深刻、系统的学术研究，为现行法规范的适用和解释提供合乎我国立法目的和法律基本原理的理论诠释,并通过对现行法运行状况的持续跟踪和世界法律发展动态的准确把握,为现行法律的渐进发展提供适应社会需求和时代发展的解释方法或理论根据。尤其是在此期间最高人民法院大力推动裁判文书的全面上网,为本书进一步践行解释论方法提供了更直接和厚实的研究素材。本书无处不体现了作者的体认——无论是"从无到有"的注释法学,还是"仍需努力"的规范法学/法教义学,民事诉讼法学研究的直接目标都应当是在中国现行法律框架内通过对规范进行合乎逻辑和法理的体系化解释,从而使漏洞得以"修补"、缺陷得以补救。甚至在此意义上,比较方法与解释论方法之间始终存在一种共生互动的关系,一如不能供给高水平的研究则很难成就高水平的教学一样,缺乏比较视野下的深入观察也很难提出有创见的解释论方案。

本书所进行的学术努力和支撑这种努力的综合实力,缘于曹志勋博士不可多得的学术背景与多方严格的学术训练。曹志勋除了在北京大学完成了本科、硕士、博士学习之外,在北大博士二年级时获得国家留学基金管理委员会的支持,前往德国雷根斯堡大学,师从国际知名民事诉讼法学家彼得·哥特瓦尔德教授攻读德国的博士学位,他还有幸前往上海交通大学凯原法学院,在王福华教授的指导下从事博士后研究工作。在北大本科学习期间,他博览群书;研究生就读期间,他的实体法基础达到民法学专业优秀研究生的水平,且英语水平足以作为工作语言;留德期间,他系统学习了民事诉讼法学、民法学、司法制度和法学方法论,特别是德国民法学基础和比较法方法方面的优势奠定了他在民事诉讼法学基础理论研究方面的良好基础,而他的德国导师长达数年对其博士论文从德国法到德文表达进行逐字逐句的修改更是得天独厚的赐予。特别值得一提的是,在他赴德之前,考虑到德国法与中国法的语境迥异,同时考虑到他生长在北京这样的超一线城市和燕园书斋里,在完全不了解中国社会、没有中国问题意识的情况下,很可能在德国学习四年之后只带回一堆囫囵吞枣的德国概念和制度细节,因此特意安排他先期前往湖北省武汉市驻点,在两级多家法院中深度考察和合法参与司法过程,并尽可能了解法官及当地社会背景。虽然这三个月的实地蹲点获得的经验仍是局部而单薄的,但提前储备问题意识,却使他在德国留学期间得以更有针对性地挖掘他国语境下可能部分映射我国问题与需求的价值、制度与技术规范,在浩瀚的比较法知识海洋中有效组织和管理程序法知识。这些努力成果都在本书中有所体现。

在其博士学位论文于2014年夏季通过答辩后，曹志勋陆续发表了其中较为成形的研究成果，比如《对民事判决书结构与说理的重塑》《反思事实预决效力》，进一步整理了博士学位论文的研究思路，提升了论证的品质。随后依托博士学位论文中提及但未能展开的部分内容，近年来又发表了《文书真伪认定的中国路径》《经验法则适用的两类模式》等一些新作品。本书可以说是这两部分成果的整合。我作为曹志勋三个学位论文的指导老师和学术同人，十分欣喜看到他汲取多种营养，不断成长，学术精进，并将其思考与探索的初步成果与同行分享。期待他继续拓展和深化研究领域，为中国民事诉讼法学和制度发展做出更多独到的贡献。

是为序。

傅郁林

2021年12月

缩略语

（文中仅出现一次的，没有缩写）

1. 2021年最高人民法院印发《〈关于完善四级法院审级职能定位改革试点的实施办法〉的通知》（《审级改革实施办法》），法〔2021〕242号。

2. 2021年最高人民法院印发《〈关于深入推进社会主义核心价值观融入裁判文书释法说理的指导意见〉的通知》（《核心价值观释法说理意见》），法〔2021〕21号。

3. 2020年最高人民法院关于印发《〈民事诉讼程序繁简分流改革试点实施办法〉的通知》（《繁简分流试点办法》），法〔2020〕11号。

4. 2020年最高人民法院《关于审理民间借贷案件适用法律若干问题的规定》（《民间借贷规定》），法释〔2020〕6号（2020年第二次修正）。

5. 2019年最高人民法院《关于民事诉讼证据的若干规定》（2019年《证据规定》），法释〔2019〕19号。

6. 2018年最高人民法院《关于加强和规范裁判文书释法说理的指导意见》（《释法说理意见》），法发〔2018〕10号。

7. 2016年《人民法院民事裁判文书制作规范》（《裁判文书规范》），法〔2016〕221号。

8. 2015年最高人民法院《关于适用〈中华人民共和国民事诉讼法〉的解释》（《民诉解释》），法释〔2015〕5号（2020年第一次修正，2022年第二次修正）。

9. 2015年最高人民法院《〈关于案例指导工作的规定〉实施细则》（《案例指导实施细则》），法〔2015〕130号。

10. 2014年最高人民法院《关于适用〈中华人民共和国公司法〉若干问题的规定（二）》（《公司法解释（二）》），法释〔2014〕2号（2020年修正）。

11. 2013年最高人民法院《关于人民法院在互联网公布裁判文书的规定》（《互联网公布裁判规定》），法释〔2013〕26号（2016年修订）。

12. 2010 年最高人民法院《关于审理海事赔偿责任限制相关纠纷案件的若干规定》(《海事责任限制规定》),法释〔2010〕11 号(2020 年修正)。

13. 2010 年最高人民法院《关于进一步加强合议庭职责的若干规定》(《合议庭职责规定》),法释〔2010〕1 号。

14. 2010 年最高人民法院《关于规范上下级人民法院审判业务关系的若干意见》(《上下级法院意见》),法发〔2010〕61 号。

15. 2010 年最高人民法院《关于案例指导工作的规定》(《案例指导规定》),法发〔2010〕51 号。

16. 2010 年最高人民法院《关于改革和完善人民法院审判委员会制度的实施意见》(《改革审委会意见》),法发〔2010〕3 号。

17. 2009 年最高人民法院《关于裁判文书引用法律、法规等规范性法律文件的规定》(《裁判文书引用规定》),法释〔2009〕14 号。

18. 2009 年最高人民法院《关于适用〈中华人民共和国合同法〉若干问题的解释(二)》(《合同法解释(二)》),法释〔2009〕5 号(2020 年已废止)。

19.2008 年最高人民法院《关于适用〈中华人民共和国民事诉讼法〉审判监督程序若干问题的解释》(《审判监督解释》),法释〔2008〕14 号(2020 年修正,但本书在正文中引用的为修正前的版本)。

20. 2003 年最高人民法院《关于适用简易程序审理民事案件的若干规定》(《简易程序规定》),法释〔2003〕15 号(2020 年修正)。

21. 2003 年最高人民法院《关于审理商品房买卖合同纠纷案件适用法律若干问题的解释》(《商品房买卖解释》),法释〔2003〕7 号(2020 年修正)。

22. 2001 年最高人民法院《关于民事诉讼证据的若干规定》(2001 年《证据规定》),法释〔2001〕33 号。

23. 1992 年最高人民法院《关于适用〈中华人民共和国民事诉讼法〉若干问题的意见》(《民诉意见》),法发〔1992〕22 号(已失效)。

24. 1986 年最高人民法院《关于人民法院制作法律文书如何引用法律规范性文件的批复》(《法律文书引用批复》),法[研]复〔1986〕31 号(已失效)。

目　录

导　论

裁判技术是司法运作的核心技术，展示出法官审理案件的过程和结果，其具体内容体现出司法对当事人诉讼权利的保障程度。在不同法域中，即使没有以裁判技术为名的成熟诉讼理论，也一定在理论和实践层面中存在实质上从属于裁判技术的理念、方法、制度和具体操作。如果缺乏系统的裁判技术理论，审理和裁判的司法行为将缺乏足够的理论指导和实务指南，当事人的实体与程序性权利将无从得到保障，司法的质量和效率也将遭受消极影响。

在民事裁判技术领域，我国司法实践中存在较大的问题。无论是事实发现、程序争议、裁判理由、法律依据，还是判决主文部分的准备和写作，实践中常常存在不同理解，难以达成共识。同时，我国既有的裁判文书形式导致了裁判效力识别困难，难以体现当事人之间的对抗和对审判权的制约，对法官自由裁量权的规制更是无从谈起。特别是我国通说根据不同的裁判对象将裁判分为判决、裁定和决定三类，总体而言也缺乏系统的中间裁判和程序性裁判制度，并且难以针对不同层次的诉讼争点做出有效回应，使部分实质的程序性争议（如立案实质审查）无法得到足够的程序保障和监督。

在民事诉讼中，无论是在事实认定还是在法律适用领域的司法判断，无论是当事人在请求层面、事实层面还是证据层面形成的对抗，都应当呈现在裁判文书之中。民事诉讼对民事利益的实体分配，也只有通过裁判才能得到确定。民事裁判技术直接链接民事之诉理论和程序基本原则，无论是诉的种类、诉的目的、诉讼标的、诉权理论和诉讼行为，还是处分权主义、辩论主义、口头原则、公开原则等民事诉讼理论要点，都与裁判技术息息相关。进而，司法体制能否得到当事人和社会公众的信赖，关键也在于裁判是否具有足够的说服力，能否让当事人获致“看得见的正义”。最后，由于其在比较法上的重要价值，裁判文书还成为窥探一国司法制度和法律文化的窗口，自然也是法学研究不可或缺的部分。总之，对于裁判技术的观照应当成为民事诉讼法学研究的重点之一，更有必要突破现有研究的局限而得到通盘考量。比较而言，一些大陆法系国家对上述问题已经有了较为成熟的研究成果和实践经验。其中，以德国法为代表的大陆法系以其深厚的理论积淀、细致的研讨风格和成熟的法律体系，成为本文讨论中国问题时主要参考的比较法经验来源。

本书的写作目的在于，初步建构以中国问题为导向、以德国民事诉讼法理为对照的一审裁判技术理论。就中国问题而言，主要以最高人民法院发布的司法解释和从各个渠道公开的判决书为对象，归纳、梳理和批评这些做法背后的原因和思路。就诉讼法理而言,应当侧重澄清部分被误解的理论内容,并试图在充分了解域外做法的基础上,设计针对前述我国问题、具有比较特色的解决方案。

一、研究背景

随着司法体制改革的深化,特别是裁判文书改革的持续推动,我国裁判文书的质量有了显著提高。但是从裁判技术的角度看,我国的民事裁判主要存在以下几方面的问题,这也是本书写作的研究背景和动因所在。

首先,从结构上看,我国民事判决的各部分之间没有紧密的联系。这主要体现为判决书中的原告诉称部分与被告辩称部分之间不一定形成明确的争点,即使形成争点也不一定在事实认定和法律适用部分逐一得到分析、讨论和说理。特别是判决书在结构中不重视当事人在诉讼中的陈述,导致法官不太重视对诉辩意见的记载,这不仅可能影响诉讼资料收集的客观全面性,更有可能使当事人产生法官没有认真听取其意见的怀疑。判决主文的撰写也常常存在明显的问题,比如有时并不重视对诉讼及判决类型的准确定位。这些问题的出现,不能笼统地归结为审判人员能力或者态度上的问题,而有必要从裁判技术理论方面深入思考。

其次,从范围上看,我国民事裁判对于程序性争议缺乏足够的重视。我国裁判普遍沿袭了"重实体轻程序"的倾向,这不仅体现在主要处理程序性争议的裁定上,也体现在需要客观全面反映本案审理过程的判决中。在前者,法官的裁定基本上只是重复法条的内容,说理形式化甚至基本没有说理。这些问题产生的负面影响,在可以引起上诉的三类裁定以及发回重审、裁定再审、诉讼保全等涉及当事人重大权益事项的裁定中尤为突出。特别是在涉及立案裁判审查要件的问题上,我国研究者之间的分歧严重,立法者也未能通过法律修改从根本上加以解决。在后者,当事人提出的程序主张和证据争点经常被判决书省略,即使提及,也常常被以"本院不予支持"一笔带过。

再次,从裁判技术的各个部分来看,裁判文书也存在一些问题。在事实认定上,除了不重视对于当事人诉讼资料和程序进程的如实记载之外,也常常未能遵循证据—生活事实—主要事实—要件事实—实体规范的递进式逻辑思路,实质上未能满足依(实体)法审判的基本法治要求。在法律适用上,部分裁判文书不充分说理或以法条代替说理,还有不少存在找法错误,引用的法律依据并非本案的请求权基础;不同法院甚至(最高人民法院的)不同审判庭在诉讼标的的选择上也存在较大的分歧，使一事不再理等原则得不到贯彻。二审裁判文书有时仅仅复制一审裁判文书的内容而省去了概括的环节，虽然可能就此避免当事人主张二审法院概括时故意省略一审中对其有利的事实与法律认定的挑战，但是仍然导致了本不必要的重复。而在理由部分，二审裁判仍然面临和一审裁判相同的问题。[1] 同时，由于没有三审法律审的存在，我国裁判在澄清法律问题甚至发展法律方面也受到很大局限。

最后，在与裁判技术直接关联的诉讼法理上，我国现有研究尚有很大的发展空间。经过三十多年几代学者对国外民事诉讼法理的介绍与移植，我国学界对大陆法系的基本理论已经有了整体上的大致了解，对于许多具体理论要点也有了相当详细的讨论。但是参照大陆法系国家的研究现状来看，我国学界对于相关基础理论的系统性研究尚显不足，其标志之一即我国民事诉讼法学界尚未出现全面回应理论关切、观照实践问题、与不同学理观点充分辩论并将自己的理论观点贯彻始终的教科书。[2] 同时，极具特色、时常内部生长的中国司法实践提出了大量实务问题，但相关诉讼法理的研究尚未给予足够的关注、观察、归纳和总结，尚未形成具有中国风格的诉讼法理。比如，从大陆法系舶来的诉讼标的理论与中国实践严重脱节，在一定程度上成为理论界孤芳自赏的对象；从德国引入的经典证明责任理论，在中国却蜕变得与实体法保持距离，难为司法实践掌握和运用。必须说明的是，虽然随着时间推移和一代代学者的不懈努力，上述问题在很大程度上得到了部分解决，但是不争的事实仍然是，民事诉讼法学界仍令人有处于整个法学界的边缘之感（且不论法学之于整个社会科学领域的危机感和失落感），自我学术提升的必要性和紧迫性仍然显而易见。

二、研究范围

（一）以民事判决为代表的民事裁判

民事裁判是审判组织就民事案件中的实体、程序和诉讼指挥事项做出的

---

〔1〕 由于2010年最高人民法院出台了《关于规范上下级人民法院审判业务关系的若干意见》，长期遭受质疑的发回重审理由的问题得到了解决（第6条第2款）。但是，该条款仍然没有规定发回重审理由对一审法院是否具有约束力的问题。

〔2〕 当然，民事诉讼法学界的顶尖学者已经在这方面做出了进路不同、目的相似的示例。参见王亚新、陈杭平、刘君博：《中国民事诉讼法重点讲义》（第2版），高等教育出版社2021年版；张卫平：《民事诉讼法》（第5版），法律出版社2019年版。

判断和裁决。[1] 之所以将研究范围首先限定在民事领域，除了有作者专攻领域的原因之外，还主要考虑了民事诉讼和刑事诉讼在理念、程序、实务操作习惯等诸多方面的显著不同。在刑事与民事领域中，相似问题完全可能对应不同的答案。因此，虽然本书中的部分结论对于思考刑事裁判中的问题可能也具有一定启发意义，但是在整体上并不覆盖刑事裁判，也不针对刑民交叉案件中复合问题的解决。

在我国，根据针对事项性质的不同，民事裁判主要分为判决、裁定和决定。判决对应实体性事项（其中也包括先行判决[2]），裁定对应较为重要的程序性事项的终局裁判、实体性事项的临时性裁判和司法审查程序中的终局裁判，[3] 决定则对应那些不直接涉及诉讼程序变化的事项。[4] 在大陆法系（德国和日本）中，判决与裁定[5]之间的区别在于是否“必须”通过正式开庭/口头辩论，而不是事实上是否经过正式开庭，[6]这里与我国的做法有较大差别。在德国，诉讼判决（Prozessurteil）是针对实体裁判要件（Sachentscheidungsvoraussetzung），亦称诉讼要件（Prozessvoraussetzung）/诉的合法性（Zulässigkeit）的判决。实体裁判要件只是实体性辩论、证据调查和实体判决的前提条件，诉不合法本身才是一种结束诉讼的理由。因此，不满足该要件并不影响诉及诉讼法律关系的成立和诉讼程序的进行。诉即使缺乏某一诉讼要件（如管辖权或者当事人能力），仍然可以构成诉讼系属并且由法官组织辩论，法官的裁判也可

---

[1] 参见江伟主编、傅郁林副主编：《民事诉讼法学》（第 3 版），北京大学出版社 2015 年版，第 104 页（傅郁林执笔）。

[2] 参见曹志勋：《民事诉讼中的双重相关事实——“初步证据”向“假定为真”的转变》，载《环球法律评论》2021 年第 1 期，第 130 页。

[3] 参见江伟主编、傅郁林副主编：《民事诉讼法学》（第 3 版），北京大学出版社 2015 年版，第 117 ~ 118 页（傅郁林执笔）。

[4] 参见张卫平：《民事诉讼法》（第 5 版），法律出版社 2019 年版，第 458 ~ 460 页；刘家兴、潘剑锋主编：《民事诉讼法学教程》（第 5 版），北京大学出版社 2018 年版，第 237 ~ 248 页；李浩：《民事诉讼法学》（第 3 版），法律出版社 2016 年版，第 245 ~ 257 页；江伟主编、傅郁林副主编：《民事诉讼法学》（第 3 版），北京大学出版社 2015 年版，第 106 ~ 119 页（傅郁林执笔）；王福华：《民事诉讼法学》（第 2 版），清华大学出版社 2015 年版，第 383 ~ 399 页。

[5] 在日本法上称为“决定”，但本书基于功能比较一律将其称为裁定。

[6] 另有论者主张在民事诉讼程序中，这一形式差异的背后实际体现了对于裁判不同的“正确性保证”（Richtigkeitsgewähr）。判决的正确性因为必须经过正式开庭所以可能更高，而由法官裁量开庭的裁定则对应重要性较低或者需求紧迫的事项。Wolfgang Grunsky, Grundlagen des Verfahrensrechts, 2. Aufl., 1974, S. 458.

以在其范围内发生既判力。[1]

为尊重我国既有的学术传统,贴近我国实际以及便于与既有成果对话,笔者在整体上仍然采用我国的概念体系[2]并统称为民事裁判,但是在讨论具体问题时仍需要关注由于语境不同可能造成的误解。[3] 比较而言,大陆法系的判决区分为实体判决和诉讼判决,其判决也就包括了我国裁定和命令所对应的涉及实质争议的部分。[4] 与之相对应,我国的程序性裁定在概念上包含了大陆法系的部分诉讼判决和裁定。从法理上看,大陆法系对程序性事项也同样适用以判决为形式、以背后整套程序保障机制为实质的配套制度,这突出表明了程序性事项也同样可以成为具体案件中的核心争点和胜败关键。在德国,虽然裁定的适用范围相较我国已经较小,但实践中部分裁定也被认为发挥了判决的功能,比如保全措施(假扣押、假处分),强制执行中止,确定费用裁定等。[5] 而在我国现行法上,裁定的意义同样不可忽视。比如,撤销仲裁裁决的裁定(《民事诉讼法》第157条第1款第9项)将直接使当事人获得的、具有执行力(原告胜诉的给付性仲裁请求)或者消极确认效力(被告胜诉时)的仲裁裁决归于消灭,先予执行裁定虽然有担保的限制,仍可能直接影响当事人实体权利的保障。其他纯粹的程序性裁定,也可能涉及当事人巨大的程序性利益(律师费用、时间耗费和机会丧失),进而间接影响当事人实体权益的实现。

值得注意的是,对比其他类型的裁判,民事裁判中的判决具有鲜明的特殊性。尤其从不同民事裁判效力的差异出发,不能模糊甚至混淆判决与裁定在处理对象、当事人决定权能和程序保障程度(包括但不限于当事人的程序参与

---

[1] BGH NJW 2000, 3718, 3719 f.; Leo Rosenberg/Karl Heinz Schwab/Peter Gottwald, Zivilprozessrecht, 18. Aufl., 2018, § 94 Rn. 2 ff.; Wolfgang Brehm, in: Stein/Jonas, ZPO, Band 1, 23. Aufl., 2014, Einl. Rn. 243. 正因如此,从学理上看,实体裁判要件的术语要比诉讼要件更为准确,但是基于国内讨论和大陆法系各法域的既有传统,后文仍然称为诉讼要件。类似观点,另参见张卫平:《起诉条件与实体判决要件》,载《法学研究》2004年第6期,第59页。

[2] 类似思路,参见傅郁林:《先决问题与中间裁判》,载《中国法学》2008年第6期,第155页。

[3] 参见[法]勒内·达维德:《当代主要法律体系》,漆竹生译,上海译文出版社1984年版,第19~20页。

[4] 参见傅郁林:《先决问题与中间裁判》,载《中国法学》2008年第6期,第157页。较为特殊的是,在我国台湾地区并不存在诉讼判决,而是通过裁定来解决诉讼要件事项(我国台湾地区"民事诉讼法"第249条第1款),这样就调整了判决与裁定概念的涵盖范围。

[5] Christian Balzer, Schlanke Entscheidungen im Zivilprozeß, NJW 48 (1995), S. 2448. 我国学者强调加强对裁定的重视及说理的类似观点,参见傅郁林:《民事裁判文书的功能与风格》,载《中国社会科学》2000年第4期,第129页。

权、裁判说理程度、救济方式及强度)上的不同之处。当然,如果将关注点放在裁判说理问题和裁判技术框架上,作为整体的民事裁判的内部仍然存在相当多共通之处。也正是在这个意义上,本书原则上以"民事裁判"笼统指代,但是这并不妨碍我们坚持区分不同类型裁判的问题意识。另外,裁判、决定、命令处理的程序性事项,本身也应当成为判决书及其说理的组成部分。判决书应当准确记录相应诉讼行为的时点、方式与结果,进而说明直接影响民事之诉合法性与实体胜诉结果的程序性事项。对于即使从"上帝视角"来看没这么重要,但是双方当事人存在分歧的程序性争点,也应当同样充分说理。这样看,在我们预设更具有代表性的案件类型中,作为(本审级内)程序终点的民事判决书,实质上也包含了本案审理过程中出现的其他裁判文书的内容。比如,本书第十四章探讨的证明责任裁判,本身解决的是个案中主要事实真伪不明时如何裁判的问题,但是其结果当然也会体现在终局判决之中。相对而言,在案件经由其他方式(如调解、和解撤诉或者拟制撤诉)终结时,相关程序性裁判则具有更强的独立性。虽然其裁判技术仍将在很大程度上效法本书主要关注的民事判决书的裁判技术,但是这里涉及的特殊问题可能同样值得充分的理论关注。

(二)以大陆法系法域为主的民事裁判

大陆法系最典型的代表主要是德国、法国、意大利等欧洲国家,[1] 以及与德国一道作为我国大陆及台湾地区法治借鉴范本的日本。相较而言,我国大陆目前的法律系统虽然也受到我国固有的历史传统和苏俄社会主义法制的影

---

〔1〕 See Oscar G. Chase et al., *Civil Litigation in Comparative Context*, West Academic Publishing, 2017, p. 3. 值得注意的是,如何看待大陆法系与英美法系之间的区别与融合,正是比较民事诉讼法学长期以来的热点问题。See Guy I. Seidman, *The New Comparative Civil Procedure*, in Colin Picker and Guy I. Seidman eds., The Dynamism of Civil Procedure – Global Trends and Developments, Springer, 2016, p. 20 – 30; Rolf Stürner/Christoph Kern, Comparative Civil Procedure Law – Fundamentals and Recent Trends, in GS Konuralp, Band. 1, 2009, S. 997 ff.; Peter Gottwald, *Comparative Civil Procedure*, 22 Ritsumeikan Law Review 23 (2005).

响,但是学界通常认为,未来仍然应当坚持大陆法系的基本方向,[1]并主要以德、日传统为主。因此,本书将主要关注德国、日本及我国台湾地区的相关理论,其中以德国的相关讨论为核心。在笔者看来,大陆法系的裁判在形式上以法典为依托并且重视上级法院判决的指导效力,[2]在原理上坚持处分权主义、辩论主义和有限的职权进行主义,在理论上推崇民事之诉理论、证明责任理论以及实体法上的请求权基础理论,并在司法制度上以司法独立和独立程序的职业法官制度为标志。当然,采取这一基本态度也需要关注两方面的问题,即在警惕两大法系各自内部差异的同时,寻找两大法系之间在不同层次上的融合。[3] 这样,我国的裁判技术理论需要在具体制度设计中考虑到德国和日本在制度细节上的差异,在必要时也要考察英美法系发挥相似功能的制度。这些都是比较法研究中老生常谈的问题,囿于主题也不再展开。

同时,在我国作为后发法治国或者说建设完善社会主义法治的后发国家的基本立场下,更应该深刻理解不同规则体系或者司法实践背后的理念。特

---

〔1〕 参见张卫平:《对民事诉讼法学贫困化的思索》,载《清华法学》2014 年第 2 期,第 9 页(同时主张应当克服困难研究英美法系经验,参见张卫平:《民事诉讼法比较研究方法论——对民事诉讼法比较研究中若干关联因素的思考与分析》,载《国家检察官学院学报》2019 年第 6 期,第 157 ~ 174 页);陈刚:《法系意识在民事诉讼法学研究中的重要意义》,载《法学研究》2012 年第 5 期,第 40 ~ 43 页;周翠:《全球化背景中现代民事诉讼法改革的方向与路径》,载《华东政法大学学报》2012 年第 4 期,第 96 ~ 97 页;肖建国:《回应型司法下的程序选择与程序分类——民事诉讼程序建构与立法的理论反思》,载《中国人民大学学报》2012 年第 4 期,第 3 页;王福华:《大调解视野中的审判》,载《华东政法大学学报》2012 年第 4 期,第 109 页;米健等:《当今与未来世界法律体系》,法律出版社 2010 年版,第 383 ~ 402 页。相反,对此持保留态度的观点,参见傅郁林:《改革开放四十年中国民事诉讼法学的发展 从研究对象与研究方法相互塑造的角度观察》,载《中外法学》2018 年第 6 期,第 1443 页;汤维建:《我国民事诉讼法学的现代化转向》,载《清华法学》2013 年第 5 期,第 145、150 页;吴英姿:《诉讼标的理论"内卷化"批判》,载《中国法学》2011 年第 2 期,第 188 页;陈桂明、李仕春:《形成之诉独立存在吗?——对诉讼类型传统理论的质疑》,载《法学家》2007 年第 4 期,第 114 页。

〔2〕 19 世纪以来,由于放弃了纯理性主义的进路并承认成文法可能存在漏洞,德国就不再禁止通过先例和学者评注解释法律(禁止评注原则,Einleitung § 6, ALR, 1794)。Hans Schlosser, Neuere Europäische Rechtsgeschichte, 2012, S. 213. 时至今日,对德国的研究显然不能简单就法条论事,更不宜动辄批评(早已作古的)欧陆纯粹法条主义/概念法学的弊端。应当注重的是德国学者如何解决成文法上的不足以及这种补充和发展是如何通过理性的方式(程序与说理)得以实现。相似观点参见王涌:《私权的分析与建构:民法的分析法学基础》,北京大学出版社 2020 年版,第 10 ~ 12 页。

〔3〕 参见杨兆龙著、陈夏红编:《大陆法与英美法的区别》,北京大学出版社 2009 年版,第 37 ~ 51 页。

别是大陆法系甚至普遍意义上的西方法治强调司法的技术化,当然也就为纠纷解决、法律服务质量的控制、司法统一以及法律发展提供了坚实的讨论基础,或者说构成诉讼程序上的“法的空间”。[1] 但是在这种前提下,司法也就不得不同时面对作为人的法官与高质量审判之间、客观发生的事实与本案可以证明的事实之间、民众的公平正义感与现行法的适用结果之间的多重冲突。[2] 在我国社会转型期的宏观背景下,这种冲突带来的焦虑和碰撞更为明显,甚至常常会放大地反射到个案裁判之中。即使是2021年1月1日施行的、尝试“毕其功于一役”的《民法典》,更多地也只是标志着一个法律适用新阶段的开始。在这个意义上,本书多次讨论的“彭宇案”一审判决书(参见本书正文后的附录)就是其中的典型。笔者认为,裁判技术理论的研究应当建立在形式法治的共识之上。虽然我国的裁判技术理论显然不能、也不会是对大陆法系相关理论的简单复刻,但其实效也必然在很大程度上依赖于大陆法系相关的制度和程序基石,并间接反映不同法域内部政治、社会和经济背景,在更远处还受制于国际突发状况(如疫病流行、自然灾害、战争)与世界政治气候和格局的时代变迁。因此,无论研究者作出何等努力与尝试,意欲融会比较法经验和中国法现实,裁判技术理论都不可能在我国发挥“包治百病”“药到病除”的神效。同时,大陆法系的裁判技术提供的更多的是理性分析框架、说理模式和判断标准,即使在法治水平较高的国家内部,也同样存在某种被忽视、误解甚至滥用的情况。

(三)第一审诉讼程序中的民事裁判

虽然裁判技术广泛存在于民事审判活动的各个阶段及各种类型中,但是本书选择将研究对象局限于第一审诉讼程序,并以其中较为复杂和正式的程序为主要对象。这主要有以下三点原因:

首先,这取决于诉讼程序的重要性。毋庸置疑,非讼程序近年来得到学界和实务界越来越多的关注,在民事司法中也发挥了越来越重要的作用(如担保

---

〔1〕 参见王亚新:《民事诉讼中的依法审判原则与程序保障(代译序)》,载[日]谷口安平:《程序的正义与诉讼》,王亚新、刘荣军译,中国政法大学出版社2002年版,第10~15页。

〔2〕 这并不一定是形式推理、形式法治和实质推理、实质法治等理论选择导致的结果,但是在真实世界中却广泛存在。对我国相关论点的讨论和批评,参见许德风:《法教义学的应用》,载《中外法学》2013年第5期,第942~947页。

物权实现案件、司法确认程序[1]等)。[2] 但是,上述可喜的发展态势并不会动摇诉讼程序的核心地位。在主要承担民事纠纷解决功能的民事司法中,诉讼程序注定成为优先研究的对象。同时,由于非讼程序与诉讼程序从基本原理到制度细节上的巨大差异,非讼程序的裁判技术在客观上也需要相对独立的分析,因此本书不再讨论。

其次,这也取决于一审程序在民事诉讼程序中的基础性地位。一审普通程序是民事诉讼审判程序中最完整、最系统的程序,[3]对于一审普通程序的讨论是整个裁判技术研究的基础。同时,我国的二审程序甚至大陆法系中的三审程序都以一审程序为前提。只有一审程序中的裁判技术得到充分研究和发展,后续程序中的裁判技术才能走上正轨。否则,上诉程序只能忙于弥补一审程序留下的缺憾和不足,担负其他诸如司法统一和法律发展的功能则根本无从谈起。当然,虽然本书将讨论主题限定在第一审程序中,但是无论是上诉审中上诉请求对法官的约束、对于是否允许新提出的攻击防御方法的判定、上诉裁判的具体做出还是再审审查与审理程序独树一帜的制度安排,都应当是裁判技术广义上的组成部分。

最后,本书的讨论以复杂案件和正式程序为主。从一般意义上看,暂且不论在不同背景下研究者对案件复杂性有不同的理解,[4]复杂案件通常都对应最正式的审判程序,对应着未来我国程序分类和繁简分流体系中最为专业的部门,体现民事纠纷解决中最高的程序保障。[5] 考虑到我国与其他法治国家

---

〔1〕 比如,参见刘加良:《司法确认程序的生成与运行》,北京大学出版社2019年版。

〔2〕 参见郝振江:《论我国非讼程序的完善——聚焦于民诉法特别程序的"一般规定"》,载《华东政法大学学报》2012年第4期,第128~134页;章武生:《非讼程序的反思与重构》,载《中国法学》2011年第3期,第82~90页;王强义:《民事诉讼特别程序研究》,中国政法大学出版社1993年版。

〔3〕 参见潘剑锋:《民事诉讼原理》,北京大学出版社2001年版,第271~272页。

〔4〕 复杂的案件可能是事实问题、法律问题或者两者都较难处理的案件(参见王亚新:《民事诉讼法修改中的程序分化》,载《中国法学》2011年第4期,第188页),涉及复杂案件管理的案件,或者具体类型化的案件。See Ross Cranston, *Complex Litigation: the Commercial Court*, 26 Civil Justice Quarterly 190, p. 191 – 192 (2007). 此外,由于标的额越大的案件通常更可能包含复杂性因素(基于案件本身属性或者投入更多司法资源导致的诉讼进程中的复杂因素),商事案件的标的额也是值得考虑的非排他性标准。Jeffrey W. Stempel, *A More Complete Look at Complexity*, 40 Arizona Law Review 781, p. 796 – 797 (1998). 根据美国的情况讨论了19种可能的标准。

〔5〕 参见傅郁林:《小额诉讼与程序分类》,载《清华法学》2011年第3期,第52页。

的相对位置以及各国司法改革在整体方向上的差异,[1]特别是相较西方国家,我国民事司法整体上的发展速度已经较快甚至导致了一些负面问题,[2]我们也应当在适用正式程序的诉讼类型中相应做出调整。这里的裁判技术应当主要参考法治水平较高的国家针对普通或者复杂诉讼的制度安排,同时促使当事人积极协助诉讼进程的推进,加强对审判质效的控制。而从裁判技术的系统化和完善的角度出发,复杂案件和正式程序对裁判技术的需求更为迫切,也更适合作为初步研究的对象。毕竟,简易程序的“简易”正是相对于正式裁判的“正式”而言的。

(四)当事人单一且对席的民事裁判

本书讨论的内容限于各方当事人均为单数,而且均实际参加诉讼审理的民事裁判。民事诉讼构造即由法院和双方当事人组成的所谓三角结构。[3] 在这一结构中,双方当事人的数量可能为一,也可能为多数。虽然前者是程序法研究的基本类型,但是当事人为多数的情况显然既在理论上非常重要(诉的主观合并),又在实践中十分常见。无论是必要或者不必要的共同诉讼人,辅助参加的无独立请求权的第三人还是对原、被告同时提起独立之诉的有独立请求权的第三人,都在民事裁判中有一席之地,在裁判技术上也应当安排详细的处理方案。从比较法上看,各国也确实采取了不同的制度,以在纠纷一次性解决与当事人权利保护之间寻求平衡。同样,法院原则上需要在双方当事人都出庭参与,并且提供诉讼材料的基础上做出对席判决,但是一方缺席的情况仍十分常见。当事人既可能不参加法官主持的正式开庭,又可能虽然出席开庭但不发表任何意见。就此,不同的法律制度同样采取了各具特色的处理方法,

---

〔1〕 参见傅郁林:《迈向现代化的中国民事诉讼法》,载《当代法学》2011 年第 1 期,第 8 页;Carl F. Minzner, *China's Turn Against Law*, 59 American Journal of Comparative Law 935 (2011),主张中国近年来对非司法机制的强调与他国的类似实践有明显差别。

〔2〕 参见李浩:《宁可慢些,但要好些——中国民事司法改革的宏观思考》,载《中外法学》2010 年第 6 期,第 928 ~945 页。

〔3〕 对各种模式的模型分析,参见吴如巧、姜洁:《民事诉讼主体结构模型观——以诉讼模式为视角的分析》,载《重庆社会科学》2006 年第 6 期,第 96 ~101 页。从诉讼模式角度回顾民事诉讼构造理论并主要从法哲学角度提出诉审商谈主义的研究,参见段厚省:《诉审商谈主义——基于商谈理性的民事诉讼构造观》,北京大学出版社 2013 年版。有关刑事诉讼的“线性结构”和“三角结构”的详细分析,参见陈瑞华:《刑事诉讼的前沿问题》(第 3 版),中国人民大学出版社 2011 年版,第 54 ~63 页;李心鉴:《刑事诉讼构造论》,中国政法大学出版社 1992 年版。

比如大陆法系的一方辩论判决主义和缺席判决主义以及英美的不应诉判决。[1] 但是,为了简化讨论并突出裁判问题的基本原理和基本制度,本书将不会讨论涉及多数当事人和缺席判决的情况。

三、研究综述

虽然我国目前没有关于裁判技术的直接研究,但是鉴于裁判问题重要的现实和理论意义,国内研究者对裁判技术中的许多理论问题和技术问题都有相当充分的探讨。由于后文各部分将详细引用和讨论相关问题,这里仅择要综述。首先,傅郁林教授已经提出了从诉讼请求、权利依据、要件事实、证据主张四个层次分解民事审判内容的思路,并在裁判中分别对应裁判主文、裁判理由、事实认定和证据评价。[2] 王亚新教授对于诉讼及审判对象的分析,更是点破了实体法与程序法、个案实体与程序之间的理论关键。[3] 正是上述分析启发了本书对裁判技术理论的进一步研究。

裁判技术最直接的载体在于裁判文书及其写作,其中以对现行判决书结构的研究为核心。[4] 由于裁判文书在司法实践中长期以来的重要地位,很多学者都早已关注了裁判文书的样式[5]、结构与说理[6]问题,比如普遍批评我国判决书在证据、事实和裁判结果的论证上存在各种各样的问题,建议在内容上应当提高判决书各部分的质量,对于裁判中出现的形式错误和判决脱漏的情形也应当分别通过补正裁定[7]和补充判决[8]加以更正。判决的成立和生效要件也成为学者观察的对象。[9] 我国判决书中举证、质证、认证环节的地位

---

[1] 参见陈桂明、李仕春:《缺席审判制度研究》,载《中国法学》1998 年第 4 期,第 99 ~ 107 页;毕玉谦:《缺席判决制度的基本法意与焦点问题之探析》,载《法学评论》2006 年第 3 期,第 83 ~ 93 页。

[2] 参见傅郁林:《"审"与"判"的逻辑和相应技巧》,载《人民法院报》2011 年 1 月 19 日,第 7 版;傅郁林:《先决问题与中间裁判》,载《中国法学》2008 年第 6 期,第 162 页。

[3] 相关理论总结,参见王亚新:《对抗与判定——日本民事诉讼的基本结构》,清华大学出版社 2010 年版,第 92 ~ 94 页。

[4] 当然,也有学者专门就民事裁定展开研究,比如,参见胡思博:《民事裁定研究》,社会科学文献出版社 2014 年版。

[5] 比如,参见杨凯主编:《新民事诉讼文书样式实例评注》,北京大学出版社 2018 年版。

[6] 比如,参见王利明:《裁判说理论——以民事法为视角》,人民法院出版社 2021 年版。

[7] 比如,参见胡夏冰:《裁判表述错误及其补正》,载《法律适用》2009 年第 10 期,第 70 ~ 73 页。

[8] 比如,参见占善刚:《我国民事判决脱漏应然救济途径之探究》,载《法商研究》2009 年第 3 期,第 34 ~ 39 页。

[9] 参见邵明:《现代民事之诉与争讼程序法理》,中国人民大学出版社 2018 年版,第 268 ~ 270 页。

不明,[1]事实认定与判决理由割裂,[2]裁判说理也存在说理形式化和法官基于种种原因不愿、不敢和不当说理的弊病,因此有来自实务界的声音主张,应当同时重视理由中的事理、法理、学理、情理和文理这五个侧面。[3] 同时,也有学者主张,改革现有的判决书结构,比如将主文放在事实和理由之前,[4]指定专门段落列明案件争点,[5]或者将举证和质证的部分和当事人的事实主张合并,并且将法官的认证和判决理由合并,[6]甚至主张以书状先行为特征的集中审理庭审程序改革。[7] 研究者也指出,证据质证和法院认证的内容应当作为"事实和理由"与法院对事实的认定之间的部分加入判决书中,但过于冗长的记录又可能掩盖裁判的主要内容,给阅读者平添障碍。[8] 学者也已经将对判决结构和写作的研究深入到具体的案件类型中,比如,对涉外裁判文书的讨论[9]和对涉及赔礼道歉责任形式的裁判理由和裁判主文的专门分析,[10]也有研究关注了涉及指导性案例时的相似性识别和区别技术。[11] 还有,一些学者针对具体的裁判种类展开了充分研究,除了对大陆法系裁判技术的介绍之外,也针对我国部分实践问题集中讨论并交锋观点。在知识产权案件中,给付之诉及其判决可能涉及一些特殊的制度考量,比如应当根据利益衡量的结果采取责任规则而非财产规则,不一定要判决停止侵害而仅适用损害赔偿。[12] 在涉及合同解除的案件中,如果能证明确认利益,解除权人也有权依照一般规则提起确

---

〔1〕 参见吴庆宝:《制作民事裁判文书的规范化要求之我见》,载《人民法院报》2003年8月20日,第3版。

〔2〕 参见张锡敏:《裁判文书改革的若干法理思考》,载《法律适用》2005年第2期,第71页。

〔3〕 参见胡云腾:《论裁判文书的说理》,载《法律适用》2009年第3期,第49~51页。

〔4〕 参见贺小荣、王松:《民事裁判文书制作若干问题探析》,载《人民司法》2005年第12期,第6页;傅郁林:《民事裁判文书的功能与风格》,载《中国社会科学》2000年第4期,第125页。

〔5〕 参见邹碧华:《要件审判九步法》,法律出版社2010年版,第49~50页。

〔6〕 参见张国明:《民事判决书基本结构的完善》,载《法学杂志》2000年第5期,第50~51页。

〔7〕 参见章武生主编:《个案全过程新论——以集中审理为中心》,复旦大学出版社2020年版。

〔8〕 比如,参见何波:《民商事裁判文书的制作与说理》,载《人民司法·应用》2009年第3期,第40~41页。

〔9〕 参见宋连斌、赵正华:《我国涉外民商事裁判文书现存问题探讨》,载《法学评论》2011年第1期,第115~120页。

〔10〕 参见葛云松:《赔礼道歉民事责任的适用》,载《法学》2013年第5期,第100~102页。

〔11〕 比如,参见四川省高级人民法院、四川大学联合课题组,陈卫国,左卫民:《中国特色案例指导制度的发展与完善》,载《中国法学》2013年第3期,第45页。

〔12〕 比如,参见李扬、许清:《知识产权人停止侵害请求权的限制》,载《法学家》2012年第6期,第75~92页。

认合同无效的消极确认之诉。[1] 对于确认合同无效之诉的性质,多数学者认为,应属于对法律行为无效的确认,即确认之诉,[2] 而少数学者则持相反观点[3] 并且直接影响了《关于审理民事案件适用诉讼时效制度若干问题的规定》规则的制定。[4] 对于形成之诉及其判决,除了陈桂明和李仕春教授颇有新意地质疑其存在的必要性之外,[5] 多数民法学者也认为,虽然解除权人有权通过通知解除的表示而自行解除合同,但是并不能排除其以诉讼形式请求解除合同或者行使解除权的权利,[6] 而这似乎更宜作为就合同是否继续存在的确认之诉的对象。[7] 就此而言,由于众多法官和关心实务运作的学者的积极参与,裁判文书写作中存在的问题已经被明确地锁定,相关的解决方案也层出不穷。但是由于裁判技术视角的缺失,部分具体诉讼类型中的裁判仍然无法被准确定性,(在笔者看来)判决书结构中的根本性偏差还没有得到足够的重视。

在裁判文书的结构之外,裁判技术理论所蕴含的诸多裁判原理也得到了较为充分的讨论。首先,诉讼模式领域中对当事人主义的研究[8] 已经被我国

---

〔1〕 比如,参见贺剑:《合同解除异议制度研究》,载《中外法学》2013 年第 3 期,第 595 页。

〔2〕 比如,参见王利明:《关于无效合同确认的若干问题》,载《法制与社会发展》2002 年第 5 期,第 65 页。

〔3〕 比如,参见张耕、邓宏光:《无效合同性质之反思与重构》,载《求索》2006 年第 2 期,第 95 页。

〔4〕 参见宋晓明、刘竹梅、张雪楳:《〈最高人民法院关于审理民事案件适用诉讼时效制度若干问题的规定〉的理解与适用》,载《法律适用》2008 年第 11 期,第 6 页。

〔5〕 参见陈桂明、李仕春:《形成之诉独立存在吗?——对诉讼类型传统理论的质疑》,载《法学家》2007 年第 4 期,第 113 ~ 121 页。

〔6〕 比如,参见韩世远:《合同法总论》,法律出版社 2018 年版,第 850 页脚注 3;崔建远:《合同解除探微》,载《江淮论坛》2011 年第 6 期,第 95 页。

〔7〕 比如,参见曹志勋:《论我国法上确认之诉的认定》,载《法学》2018 年第 11 期,第 59 ~ 60 页;刘哲玮:《普通形成权诉讼类型考辨 以合同解除权为例》,载《中外法学》2014 年第 5 期,第 1326 ~ 1336 页。

〔8〕 比如,参见江伟、刘荣军:《民事诉讼中当事人与法院的作用分担——兼论民事诉讼模式》,载《法学家》1999 年第 3 期,第 18 ~ 27 页;汤维建:《两大法系民事诉讼制度比较研究——以美、德为中心》,载陈光中、江伟主编:《诉讼法论丛》第 1 卷,法律出版社 1999 年版,第 396 页;傅郁林:《对于引进对抗制论说的质疑》,载《法学》1997 年第 12 期,第 22 ~ 27 页;张卫平:《民事诉讼基本模式:转换与选择之根据》,载《现代法学》1996 年第 6 期,第 4 ~ 30 页。较新讨论,参见张卫平教授于《当代法学》2016 年第 3 期以"民事诉讼体制或模式转型研究"为题组织的专题研讨。值得注意的是,比较民事诉讼法学研究中普遍的国际共识是,不再使用对抗制与职权主义的传统标签简单对不同法域分类。Chase et al., *Civil Litigation in Comparative Context*, p. 3 – 5;[德]琼希姆·泽柯:《比较民事诉讼法》,王洪亮译,载[德]马蒂亚斯·赖曼、莱茵哈德·齐默尔曼编:《牛津比较法手册》,高鸿钧等译,北京大学出版社 2019 年版,第 1309 ~ 1311 页。

民事诉讼法学界普遍接受,而诉讼标的理论更是经久不衰的研究热点。[1] 当然,学者对于很多问题的观点都存在较大区别。比如,既决事实的预决效力在理论上可能涉及既判力/争点效的范围、既判力的事实排除效和裁判文书的证明力的问题,可以认为该条的依据不应是既判力而是争点效理论,且在我国理论现状下实属过于超前,[2]更可以从程序保障、诉讼效率、当事人意思自治的角度提出反对理由,并主张暂时以"再审前置"模式、最终以将既判力限于裁判主文的理论方案解决上述问题。[3] 与此不同,也有学者认为,应当在解释论上细化发生预决事实效力的要件。[4] 还有的学者认为既决效力来自部分既决事实已满足法律真实的要求,因此应当具有相对的效力。[5] 另如在侵权和违约责任竞合的问题上,我国实务做法的实质即禁止诉的客观合并,[6]同时认为,在前诉中未提出的请求权基础受到既判力的约束不能再诉。[7] 总体来看,由于我国民事诉讼理论研究的深化,上述诉讼法理问题得到了学者的广泛关注,也已有大量直接针对或者间接参照大陆法系裁判技术的成果问世,这些都是在本书研究中值得关注的重要成果。然而如本书反复试图讨论的是,部分学术新锐虽然提出了一些具有颠覆性的理论假说和实务建言,却在理论的体系性和比较法资料的运用上存在一些明显的瑕疵,可能影响结论的合理性。

其次,对于事实认定问题,我国民事诉讼法学者近年来持续呼吁引入来自

---

〔1〕 比如,参见陈杭平等:《新范式下的民事诉讼标的理论》,中国法制出版社 2020 年版;段厚省:《民事诉讼标的论》,中国人民公安大学出版社 2004 年版;李龙:《民事诉讼标的理论研究》,法律出版社 2003 年版。

〔2〕 参见李浩:《〈证据规定〉与民事证据规则的修订》,载《中国法学》2011 年第 3 期,第 35 ~ 36 页。

〔3〕 参见翁晓斌:《论已决事实的预决效力》,载《中国法学》2006 年第 4 期,第 180 ~ 189 页。

〔4〕 比如,参见纪格非:《"争点"法律效力的西方样本与中国路径》,载《中国法学》2013 年第 3 期,第 117 ~ 120 页。

〔5〕 参见胡军辉:《论民事既判事实之预决效力》,载《湘潭大学学报(哲学社会科学版)》2010 年第 4 期,第 40 ~ 43 页。

〔6〕 参见葛云松:《赔礼道歉民事责任的适用》,载《法学》2013 年第 5 期,第 96 页脚注 28;邹碧华:《要件审判九步法》,法律出版社 2010 年版,第 79 ~ 80 页。

〔7〕 参见段文波:《请求权竞合论:以诉之选择性合并为归宿》,载《现代法学》2010 年第 5 期,第 163 页。

日本的要件事实理论,并以此为核心整合实体法和程序法的相关理论。[1] 由于要件事实论在证明责任讨论中的重要意义,学者对要件事实的关注事实上早已开始,只不过近些年才真正将其作为一种相对系统的理论探讨。特别是,上述作品天然地需要与实体法的研究紧密相连,也可以看作诉讼法学者缓慢回归大陆法系民事法一体化传统的尝试。[2] 此外,也有论者讨论了作为个案中需要适用的具体规则的裁判规则。[3] 无论是对于事实认定的一般性问题,[4]还是对于本书具体讨论的证明评价(特别是书证的证明力体系[5]与经验法则[6])和证明责任,也都有相当多的学者早已完成了颇有建树的探讨。

最后,对于法律适用问题,法理学者已经引入大陆法系成熟的法学方法论分析,解读抽象法规范与具体案件事实之间的互动关系,[7]通过对涵摄技术的总结和归纳试图反映法官适用法律的过程。学者也普遍发现实践中裁判引用法律依据存在一定问题,[8]主张判决书应当尊重实体法上请求权基础体

---

[1] 比如,参见许可:《侵权责任法要件事实分析》,人民法院出版社2018年版;段文波:《规范出发型民事判决构造论》,法律出版社2012年版;许可:《民事审判方法——要件事实引论》,法律出版社2009年版;章恒筑、夏瑛:《日本要件事实论纲——一种民事诉讼思维的展开》,载《法学家》2005年第3期,第146~153页。

[2] 比如,参见李浩:《走向与实体法紧密联系的民事诉讼法学研究》,载《法学研究》2012年第5期,第28~32页。

[3] 比如,参见张骐:《论案例裁判规则的表达与运用》,载《现代法学》2020年第5期,第35~49页;高尚:《德国判例使用方法研究》,法律出版社2019年版,第124~157页;刘成安:《论裁判规则——以法官适用法律的方法为视角》,法律出版社2012年版。

[4] 比如,参见纪格非:《民事诉讼中的真实》,中国政法大学出版社2013年版;周翠:《现代民事诉讼义务体系的构建——以法官与当事人在事实阐明上的责任承担为中心》,载《法学家》2012年第3期,第119~133页。

[5] 比如,参见肖建国:《书证的真实性及其举证责任》,载《中国审判》2010年第7期,第92~93页。

[6] 比如,参见周翠:《从事实推定走向表见证明》,载《现代法学》2014年第6期,第108~126页;张卫平:《认识经验法则》,载《清华法学》2008年第6期,第6~24页。

[7] 比如,参见雷磊:《法律推理基本形式的结构分析》,载《法学研究》2009年第4期,第18~39页;熊明辉:《论法律逻辑中的推论规则》,载《中国社会科学》2008年第4期,第33页;郑永流:《法律判断大小前提的建构及其方法》,载《法学研究》2006年第4期,第26~35页。

[8] 比如,参见夏锦文、徐英荣:《裁判文书法理依据蓄积深藏之缘由 以民事疑难案件的裁判为分析对象》,载《法学》2012年第10期,第127~135页;何良彬、钟宏:《论裁判文书中法律适用的公开》,载《法律适用》2006年第3期,第17~20页。

系,[1]并且区分“本院认为”部分和主文前引用的法律规范。[2] 对指导性案例的研究在近年风生水起,也大大影响了本领域研究的深度和广度。学者或者认为其“参照”效力在范围上应限于裁判要旨、[3]法律观点及其论证,[4]或者主张同时包括裁判要旨和法律理由,[5]并且法院原则上应当适用指导性案例、不适用时要说理,否则将产生一定程序上或司法行政上的后果。[6] 应当说,上述大多数问题已经得到一些学者的充分重视,学者之间也展开了激烈辩论。在辩论中逐渐形成的问题焦点,也值得本书站在裁判技术的角度重新思考。

特别值得注意的是,考虑到判决书作为法院外的研究者观察司法实务现状的重要资料,我国学界很多优秀的实证研究也都从民事判决入手,[7]甚至以判决书为研究对象。[8] 尤其是近些年来,这样的研究越来越多,甚至越来越成为各部门法学的一种主流、常见的研究进路。从研究方法上看,上述作品也大多都有明确的中国问题意识,并尽可能参考了包括大陆法系在内的比较法资料,总体而言达到了较高水准。甚至,目前还有采用其他社会科学理论观察民事裁判的研究成果出版,比如从认知心理学的角度分析民事裁判的发现过程

---

〔1〕 比如,参见许德风:《法教义学的应用》,载《中外法学》2013 年第 5 期,第 951 ~962 页。

〔2〕 参见雷鑫、黄文德:《当前法院裁判文书存在的问题及原因分析》,载《法律适用》2009 年第 12 期,第 98 页。

〔3〕 比如,参见李友根:《论指导性案例的约束力范围》,载《苏州大学学报(哲学社会科学版)》2011 年第 4 期,第 66 ~67 页。

〔4〕 比如,参见张骐:《试论指导性案例的“指导性”》,载《法制与社会发展》2007 年第 6 期,第 46 页。

〔5〕 比如,参见杨力:《中国案例指导运作研究》,载《法律科学》2008 年第 6 期,第 44 ~45 页。

〔6〕 比如,参见陈兴良:《案例指导制度的规范考察》,载《法学评论》2012 年第 3 期,第 122 ~123 页;胡云腾、于同志:《案例指导制度若干重大疑难争议问题研究》,载《法学研究》2008 年第 6 期,第 10 ~11、23 ~24 页。

〔7〕 比如,参见王亚新:《程序·制度·组织——基层法院日常的程序运作与治理结构转型》,载《中国社会科学》2004 年第 3 期,第 84 ~96 页。

〔8〕 比如,参见张维迎、柯荣住:《诉讼过程中的逆向选择及其解释——以契约纠纷的基层法院判决书为例的经验研究》,载《中国社会科学》2002 年第 2 期,第 31 ~43 页;批评意见,参见贺欣:《中国民事诉讼的确存在逆向选择效应吗——评张维迎、柯荣住的〈诉讼过程中的逆向选择及其解释——以契约纠纷的基层法院判决书为例的经验研究〉》,载《法学》2005 年第 7 期,第 49 ~56 页。

和证立过程,[1]从哲学角度讨论司法判决的有效性,[2]从社会学视角分析裁判的表达,[3]观察西方对司法证明的较新研究成果,[4]或者利用数学方法为法官判断专利侵权提供参考及说理方案。[5]

但是遗憾的是,目前鲜有从整体上关注裁判技术的作品问世,[6]除了需要针对个别理论或实践问题具体处理之外,民事诉讼法学研究仍需要理论层面上的整合。在德国,上述研究主要分为实务研究和理论研究两部分。就前者而言,为了满足培养未来法官及培训准备第二次国家考试的法院见习生的司法需求,实务中有大量文献指导如何撰写裁判文书,或者说更好地完成成为完全法律人(Volljurist)之前必须通过的、以判决书写作为载体的考试题。[7] 就后者而言,长期理论讨论所积累的大量文献和学说,与法条评注、大型教科书和工具书的汇编与提炼成果一道,呈现理论研究的欣欣向荣。[8] 特别是,由于大量法院判决得以公开并接受学界及实务界同行的审视与批判,无论从实体

---

[1] 参见杨秀清:《民事裁判过程论》,法律出版社2011年版。

[2] 参见聂长建:《司法判决研究》,中国社会科学出版社2011年版。

[3] 参见赵朝琴:《司法裁判的现实表达》,法律出版社2010年版。

[4] 参见封利强:《司法证明机理:一个亟待开拓的研究领域》,载《法学研究》2012年第2期,第143~162页。

[5] 参见刘永沛:《专利侵权判定元对比理论》,载《北大法律评论》2011年第2期,北京大学出版社2011年版,第561~597页。

[6] 在此应当提及的是冯文生法官的博士论文,该文以民事司法技术为主题,与本书的主题相近。但是该文主要从民法学的立场出发,讨论了司法推理和民法解释学的问题,因此与本书在研究内容上有比较明显的区别。参见冯文生:《推理与诠释——民事司法技术范式研究》,法律出版社2005年版。与此相似,王轶教授也曾简短介绍了他对法律技术的理解,即证明评价技能、法律解释技能和识别法律规范类型的技能。参见王轶:《民法原理与民法学方法》,法律出版社2009年版,第265~266页。

[7] Christian Balzer/Bianca Walther, Das Urteil im Zivilprozess, 3. Aufl., 2018; Ernst Becht/Simon Markus Beck, Zivilprozessrecht im Assessorexamen, 3. Aufl., 2010; Dieter Knöringer, Die Assessorklausur im Zivilprozess, 17. Aufl., 2018; Winfried Schuschke/Martin Kessen/Björn Höltje, Zivilrechtliche Arbeitstechnik im Assessorexamen, 35. Aufl., 2013; Walter Zimmermann, Klage, Gutachten und Urteil, 21. Aufl., 2019. 较早前的相关资料也有参考价值。Monika Anders/Burkhard Gehle, Antrag und Entscheidung im Zivilprozess, 3. Aufl., 2000; Georg Furtner, Das Urteil im Zivilprozeß, 4. Aufl., 1978; Oskar Hartwieg/Hans Albrecht Hesse, Die Entscheidung im Zivilprozess, 1981; Markus van den Hövel, Die Tenorierung im Zivilurteil, 5. Aufl., 2010; Michael Huber, Das Zivilurteil, 2. Aufl., 2003; Egon Schneider, Die Klage im Zivilprozess, 3. Aufl., 2007.

[8] 比如,参见贺剑:《法教义学的巅峰:德国法律评注文化及其中国前景考察》,载《中外法学》2017年第2期,第376~401页。

法还是程序法角度看,关于裁判技术的研究已十分成熟。但是在我国,除了部分研究成果集中讨论德国的裁判[1]以及部分德文教材译作中的片段介绍,目前还没有出现较为系统地讨论以德国为代表样本的大陆法系民事裁判及其技术的作品。鉴于此,本书希望充分利用德国在民事裁判研究中已经相当成熟的丰富成果,参考我国的相关实践做法和已有理论观点,继续探索针对中国问题的民事裁判技术理论之路。

四、研究方法

(一)以中国问题为目标

无论何时,研究比较法或者外国法的目的都在于回应中国的问题。本书试图讨论的德国法上的理论问题,都以通过文献阅读得出的宏观观察和本人在2011年春夏对武汉地区法院实证考察的初步结果为依托,更离不开在几年有限的科研与教学经验中,从不同角度吸取的感性认识与理性思考。由于社会和司法环境的差异,比较法上的司法实践中也许在很大程度上不存在我国的问题,但是这些问题大多应当能够被外国较为发达的民事诉讼理论解释或者化解,由此也许我们能够结合不同法域在理论或制度上的重要差异,进而根据我国司法的现实情况,寻找可操作的解决办法。即使我们很多时候由于既有讨论的缺失、不得不系统讨论外国法的某项制度的具体设计,隐含关注的也是对于中国已经或者可能出现的现实问题的解决;法学研究不得不从外国理论提供的制度工具入手,也绝非简单主张照搬外国理论的概念与方法而已,而是更愿意相信“会跑之前先学走”(这可能并非先验、而是由多数人经验证实),信赖循序渐进的学术与制度改良之路。

因此,笔者虽然乐于在后述的比较研究上花费宝贵的时间,但是同样相信暂别比较资源后,努力独立思考的必要性。面对中国司法实践中也许可以戏谑地称为“活久见”的真实世界,对法学学术最核心的诉求应当是提升实质论证的数量与品质。唯有如此,从不同出发点出发的探讨才能汇聚在中国问题的引领之后,在实质性观点的碰撞与挑战之中,发现解决“真”问题的一条或者

[1] 比如,参见袁力、邵新:《德国民事裁判文书结构与说理的关联分析》,载《法律适用》2017年第1期,第113~120页;张陈果:《德国民事判决书的说理:格式、内容与方法》,载《人民法治》2015年第10期,第19~22页;欧宏伟:《联邦德国最高法院民事判决书评介》,载《法律适用》2007年第6期,第91~93页。

几条可能路径。至于后述的现行法规范与比较法研究仍应成为实质论证的“中流砥柱”，单纯的价值判断可能使讨论失焦并陷入抽象的“选边站队”，可能也是笔者同样念念不忘的。

（二）以规范分析为范式

无论是针对中国问题还是德国经验，本书将主要采取解释论的态度。遵循德国长期的法教义学传统，[1]从规范解释出发讨论德国法问题的方法并无须赘言，而且也不必沿袭实体法与程序法之间的学科区别。对于我国问题的解决，笔者追求的也不是借助立法论主张将德国制度引进我国，而是希望尽可能考虑在我国制度外衣下融入德国制度背后的法治思考。在这样的背景下，笔者追求的解决办法应当尽可能小地变动现有框架而着重遵循我国的制度传统（或者路径依赖），尝试解释论和有限补充相结合的路径。[2] 就此而言，不应忽视实践对于理论的消解和变通能力，移植任何新理论时都需要保持最高的谨慎。在上述研究方法的指导下，后文的展开以批评、改良和补充既有法律规范和司法裁判为要务，而以立法论和比较法上的讨论为辅。至于在我国语境下现行法的范围为何，也是解释论方法下的基础性问题。通常没有争议的是法律与司法解释，而如何看待其他不同载体中出现的司法观点，则可能仍然存在一定的分歧。这其中比较突出的是最高人民法院出台的、不构成严格意义上的司法解释的规范性文件，[3]以及该院公开出版的各类“理解与适用”书籍，这虽然可以被称为司法解释的官方解释，但是其制作方式和品控程度各有不同，在“官方”的同一标签之下，仍有细致甄别的空间。无论相关文件是否构

---

〔1〕 比如，参见卜元石：《法教义学的显性化与作为方法的法教义学》，载《南大法学》2020 年第 1 期，第 49～79 页。

〔2〕 方法论上的通说，参见张卫平：《民事诉讼法》（第 5 版），法律出版社 2019 年版，第 33～34 页；吴泽勇：《民事诉讼法教义学的登场——评王亚新、陈杭平、刘君博：〈中国民事诉讼法重点讲义〉》，载《交大法学》2018 年第 3 期，第 171～181 页；王亚新、陈晓彤：《前诉裁判对后诉的影响——〈民诉法解释〉第 93 条和第 247 条解析》，载《华东政法大学学报》2015 年第 6 期，第 6～20 页；傅郁林：《法学研究方法由立法论向解释论的转型》，载《中外法学》2013 年第 1 期，第 169 页；潘剑锋、韩静茹：《新问题与新意识：〈民事诉讼法〉修改对民事审判工作提出的挑战》，载《法律适用》2012 年第 11 期，第 48 页；肖建国：《从立法论走向解释论：〈民事诉讼法〉修改的实务应对》，载《法律适用》2012 年第 11 期，第 40～47 页。

〔3〕 由于司法解释和相关同类的司法指导文件在我国民事司法实践中体现的本位立场、“造法”功能以及现实中凌乱无序的现状，仍应关注其背后的原理和制度性问题。参见傅郁林：《改革开放四十年中国民事诉讼法学的发展　从研究对象与研究方法相互塑造的角度观察》，载《中外法学》2018 年第 6 期，第 1425～1428 页。

成解释论的基础,底线的共识是,这些文件有可能经由其内容的内在说服力,成为法官裁判说理的素材(本书第三章)。

法解释学不仅与所谓社科法学有研究方向上的区别,而且各自内部也都有不同的研究进路。由于研究者的个人爱好与学术经历的多样性,不同进路之间也可能有交叉和重合的可能。汇聚成流,法学才更像是一个比较成熟,有底力、潜力与实力的学科。知识也许有正误,法学这种无法证伪的“伪”科学,应该并没有唯一正解这样的永恒教义,而容忍甚至期待所有自许为研究者的法律人,永远走在再攀高峰的路上。

(三)以比较研究为进路

本书在比较法上关注的重点是德国法,并在个别问题上兼顾与日本和我国台湾地区的比较。笔者将主要讨论德国的通说和有力的不同意见,而不求对德国相关研究的穷尽。这里主要包括宪法法院、最高民事法院以及德国法院系统长期坚持的判例、学者之间形成共识的基本观点、著名学者之间相互支持的理论以及专攻某一问题的研究者有较大影响力的学说。除了德国法提供的经验之外,英美民事诉讼程序改革的一些动向也是本书参考的标准。在思考后发法治国的法制和法治更新的进路时,由于个人学力和精力所限,笔者难以同步推进对主要西方法治国家的研究与借鉴。但是,笔者也认为,尽可能同时观照主要研究对象以外法域的最新发展,对于把握研究范围和锁定研究的核心问题有很大意义。在必要时,本书也尝试在正文或脚注中介绍英美国家处理类似问题的思路和近期趋势,同时为未来进一步的研究做好必要的理论储备。

从方法上看,当代民事司法改革的目标应当是所谓的“换骨”法,即“不易其意而造其语”,借鉴大陆法系中相对成熟的裁判技术,针对我国的问题实现跨越式发展。实现这一目标,关键在于两点:一是应当对我国较为复杂的制度背景和现实采取同情式理解或“了解之同情”,在尊重既有内部因素的基础上寻求扬弃;[1]二是大陆法系基本原理和制度仍应成为制度革新中主要参考的外部因素,“借他人杯酒,浇自己块垒”。其中,裁判技术应当成为几股作用力之间的中和力量,使外国民事司法方法能够嵌入在我国从整体上起主导作用的政法传统。同时,我国具体的民事司法配置和运作又应当大体遵循大陆法

〔1〕 参见王亚新:《民事诉讼法学研究:与实务结合之路》,载《法学研究》2012年第5期,第27页。

系的基本原理和制度，以寻求司法公正与效率、社会稳定与纠纷解决、当事人诉讼权利保障与第三人利益保障等不同面向上的妥协与平衡。总体而言，本书主张我国应当发展立足大陆法系经验并体现中国特色的裁判技术理论。大陆法系经验的意义在于通过对照而提示既有实践和理论的问题和填补本土研究的暂时空白，而中国特色则要求突出对实践的观察、解读和升华，在理论自洽和具有实益的前提下优先总结本土经验和方法。

于是，本书在有的主题下主张参考外国（地区）法的基本原理，重新解释我国既有规则与实践的部分。比如就裁判文书的结构设计而言，就有必要观察德国判决书各部分的安排与预设功能，重新认识我国判决书中的“经审理查明”和“本院认为”部分。同时，本书也完全不排斥甚至欣喜地认为，就书证证明力的体系来说，正确的做法是首先准确全面理解德国法上的思路，明确其与日本和我国台湾地区的区别，随后则经由实质论证，扬弃特殊的文书真伪确认之诉，并且继续保持我国通常认可的形式证明力与实质证明力二分的传统思路。再者，本书则认为，我们不但有澄清德国、日本和我国台湾地区公文书实质证明力推定规则的内容的必要，而且应当结合我国大陆实体法的既有规定，形成中国法上的法定公文书证明力规则。总之，比较方法要求我们认真对待人类智慧的既有成果，但绝非鼓励我们放弃独立思考，简单照搬其他国家或地区的明文规则甚至主流学说的见解。

五、主要内容

除界定本书讨论对象的导论部分外，本书在结构上由十四章组成。首先需要讨论的是民事裁判技术的基础理论，主要界定裁判技术的内涵、外延、内容、价值与功能（第一章）。随后，民事裁判技术的运作环境也值得关注，讨论司法制度和诉讼机制中的裁判技术，为后文进入具体讨论做好较为充分的理论准备（第二章）。

从整体上看，我国现行判决书在说理和结构方面都有进一步调整和改善的空间。与德国经验相比，我国现行判决书结构强行切断事实认定、证明评价及法律适用各部分的联系，裁判说理也不够充分和有针对性。鉴于此，我国在判决书中应当引入独立的“本案事实部分”，裁判理由应当包括事实认定和法律适用两部分，判决书也应当保持相对固定的基本结构，以体现判决书中的基本要素和判决书的典型形态（第三章）。针对判决中出现的显然错误（第四章）和被遗漏的诉讼请求（第五章），我国应当在既有司法实践的基础上修正比较法上的范例,分别建构判决的补正程序和补充程序及其裁判。同时,民事裁判的效力范围是我国理论界研究的热点问题。虽然生效民事裁判在我国被认为具有事实预决效力,但是仍应当从既判力基本理论、既判力的事实排除效和公文书的证明力规则角度加以反思,在立法论上检讨该规则的必要性(第六章)。进一步看,民事裁判可能具有普遍存在的说服力、基于审级的约束力和作为指导性案例时所特有的"参照"效力,尤其应当关注对"参照"效力的理论解读并挖掘其比较法基础(第七章)。进而,虽然裁判中的法律适用技术更多直接属于实体法和程序法各自核心的研究内容,不必单独讨论,但是其间共通的规范引用问题以及方法论问题,仍应成为裁判技术中作为一般问题关注的对象(第八章)。

从内容上看,裁判技术可能分别针对审理对象、诉讼要件、事实认定、法律适用以及其他程序性事项,囿于篇幅和研究规划的先后安排,本书主要着眼于其中事实认定领域的裁判技术,而仅在有必要时对其他问题加以探讨。以十余年前作出的彭宇案一审判决书中的事实说理为例,可以意识到民事裁判中事实问题存在多重维度,包括但不限于构成要件事实、案件事实、程序事实以及媒体事实,其内涵值得进一步厘清与比较(第九章)。在事实认定技术中,最核心的内容即裁判中认定事实的过程和结论。事实得到证明的方式可分为直接证明和间接证明,后者能否及如何进一步类型化将影响裁判说理的重点与难点(第十章)。就此而言,在裁判技术中有必要明确经验法则适用的两类模式,分别针对盖然性很强和盖然性不足以单独证成待证事实的两类经验法则,分别确定双方当事人在个案中的举证负担(第十一章)。尤其是,书证是大陆法系民事诉讼中最核心的证明方法,值得重点关注。一方面,有必要从能否提起独立之诉确认文书真伪以及如何在案件中作为争点认定文书真伪的视角,思考公私文书真伪的判断技术(第十二章)。另一方面,在事实认定的实质判断中,公文书的内容应否被推定为真,值得从解释论和立法论两方面重新认识。诸如法院裁判文书、结婚证、不动产登记簿等处分性公文书能够实质证明法律行为作出的过程和内容,但其证明力不应扩大到书证中对其他事实的说明和认定,报道性公文书和私文书则不应适用该法定证明力规则(第十三章)。最后,即使在案件中尝试了各种事实发现手段均无法认定事实是否存在、而只能认为事实真伪不明时,诉讼法理也预设了证明责任规范这一裁判方案。大陆法系强调事实认定的真伪不明状态及其法律适用过程,普通法系则相反。这一差异的成因与我国理论与实践的背道而驰的原因,均值得深入思考(第十四章)。

第一章

民事裁判技术的基础理论

所谓裁判技术，即法院在做出裁判的过程中所运用的程式、理路、方法等司法技术。针对我国突出的现实问题，本书关注的重点是一审终局判决。裁判技术来自对大陆法系和我国相关理论的发展，我国程序法中的裁判技术有其特点，同时也区别于立足于诉讼过程的审理技术。如何详细地界定裁判技术的概念与既有讨论的起点，从而开启本书对于一审裁判技术的探索之路，就是本章必须尝试实现的功能。

一、裁判技术概念的核心内涵

本书所称的裁判技术，简言之，即法院形成裁判时需要运用的法律技术，其内涵可以分别从法哲学意义上的说理和诉讼法理中的分类思路中得到体现。从法哲学的角度看，裁判技术针对的是裁判的说理〔1〕，裁判技术要求说理遵循法律/裁判论证和法律逻辑（内部证成〔2〕）的一般要求，即遵循推论—推理—论证的逻辑层次，关心作为结果、程序和过程的论证的不同层面并且适用基本的推论规则，〔3〕同时以法学方法论或者涵摄学说为核心（本书第八章）。但是，如何在诉讼过程中逐步发现事实，并最终找到可以没有争议地衔接案情与规范之间的桥梁，即具体化后能够直接对应于生活事实的个案规范（$M^n x$），〔4〕则属于规则（逻辑上的前提）本身的合理性问题。这种外部证成更多地涉及个案中实体法和程序法上的价值判断。比如，对于声称的法律漏洞是采取类推解释还是反面解释，两种选择从形式上看都合法，关键要看法官在

---

〔1〕 就更一般的、哲学意义上的论证与说理，比如，参见陈嘉映：《说理》，上海文艺出版社 2020 年版，第 284 ~ 330 页。

〔2〕 在很大程度上所谓证成（Rechtfertigung）和说理（Begründung）之间只有可以忽略不计的差异。Robert Alexy, Theorie der juristischen Argumentation, 5. Aufl., 2006, S. 54.

〔3〕 参见熊明辉：《论法律逻辑中的推论规则》，载《中国社会科学》2008 年第 4 期，第 30 ~ 35 页。作者还区分法律论证和增加了控方、辩方论证的诉讼论证，并主张后者在多方面优于前者（第 31 ~ 32 页）。本书的裁判技术需要处理的是法官的审判工作，自然应当属于法律论证的范畴。同时，就区分的实质意义而言，诉讼法视角下的法律论证当然也需要关注到当事人的处分权与同意权、事实主张与反驳、法律理由以及程序申请与异议，控辩双方的论证实际上正是裁判说理与论证必须回应的内容。特别是现代司法中通行"法官知法"原则，当事人对其诉讼请求的论证本身并不约束法官的裁判权，似乎上述主张尚不足以批评传统上以裁判论证为核心的法律论证思路。当然不可否认的是，上述更广泛意义上的诉讼论证更侧重于法官审理的实际经过，法官"在事实和法律之间的目光流转"也同样可以从当事人（不同）的法律见解出发"小试牛刀"，在这个基础上再形成自己的结论和理由。Martin Kriele, Theorie der Rechtsgewinnung, 2. Aufl., 1976, S. 199 f.

〔4〕 Wolfgang Fikentscher, Methoden des Rechts in vergleichender Darstellung, Band Ⅳ, 1977, S. 129 ff., 202 ff.; Jürgen Rödig, Die Theorie des gerichtlichen Erkenntnisverfahrens, 1973, S. 182 f.

个案中如何实现外部证成。[1] 反过来看,只有完整准确地遵守上述说理规则,才能识别出需要判断的价值问题。如果内部证成的过程都不严密,那么无论外部证成中的价值判断再正确,也会因为需要判断的对象错误而导致说理错误。

从裁判技术背后的诉讼法理看,裁判技术反映了诉讼法理对不同事项的不同定性和归类。裁判技术遵循大陆法系传统下的处分权主义和辩论主义的划分。虽然在西方法律传统的整体中,德国在概念上严格区分当事人对程序的决定权和对个别事实或证明方法的决定权的理论框架并不占多数,但是从实质上看这种思路仍然值得遵循。[2] 当事人行使的决定权决定了相同事项在不同诉讼中的不同地位,比如,合同关系存在这一事项,根据需要适用的实体法的不同,可能分饰诉讼标的、主要事实、间接事实或者与案件无关的客观事实因素等不同角色。在法律预设的诉讼标的识别标准下,当事人足以以被认定的司法保护要求或者权利主张的内容,限制法院审判对象的范围。在事实领域的辩论主义下,从与抽象要件事实对应的主要事实到发挥衔接作用的间接事实再到作为法官证明评价直接对象的证据,在民事诉讼中都有属于自己的理论位置。原则上,只有当事人对主要事实的主张才能被自认并约束法官的裁判,对间接事实的主张则进入法官自由心证的范畴,证据本身在诉讼法上则区别于事实主张(本书第十章)。[3] 就此而言,裁判技术应当由诉讼请求/标的、实体请求权(基础)或法律依据、要件事实及其对应的主要事实主张、间接事实主张和证据这五个不同层面的问题组成。同时,裁判技术也以民事之诉理论为基础,其中尤其以既判力理论及其背后的诉讼标的理论为核心。这里同时涉及前诉与后诉之间的关系和既判力发生的客观范围。

虽然裁判技术主要反映的对象就是诉讼法理,但是两者在侧重上仍有区别。如果说各种民事诉讼理论在于建立法教义学上的标准和要件或者厘清不同事项之间的联系,那么裁判技术将直接服务于实践中法官的裁判行为,并增强当事人眼中诉讼程序和裁判结果的可预见性。裁判技术强调的更多是解决

---

〔1〕 Karl Larenz, Methodenlehre der Rechtswissenschaft, 6. Aufl., 1991, S. 390 f.

〔2〕 Rolf Stürner, Parteidisposition über Anfang, Gegenstand und Umfang des Verfahrens in wichtigen europäischen Prozessordnungen, in FS Andreas Heldrich, 2005, S. 1061 ff.

〔3〕 就此而言,理论上的辩论主义和辩论权确实存在明显差异。参见王福华:《辩论权利救济论》,载《法学》2020年第10期,第96页。

具体诉讼问题时对诉讼法理的应用。这一方面要求对于诉讼法理的掌握，另一方面也提倡“穷尽解释才能建议修法”的基本态度。比如就与诉讼标的有关的问题而言，无论我国选择诉讼标的理论中的新旧实体法说、诉讼法说还是相对的诉讼标的论，都需要为具体的裁判技术问题提供切实可行的答案。[1] 当法官面对诸如合同和侵权请求权的竞合或者另行提起精神损害赔偿时，裁判技术就应当回答在个案中两个诉的声明是否构成诉的合并、法官是否有权适用当事人未选择的请求权规范、当事人是否有权在诉讼中变更原来主张适用的请求权规范、在另案已经处于审理进程中时能否受理新诉以及在另诉裁判已经生效后能否受理新诉等问题。这种回答必须尽可能扎根于现有的司法传统和实践之中，通过解释、补充和澄清进行弥补。只有在其无论如何无法自圆其说时，才有必要提出替代方案。

特别值得关注的是，虽然裁判技术这一术语并未被学界广泛使用，但是这并不意味这种研究思路没有深厚的大陆法系理论基础，并且在我国已有启蒙性的理论论述。从宏观的角度看，裁判技术作为体系化思维的产物，与诸如实体法上的请求权基础体系一脉相承，法律人在法律解释中应当自觉地将法律规范转化为请求权基础（本书第八章），进而再寻找法律构成要件（本书第九章）和要件事实（本书第十章），这一找法过程区别于个案中与此相对应、明确民事诉讼中主要事实、间接事实和证据的事实认定过程。此外，虽然“裁判技术”一词本身可能代表中性的、不含臧否的含义，但是在本书中则代表着一种较为先进、值得推崇的法律专业技术，也即法官在民事案件中以相对合理的裁判形式，分别处理法律问题、事实问题以及程序性问题，并最终适用法律、形成裁判理由和裁判结果的法律方法。

在大陆法系的传统思路上，将诉之声明、权利之主张和争执以及事实资料（细分为主要事实、间接事实、补助事实和证据）作为分析民事诉讼具体案件类型的方法，可以说是非常“正统”的思路。这里仅以我国台湾地区邱联恭教授

---

〔1〕 比如，参见曹志勋：《民事立案程序中诉讼标的审查反思》，载《中国法学》2020年第1期，第283～303页。

的观点为例(见表1)。[1]

表1 邱联恭教授分析民事诉讼具体案件类型

序号	当事人	诉之声明→a	权利之主张、争执→b	与事实审理活动有关的事实、资料			
				c 推定事实、主要事实	d 前提事实、间接事实	e 补助事实	f 证据
(1)	原告(x) 被告(y)	x→y 应向 x 支付50万元 y → 驳回 x 之诉	利息支付请求权	x、y 间曾有按一定利率支付利息之约定(月息1万元之约定)	d_1→x 曾从 y 每月受领1万元的事实 d_2→y 曾至 x 处商请宽限本月利息的事实 d_3→y 曾对 x 承认除本借款外,二人间别无其他债务的事实 d_4→该1万元系其他借款利息的事实 d_5→y 曾以 z(x 另一债务人)代理人的身份到 x 处为迟付利息道歉的事实	e_1→…… e_2→…… e_3→…… e_4→……	f_1→…… f_2→…… f_3→…… f_4→……
(2)	原告(x 等) 被告(y)	x 等→y 工厂应赔偿 x 等各50万元 y → 驳回 x 等之诉	损害赔偿请求权	河鱼被 y 化工厂所排出的水银化合物所污染,x 等捕食后患公害病	d_1→致病物质为水银 d_2→致病物质接触 x 等的污染途径 d_3→y 工厂制造并排出致病物质 d_4→y 工厂并未制造并排出致病物质	e_1→…… e_2→…… e_3→…… e_4→……	f_1→…… f_2→…… f_3→…… f_4→……

在相似的整体思路下,我国台湾地区姜世明教授提出了更为细致的关系,详细分析了事实与证据之间的关联(见图1)。他认为,对于主张责任和证明责

〔1〕 邱联恭教授多次在其会议发言和专著中展开或发展上述分析工具,参见邱联恭讲述、许士宦整理:《口述民事诉讼法讲义(二)》,台北,2017年自版发行,第139页;邱联恭:《程序利益保护论》,台北,2005年自版发行,第352~354页;邱联恭:《司法之现代化与程序法》,台北,1992年自版发行,第151~152页。此外,在诉讼标的理论的讨论中对于诉讼标的、法律观点/事实和证据三个层次的区分,也体现了这一裁判技术的基本思路。参见[日]高桥宏志:《民事诉讼法制度与理论的深层分析》,林剑锋译,法律出版社2003年版,第25页。

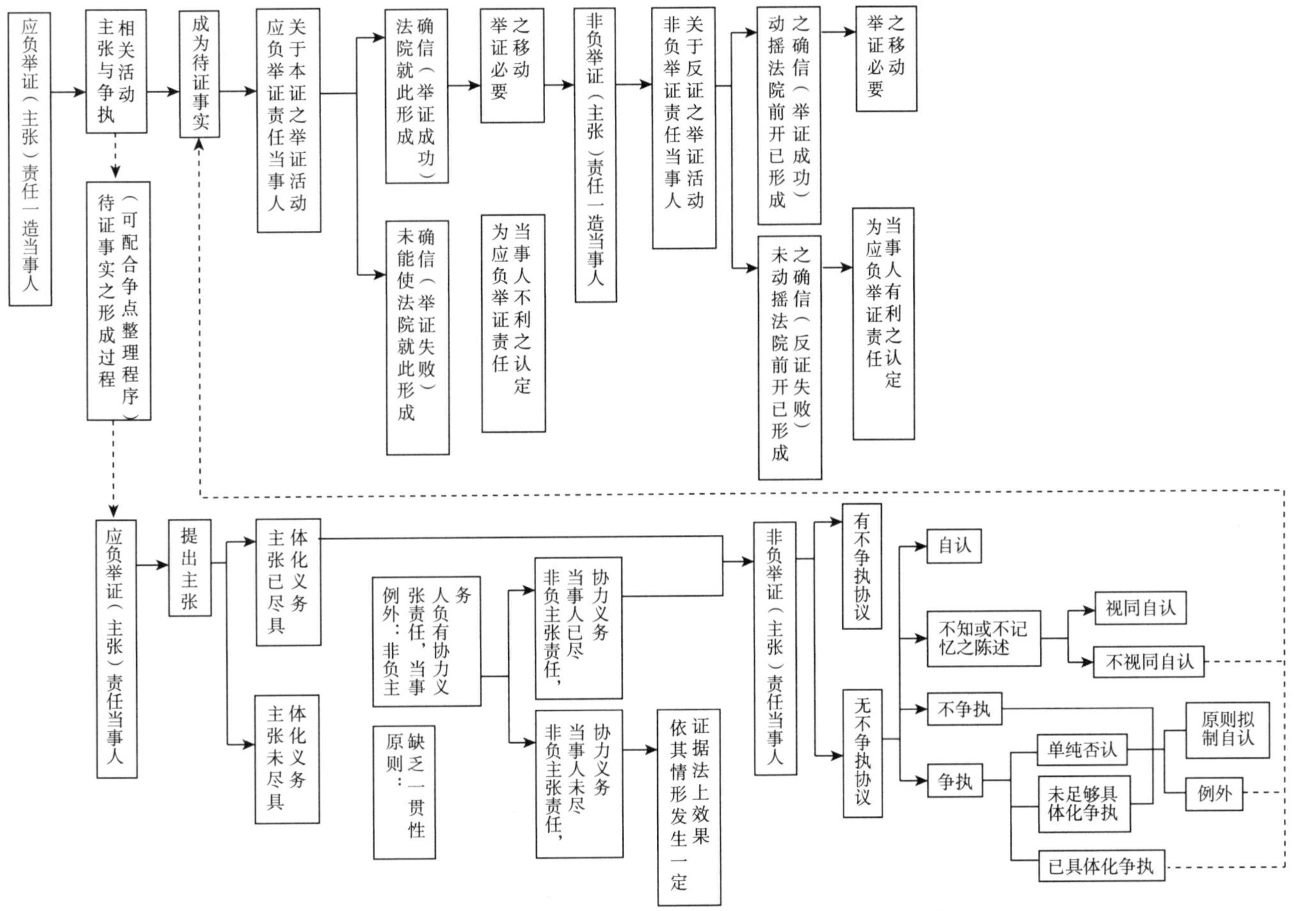

图1　姜世明教授就主张责任和证明责任的关系的分析

任的程序,可以通过具体化义务、诉的正当性/一贯性(Schlüssigkeit der Klage)审查、自认、拟制自认等制度,发挥争点整理的功能。随后,则可以依照证明责任分配原则组织举证,并于本证成功之后,转移就某个主要事实证明的必要。[1]

甚至在民法研究中,我国台湾地区王泽鉴教授也在阐述请求权基础理论体系时,介绍过相似的思维方法(见图 2 和图 3)。[2] 在图 2、图 3 中,王泽鉴教授讨论的重点固然在于请求权基础方法思考的内容在通常的民事诉讼和法学方法论中的位置,但是其中也能够看到诉讼标的(不同于图中请求权内容/诉的声明)、法律依据、具体请求权基础的构成要件、构成要件与案件事实之间的涵摄关系、案件事实的发现等一系列对接民事实体法与程序法的基本思路与核心概念。

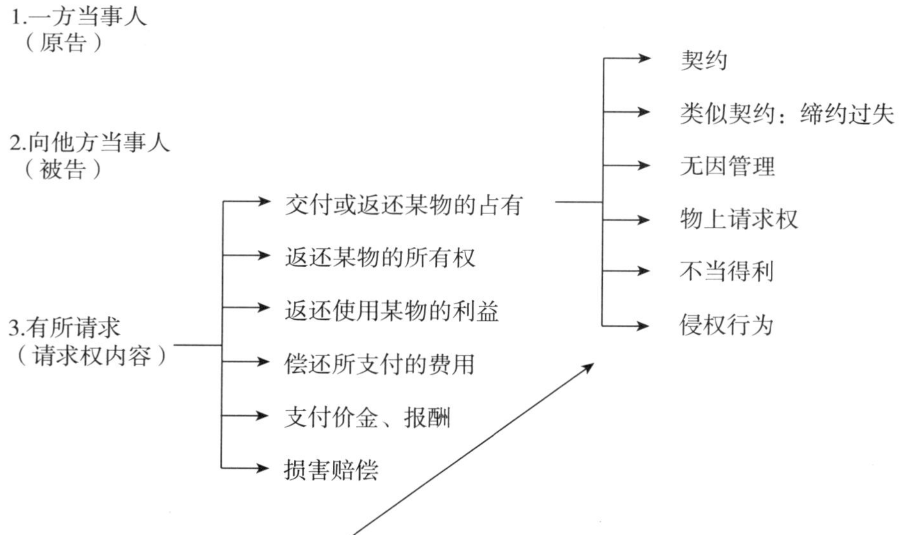

图 2　王泽鉴教授介绍请求权基础方法(一)

---

〔1〕 参见姜世明:《民事诉讼法》(下册),台北,新学林出版股份有限公司 2018 年版,第 7~8 页。

〔2〕 参见王泽鉴:《法律思维与案例研习:请求权基础理论体系》,台北,2019 年自版发行,第 42、104 页。

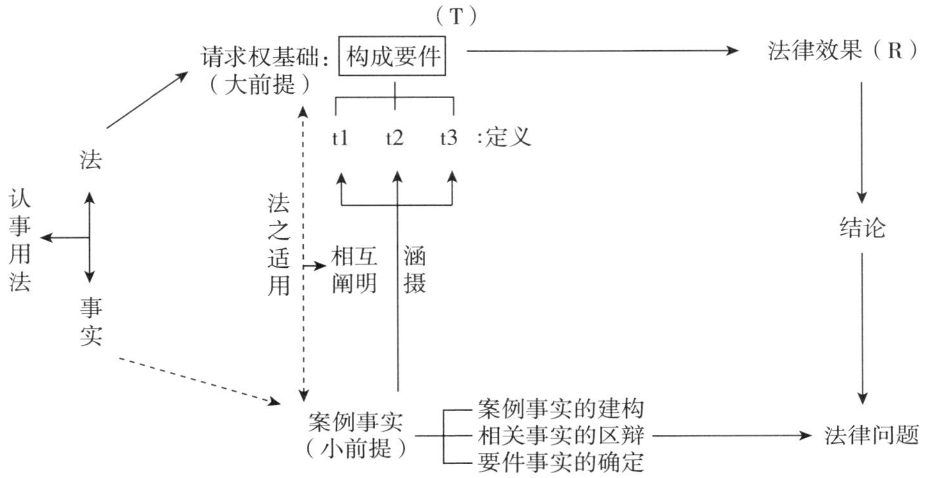

图 3　王泽鉴教授介绍请求权基础方法(二)

在我国大陆,傅郁林教授以诉讼请求、权利依据、要件事实和证据主张四个层次分解民事审判的内容,并相应地以裁判主文、裁判理由、事实认定和证据心证组成裁判技术的基本框架(见图 4),[1] 张卫平教授在教材中也提出了类似的分析图示。[2] 王亚新教授对于诉讼及审判对象的分析,更是点破了实体法与程序法、个案中实体与程序之间的理论关键。[3]

同时,邵明教授从诉、审、判之间的关系出发,主张对原告提出的各类"诉",法院应当通过终局判决作出应答,并且其原则上须经过必要的口头辩论才能作出,此时也应当考虑民事纠纷、民事诉权和民事争讼程序在原理中的基础性地位。概括来说,原告决定或者确定构成实体权益主张的诉讼标的和诉讼请求,当事人履行主张责任和证明责任,最后由法官判断本案全部证据并据

〔1〕 相关研究,参见江伟主编、傅郁林副主编:《民事诉讼法学》(第 3 版),北京大学出版社 2015 年版,第 113 页(傅郁林执笔);傅郁林:《"审"与"判"的逻辑和相应技巧》,载《人民法院报》2011 年 1 月 19 日,第 7 版;傅郁林:《建立判例制度的两个基础性问题——以民事司法的技术为视角》,载《华东政法大学学报》2009 年第 1 期,第 99 ~ 100 页;傅郁林:《先决问题与中间裁判》,载《中国法学》2008 年第 6 期,第 162 页。

〔2〕 参见张卫平:《民事诉讼法》(第 5 版),法律出版社 2019 年版,第 6 页。

〔3〕 相关理论总结,参见王亚新:《对抗与判定——日本民事诉讼的基本结构》,清华大学出版社 2010 年版,第 92 ~ 94 页。

此认定事实真伪,之后适用实体法律规范作出判决(见图5)。[1]

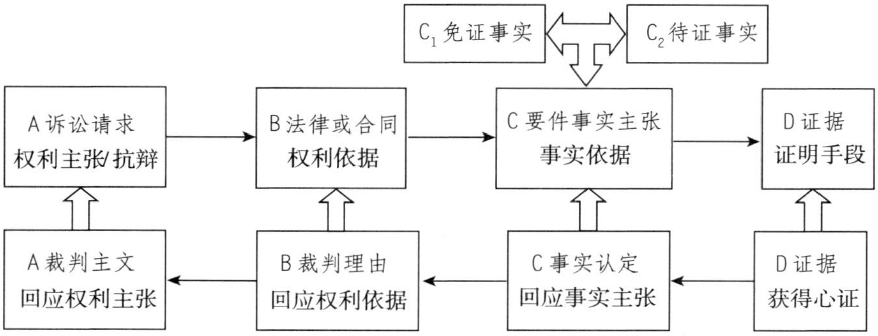

图4 傅郁林教授"请求与裁判"关系

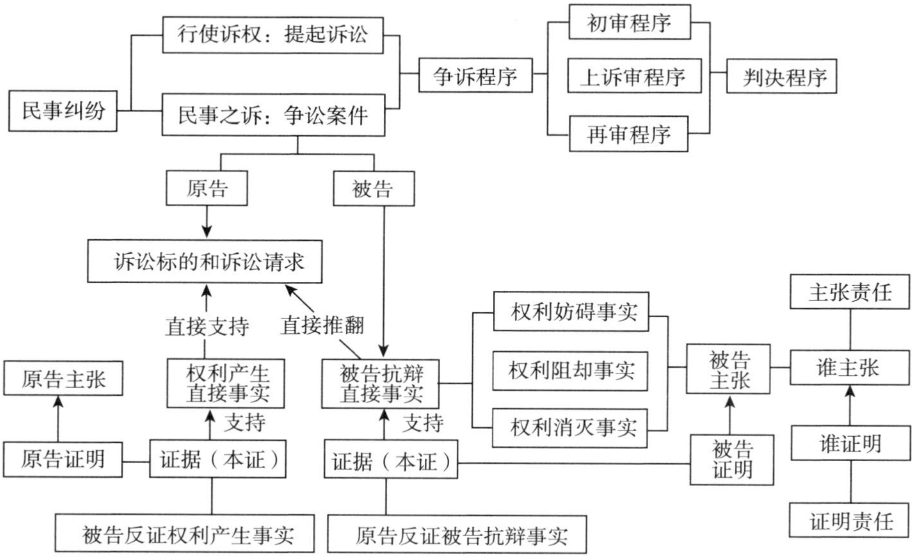

图5 邵明教授分析诉、审、判关系原理

〔1〕 参见邵明:《现代民事之诉与争讼程序法理》,中国人民大学出版社2018年版,"自序"。

虽然邹碧华法官倡导的"要件审判九步法"[1]——固定权利请求,确定权利请求和抗辩权基础规范以及各自的构成要件分析,诉讼(要件事实)主张的检索与争点整理,要件事实证明与事实认定以及要件归入的九个步骤——主要针对审理技术,但是其中也可以看出上述裁判技术的思路。我国也有法官主张分别从诉讼标的争点、法律争点、事实争点和证据争点的角度厘清庭审思路。[2]

二、裁判技术概念的基本外延

民事裁判作为民事诉讼法理最重要的载体,涉及民事诉讼法学中绝大多数的领域和问题。相应地,裁判技术作为形成裁判的技术,其概念外延也十分广阔。由于本书的研究对象限定在第一审诉讼普通程序,本书中使用的裁判技术概念应当包括以下几方面的内容。

首先是民事裁判的基本结构。民事裁判文书以民事判决为典型,裁定的结构应当参照判决书的结构安排。我国现行判决书的结构分为首部、事实、理由、主文和尾部,除了在具体说理中存在一定问题之外,其结构也有进一步调整和改善的空间。从德国法的经验看,判决书在结构上可以分为冒头部分(首部)、判决主文、本案事实、裁判理由和法官签名五部分,其中居中的三部分是判决书的主要内容。本案事实部分主要记录当事人的诉讼请求、在诉讼中提出的陈述及相关程序性事项,并且对上述内容发挥公文书的证明力;裁判理由部分则应当从诉讼要件和实体胜诉要件两个方面论证裁判主文的合理性,为法院的证明评价、事实认定和法律适用提供充分的理由;基于处分权主义、强制执行制度以及相关裁判技术的发展状况,判决主文应当保持确定性,并且注意不同类型判决的区别。判决书的结构同样应当体现繁简分流的理念,在案件诉讼标的额较小或者当事人行使处分权放弃正式判决书时,法官享有省略本案事实和裁判理由部分的裁量权。比较而言,现行判决书结构强行切断事

---

[1] 参见邹碧华:《要件审判九步法》,法律出版社 2010 年版。类似主张,参见任重:《论民事诉讼案例分析框架:案例教学与研究方法》,载《法治现代化研究》2020 年第 1 期,第 136～139 页;李后龙、李勇、王松:《请求权分析五定法:从有法可依到有据可判》,载《法律适用》2012 年第 1 期,第 16～17 页。相似但主要从民事实体法展开的主张,参见杨立新:《请求权与民事裁判应用》,法律出版社 2011 年版;杨立新:《民事裁判方法》,法律出版社 2008 年版。

[2] 参见黄湧:《民事庭审中争点归纳环节的问题样态与对策》,载《人民司法·应用》2013 年第 5 期,第 29 页。

实认定、证明评价及法律适用各部分的联系，同时其裁判说理不够充分和有针对性，在实践中产生了一系列问题。鉴于此，在我国的判决书中应当引入独立的本案事实部分，重视当事人的陈述和对诉辩意见的记载。裁判理由应当包括事实认定和法律适用两部分并从判决书结构上重视对事实判定的说理，这既符合本次立法修改中体现的意图，也不妨碍在法律适用模式中对事实问题和法律问题的区分。判决书应当保持相对固定的基本结构，既应当体现判决书中必须出现的要素，又对应判决书繁简分流中作为基础的正式判决书。在保持确定性之外，在判决主文中也应当正确认识判决的类型。由于法院的判决始终存在出现形式错误或者遗漏诉讼请求的可能性，法院受到自己所作裁判约束的一般原则应当存在例外。根据错误类型及其性质的不同，我们也需要建构不同的救济途径。

其次是裁判对象或者说是诉讼标的问题。就现有法律和司法解释中明确规定的内容而言，我国实践所贯彻的并非单纯的旧实体法说，而需要具体分析。在违约与侵权责任竞合的情况下，我国实践做法的实质即禁止诉的客观合并，同时认为在前诉中未提出的请求权基础受到既判力的约束不能再诉，体现了一种少见的相对的诉讼标的思路。这种做法误解了诉讼标的理论和裁判技术，架空了部分实体权利，并且违背了原告不关心法律理由、仅追求现实利益的诉讼态度。同时，无论作为实体权利还是诉讼标的，精神损害赔偿都具有独立性。从理论上看，现行法上的限制基于既判力的特别排除效，在解释论上不能扩大适用到诉的合并、诉的变更和诉讼系属的情形，在立法论上则应当扩展到诉讼系属方面，并加强法官的释明义务。在违约之诉中，同样已经允许主张精神损害利益的赔偿。此外，依照大陆法系传统的诉讼标的理论，只有在判决主文中认定的事项才能发生既判力效果，裁判理由中的认定仅在额外做出中间确认判决时才能发生既判力效果，生效判决认定的事实也不应具有预决效力。2019 年《证据规定》第 53 条和 2001 年《证据规定》第 35 条的释明权规定，则分别可能涉及构成同一诉讼标的的绝对权的取得原因和单一的实体请求权的情形、构成不同诉讼标的的先决实体法律关系、需要根据不同学说分别判断的实体请求权的竞合以及原则上不应释明的实体抗辩和抗辩权。最后，除了我国民事诉讼法学者持有多种不同观点之外，就《民诉解释》第 247 条和第 248 条的新见解层出不穷，《最高人民法院公报》和通过其他途径公布的判决中也体现了各种诉讼标的识别的学说，反映出这个问题在实践中仍然保持一定开放性。虽然诉讼标的问题是裁判技术的组成部分，但是由于该问题牵涉甚广，尤其需要在通盘考虑实体法发展的前提下充分研究，本书并不对其专门讨论，而是留待日后专门探讨。[1]

再次是民事事实认定技术，这也是本书最主要处理的内容。事实和证据争点原则上不能成为独立裁判的诉讼标的，在做出终局裁判之前也没有做出有约束力认定的必要。事实的概念具有多义性，在民事诉讼中，事实既可能指法律规范中的法律事实构成要件，也可能指小前提中具体的案件事实，还可能指所谓的规范事实、法律续造事实或法律事实。民事诉讼中事实认定的过程主要体现在从证据到要件事实的转化，其中需要运用到民事诉讼的常规证明技术。法官首先应当从当事人对本案客观事件的全部事实陈述中择取与本案在法律上相关的陈述的过程，然后在诉讼过程中具体分析和认定事实。在由证据向事实的证明过程中，应当从理论上区分直接证明和间接证明，并且关注证明责任和主张责任的分配问题。相比直接证明，间接证明在司法实践中更为常见，法官的审查需要以证据链条为核心，在推定间接证据为真的前提下排除其他可能性，判断根据间接证据形成的链条是否只能推出一种主要事实的可能性。鉴于书证在大陆法系诉讼实践中特别重要的地位，应当重点甄别书证对待证事实的影响力大小，并且关注书证本身真伪的认定。在发现事实的过程中，应当区分证明评价中的“事实推定”、法律规定的事实推定和利用经验法则的表见证明。此外，裁判技术也需要克服真伪不明状态带来的事实认定困境，这表现为事实真伪不明时的特别证明技术并主要体现在证明责任模式的选择上，即是否承认独立的事实真伪不明状态的存在。

同样需要讨论的是民事法律适用技术。对此，法律哲学对法律适用模式/

---

〔1〕 笔者的初步探讨，参见曹志勋：《民事诉讼依职权审查合同效力规则再认识》，载《法制与社会发展》2021年第3期，第205～224页；曹志勋：《民事诉讼中法讨论义务之讨论》，载姜世明主编：《法官阐明义务及其界限之研究》，台北，新学林出版股份有限公司2020年版，第357～402页；曹志勋：《民事立案程序中诉讼标的审查反思》，载《中国法学》2020年第1期，第283～303页；曹志勋：《论我国法上确认之诉的认定》，载《法学》2018年第11期，第45～60页；曹志勋：《停止侵害判决及其强制执行：以规制重复侵权的解释论为核心》，载《中外法学》2018年第4期，第1070～1100页；曹志勋：《不作为诉讼之诉讼标的》，载姜世明主编：《诉讼标的及重复起诉禁止理论之再省思》，台北，新学林出版股份有限公司2018年版，第277～303页；曹志勋：《德国诉讼标的实体法说的发展——关注对请求权竞合的程序处理》，载《交大法学》2018年第1期，第33～44页。

法学方法论的讨论包含着对法律适用具体过程的描述,发展出作为法律适用基本框架的涵摄技术。法学三段论或等置理论在上述讨论中都发挥重要作用,但是未能准确地揭示具体的案件事实满足要件事实要求的过程。引入一阶述词逻辑的演绎模式可以提供另外一种解释涵摄过程的思路,这又分为基本模式和复杂模式。值得注意的是,演绎模式只能为审理和说理提供框架,其具体内容仍然需要通过其他方式补充完善。同时,基于依法审判原则,判决引用法律依据的重要性也毋庸置疑。从裁判技术上看,我国首先应当遵循大陆法系民法和裁判制作的传统,在"本院认为"部分应当以请求权基础为核心加强对法律规范的引用,强化裁判文书与法律规定的内在逻辑联系。此外,由于我国的在先裁判可能分别具有内在的说服力、基于审级的事实上的约束力以及指导性案例的参照效力,民事裁判对在先裁判的引用需要区别对待。其中,参照效力是一种具有中国特色的制度性效力,对其内容的进一步考察应当分别从范围和强度两个方面入手。

最后是以上各个裁判技术的组成部分关注的重点对象都是民事一审判决(书)。除此之外,裁判技术也可能涉及从原告提起诉讼之后到法院作出一审实体判决(如果有)的过程中法院作出的各类诉讼中的裁判。就此而言,这里对应的是对裁判技术的广义理解,如果不从现行法的限制出发,其就包含了以裁定、决定和命令为代表的、终局判决以外的其他可能的程序性裁判。所谓程序性裁判,即针对诉讼过程中的程序争议作出的司法裁判,[1]其中又可分为实质性程序裁判和中间性程序裁判。[2] 实质性程序裁判即可能直接影响诉讼程序变动的裁判,最典型的比如立案审查中的三种可以上诉的裁定。中间性程序裁判即诉中裁判,在诉讼过程中出现的裁判都可以归入此类,包括比如诉讼过程中主体增加或变更、证据搜集裁判(文书提出命令)、涉及诉讼指挥事项等的裁定和决定。

---

〔1〕 参见陈瑞华:《刑事诉讼的前沿问题》,中国人民大学出版社 2011 年版,第 243 页(广义的程序性裁判);高新华:《论司法程序性裁判》,载《国家检察官学院学报》2008 年第 1 期,第 86～95 页。

〔2〕 胡思博博士将程序性裁判分为纯程序性裁定和实质性裁定,其中前者指法院在诉讼程序运行中针对细节程序问题作出的、具有中间性和临时性的裁定,后者则限定在大陆法系的诉讼判决。参见胡思博:《民事裁定的类型对比研究——以种类界定与层次划分为考察基点》,载《法学论坛》2013 年第 2 期,第 83～84 页;胡思博:《民事裁定适用范围考》,载张卫平主编:《民事程序法研究》第 9 辑,厦门大学出版社 2013 年版,第 167～170 页(主张将决定与裁定合并)。

具体来说，就法院立案庭是否受理原告起诉（《民事诉讼法》第126条）的问题，我国的立案裁判技术将大陆法系的起诉要件和诉讼要件合并成起诉的法定内容，具体由形式审查技术和实质审查技术两部分组成。就前者而言，比如原告在立案时对案件事实的主张不必满足请求权基础所需要的事实要件（诉的正当性/一贯性）而只需达到能够识别其主张法律关系的程度，在事实的细节程度上也不应特别要求而只需陈述生活事实即可，[1]在起诉时更不必选定具体的诉讼标的。[2] 而就实质审查技术而言，我国需要同时处理两个法庭就同一诉讼要件事项做出不同判断的立审关系问题和诉讼要件与实体争点重合时的重复审查问题。[3] 与此同属一类的是，被告的逾期答辩是否具有某种失权的后果，[4]如何处理当事人提出的管辖权异议[5]、裁定驳回异议或者裁定移送管辖[6]（《民事诉讼法》第130条）以及审查协议管辖的效力[7]，法院基于繁简分流和程序分类的原理[8]为案件选择的审理程序（《民事诉讼法》第136条），法院应否允许当事人对诉讼请求的变更与增加（《民事诉讼法》第143条），[9]是否向当事人发出调查令，[10]是否准许当事人提出的证据申请和

[1] 参见曹志勋：《立案形式审查中的事实主张具体化》，载《当代法学》2016年第1期，第130～139页。

[2] 参见曹志勋：《民事立案程序中诉讼标的审查反思》，载《中国法学》2020年第1期，第283～303页。

[3] 比如，参见傅郁林：《中国民事诉讼立案程序的功能与结构》，载《法学家》2011年第1期，第99～113页。

[4] 参见曹志勋：《论普通程序中的答辩失权》，载《中外法学》2014年第2期，第483～508页。

[5] 比如，参见张卫平：《管辖权异议：回归原点与制度修正》，载《法学研究》2006年第4期，第141～149页。

[6] 就移送管辖中原告程序利益的保护，比如，参见曹志勋：《民事地域管辖制度释疑——兼对〈民诉法解释〉规则的述评》，载《法学家》2015年第6期，第85～87页。

[7] 比如，参见王福华：《协议管辖制度的进步与局限》，载《法律科学（西北政法大学学报）》2012年第6期，第163～169页。

[8] 参见傅郁林：《分界·分层·分流·分类——我国民事诉讼制度转型的基本思路》，载《江苏行政学院学报》2007年第1期，第108～113页。

[9] 比如，参见张卫平：《诉讼请求变更的规制及法理》，载《政法论坛》2019年第6期，第58～74页。

[10] 比如，参见曹建军：《论民事调查令的实践基础与规范理性》，载《法学家》2019年第3期，第29～42页。

就依申请调查取证的申请[1],或者是否自行依职权调查取证[2](《民事诉讼法》第67条第2款),都属于审理中的裁判技术的范畴。甚至可以进一步探讨的是,比如"当事人主张的法律关系性质或者民事行为效力与人民法院根据案件事实作出的认定不一致的",法院究竟应当"将法律关系性质或者民事行为效力作为焦点问题进行审理"(2019年《证据规定》第53条第1款前句),还是有义务"告知当事人可以变更诉讼请求"(2001年《证据规定》第35条第1款),或者说以某种中间裁判或者中间确认判决的形式,使其认定在本审级内发生约束力。再有,裁判技术还可能对应临时性实体裁判(保全和先予执行,《民事诉讼法》第157条第1款第4项),其虽然具有临时、紧迫的属性以及相应在说理要求上的降低,但是仍然有必要予以类型化的条件控制,就此也可以充分借鉴比较法上的经验。[3]

三、裁判技术概念的内容限定

(一)程序法中的裁判技术

由于笔者专攻的主要是民事诉讼法学,本书关注的主要是体现民事诉讼法理和司法过程的裁判技术,这种程序法中的裁判技术在行文中也将被简称

[1] 比如,参见李浩:《论民事诉讼当事人的申请调查取证权》,载《法学家》2010年第3期,第118~130页;曹志勋:《书证搜集裁判:模式比较与本土改造》,载《现代法学》2011年第5期,第151~160页。

[2] 比如,参见曹志勋:《法院依职权调查证据的强制程度及其与辩论主义第三命题间的关系》,载姜世明主编:《修正辩论主义与协同主义之时代论争》,台北,新学林出版股份有限公司2017年版,第285~304页;李浩:《回归民事诉讼法——法院依职权调查取证的再改革》,载《法学家》2011年第3期,第113~129页;熊跃敏:《法官职权调查证据的比较研究》,载《比较法研究》2006年第6期,第82~90页。这在我国台湾地区也成为一个争议问题。比如,参见刘明生:《民事诉讼法实例研习》,台北,元照出版有限公司2019年版,第89页;邱联恭讲述、许士宦整理:《口述"民事诉讼法"讲义(三)》,台北,2017年自版发行,第37~38、43~46页;姜世明:《相煎何太急——从部分"最高法院"关于"民事诉讼法"第288条适用之妥适性谈起》,载《裁判时报》2016年第47期,第36~38页;杨建华原著、郑杰夫增订:《民事诉讼法要论》,北京大学出版社2013年版,第253页。

[3] 比如,参见周翠:《中外民事临时救济制度比较研究》,清华大学出版社2014年版。

为裁判技术。[1] 与此相对，在依法裁判原则[2]下，法官为了做出裁判显然也必须解释并适用实体法规则，这样无论其适用过程或者结果是否正确，除了部分程序性事项之外，法官的裁判技术大多都与实体法规则相关。而且，如果没有正确分析相关实体法问题，法官显然也不可能正确裁判。在发达的法律和司法系统中，也必须发展出一套行之有效的实体裁判技术（裁判规则）。但是囿于本书的主题和笔者的研究重点，本书显然不可能全面地思考实体裁判技术，也无力展开实体法上的请求权基础体系（本书第八章），仅能在必要时通过管窥说明其在裁判技术中的大致位置。

程序裁判技术主要考虑的内容不是实体利益的具体分配，而是通过司法程序分配的过程、方式等一系列涉及程序正义[3]的技术性内容。当事人既然选择了主要体现形式理性的现代司法机制解决自己的纠纷，只要没有提出额外要求并且其选择符合繁简分流、司法效益等司法理念，就有权享受正式程序的保障。就此而言，裁判技术应当体现和遵循以对抗和判定为基本要素的现代民事司法结构。王亚新教授根据对日本民事诉讼法基本结构以及西欧、中国法律传统的多年研究，提炼出民事诉讼程序结构中当事人对抗和法官判定的两个基本要素。以这两种要素为基础的制度性程序框架将整个诉讼活动容纳其中，进而明确了诉讼的目的、内容和基本规则。当事人在纠纷解决过程中被置于相互对立与争执的地位，并对纠纷解决享有意思自治，承担自我责任；法官则有权经过不可逆转的审理过程，剥离具体的生活事实和价值判断，并基于对法律技术性问题的回应做出强制性的终局裁断。[4] 与此相对应的是非对

---

〔1〕 对于刑事诉讼中程序性裁判的深入研究，参见陈瑞华：《程序性制裁理论》，中国法制出版社 2010 年版，第 233～293 页。

〔2〕 比如，参见陈景辉：《依法裁判：理想还是幻想？》，载《中国法律评论》2020 年第 2 期，第 18 页（一组四篇专题组稿）；雷磊：《从“看得见的正义”到“说得出的正义”——基于最高人民法院〈关于加强和规范裁判文书释法说理的指导意见〉的解读与反思》，载《法学》2019 年第 1 期，第 174～176 页。

〔3〕 关于程序正义理论的基础性研究，参见陈瑞华：《程序正义理论》，中国法制出版社 2010 年版；陈瑞华：《刑事审判原理论》（第 2 版），北京大学出版社 2003 年版，第 20～106 页；肖建国：《民事诉讼程序价值论》，中国人民大学出版社 2000 年版，第 153～204 页。另外参见邓继好：《程序正义理论在西方的历史演进》，法律出版社 2012 年版；徐亚文：《程序正义论》，山东人民出版社 2004 年版。

〔4〕 参见王亚新：《对抗与判定——日本民事诉讼的基本结构》，清华大学出版社 2010 年版，第 50～53 页。

抗、当事人化的纠纷解决模式,当事人应当停止争议或脱离接触,第三人才是推进程序的主动力;第三人同时也要负责分清生活事实上的是非并做出道德评价,在现象上总与实质正义保持相同的态度。从纠纷解决的效果看,两者在是否考虑当事人将来关系、对当事人主观因素的态度、纠纷解决的主观范围、是否限于胜负判断以及是否严格依法审判上相互区别。[1]

对抗与判定及其对立面,在我国的制度语境下对应着审判、调解以及交织其中的历史与当下的关系。长期列入议事日程的司法改革的目标,正是实现由非对抗、当事人化的纠纷解决模式向对抗与判定模式的转型。在所谓调解型判决或者内嵌于诉讼程序的调解程序中,当事人被迫放弃争执的立场,接受由法官主导形成的纠纷解决方案,并且以达到社会效果上的谅解为上乘。这种强调体现了我国自古代以来对于和谐的朴素追求以及以社会主义和谐社会为标志的社会治理模式,但是也在一定程度上忽视了继受自西方的司法固有规律、复杂多样的民事纠纷现状以及民事司法在整体社会纠纷解决体系中的定位。而在所谓现代化、实际上主要是西欧化的审判方式和司法改革愿景下,纠纷固然有可能得到形式化解决,但是纠纷背后的冲突却无法消解,转型社会中的反秩序存在[2]被高度聚集、挤压和强化,对于实质正义的诉求(如"气"[3])可能以不可预料的、激烈的、破坏性的方式抒发。正如王亚新教授指出的,也许调解模式才是最理想的纠纷解决方式,但是很遗憾,现实的人类社会难以提供其普遍实现所必需的土壤。因此当人们意识到"此事古难全"时,退而求其次,形式化的对抗与判定模式才成为此时最好的选择。[4]

本书所讨论的裁判技术,正是上述现代司法结构的组成部分。在对抗与判定的经典结构中,当事人和法官协力推进诉讼的游戏规则就是裁判技术代

---

[1] 参见王亚新:《对抗与判定——日本民事诉讼的基本结构》,清华大学出版社2010年版,第56~59页。对前书的进一步讨论,参见曹志勋:《中调浓郁,尾调逸香——从品味〈对抗与判定——日本民事诉讼的基本结构〉谈起》,载谢进杰主编:《中山大学法律评论》第10卷第2辑,法律出版社2013年版,第302~312页。

[2] 比如,参见于建嵘:《当前我国群体性事件的主要类型及其基本特征》,载《中国政法大学学报》2009年第6期,第114~120页。

[3] 比如,参见应星:《"气"与中国乡村集体行动的再生产》,载《开放时代》2007年第6期,第106~120页。

[4] 有学者将这种思路在裁判理由中的体现称为法规范型判决理由和情理型判决理由。参见肖晖:《中国判决理由的传统与现代转型》,法律出版社2008年版,第20~251页。

表的诉讼法理，当事人之间的对抗也为适用裁判技术提供了必需的诉讼对象和诉讼资料，而法官的判定则更是做出裁判的同义词。同时，司法既然试图提供高标准的程序保障，就有权要求当事人选择更有诚信的诉讼策略[1]（《民事诉讼法》第13条第1款），履行其事实陈述的真实和完整义务（2019年《证据规定》第63条第1款）；既然当事人享有意思自治，也就意味着在反方向上必须承担必要的自我责任。[2] 与本书强调的法官的裁判技术相对，高水平律师的专业技能是围绕法官的裁判技术安排自己的诉讼策略，针对不同的裁判技术可能全面准备案件材料与庭审展示本身。无论是案件管理的高效还是司法纠纷解决功能的扩张（暂且不谈所谓"一次性纠纷解决"的内涵外延），都需要当事人与法官的共同努力。也许可以说，要想解决实体法问题的一碗水，法官需要在诉讼法方案上存储一桶水，而好的律师则应当周全准备打好一眼井，甚至是挖好水渠联通一条河，随取随用，随时更新与增补。

（二）裁判技术的中国特色

与前一方面的限定直接相关，中国特色的裁判技术的特殊之处体现在其适用范围的有限性和对我国问题的适应性。裁判技术研究的是西方司法理念下的常态和技术性内容，根据中国国情下纠纷解决的现状和发展预期，裁判技术的适用范围应当是有限的。其核心问题是，进入"法的空间"的现代裁判制度和裁判技术能否作为全国绝大多数地区的纠纷解决基准得到民众普遍的信服？建立在纠纷类型、当事人"诉讼能力"以及司法服务期待的基础上，上一轮风风火火的司法改革主要针对的是部分脱离了"乡土社会"的、法制现代化[3]程度较高的城市地区。而对那些来自基层和农村的需求而言，走向正式化、西方化和对抗化的司法改革并不成功。[4] 尤其对于乡村民间纠纷的异化现象来说，维持乡村秩序的礼治和法治机制双失灵，更是给乡村社会治理提出了相当

---

〔1〕 比如，参见傅郁林：《论民事诉讼当事人的诚信义务》，载《法治现代化研究》2017年第6期，第130～145页。

〔2〕 参见李浩：《民事诉讼当事人的自我责任》，载《法学研究》2010年第3期，第120～133页。

〔3〕 这里仅选取一个定义，比如公丕祥教授认为，"从广泛的意义上讲，现代化首先是一个变革的概念，是传统生活方式及其体制向现代生活方式及其体制的历史更替"，同时"现代化脱胎于传统社会，包涵着对传统性的形式和内容诸要素的肯定和保留"。公丕祥：《法制现代化的理论逻辑》，中国政法大学出版社1999年版，第6～11页。

〔4〕 参见苏力：《送法下乡——中国基层司法制度研究》，中国政法大学出版社2000年版，第7～9页。

大的挑战。[1]

这样,司法改革不仅不得不直面质疑甚至主动调整走向,[2]而且也必须承认目前仍有部分社会纠纷并不必或者不适宜通过现代模式下的司法和裁判机制解决。即使在司法理论中重新关注诉讼当事人的重要性、[3]在程序法内部安排一系列程序内分流机制(如后文详述的繁简分流)和诉讼制度反映人的因素,司法(权)的外在边界仍将长期存在。既然一部分社会纠纷更适于通过诉讼程序外的其他机制解决而没有诉讼的必要,在一审裁判技术中也不必考虑这部分案件。[4] 易言之,现代的司法和裁判技术与来自民间的反司法形式化的意识形态处于共生关系之中,两者在分别面向不同类型案件的同时,共同构成我国现阶段的纠纷解决机制。

同时,正如司法改革的历程彰显的那样,引入现代司法结构以及大陆法系裁判技术不可能一蹴而就地完全照搬,而必须适应于解决我国的问题。裁判技术只提供一种裁判的方法和可能性,但方法问题并不一定只有唯一正确的答案。比较法上广泛承认,由于制度传统和思考方式的不同,达成同一制度功能或效果很可能有多种路径。对于我们来说,没有最好的、只有最合适的制度选择。因此,应当坚持问题意识并从我国的实际出发寻找答案。此种实例在不同主题的法学研究中比比皆是,也同样出现在不同法系和同一法系的不同法律制度之中。因此,我国裁判技术应当试图在大陆法系理论的基础上,回应

---

〔1〕 参见陆益龙:《乡村民间纠纷的异化及其治理路径》,载《中国社会科学》2019年第10期,第184~203页。

〔2〕 比如,参见顾培东:《人民法院改革取向的审视与思考》,载《法学研究》2020年第1期,第3~26页。

〔3〕 参见苏力:《司法制度的合成理论》,载《清华法学》2007年第1期,第6~18页。

〔4〕 当然,否定初审救济权的必要性并不意味着否定事后复审等其他司法救济权,但是本书囿于主题的限制不再讨论。详细分析,参见傅郁林:《多层次民事司法救济体系探索》,载《当代法学》2013年第2期,第105~115页。

我国的社会和司法现实,寻找裁判技术中的"中国元素"。[1] 当然值得注意的是,裁判技术可以是开放的,但必须是自洽的。作为一种法律技术,裁判技术同样应当遵循法律技术的一般要求,即通过体系化思维,避免不必要的重复思考,形成明确的标准、规则并增强法律适用的可预见性。[2] 就此而言,最高人民法院就在2021年年初于其《核心价值观释法说理意见》第9条中提出,在深入推进社会主义核心价值观融入裁判文书释法说理时,以文义解释、体系解释、目的解释和历史解释为代表的解释方法应当发挥突出作用,这恰恰是本土需求与比较经验都共同追求的。具体而言,法院和个案法院应当"准确解读法律规定所蕴含的社会主义核心价值观的精神内涵,充分说明社会主义核心价值观在个案中的内在要求和具体语境……将法律规定与中国特色社会主义法律体系、社会主义核心价值体系联系起来,全面系统分析法律规定的内涵,正确理解和适用法律……以社会发展方向及立法目的为出发点,发挥目的解释的价值作用,使释法说理与立法目的、法律精神保持一致……结合现阶段社会发展水平,合理判断、有效平衡司法裁判的政治效果、法律效果和社会效果,推动社会稳定、可持续发展"。

(三)裁判技术与审理技术

与本书重点讨论的一审终局判决中的(狭义)裁判技术相对,笔者认为同样重要的是审理中的技术,两者共同构成一般意义上理解的司法技术或者说审判技能[3]。如前所述,本书理解的(广义)裁判技术包括各类诉讼中的程序性裁判技术,由于其出现在法院审理的过程中,也都是法官在诉讼中行使司法职权所从事的诉讼行为,自然也属于审理技术。诉讼中的裁判技术兼具(狭义)裁判技术和审理技术的特性,一方面能够普遍地借鉴本书重点讨论的、一

---

[1] 试对比民法学的发展,参见王轶:《论中国民事立法中的"中国元素"》,载《法学杂志》2011年第4期,第27~32页。就此也许也可以参考在科学化和全球化程度更高的我国社会学界的学术争鸣,社会学家们就社会学本土化的议题开展了深入且不乏"火药味"的辩论,比如,参见周晓虹:《社会学本土化:狭义或广义,伪问题或真现实——兼与谢宇和翟学伟两位教授商榷》,载《社会学研究》2020年第1期,第16~36页;谢宇:《走出中国社会学本土化讨论的误区》,载《社会学研究》2018年第2期,第1~13页;周飞舟:《行动伦理与"关系社会"——社会学中国化的路径》,载《社会学研究》2018年第1期,第41~62页;边燕杰:《论社会学本土知识的国际概念化》,载《社会学研究》2017年第5期,第1~14页。

[2] 参见许德风:《法教义学的应用》,载《中外法学》2013年第5期,第939~942页。

[3] 比如,参见吴在存、刘玉民、马军编著:《民事审判技能》,中国民主法制出版社2013年版;杨凯:《书记员和法官助理职业技能培训教程》,人民法院出版社2010年版。

审终局判决中的裁判技术(比如法官的说理义务和要件化改造的必要性),另一方面则分享其他审理技术如后详述的特点。不过,由于诉讼中的裁判技术具有中间性,因而有别于终局判决中的裁判技术。

同时,审理技术也包含法官审理好案件不可或缺的,但是并不需要直接就程序性事项作出裁判的法官技术。其中典型的情形,比如法官怎样阅卷、整理审理思路、促成争点的清晰化、〔1〕准备开庭大纲并且调整庭审结构〔2〕,如何观察证人的口头证言、向当事人提问以及与鉴定人配合,如何勘验实物证据,判断克服事实真伪不明状态仍应收集哪些证据、如何确定本案的审理焦点(特别是与作为诉讼中的裁判技术的释明技术相对应:对比2001年《证据规定》第35条和2019年《证据规定》第53条)、怎样撰写审理报告等实操知识(know - how)或者说隐性知识(缄默知识)〔3〕。转而从显性知识来看,法官完善自己的知识体系、在走上工作岗位后保持终生学习,掌握更多的专门知识以减少依赖鉴定人的场合,提高外语能力直接处理国际商事纠纷和涉外争议,属于上述法官技术也不会有太大争议。进而,如果说司法调解也是法院审理的一部分,那么如何在审理中向当事人释法明理,找到能够结合事理、情理与法理的替代性纠纷解决方案,选择合适的委托或委派调解人,同样应当是审理技术的组织内容。〔4〕 更抽象来说,审理技术中也能够包含法官与当事人之间对诉讼推进的共同促进义务,甚至可以在诉讼模式论上思考所谓中国的协同主义,从民事诉讼构造的角度思考是否存在"诉审商谈主义"〔5〕的理论和制度土壤。

先有"审"才能有"判",一审终局判决的裁判技术和前两类审理技术是相辅相成但又有所区别的两项司法技术。无法忽视的是,这两类审理技术对终局判决的裁判技术有明显的支持促进作用。例如,判决说理中证成案件事实

〔1〕 比如,参见黄湧:《民事审判争点归纳——技术分析与综合运用》,法律出版社2021年版;熊跃敏:《民事审前准备程序研究》,人民出版社2007年版,第240~263页。我国台湾地区的讨论,比如,参见邱联恭:《争点整理方法论》,台北,2001年自版发行。

〔2〕 比如,参见傅郁林:《"审"与"判"的逻辑和相应技巧》,载《人民法院报》2011年1月19日,第7版。

〔3〕 比如,参见胡学军、涂书田:《司法裁判中的隐性知识论纲》,载《现代法学》2010年第5期,第93~103页。

〔4〕 比较法上也有这类讨论,参见[日]草野芳郎:《调解技术论》,韩宁、姜雪莲译,中国法制出版社2016年版。

〔5〕 参见段厚省:《诉审商谈主义——基于商谈理性的民事诉讼构造观》,北京大学出版社2013年版。

证明方式与证据评价的前提是法官获得充分的裁判资料，相应地当事人的证明权得到充分保障。在当事人希望通过相关证据证明其事实主张和证伪对方的事实主张，或者因自身力有不逮而需要法官更多协助其收集证据时，关于证据收集的程序性裁判自然应当“粉墨登场”。又如，在审判过程中就开始准备写作裁判文书有助于提高法官的工作效率和裁判质量，[1]良好的审理技术也能为法官提供清晰的审判思路、详尽的诉讼资料以及充分的当事人辩论内容。这些都是撰写优秀裁判文书的必备基础，也是适用裁判技术的前提保障。比如在后文反复讨论的“彭宇案”一审判决书的事实认定问题上，后续无论是在间接证明链条还是经验法则适用模式中不得不解决的论证困难，可能都源于一审法院无论出于主观还是客观上的原因，未能提升审理过程中对事实的发现与澄清，后者正是就疑难案件的化解而言，在审理技术中应当进一步深入探讨的。[2] 毕竟，提高司法裁判的质量，在很大程度上需要落实在庭审的实质化和充实化的基础之上，反射到庭审质效的提高[3]之中。

不过，本书讨论的重点在于裁判说理中如何证成事实认定的结论，相对地不太关心法官从拿到诉答文书、会见当事人到主导法庭庭审的过程中如何得出上述结论。易言之，审判过程和裁判说理之间存在比较明显的区别。[4] 其中最明显的是，法官审理中将使用“先见”锁定可能讨论的请求权基础，特别在

---

[1] 比如，参见杨凯：《寻找从现实生活出发的民商事审判方法》，载《法律适用》2012 年第 1 期，第 12 页。

[2] 比如，一种可能的思路是如同英美法系律师直接询问和交叉询问证人一样，进一步提升我国法官自行或者在双方律师的辅助下询问证人的能力。这方面的尝试，参见孙邦清、史飚：《民事诉讼询问权研究》，中国政法大学出版社 2016 年版，第 158～163 页。

[3] 比如，参见范一：《提高民事诉讼庭审质效的现实进路》，载汪明亮、杨严炎主编：《复旦大学法律评论》第 6 辑，复旦大学出版社 2019 年版，第 154～163 页。

[4] Alexy, a. a. O., S. 282; Hans－Joachim Koch/Helmut Rüßmann, Juristische Begründungslehre, 1982, S. 118；陈景辉：《裁判可接受性概念之反省》，载《法学研究》2009 年第 4 期，第 7～10 页。恩吉施（Engisch）教授从依法裁判的角度反对区分裁判和说理（Karl Engisch, Einführung in das juristische Denken, 10. Aufl., 2005, S. 53 ff.），但他主要批评的是法官出于社会学或者心理学上的原因先定后审并从表面上说理，并没有否认裁判合法做出时审理和说理可能存在的不同侧重。也有观点兼顾两者在心理学上（动机）和时间上的差异。Eckart Ratschow, Rechtswissenschaft und Formale Logik, 1998, S. 124 ff. 此外我国有学者强调在裁判过程中除了应当包含法的发现之外，还需要加入为了更好地发现的检测过程，但后者似乎是法的发现的应有之义。参见李安：《裁判形成的思维过程》，载《法制与社会发展》2007 年第 4 期，第 14～18 页。

疑难案件中应当能够明确需要讨论的法律问题,[1]随后才能确定需要检视或者调查的事实问题。法官在审理中应当依照实体法上的请求权基础/法律关系以及其分解的要件事实,确定本案的证明对象并组织双方就此辩论,进而驾驭审判的方向。但是法官并不一定要把这一过程照搬到判决书上。裁判的产生过程与说理并不直接对应,说理更多只是事后的正当化方式。[2] 这就好比当专业人士需要调查车祸或者空难时,根据事故现场的大致情况能够明确不同的调查方向和重点,同时确定哪些事实情况对于日后的调查没有意义,因而不必分心注意。"不下结论,不等于调查没有目的,不等于没有大致的引导。"[3]从比较的意义来看,前者相当于确定可能的请求权基础以及其中的法律问题,后者则是对生活事实的筛选。但是在事后公布调查报告时,则主要关注真正导致事故发生的原因,对于最初猜想的其他理由则应当视情况而定(比如同行专家和受害人家属是否有不同意见)并简要分析。在我们平常写文章时,思考问题的过程与落笔成文的区别也与此相似。

从其要义出发,审理技术的重点在于法官要不要采取某种诉讼行为,如何做才是合法、正确甚至是值得一般性提倡的,这更多是行为规范意义上的认识。而相应地,在一审终局判决中,需要判断的则是裁判规范,应当如何判断和评价诉讼进程中或积极或消极的诉讼行为。如果我们回到民事诉讼最经典的、就诉讼标的理论的争议,那么法院面对的就是两个不同的审判任务,即在诉讼进行中追求一次性纠纷解决目标、确定审理对象的范围与在判决作出后避免不当限制当事人另行诉讼、认定判决的既判力客观范围。至于此时应否承认某种相对化的诉讼标的识别标准,[4]还是认可原则性规则总有例外,可能正是诉讼标的问题在方法论上经久不衰的焦点所在。

此外,我国未来需要区分的判决模式和意见书模式(国内更常见的直译即鉴定式)这两种民事案例研习的法学教育和司法工作方法,也体现了裁判技术

[1] Engisch, a. a. O., S. 75 f. Fn. 4; Arthur Kaufmann, Das Verfahren der Rechtsgewinnung, 1999, S. 73 f.; Larenz, a. a. O., S. 278 ff. 国内类似分析,参见段厚省、张峰:《证明评价原理——兼及对民事诉讼方法论的探讨》,法律出版社 2011 年版,第 234 ~ 240 页;段厚省:《论民事案件裁判方法——在事实和法律之间探寻》,载《法律适用》2006 年第 5 期,第 26 ~ 30 页。

[2] Reinhold Zippelius, Juristische Methodenlehre, 11. Aufl., 2012, S. 10.

[3] 陈嘉映:《说理》,上海文艺出版社 2020 年版,第 364 页。

[4] 比如,参见陈杭平:《诉讼标的理论的新范式——"相对化"与我国民事审判实务》,载《法学研究》2016 年第 4 期,第 170 ~ 189 页。

与审理技术的差异。[1] 虽然我国法学教育和法律训练中似乎尚未形成上述工作方法，但是从德国的经验来看，这两种方法在法学教育中可以发挥十分重要的作用，值得借鉴。概要而言，在德国，判决模式训练的是法律人撰写裁判的能力，而意见书模式则考察法律人理解并适用法律的能力，两者有所交叉但侧重不同。这里关注的不是这两种工作方法的具体内容或争议，而是判决模式中说理的出发点，即论证判决主文的正当性。因此，裁判只需表明胜诉理由即可，主要采取的是先有结论、后有原因的演绎模式。对于与裁判结果间接相关的法律问题，可以在打草稿时通过辅助报告（Hilfsgutachten）加以说明，[2] 在正式起草中甚至可以置之不理[3]或者只作为旁论发挥参考作用。而在意见书中，起草者则应当就涉及的法律问题充分讨论，通过“先见”确定的就是这些法律问题的范围。此外，虽然在判决中法官也要就一些对于论证主文并非必要的法律问题发表意见，但是这与上述不同模式的基本特点无关。此时法官考虑的重点在于回应当事人的争点，以增强裁判的可接受性。当然，这两种模式下法官都有义务充分关注以学说为代表的法律共同体对法律的理解，自不必多说。[4]

四、裁判技术的价值与功能

作为与法律程序相关的法律技术，裁判技术不仅具有以保障实体正义为目的的外在价值，也具有提升程序正义的内在价值。[5] 就前者而言，裁判技术显然有助于实体权利的实现，同时也有利于实体权利背后的利益分配以及实

〔1〕 Christian Balzer/Bianca Walther, Das Urteil im Zivilprozess, 3. Aufl., 2018, Rn. 341 ff.; Winfried Schuschke/Martin Kessen/Björn Höltje, Zivilrechtliche Arbeitstechnik im Assessorexamen, 35. Aufl., 2013, Rn. 561 ff.; Zippelius, a. a. O., S. 27 f.; Christian Fischer, Topoi verdeckter Rechtsfortbildungen im Zivilrecht, 2007, S. 388 ff.; Michael Huber, Das Zivilurteil, 2. Aufl., 2003, Rn. 377 ff.; Oskar Hartwieg/Hans Albrecht Hesse, Die Entscheidung im Zivilprozess, 1981, S. 146 ff.

〔2〕 Dieter Knöringer, Die Assessorklausur im Zivilprozess, 17. Aufl., 2018, Rn. 6. 12; Huber, a. a. O., Rn. 399 ff.

〔3〕 Walter Zimmermann, Klage, Gutachten und Urteil, 21. Aufl., 2019, Rn. 399 f.; Schuschke/Kessen/Höltje, a. a. O., Rn. 569 ff.; Huber, a. a. O., Rn. 397 f.

〔4〕 较新讨论，比如，参见金枫梁：《裁判文书援引学说的基本原理与规则建构》，载《法学研究》2020 年第 1 期，第 190～208 页。

〔5〕 比如，参见陈瑞华：《程序正义理论》，中国法制出版社 2010 年版，第 134～219 页；肖建国：《民事诉讼程序价值论》，中国人民大学出版社 2000 年版，第 153～477 页。

体裁判技术在诉讼中的落实。[1] 就后者而言,即使不影响最终的实体利益分配,裁判技术也应当有追求完善的必要。无论是对于判决书结构调整的论证还是对合同解除权行使方式的辨析,实际上关系的都是一以贯之的诉讼法理,而与实体法理上的变动无关。归根结底,这些裁判技术的作用都在于提升我国司法的程序正义水准,这也符合我国以公正、高效、权威为目的的社会主义法治的政治要求。

裁判技术也具有不同层面的功能。首先,裁判技术应当服务于诉讼和裁判功能的实现。从诉讼的目的和功能看,无论是实现实体权利还是解决民事纠纷,都属于裁判技术本身的目的和功能。而从裁判的功能看,则可能包括协助当事人理解并接受法院解决纠纷的结果,以及促进法官自查与上诉审法院的复审。[2] 就前者而言,增强裁判的可接受性主要在于通过裁判技术提高向当事人解释裁判的说服力。无论是针对裁判理由[3]中的事实问题[4]还是法律问题,无论是从实体法、程序法[5]还是法哲学[6]角度来看,裁判技术都旨在提供可预见的裁判结果。即使我们考虑法律现实主义思潮下,认为裁判说理无法真正代表法官作出裁判时的真实理由,[7]也不得不承认成熟的成文法体系与裁判技术能够在大多数案件中保证"同案同判"。就后者而言,后文对判决书结构的讨论(本书第三章)正是这一功能指导下的产物。基于对我国实践中判决书说理不足的反思,本书主张在判决书结构中应当引入独立的"本案事实部分",重视当事人的陈述和对诉辩意见的记载。裁判理由应当包括事实认定和法律适用两部分,并为法院的证明评价提供充分的理由。同时,裁判文

---

〔1〕 实现实体权利显然是民事诉讼法的重要目的。Rosenberg/Schwab/Gottwald, a. a. O., § 1 Rn. 9 ff.; Adrian A. S. Zuckerman, *Zuckerman on Civil Procedure: Principles of Practice*, Sweet & Maxwell, 2013, para. 1.5 – 1.8.

〔2〕 对德国情况的介绍:BT – Drucks 7/2729, S. 143; Hans – Joachim Musielak, in: Münchener Kommentar ZPO, Band 1, 6. Aufl., 2020, § 313 Rn. 4 f.。

〔3〕 参见王合静:《论民事判决理由的可接受性》,载《法学评论》2012 年第 4 期,第 134 ~ 139 页。

〔4〕 参见易延友:《证据法学的理论基础——以裁判事实的可接受性为中心》,载《法学研究》2004 年第 1 期,第 99 ~ 114 页。

〔5〕 参见聂长建:《"说者"与"听者"角色转换——司法判决可接受性的程序性思考》,载《政法论坛》2011 年第 2 期,第 122 ~ 131 页。

〔6〕 参见张继成:《可能生活的证成与接受——司法判决可接受性的规范研究》,载《法学研究》2008 年第 5 期,第 3 ~ 22 页。

〔7〕 比如,参见杨贝:《论判决理由与判决原因的分离——对司法虚饰论的批判》,载《清华法学》2016 年第 2 期,第 37 ~ 52 页。

书对我国社会公众的宣示和引导作用也显然不可忽视。因此与德国部分论者的观点不同,不能因为当事人了解裁判的事实基础就忽略对本案事实部分的记录。

除了上述一般性功能外,裁判技术还具有以下更为具体的功能,这也就是采用更为成熟的裁判技术可能带来的效益。首先,裁判技术的丰富有利于当事人意思自由的实现。除了前述与处分权主义和辩论主义相关的诉讼法理都直接体现在裁判技术中外,这里还包括程序选择权的内容。原因在于,裁判技术相对简陋的直接后果就是当事人自主选择的诉讼策略得不到法院准许,比如以自己的名义起诉(当事人适格)、通过中间确认判决扩大判决的既判力范围或者直接引用指导性案例作为理由等。缺失了裁判技术的配套保障,即使在那些应当通过正式司法解决的纠纷中,当事人主义和上述对抗与判定的诉讼结构也难以得到落实。

其次,裁判技术有利于对司法裁量权的规制。如果说程序法的控制模式可以分为条件控制和过程控制,[1]那么裁判技术也应当相应关注裁判的实质要件和程序本身。比如在立案审查中,相关成文规则留下的巨大裁量空间可能使法官出错的机会大大增加。这不仅可能为法官滥用职权寻租大开方便之门,而且可能使法官在面临外界不当压力时没有“趁手”的“挡箭牌”。而对于集实体法大成的《民法典》来说,法官裁量权的问题也同样继续存在。[2] 裁判技术的作用就在于为法官提供示范的流程和规则,将其裁量权控制在法治所必需的限度之内。

再次,裁判技术的提升还有利于法律共同体[3]的进一步完善,夯实不同

---

〔1〕 参见傅郁林:《自由裁量管辖权及其行使——〈美国最高法院受案议程表的形成〉导读》,载《北大法律评论》第11卷第1辑,北京大学出版社2010年版,第312~332页;傅郁林:《司法职能分层目标下的高层法院职能转型——以民事再审级别管辖裁量权的行使为契机》,载《清华法学》2009年第5期,第125页。关于法官裁量权与当事人程序自治权的互动关系,参见傅郁林:《新民事诉讼法中的程序性合意机制》,载《比较法研究》2012年第5期,第55~66页。

〔2〕 比如,参见王成:《〈民法典〉与法官自由裁量的规范》,载《清华法学》2020年第3期,第19~31页。

〔3〕 关于法律共同体的讨论,参见强世功:《法律共同体宣言》,载《中外法学》2001年第3期,第328~339页;张文显等主编:《司法改革报告——法律职业共同体研究》,法律出版社2003年版。强世功教授随后的进一步思考,参见申欣旺、强世功:《再论法律共同体:超越与重构》,载《财经》2013年第32期,第84~89页;强世功:《迈向立法者的法理学——法律移植背景下对当代法理学的反思》,载《中国社会科学》2005年第1期,第112~114页。

法律职业或者本职业内的对话基础。判决书的一个主要受众群体当然是法律共同体的成员。[1] 而法律人共同体之所以成为共同体，其根基在于法律人之间充分的交流与相互促进。如果说法学研究者相互交流的工具是学术论文、授课（无论是线下课堂还是网上公开课）和演讲，那么法官在实务中则主要以裁判的形式与学者和其他法官沟通。一份考究的裁判，必然需要在事实问题、法律问题、裁判形式以及说理上满足裁判技术的要求。当裁判涉及学术研究中存在争议的问题时，法官充分说理的意义不仅在于说服各执一词的双方当事人并保障裁判本身的正确性，也在于与其他研究者和法官互动。法官在个案丰富的事实背景信息基础上发表自己的观点，为其他研究者贡献了进一步思考与辩驳的素材，也为其他法官提供了加以比较与区分的参考，进而提高学术研究的深度并完善法官的裁判能力和技巧。而且，一个职业应当以共同的智识和技能作为重要的划分标志，裁判作为司法过程的核心环节和司法结果的最终载体，裁判技术的同质化将充分保障统一司法功能的实现。所谓的法学通说，也应当建立在这一法教义学商谈的基础上，体现在各类法律人充分互动的过程之中，而不是某一权力意志武断的结果。[2] 随着这一过程的循环往复，事实与法律问题所涉及的价值冲突、原则例外、考量因素都必然得到充分的展示与发掘，经年累月才能造就中国法学的深化与兴盛。[3]

最后，运用裁判技术有助于增强法院向社会公众解释法律的能力，并加快从裁判规范向行为规范的转变。除了当事人和法律共同体的成员之外，裁判同时也面向一般的社会公众。[4] 在传统媒体、自媒体的“广而告之”与“推波助澜”之下，裁判的公共效果更可能被近乎无限地放大。裁判技术此时不仅决定裁判结论的形成和说理的组织，也影响通过裁判解决纠纷的效果。裁判技

---

〔1〕 参见王亚新：《裁判文书释法说理与提升司法公信力》，载《人民法院报》2018 年 6 月 16 日，第 2 版；魏伟：《判决书写作模式再思考——以理论重构和制度保障为视角》，载《东方法学》2008 年第 4 期，第 147 ~ 148 页；苏力：《判决书的背后》，载《法学研究》2001 年第 3 期，第 15 ~ 16 页。

〔2〕 比如，参见黄卉：《论法学通说》，载《北大法律评论》2011 年第 12 卷第 2 辑，北京大学出版社 2011 年版，第 334 ~ 382 页。

〔3〕 苏力教授略为夸张地称为“法学界、司法界的策略”，参见苏力：《判决书的背后》，载《法学研究》2001 年第 3 期，第 17 ~ 18 页。

〔4〕 参见魏伟：《判决书写作模式再思考——以理论重构和制度保障为视角》，载《东方法学》2008 年第 4 期，第 147 ~ 148 页；苏力：《判决书的背后》，载《法学研究》2001 年第 3 期，第 14 ~ 16 页；傅郁林：《民事裁判文书的功能与风格》，载《中国社会科学》2000 年第 4 期，第 124 页。

术的这种效果尤其以相统一的政治效果、社会效果和法律效果为代表，在民商事案件中也突出体现为对商业社会和市场经济的影响。[1] 以引起社会广泛争议的“彭宇案”为例，南京政法机关在明知该案一审的过程和判决都已经引起了社会广泛关注和讨论的情况下，仍然促使当事人以和解撤诉并保密方式结案，其做法很值得探讨与反思。固然纠纷解决是现阶段法院的工作重点之一，但是促进法治社会的形成、为社会公众还原争议事实真相并塑造社会规范，同样也是人民法院的固有使命。在笔者看来，在本案中恰恰更应当通过判决的方式向社会公示纠纷解决的结果。[2] 法律人只有通过有效应用裁判技术、加强裁判的说理能力，而不是盲目屈服于“道德审判”、“媒体审判”、“网络审判”和“公众判意”，才能说服社会公众接受司法判决。[3] 即使在疑难案件中，裁判的可接受性也无法直接通过附和公众意见的方式实现，[4] 相反地，需要将公众意见中包含的价值判断纳入既有的法解释学和裁判技术。[5] 后果衡量、利益衡量以及一般常识[6] 本身并非“法外之地”，而当然可以是法解释学的组成部分。特别是在我国司法机关地位不高、权威时常受到挑战的现状下，上述对

[1] 参见侯猛：《司法的运作过程：基于对最高人民法院的观察》，中国法制出版社 2021 年版，第 18～28、180～186、220～222 页。

[2] 类似批评，参见傅郁林：《当信仰危机遭遇和谐司法——由彭宇案现象透视司法与传媒关系》，载《法律适用》2012 年第 12 期，第 2 页；张卫平：《司法公正的法律技术与政策——对“彭宇案”的程序法思考》，载《法学》2008 年第 8 期，第 151～152 页。

[3] 从不同侧面出发，警惕愈加发达的法律体系和法律技术对民众接近法律的阻碍作用的观点，比如，参见刘思达：《当代中国日常法律工作的意涵变迁（1979—2003）》，载《中国社会科学》2007 年第 2 期，第 104～105 页。

[4] 参见陈景辉：《裁判可接受性概念之反省》，载《法学研究》2009 年第 4 期，第 3～17 页。相反更强调公众判意对于司法的积极作用的观点，参见顾培东：《公众判意的法理解析——对许霆案的延伸思考》，载《中国法学》2008 年第 4 期，第 167～178 页。

[5] 参见周国兴：《审判如何回应民意——基于卢埃林情景感理论的考察》，载《法商研究》2013 年第 3 期，第 9 页；于晓青：《司法裁判中的法理与民意》，载《法商研究》2012 年第 5 期，第 134～141 页；陈林林：《公众意见在裁判结构中的地位》，载《法学研究》2012 年第 1 期，第 104 页（进一步针对基层法官的实验研究，参见陈林林：《公众意见影响法官决策的理论和实验分析》，载《法学研究》2018 年第 1 期，第 18～35 页）；苏力：《法条主义、民意与难办案件》，载《中外法学》2009 年第 1 期，第 108～110 页；孙笑侠、熊静波：《判决与民意——兼比较考察中美法官如何对待民意》，载《政法论坛》2005 年第 5 期，第 55～56 页。与本文不同，也有观点直接将答案指向司法组织、程序方面的制度变革，参见朱立恒：《法院裁判与民意冲突的法理解析》，载《政治与法律》2011 年第 4 期，第 84～88 页。

[6] 比如，参见任强：《司法方法在裁判中的运用——法条至上、原则裁判与后果权衡》，载《中国社会科学》2017 年第 6 期，第 134～141 页。

判决方式的坚持和对裁判技术的重视就更加重要。裁判技术是形式理性基础上的法治的组成部分,法官对当事人之间实体利益分配“背书”,使当事人能够经由裁判技术的普遍性意识到,无论结果是否有利于自己,但正义已经得到实现,从而欣然或者不得不接受个案判决宣示的社会规范。固然以《民法典》为代表的立法本身也是宣传法治精神并回应社会关切的重要途径,但是立法与司法的良性合力更是法治建设的题中应有之义。

第二章

民事裁判技术的运作环境

在民事裁判技术的本体论之外，其所处的背景性因素也必然发挥不可忽视的影响，这主要包括司法制度和诉讼机制两方面。在司法制度方面，司法调解、法院组织、司法公开以及以涉诉信访为代表的非法治因素值得关注。在诉讼机制方面，也应当关注诉讼程序的不同阶段与其相应裁判技术的互动关系，并且认识到繁简分流与程序分类的司法改革目标也可能影响裁判技术的适用范围。本章的目的是，在初步完成对裁判技术的内部观察之后，转而从外部视角追问与裁判技术相关的其他因素，同时发现这些因素对裁判技术可能产生的影响。

一、司法制度中的裁判技术

（一）司法调解

由于司法调解对裁判技术产生最直接和深刻的影响，笔者一反通常先讨论司法组织法、后思考具体制度的研究进路，首先关注当下这一与裁判并列的纠纷解决方式。成功的司法调解可以直接免去法官适用调解以外的诉讼法理和在裁判文书中说理的义务，也否定了现代司法结构中对抗的必要性，[1]对于裁判技术来说尤其值得关注。特别是，我国实务中长期以来也特别重视包括司法调解在内的各类和解调解机制，不时在这一领域中“推陈出新”，[2]这显然也不需笔者就此过多着墨。囿于主题，本书将不专门讨论与司法调解相关的理念和技术问题。值得注意的是，每一种纠纷解决方式都应当寻求解决相适应的纠纷，[3]片面追求某种方式使用频率的畸高都将限制司法功能的最大

---

〔1〕 不过，此时仍应重视司法调解与审判在我国制度下的相似之处。参见李浩：《查明事实、分清是非原则重述》，载《法学研究》2011 年第 4 期，第 120～135 页。也有观点以“事实清楚”“分清是非”的调解标准多元化为基础，试图实现诉讼调解的程序分流。参见陆晓燕：《“裁判式调解”现象透视——兼议“事清责明”在诉讼调解中的多元化定位》，载《法学家》2019 年第 1 期，第 101～111 页。

〔2〕 这里仅以 2022 年 1 月 1 日起施行的《人民法院在线调解规则》与 2020 年 1 月 15 日同时发布的《繁简分流试点办法》关于司法确认程序第二部分和最高人民法院《关于进一步完善委派调解机制的指导意见》为例。

〔3〕 参见潘剑锋：《论民事纠纷解决方式与民事纠纷的适应性》，载《现代法学》2000 年第 6 期，第 59～62 页。

化。[1] 曾几何时的“调解优先”政策既应当受到“调判结合”的限制,[2] 又只能在当事人同意的前提下发挥实际功效,[3] 否则仍难以达到实质化解纠纷的目的。至于该政策是部分推翻了“对抗与判定”理念后引入的“新的秩序形成机制”,抑或仅仅重申了“在基层法院大量的日常性纠纷处理过程中仍尽可能地保持我国原有诉讼审判方式的特点或优点”,[4] 还需要更长时间的观察和更多实证资料的支持。[5] 从理念上看,这也大致上承继了儒家经典“中行”“狂狷”(《论语·子路》)的思路。正所谓“兼乎狂狷者,则中道也。中道者,时狂则狂,时狷则狷者也”,而不是如调解型裁判般“以谓中道者,乃得乎狂狷之中,不过偏狂,不过偏狷;于是模棱进退,两无所据”。[6] 在西方发达国家中,对调解等机制的强调一方面建立在普通程序发展业已完备甚至过于烦琐、耗时和昂贵的基础上,另一方面也侧重于专业化调解机制的深化和纠纷解决机制选择的丰富[7]。我国多年来以人民调解、诉调对接等为关键词的制度发展,由于动机和关注点的不同,[8] 既无法简单借用西方的趋势加以证成,又难

---

[1] 纵观中华人民共和国成立以来审判与调解关系的变迁,最经常发生的恰恰是对某一种方式的不当强调,导致实务中法院在纠纷解决的规律与司法政策的导向间无所适从。参见潘剑锋、刘哲玮:《论法院调解与纠纷解决之关系——从构建和谐社会的角度展开》,载《比较法研究》2010 年第 4 期,第 70~81 页。

[2] 参见李浩:《调解归调解,审判归审判:民事审判中的调审分离》,载《中国法学》2013 年第 3 期,第 5~18 页。

[3] 参见吴英姿:《“调解优先”:改革范式与法律解读——以 O 市法院改革为样本》,载《中外法学》2013 年第 3 期,第 555 页;范愉:《“当判则判”与“调判结合”——基于实务和操作层面的分析》,载《法制与社会发展》2011 年第 6 期,第 51 页;李浩:《理性地对待调解优先——以法院调解为对象的分析》,载《国家检察官学院学报》2012 年第 1 期,第 120~121 页;章武生、肖国玉:《法院调解与判决的关系》,载《政法论坛》2012 年第 6 期,第 168~174 页。

[4] 王亚新:《对抗与判定——日本民事诉讼的基本结构》,清华大学出版社 2010 年版,“序章”第 6~8 页。

[5] 在我国语境下对上述调解与裁判关系的深入分析,参见吴英姿:《“调解优先”:改革范式与法律解读——以 O 市法院改革为样本》,载《中外法学》2013 年第 3 期,第 544~554 页。

[6] 参见钱穆:《四书释义》,九州出版社 2010 年版,第 53 页。

[7] See Thomas Stipanowich & Veronique Fraser, *The International Task Force on Mixed Mode Dispute Resolution: Exploring the Interplay between Mediation, Evaluation and Arbitration in Commercial Cases*, 40 Fordham International Law Journal 839 (2017).

[8] 对于诉调对接机制下本土基础和具体运行的细致讨论,参见潘剑锋:《民诉法修订背景下对“诉调对接”机制的思考》,载《当代法学》2013 年第 3 期,第 102~111 页。

以改善司法的正当性困境。[1] 至少在总体上,我国的民事司法仍然需要从细节上强化条件控制和过程控制。过分强调调解替代判决的功能不利于制度建设的完善,[2] 如果调解强制前置则更可能妨碍本已不畅的司法救济途径(《民事诉讼法》第125条但书)。[3] 就此而言,对于裁判技术的研究也需要以司法调解甚至更广的和解调解制度为参照系。[4]

(二)法院组织

适用裁判技术的主体是抽象的法院和具体的法官,因而法院组织的具体情况会影响裁判技术在实践中的适用状况。这首先体现在法官本身的素质上。裁判技术的水平与法官的专业性知识和一般性知识的素养直接相关。较好地适用裁判技术的前提是,法官不仅要掌握以民事之诉理论为代表的诉讼法理,而且也要正确适用实体法理,并且充分有效地对其展开论证。[5] 与提供裁判技术范本的大陆法系司法现状相比,裁判技术与转型期司法现状,特别是法官队伍的现状在我国成为相对突出的问题。虽然整体来看,长期以来,我国

---

[1] 参见陈杭平:《论中国法院的"合一制"——历史、实践和理论》,载《法制与社会发展》2011年第6期,第65页。此外,以调解为主的研究主题还加剧了研究者与实务界之间的分离趋势,并引发学者对于本学科学术自主性的反思。参见王亚新:《民事诉讼法二十年》,载《当代法学》2011年第1期,第5~6页;张卫平:《民事诉讼法学:滞后与进步》,载《法学研究》2011年第6期,第42~43页。

[2] 比如,参见叶肖华:《零判决现象的反思与批判》,载《政法论坛》2015年第3期,第155~163页。

[3] 参见李浩:《先行调解性质的理解与认识》,载《人民法院报》2012年10月17日,第7版;曹志勋:《立案程序的修改:司法现实与理论设想》,载《中国社会科学报》2012年5月9日,A07版。相反观点,参见汤维建、齐天宇:《漂移的中国民事调解制度》,载《比较法研究》2012年第5期,第86~88页;唐力:《在"强制"与"合意"之间:我国诉讼调解制度的困境与出路》,载《现代法学》2012年第3期,第94页。

[4] 放眼其他社会科学的研究可见,司法制度的运行更是离不开对司法外制度的参照和评估。比如,对美国立案事实标准与案件选择效应的分析:Jonah B. Gelbach, *Locking the Doors to Discovery? Assessing the Effects of Twombly and Iqbal on Access to Discovery*, 121 Yale Law Journal 2270 (2012)。另参见黄国昌:《刑事第二审制度变革之影响评估——一个实证考察之分析模组》,载黄国昌主编:《2008司法制度实证研究》,台北,台湾地区"中央研究院"法律学研究所筹备处2009年版,第447~495页。

[5] 相对而言,我国要求法官裁判同时取得法律、社会和政治层面的良好效果,无疑对法官提出了较适用裁判技术更高的要求。比如朱苏力教授就认为,面对中国复杂的司法问题,即使不是从意识形态而是从实用主义的角度出发,法官也应当具有更高的智慧、积极性和创造性。参见苏力:《审判管理与社会管理——法院如何有效回应"案多人少"?》,载《中国法学》2010年第6期,第168页。

法官的素质处于上升态势,但是在实践中各种理论误解和便宜做法仍然在相当大的程度上存在,这也阻碍了裁判技术水平的进一步提升。这当然不是苛求法官对裁判技术和裁判质量不高负责,法学研究、法学教育和司法培训等方面的欠缺都是其不足的主要促因。在学界尚未发展出成熟的裁判技术,当学者尚未能预见问题的可能发生并提供初步的分析,当既有研究成果无法及时、广泛地在司法系统中传播时,仅凭法官的努力当然不能力挽狂澜。但是,既然裁判的主体是法官,那么最直接制约裁判技术适用的也当然只能是法官群体。

大体而言,更为理论化、抽象化的裁判技术较容易被新一代法官(科班出身、学历较高、从业时间有限)接受,相反地,对于部分资深法官(长期依托自身社会阅历和经验办案)来说吸引力则大打折扣。资深法官甚至受制于路径依赖,难免抱有怀疑甚至抵触的心态。实际上,这种代际差异广泛体现在各类问题中,比如法官对司法调解、司法平民化等司法政策的看法,常常也以法官自身习惯及优势为标准体现出明显差异。即便不考虑当下和随后一段时间内法官群体发生的自然代际更替,笔者仍然认为,裁判技术是裁判中的一般工具和方法,应当普遍地适用于所有审判法官。本书主张的裁判技术显然并非要否定资深法官基于长期审判经验形成的司法直觉,更无意挑战人情练达之下的司法利益衡量,而仅仅希望法官能够遵循统一的思维方式和说理方法。在依法审判原则下,法官不仅应当遵循裁判技术适用法律,亦需要以裁判技术为依托发现事实,如此才能尽可能避免由于人类固有的认识局限导致的错误判断。即使仅从客观真实的角度来看,虽然生活经验能够确保法官在大多数情况下做出与客观情况相符的事实认定,但是根据管理学上的所谓墨菲定律,错误的发生仅是时间和概率的问题。在这种情况下,必须引入其他外部机制来提醒甚至降低发生错误的可能性,比如证据裁判主义、自由心证主义以及相关的证明机制。甚至,由一般道德延伸而来的法官职业良知配合有限的司法责任制,[1]也可能成为解决部分疑难案件的实用手段。另外,一些裁判技术还有助于厘清法官裁判权的边界,比如重塑立案法官与审判法官之间的权责或者后诉法官受前诉判断及当事人申请约束的范围,因此也是必须强调的。

其次,法院在社会中的权威性和社会对司法机关普遍的信心程度也会影

〔1〕 比如,参见陆永棣:《法官良知在司法责任制背景下的展开》,载《现代法学》2020年第3期,第14~28页。

响裁判技术在实践中的适用状况。司法公信力的高低,直接影响着当事人和社会公众对裁判的接受程度,也影响着司法对裁判技术的需求。在司法裁判得到各方完全信赖的理想情况下,裁判技术甚至毫无用武之地。此时,只要由某个有权机关判定是非曲直、分清责任即可,英美法系的陪审团裁判就提供了一个鲜活的例证。与之相反,在各方将信将疑甚至不信任法院的状态下,只有符合裁判技术的裁判才能(部分)消除他们的怀疑,因为裁判技术背后的诉讼法理和实体法理代表一视同仁的抽象法治规则,而说理要求则保证裁判结果符合理性的精神。[1] 当然,与法官素质的问题相同,我国社会转型期中,法院公信力的缺失也不能完全归责于法院。法院在我国纠纷解决机制中担当的尴尬角色以及社会转型中矛盾的多样化和激化,都是不可回避的背景性因素。在普遍认可的"案多人少"的司法现状下,无论是向内部挖掘潜力还是向外疏导压力,都可能制造新的困难,而对其规范化的过程同样会生成新的挑战。[2]

最后,反专业化的司法职权配置和法院行政配置会对裁判技术在实践中的适用产生消极影响。这里不仅涉及通常的审判任务,而且也与适应专门审判的裁判技术有关。就前者而言,根本问题是如何理解与贯彻中国特色的依法独立行使审判权原则。在目前人民法院依法独立行使审判权的基本思路下,[3]一些案件的实际"裁判者"并非亲身审理案件的合议庭成员。这样,从口头、言词诸诉讼原则来看,由于这些"裁判者"接触的裁判素材明显有限,其依法运用裁判技术的能力必然大打折扣。而对作为形式上的裁判者、出现在裁判文书上的合议庭成员而言,无论是从说理的积极性还是无法披露裁判真实原因的角度看,让其提高裁判理由的质量和适用裁判技术的水平更常常是

[1] 类似观点,参见王亚新:《裁判文书释法说理与提升司法公信力》,载《人民法院报》2018 年 6 月 16 日,第 2 版。

[2] 参见于龙刚:《人民法院立案环节的压力化解策略及其改革》,载《现代法学》2019 年第 5 期,第 23 ~ 35 页。

[3] 比如,参见陈光中:《比较法视野下的中国特色司法独立原则》,载《比较法研究》2013 年第 2 期,第 1 ~ 12 页。

勉为其难。在合议庭意见与院庭长、审判委员会或者专业法官会议[1]意见相左的案件中，上述问题可能更为突出。对于这些案件来说，裁判技术的发展在整体上受到严重影响恐怕是自然的结局。还比如在法官员额制改革之前，实践中由于种种原因，实际办案法官在整个法官队伍中的比例并不算很高。很多法官从事行政工作，很多优秀法官晋升为领导而办案数量锐减甚至不再办案，还有一些态度消极的法官甚至通过长期请病假等方式不参与工作。即使在审判一线活跃的法官，也还要面临助手不足、审判外社会活动繁多、审判管理复杂等现实难题。[2] 法官资源难以优化配置，直接后果就是实际从事审判工作的法官没有足够时间和精力对案件深入思考、对裁判文书精雕细琢。这种情况下，裁判出错的可能性大大增加，发展裁判技术的机会就更是微乎其微。在司法责任制和员额制改革之后，上述情况得到了一定程度的改观，但是又产生了新的情况（如是否存在法官离职潮[3]）和问题[4]。无论如何，司法职权配置与法官制度都是影响裁判技术运作效果的重要一环。

就后者而言，这里仅以未来将面对越来越高专业化要求的商事诉讼为例。从比较法的经验看，基于引入专门知识和加速诉讼程序的需要，专门商事裁判

---

〔1〕 2021 年 1 月，最高人民法院发布《关于完善人民法院专业法官会议工作机制的指导意见》（法发〔2021〕2 号），规定了规模不同的专业法官会议制度，并且代替了最高人民法院《关于健全完善人民法院主审法官会议工作机制的指导意见（试行）》（法发〔2018〕21 号）。同时，2021 年 9 月发布的《关于完善四级法院审级职能定位改革试点的实施办法》（法〔2021〕242 号）第 18 条和第 19 条，也就最高人民法院审判权力运行机制的完善与跨审判机构的合议庭和专业法官会议的组成提出了进一步改革要求。

〔2〕 相关分析，参见何帆：《法官多少才够用》，载《人民法院报》2013 年 6 月 7 日，第 5 版（主张通过法官员额制推进改革）。

〔3〕 比如，参见张青：《基层法官流失的图景及逻辑：以 Y 省部分基层法院为例》，载《清华法学》2018 年第 4 期，第 48～67 页；李浩：《法官离职问题研究》，载《法治现代化研究》2018 年第 3 期，第 1～13 页；刘斌：《从法官“离职”现象看法官员额制改革的制度逻辑》，载《法学》2015 年第 10 期，第 47～56 页。

〔4〕 比如，参见吴洪淇：《司法改革与法律职业激励环境的变化》，载《中国法学》2019 年第 4 期，第 165～185 页；陈瑞华：《法官员额制改革的理论反思》，载《法学家》2018 年第 3 期，第 1～14 页；傅郁林：《司法责任制的重心是职责界分》，载《中国法律评论》2015 年第 4 期，第 169～174 页。

组织的设计得到了广泛认同。[1] 目前世界上有数十个国家和地区设置了不同程度的商事专门法院或法庭。[2] 我国也于 2018 年建立了国际商事法庭及配套的"一站式"国际商事纠纷解决机制,[3] 在 2021 年 3 月专门组建成立了北京金融法院。然而,即使安排了独立的商事审判庭专门处理商事案件,也不一定能满足上述需求。法院在各庭间分配案件主要考虑的是案件工作量和法院管理的便利,实践中被认为主要负责商事案件的民二庭(这当然也可能发生在不同法院中被进一步细分的民某庭)也可能同时负责审理土地承包纠纷、劳动争议、申请撤销国内仲裁、申请复议等工作,这一分类与商事案件的专门性并无关系。甚至,一些案件负担重的法院在年底突击结案时,[4] 常常临时借调刑庭、行政庭的法官审理民商事案件。虽然理论上尚未出现就仓促上阵的其他法官能否胜任问题的实证研究,[5] 但是至少从实体法学者对法官缺乏"商事理念"的担心[6] 来看,对借调法官处理商事案件能力的怀疑也并非全无依据。原因很简单,即使是有丰富民事审判经验的法官也可能不适应商事案件的特殊性,比如在营业损失认定、商事登记、经营权保护等商事裁判中误用民事法

---

〔1〕 比如,参见[美]劳伦斯·鲍姆:《从专业化审判到专门法院》,何帆、方斯远译,北京大学出版社 2019 年版;曹志勋:《商事审判组织的专业化及其模式》,载《国家检察官学院学报》2015 年第 1 期,第 121 ~ 130 页。进一步反思我国专门法院建设中的地方化并强调司法规律的观点,参见吴英姿:《治理能力现代化视域下的专门法院建设》,载《法治现代化研究》2021 年第 3 期,第 47 ~ 60 页。

〔2〕 See William Blair, *The New Litigation Landscape: International Commercial Courts and Procedural Innovations*, 9 International Journal of Procedural Law 212 (2019); Marta Requejo Isidro, *International Commercial Courts in the Litigation Market*, 9 International Journal of Procedural Law 4 (2019); Lee Applebaum, *The Steady Growth of Business Courts*, in Carol R. Flango, Amy M. McDowell, Charles F. Campbell & Neal B. Kauder eds., Future Trends in State Courts 2011, National Center for State Courts, 2011, p. 74.

〔3〕 最高人民法院《关于设立国际商事法庭若干问题的规定》(法释〔2018〕11 号)。相关讨论,参见何其生:《大国司法理念与中国国际民事诉讼制度的发展》,载《中国社会科学》2017 年第 5 期,第 123 ~ 146 页。

〔4〕 笔者在中部地区某法院若干年前的调研中也发现,如果法院领导认为今年某些庭的案件特别多可能无法及时结清,比如《劳动合同法》实施后劳动案件陡增,就会出于绩效考核的需要在年中改变案件分配规则,让其他审判庭实际审理名义上挂有民商事审判庭案号的案件。

〔5〕 考虑到法院内部的人员流动,这可能也包括原来从事过商事审判、后来调换岗位的法官,但是在整体上仍无法回避对法官专门审判经验的质疑。

〔6〕 参见叶林:《商法理念与商事审判》,载《法律适用》2007 年第 9 期,第 17 ~ 20 页。

理,[1]更遑论临时借调自刑庭和行政庭的法官。因此,上述法官配置方面可能存在的不足,将直接影响商事个案中相应裁判技术的适用和发展。

(三)司法公开

司法公开可能具有更广的内涵,比如包括审判流程公开、庭审活动公开、裁判文书公开、执行信息公开的“四大平台”,本书讨论的裁判文书公开只是其宏大版图中的重要一环。就此而言,最高人民法院于 2013 年 11 月 21 日公布了《互联网公布裁判规定》。在取代 2010 年公布的同名规定的同时,新规定加强了对于原始文书必须网上公开和利用统一平台检索的要求(《互联网公布裁判规定》第 4 条、第 9 条、第 12 条)。上述规定回应了社会各界特别是法学界对司法信息公开[2]和作为静态司法公开的裁判文书公开[3]的呼声,也延续了最高人民法院和各地法院[4]在司法公开领域的长期努力。虽然在制度执行过程中出现了各种技术上的困难和障碍,最高人民法院坚持贯彻该制度的决心似乎并未发生变化,其于 2016 年再次修改并重新发布了同名的规定。随后,最高人民法院、各级法院对电子诉讼制度的引入和深入发展[5],在某种程度上代表了中国司法改革的一个突出特点,甚至有望对西方法治发达国家实现“弯道超车”。不仅裁判文书收集和发布的广度得到了较大程度的保障(虽然各地有不小差异[6]),而且从搜索等数据库功能对用户的友好度以及数据库访问的稳定性等技术角度来看,裁判文书公开制度一直在以可见的速度中

---

[1] 参见樊涛:《我国商事审判制度的反思与重构》,载《河北法学》2010 年第 2 期,第 146 页;王建文:《中国商事司法实践中的法律适用:困境与出路》,载《现代法学》2010 年第 5 期,第 146 页。

[2] 参见李荣珍、黄永锋:《法院司法信息公开的初步研究》,载《法学杂志》2013 年第 4 期,第 105 ~ 114 页;谭世贵:《论司法信息公开》,载《北方法学》2012 年第 3 期,第 76 ~ 84 页。

[3] 比如,参见蒋惠岭、龙飞:《香港澳门的司法公开制度与启示》,载《法律适用》2013 年第 4 期,第 43 页;蒋大兴:《“法官言说”:问题意识、特殊知识与解释技艺》,载《法学研究》2011 年第 6 期,第 46 ~ 47 页;北京市第一中级人民法院课题组、王明达、吴在存:《关于加强司法公开建设的调研报告》,载《人民司法·应用》2009 年第 5 期,第 45、47 页。

[4] 最典型的比如河南省高级人民法院在 2009 年就公布施行了《关于裁判文书上网公布工作的实施意见》,在辖区内原则上要求所有裁判文书上网公开。

[5] 比如,参见郑飞、杨默涵:《互联网法院审判对传统民事证据制度的挑战与影响》,载《证据科学》2020 年第 1 期,第 59 ~ 71 页;周翠:《互联网法院建设及前景展望》,载《法律适用》2018 年第 3 期,第 38 ~ 43 页;王福华:《电子诉讼制度构建的法律基础》,载《法学研究》2016 年第 6 期,第 88 ~ 106 页。

[6] 比如,参见唐应茂:《领导意愿、机构能力和司法公开——北京、上海、广东裁判文书上网率的初步研究》,载《中国法律评论》2018 年第 6 期,第 90 ~ 102 页。

不断被改良。2019 年发布的最高人民法院《关于深化人民法院司法体制综合配套改革的意见——人民法院第五个五年改革纲要(2019—2023)》中也继续强调,“升级中国裁判文书网,提升上网裁判文书技术处理自动化智能化水平,着力提升用户体验。加强裁判文书数据资源研究利用……”呼应前述统一平台检索的要求以及进一步利用数据资源的设想,最高人民法院《关于统一法律适用加强类案检索的指导意见(试行)》第 3 条也提出“承办法官依托中国裁判文书网、审判案例数据库等进行类案检索,并对检索的真实性、准确性负责”的规定。

裁判文书的公开可以在两方面影响裁判技术的发展。一方面,上述公开义务的出现将显著扩大外界获得裁判文书的范围和数量,并且同时降低获取实务资料的难度。近亿份各类裁判文书的公布,不仅可以为研究者提供个案研究、分类研究甚至量化研究的素材,便于研究者对实践中出现的新问题迅速反应,通过进一步论证或批评增强法律人对相关法律问题的理解,而且也为法律人共同体的自主生长提供了必备的重要养料。上网的“海量”案件,甚至可以催生不同于指导性案例(本书第七章)参照机制的自发生长。〔1〕另一方面,公开义务也将成为法官提高自身裁判技术的助推剂,一旦上网就将面对其他法律人的专业审视和社会公众的直觉评价。纵使公众信任被实证研究认为对司法公开程度没有影响,而只有权威和市场化水平与司法公开程度存在正向关系,〔2〕相信在数量上越来越多同时也越来越深入的法律研究,终能获得无法被无视的地位。这样,除了借着这股司法政策的东风提高自身积极性之外,法官也只有尽可能提高自己适用裁判技术的能力,才能尽可能降低判决生效后被挑错的可能性,进而避免在审判管理中承受不利后果。因此对裁判技术来说,上述司法公开领域的推进无论从哪个角度看都是好消息,同时当然也从各个方面督促和促成裁判技术的进化。

---

〔1〕比如,参见顾培东:《判例自发性运用现象的生成与效应》,载《法学研究》2018 年第 2 期,第 76～96 页。侯猛指出,“援引判决的书面化……也是使裁判更制度化和规范化的过程……不是在判决书中直接引证,可能带来更多的管理成本和判决规避”。侯猛:《司法的运作过程:基于对最高人民法院的观察》,中国法制出版社 2021 年版,第 128 页。关于引证判决相较于适用司法解释的比较优势,参见侯猛:《司法的运作过程:基于对最高人民法院的观察》,中国法制出版社 2021 年版,第 102～108 页。

〔2〕参见唐应茂:《司法公开及其决定因素:基于中国裁判文书网的数据分析》,载《清华法学》2018 年第 4 期,第 35～47 页。

(四)涉诉信访

涉诉信访制度也可以归入广义上的司法制度范畴。与西方由法院承担最终救济功能[1]的理解不同,我国目前将纠纷解决的权力还分配给了法院以外的机关(比如党的有关机构,而各类信访机构也分享一定程序性、流程性权力),这些权力主体提供的纠纷解决方案不仅不受司法审查的限制,而且可能成为终局司法裁判之后的救济途径。从制度效果看,涉诉信访与司法的关系是尴尬的:一方面,当事人眼中"有效"的涉诉信访确实可以实现某种司法外救济,在部分个案中促成的结果可能更贴近权利的客观状况和正义;另一方面,部分"有效"的涉诉信访进一步稀释了司法机关本已十分有限的权威性、独立性与(部分)案件的既判力,牵扯了大量本可以用在司法主业上的司法资源,更常常掩盖了绝大多数信访案件都是"无效"的这一残酷事实。[2] 在这样的背景下,涉诉信访也许能够在少量案件中与本书倡导的、加强裁判技术的方案在客观效果上殊途同归,但是从目标设计和整体、长远效果上来看,其还是与裁判技术的思路无法兼容。不过从另一个角度看,涉诉信访的广泛存在恰恰表明了司法公信力不高,而裁判技术的发展程度不高也可能是其中的一个重要原因。倡导裁判技术的目的也在于为社会公众提供满意的司法服务和司法纠纷解决途径,增强司法公信力以减少当事人对审判工作和裁判结果的不满。随着司法服务质量的提高,非常规的涉诉信访途径自然也将逐渐退出历史舞台。

囿于主题,本书无意深入讨论与涉诉信访制度相关的实质问题,而仅仅关注涉诉信访与裁判技术可能的互动关系。无论未来是整合甚至扩大信访权力[3]或者实施信访责任追究机制,[4]将信访制度作为现代法治的过滤、补充

---

[1] 关于司法最终救济功能的详细讨论,参见傅郁林:《多层次民事司法救济体系探索》,载《当代法学》2013 年第 2 期,第 105~115 页。

[2] 比如,参见张敏、戴娟:《困惑与出路:转型期法院涉诉信访制度的理性探究》,载《法律适用》2009 年第 6 期,第 72 页。

[3] 参见季卫东:《上访潮与申诉制度的出路》,载《二十一世纪》2005 年第 3 期,第 83~84 页。

[4] 参见林荫茂:《信访工作责任追究制若干问题思考》,载《法学》2007 年第 2 期,第 26~32 页。

和疑难处理机制的特殊行政救济制度[1]或要求规范、完善信访权的行使,[2]还是在渐进改革后最终废除信访制度,[3]现阶段都需要思考裁判技术理论如何应对这一司法现状。这里最突出的问题即生效判决与涉诉信访的关系。在现有司法制度框架下,应将涉诉信访中的问题纳入既有审判监督程序的轨道并且为其提供明确的程序性规范。[4]

二、诉讼机制中的裁判技术

(一)诉讼程序不同阶段的影响

1. 诉答阶段

一审诉讼程序大致可以分为诉答、审前和庭审三个阶段。在诉答程序中需要就诉讼的形式要件和实质要件做出判定,因而需要对相应的裁判技术进行研究,而诉答程序的结构和功能又对裁判技术产生制约效果。例如,从比例原则的角度看,我国诉答阶段对原告主张的审查过于严格,而我国学界普遍认为,现有立案实质审查制带来的种种问题应当及时解决,[5]特别是应当实现起诉要件与诉讼要件原则上的分离,明确立案法官的司法功能等。又如,从当事人参与的角度看,我国实践中对被告书面答辩义务的规定(《民事诉讼法》第128条第1款、2019年《证据规定》第49条)难以发挥其应有作用,因为被告不

---

[1] 比如,参见应星:《作为特殊行政救济的信访救济》,载《法学研究》2004年第3期,第70~71页。批评观点,参见肖萍、胡汝为:《信访性质辨析》,载《法学杂志》2008年第4期,第63~65页。

[2] 比如,参见任喜荣:《作为"新兴"权利的信访权》,载《法商研究》2011年第4期,第41页;卢学英:《信访制度之进退——对信访机构功能定位的思考》,载《当代法学》2006年第3期,第42~43页。

[3] 比如,参见孙大雄:《信访制度功能的扭曲与理性回归》,载《法商研究》2011年第4期,第53~55页;周永坤:《信访潮与中国纠纷解决机制的路径选择》,载《暨南学报(哲学社会科学版)》2006年第1期,第39~47页;赵晓力:《信访的制度逻辑》,载《二十一世纪》2005年第3期,第89~90页;于建嵘:《信访制度改革与宪政建设》,载《二十一世纪》2005年第3期,第73~74页;陈柏峰:《缠讼、信访与新中国法律传统——法律转型时期的缠讼问题》,载《中外法学》2004年第2期,第238页。

[4] 比如,参见胡夏冰:《法治化是涉法涉诉信访制度改革的基本方向》,载《人民法院报》2013年11月23日,第1版;王亚新:《非诉讼纠纷解决机制与民事审判的交织——以"涉法信访"的处理为中心》,载《法律适用》2005年第2期,第11页。

[5] 比如,参见张卫平:《起诉难:一个中国问题的思索》,载《法学研究》2009年第6期,第66~68页;傅郁林:《中国民事诉讼立案程序的功能与结构》,载《法学家》2011年第1期,第99~113页。

履行此项义务没有任何后果(《民事诉讼法》第 128 条第 2 款)。[1] 我们应当考虑赋予法官延长答辩期的职权,规定答辩期届满到开庭的最短期间,并在被告逾期不答辩时采取较为系统的答辩失权规则,加强答辩在诉讼中的作用。[2]

此时,诉答程序与裁判技术之间存在互动关系:现有立案程序制约了立案裁判技术的发展,诉答程序的缺陷又呼唤更先进的裁判技术的出场。上述不足不仅导致了诉讼效率的降低,而且阻碍了纠纷的替代性解决,因为只有信息交流充分的诉答程序才能有助于尽早厘清争点并尝试和解。这样,现有诉答程序使得一些本不需裁判的案件必须适用裁判技术作出裁判,导致案件有效分流无法实现。相应地,这种现状下的程序就会限制适用和发展裁判技术所必需的司法资源。此外,法官在诉答程序中除了要对裁判要件本身形成程序性裁判之外,还可能面对案件的诉讼标的[3]或者各类争点形成的问题。如果诉答程序的这一功能不能充分发挥,也会影响日后终局判决裁判技术的施展空间。

2. 审前阶段

审前准备阶段对裁判技术的影响,主要体现在争点整理和证据收集两个领域。在争点整理领域,为了达到程序加速和促成和解的目标,法官在审前阶段应当尽可能限缩争点的范围。[4] 这不仅有利于后续正式开庭审理,而且有利于审理程序结束后做出内容正确并且说理充分的判决。但是,我国现有的审理前准备程序与两大法系审前程序区别较大,因此功能上的审前程序一直延续到开庭审理阶段,[5]正式开庭也不得不承担部分争点整理的功能。[6] 在审前程序中,法官没有选择准备程序的诉讼指挥权,不能裁定提交准备文书的期限。除了《民诉解释》第 102 条第 3 款规定的费用补偿之外,更缺少将当事

[1] 参见最高人民法院民事审判第一庭编著:《最高人民法院新民事诉讼证据规定理解与适用》,人民法院出版社 2020 年版,第 466~472 页。

[2] 参见曹志勋:《论普通程序中的答辩失权》,载《中外法学》2014 年第 2 期,第 483~508 页。

[3] 但笔者认为,诉讼标的的明确本身并非我国立案程序中的起诉要件。参见曹志勋:《民事立案程序中诉讼标的的审查反思》,载《中国法学》2020 年第 1 期,第 283~303 页。

[4] 比如,参见孟醒:《争点整理实效化的模式探索与完善》,载《中南大学学报(社会科学版)》2020 年第 1 期,第 75~86 页。

[5] 参见刘哲玮:《审前程序研究》,北京大学 2010 年博士学位论文。

[6] 站在这一基础上主张建立期日型(而非独立的)审前准备程序的观点,参见段文波:《庭审中心视域下的民事审前准备程序研究》,载《中国法学》2017 年第 6 期,第 203~220 页。

人的配合程度反映在费用分担上的程序性裁判权(参照《诉讼费用交纳办法》第40条)。[1]

而在证据收集领域,我国并没有系统的证据申请及其审查制度,现行法上只能引用比如《民诉解释》第95条的规定,即当事人申请调查收集的证据,与待证事实无关联、对证明待证事实无意义或者其他无调查收集必要的,人民法院不予准许,且其在解释上也仍有很大发展空间。[2] 而且,随着2019年《证据规定》的出台以及其中文书对提出命令制度的进一步完善,现有的法官依职权或依申请收集证据的制度保障当事人搜集证据能力的程度有较大的提高。我国有必要在依法明确的书证搜集类型(2019年《证据规定》第47条第1款第1项至第4项)的基础上,通过进一步裁判规则的形式控制法官的自由裁量权(2019年《证据规定》第47条第1款第5项),并进一步加强一般性的(2019年《证据规定》第95条、2001年《证据规定》第75条)和具体针对书证(2019年《证据规定》第48条、2015年《民诉解释》第112条第2款)的证明妨碍规则。[3] 在举证时限(《民事诉讼法》第68条第2款)上则应当以证据失权为首选,并增加以诉讼迟延为主的例外规则,以弥合新法中似无限制的裁量空间。[4] 就此而言,《民诉解释》第102条第1款规定"当事人因故意或者重大过失逾期提供的证据,人民法院不予采纳。但该证据与案件基本事实有关的,人民法院应当采纳,并……予以训诫、罚款",在填补了上述裁量空间的同时,实际上在很大程度上消解了举证时限规则在失权方面的效果。

无论是前述争点整理还是证据收集领域,现有审前程序缺陷的部分原因就在于程序性裁判技术上的不足,无法促使当事人在指定的期间内提出全部攻击防御方法,缺少较为成熟的事实与法律争点的确定方法,证据收集制度在

[1] 一般而言,我国民事诉讼中并不适用费用转移(cost - shifting)规则,诉讼费用的分担也大致与实体胜诉比例相当。考虑到前述商事诉讼的特殊性,借鉴普通法系的经验,适当调整费用的分担规则也许有助于整体目标的实现。目前已有学者主张针对其他领域(比如新证据)采取费用制裁,参见李浩:《民事诉讼法典修改后的"新证据"——〈审监解释〉对"新证据"界定的可能意义》,载《中国法学》2009年第3期,第166~168页。

[2] 比如,参见马家曦:《民事诉讼证据预断之防止及限定》,载《法律科学(西北政法大学学报)》2019年第3期,第180~190页。

[3] 较早前讨论,参见曹志勋:《书证搜集裁判:模式比较与本土改造》,载《现代法学》2011年第5期,第151~160页。

[4] 参见傅郁林:《民事诉讼法修改的价值取向论评》,载《华东政法大学学报》2012年第4期,第93页;张卫平:《民事诉讼中举证迟延的对策分析》,载《法学家》2012年第5期,第111页。

进步的同时仍有较多继续提升的可能。[1] 反过来看,审前程序的局限性也制约了终局判决裁判技术的发展,前期审理焦点的不明确和证据资料的缺失,也都毫无疑问会影响法官裁判说理的质效,甚至使得在部分困难案件中,部分法官不得不陷入是否认定事实主张真伪不明的困境(本书第十四章)。

3. 庭审结构

讨论庭审结构对裁判技术的影响,首先需要分析现有庭审结构的特点以及不足。从比较的角度看,我国采取的法庭调查在先、法庭辩论在后(《民事诉讼法》第 141 条和第 144 条)的程序存在明显缺憾,并且相应地对裁判技术造成影响。这种强调阶段划分的程序会导致事实问题与法律问题的人为割断,进而使法庭调查的证明对象不准确以及法庭辩论缺少必要的事实认定结果,最终影响口头辩论中事实发现的准确性和程序推进的效率。[2] 在比较法上,这与罗马法程式诉讼以及德国普通法时期证据分离主义的做法相似。

但是与上述西方历史上的做法不同,我国现有制度认为只有在查明事实的基础上才能由当事人辩论。这样,即使双方当事人在诉答阶段、准备阶段以及当事人陈述阶段各自表达了自己的观点,但是由于缺乏实质的当面交锋,本案中事实争点的确定在很大程度上仍然由法官控制,体现了较强的职权主义色彩。这并不是说,法官在形成争点时不考虑当事人的态度而恣意为之。事实上,争点当然源自对当事人诉辩意见的总结概括,法官也常常会给予当事人发表意见的机会。正如《民诉解释》第 226 条所要求的,人民法院应当根据当事人的诉讼请求、答辩意见以及证据交换的情况,归纳争议焦点,并就归纳的争议焦点征求当事人的意见。然而,由于双方各自独立提交自己的意见甚至被告根本不及时提交意见,导致法官在总结争点时常常面对"自说自话"的文

---

〔1〕 这其中以 2019 年《证据规定》中得到直接规定以及在 2020 年得到最高人民法院和司法部持续关注的司法鉴定制度为突出代表。

〔2〕 参见张卫平:《民事诉讼法》(第 5 版),法律出版社 2019 年版,第 312 页(详细讨论,参见张卫平:《法庭调查与辩论:分与合之探究》,载《法学》2001 年第 4 期,第 45 ~ 46 页);段文波:《我国民事庭审阶段化构造再认识》,载《中国法学》2015 年第 2 期,第 81 ~ 107 页;章武生:《我国民事案件开庭审理程序与方式之检讨与重塑》,载《中国法学》2015 年第 2 期,第 66 ~ 80 页(较早前观点,参见章武生:《我国开庭审理程序与方式存在的问题及改革方向》,载《人民法院报》2013 年 10 月 11 日,第 5 版);傅郁林:《"审"与"判"的逻辑和相应技巧》,载《人民法院报》2011 年 1 月 19 日,第 7 版。就此也有法官主张不应继续区分不同审理阶段,而以法律争点为标准逐项组织调查和辩论,参见黄湧:《民事庭审中争点归纳环节的问题样态与对策》,载《人民司法》2013 年第 5 期,第 30 页。

书。“巧妇难为无米之炊”,法官也只能“硬着头皮”归纳形式上的争议,而在开庭时才发现远非如此。当然,在开庭前已经组织过证据交换、审判长已经在征求当事人意见后归纳了案件争点的情况下,并不存在上述问题。[1] 但是,至少对于不需要组织证据交换的大多数案件而言,上述基于当事人同意的争点整理则缺乏实现的契机。要么是法官在开庭前负责任地自行准备好审理提纲,[2]要么干脆在开庭中随机应变,把不清楚的问题拖到下一次开庭,甚至根本厘不清争点,在预定的庭审结束之后、起草判决书时,才发现遗漏了形成判决不可或缺的事实问题,于是不得不另行开庭或者要求当事人补交书面意见。而且,被告在提出驳回诉讼请求的申请之前,仍然可以提出程序性异议。虽然这可以在形式上归入当事人陈述,但是显然是法庭辩论而非调查的内容。

由于上述原因,我国实践中也已经出现了将两阶段合并处理的改革尝试(《民诉解释》第230条),诉讼请求和案件要素被最新改革试点视为代替上述阶段式庭审结构的审理焦点(《繁简分流试点办法》第8条第2款和第13条第3项),[3]开庭时的争点整理也被视为审判方法中的重要一环。[4] 而从裁判技术的角度看,事实发现和法律适用的准确性在现有结构下都会受到影响,也不利于法院对程序问题的及时裁判。庭审结构和庭审技术的缺陷对于裁判技术的影响主要在于,庭审无法承担起为最终判决的形成提供符合裁判逻辑的、充分的信息的程序功能,庭审内容与裁判内容脱节,意欲通过庭审的直接和口头原则所实现的种种价值直接落空。

---

〔1〕 较新案例,比如北京庄胜房地产开发有限公司与信达投资有限公司、北京信达置业有限公司等合同纠纷案,该案于2020年8月18日组织庭前会议,在庭审直播中合议庭整理了本案争点。早期比较典型的情况可参见最高人民法院部分公开审理的“北京奇虎科技公司与腾讯科技(深圳)有限公司、深圳市腾讯计算机系统有限公司滥用市场支配地位民事纠纷上诉案”的直播庭审实录,审判长王闯法官在开庭实质审理之初即宣读了开庭前总结的5大类、22个具体的争点问题。《奇虎诉腾讯滥用市场支配地位上诉案开审》,载中国法院网2013年11月26日,http://www.chinacourt.org/chat/fulltext/listId/34059/template/courtts20131126.shtml。但是由于案件本身和审判安排都相当特殊(最高人民法院第一次在各种媒体平台上直播部分庭审现场),本案的审理方式不具有典型性。

〔2〕 参见邹碧华:《要件审判九步法》,法律出版社2010年版,第119~122、128~129页。

〔3〕 较早前的报道,比如,参见李汝建、胡曲云:《深圳:冲破民商事裁判文书制作瓶颈》,载《人民法院报》2012年11月27日,第7版[针对当事人提交的(待审)要素表,法官主持要素式庭审并做出要素式裁判文书]。相关讨论,参见滕威、刘龙编:《要素式审判法:庭审方式与裁判文书的创新》,人民法院出版社2016年版。

〔4〕 参见邹碧华:《要件审判九步法》,法律出版社2010年版,第117~129页。

（二）程序繁简分流机制的影响

如果说“调判结合，案结事了”是我国司法工作的主要思路，那么“繁简分流，各取所需”则是诉讼程序改革的共识。让普通程序更为正式、充实以便强化程序的权威性，让简易程序更为迅速、便捷以便实现程序的高效性，让程序之间的转换条件更为清晰以便着重程序的可操作性，这种思路在比较法上已有广泛的认同和实践，但是在我国的司法传统、现实资源和权力配置的影响下，却注定命途多舛。20世纪末一波司法改革的历程清晰地彰显：便宜行事、效率优先的反对者寥寥可数，对加强程序正式性和审判权权威的阻力却是昭昭之明。〔1〕 因此，除了必须关注前文讨论的司法调解对于裁判技术的影响之外，我国繁简分流设置的重心表面上可能仍会落在程序的简易化本身，试图在民事司法纠纷解决图景的整体框架下加强简易案件的审理效率，比如引入小额诉讼程序以及立案庭将无争议案件转入督促程序（《民事诉讼法》第165条和第136条第1项）。同时，我们也许也应关注简易程序的分流意义，以便为日趋正式的普通程序遴选适当类型和数量的案件，保障民事程序的高规格运行。经由程序分类和程序转换上的框架性建设，如前所述不同的司法需求都能发现适合自己的司法服务和产品。〔2〕 在两极化的社会需求面前，偏执于任何一端都是行不通的。

近年来，被概括为“案多人少”的司法审判活动持续高压运行，我国的司法改革的重心转为繁简分流、诉调对接、诉源治理、小额程序等处于正式司法程序相对面的事项（笔者显然不反对其现实和理论意义），核心改革对象聚焦为一站式多元解纷机制和一站式诉讼服务中心〔3〕的建设与完善。在这一多元努力下，最高人民法院在其2021年工作报告中宣布，“全国法院受理诉讼案件

---

〔1〕 王亚新教授就程序建构的问题也认为，法学界和实务界在司法为民、多元纠纷解决方式等方面基本达成共识，但是在调解、能动司法、马锡五审判方式等变相架空正式诉讼程序的方面分歧明显。参见王亚新：《民事诉讼法二十年》，载《当代法学》2011年第1期，第5页。

〔2〕 参见傅郁林：《小额诉讼与程序分类》，载《清华法学》2011年第3期，第51～55页；潘剑锋：《论民事纠纷解决方式与民事纠纷的适应性》，载《现代法学》2000年第6期，第59～62页。根据新法文本基于不同角度对相关问题的评论，参见傅郁林：《民事诉讼法修改的价值取向论评》，载《华东政法大学学报》2012年第4期，第87～90页；周翠：《全球化背景中现代民事诉讼法改革的方向与路径》，载《华东政法大学学报》2012年第4期，第97～101页。

〔3〕 最高人民法院《关于建设一站式多元解纷机制 一站式诉讼服务中心的意见》（法发〔2019〕19号）。

数量在2016年、2019年先后突破2000万件和3000万件关口的情况下,出现2004年以来的首次下降,特别是民事诉讼案件以年均10%的速度持续增长15年后首次下降”。[1] 进而,繁简分流的新改革还有望成为进一步理顺民事诉讼制度和体现时代发展脉动的契机,这尤其以最新的“民事诉讼程序繁简分流改革试点”为代表。最高人民法院于2020年1月15日启动了为期两年的试点工作,[2]作为其内容前四项的优化司法确认程序、完善小额诉讼程序、完善简易程序规则和扩大独任制适用范围更多是对原有制度的修正和补充的尝试,尤其是现行法上简易程序、独任制与普通程序、合议制之间的对应关系,多年来在我国引起了非常多的讨论,可以说是实务中影响法官工作量的相当显著的一项制度性因素。而第5项健全电子诉讼规则则更多的是总结近年来的改革努力,完成的进一步制度化建设,甚至对于试点启动一周后袭来的新冠肺炎疫情来说,令人有“有备无患”之感。最终,这些改革试点大部分成为2021年年底《民事诉讼法》修法中被立法者通过的内容。

作为诉讼法理的体现,裁判技术也必须体现上述诉讼程序上的特色。这不仅体现在裁判的结构同样需要繁简分流,也表现在裁判技术的适用对象上。如前所述,裁判技术主要针对需要适用普通程序、要求高规格程序保障并由当事人承担自我责任的那部分案件,而相对地在简易案件中的适用则将受到限制。比如,在后者就没有必要坚持以答辩失权为代表的严格程序规则,而只有对那些适用经过层层分流过滤的普通程序的案件,才应强化诉讼法上的失权制度。[3] 一般来说,也没有必要就争点或者程序性事项做出中间判决。比如参考德国法的经验,在文书提出命令制度中,在相对方有异议时,法院可以对文书提出命令本身作出中间判决。[4] 但是当义务人拒绝提出文书时,法院则

---

〔1〕 新华社:《最高人民法院工作报告》,载中国法院网,http://chinacourt.org//article/detail/2021/03/id/5868576.shtml。

〔2〕 全国人民代表大会常务委员会《关于授权最高人民法院在部分地区开展民事诉讼程序繁简分流改革试点工作的决定》(人大常委会字〔2019〕42号);最高人民法院印发的《民事诉讼程序繁简分流改革试点方案》(法〔2020〕10号)。

〔3〕 详细讨论,参见曹志勋:《论普通程序中的答辩失权》,载《中外法学》2014年第2期,第483~508页。

〔4〕 Leo Rosenberg/Karl Heinz Schwab/Peter Gottwald, Zivilprozessrecht, 18. Aufl., 2018, § 120 Rn. 39.

只能在终局判决中对这种证明妨碍的后果作出认定。[1]

实际上,娴熟的裁判技术对于实现简易程序的加速裁判功能也是大有裨益的。尽管裁判技术可能需要在复杂的案件和正式的程序中才能受到充分刺激、发育和历练,但裁判技术的实质是,依托于一种逻辑清晰的法律思维,将当事人所提出的诉讼主张和所陈述的事实信息归入法律框架并进行评判的能力或技术。而简易裁判无非在送达方式和陈述方法上强调非正式性,在审前准备阶段省略诸如证据交换和争点整理等烦琐环节,在庭审中单刀直入地针对诉讼主张提出事实和证据,不必分步骤、分阶段地进行调查和辩论。娴熟的裁判技术在解决复杂案件时尚且能如庖丁解牛,对付这种省略步骤的"解题"过程岂非如鱼得水,裁判说理自然也有繁简分流的可能性(本书第八章)。

(三)程序功能分类机制的影响

这里仅以能最典型地体现正式裁判技术的商事诉讼为例,即一类当事人"诉讼能力"大致相当(有律师代理或内部法务人士协助)、更强调程序法上的自我责任、一般争议数额较大、纠纷对专业化处置的需求比较强烈的诉讼。[2] 与前述繁简分流中涉及的问题相似,这种商事诉讼一般都应当适用较为正式的程序,也可以更多地借鉴大陆法系中更为复杂的裁判制度。[3] 不过,基于对商事诉讼中诉讼模式的不同理解,有一种观点反对在商事诉讼中适用正式的裁判技术,而主张将商事审判打造为柔性审判。蒋大兴研究员的代表性观点认为,从商人在诉讼内外提出截然相反的纠纷解决主张出发并考虑到商事审判方式的民主传统和商人的特殊品性,商事审判应当区别于以程序正式化为指向的民事诉讼改革,因此应当减少诉讼中的对抗性。[4] 如果按照这种思路,

---

〔1〕 Christian Berger, in: Stein/Jonas, ZPO, Band 5, 23. Aufl., 2015, § 427 Rn. 5.

〔2〕 这种思路部分借鉴了王亚新教授对将中级法院民事一审程序作为我国民事诉讼程序研究的实证素材的论证。参见王亚新:《实践中的民事审判(一)——四个中级法院民事一审程序的运作》,载王亚新等:《法律程序运作的实证研究》,法律出版社2005年版,第1~6页。王教授提出的中级法院民事一审案件"与经济活动的联系更紧密,标的(额)都较大,当事人往往是法人组织,且一般都有律师代理等性质",也大致适用于本书谈及的普通诉讼案件。对于符合上述理解,但是明显不属于商事纠纷的情况,比如比尔·盖茨(Bill Gates)和梅琳达·盖茨(Melinda Gates)之间(可能发生的)财产分割纠纷,也可以参照此类程序的设计。

〔3〕 相关讨论,参见曹志勋:《我国商事正式程序论纲》,载张卫平主编:《民事程序法研究》第11辑,厦门大学出版社2014年版,第202~217页。

〔4〕 参见蒋大兴:《审判何须对抗——商事审判"柔性"的一面》,载《中国法学》2007年第4期,第130~132页。

那么裁判技术的适用将缺乏必要的对抗与判定的基本结构，在商事诉讼中适用裁判技术的可能性也将大打折扣。

也许柔性审判更适合司法应当谦抑介入的公司诉讼，但是这个结论可能难以简单推广到整个商事诉讼领域。[1] 基于以下理由，笔者对此持相对保留的态度。首先，需要关注的是我国的现状与历史。如前所述，西方在普遍意义上减少对抗性的做法建立在其原来过多强调对抗的司法系统上，这些作为参照系的因素都是我们没有的。其次，应当看到司法作为纠纷解决阴影或者说默认选项的作用。当事人"反诉讼过程的行为"，[2]恰恰是建立在诉讼结果的基础上。易言之，正是由于正式司法给出了法解释学上最为妥当的纠纷解决方案或者当事人可以合理期待的结果，才为当事人的庭外博弈（比如对过去纠纷的和解和对未来交易关系的安排）设定了标准。至于商人在审判后做出与判决相反的行为，可能基于不同的事实上的原因（比如在日后交易中的让利、对于执行困难的担忧或者商业声誉的考虑）和针对不同的实体利益范围（针对特定过去事实的诉讼标的与针对"一揽子"事项的谈判内容），本身并不能成为在商事程序中削弱前述以"对抗与判定"为基本结构的现代民事司法程序的论据。相反，以最高人民法院指导案例2号（2011年）"吴某诉四川省眉山西城纸业有限公司案"为代表的司法实践恰恰表明，正式司法不仅提供纠纷解决的基准，更在当事人事后和解又反悔时提供权利实现的保障。进一步观察柔性审判试图解决的问题可见，其主张或者没有突破现有民事诉讼制度（圆桌审判似乎只是对法院组织调解场景的重述），或者实际上属于民事诉讼共通的问题（立案实质审查制、"调解型审判"、诉讼标的理论和民行交叉的诉讼的处理），[3]特殊性并不明显。

---

[1] 美国公司诉讼相对商事诉讼也有一定特殊性（比如救济方式）。See Rochelle C. Dreyfuss, *Forums of the Future: The Role of Specialized Courts in Resolving Business Disputes*, 61 Brooklyn Law Review 1, p.4, 7 (1995).

[2] 参见蒋大兴：《审判何须对抗——商事审判"柔性"的一面》，载《中国法学》2007年第4期，第124页。

[3] 关于此外宽松证据制度的主张，蒋大兴教授并没有明确其具体主张，据笔者猜测可能涉及证据手段和证据收集程序的宽松（自由证明）或者证明标准的宽松（如疏明）。一般而言，为了准确确定事实并保障当事人诉讼权利（如参与权），自由证明或者疏明制度都应限定在实体法律关系判定之外的个别次要问题（Rosenberg/Schwab/Gottwald, a. a. O., § 111 Rn. 4 ff.；参见占善刚：《论民事诉讼中之自由证明》，载《法学评论》2007年第4期，第79~83页）。因而，并不宜一般地适用于商事诉讼。

最后,现阶段我国也不宜采用单纯由商人审判的法国模式。且不论各类商事审判模式均能提供基本的程序保障,在专门知识的必要性、兼职平民法官裁判质量的制度保障与制约、诉讼进程的推进等问题上,法国模式也可能面临更大的挑战。[1] 同时与混合法官配置相比,由于都引入了商人的直接参与,法国模式在商事专门知识的获取上也没有明显优势。而且,正如法国在大革命后保留独立商事法院系统的同时所强调的,商事法院是公共司法服务的一部分,其特殊性在于审理商事交易而非只代表并促进商人群体的利益(不仅仅是“商人法院”),[2] 坚持只能由商人审理商事纠纷的理论支持有限。再考虑到当代成文商法的主导地位以及具有一般管辖权的上诉法院的存在,强调由商人形成其内部通行规则的实际意义也受到很大限制,或者至少可以被参审模式替代。特别是,我国并没有类似法国的传统。相反,实践中的改革尝试主要集中在具有商事知识的陪审员和商事合议庭上,而后两者既能保持司法制度的连贯稳定,又可以实现商事审判专门化的功能。考虑到职能分层的理念、司法资源的有限性以及未来基层法院对纠纷解决功能的进一步强调,笔者也主张可以在基层法院继续引入具有商事知识的陪审员(《人民陪审员法》第11条)参加审判,[3] 基于当前案多人少和法官就不少专门知识的专业素质难以短时间大幅提升的现实,调和司法资源与裁判可接受性间的紧张关系。而在中级法院处理的更为正式的商事一审中,则应当加强专业合议庭的建设,从法官群体内部挖掘潜力,专家只提供咨询意见并接受双方当事人的质询。同时,在改革成果显著、有必要进一步深化时,在商事案件较多、特别有专门化必要

---

〔1〕 法国学者也质疑对商事法官独立性的保障并主张在涉及公共秩序的商事案件中引入混合制法官,参见[法]洛伊克·卡迪耶:《法国民事司法法》,杨艺宁译,中国政法大学出版社2010年版,第87~88页。

〔2〕 See Amalia D. Kessler, *A Revolution in Commerce*, Yale University Press, 2007, p.281-285.

〔3〕 类似强调专业化陪审制的观点,参见彭小龙:《人民陪审员制度的复苏与实践:1998—2010》,载《法学研究》2011年第1期,第15~32页;骆锦勇:《让“既陪又审”成为司法常态》,载《人民法院报》2014年8月4日,第2版。相反观点则主要基于司法民主、公正等方面的批评,主张全面取消人民陪审制、人民陪审员的专业性或者向“大众化”回归,与本书的侧重并不相同。参见廖永安、刘方勇:《人民陪审员制度目标之异化及其反思——以湖南省某市人民陪审员制度实践为样本的考察》,载《法商研究》2014年第1期,第85~92页;李拥军:《我国人民陪审制度的现实困境与出路——基于陪审复兴背后的思考》,载《法学》2012年第4期,第10~21页;吴丹红:《中国式陪审制度的省察——以〈关于完善人民陪审员制度的决定〉为研究对象》,载《法商研究》2007年第3期,第130~137页。

并且法官队伍状况适合的基层法院中,也有推广专业合议庭模式的空间。[1]

真正能够决定适用正式司法还是柔性审判的,应当是个案中当事人对于纠纷解决的选择,这一意思自治的产物因案而异,并无整齐划一的标准。诉讼程序的选择应当体现程序法上当事人的意思自治,取决于双方在个案中就程序保障达成的合意。如果双方当事人都希望法官担当主持人而不是裁判者,商事纠纷的解决过程只不过是一出"舞台剧"或者另一个"谈判的过程",[2]那么采取不那么正式的程序就顺理成章;相反在无法明确双方适用柔性规则的意愿时,既然司法被视为正义的最后一道屏障,当事人放弃了其他纠纷解决机制(无论是仲裁还是商人自行安排的内部执行机制)而选择法院,就应推定他们更倾向相对严格的正式司法程序和作为传统裁判者的法官形象,寻求正当程序的保障。

易言之,柔性审判和正式程序分别代表了以调解为目的和以判定为目的的两种行为模式,在民事司法中后者为原则,前者为例外。在程序合意性与正式性构成的坐标系(见图6)中,柔性审判代表其中的"非正式/合意"模式,而正式司法则涵盖了"正式合意"和"正式/不合意"两种可能。至于"非正式/不合意"则不应出现在商事裁判中,因为民事司法公力救济的属性和正当程序要件,使得商事裁判在程序上必须通过对抗求得判定,除非双方合意放弃了部分程序保障的权利,比如当事人同意在个案中适用自由证明规则(德国《民事诉讼法典》第284条第2句)、选择进一步限制证据开示的范围[英国《民事诉讼规则》第31.5(3)条]或者放弃主张诉答文书没有可采性的法定权利(美国《联邦证据规则》第410条)。[3] 确实,商事裁判可以采取类似商事仲裁的做

---

〔1〕基于我国实践中四种模式和比较法上代表做法的详细讨论,参见曹志勋:《商事审判组织的专业化及其模式》,载《国家检察官学院学报》2015年第1期,第121~130页。

〔2〕参见蒋大兴:《审判何须对抗——商事审判"柔性"的一面》,载《中国法学》2007年第4期,第124、132页。

〔3〕如果当事人明知且自愿地放弃排除可采性的权利,即使在刑事司法中美国最高法院也会基于事实发现的考虑认定其有效性。United States v. Mezzanatto, 513 U.S. 196, 204-205, 210 (1995).

法,[1]但仍不能突破现代司法权行使的底线或放弃其裁判权的基本要素,[2]更不能忘记商事仲裁正是代表基于合意启动的纠纷解决方式:如果需要使司法程序在某些事项和一定程度上“仲裁化”,比如前述放弃程序权利或简化证明程序,也同样依赖于当事人的合意。[3] 总之,商事诉讼固然有其特殊性,但是其特殊性也必须被纳入裁判技术的框架之中。

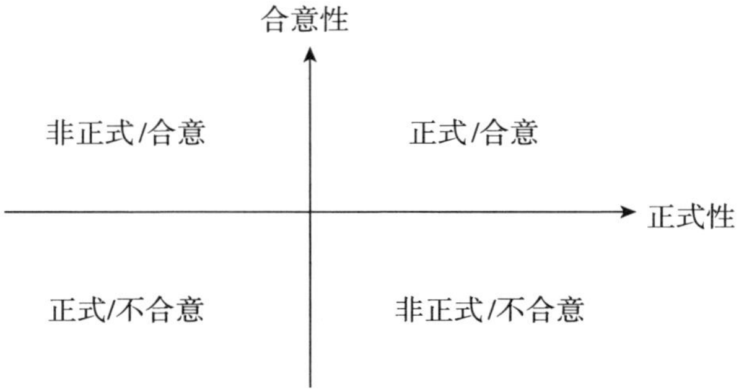

图 6　程序中的正式性与合意性

---

〔1〕 See Christopher R. Drahozal, *Business Courts and the Future of Arbitration*, 10 Cardozo Journal of Conflict Resolution 491, p. 497 – 501 (2009); William M. Landes & Richard A. Posner, *Adjudication as a Private Good*, 8 The Journal of Legal Studies 235, p. 249 (1979)(认为基于市场选择的仲裁机制可以作为评估商法领域司法效率的参考标准).

〔2〕 关于司法权的基本要素,参见陈瑞华:《司法权的性质——以刑事司法为范例的分析》,载《法学研究》2000 年第 5 期,第 33 ~35 页。笔者认为,这项研究成果也适用于民事司法。

〔3〕 Henry S. Noyes, *If you (Re) Build it, They Will Come: Contracts to Remake the Rules of Litigation in Arbitration's Image*, 30 Harvard Journal of Law & Public Policy 579, p. 595 – 613, 618 – 647 (2007)(讨论在美国以仲裁程序为参照,当事人通过事先约定调整司法程序的权利及其边界); Gerhard Wagner, Prozessverträge: Privatautonomie im Verfahrensrecht, 1998.

第三章

民事判决书的结构与说理

裁判文书、特别是其中的判决书，在法律实务和司法改革中十分重要。由于我国既有判决书的结构和说理存在诸多不足，所以有必要依据诉讼法理加以改造与重构。我国判决书中的事实部分不应以事实判断和认定为功能，而应当借鉴德国法经验，从功能上转换为强调记载和证明的本案事实部分，并且更加注重对程序性事项的记载。判决书的理由部分应当同时包括事实认定和法律适用的内容，加强事实说理和回应争点，并且考虑在必要时引用其他说理资料。对于本书最核心的一审终局判决的裁判技术而言，作为其主要施展舞台的判决书的意义无须赘言。笔者乐见裁判文书改革中对事实认定说理的强调，但是仍然相信新改革方案与实践为就判决书结构的讨论留下了理论上的空间。从形式上的判决结构出发，追问实现案件实质说理的必由之路，让各项民事诉讼法理"各就其位"，就是本章的内容。

一、问题的提出

裁判文书在法律实务和司法改革中的重要性毋庸置疑，其在不同层面的多重功能也得到法律人一致认可。[1] 1999 年、2009 年和 2015 年，最高人民法院已经在三部人民法院五年改革纲要中直接将裁判文书改革设置为其目标，2018 年也发布了集大成的《释法说理意见》，完成了其阶段性改革任务。[2] 近年来最高人民法院对裁判文书公开平台的持续建设，也得到了 2019 年发布的第五个改革纲要的重申。作为愿景，最新改革宣言中要求"加大裁判文书全面公开力度，严格不上网核准机制，杜绝选择性上网问题"，也隐含着继续提高裁判文书质量的必然要求，不能仅仅由于说理不透彻、文字表述不正确就不予公布（2000 年最高人民法院《裁判文书公布管理办法》第 4 条）。其中，直接涉及民事案件胜负结果和当事人实体利益分配的民事判决书，是裁判文书改革中的重中之重，其结构和说理值得我们持续关注。

然而，虽然不同层面上对裁判文书改革的呼吁不绝于耳，但是自 1992 年最高人民法院开始试行判决书样式以来，其形成的窠臼很难被轻易突破。在结构上，我国判决书强行将事实认定（"经审理查明"）和证明评价及法律适用

---

〔1〕 比如，参见胡云腾：《论裁判文书的说理》，载《法律适用》2009 年第 3 期，第 48～49 页；傅郁林：《民事裁判文书的功能与风格》，载《中国社会科学》2000 年第 4 期，第 123～133 页。

〔2〕 关于此前司法文件中对裁判说理的规定和《释法说理意见》的形成过程稿，参见刘树德：《无理不成"书"——裁判文书说理 23 讲》，中国检察出版社 2020 年版，第 6～11、383～425 页。

（“本院认为”）切割为两部分，“经审理查明”部分通常只陈述事实结论，而证据评价和事实判断的过程（理由）则通常被作为“裁判说理”，放在“本院认为”部分。在2016年新版《民事诉讼文书样式》中，“经审理查明”部分已经被“本院认定”替代，同时法官应当写明对当事人提交证据是否采信（包括对争议证据的认定意见和理由），并且说明事实认定的意见和理由。[1] 裁判文书的原有结构及其改良后的新版要求体现了区分事实问题与法律问题的良好愿望，新版《民事诉讼文书样式》也明确了事实认定说理的必要性与位置。

但是，上述裁判文书结构在实践中可能导致当事人陈述有时得不到法官和判决书重视，举证质证认证环节地位不明，[2] 事实认定不得不在“本院认为”部分重复出现，事实认定与判决理由割裂[3] 和事实认定的说理得不到重视等问题。同时，判决书的结构不仅涉及其内各部分的划分，也同时涵盖判决书对裁判说理的实现，这一说理义务也为《民事诉讼法》第155条第1款和《民诉解释》第105条所明确规定。由于裁判说理以判决书为载体，判决书各部分与说理的关系同样紧密，这不仅决定说理的场所，而且影响说理的方式和形式上的基本规则。基于对实践的观察，我国判决书的说理也常常被研究者诟病，比如胡云腾法官曾指出裁判说理存在说理形式化和法官基于种种原因不愿、不敢和不当说理的弊病，应当同时重视理由中的事理、法理、学理、情理和文理五个侧面，[4] 也有一线法官认为裁判文书说理的问题可以分为抽象概括型、照

---

[1] 参见最高人民法院修改后民事诉讼法贯彻实施工作领导小组编：《民事诉讼文书样式》，人民法院出版社2016年版，第248、251～252页。

[2] 参见吴庆宝：《制作民事裁判文书的规范化要求之我见》，载《人民法院报》2003年8月20日，第3版。类似针对听证和认证的讨论，参见梁玉霞：《裁判主张研究》，法律出版社2019年版，第81～109页。

[3] 参见张锡敏：《裁判文书改革的若干法理思考》，载《法律适用》2005年第2期，第71页。

[4] 参见胡云腾：《论裁判文书的说理》，载《法律适用》2009年第3期，第49～51页。类似观点，比如，参见何波：《民商事裁判文书的制作与说理》，载《人民司法》2009年第3期，第40～43页；刘学圣：《民事裁判文书的改革与制作》，载《人民司法》2005年第12期，第10～11页；王仲云：《判决书说理问题研究》，载《山东社会科学》2005年第8期，第85～86页。就此而言，《释法说理意见》第2条已经明确要求“裁判文书释法说理，要阐明事理，说明裁判所认定的案件事实及其根据和理由，展示案件事实认定的客观性、公正性和准确性；要释明法理，说明裁判所依据的法律规范以及适用法律规范的理由；要讲明情理，体现法理情相协调，符合社会主流价值观；要讲究文理，语言规范，表达准确，逻辑清晰，合理运用说理技巧，增强说理效果”。进一步解释，参见胡仕浩、刘树德：《新时代裁判文书释法说理的制度构建与规范诠释（上）——〈关于加强和规范裁判文书释法说理的指导意见〉的理解与适用》，载《法律适用·司法案例》2018年第16期，第7～9页。

本宣科型、逻辑混乱型和简单粗暴型四种情况。[1] 虽然在实践中详细说理的实现还需面对各种现实障碍,[2]但是绝大多数学者都旗帜鲜明地呼吁加强说理的充分性和针对性。[3]

在比较法上,虽然两大法系都重视说理[4]且似乎殊途同归,[5]但是由于法系传统以及我国实体法范本选择的原因,本书主要参考的是德日一脉大陆法系裁判技术及其中的裁判结构。大陆法系判决书中的本案事实部分对应我国判决书中记载的案件审理程序中的特殊情形、原告诉称和被告辩称,并与"经审理查明"部分中的无争议事实和"本院认为"部分中对证据调查概况的介绍部分重合。大陆法系判决书中的裁判理由则包括了我国判决书中"经审理查明"部分中的事实认定和"本院认为"部分中对证据评价和法律适用的说理。两大法系的不同模式很可能并非只是形式上的风格差异,而是涉及法学方法、诉讼理念、裁判技术等方面的理论分歧,本书仅在必要时以对照为目的简要讨论。

---

〔1〕 参见庄绪龙:《裁判文书"说理难"的现实语境与制度理性》,载《法律适用》2015年第11期,第83~84页。

〔2〕 比如,参见庄绪龙:《裁判文书"说理难"的现实语境与制度理性》,载《法律适用》2015年第11期,第85~92页;李滇、樊华中:《刚弱两需分野下我国判决说理模式新探——以S市F区法院判决书为样本的研究》,载《法制与社会发展》2015年第3期,第97~98页;罗灿:《推进裁判文书说理改革要避免的五大误区》,载《人民法院报》2015年2月6日,第5版;王申:《法官的理性与说理的判决》,载《政治与法律》2011年第12期,第94~95页;徐瑞柏:《民商事判决书改革中的几个问题》,载《法律适用》2003年第1、2期,第31~32页;早期讨论,参见唐文:《法官判案如何说理——裁判文书说理研究与应用》,人民法院出版社2000年版,第147~156页。

〔3〕 仅参见最高人民法院《关于加强民事裁判文书制作工作的通知》(法〔2006〕145号)。

〔4〕 除了本书主要关注的大陆法系传统之外,在长期以来对一般性说理义务持保留态度的英美法系,这方面的研究同样汗牛充栋。See Neil Andrews, *Andrews on Civil Procedure*, Intersentia, 2019, Ch. 27; Adrian A. S. Zuckerman, *Zuckerman on Civil Procedure: Principles of Practice*, Sweet & Maxwell, 2013, para. 3.200 – 3.209; Hock L. Ho, *The Judicial Duty to Give Reasons*, 20 Legal Studies 42 (2000). 同时,说理义务也已经在很大程度上成为国际标准:art. 6(1), European Convention on Human Rights; ALI/UNIDROIT Principles of Transnational Civil Procedure 23.2。

〔5〕 比如,参见魏胜强:《当面说理、强化修辞与重点推进——关于提高我国判决书制作水平的思考》,载《法律科学(西北政法大学学报)》2012年第5期,第53~54页;蔡杰、程捷:《封闭与开放:裁判文书论理风格之类型化检讨》,载《法学论坛》2006年第2期,第128~132页;苏力:《判决书的背后》,载《法学研究》2001年第3期,第5~12页(司法制度、政治制度和社会制度环境);张志铭:《司法判决的结构和风格——对域外实践的比较研究》,载《法学》1998年第10期,第28~31页。

聚焦我国学者争议的热点,并对比我国和德日大陆法系的判决书结构,本书试图回答以下两个问题:第一,在与裁判理由的呼应中,判决书中事实部分的功能为何,应当包含哪些内容。第二,裁判理由的范围为何,应否同时说明解决事实和法律问题的理由。此外,判决书结构和说理上的缺陷由政治、司法、社会等方面因素共同促成,单纯调整判决书结构不可能解决所有问题,更不可能改变实践中有时公开裁判理由与背后真实考量相分离的状况。本书关注的是,其中通过完善法律和裁判技术足以改善现状的空间,将法律上的问题落实在逐步精细化和具体化的技术讨论。

二、基础:我国法现状与比较法经验

(一)我国判决书的现有结构

根据《民事诉讼法》第 155 条第 1 款、2020 年和 2003 年修正前后的最高人民法院《简易程序规定》第 32 条、1992 年《法院诉讼文书样式》第 41 号和 2003 年《民事简易程序诉讼文书样式》第 13 ~ 16 号的规定,民事判决书中除涉及当事人信息的首部和尾部外,还应当包括以下几类内容。判决书首先应当记明本案经审理确定的案由和案件审理程序中特殊的情形。[1] 然后是原告的诉讼请求及其事实与理由和被告的答辩意见,并且总结双方争议的事实和理由。随后,应当写明法院以"经审理查明"或"本院认定"为引言认定的事实和证据,以及以"本院认为"为引言的裁判理由和法律依据。在结尾部分,判决书应当写明判决结果和诉讼费用的分担,同时指明上诉期间和上诉法院。此外,根据被告对原告诉讼请求和事实主张的不同态度,在适用简易程序的案件中又具体分为当事人对案件事实争议较大的、被告对原告主张的事实和请求部分有争议的、当事人对案件事实没有争议的和被告承认原告全部诉讼请求的四种情形,其中在最后一种(含部分承认)、双方同意及涉及商业秘密、个人隐私时,法官可以简化裁判的事实或理由部分(《民诉解释》第 270 条第 2 ~ 4 项)。同

---

〔1〕 这也是实践中的普遍做法。比如,最高人民法院在法官培训教材中即坚持上述观点(参见南英等主编:《人民法院裁判文书写作教程》,中国法制出版社 2013 年版,第 160 页),北京市高级人民法院 2008 年出台的《〈关于国内普通程序商事案件一审判决书制作样式〉及说明》将这部分也视为判决首部的组成部分,该院随后仍持上述观点,参见吴在存、刘玉民、马军编著:《民事审判技能》,中国民主法制出版社 2013 年版,第 195 页。类似见解,参见何波:《民商事裁判文书的制作与说理》,载《人民司法·应用》2009 年第 3 期,第 37 页;吴庆宝:《论裁判文书改革与法官自由裁量权的行使》,载《人民司法》2002 年第 12 期,第 55 页;龚成:《改革民事判决书制作模式的思考》,载《法律适用》2000 年第 2 期,第 18 页。

样基于司法资源的有限性和诉讼效率的考量,在小额诉讼程序中,事实和理由部分也可以简化(《民诉解释》第280条)。值得注意的是,裁判文书的繁简分流当然也是裁判文书的结构与说理的重要组成部分,并且被2005年《人民法院第二个五年改革纲要》第6条、2015年《人民法院第四个五年改革纲要(2014-2018)》第34条和2019年《人民法院第五个五年改革纲要(2019-2023)》第41条设置为改革目标,同时出现在2020年《繁简分流试点办法》第14条的试点工作中。不过,为了聚焦于判决书基本模式,这里不再做专门讨论(本书第八章)。

作为对上述基本规则的进一步细化,实践中法院一般会记录各方当事人对证据的态度、就证据的质证以及法院认证的内容,并主要将其放在"事实和理由"与法院对事实的认定之间,加入判决书。[1] 北京市高级人民法院较早前编纂的实务培训资料又将其细化为先叙述后佐证、证据在先分析、按主张分项认定、争议事实论证和综合证据判定的不同方式。[2] 学者们也深入讨论过裁判文书报告审理过程的功能,[3]但是过于冗长的记录又被认为遮蔽裁判的主要内容,给阅读制造障碍。[4]

面对实务中判决书结构和说理中出现的种种问题,一些研究者已经注意到其根源部分在于当前判决书的结构,并指出应当通过法律技术上的结构调整改变现状。比如,论者主张将判决主文放在事实和理由之前,[5]通过统一的理由部分一并介绍当事人的请求、主张和判决理由,[6]或者将举证和质证的部分与当事人的事实主张合并组成一部分,而将法官的认证与判决理由合并。[7]

---

〔1〕 由于这是实践中判决书的通常模式,这里仅参见《〈关于国内普通程序商事案件一审判决书制作样式〉及说明》。

〔2〕 参见吴在存、刘玉民、马军编著:《民事审判技能》,中国民主法制出版社2013年版,第202页。

〔3〕 参见傅郁林:《民事裁判文书的功能与风格》,载《中国社会科学》2000年第4期,第127~131页;周晓霞:《民事判决理由研究》,法律出版社2014年版,第73~74页。

〔4〕 参见何波:《民商事裁判文书的制作与说理》,载《人民司法》2009年第3期,第40~41页;张锡敏:《裁判文书改革的若干法理思考》,载《法律适用》2005年第2期,第70页。类似观点,参见吴庆宝:《论裁判文书改革与法官自由裁量权的行使》,载《人民司法》2002年第12期,第55页。

〔5〕 参见贺小荣、王松:《民事裁判文书制作若干问题探析》,载《人民司法》2005年第12期,第6页;傅郁林:《民事裁判文书的功能与风格》,载《中国社会科学》2000年第4期,第125页;钟鸣、范跃如:《民商事裁判文书需要完善》,载《人民法院报》2002年6月18日,第3版。由于本书主要针对相关判决书结构和说理问题,对此不作讨论。

〔6〕 参见肖晖:《中国判决理由的传统与现代转型》,法律出版社2008年版,第280~289页。

〔7〕 参见张国明:《民事判决书基本结构的完善》,载《法学杂志》2000年第5期,第50~51页。

(二)德日判决书的整体框架

如前所述,大陆法系在覆盖与我国相同的判决内容的同时,采取了不同的裁判技术和判决结构,较好地解决了前述我国实践中常常出现的问题。为了更为细致和准确地观察大陆法系的制度设计,本书在大陆法系中选取了德、日经典模式作为主要参考的对象,并且分别针对判决书的整体框架以及两个主要的部分——本案事实和裁判理由——专门讨论。值得说明的是,除了法系传统的原因,本书并未试图借鉴同属大陆法系典型国家的法国的经验,主要原因在于一般认为法国的判决书写作非常简练,对演绎法的过分强调甚至常使读者有说理未尽的感觉,[1]并不适合当下需要进一步提高司法技术化水平、增强理由详尽程度的我国。

同时,本书也注意到日本在上述经典传统下,目前已经尝试了比较明显的调整。20世纪末以来,为了避免在理由部分重复记录事实部分内容、减轻法官撰写判决书负担以及提高当事人对判决的接受程度,日本最高裁判所倡导了以争点为中心、将事实和理由合二为一的新做法。这样除了其他需要记载的程序性事项,判决书的事实和理由部分被具体展开为诉的声明、案情概要和法院对争点的裁判。[2] 在上述较新发展的影响下,我国台湾地区也在理论和实务上继受了这种做法。笔者虽然认同以争点为中心的判决书结构可能带来相对积极的作用,[3]但是仍然认为,我国现阶段对大陆法系裁判技术的继受应当

---

〔1〕 See Eva Steiner, *French Law: A Comparative Approach*, Oxford University Press, 2010, p. 181 – 187; Jean L. Goutal, *Characteristics of Judicial Style in France, Britain and the U. S. A.*, 24 American Journal of Comparative Law 43, p. 45, 59 – 61 (1976).

〔2〕 新堂幸司『民事訴訟法』(弘文堂,2019年),670~672頁([日]新堂幸司:《新民事诉讼法》,林剑锋译,法律出版社2008年版,第461~462页);伊藤眞『民事訴訟法』(有斐閣,2016年),502~507頁([日]伊藤真:《民事诉讼法》(第4版补订版),曹云吉译,北京大学出版社2019年版,第341~344页);松本博之=上野泰男『民事訴訟法』(弘文堂,2015年),594~596頁。详尽的介绍和讨论,参见王亚新:《对抗与判定——日本民事诉讼的基本结构》,清华大学出版社2010年版,第216~230页。

〔3〕 邹碧华法官也主张应当在判决书中指定专门段落列明案件争点,参见邹碧华:《要件审判九步法》,法律出版社2010年版,第49~50页。我国台湾学者基于台湾近年从立法论和解释论上反复强调争点集中审理的动态的讨论,参见张特生等:《三谈民事判决如何写》,载民事诉讼法研究基金会:《民事诉讼法之研讨(十三)》,台北,民事诉讼法研究基金会2006年自版发行,第175~176(许士宦)、180~181(黄国昌)、189(沈冠伶)和199~200(邱联恭)页。与此不同的是"本院认为"部分以争点为中心的写法,参见黄湧:《民事审判争点归纳:技术分析与综合运用》,法律出版社2021年版,第237~256页。

侧重经典模式。待裁判技术的根基稳定后,再根据我国的实际情况,全面考虑比较法上改进型的利弊,进而提倡判决书结构的中国特色。[1] 相较而言,经典模式与我国现有结构的差别主要在于对具体部分功能的认识上,如后详述对法官的日常工作习惯并不会造成太大冲击。而争点模式则对法官提出了一般性的更高要求,虽然实务中已经有一些法官在这方面做过成功尝试,但是将其普遍推广很可能还需要更多培训和准备。换个角度看,争点模式与经典模式的差异主要在本案事实部分是否独立和裁判理由的阐述思路上。对于后一点来说,如后所述在裁判理由中回应当事人的争点本就是题中应有之意,在经典模式下也可以充分加强对争点的强调。翻看我国台湾地区司法机构的数据库中较新的一审判决书[2]也可见,其实务中也采取了兼顾折中的做法,在记明当事人主张后再根据争点分析其法律理由是否成立。而对于前一点来说,笔者认为,我国目前实务中较为严重的问题是无法准确记录并且依照要件事实论和主张责任整理当事人陈述,不是“架屋叠床”而是“缺斤短两”,与日本制度改革的背景显然并不相同。[3]

从整体上看,经典模式下的民事判决主要分为五部分。[4] 第一,冒头部分(首部),包括当事人及其诉讼代理人的信息、本案法院、法官的姓名以及最后一次口头辩论的日期(德国《民事诉讼法典》第 313 条第 1 款第 1 ~ 3 项)。第二,判决主文(德国《民事诉讼法典》第 313 条第 1 款第 4 项),即对本案诉讼标的的实体审理结果,包括主请求和依附于主请求的从请求(德国《民事诉讼法典》第 4 条)。第三,本案事实(Tatbestand)(德国《民事诉讼法典》第 313 条第

---

〔1〕 日本实务中的类似态度,参见王亚新:《对抗与判定——日本民事诉讼的基本结构》,清华大学出版社 2010 年版,第 304 页脚注 31。

〔2〕 笔者即于 2014 年 12 月 1 日以合同为检索词检索最新的民事判决,发现其判决书的事实和理由部分首先区分程序和实体问题,在后者中又进一步逐项介绍双方主张、无争议事实和争点,最后分析获得心证的理由。比如,参见 2013 年度诉字第 2211 号(台北地院),2014 年度诉字第 330 号(高雄地院),2013 年度诉字第 3500 号(台中地院)。

〔3〕 关于日本改革的理由:新堂幸司『民事訴訟法』(弘文堂,2019 年),670 ~ 671 頁;伊藤眞『民事訴訟法』(有斐閣,2016 年),504 ~ 505 頁([日]伊藤真:《民事诉讼法》(第 4 版补订版),曹云吉译,北京大学出版社 2019 年版,第 342 ~ 343 页)。

〔4〕 整体介绍,仅参见:Peter Gottwald, Die Begründung von Gerichtsentscheidungen in Deutschland—aus Sicht der Praxis und der Wissenschaft, in Luboš Tichy/Pavel Holländer/Alexander Bruns Hrsg., Begründung von Gerichtsentscheidungen, 2011, S. 127 ff. [中文译本,参见[德]彼得·哥特瓦尔德:《德国司法判决书中的说理:实践与学说》,曹志勋译,载《苏州大学学报(法学版)》2015 年第 4 期,第 83 ~ 92 页。]

1 款第5项），即未经法官评价的、当事人眼中的事实。第四，裁判理由（德国《民事诉讼法典》第313条第1款第6项），阐述法官对裁判主文的说理，其中的事实部分则是法官对诉讼资料的评价及相应的心证结果。第五，法官的签名，也是判决书结束的标志（德国《民事诉讼法典》第315条第1款）。在日本，传统上判决书也应当记录判决主文、事实、理由、最后一次口头辩论的日期、当事人及其法定代理人和审判法院（日本《民事诉讼法》第253条第1款），其中所谓事实也对应类似德国本案事实部分的内容并发挥相似功能。事实部分不必完全引述当事人的事实主张，而只需择取其中证成判决主文所必需的部分（日本《民事诉讼法》第253条第2款）。

其中，最为重要的是判决主文、本案事实和裁判理由三部分。从结构上看，德国立法自1976年以来不再明文要求显著区分主文与其他两部分，但是在实践中仍然将主文单独放在判决的最前面，以便明确主文的内容，并有助于根据生效给付判决制作执行书（德国《民事诉讼法典》第317条第2款第2句）。[1] 为了区分事实认定和法律评价，一般也需要分别撰写本案事实和裁判理由这两部分（分离原则）。[2] 不过从实质上看，在裁判理由中确认的事实同样属于本案事实的组成部分，也具有后文详述的证明力。[3] 此外，虽然上述几部分内容属于德国民事判决书中的必备要素，但是有所欠缺时并不导致判决就此无效，而是根据不同情况的需要采取不同方式加以救济。[4] 最后值得

---

〔1〕 Christoph Althammer, in: Stein/Jonas, ZPO, Band 4, 23. Aufl., 2018, § 313 Rn. 20; Hans-Joachim Musielak, in: Münchener Kommentar ZPO, Band 1, 6. Aufl., 2020, § 313 Rn. 10; Marc Hunke, in: Adolf Baumbach/Wolfgang Lauterbach/Peter Hartmann/Monika Anders/Burkhard Gehle, ZPO, 78. Aufl., 2020, § 313 Rn. 11; Adolf Wach, Vorträge über die Reichs-Civilprocessordnung, 2. Aufl., 1896, S. 124 f. 国内类似主张，参见张卫平：《既判力相对性原则：根据、例外与制度化》，载《法学研究》2015年第1期，第85页。

〔2〕 Leo Rosenberg/Karl Heinz Schwab/Peter Gottwald, Zivilprozessrecht, 18. Aufl., 2018, § 60 Rn. 26; Althammer, in: Stein/Jonas, a. a. O., § 313 Rn. 58; Musielak, in: Münchener Kommentar ZPO, a. a. O., § 313 Rn. 20, Fn. 83; Hunke, in: Baumbach/Lauterbach/Hartmann/Anders/Gehle, a. a. O., § 313 Rn. 17. 在我国台湾地区，研究者对能否合并记载判决事实和理由则存在一定争议，参见张特生等：《三谈民事判决如何写》，载民事诉讼法研究基金会：《民事诉讼法之研讨（十三）》，台北，民事诉讼法研究基金会2006年自版发行，第156~158（张特生）、170~171（黄嘉烈）、178~179（曾华松）和196、200~201（邱联恭）页。

〔3〕 BGHZ 154, 171 = NJW 2003, 2158, 2159; Michael Huber, Das Zivilurteil, 2. Aufl., 2003, Rn. 374 ff.

〔4〕 Althammer, in: Stein/Jonas, a. a. O., § 313 Rn. 7; Musielak, in: Münchener Kommentar ZPO, a. a. O., § 313 Rn. 1, 18 ff.

注意的是,德国刑事判决书并不区分本案事实与裁判理由(德国《刑事诉讼法典》第267条、第268条和第275条),但是在其定罪部分中细分为案件事实叙述、证明评价和法律分析三部分。类似于我国的"经审理查明"部分,这里的案件事实应当能够满足犯罪构成要件的要求,并以类似目击证人的视角叙述形成心证后的生活事实经过。[1]

三、事实:以本案事实替代查明事实

对比上述不同判决书结构的思路可见,我国原有的"经审理查明"部分针对的是法官对案件事实调查后的认识结果,而德国的本案事实部分针对的是未经法院评价的事实。前者的功能是判断和认定,后者则是记载和证明。因此,两者虽然均以事实为对象,但是显然并不相同。比较两者,笔者支持后一种理解,这种判断主要是基于判决书事实部分与其他部分(当事人的"事实和理由"以及裁判理由部分)之间的分工而来。同时,既有的事实认定功能应当由裁判理由部分承担,以便更好地配合法官对法律适用的说理。

(一)德国判决书结构中的本案事实部分

1. 本案事实的具体内容

由于当事人事前或者在诉讼中了解了案件事实(甚至比法官更清楚),[2]本案事实部分应当表述简洁、结构清晰地记述当事人主张的(诉讼)请求权、相关攻击防御方法以及诉的声明(德国《民事诉讼法典》第313条第2款第1句),以便使事先不了解本案案情的法律人有能力以此为据,自行撰写裁判理由和裁判结果。[3] 这里应当包括当事人的陈述、证据调查的结果以及中间判决和本案其他诉讼历史,并且不应掺杂法官的评价与判断("实质中立性"[4])。具体而言,无论原告的诉的声明错误还是被告的否认不够具体而导致不能发生相应效果,法官都应当在本案事实中如实记载当事人的表达。本

---

〔1〕 Michael Huber, Das Strafurteil, 2. Aufl., 2004, Rn. 38, 62 ff.; Huber, a. a. O. (Zivilurteil), Rn. 332. 囿于本书主题所限,本书不讨论我国刑事判决书的结构和说理问题。

〔2〕 BT-Drucks 7/2729, S. 131(该意见最终被法律委员会采纳:BT-Drucks 7/5250, S. 10 Zu Nr. 29); Musielak, in: Münchener Kommentar ZPO, a. a. O., § 313 Rn. 4.

〔3〕 部分学者则认为判决不必使第三人完全理解:Hunke, in: Baumbach/Lauterbach/Hartmann/Anders/Gehle, a. a. O., § 313 Rn. 14; Christian Balzer/Bianca Walther, Das Urteil im Zivilprozess, 3. Aufl., 2018, Rn. 253, 261。

〔4〕 Norbert Höhne, Vom Sandwichdiagramm zur Struktur einer selektiven Dokumentation—Die Tatbestandsfassung im Zivilurteil, JA 37 (2005), S. 294.

案事实中一般应当直接写明证据调查的结果，对具体过程则需要注明参照庭审笔录。但是，法官不应以相关结果为基础，进一步判断相关事实主张是否成立。[1]

为了达到简洁清晰的目的，本案事实部分对于双方当事人达成一致或者存在争议的具体情况都应当[2]指明参照的书状、庭审笔录或者其他资料（德国《民事诉讼法典》第 313 条第 2 款第 2 句），以便在自成一体的前提下尽可能精要。除了案卷中的其他资料之外，当事者之间或者与本案口头辩论相关的另案裁判同样也可以参照。[3] 相比之下，在刑事定罪判决中原则上不得参照（德国《刑事诉讼法典》第 267 条第 1 款第 3 句）。[4] 德国法的上述规定并不意味降低了对法官撰写本案事实的实质要求，而只不过减少了文案工作（Schreibarbeit）中的烦琐。[5] 由于通过裁判结果实现权利或者解决纠纷才是民事诉讼的目的，仅仅在形式和表达上完整并不能提高裁判文书的质量。[6] 对于引用的具体方式，目前的通说要求应当具体指明参照的书状，[7] 而少数观

---

〔1〕 Musielak, in: Münchener Kommentar ZPO, a. a. O., § 313 Rn. 12 ff.; Dieter Knöringer, Die Assessorklausur im Zivilprozess, 17. Aufl., 2018, Rn. 5. 01 f.; Christian Balzer, Schlanke Entscheidungen im Zivilprozeß, NJW 48 (1995), S. 2450.

〔2〕 这样明显区别于立法修改前的"可以"，至少在形式上成为一项义务。Balzer, a. a. O., 2449. 但是这与同款前句（本案事实部分的内容）的效力仍有所区别，比如，有学者将本款前句理解为实质上的"必须"条款，强制效力强于"应当"条款。Frank Fischer, Der Tatbestand im Zivilurteil unter besonderer Berücksichtigung der Bezugnahmen, JuS 45 (2005), S. 905.

〔3〕 BGHZ 39, 333 = NJW 1963, 2272, 2275; BGH NJW - RR 1991, 830.

〔4〕 Huber, a. a. O. (Strafurteil), Rn. 39.

〔5〕 BT - Drucks 7/2729, S. 131; Christian Seiler, in: Thomas/Putzo, ZPO, 40. Aufl., 2019, § 313 Rn. 12, 25.

〔6〕 Höhne, a. a. O., S. 290.

〔7〕 Althammer, in: Stein/Jonas, a. a. O., § 313 Rn. 52; Christian Feskorn, in: Zöller, ZPO, 33. Aufl., 2020, § 313 Rn. 18; Hunke, in: Baumbach/Lauterbach/Hartmann/Anders/Gehle, a. a. O., § 313 Rn. 16（由于自该版开始更换作者，新任作者在尽可能保留前任作者原有文字的前提下，转而支持具体指明参照的观点；但正是由于其尽可能少的修改，导致现有版本的文字表述存在引用不准确的缺陷。前版此前长期观点：Peter Hartmann, in: Adolf Baumbach/Wolfgang Lauterbach/Jan Albers/Peter Hartmann, ZPO, 77. Aufl., 2019, § 313 Rn. 16。）; Walter Zimmermann, Klage, Gutachten und Urteil, 21. Aufl., 2019, Rn. 385; Walther Pielke, Verweisungen im Tatbestand eines zivilgerichtlichen Urteils, JA 38 (2006), S. 204; Frank Fischer, a. a. O., S. 906.

点则认为概括一并参照所有书状即满足要求。[1]

如何区分当事人陈述的基本内容和具体情况，是个见仁见智的问题。比如，1976 年修法时德国联邦参议院提供了极为简单的本案事实范本，仅提及了双方发生了交通事故、对事故经过叙述就过错和损失多少有不同看法，而没有概括双方具体争议的内容是什么。[2] 相反，联邦政府对此则持保留态度，认为过短的本案事实和裁判理由可能使当事人无法理解法官的考量，并因此难以恢复被破坏的法律上的和平状态（Rechtsfrieden），更不利于法官自查。[3] 从多数裁判文书写作参考书中的详细讨论来看，目前实践更倾向于反对将这种过于简单、甚至妨碍当事人和上诉法院理解案情的写作范式作为基本原则，而要求至少提出如交通事故的大致经过和主要争点。[4]

2. 本案事实的证明效力

本案事实的主要功能是书面证明当事人的陈述，[5] 由于我国既有研究中对其较少有系统解读，这里有必要略做介绍。本案事实部分直接记载的事实和裁判理由中对当事人陈述的概述都具有公文书的证明力。本案事实部分确定的只是当事人的陈述，而不是事实本身或法院认定的事实（本书第十三章）。[6] 具体而言，除了本案事实中记载的当事人陈述以外，当事人合法提出的全部书面陈述也被视为在实际上已经提出（德国《民事诉讼法典》第 137 条第 3 款第 1 句），因而同样应当具有与本案事实相同的效力。不过，由于当事

---

〔1〕 Knöringer, a. a. O., Rn. 5. 13 [Dieter Knöringer, Die Assessorklausur im Zivilprozess, 15. Aufl., 2014, Rn. 5. 07（已删除）；前版则主张应当具体指明参照的书状]；Huber, a. a. O. (Zivilurteil), Rn. 347；Balzer/Walther, a. a. O., Rn. 303 ff.；Peter Siegburg, Zum Tatbestand des erstinstanzlichen Urteils im Bauprozess, ZfBR 25 (2002) S. 639 f.（针对涉及建设工程的案件主张可以概括引用，但是在很多情况下具体引用更合适）；Balzer, a. a. O., S. 2452.

〔2〕 BT-Drucks 7/2729, S. 131；Hartmann, in: Baumbach/Lauterbach/Albers/Hartmann, a. a. O., § 313 Rn. 29（作为范本）（由于评注更换作者，该部分已经删除：Hunke, in: Baumbach/Lauterbach/Hartmann/Anders/Gehle, a. a. O.）；Balzer, a. a. O., S. 2450.

〔3〕 BT-Drucks 7/2729, S. 143.

〔4〕 Althammer, in: Stein/Jonas, a. a. O., § 313 Rn. 33；Hans Helmut Bischof, Der Zivilprozeß nach der Vereinfachungsnovelle, 1980, Rn. 308 ff.

〔5〕 Rosenberg/Schwab/Gottwald, a. a. O., § 60 Rn. 22；Althammer, in: Stein/Jonas, a. a. O., § 313 Rn. 30；Frank Fischer, a. a. O., S. 904.

〔6〕 Althammer, in: Stein/Jonas, a. a. O., § 313 Rn. 58 Fn. 118.

人有权在开庭时改变书状中的陈述,[1]有冲突时应当以本案事实的记载为准。[2] 没有记载的口头陈述则被视为没有提出。与之相对,作为证明方法的证人证言、鉴定意见或者当事人陈述则不在其列。[3] 在裁判技术上,这里涉及对本案事实双重证明效力的认识。一般而言,本案事实中记载的当事人陈述被视为确实提出(积极证明力),未记载的则被视为未提出(消极证明力)。[4] 例外在于,对于书状的引用并不受到上述消极证明力的限制,相应地,当事人也不必以补正裁定的形式,提出补充本案事实的申请(德国《民事诉讼法典》第320条)。[5] 其理由主要有三点,即德国早已放松对口头引用书状的限制,不再要求本案事实能够全面、正确反映当事人的陈述,以及将二审控诉审作为有限事实审的审级制度设计。[6] 易言之,德国法如今并不再认可本案事实部分的消极证明力。即使本案事实部分没有记载某项陈述,也不能就此认为当事人在其提交书面材料中也并未提出该陈述。

只有根据庭审笔录的相反记载(德国《民事诉讼法典》第314条第2句)或者由于在本案事实中对当事人陈述的记载自相矛盾时,[7]上述证明力才会消失。由于裁判理由中的记载同样具有证明力,如果其与本案事实的记载相冲突(如就同一问题直接引用了当事人的某份书状或者直接表述),那么两者都不具有证明力。[8] 被认定的事实可能在认定当事人在二审控诉审中的陈述是否属于新提出的攻击防御方法(德国《民事诉讼法典》第531条第2款、第533条和第97条第2款)和三审法律审的对象(德国《民事诉讼法典》第559条第1款)时发挥作用。对于漏记的口头陈述,当事人必须在法定期限内、通过本案事实的补正程序或者在涉及抵销抗辩时期待控诉审法院依职权许可(德国《民

---

〔1〕 BGHZ 144, 370 = NJW 2000, 3133, 3135.

〔2〕 BGHZ 140, 335 = NJW 1999, 1339.

〔3〕 BGH NJW 1983, 2030, 2032; Rosenberg/Schwab/Gottwald, a. a. O., § 60 Rn. 22.

〔4〕 BGH NJW 1983, 885, 886.

〔5〕 关于补正裁定及针对本案事实部分的特殊类型,参见曹志勋:《论我国民事判决补正裁定制度的细化》,载《武汉大学学报(哲学社会科学版)》2017年第4期,第70～79页。

〔6〕 BGHZ 158, 295 = NJW 2004, 2152, 2155; Rosenberg/Schwab/Gottwald, a. a. O., § 60 Rn. 22; Althammer, in: Stein/Jonas, a. a. O., § 314 Rn. 9 f.; Feskorn, in: Zöller, a. a. O., § 314 Rn. 5.

〔7〕 BGHZ 144, 370 = NJW 2000, 3133, 3135.

〔8〕 BGH NJW 2011, 1513, 1514, Tz. 12; NJW 1999, 641, 642; Musielak, in: Münchener Kommentar ZPO, a. a. O., § 314 Rn. 3 ff.; Feskorn, in: Zöller, a. a. O., § 314 Rn. 6.

事诉讼法典》第533条第1项)来补救。[1] 因此,越强调二审事实审的有限性及其纠错功能,加强对本案事实要求的意义就越大。[2]

3. 本案事实的内部结构

在确定了本案事实部分的主要作用后,下一步需要圈定其大致内容。在德国实践中,本案事实的结构已经形成了相对固定的套路,一般只有在可能影响案情理解时,法官才可以例外地调整顺序。[3] 从传承和沿革的一面看,德日将诉讼资料区分为请求权与抗辩、再抗辩与反抗辩还有攻击与防御方法的思路,实际上正是罗马法上诉权体系的残留。[4] 这种方法甚至成为一种权威的案例处理技巧即所谓关系技术/法庭报告技术(Relationstechnik),[5]在日本也借由司法研修所对要件事实论的推崇,[6]广泛地影响司法实践。为了澄清本案事实部分的具体内容并为我国判决书提供对照参考,这里同样对其做简单介绍。

首先,本案事实部分应当简单概括当事人法律争议的实质("一言以蔽之",比如,被告建筑师对房屋瑕疵是否承担责任,原告基于交通事故向被告请求损害赔偿[7]),但不包括相关理论争议和法律问题。[8] 这一概括发挥类似

---

〔1〕 Knöringer, a. a. O., Rn. 5. 03 ff.

〔2〕 Huber, a. a. O. (Zivilurteil), Rn. 333.

〔3〕 Althammer, in: Stein/Jonas, a. a. O., § 313 Rn. 33 ff.; Seiler, in: Thomas/Putzo, a. a. O., § 313 Rn. 12 ff.; Knöringer, a. a. O., Rn. 5. 08 ff.; Ernst Becht/Simon Markus Beck, Zivilprozessrecht im Assessorexamen, 3. Aufl., 2010, Rn. 681 ff.; Huber, a. a. O. (Zivilurteil), Rn. 350 ff. 国内对这一思路的详细分析和推演,参见段文波:《规范出发型民事判决构造论》,法律出版社2012年版,第100~110页;许可:《民事审判方法——要件事实引论》,法律出版社2009年版,第133~152页。

〔4〕 Wolfgang Bernhardt, Die Aufklärung des Sachverhalts im Ziviprozeß, in FS Leo Rosenberg, 1949, S. 15.

〔5〕 Zimmermann, a. a. O., Rn. 10 ff.; Christian Fischer, Topoi verdeckter Rechtsfortbildungen im Zivilrecht, 2007, S. 347 ff. 国内介绍,参见吴香香:《请求权基础思维及其对手》,载《南京大学学报(哲学·人文科学·社会科学)》2020年第2期,第96~102页;国家法官学院、德国国际合作机构:《法律适用方法:合同法案例分析方法》,中国法制出版社2014年版,第42~62、227~352页;李纬华、殷进亮:《案件事实存在争议时的裁判之道——德国关系法简介》,载《法律适用》2009年第4期,第88~91页。

〔6〕 国内详细介绍,参见许可:《民事审判方法——要件事实引论》,法律出版社2009年版,第133~152页。

〔7〕 Frank Fischer, a. a. O., 905. 相反认为由于判决书主要指向当事人、没必要概括纠纷的观点:Balzer/Walther, a. a. O., Rn. 261。

〔8〕 Höhne, a. a. O., 292.

我国判决书中案由的功能,便于读者集中精力关注相关问题点。

其次,应当介绍的是本案中没有争议的事实,即双方都认可的事件经过和自认或者拟制自认的事实(德国《民事诉讼法典》第138条第3款和第288条第1款)。由于分别对应撤回自认(德国《民事诉讼法典》第290条)和主张未失权(德国《民事诉讼法典》第296条和第531条)的补救机会,后两者之间也应当明确区分。为了不打散案件事实之间的内在联系,在较为复杂的案件中也可以以争点为标准分段介绍非争议事实。区分事实主张有无争议是查清事实的前提,[1]也是适用裁判技术的基础。

再次,要介绍的是原告在最初以及反答辩中提出的涉争事实。判断事实主张是否存在争议的标准是形式化的,因此无论被告的否认或者表示不知(德国《民事诉讼法典》第138条第4款)是否合法,[2]相关事实都将被视为涉争事实。[3] 在必要时,法官也可以记明当事人相关的法律观点。[4] 多数学说认为法官原则上应当说明未获批准的证据申请,[5]但是也有观点考虑当事人通常提出大量申请的现实以及从证据裁定和开庭笔录中都有机会了解上述信息,认为不必在裁判文书中浪费笔墨赘述。[6] 这里也可以加入与诉的声明相关的诉讼历史,比如,法官作出的各种判决、当事人变更、诉的变更等情况,[7]并且以显著方式,附上原告最终提出的诉的声明和被告驳回诉讼请求的申请。当然,法官并不必记载由法官依职权裁判的内容,比如,诉讼费用(德国《民事诉讼法典》第308条第2款)及依职权确定的预执行宣告(德国《民事诉讼法

---

〔1〕 Becht/Beck, a. a. O., Rn. 687.

〔2〕 Knöringer, a. a. O., Rn. 5. 09; Huber, a. a. O. (Zivilurteil), Rn. 353. 认为应当评价是否合法的不同观点:Seiler, in: Thomas/Putzo, a. a. O., § 313 Rn. 18。

〔3〕 不过由于汉语与德语在语法上的差异,在德语中可以采取不同的时态(过去时——现在时+间接引语的虚拟语气),在汉语中则无法从语法上加以区别,这样就更突出了在形式/结构上加以区分的重要性。

〔4〕 Althammer, in: Stein/Jonas, a. a. O., § 313 Rn. 38.

〔5〕 BVerfG NJW 2001, 2009 (在笔录中记载了的证据申请不必在本案事实中重复); Rosenberg/Schwab/Gottwald, a. a. O., § 60 Rn. 23; Althammer, in: Stein/Jonas, a. a. O., § 313 Rn. 37; Feskorn, in: Zöller, a. a. O., § 313 Rn. 14.

〔6〕 Huber, a. a. O. (Zivilurteil), Rn. 354.

〔7〕 主张应当放在后文介绍的统一诉讼历史部分的观点:Althammer, in: Stein/Jonas, a. a. O., § 313 Rn. 44。主张应当在诉的声明部分记载在裁判时仍有价值的诉的变更或者部分撤诉的诉讼历史的观点:Seiler, in: Thomas/Putzo, a. a. O., § 313 Rn. 19; Becht/Beck, a. a. O., Rn. 692; Huber, a. a. O. (Zivilurteil), Rn. 355。

典》第708条和第709条)。

此外需要提及的是被告方的答辩意见,并按照分别由原被告承担证明责任的要件事实顺序排列,即否认或附条件否认和新的事实抗辩(权利妨碍事实、权利消灭事实和权利阻却事实)。在被告附带提出抵销主张时,法官也应当一并记录。位置较为灵活的是原告再抗辩与被告反抗辩中的事实主张。这两者的具体位置固然依时间和逻辑先后顺序应当排在答辩之后,[1]但是从口头辩论一体化的角度看,原则上应当分别归于原被告双方的陈述。当然,如果根据个案情况放在答辩前难以理解,也可以放在答辩意见之后。[2]

最后,应当提及余下对最后裁判有实际影响并且在裁判理由中需要引用的程序性事项,比如,本案证据调查的概况、可能涉及失权的当事人陈述、法庭组成形式、诉状送达时间和程序休止的起止时间等问题。但是,如前所述,这里不包括对证据的评价而只需记明需要参照的案卷材料,也不包括那些与判决无关的程序性事项,比如,对法官回避的申请、被撤回的诉讼和解、准备期日的确定或者书状的到达时间。在涉及反诉时,根据本诉与反诉是否涉及相同的案件事实,在结构上合并或者分别地撰写。[3] 即使是不影响本案判断的当事人法律意见(如主张的请求权基础或者具体抗辩),也应当在本案事实或者裁判理由中简要提及,以表示听取了当事人的意见。[4] 特别是在双方仅就法律问题存在争议或者需要借此识别本案争议时,更需要介绍当事人的观点。[5] 比如,在涉及律师责任的诉讼中,由于双方争执的焦点常常是律师尽职时法院可能的裁判结果,[6]应当简要转述当事人的理由。当然,上述法律意见并不约束法官的判断,法官仍然应当通过分析相关诉讼资料自主裁判。[7] 由于笔者

---

〔1〕 Althammer, in: Stein/Jonas, a. a. O., § 313 Rn. 42; Seiler, in: Thomas/Putzo, a. a. O., § 313 Rn. 21; Hartmann, in: Baumbach/Lauterbach/Albers/Hartmann, a. a. O., § 313 Rn. 24 (由于评注更换作者,该部分已经删除:Hunke, in: Baumbach/Lauterbach/Hartmann/Anders/Gehle, a. a. O.); Huber, a. a. O. (Zivilurteil), Rn. 357.

〔2〕 Feskorn, in: Zöller, a. a. O., § 313 Rn. 16; Knöringer, a. a. O., Rn. 5. 09.

〔3〕 Musielak, in: Münchener Kommentar ZPO, a. a. O., § 313 Rn. 13; Knöringer, a. a. O., Rn. 5. 11 f.

〔4〕 Hunke, in: Baumbach/Lauterbach/Hartmann/Anders/Gehle, a. a. O., § 313 Rn. 26; Becht/Beck, a. a. O., Rn. 686.

〔5〕 Balzer/Walther, a. a. O., Rn. 275 ff.

〔6〕 比如,BGHZ 97, 372 = NJW 1986, 2043。

〔7〕 Huber, a. a. O. (Zivilurteil), Rn. 372.

认为将当事人的法律意见放在理由部分更为合适,因此将在裁判理由部分继续讨论。

(二)我国判决书中事实部分的功能转换

1. 引入独立本案事实的意义

引入独立本案事实部分的目的不在于形式上的调整,而在于对判决书事实部分记录当事人陈述功能的重新认识,这与理由部分说明法院作出主文所依据的案件事实、法律思路和价值考量的功能相互呼应。[1] 对于记载和证明的强调使法官必须重视案件的事实基础,进而明确处分权主义和辩论主义下当事人的意思。在这种功能定位下,与证据收集相关的事项也就在判决书中取得了明确身份。同时,将事实认定移至理由部分的尝试,也使其当然地成为说理对象。这样既保障了诉讼资料收集的客观全面性,又可能使当事人看到法官听取并了解其陈述的印迹。当然,判决书中事实和理由部分的主要分工并不具有排他的性质,而需要考虑具体事项的实质。借鉴前述德国法对本案事实证明效力的分析可见,理由部分记录的内容也可能在实质上构成本案事实,同样具有记载和证明的功能。

站在反思的立场上看,原有的"经审理查明"部分的制度设计正是法官事实说理不足之弊的成因之一。我国"经审理查明"部分强调裁判文书展示法官依职权认定的结果,并且注重其中事实的客观性。那么按照这个思路,既然事实客观存在且不以人的意志为转移,裁判自然不必详加说理。[2] 这里且不论我国理论界长期以来就采取客观事实说抑或法律事实说而产生的争议或者我国当前的诉讼模式是否仍然过于强调既有的强职权主义,仅就判决书本身而言,上述理解就可能导致法官不太重视当事人的陈述和对诉辩意见的记载。而且,虽然研究者一般认为可以采取夹叙夹议或者叙事后分段的方式列举证据,[3]但是由于"经审理查明"部分要求对事实客观描述,上述两种方式都可

---

〔1〕 主张将其称为"案情"的类似观点,参见袁力、邵新:《德国民事裁判文书结构与说理的关联分析》,载《法律适用》2017年第1期,第114~119页。

〔2〕 参见张真理:《裁判文书写作的误区》,载《国家检察官学院学报》2009年第2期,第80~82页。也有研究者在强调事实认定应当说理的同时,强调认定结论的准确,而将说理的任务分配给证据和证明部分。比如,参见汤啸天:《写好"讲理"的裁判文书》,载《法学评论》2000年第4期,第123~124页。

〔3〕 参见刘学圣:《民事裁判文书的改革与制作》,载《人民司法》2005年第12期,第9页;龚成:《改革民事判决书制作模式的思考》,载《法律适用》2000年第2期,第19页。

能既违反上述规定,又同时与裁判理由重复。这样,法官在起草判决书时的这种尴尬状况也部分诱发了其在事实认定部分说理不足的现状。[1] 相反如前所述,大陆法系的裁判技术虽然也要求本案事实部分的客观性,但是这种客观性所指的却是完全不同的内容。从积极方面来看,客观性是指对诉讼过程和当事人陈述的记录要客观准确;从消极方面来看,则是反对法官在本案事实部分记录其对事实主张的认定结果以及证据评价,即法官的主观认识。裁判文书改革从《民事诉讼法》第155条第1款规定的文义出发,强调在本院认定部分中直接对事实认定说理,从规范层面上应当能够发挥解决事实说理不足的问题。而如后详述,笔者则认为仍应进一步关注事实问题的处理对法律问题得到解决的依赖,引入独立本案事实部分并由"本院认为"部分一并实现裁判说理的功能,可能是理论上更为可取的。

2. 事实部分的具体改良思路

事实上,上述功能转换并不一定会改变当下法官已经形成的裁判习惯,相反是对较好裁判方法的理论厘清和补强论证。本案事实部分的对象主要是当事人的陈述及其主张的事实,应当由法官中立地整理和总结。对比我国现有判决书和德国判决书中的本案事实部分可见,两者涉及的事项大致相当。实际上,我国审判实践中法官在复述当事人事实主张方面并不吝精力,而且考虑诉讼文件电子化的趋势,由此增加的工作量并非主要问题。随后在这些诉讼资料的基础上,法官、当事人或者其他阅读者都应当能够自行归纳本案的事实争点,进而发现法庭审理和判决书的主线。[2] 这里仅以著名的"彭宇案"一审判决书为例(本书第九章)。法官首先记载了双方没有争议的事实,即"(原告)在行至前一辆公交车后门时,被告第一个从公交车后门下车,原告摔倒致伤,被告发现后将原告扶至旁边"(下划线为笔者所加),随后又通过较大篇幅详细介绍了证据的内容和双方不同的主张,较好体现了本案事实部分的要求。此外,由于本案事实部分针对的是当事人主张的事实而非对证据收集的全面重述,因此加入本案事实部分并不意味判决书与庭审笔录的混同。

---

[1] 参见张国明:《民事判决书基本结构的完善》,载《法学杂志》2000年第5期,第50页。

[2] 类似观点,参见贺小荣:《民事裁判文书的规范化及其改革方向》,载《人民法院报》2004年1月7日,B3版。一份体现笔者对本案事实部分设想的判决书范例,参见北京市第一中级人民法院民事判决书,(2014)一中民再终字第07940号(笔者感谢该院王茂刚法官在微博上对本判决书的提示)。

从德国法经验看,本案事实部分的争议主要在于其具体程度和书状引用的技术。就前者而言,本案事实的撰写当然受到个案实际情况和法官个人习惯的影响,因而很难泛泛地讨论其具体程度。特别是在复杂的商事及其他案件中,显然不可能如前述德国立法中的例子般一笔带过。即使是在常见的简单买卖合同或者交通事故纠纷中,点出无争议的基本案情和争点也十分必要。在这个意义上,没有必要省略对间接事实的介绍。[1] 至于在德国法上存在争议的书状引用技术问题,笔者认为具体指明比笼统引用所有书状的方式更为合适。这有助于增强对判决的理解,在我国的司法实践中也被广为接受。特别是在记录当事人提交的证据、随后认证并查明事实的过程中,我国法院在各类诉讼中常常都会逐条说明各项证据(如各类书证、证人证言、鉴定意见、各类笔录等)的证明对象,这也基本能具体说明书状被引用的内容。[2] 即使法官选择先介绍认定的事实、随后指明"上述事实,有……(书证)、当事人陈述等附卷佐证",[3] 只要在认定事实的过程中说明每一书证影响法官心证的内容或者案情特别简单,[4] 也符合具体指明的要求。否则,可以设想在案卷涉及数十份书状时(特别是商事和知识产权案件),即使是一审法官和当事人及其律师阅读判决书时,也难以立即发现判决中认定的内容究竟来自哪份书状。当然,这给二审法官和其他判决研究者造成的困难就更显著了。[5] 不过,这里实际上更多是司法工作要求和建议,论者也必须在减轻法官写作压力和裁判信息的充足性之间寻求平衡。因此笔者认为,虽然一般看来具体指引书状的做法更值得提倡,但是引用的方式并不能笼统地影响当事人陈述的效力。即使在判决中没有引用具体书状,所有提出的书状仍然被视为口头提出,并且成为本

---

〔1〕 相反观点:Balzer/Walther, a. a. O. , Rn. 273。

〔2〕 比如,参见河南省卢氏县人民法院民事判决书,(2014)卢民二初字第229号;湖南省隆回县人民法院民事判决书,(2014)隆民二初字第298号;四川省自贡市自流井区人民法院民事判决书,(2014)自流民初字第2718号;湖南省祁阳县人民法院民事判决书,(2014)祁民重初字第1074号。

〔3〕 比如,参见陕西省西安市未央区人民法院民事判决书,(2014)未民初字第04852号。

〔4〕 比如,在长期进行的买卖交易中就不必列明每一笔交易明细,如果案件只涉及一份双方认可的欠条,不说明待证事实也不会影响理解。比如,参见河北省蔚县人民法院民事判决书,(2015)蔚民初字第8号。

〔5〕 关于部分领域中由于引用数量众多导致的指明的必要性及其例示,参见广东省高级人民法院民事判决书,(2011)粤高法民三初字第2号。

案的诉讼资料。[1]

虽然本书强调需要调整的主要是功能定位，但是相应地也要推动内容层面上的进步。比如，我国判决书对诉讼中的程序问题也应当记载和说理，[2]最高人民法院也曾发文指出，"对于审理案件的重要程序性事项和诉讼活动要明确表述，包括原告起诉、上诉人上诉时间，重要的诉讼文件和证据提交、转递情况，因管辖异议、中止诉讼、委托鉴定等导致审理时间延长的程序事实，采取诉前或诉中的财产保全措施，等等"。[3] 在我国实践中，由于法院在认定事实过程中需要引用鉴定意见，因此关于诉讼中的鉴定一般会出现"经审理查明"部分，[4]也可能结合当事人陈述来确定具体时间。[5] 而其他程序性事项，既可能出现在判决书首部，[6]又可能被记于"经审理查明"部分，[7]还可能虽然实际发生，但是并未明确记入判决书。[8] 至于诉讼推进中的重要时间节点，比如，受理、正式开庭的时间，不同法院、不同法官也会自行选择是否写明。虽然如前所述，多数研究者都认为与判决书相关的程序性事项应当出现在判决书的首部，但是上述结论建立在现行判决书的结构保持不变的前提之下，因为程序性事项显然更不宜放在当前以事实认定为功能的"经审理查明"部分。相反

〔1〕 德国实践中也不禁止整体引用的做法，比如，BGH NJW 2004, 3777, 3778。

〔2〕 比如，参见胡思博：《民事裁定研究》，社会科学文献出版社2014年版，第82～83页；何波：《民商事裁判文书的制作与说理》，载《人民司法·应用》2009年第3期，第37～39页；廖永安：《民事裁判文书改革应避开几个误区》，载《人民法院报》2003年9月16日，第3版；傅郁林：《民事裁判文书的功能与风格》，载《中国社会科学》2000年第4期，第131页；龚成：《改革民事判决书制作模式的思考》，载《法律适用》2000年第2期，第18页。反对观点，参见张锡敏：《裁判文书改革的若干法理思考》，载《法律适用》2005年第2期，第70页。

〔3〕 参见《关于加强民事裁判文书制作工作的通知》（法〔2006〕145号）。

〔4〕 比如，参见河南省尉氏县人民法院民事判决书，(2014)尉民初字第422号；云南省昆明市西山区人民法院民事判决书，(2014)西法民初字第3252号。也有判决直接记载于"本院认为"部分，比如，参见安徽省芜湖市中级人民法院民事判决书，(2013)芜中民一终字第00848号（根据二审判决书回溯推测）。

〔5〕 比如，参见吉林省白城市洮北区人民法院民事判决书，(2014)白洮民一初字第588号。

〔6〕 比如，参见天津市宝坻区人民法院民事判决书，(2014)宝民初字第1205号；北京铁路运输中级人民法院民事判决书，(2014)京铁中民初字第29号。

〔7〕 比如，参见山东省东阿县人民法院民事判决书，(2013)东民初字第1535号；浙江省平阳县人民法院民事判决书，(2014)温平商初字第820号；江苏省泰州市中级人民法院民事判决书，(2013)泰中民初字第0104号。

〔8〕 这以财产保全尤为典型，判决书有时只体现了被告应承担财产保全费的结果。比如，参见山东省潍坊市奎文区人民法院民事判决书，(2014)奎商初字第1582号。

如果如本书设想,调整判决书事实部分的功能和内容,那么在本部分中记录程序性事项自然更为合理。同时,考虑程序性问题的性质,只有在涉及法律规定不明确或者有矛盾的疑难、新型问题时,才会涉及法官详细的说理义务。比如,由于《民事诉讼法》第68条第2款第3句和《民诉解释》第102条第1款和第2款更严格地把握证据失权的适用条件,法官应当说明当事人的过错、证据与基本事实的关系以及法官行使裁量权所考量的因素,以论证其对当事人逾期提供证据适用法律后果(特别是不予采纳时)的正当性。[1] 当然,考虑本案事实部分的功能,上述说理应该放在裁判理由部分。最后,无论从证明功能入手分析还是直接参考外国法例,大致可以归入程序性事项的案由都应当出现在判决书的事实部分。案由表现为当事人和法院对法律理由的归纳,与理论上的诉讼标的并不等同。即使诉讼进行中需要变更案由,也只需在判决书事实部分如实记明。[2]

四、理由:结合事实认定和法律适用

(一)德国判决书结构中的裁判理由部分

1. 裁判理由的基本规则

在大陆法系经典模式下的德国,法官提供裁判理由的义务源自宪法上的法定听审权(德国《基本法》第103条第1款),当事人有权要求法院提供本案事实、对证据的心证结果和对法律问题的观点(德国《民事诉讼法典》第313条第3款),法院也必须接受并考量当事人提供的诉讼资料。[3] 由于裁判技术与审理技术明显不同,在裁判理由中应当遵照从结论到原因的写作思路(本书第一章)。[4]

具体而言,1976年简化法改革之后德国降低了对裁判说理的要求,如果法

---

〔1〕 实务中未能加以说明的个例并不罕见,比如,参见浙江省义乌市人民法院民事判决书,(2013)金义民初字第1175号;浙江省慈溪市人民法院民事判决书,(2014)甬慈民初字第1697号。当然,本书只希望提出这个问题,而并不苛求法官目前就应该/能够对证据失权问题充分说理。原因在于,目前学者尚未提供足够细化、系统的说理方法,最高人民法院也并未做出明确指导。此时如果对个案一审法官做如上过高要求,实属强人所难。在裁判说理中应当结合诉讼失权的具体要件(如答辩失权),对于中国法上的设想,参见曹志勋:《论普通程序中的答辩失权》,载《中外法学》2014年第2期,第501~504页。

〔2〕 参见曹志勋:《民事立案程序中诉讼标的审查反思》,载《中国法学》2020年第1期,第294~295页。

〔3〕 BVerfGE 83, 24 = NJW 1991, 1283, 1285.

〔4〕 Seiler, in: Thomas/Putzo, a. a. O., § 313 Rn. 27; Knöringer, a. a. O., Rn. 6.01.

官在开庭时已经详细解释了相关问题(德国《民事诉讼法典》第 139 条第 1 款和第 2 款、第 278 条第 2 款第 2 句、德国 1976 年修法前《民事诉讼法典》第 278 条第 2 款第 2 句和第 3 款)并在笔录上如实记载,通过合宪性解释就并不违反强制说理义务。[1] 对于事实问题,法官虽然不必对当事人所有的事实主张发表意见,[2]但必须分析涉及本案焦点的当事人主张,否则将侵犯法定听审权。[3] 法官对证据的内心确信也是裁判理由中的重要部分(德国《民事诉讼法典》第 286 条第 1 款第 2 句),法官应当审查案件的具体证据和其他情形,并在必要时说明不采纳相关诉讼资料的理由。[4] 对于法律问题,法官的判决应当显著区别于注重学术脉络梳理和驳论的学术论文。[5] 裁判理由中应当论证不同于常例的观点,[6]但是不必分析不与本案直接相关的错误法律观点。[7] 虽然在法官独立审判权中包括对引用文献规模的裁量权,[8]但是即使是涉及重要法律问题、法律发展或者司法统一问题(德国《民事诉讼法典》第 543 条第 2 款第 1 句)的联邦最高普通法院判决,同样不应过度引证。[9] 实践中偶尔也会出现引用数十个先例、上百个参考文献甚至长篇累牍地介绍早已没有争议问题的判决,其实际意义深值怀疑。[10] 此外,在裁判理由中可以引用发生在双

---

〔1〕 Jörg Lücke, Begründungszwang und Verfassung, 1987, S. 161 ff.

〔2〕 BGH GRUR 2008, 731, 732; Musielak, in: Münchener Kommentar ZPO, a. a. O., § 313 Rn. 17.

〔3〕 BVerfGE 86, 133 = DtZ 1992, 327, 328; BGH NJW – RR 2011, 98, 99 (时效抗辩); NJW 2009, 2139, 2139 f.; Knöringer, a. a. O., Rn. 6. 09 f. (回声原则)

〔4〕 Thole, in: Stein/Jonas, a. a. O., § 286 Rn. 17.

〔5〕 Rosenberg/Schwab/Gottwald, a. a. O., § 60 Rn. 25.

〔6〕 BVerfGE 81, 97 = NJW 1990, 566, 567; BVerfG NJW 2011, 1497.

〔7〕 Hunke, in: Baumbach/Lauterbach/Hartmann/Anders/Gehle, a. a. O., § 313 Rn. 44 f.

〔8〕 BVerfG NJW 1987, 2499. 相比之下在法国法(欧洲法院裁判也常常如此)中,则不会明确指明裁判所参考的文献资料。Haimo Schack, Internationales Zivilverfahrensrecht, 7. Aufl., 2017, Rn. 95.

〔9〕 Ulrich Büdenbender, Die Analyse höchstrichterlicher Entscheidungen, JA 45 (2013), S. 163. 在英美法系,虽然引用判例法是发现法律的主要途径,但是同样可能出现引注过多的问题。See Adrian A. S. Zuckerman, *Zuckerman on Civil Procedure*, para. 22. 22 – 22. 31.

〔10〕 Hunke, in: Baumbach/Lauterbach/Hartmann/Anders/Gehle, a. a. O., § 313 Rn. 44 ff. (前后版本观点相同,但之前版本的讨论更为充分:Hartmann, in: Baumbach/Lauterbach/Albers/Hartmann, a. a. O., § 313 Rn. 45 f.)在英国,法官和学者也分别对其过于冗长判决书直接或间接表达不满。See Dame Mary Arden, *Judgment Writing, Are Shorter Judgments Achievable*?, 128 Law Quarterly Review 515 (2012); Neil Andrews, *Andrews on Civil Procedure*, para. 27. 45 – 27. 48.

方当事人之间并且已经送达的裁判，或者虽然未发生在当事人之间、但是成为口头辩论对象的裁判。[1] 裁判理由同样也可以引用本案中当事人提交的书状。[2] 总体而言，与本案事实部分相似，裁判理由只需证成本案判决即可，在制作中寻求的是精要和完整之间的平衡。[3]

2. 裁判理由的两类要件

在具体的顺序上，裁判理由应当先讨论本案中有争议的诉的合法性要件/诉讼要件（实体审理的前提条件），然后再集中处理实体法问题，以便明确本案判决的既判力范围。如果本案中诉讼要件没有争议，那么自然可以以诉合法一笔带过。作出实体判决的前提是案件满足诉讼要件的要求，即使在当事人有争议时，对诉的合法性的说明也相对简单。上述诉讼要件各自涉及复杂的法教义学解释，在此不再具体展开。[4]

在对实体胜诉要件的审查中，法官应当首先明确要讨论的实体法律规范及结果，然后以请求权基础为中心，将具体案件事实涵摄在适用的法律规范之下（本书第八章）。法官也需要简单解释攻击防御方法失权的原因。[5] 证据调查和证明说理需要在适用特别的证明标准（如疏明或者损害赔偿额的认定）时首先加以说明，[6] 随后解释为何对证明手段形成某种程度的心证，比如，为何在相互矛盾的证人或当事人陈述之间相信某一个（本书第九章），[7] 或者如何理解诸如勘验或者交通事故处理意见书的客观证据（本书第十三章）。[8] 在证明过程中，发挥关键作用的一般是所谓的间接证据和作为证明评价规则

---

〔1〕 BGHZ 39, 333 = NJW 1963, 2272, 2275; BGH NJW – RR 1991, 830.

〔2〕 BGH NJW – RR 1991, 1406; Seiler, in: Thomas/Putzo, a. a. O., § 313 Rn. 28.

〔3〕 Hunke, in: Baumbach/Lauterbach/Hartmann/Anders/Gehle, a. a. O., § 313 Rn. 32 ff.（特别强调个案判决不必为案外人完全理解，也不必为相似案件设定标准或形成规则）相反强调应当为第三人理解的观点：Becht/Beck, a. a. O., Rn. 698。

〔4〕 比如，参见邵明：《现代民事之诉与争讼程序法理》，中国人民大学出版社 2018 年版，第 79 ~ 176 页；张卫平：《起诉条件与实体判决要件》，载《法学研究》2004 年第 6 期，第 58 ~ 68 页。

〔5〕 Seiler, in: Thomas/Putzo, a. a. O., § 313 Rn. 30 ff.; Feskorn, in: Zöller, a. a. O., § 313 Rn. 20 ff.; Becht/Beck, a. a. O., Rn. 700 ff.; Huber, a. a. O. (Zivilurteil), Rn. 394 ff.

〔6〕 虽然一般认为通常的证明标准是高度盖然性，但是在实践中起决定作用的通常是法官的内心确信。Rosenberg/Schwab/Gottwald, a. a. O., § 114 Rn. 13 ff.

〔7〕 参见曹志勋：《论案件事实认定说理的不同维度——以彭宇案一审判决书为例》，载《北方法学》2020 年第 3 期，第 94 ~ 97 页。

〔8〕 参见曹志勋：《论公文书实质证明力推定规则的限缩》，载《国家检察官学院学报》2020 年第 2 期，第 48 ~ 65 页。

的表见证明,后者需要论证的主要是经验法则的(不)适用(本书第十一章)。如果在穷尽各种证明手段后本案中的主要事实仍然处于真伪不明状态,那么法院就不得不作出证明责任判决(本书第十四章)。[1] 此外,也应当重视裁判理由与判决主文之间的界限。比如,如果当事人在给付之诉中并未请求确认合同无效,那么上述判断就只能出现在裁判理由而不是判决主文部分,关于合同效力的认定也不应当发生既判力效果,事实认定也只能发挥本诉讼标的内的相对既判力(本书第六章和第十三章)。[2]

(二)我国判决书中理由部分的内容扩展

1. 结合事实与法律的必要性

依照现行《民事诉讼法》修正的内容,事实认定和法律适用都应当属于判决理由的组成部分。在我国,“本院认为”部分包括法律适用这一做法已经被广泛接受,因此这里不再赘述。涉及变动的是事实认定的定性问题以及判决书结构与审判任务之间的关系。事实问题当然同时需要法院认定和说理,关键要看在哪个部分认定和说理更符合裁判技术的要求。此前,一部分研究者认为事实认定属于“经审查查明”部分的当然内容,因此区别于“本院认为”部分也即判决理由。[3] 随着现行《民事诉讼文书样式》的进一步示范,目前主流的理解明确将事实认定和法律适用都理解为判决理由的内容。[4] 在这一共识之下,事实认定说理应当出现的位置则可以有不同的主张。如果如本书主张更改判决书事实部分的功能,那么对事实的说理应当属于判决书的“本院认为”部分;而如果坚持“判决认定的事实和理由”与“适用的法律和理由”只能

---

〔1〕 Huber, a. a. O. (Zivilurteil), Rn. 415 ff.

〔2〕 就此而言,分别在立法论和比较法上反对裁判事实预决效力(且无论其在效力上对“反驳”与“推翻”的区分是否合理)的观点,参见曹志勋:《论公文书实质证明力推定规则的限缩》,载《国家检察官学院学报》2020 年第 2 期,第 57 ~ 58 页;曹志勋:《反思事实预决效力》,载《现代法学》2015 年第 1 期,第 130 ~ 138 页。

〔3〕 比如,参见云利珍:《如何强化裁判文书的证据说理》,载《中国审判》2012 年第 2 期,第 63 页;刘学圣:《民事裁判文书的改革与制作》,载《人民司法》2005 年第 12 期,第 9 ~ 11 页;徐瑞柏:《民商事判决书改革中的几个问题》,载《法律适用》2003 年第 Z1 期,第 30 页。

〔4〕 比如,参见江伟主编、傅郁林副主编:《民事诉讼法学》,北京大学出版社 2015 年版,第 112 页(傅郁林执笔);最高人民法院民事诉讼法修改研究小组编著:《〈中华人民共和国民事诉讼法〉修改条文理解与适用》,人民法院出版社 2012 年版,第 310 ~ 312 页;贺小荣、王松:《民事裁判文书制作若干问题探析》,载《人民司法》2005 年第 12 期,第 6 页;张锡敏:《裁判文书改革的若干法理思考》,载《法律适用》2005 年第 2 期,第 73 页。

对应判决书中两个独立的部分,那么前者确实应当对应"本院认定"部分,后者则对应"本院认为"部分。

笔者认为,这不但是在概念上如何解释判决理由的"文字游戏"(如广义还是狭义的法律理由),而且体现了我国对事实认定说理的重视程度。事实上,原有判决书结构将事实认定的说理排除在裁判理由之外,也是裁判说理不充分的一个重要原因。[1] 值得赞同的是,从《民事诉讼法》第155条第1款第2项和1991年《民事诉讼法》第138条第1款第2项的文本对比来看,现行法显然认为事实认定和法律适用都属于裁判理由的内容。这对应前述判决书事实部分的功能转换并与德国法的做法完全相同(德国《民事诉讼法典》第313条第3款),也为我们提供了参考大陆法系裁判技术的法律依据。这种理解在实践中也不乏支持者,除了前述支持事实认定属于裁判理由的少数意见之外,事实上在原有判决书样式施行之后,我国实践中也有将证明评价、事实认定和法律理由合并的判决书写作现象。[2] 同时,个别法院的法官也曾经采取"评判如下"的形式,整合判决书中的事实认定和法律理由部分。[3] 而从理论上看,虽然大陆法系中强调法官证明评价的自由,但是裁判说理显然是自由心证制度能够正常运转的重要制度保障之一(德国《民事诉讼法典》第286条第1款第2句),[4]事实问题必须涵盖在裁判说理之中,判断证据证明力的理由和结果也必须公开[《民诉解释》第105条,2015年最高人民法院《关于全面深化人民法院改革的意见——人民法院第四个五年改革纲要(2014—2018)》第14条]。此外,如果事实认定成为裁判理由的组成部分,那么证据分析自然也会进入理由部分,否则法官将无以论证其事实认定的正当性。这样,以新版《民事诉讼文书样式》为典型、主张必须在事实部分分析证据的观点[5]也与本书就事实说理的核心主张没有冲突。

但是,笔者主张的在理由部分一并就事实和法律问题说理的观点,强调的

[1] 类似观点,参见刘莉、孙晋琪:《两大法系裁判文书说理的比较与借鉴》,载《法律适用》2002年第3期,第19页。

[2] 参见龚成:《改革民事判决书制作模式的思考》,载《法律适用》2000年第2期,第17~18页。

[3] 参见张缨:《以"评判如下"取代"经审理查明"》,载王立人主编:《裁判文书制作新探》,上海社会科学院出版社2009年版,第102~112页。

[4] Rosenberg/Schwab/Gottwald, a. a. O., § 114 Rn. 1 ff.

[5] 参见钟鸣、范跃如:《民商事裁判文书需要完善》,载《人民法院报》2002年6月18日,第3版。

是在事实问题应当说理的共识之下,进一步强化事实问题与法律问题之间结合的必要性。从法律适用技术的角度来看,请求权基础中抽象的要件事实决定了需要证明的主要事实(本书第八章),后者又需要通过直接或间接的事实证明方式,完成与个案中的生活事实对接的说理过程(本书第十章)。此时,对证据的质证与评价取决于待证事实,而待证事实的确定则以法律问题的澄清为前提。就此而言,先在"本院认定"部分就事实认定说理,随后再在"本院认为"部分就法律适用说理,似乎仍然遗传了原有判决书样式的结构性基因,在逻辑上倒置了法院处理事实与法律问题的正常思路。这样,法官在撰写判决书时需要先于"本院认定"部分假设某些主要事实是作出裁判必备的,然后在"本院认为"部分详细论证如何将前述主要事实确定为待证事实的。这当中不仅可能出现内容上的重复和论证中的反复,而且也有可能导致法官在认定事实或者适用法律的过程中出现本不应出现的纰漏。至于判决书在这种模式下可能记载那些由于与待证事实无关、本不必被质证和探讨的证据,反而似乎表明了现有证据调查程序前置于事实主张重要性判定工作的合理性(对已经发生的程序性问题的记载和说理),则更值得充分反思。

换个角度看,在审判过程中区分事实问题和法律问题并不必然导致在判决书结构上做同样区分。前者对应的是实质意义上的裁判,而裁判的结构则是形式意义上的裁判,两者关注的重点并不相同。虽然从法学三段论或者更准确地说涵摄的角度可以区分事实认定和法律适用,但是这并不能决定两者必须在形式上各占据判决书的独立部分。相反,判决书结构本身并不必体现法学三段论,两者之间也不必直接对应。[1] 实际上,法学方法论体现的是法律人的思维方式,是裁判理由遵循的内在逻辑(本书第八章)。强调事实和法律问题在形式上的区分,带来的只能是判决书的僵化、重复与割裂。

此外,比较法上的经验也不能为这种理解提供支持。很大程度上由于裁判主体的不同,在英美的裁判结构中确实可能出现相对严格地区分事实和法律问题的情况。陪审团由于具有很强认定事实的权威,对于事实问题自然不

〔1〕 有论者认为,正是这种将两者对应的思路导致了割裂的现状,参见张真理:《裁判文书写作的误区》,载《国家检察官学院学报》2009 年第 2 期,第 80 页(但本文与作者对涵摄概念的使用并不相同)。

必说理。就此而言,确实可以说证明评价和事实认定问题不构成判决理由。[1] 但是,上述做法对于我国所效仿的、由职业法官主导的审判模式来说,不但不可想象,而且也难以从体系上借鉴。仅就美国法值得注意的是,在由法官认定事实的绝大多数美国联邦司法案件中,法官必须分别说明其事实认定和法律结论[美国《联邦民事诉讼规则》第52(a)条],这里实际上就是针对事实是否存在的心证及其具体形成过程。[2] 比如,初审法官必须在相互冲突的双方证言中作出选择,必要时可以通过进一步证据调查来获得心证,而不能仅仅表示当事人就该事实未能满足证明责任。[3] 同时,判决的事实说理并不限于案件的主要事实,也要涵盖与之相关的间接事实基础。[4]

2. 理由部分的具体改良思路

就事实认定而言,我国判决书的不足主要体现在三个方面,即事实认定本身的错误或者缺漏,事实认定的结论缺少具体的证明和证据方面的理由支持或者对于没有争议的事实仍赘述证据,以及事实认定与法律适用方面的不对应。[5] 较为圆满地解决上述问题需要系统论述证据法和法学方法论上的整体思路和具体规则,并非侧重判决书结构的本章所能完全覆盖。除了适用实体法上的请求权基础思路以及强化对法条涵摄方法和法律解释方法的应用(本书第八章)外,笔者认为在对争议事实认定的证成及其心证形成理由的公开中,应当继续区分直接证据和间接证据这两种不同证明方法及其证据法上的不同配套制度(即使在涉及不确定法律概念时)(本书第十章),[6] 尊重裁判技

---

〔1〕 参见童兆洪、章恒筑:《判决理由改革论》,载《浙江大学学报(人文社会科学版)》2002年第2期,第26页。

〔2〕 See 9C Wright & Miller, *Fed. Prac. & Proc. Civ.*, § § 2574, 2579 (westlaw).

〔3〕 Khan v. Fatima, 680 F.3d 781, 785 - 786 (7th Cir. 2012). 相反基于英国判例法认为法官不必对此类证人证言心证评价问题说理的观点:See Hock L. Ho, 20 L. S. 42, 58 - 59。

〔4〕 Kelley v. Everglades Drainage Dist., 319 U. S. 415, 422 (1943); Sabinsa Corp. v. Creative Compounds, LLC, 609 F.3d 175, 182 (3d Cir. 2010), cert. denied, 131 S. Ct. 960, 178 L. Ed. 2d 757 (2011); Zack v. CIR, 291 F.3d 407, 412 (6th Cir. 2002).

〔5〕 参见雷鑫、黄文德:《当前法院裁判文书存在的问题及原因分析》,载《法律适用》2009年第12期,第96~97页;何波:《民商事裁判文书的制作与说理》,载《人民司法·应用》2009年第3期,第38页;王松:《民事裁判文书应繁简分流》,载《法律适用》2006年第12期,第59页。

〔6〕 类似观点,参见胡仕浩、刘树德:《新时代裁判文书释法说理的制度构建与规范诠释(上)——〈关于加强和规范裁判文书释法说理的指导意见〉的理解与适用》,载《法律适用》2018年第16期,第19~20页。不同观点,参见纪格非:《"直接证据"真的存在吗? 对直接证据与间接证据分类标准的再思考》,载《中外法学》2012年第3期,第594~606页。

术在证据能力、证明对象、主张责任和证明责任、事实推定、举证时限以及证明评价方面的基本规则。[1] 在后者,除了应当准确理解证明责任的分配规则(《民诉解释》第 91 条)及其在各类型案件中的具体表现外,还需要注意到《民诉解释》第 108 条强调了认定事实主张“真伪不明”的必要和作为一般规则的“高度盖然性”证明标准,澄清了 2001 年《证据规定》第 2 条第 2 款和第 73 条可能造成的解释分歧(本书第十四章)。[2] 在涉及其他证明标准时,应当参考德国法的思路专门说明,在涉及采信相互冲突的证明方法时也需要说明选择的理由。同时,如前所述证明评价属于裁判理由的组成部分,而且裁判理由的叙述顺序与审理顺序并不相同。由于裁判说理中的基本思路是先有结论后有理由,因此在事实认定的叙述中应当先陈述法官形成心证的事实,随后再通过证据和证明规则论证事实认定结论的正当性。[3] 此外,裁判说理也必然要求事实与证据和法律适用的对应性。类似审理技术上的不同模式,[4]法官在面对不同证据收集状况时,应当灵活地就其事实认定结果说理。无论是先将证据分组[5]还是一并说明事实认定的理由,都需要保持事实与证据之间的联系,避免单纯记账式地割裂记录。[6] 比如,在“彭宇案”的一审判决书中,法官在“本院认为”部分评价了相关证据,引入相关经验法则加以论证,并且“认定原告系与被告相撞后受伤”的事实结论。虽然法官引入经验法则本身的盖然性不满足要求,但是其论证方法已经体现了上述思路(本书第十章)。

法官在法律适用部分除了要注意法律规范引用的基本技术,还应当回应

---

〔1〕 基于实践经验的讨论,参见杨惠惠、邵新:《裁判文书证据说理的实证分析与规诫提炼——以法发〔2018〕10 号为中心》,载《法律适用》2020 年第 6 期,第 16~32 页。

〔2〕 参见曹志勋:《“真伪不明”在我国民事证明制度中确实存在么?》,载《法学家》2013 年第 2 期,第 95~105 页。

〔3〕 不同观点则认为,在“经审理查明”部分讨论具体的证明评价时应当先论述证据,然后在逻辑上才可能认定事实。比如,参见赵朝琴:《司法裁判的现实表达》,法律出版社 2010 年版,第 163~165 页;李琛:《关于民事判决书的撰写技术》,载《法律适用》2002 年第 4 期,第 76 页;龚成:《改革民事判决书制作模式的思考》,载《法律适用》2000 年第 2 期,第 19 页。

〔4〕 参见邹碧华:《要件审判九步法》,法律出版社 2010 年版,第 130~133 页。

〔5〕 在“经审理查明”部分的这种做法,比如,参见云南省昆明市西山区人民法院民事判决书,(2014)西法民初字第 3252 号。

〔6〕 参见应秀良:《论民事审判中法官如何“认证”》,载《法律适用》2013 年第 6 期,第 82、84 页。

当事人可能存疑的事项或其法律争点,[1]即使他认为这些观点并不影响案件结果。这里涉及的不仅是所谓“法官知法”原则并体现庭审中对争点的整理(《民诉解释》第226条和第228条),而且从说服当事人接受裁判结果的角度看,这也应当成为裁判说理的基本要求。易言之,法官受到当事人对法律争点意见的有限拘束,即虽然必须加以回应,但是可以自行选择法律观点。此外,在实践中双方都有法律专业人士协助的情况下,任一方的事实主张和法律理由听起来都常常很有道理。但是由于两者一般相互冲突,法官必须自己找到明确的答案。[2] 这当中有事实方面的原因,也可能涉及法律理解与适用方面的不同见解。无论是上述哪种情况,法官都必须通过说理来解释自己为何支持某一方观点,甚至为何选择第三种事实认定或者法律解释。如果说事实主张的证明一般需要通过法官对证明方法的评价实现,那么法律论证提供的则是“证明”裁判结果(论点)正确性的“证明方法”(论据)。[3] 换个角度看,法官即使认为某个法律争点在本案中并不重要,也应当参考德国和美国的范例,在理由部分明确表明该争点应当由日后更合适的案件处理,[4]以配合日渐丰满的我国指导性案例甚至判例制度。

最后,对于判决书说理中参考资料引用的问题,由于所参引的可能是古代文化经典(如《孝经》)、我国政治性文献、法学学术观点(当然包括研究型法官

---

〔1〕 类似观点,参见李滇、樊华中:《刚弱两需分野下我国判决说理模式新探——以S市F区法院判决书为样本的研究》,载《法制与社会发展》2015年第3期,第95页;周晓霞:《民事判决理由研究》,法律出版社2014年版,第27~28页;胡云腾:《论裁判文书的说理》,载《法律适用》2009年第3期,第52页;李琛:《关于民事判决书的撰写技术》,载《法律适用》2002年第4期,第76页。最高人民法院此类实践的例证,参见最高人民法院民事裁定书,(2013)民提字第67号。普通法系也同样要求裁判以争点为中心说理,比如:Coleman v. Dunlop Ltd. [1998] P. I. Q. R. 398, 403; Landbridge Transport Pty Limited v. Buckley [2014] NSWSC 1379 at [30] – [36]; see Dame Mary Arden, *Judgment Writing, Are Shorter Judgments Achievable*?, 128 Law Quarterly Review 515, p. 515 – 516 (2012)。

〔2〕 Ralph Christensen/Michael Sokolowski, Die Krise der Kommunikation und die Möglichkeit juristischen Argumentierens, in Kent D. Lerch Hrsg., Die Sprache des Rechts, Band 2: Recht verhandeln: Argumentieren, Begründen und Entscheiden im Diskurs des Rechts, 2005, S. 106.

〔3〕 Wolfgang Gast, Juristische Rhetorik, 4. Aufl., 2006, Rn. 265.

〔4〕 我国台湾地区黄国昌研究员对台湾“最高法院”判决的类似建议,参见张特生等:《三谈民事判决如何写》,载民事诉讼法研究基金会:《民事诉讼法之研讨(十三)》,台北,民事诉讼法研究基金会2006年自版发行,第181页(黄国昌发言)。

的高见)、[1]指导性案例或者其他在先作出的判决以及外国法信息等不同类型的资料,可能涉及较为复杂的情况。笔者初步认为,判决书中的引用不应限于法律渊源,不具有法律约束力的资料也可以在判决书中发挥其说服力。就学术观点的引用而言,我国目前主流观点和实践的答案都是否定的,即使当事人在诉状或者其他文书中引用法学通说或者知名学者的观点,[2]法院也不会在"本院认为"部分给予明确回应。在作出的判决中,只有明确公布的指导性案例才具有法定的"应当参照"效力(《案例指导规定》第7条),此外即使是《最高人民法院公报》刊载的案例,也不在其列。[3] 但是,如果法官选择更详细地说明对法律问题的理解,[4]提示心证形成的脉络,也会有助于改变我国判决书说理不足的现状,增强说理的厚度。[5] 更何况即使法官不明确说明,其对法律的理解也不可能凭空而来。此时是否直接引用,并不会改变这些观点对法官审判思路的影响。[6]

至于一般规范性文件,从现行法和实践的角度看,司法解释长期以来被视为法官引用的对象,而其他规范性文件也可以在判决书中被直接引用(《裁判文书引用规定》第4条第1句和第6条)。其中,后者除了由其他有权机关或者最高人民法院作出之外,也应当考虑通过扩张解释,将高级人民法院业务指

---

[1] 比如,参见江苏省南京市玄武区人民法院民事判决书,(2013)玄商初字第580号中就直接具名引用了学者在相关研讨会上发表的学术观点。相关情况和判决书全文,参见杨璐:《南京法院判决书援引学者观点,专家称系全国首创可增强说理性》,载澎湃新闻网2014年12月22日,http://www.thepaper.cn/newsDetail_forward_1287931。

[2] 比如,参见河北省抚宁县人民法院民事判决书,(2014)抚民一初字第1868号;河南省洛阳市洛龙区人民法院民事判决书,(2014)洛龙民初字第2098号。

[3] 最高人民法院民事裁定书,(2014)民申字第441号。

[4] 比如,参见彭中礼:《论法律学说的司法运用》,载《中国社会科学》2020年第4期,第90~113页;李敏:《论法理与学说的民法法源地位》,载《法学》2018年第6期,第99~115页。

[5] 比如,参见上海市普陀区人民法院民事判决书,(2013)普民二(商)初字第642号(包含54个脚注并引用学术观点)。最高人民法院何帆法官较早前支持判决书增加脚注的观点,参见何帆:《判决书加脚注是画蛇添足?》,载《南方周末》2009年6月4日,E30版。从法官知识生产角度的观察,参见侯猛:《司法的运作过程:基于对最高人民法院的观察》,中国法制出版社2021年版,第140~142页。

[6] 在《检察日报》曾组织的观点交锋中,无论正反双方都不否定专家学者意见对裁判说理产生的实际影响。参见苏清涛、吴宣正:《正方:增强说理性可直接引用》,载《检察日报》2015年4月1日,第3版;周忠、魏再金:《反方:直接引用违背以法律为准绳的要求》,载《检察日报》2015年4月1日,第3版。亦参见王立梅:《裁判文书直接引用学者观点的反思》,载《法学论坛》2020年第4期,第93~100页。

导文件纳入其中(比较《上下级法院意见》第8条和第9条),以便进一步丰富法官用于说理的素材。在我国目前实践中,这种做法仍属少数。[1] 在更多案件中,即使当事人明确引用了相关文件,法院在裁判理由中也会保持沉默,转而从学理讨论出发,法律渊源解决的是“何者为法律”的问题,并不与裁判说理的形式与内容直接挂钩。法官在说理中引用的社会情况、统计资料、生活经验等统统不是法源意义上的“法律”,但是却可以成为裁判理由的组成部分,正是这些信息充实了法官说理的素材。实际上,在是否引用的形式差别背后,真正关键的是相关观点的内在说服力。只要该观点停留在解释论层面上,在判决书中就可以转化为个案法官对法律问题的回答,进而满足依法裁判的要求。这样,考虑到上述业务指导文件的具体程度和前沿价值,无论是从回应争点还是加强裁判说理的角度,我国实践中扩大裁判理由引用范围的做法深值赞同。当然,既然说明学说渊源只是一个裁判说理的形式问题,那么对于是否及如何说明的裁量权应当掌握在个案法官手中。对于各类案例和指导性案例来说也是如此,一方面应当由法官根据个案情况决定是否引用(事实区别技术),另一方面单纯引用他案中的结论也不能满足说理义务(本书第七章)。[2]

---

〔1〕 比如,参见浙江省三门县人民法院民事判决书,(2014)台三健商初字第195号;四川省成都市新都区人民法院民事判决书,(2015)新都民初字第109号。

〔2〕 参见曹志勋:《论指导性案例的“参照”效力及其裁判技术——基于对已公布的42个民事指导性案例的实质分析》,载《比较法研究》2016年第6期,第115~116页。

第四章

补正形式错误的裁判技术

民事判决始终存在出错的可能性，在不同程度的错误中，首先需要通过补正裁定制度更正其中的形式错误。在《民诉解释》出台后，我国仍应进一步完善补正裁定制度，避免在实践中的滥用。在借鉴比较法上的制度时，我国应注意分别针对显然错误和事实部分错误的两种形式错误补正程序的差异。错误的显然性应作为判决可以补正的标准，也要考虑补正的便利和司法效率。补正裁定制度未来也应适用于案件诉讼经过记录中的错误。形式错误及其改正看似并非“兹事体大”，但裁判技术的完善与裁判质量的提高恰恰始于争议最小之处，由此走上“止于至善”的征途。更正后的一审判决书，也是进一步分析裁判效力、法律适用并且理解其中事实认定技术的源点所在。

一、问题的提出

作出完整正确的裁判是司法工作的基本要求。通过案件分流机制遴选出适于通过司法机制解决的纠纷，在审理中加强对双方争点的整理和事实的发现，在裁判时规范和完善裁判文书中的说理，都是现阶段司法改革的重要内容，也是依法治国的重要途径。然而，法官作出的裁判可能出错，这里一定涉及如何为当事人提供救济的后续问题。法官犯下的错误既可能是事实认定不清、法律适用错误这样实质上的错误，也可能是算错、写错这类形式上的错误（笔误），甚至还可能是漏判即遗漏了诉讼请求。错误的类型和性质不相同，在司法制度中也就需要建构不同的救济途径。[1]

针对实质错误的通常审级救济程序[2]已经得到普遍深入的关注，相比之下，后两类问题的研究仍有较大拓展空间，至今这一基础问题仍未得到应有重视。在实践中，我们时常能发现在这两方面有所不足的裁判文书。仅就本章的关注对象而言，虽然我国法律和实践中早已创设并承认了判决补正裁定制度，但是即使是《民诉解释》对此也仅设置了基本规则，实际上是在调整《民事

---

〔1〕将三者视为同一制度不加区分的不同意见，参见张靖波、郑磊：《民事裁判遗漏救济程序的重整与优化》，载《人民司法·应用》2014 年第 9 期，第 104 页；陈晓君：《缺陷的弥补与权利的补充救济　民事裁判瑕疵补正程序》，载《法律适用》2008 年第 9 期，第 47～49 页；曹书瑜：《论民事瑕疵裁判的补正程序》，载《人民司法》2006 年第 6 期，第 58～61 页。批评意见，参见杜睿哲：《补充判决制度的法意及问题探讨——兼与曹书瑜法官商榷》，载《人民司法·应用》2007 年第 11 期，第 78～79 页。主张为裁定设置不同救济途径的观点，参见胡思博：《民事裁定研究》，社会科学文献出版社 2014 年版，第 94～156 页。

〔2〕如果法院裁判了相关诉讼请求，但是当事人对此表示不服的，只涉及上诉救济，与遗漏诉讼请求无关。

诉讼法》条文序号后，重新发布了1992年《民诉意见》第166条的规定。这种选择在保持规则和实务的连贯性的同时，也将原规则的模糊之处"照单全收"。为了厘清补正裁定的具体适用，尽可能避免由于规则本身带来的制度滥用，有必要从解释论上细化和完善。对此，应提炼规则的理论核心，如后文详述，强调补正裁定的对象是判决中的显然错误。

二、补正民事判决形式错误的既有实践

在现行法上，当涉及判决书中的法律文书误写、误算，诉讼费用漏写、误算和其他笔误时，法院可以通过不可上诉的裁定补正错误(《民事诉讼法》第157条第1款第7项和第2款、《民诉解释》第245条)。〔1〕法官如果在裁判文书宣告或者送达后发现文字差错或者病句，应收回裁判文书，〔2〕并且分别以校对章补正、重新制作裁判文书或者制作裁定予以补正(《法官行为规范》第54条)。这里的核心问题是笔误或者文字差错，这样明显区别于对应上诉制度的实质上的错误和对诉讼请求的遗漏。当然，上述纠错机制的存在主要针对必须更正的情况，实践中同样常见的是由于当事人对错误不在意，没有更正的必要。也有不少法院认为主文中的上述错误不能通过补正裁定更正，主文错误不属于笔误，必须通过上诉和审判监督程序改判或者变更。〔3〕

这样看，对于形式上的错误，现行法已经明确设立了补正裁定制度，由于规则长期不变，也形成了相对稳定的实务做法。至于如何在这一基本规则之上判断笔误的内涵外延、如何具体安排补正的程序，仍有待进一步的解释。如后文详述，我国实践中各法院对笔误的理解多有不同，需要根据具体案情探讨

〔1〕 有学者认为，此时《民诉解释》扩张了《民事诉讼法》的规则，参见占善刚：《民事判决中的表示错误及其更正》，载《法学》2017年第8期，第170页。

〔2〕 实践中有一种不规范的做法是法院既不收回判决书，又不出具补正裁定，而是自行勘误放在卷宗中移送上级法院。比如，吉林省高级人民法院民事裁定书，(2014)吉民申字第789号。

〔3〕 海南省第一中级人民法院民事裁定书，(2015)海南一中民一终字第28号。参见李承运：《民事二审"变更"裁判方式的价值体认与实践构想》，载《法律适用》2015年第2期，第73~75页和脚注6(但该文主张的独立的变更裁判类型，从文义上即背离了《民诉解释》第405条第2款的规定)。相同做法，比如，江苏省南京市中级人民法院民事判决书，(2015)宁商终字第571号。实践中的相反做法，比如，重庆市高级人民法院民事裁定书，(2015)渝高法民申字第00652号；山西省高级人民法院民事裁定书，(2014)晋民申字第224号；北京市第一中级人民法院民事判决书，(2015)一中民终字第3809号(记录了一审判决书作出后对赔偿金额的补正裁定，由于一审作出给付判决，调整赔偿金额势必导致主文数额随之变动)；福建省厦门市思明区人民法院民事判决书，(2015)思民初字第460号。

相关处理的妥当性。所谓"误写、误算、漏写"只是判决错误在结果上的表现形式,从中应进一步明确其背后的共同标准。在相关理论研究中,我国有学者认为,在范围上应将补正裁定的对象扩大解释为范围更广的显然错误,[1]也有学者(较为偏激地)批评补正裁定的存在是对法官错误的制度性纵容。[2] 就后者而言,之前最高人民法院规定对于文字表述不正确的裁判文书不予公布(2000 年《裁判文书公布管理办法》第 4 条),虽然可能具有迫于现实情况、可以被同情地理解的合理性,但是确实可以归入上述这种"制度性纵容"。补正裁定制度则不然。从社会常理及一般经验来看,错误在任何工作中都不可避免(比如,参考管理学上的"墨菲定律"),在警惕、预防错误发生的同时,应预先设计相应的补救措施,尽快使受到错误影响的工作回到正常轨道上。保留并完善补正裁定制度实属必要。[3]

同时,研究者就做出补正裁定的程序同样存在较大分歧。有法官认为,裁判表述错误应以书面裁定的形式,由原审法官或者上诉法官分情况依职权或者依申请补正,不受申请时间的限制,并且应发生溯及效力。[4] 也有学者则主张,补正权应由作出原判决的法官专属,根据不同情况适用不同期限。[5] 对此,笔者认为,区分不同类型的笔误并明确其更正对象是解决上述意见分歧的关键,因此后文将参考采取这种思路的德国法规则,并借以明确不同观点的实质。

三、纠正民事判决形式错误的比较经验

从本书在比较方法上的选择出发,对上述救济途径的制度设计需要回到德日大陆法系诉讼法理传统,本书以其中更为根本、经验更丰富的德国法作为主要参考,并首先简要介绍美国的相关制度,以作对比。

---

〔1〕 参见胡夏冰:《裁判表述错误及其补正》,载《法律适用》2009 年第 10 期,第 72 页;杜睿哲:《判决的补正探析》,载《西南政法大学学报》2005 年第 2 期,第 8 页。

〔2〕 参见魏胜强:《当面说理、强化修辞与重点推进——关于提高我国判决书制作水平的思考》,载《法律科学(西北政法大学学报)》2012 年第 5 期,第 56 页。

〔3〕 另一个方向,来自法官的分析则指出,在裁判文书上网后无论是否出具补正裁定,法院都会陷入出错指责,并且降低"法院自我纠错能动性"。参见赵瑞罡、陈碧玉:《文书上网背景下"后裁判效应"的理性应对》,载《法律适用》2015 年第 8 期,第 66 页。

〔4〕 参见胡夏冰:《裁判表述错误及其补正》,载《法律适用》2009 年第 10 期,第 70 ~ 73 页。

〔5〕 参见杜睿哲:《判决的补正探析》,载《西南政法大学学报》2005 年第 2 期,第 7 ~ 11 页。

(一)美国对笔误及疏忽的补正

在美国,裁判和其他案卷中的笔误(clerical mistake)和疏忽造成的其他错误,可以由法院依申请或者依职权更正。如果案件进入上诉程序,更正则需要以上诉法院的许可为前提[美国《联邦民事诉讼规则》第60(a)条]。[1] 笔误和疏忽错误之间是并列关系,后者的解释空间较大。比如,虽然对判决主文的进一步解释和澄清明显不属于笔误,但是,法院通常认为可以通过解释疏忽错误,在判决文本与法官目的不完全相符时补正[2]。此外,上述笔误和疏忽既不限于法院工作人员的错误,[3]又可能涉及在案卷中增补缺失的材料。[4]

在内容上,补正程序虽然要追求法院和当事人的原意,[5]但是也不能被用于改变原裁判的效果。[6] 比如,初审法院在判令转让一定数额股票之后,不能基于个案正义要求债务人额外支付股价下跌产生的差价,否则实质上即改变了原判中选定的损害赔偿方式。[7] 当事人未请求或者至少判决中未支持的、主债权在判决前产生的利息损失,也不能在判决后补正。[8] 换个角度看,针对笔误的补正程序处理的应该是形式化的错误,更正时不需思考任何法律理由,而有必要综合考虑错误性质、法院意图及补正对当事人实体权利的影响。[9]

---

[1] 如果上诉法院已经作出终局裁判,初审法院的补正就不再需要前者许可。当然,此时的补正不能改变上诉裁判的内容。Hartis v. Chicago Title Ins. Co., 694 F.3d 935, 950 (8th Cir. 2012).

[2] Sartin v. McNair Law Firm PA, 756 F.3d 259, 265 – 266 (4th Cir. 2014); Tattersalls, Ltd. v. DeHaven, 745 F.3d 1294, 1297 – 1298 (9th Cir. 2014); Rivera v. PNS Stores, Inc., 647 F.3d 188, 195 (5th Cir. 2011).

[3] Pattiz v. Schwartz, 386 F.2d 300, 303 (8th Cir. 1968)(但本案是书记员未能记录修改后的诉状,即未能体现当事人的意思); see 11 Wright & Miller, Fed. Prac. & Proc. Civ., § 2854 (westlaw).

[4] U.S. v. Stuart, 392 F.2d 60, 62 – 63 (3d Cir. 1968).

[5] 756 F.3d at 265 – 266; Niederland v. Chase, 425 Fed. Appx. 10, 14 (2d Cir. 2011)(强调判决的本意); Agro Dutch Industries Ltd. v. U.S., 589 F.3d 1187, 1192 (Fed. Cir. 2009); Kocher v. Dow Chemical Co., 132 F.3d 1225, 1229 (8th Cir. 1997).

[6] Whitney Nat. Bank of New Orleans v. Smith, 613 So.2d 312, 316 (Miss. 1993)(州最高法院).

[7] Trahan v. First Nat. Bank of Ruston, 720 F.2d 832, 833 (5th Cir. 1983).

[8] Osterneck v. Ernst & Whinney, 489 U.S. 169, 176 n. 3 (1989) (dictum); Winslow v. F.E.R.C., 587 F.3d 1133, 1135 – 1136 (D.C. Cir. 2009); McCalla v. Royal MacCabees Life Ins. Co., 369 F.3d 1128, 1133 – 1134 (9th Cir. 2004). 相反,如果初审法院在判决中已经支持了利息请求、只是留待日后确定,则属于判决补正的范畴。Pogor v. Makita U.S.A., Inc., 135 F.3d 384, 386 – 388 (6th Cir. 1998).

[9] Rhodes v. Hartford Fire Ins. Co., 548 Fed. Appx. 857, 859 – 860 (4th Cir. 2013) (per curiam); 647 F.3d at 193 – 194.

与此相对,更为实质的错误应通过其他平行机制纠正,如应在判决作出后 28 天内申请的变更判决制度[美国《联邦民事诉讼规则》第 59(e)条],[1]或者基于实质理由的终局裁判撤销制度[美国《联邦民事诉讼规则》第 60(b)条]。实践中,当事人不适格、[2]当事人名称和年龄错误、记载时间错误、主文中的数字错位或者计算错误以及其他费用记录错误[3],都可以成为补正对象。在判决主文与事实认定的关系上,如果法院在事实部分认定了违约金,在当天独立作出的判决主文中却只支持了欠付工资和律师费,就涉及疏忽错误。[4] 相反,如果事实部分并未认定某项主张,那么法院一般并不能简单地借助补正程序增加主文,[5]而需要寻找其他具体证据。比如,判决事实部分在引用当事人约定的律师费分担协议时,说明了其内容参照双方约定,但实际上遗漏了部分款项。[6] 常常发生争议的,还包括对裁判对象[7]和既判力[8](with prejudice)的认定。

在程序上,无论是基于法条本身的文本解释("任何时候")、比较法律对更正实质内容错误时明确要求合理时间甚至一年内的体系解释[美国《联邦民事诉讼规则》第 60(c)(1)条],还是通常司法实践,[9]补正都不受任何时间限

---

〔1〕 较早前介绍,参见刘荣军:《美国变更判决制度简介》,载陈光中主编:《诉讼法论丛》第 11 卷,法律出版社 2006 年版,第 371 ~379 页。

〔2〕 Wallace v. Mulholland, 957 F. 2d 333, 335 Fn. 2 (7th Cir. 1992)(赔偿义务人错误); Wisconsin Carpenters Pension Fund v. Jokipii Demolition LLC, 2007 WL 1308847, *4 (E. D. Wis. 2007)(在 17 名原告中多列某当事人,但诉状中并没有关于该人的任何事实).

〔3〕 See 11 Wright & Miller, Fed. Prac. & Proc. Civ., § 2854 (westlaw); Note, *A History and Interpretation of Rule* 60(*a*) *of the Federal Rules of Civil Procedure*, 42 Drake Law Review 461, p. 470 (1993). 计算错误也包括在完全支持诉讼请求时,陪审团因计算错误导致数额过大的情况:United States ex rel. Miss. Road Supply Co. v. H. R. Morgan, Inc., 542 F. 2d 262, 269 (5th Cir. 1976)。

〔4〕 Chavez v. Balesh, 704 F. 2d 774, 776 (5th Cir. 1983).

〔5〕 Rutherford v. Harris County, Tex., 197 F. 3d 173, 190 (5th Cir. 1999).

〔6〕 Dura – Wood Treating Co. v. Century Forest Industries, Inc., 694 F. 2d 112, 114 (5th Cir. 1982).

〔7〕 Britt v. Whitmire, 956 F. 2d 509, 515 (5th Cir. 1992)(是否通过即决判决,驳回所有诉讼请求).

〔8〕 548 Fed. Appx. at 860 (不满足立案事实具体化要求的裁判); 647 F. 3d at 194 – 195 (即决判决).

〔9〕 756 F. 3d at 268; 694 F. 2d at 114; Scola v. Boat Frances, R., Inc., 618 F. 2d 147, 152 (1st Cir. 1980).

制。即使案件已进入上诉程序甚至上诉判决已作出,只要上诉法院没有对相关问题作出裁判,初审法院通常仍有权更正笔误。[1] 相比之下,上诉法院此时不会自行纠正这种显然错误,但可能在裁判中提示当事人,随后可以向初审法院申请补正。但是,上诉法院也可以无视初审法院的显然错误并假设判决正确作出(自行更正),随后作出自己的判断。[2] 而且,法官上述职权在性质上属于裁量权,法官可以选择不更正。这样即使法定规则并未限定申请补正的时间,法官可以将当事人怠于申请的事实纳入考量,不予补正。[3] 至于是否需要通知当事人,也取决于法官对裁量权的行使。但是在以案卷外证据为依据的补正程序中,法院则被认为应通知所有当事人。[4]

(二)大陆法系的补正裁定制度

一般而言,大陆法系法院受到自己作出的裁判约束,不得撤销、变更或者补充该裁判(消极方面),本审级中的其他裁判在内容上也不得偏离在先裁判

〔1〕 Diaz v. Jiten Hotel Mgmt., Inc., 741 F.3d 170, 175 (1st Cir. 2013); Klingman v. Levinson, 877 F.2d 1357, 1363 (7th Cir. 1989); Panama Processes, S. A. v. Cities Serv. Co., 789 F.2d 991, 994 (2d Cir. 1986); 694 F.2d at 114 & n. 2.

〔2〕 694 F.3d at 949 - 950 [本应按照被告的和解提议判决给付(美国《联邦民事诉讼规则》第68条),但是却支持了被告基于没有对事管辖权驳回请求的申请]; Prows v. Department of Justice, 1993 WL 118235, *1 (D. C. Cir. 1993); 957 F.2d at 335 Fn. 2; Sarkar v. McCallin, 636 F.3d 572, 574 - 575 (10th Cir. 2011) (起诉针对某被告个人及职务身份,判决只驳回了职务身份部分,上诉法院认为案卷显示初审法院本来要驳回两者,因此审查对象应当是推定改正后的判决); In re U. S. Healthcare, Inc., 193 F.3d 151, 158 n.2 (3d Cir. 1999) (初审法院向州法院发回大多数所有诉讼理由,但对唯一未发回的、针对多个被告的某点诉讼理由,只驳回针对其中之一的请求); Huey v. Teledyne, Inc., 608 F.2d 1234, 1237 (9th Cir. 1979) (初审法院本应说明基于不应诉的驳回裁判产生既判力,但误写成不生既判力,随后的更正又没有申请上诉法院许可,因而在裁判技术上无效。上诉法院认为,这属于显然错误,自己可以推定初审裁判被更正); DeVilliers v. Atlas Corp., 360 F.2d 292, 295 - 296 (10th Cir. 1966) (与前案类似,法院对损害赔偿金数额的更改无效,但上诉法院视其为显然错误,以更正后数额为准); Brown v. Moore, 247 F.2d 711, 714 n. 2 (3d Cir. 1957) (陪审团支持了原告的两个诉因/请求,法院判决只涉及其中一个,因此上诉仅限于此。上诉法院将其视为笔误,将上诉对象扩大为两个请求); see 11 Wright & Miller, Fed. Prac. & Proc. Civ., § 2856 (westlaw). 这些案件也部分涉及漏判和笔误这两种错误的救济选择问题。

〔3〕 In re Wolverine, Proctor & Schwartz, LLC, 527 B. R. 809, 843 - 844 (D. Mass. 2015).

〔4〕 Albion - Idaho Land Co. v. Adams, 58 F. Supp. 579, 580 (D. Idaho 1945); 613 So. 2d at 315; see 11 Wright & Miller, Fed. Prac. & Proc. Civ., § 2855 (westlaw).

(积极方面)。[1] 这种诉讼内约束力针对的是同一法院不得撤回或者修改其裁判的限制,而非形式既判力所规定的、裁判不能再被当事人声明不服的性质。[2] 并且,从裁判作出后宣告或者送达时即发生效力,因此早于既判力的生效时间。[3] 在各种裁判中,判决的裁判技术是最典型的代表,当然适用这一原理。[4] 但是作为例外,原判法院也可以补救形式错误和漏判。其中,形式错误对应判决的补正制度,为了准确表达法院希望作出的判决内容并且避免技术性错误,法院例外地享有有限改变判决的权力;漏判则对应判决的补充制度,借此完整覆盖当事人的诉讼请求。这里除了基本原理和制度外,司法实践中也可能会出现纠结在上述三种救济制度中的边界案件,需要相对具体地甄别。

整体来看,德国法提供了分别针对显然错误(德国《民事诉讼法典》第 319 条)和本案事实(Tatbestand)部分错误(德国《民事诉讼法典》第 320 条)两种补正裁定制度。在日本法上,法院除了可以依职权或者依申请裁定更正裁判显然错误外(日本《民事诉讼法》第 257 条第 1 款),[5] 在相关法律问题影响主文

---

〔1〕 Leo Rosenberg/Karl Heinz Schwab/Peter Gottwald, Zivilprozessrecht, 18. Aufl., 2018, § 61 Rn. 1 ff.; Christoph Althammer, in: Stein/Jonas, ZPO, Band 4, 23. Aufl., 2018, § 318 Rn. 9 ff.; Hans-Joachim Musielak, in: Münchener Kommentar ZPO, Band 1, 6. Aufl., 2020, § 318 Rn. 3 ff.; 新堂幸司『民事訴訟法』(弘文堂,2019 年),675 頁("自缚性")([日]新堂幸司:《新民事诉讼法》,林剑锋译,法律出版社 2008 年版,第 465 页);伊藤眞『民事訴訟法』(有斐閣,2016 年),509-510 頁("自缚性")[[日]伊藤真:《民事诉讼法》(第 4 版补订版),曹云吉译,北京大学出版社 2019 年版,第 346 页];松本博之 = 上野泰男『民事訴訟法』(弘文堂,2015 年),601 頁("羈束力"及日本学界术语分歧)。

〔2〕 Rosenberg/Schwab/Gottwald, a. a. O., § 150 Rn. 1.

〔3〕 Althammer, in: Stein/Jonas, a. a. O., § 318 Rn. 1(这种约束力也与裁判对事实的认定和对相关认定的法律评价无关);Musielak, in: Münchener Kommentar ZPO, a. a. O., § 318 Rn. 9. 相较而言,形式既判力涉及的是对于同一诉在审级制度上不可挑战即不得提起异议或上诉,实质既判力涉及的是前后诉的关系。相似总结,参见张卫平:《既判力相对性原则:根据、例外与制度化》,载《法学研究》2015 年第 1 期,第 68~69 页。

〔4〕 即使部分裁定也具有这种诉讼内约束力,其内容也参照判决的裁判技术。具体而言,依法在特别程序中配套了特别规则或者附期限救济途径的裁定原则上也具有上述约束力,比如涉及假扣押(德国《民事诉讼法典》第 924 条以下)和假处分(德国《民事诉讼法典》第 936 条以下)的裁定。但是,法律也会明确规定部分裁定可以被本院变更或撤销,比如诉讼分立、合并或者诉讼中止(德国《民事诉讼法典》第 150 条)。Musielak, in: Münchener Kommentar ZPO, a. a. O., § 329 Rn. 11 f. 在日本法上,裁定和命令受到的约束也要比判决宽松:伊藤眞『民事訴訟法』(有斐閣,2016 年),510 頁[[日]伊藤真:《民事诉讼法》(第 4 版补订版),曹云吉译,北京大学出版社 2019 年版,第 347 页]。

〔5〕 伊藤眞『民事訴訟法』(有斐閣,2016 年),510 頁[[日]伊藤真:《民事诉讼法》(第 4 版补订版),曹云吉译,北京大学出版社 2019 年版,第 347 页]。

和当事人利益、又不必重新开庭时,之前裁判的法院也可以在判决后一周内、依职权变更其错误裁判(日本《民事诉讼法》第256条),以事先避免裁判被上诉审撤销并减轻上诉审的案件负担。[1] 在我国台湾地区,更正显然错误的整体制度与德国制度相似,但与日本相同,没有专门强调本案事实部分错误。[2] 由于笔者目前对相关配套制度的设想和德国资料的便利,这里以德国法为主,对日本法则仅简要说明。尤其是就日本法上的变更判决制度而言,法律问题在我国常常涉及不同审级法院之间"不同认识",似乎更适宜直接提交上诉法院处理,避免对司法公信力造成不必要的伤害。如果当事人不上诉,似乎更没有必要额外救济。因此,本书暂不采这种"锦上添花"的制度。

形式错误中的显然错误,是整个判决补正裁定制度中的重点。所谓显然错误,即法院的意思与判决中的表示不一致,而非意思本身的缺陷。上述错误的明显性要求满足客观或者外部标准,即至少掌握了诉讼资料的当事人能够发现错误。这样看,仅能由本案法官发现的错误就不够"明显"。[3] 具体而言,补正显然错误有以下几方面要求。首先,在范围上,无论是当事人还是法官的原因导致的错误,[4]无论是判决的首部、主文、本案事实还是理由部分中的错误,都应被更正。但是由于仅限于形式上的错误,在一些边界情形下仍然需要细致的实务案例讨论,避免滥用判决补正制度。[5] 其次,在补正的依据上,可以利用判决书的其他部分、案卷以及经验法则判断。[6] 再次,在程序上,由于只是为了更准确地披露法院真实意思、不触及判决的实质内容,补正程序

---

[1] 新堂幸司『民事訴訟法』(弘文堂,2019年),677~678頁([日]新堂幸司:《新民事诉讼法》,林剑锋译,法律出版社2008年版,第467~468页)。

[2] 参见范光群等:《判决之更正》,载民事诉讼法研究基金会:《民事诉讼法之研讨(一)》,台北,民事诉讼法研究基金会1986年自版发行,第439~477页。

[3] Rosenberg/Schwab/Gottwald, a. a. O., § 61 Rn. 11.

[4] Rosenberg/Schwab/Gottwald, a. a. O., § 61 Rn. 8 f.; 新堂幸司『民事訴訟法』(弘文堂,2019年),676頁([日]新堂幸司:《新民事诉讼法》,林剑锋译,法律出版社2008年版,第466页)。

[5] Althammer, in: Stein/Jonas, a. a. O., § 319 Rn. 16 ff.; Musielak, in: Münchener Kommentar ZPO, a. a. O., § 319 Rn. 8 ff.; Christian Feskorn, in: Zöller, ZPO, 33. Aufl., 2020, § 319 Rn. 18 ff. 日本法也不区分主文和理由中的错误:伊藤眞『民事訴訟法』(有斐閣,2016年),510頁([日]伊藤真:《民事诉讼法(第4版补订版)》,曹云吉译,北京大学出版社2019年版,第347页)。

[6] Musielak, in: Münchener Kommentar ZPO, a. a. O., § 319 Rn. 7; 新堂幸司『民事訴訟法』(弘文堂,2019年),676頁(判决全趣旨)([日]新堂幸司:《新民事诉讼法》,林剑锋译,法律出版社2008年版,第466页)。

可以由最初判决的法院或者上诉法院依职权启动（考虑案卷的实际位置），其具体时点也只需在判决公布之后。在进入上诉程序后，上诉法院也可以直接在上诉判决中更正错误。〔1〕特别是在日本，如果当事人就案件合法上诉，那么由于通过上诉裁判足以实现救济，就不能再额外提起即时抗告了（日本《民事诉讼法》第 257 条第 2 款后句）。补正判决将以裁定形式作出，即不以正式开庭为要件，是否会见当事人则取决于错误的具体情况。最后，在效力上，对判决的补正可以追溯到其最初作出时。〔2〕当事人也可以通过即时抗告对补正裁定提起上诉（德国《民事诉讼法典》第 319 条第 3 款，日本《民事诉讼法》第 257 条第 2 款前句），要求上诉法官重新考虑作出补正裁定的条件是否充分、是否构成显然错误，但不是审查该裁定内容是否正确。〔3〕相反，对于由于无理由而驳回的更正申请，德国法和日本通说都不允许当事人再寻求救济（德国《民事诉讼法典》第 319 条第 3 款）。〔4〕

就判决中本案事实部分的错误而言，只有作出判决的法院才在当事人申请下享有更正权。所谓本案事实部分，大致对应我国判决书中的“经审理查明”/“本院认定”部分，不过后者针对法官对案件事实调查后的认识结果，而德

---

〔1〕 Althammer, in: Stein/Jonas, a. a. O., § 319 Rn. 22 ff., 30 f.; Musielak, in: Münchener Kommentar ZPO, a. a. O., § 319 Rn. 15 ff.; 伊藤眞『民事訴訟法』（有斐閣，2016 年），511 頁［［日］伊藤真：《民事诉讼法》（第 4 版补订版），曹云吉译，北京大学出版社 2019 年版，第 347 页］。

〔2〕 Rosenberg/Schwab/Gottwald, a. a. O., § 61 Rn. 17; 新堂幸司『民事訴訟法』（弘文堂，2019 年），677 頁（［日］新堂幸司：《新民事诉讼法》，林剑锋译，法律出版社 2008 年版，第 467 页）。

〔3〕 Althammer, in: Stein/Jonas, a. a. O., § 319 Rn. 46.

〔4〕 德国法通说：BGH NJW – RR 2004, 1654, 1655; Musielak, in: Münchener Kommentar ZPO, a. a. O., § 319 Rn. 25; Feskorn, in: Zöller, a. a. O, § 319 Rn. 41。通说同时也认为，即使被程序性驳回的申请也不可上诉，因为 2001 年修法后已不允许在法定可以上诉的情形之外上诉，以避免使上诉规则过于模糊。与之相反，少数观点则认为可以以抗告方式声明不服。Rosenberg/Schwab/Gottwald, a. a. O., § 61 Rn. 16; Althammer, in: Stein/Jonas, a. a. O., § 319 Rn. 43 f.（该版评注继承了前版中的上述观点：Dieter Leipold, in: Stein/Jonas, ZPO, Band 4, 22. Aufl., 2008, § 319 Rn. 43 f.）; Christian Seiler, in: Thomas/Putzo, ZPO, 40. Aufl., 2019, § 319 Rn. 10. 同时，在补正程序侵害法定听审权时，第三人可以以德国《民事诉讼法典》第 321a 条为依据寻求救济。Althammer, in: Stein/Jonas, a. a. O., § 319 Rn. 44. 日本法通说：新堂幸司『民事訴訟法』（弘文堂，2019 年），677 頁（［日］新堂幸司：《新民事诉讼法》，林剑锋译，法律出版社 2008 年版，第 466 ~ 467 页）。反对的少数说：伊藤眞『民事訴訟法』（有斐閣，2016 年），512 頁［［日］伊藤真：《民事诉讼法》（第 4 版补订版），曹云吉译，北京大学出版社 2019 年版，第 348 页］。与德国法不同，前述两位论者都承认针对被程序性驳回的申请可以上诉（日本《民事诉讼法》第 328 条第 1 款）。

国的本案事实部分针对未经法院评价的事实(本书第三章)。[1] 概要而言,判决书中的本案事实部分(德国《民事诉讼法典》第 313 条第 1 款第 5 项),即未经法官评价的、当事人眼中的事实,应表述简洁、结构清晰地记述当事人主张的(诉讼)请求权,相关攻击防御方法以及诉的声明(德国《民事诉讼法典》第 313 条第 2 款第 1 句),以便使事先不了解本案案情的法律专业人士能以此为据,撰写裁判理由和裁判结果。本案事实部分在内容上包括当事人陈述、证据调查结果以及中间判决和本案其他诉讼历史。本案事实中的内容都具有公文书的证明力(德国《民事诉讼法典》第 417 条),证明法院确实作出了与文书相同内容的司法行为,单纯的上诉并不能更正判决中对当事人陈述的错误记录。[2] 本案事实在范围上同时包括判决的本案事实和裁判理由部分中记载的当事人陈述,[3]但前述显然错误被法律明确排除(德国《民事诉讼法典》第 320 条第 1 款)。

从补正本案事实部分错误的程序看,当事人必须在送达后不可延长的两周期间内提出申请。除非能够满足上告法院对违反法令标准的审查要求,判决在宣告 3 个月后将不能被更正(德国《民事诉讼法典》第 320 条第 2 款)。如果进入是否需要更正的实质审理,即补正申请已满足了合法性要求,则由法官决定是否开庭。需要注意的是,由于立法修改,自 2020 年起作出裁定前是否开庭不再取决于当事人的申请(2020 年前的德国《民事诉讼法典》第 320 条第 3 款,已删除)。审理中不需调查证据(德国《民事诉讼法典》第 320 条第 3 款第 1 句),这样也就没有自认的空间,只需考虑案件审判法官的记忆、记录以及开庭笔录(德国《民事诉讼法典》第 314 条第 2 款第 2 句)。[4] 补正裁定必须由最初判决的法官作出(德国《民事诉讼法典》第 320 条第 3 款第 2 句)。一旦原来的独任法官或者整个合议庭都无法参加补正程序,那么只能例外地否定本案

---

[1] 参见曹志勋:《对民事判决书结构与说理的重塑》,载《中国法学》2015 年第 4 期,第 231 ~ 236 页。关于德国民事判决书的结构,亦见[德]彼得·哥特瓦尔德:《德国司法判决书中的说理:实践与学说》,曹志勋译,载《苏州大学学报(法学版)》2015 年第 4 期,第 83 ~ 92 页。

[2] Musielak, in: Münchener Kommentar ZPO, a. a. O., § 320 Rn. 1.

[3] Althammer, in: Stein/Jonas, a. a. O., § 320 Rn. 9; Musielak, in: Münchener Kommentar ZPO, a. a. O., § 320 Rn. 5.

[4] Althammer, in: Stein/Jonas, a. a. O., § 320 Rn. 19 ff.; Musielak, in: Münchener Kommentar ZPO, a. a. O., § 320 Rn. 10 (对旧法的解释: Hans - Joachim Musielak, in: Münchener Kommentar ZPO, Band 1, 5. Aufl., 2016, § 320 Rn. 9).

事实的约束力,以保障当事人的司法保护请求权。[1] 这种补正也可追溯到其最初作出时,但是在上诉或补正判决作出前,补正本案事实并不会影响原判决的其他部分(德国《民事诉讼法典》第320条第4款),也不会变动以原有本案事实为基础做出的证明评价和事实认定,[2]后者是裁判理由的主要组成部分之一。最后,当事人原则上不能就这种补正裁定上诉(德国《民事诉讼法典》第320条第3款第4句)。

(三)小结

前述比较法经验有助于回应我国学者对补正裁定程序的思路分歧。与前述对判决形式错误、实质错误和漏判的区分相似,在学理讨论中也应区别针对一般显然错误和事实部分错误的补正程序。[3] 参考大陆法系的前述经验,前者可以由法院依职权启动并没有时间限制,涉及的错误也可以由上诉法院审查应尽可能被排除(但不会导致发回重审或者改判);而后者只能依当事人申请启动并有时间限制,错误也只能由最初判决的法官(们)补正,以当事人意思为准并与直接口头原则相关。从结论上看,这也部分回答了我国学者对更正主体和应否设置时限的争议,即应对两种补正程序适用不同规则。区分的主要原因在于,两者针对的错误类型的性质相同,与当事人处分权的关系不同,不应等量齐观。

同时,前述比较法经验也能提示我们补正裁定制度在不同法系的共通之处。概要来看,两大法系的补正制度都主要针对显然的形式错误,制度功能都主要在于使判决符合法官的本来意思,而不能在实质上修改已经作出的判决内容。这和补正程序一样,不受时间限制,通常也可以在上诉程序中一并纠错。比较法经验的作用主要在于提供分析的思路以及参照对象,完善我国补正裁定制度更要重视的是我国实务中的既有实践。这种分析既包括对实务案例的肯定,又需要指出部分案例的不当之处,限缩补正裁定的适用范围。具体地看,上述比较法讨论有助于充实对我国现有规则的理论解释。

---

〔1〕 BVerfG NJW 2005, 657, 658 f.; Althammer, in: Stein/Jonas, a. a. O., § 320 Rn. 22 ff.

〔2〕 Althammer, in: Stein/Jonas, a. a. O., § 320 Rn. 11; Musielak, in: Münchener Kommentar ZPO, a. a. O., § 320 Rn. 11.

〔3〕 相反将两者不加区别的观点,参见胡夏冰:《裁判表述错误及其补正》,载《法律适用》2009年第10期,第71页;杜睿哲:《判决的补正探析》,载《西南政法大学学报》2005年第2期,第10页。

四、我国民事补正裁定制度的完善可能

(一)补正裁定的适用对象

除了前述《民事诉讼法》、相关司法解释及规范性文件已经明确的内容,这里需要关注的要点是对明显形式错误的界定和补正程序的便宜性。将现有制度的更正对象提炼为显然错误,不会有太大的争议。我们应该明确现行法上补正裁定制度的内涵和外延,以期配合我国民事司法整体上减少法官自由裁量权和民事诉讼法学进一步精细化的改革预期。在我国司法实践中,通过补正裁定纠正明显的形式错误的做法十分常见,具体如错别字,当事人姓名[1]或者名称[2]、性别、生日、[3]身份[4]或者住址错误,事实部分中金额的小数点位置或者数字错误,法律适用部分的引用法条编号、名称或者方式[5]错误,主文部分未列明全部涉争房产[6]或者主文内容[7],以及程序部分的本案案号[8]或者主文中撤销原判的案号[9]、法官人数[10]或者法官签名错误等。考虑到裁判制作全部电子化,而很多格式化裁判或者固定表达几乎相同,在电

[1] 比如,参见浙江省温州市中级人民法院民事判决书,(2014)浙温知民终字第2号("钱炳夫"误为"钱柄夫")。

[2] 比如,参见贵州省贵阳市中级人民法院民事判决书,(2014)筑民一终字第219号。

[3] 比如,参见河北省邢台市中级人民法院民事判决书,(2014)邢民四终字第603号。

[4] 比如,参见辽宁省大连市甘井子区人民法院民事裁定书,(2015)甘民初字第637号。

[5] 这里所谓的引用方式错误,主要是指实践中可能出现的法律条文援引不规范的情况。比如,参见最高人民法院指导案例48号(2015年)"北京精雕科技有限公司诉上海奈凯电子科技有限公司侵害计算机软件著作权纠纷案"中,公布的相关法条是"《著作权法》第四十八条第一款第六项",但正确的表述应是"《著作权法》第四十八条第(六)项"。如果正式判决书中出现此类错误,就应当通过针对显然错误的补正裁定更正。

[6] 参见广东省江门市中级人民法院民事判决书,(2014)江中法民再字第8号。值得注意的是,虽然原一审判决后法院已经作出补正裁定增加了原来主文中缺失的内容,但是再审法院仍然全面撤销原一审、二审判决,重新作出正确的主文判断。原判决经过补正后本来已经是正确的了(应予维持),但是从避免误解的角度,再审法院也可以重新撰写判决主文。

[7] 例如,参见最高人民法院民事裁定书,(2014)民申字第646号("驳回……诉讼请求"补正为"驳回……其他诉讼请求")。

[8] 例如,参见辽宁省大连市甘井子区人民法院民事裁定书,(2014)甘民初字第5597号。又如,有两个案件裁判文书网上分享"(2015)郸民初字第651号"案号(区别在于有无括号,2016年2月9日检索)。如果在正式送达当事人的判决书中也存在这种雷同的情况,当然也就可能涉及补正裁定。

[9] 比如,参见最高人民法院民事裁定书,(2015)民申字第826号(二审判决把被撤销的一审案号误写成二审案号)。

[10] 参见湖南省怀化市中级人民法院民事裁定书,(2014)怀中民二终字第315号。

脑剪贴时难免出现张冠李戴的情况。这些在个案语境下明显突兀的错误，当然也属于显然错误。[1]

而在某些边界案件中，比如解释继承案件中兄弟张甲一和张甲二谁才是判决主文中某物的继承人，物权案件中是房产甲 134 号还是甲 143 号、[2]作为争议标的物的不动产的横宽、[3]合同案件中标错了两项债权中经过诉讼时效的一项、引用法条究竟是基本规范还是但书（或者引用涉及构成要件相近的两条规范）、究竟是引用法条时写错了还是根本就适用了错误规范，就需要根据个案情况认定法院和法官的真实意思。此时，法官既可以参照民事实体法上的意思表示解释理论，又可以考虑判决书中其他部分的内容和庭审笔录等程序法辅助资料。比如，即使从二审判决书的理由表面来看其主文存在计算错误，但是如果综合考虑一审判定赔偿金的具体构成，可以认定二审法院只不过没有说明得出主文金额的计算过程，并不构成误算。[4] 如果裁定中直接引用了法条内容[5]或者引用了与案情毫无关系的法条，比如承包地征收补偿费用分配纠纷中引用对应借款合同的法条[6]或者二审裁判方式引用撤回上诉规则[7]，就可以确定案件属于引用法条时的误写。但是如果引起争议的两个法条内容相似且本案中只能适用其中一个，那么涉及的就可能是实体法上的法律适用错误及程序法上的理由错误，应由上诉或者再审法院在裁判理由中纠

---

〔1〕 比如，参见北京市高级人民法院民事判决书，(2014)高民（商）申字第 4007 号（其中错误是由于照搬了同院几个月前的另一份裁定，也导致本案裁定在并未说理的情况下使用了“综上”的表述）。

〔2〕 参见范光群等：《判决之更正》，载民事诉讼法研究基金会：《民事诉讼法之研讨（一）》，台北，民事诉讼法研究基金会 1986 年自版发行，第 458 页。

〔3〕 日本最高裁判所第三小法庭昭和 32 年 7 月 2 日判决，昭和 31（オ）869（一间还是一间半，“间”是旧时的度量单位）。

〔4〕 参见山东省高级人民法院民事判决书，(2013)鲁民再字第 5 号。

〔5〕 比如，参见最高人民法院民事裁定书，(2015)民申字第 1 号（应为原《合同法》第 58 条）。

〔6〕 参见贵州省高级人民法院民事裁定书，(2014)黔高民申字第 634 号。

〔7〕 参见湖北省高级人民法院民事裁定书，(2014)鄂民申字第 01128 号。

正瑕疵并维持(《民诉解释》第405条第1款后半句)。[1] 这不仅是文字笔误,不能由于主文正确就允许通过补正裁定越权更正。[2]

类似的是,也有法院认为,即使从裁判理由中无法发现原审法院考虑了作为共同债务的未缴房贷,如果离婚财产分割的结果可以被认为体现了上述内容,就不涉及形式错误或者漏判问题。[3] 当然,此时更好的做法也许是通过其他材料证明法院确实已经考虑了上述内容,比如庭审笔录等当事人有权阅读的资料,相反合议庭评议笔录由于属于审判秘密并归入附卷,无助对错误显然程度的判断。这样,如果通过庭审笔录证明一审法院审理了两笔涉争款项(判决书中遗漏一笔)、而在结果中驳回诉讼请求,就已经尊重了原告的处分权,[4]只是在裁判说理上有所不足。这种解释思路也有助于避免在法官已经审判的情况下浪费司法资源。[5] 毕竟在能够确定法官的真实意思时,补正裁

---

〔1〕 这种情况在民事诉讼中比比皆是,谨举一例。在最高人民法院民事裁定书,(2009)民监字第86号中,二审法院虽然认定一审法院的裁判理由在程序法和实体法上多有不当,但是由于其裁判的结果正确(驳回诉讼请求),因此判决驳回上诉,维持原判。在行政诉讼中的相同实践,参见张坤世:《适用法律错误但结果正确之裁判的改判方式》,载《人民司法·案例》2011年第14期,第108~111页。较早前的相似主张,参见吴庆宝:《论裁判文书改革与法官自由裁量权的行使》,载《人民司法》2002年第12期,第56页。相反也有学者认为"驳回上诉,维持原判"的要件是同时具备"认定事实清楚,适用法律正确"的要件,因此似乎此时并不能作出上述判决。参见赵旭东:《论民事案件的上诉审裁判方式——兼论新〈民事诉讼法〉关于上诉审裁判方式的规定》,载《法学杂志》2013年第6期,第102页。也有法官结合部分司法实践和理论分析认为,此时应当适用独立的"变更裁判"(《民事诉讼法》第177条第1款第2项),纠正结果正确、但是事实或法律部分存在错误的一审裁判。参见李承运:《民事二审"变更"裁判方式的价值体认与实践构想》,载《法律适用》2015年第2期,第71~75页。这里需要区分的是立法论和解释论的立场。虽然从裁判技术上看,对完全正确和结果正确的判决适用完全相同的规则看起来较为粗陋,但是在现行法上应是最可能的裁判方式。本书囿于主题,对立法论上的衡量不再讨论。

〔2〕 实践中的这种不当做法,参见贵州省高级人民法院民事裁定书,(2014)黔高民申字第634号。

〔3〕 山东省潍坊市中级人民法院民事判决书,(2014)潍民再终字第8号(双方各分得一处房产,较大的一处的房贷仍未缴清。如果推定原审公正审判,那么就应该已经考虑了房贷对房产的减值)。

〔4〕 参见山东省济南市中级人民法院民事判决书,(2014)济民一终字第157号(庭审笔录中证实已审理)。德国也允许以这种当事人可得的信息源加以补正:Musielak, in: Münchener Kommentar ZPO, a. a. O., § 319 Rn. 7; Feskorn, in: Zöller, a. a. O., § 319 Rn. 6。

〔5〕 美国类似态度:636 F. 3d at 575。日本学者还指出如果不利用简便程序纠正此类错误,还会导致既判力范围不明并减损(当事人和公众)对裁判信赖。伊藤眞『民事訴訟法』(有斐閣,2016年),510頁[[日]伊藤真:《民事诉讼法》(第4版补订版),曹云吉译,北京大学出版社2019年版,第347页]。

定比补充判决或者另诉更加快捷方便。其限制在于,这主要适用于独任法官当庭宣判的情况,此时由于庭审相对连贯,应推定坚持原来见解。相反,如果法官择期宣判,很难确认其在开庭和宣判之间没有改变原来的看法,而合议庭审判时也同样涉及开庭审理和合议庭评议之间的时间差。由于法官有机会进一步参考资料或者讨论甚至辩论观点,不能认为存在上述法官坚持此前看法的"经验法则",因而不满足显然错误的标准。特别是,"已审理"和"已裁判"不能等量齐观,事实上仍可能出现审理却未裁判的情形,后者涉及的是漏判问题。

从相反方向来看,一些在实践中被视为笔误的情形,可能由于不够明显,值得进一步思考。就程序问题而言,如果法院在二审判决书将一方上诉人列为被上诉人、又没有记明该方的上诉理由时,仅从判决书来看法官确实是将一方上诉人视为被上诉人,如果没有其他材料加以说明,不能仅仅作为笔误以补正裁定更正。〔1〕 如果一审法院适用普通程序却只有一名审判员署名,那么很难通过当事人可得资料证明案件确实组织了合议庭讨论和评议(毕竟庭审笔录只能证明合议庭成员一同开庭),也只能作为严重程序违法发回重审。〔2〕在事实认定问题上,如果补正裁定将"另查,杜某与陈某系夫妻关系"这样的事实陈述删除〔3〕或者将"签订"改成"签收"〔4〕,就需要进一步确认原判决中的认定是完全子虚乌有,还是涉及案件实体、事实及证明问题。如果是后者,则不属于显然错误的范畴。更为明显不当的情形,例如,法院判决中仅认定被告的牵引车和挂车投保的一份交强险,随后通过补正裁定改为两份,并且由于交强险对财产损害覆盖的增加,相应降低了第三者责任保险对应的赔偿额。〔5〕由于交强险强制投保的应然义务并不意味车主一定实然投保,这种错误不应属于笔误。又如,一审法院在根据当事人和解协议作出判决书后,又通过补正

〔1〕 属于这种情况的案件,参见广东省深圳市中级人民法院民事判决书,(2014)深中法房再字第46号。

〔2〕 关于实践中上诉法院这种纠错实践,参见湖南省怀化市中级人民法院民事裁定书,(2014)怀中民二终字第315号(一审法院就判决书瑕疵作出补正裁定,二审法院撤销判决书并发回重审)。与此不同,支持对合议庭成员署名错误裁定补正的二审判决,参见广东省韶关市中级人民法院民事判决书,(2014)韶中法民一终字第1021号。

〔3〕 参见辽宁省大连市甘井子区人民法院民事裁定书,(2014)甘民初字第3830号。

〔4〕 参见最高人民法院民事判决书,(2013)民提字第128号。

〔5〕 参见山东省临沂市罗庄区人民法院民事判决书,(2014)临罗民一初字第1244号。

裁定改变了对涉争合同的定性并额外判定合同解除,而二审法院否定补正裁定的合法性,但是以上诉人对判决主文无异议为由维持原判。[1] 由于“事实上的挂靠关系”与“事实上的劳务分包合同关系”对应不同的法律后果并属于当事人的主要争点,合同解除同样属于实体法问题,即使是在事实部分中也不应随便变动。而在判决与诉讼请求的关系上,如果原告将起诉请求中的5个月利息损失变更为4个月,法院判决却仍以5个月为标准,那就构成超裁,而不能简单以裁定补正。[2] 至于在公交车紧急制动造成当事人生命健康权受损的案件中,“未将被申请人已经支付的22,140.4元核减”显然已经构成实体判决错误,也没有适用补正裁定的空间。[3]

就诉讼费用而言,《民诉解释》第245条规定的“诉讼费用漏写”,指的就是已经就诉讼费用的分配作出裁判,但是未记入判决书的情形,此时同样需要以裁定补正。[4] 这里也要坚持前述显然错误的标准,在实践中其实很难通过当事人可得的资料证明。少数能够满足标准的情况,比如法院误将案件受理费减半收取[5]或者未能减半收取[6],可以归入误算的类型。与此不同,如果看起来法院实际上遗漏了对(部分)诉讼费用负担的决定,那么就不应通过补正裁定补救,[7]而是构成漏判。此时应通过上诉程序[8]或者(立法论上)独立的补充判决制度解决(本书第五章):前者主要考虑到诉讼费用问题带有更强

---

〔1〕 参见广东省深圳市中级人民法院民事判决书,(2014)深中法房终字第1307号。

〔2〕 这种不当做法,参见浙江省高级人民法院民事裁定书,(2013)浙民申字第1359号。

〔3〕 山西省高级人民法院民事裁定书,(2014)晋民申字第698号。

〔4〕 在解释论上的不同理解,参见赵泽君:《民事裁判遗漏的补充判决制度——兼评我国民事诉讼法第179条第12项之规定》,载《政法论坛》2008年第5期,第89页。在理论上主张诉讼费用不应作为补充判决的对象的不同观点,参见胡夏冰:《民事漏判及其救济》,载张卫平主编:《民事程序法研究》第6辑,厦门大学出版社2011年版,第173~174页。

〔5〕 比如,参见江苏省南京市栖霞区人民法院民事判决书,(2013)栖民初字第1018号。

〔6〕 比如,参见福建省厦门市思明区人民法院民事裁定书,(2014)思民初字第12238号。

〔7〕 实践中这类做法,比如,参见安徽省岳西县人民法院民事裁定书,(2015)岳民一初字第00571-1号;广东省高级人民法院民事裁定书,(2014)粤高法民二申字第942号(评估费);河北省张家口市下花园区人民法院民事判决书,(2015)下商初字第46号(保全费)。也有法院认为还可以在执行阶段解决,参见河北省高级人民法院民事裁定书,(2014)冀民申字第586号。

〔8〕 比如,参见最高人民法院民事裁定书,(2015)民申字第101号(漏写,记录了一审法院在判决后补正为中宝公司“负担180,000元”、闽安公司“负担42,811元”)。

烈的公权力属性,法院有依职权加以裁判的义务;[1]后者主要考虑一审法院漏判后应有机会补救且当事人有时不上诉,由于诉讼费用分配方案源于当事人之间的实体胜负关系,同样属于遗漏诉讼请求的范围。当然,由于上诉规则方面的限制,当事人无权就诉讼费用问题单独上诉,费用分配调整一般也应与实体结果变动一并进行(参照《诉讼费用交纳办法》第 30 条、第 43 条第 1 款和《民诉解释》第 196 条)。

(二)补正便利与司法效率

在错误具有显然性时,还应考量法院补正的便利程度及相应的司法效率。形式错误的"明显"决定了其应客观可查,而不必总要经过听审程序。考虑到发现错误法院和案卷所在等实际情况,也不应强调只有原审法院、甚至原审法官才能补正。比如,如果当事人对笔误不满并以此为由申请再审,那么虽然不符合现行法定再审事由,[2]但是完全可以由再审法院直接出具补正裁定纠正。而且,我国法律不允许当事人单独对补正裁定上诉(2021 年《民事诉讼法》第 157 条第 1 款第 7 项和第 2 款),也正是考虑到该制度与其程序性质、制度功能和自身属性的适应性。[3] 当事人只能在上诉期内就案件上诉,上诉中可以将对补正裁定的不服一并提出。[4] 毕竟,对显然错误的补正是司法系统澄清其审判意思的努力,这种错误本不应出现,也应尽快、尽可能便宜地被纠正。而且前述两大法系的比较法经验也同时提示,可以直接通过上诉程序更正显然错误。

对于实践中有争议的判决主文能否补正的问题,笔者认为还是要回到显然错误的标准上,不宜断然说主文中的实体内容就一定能或者不能补正。事实上,除非涉及驳回诉讼请求的情况,误算通常都会导致主文确定的金额变化。如果不允许改变主文金额,实质上即基本否定了对误算适用补正裁定制度的可能性,有违设立补正裁定制度的初衷。考虑到个案的具体情况,如果能

---

〔1〕 比如,参见湖北省汉江中级人民法院民事判决书,(2014)鄂汉江中民一终字第 00181 号(不说理,直接更正);湖南省高级人民法院民事判决书,(2014)湘高法民再终字第 70 号(在裁判理由中指明费用分配错误)。

〔2〕 比如,参见江苏省高级人民法院民事裁定书,(2014)苏审三民申字第 0411 号。

〔3〕 对民事救济机制基本原理的详细讨论,参见潘剑锋:《论建构民事程序权利救济机制的基本原则》,载《中国法学》2015 年第 2 期,第 29 ~ 42 页。

〔4〕 比如,参见河南省周口市中级人民法院民事裁定书,(2015)周民终字第 286 号。

够结合当事人书状、笔录、判决书的其他部分等发现纯粹的计算错误，当然可以通过补正裁定修改主文判定的金额。例如，“工程保证金 2,000,000 元”误写为“2,000,000 万元”，[1] 或者法院认定被上诉人的工作年限为 15 年，但是赔偿金仅按 12 年计算，应视为误算。[2] 在法院援引了违约金不超过造成损失的 30% 的规则后，以损失的 130% 计算违约金也应属于显然错误。[3] 又如，根据判决主文中同时记明的房地产权证书号，也可以确定法官已对补正裁定中增加房屋的归属作出判断，因此可以直接补正，在主文中增加相应房产。[4]

基于相同理由，当事人对纠错的意思也应影响补正的必要性。在当事人希望更正时法院应采取其他补救措施甚至裁定补正，以维护判决书的严肃性。但是在当事人持无所谓态度，法官径行补正的实际意义相对并不明显，此时应由法官裁量判断是否需要更正相关形式错误。易言之，依职权补正强调的是程序启动不以当事人申请为前提，但是在是否补正的判断中仍然需要考虑当事人的意思，避免浪费有限的司法资源。如果双方当事人之间的纠纷已经得到解决，他们并不在意判决书的具体行文，那么法院也没有强烈理由去专门作出裁定书并且安排送达，仅仅为了把当事人名字或者住址改准确。比如，如果原告在二审中明确放弃权利请求，那么就不必补正，[5] 只需尊重当事人的意思。毕竟，实务中判决书存在这样或那样瑕疵的情形十分普遍，[6] 而民事司法始终需要面对司法资源稀缺和权利保护需求高涨的冲突。法院要追求的不仅是个案中的完全正义，而且更应该是有限资源的优化配置，“好钢用在刀刃上”。[7] 与此相似，美国法上将判决更正权定性为司法裁量权，也保留了法官处理的灵活性。

不过，在诸如前述补正主文的情形下仍应坚持判决送达与程序保障的底

---

〔1〕 最高人民法院民事判决书，(2014)民一终字第 108 号。

〔2〕 参见江苏省徐州市中级人民法院民事判决书，(2014)徐民终字第 00547 号。

〔3〕 参见最高人民法院民事裁定书，(2015)民申字第 493 号。

〔4〕 参见广东省江门市中级人民法院民事判决书，(2014)江中法民再字第 8 号。

〔5〕 参见江苏省无锡市中级人民法院民事判决书，(2014)锡民终字第 2263 号(认为属于遗漏诉讼请求)。

〔6〕 基于裁判文书评查发现的情况即广泛体现了实践中显然错误的普遍性。在 560 份抽样的网上公布判决书中，超过 90% 都被发现了或大或小的问题。参见李喜莲：《网上公开之民事裁判文书的现状、问题及对策》，载《法律科学(西北政法大学学报)》2015 年第 4 期，第 191 ~ 201 页。

〔7〕 英国类似最新发展：John Sorabji, *English Civil Justice after the Woolf and Jackson Reforms*, Cambridge University Press, 2014。

线要求,甚至此时应当考虑在这种例外情况下,补正裁定送达后重新起算上诉期限(以本书观点实为立法漏洞应予填补)。否则,对于经补正裁定遭受不利变更的一方当事人来说,裁判缺乏正当性及可接受性,也很有可能激化当事人之间和当事人与法院之间的冲突。试想本来胜诉的原告在判决送达半个月后突然接到补正裁定,指出其与被告之间真正的判决是驳回其诉讼请求,是何感想?也许法官只是一时马虎、出现笔误,但是可能这一瑕疵就足以造成十分恶劣的社会观感。

(三)事实部分错误的补正

笔者认为,虽然多数法域没有为判决书中事实部分错误设计专门补正程序,但是我国仍可以从立法论上参考前述德国经验。无论未来我国裁判文书的功能是否由判断和认定转向记载和证明(本书第三章),只要关注判决书目前作为公文书的证明力或者生效判决的预决事实效力(本书第六章和第十三章),[1]判决书事实部分就都将具有对相关事实的证明力。只不过,这里的相关事实可能是当前被“查明”的法律真实下的事实,也可能是前述比较法讨论中的当事人作出相关陈述的事实。在法律真实学说下,法官认定的事实并不一定与客观真相相同,也可以以当事人没有争议的事实主张为基础,[2]因此应考虑当事人对判决书事实部分记载的态度,不必由法官依职权纠正(在客观真实说下,司法机关发现真相的义务更强烈,也许依职权更正错误是更为理论自洽的解释)。在这种当前主流认识下,我国也可以有限地借鉴德国对事实记载的纠错手段。不过,毕竟判决书的事实部分是对原有审判程序的重述,当事人事后不能再额外增补或者通过合意更改,补正中参考资料的来源也限于原审程序的亲历者和记录。同时,由于涉争判决的事实部分可能影响本案上诉程序或者另诉中相关事实主张的证明,对事实部分错误的补正也不能随时进行,而应有期限限制。考虑到保留当事人发现错误并申请更正的时间、机会,且当

---

〔1〕 虽然从立法论上看,本条并不具有比较法和民事诉讼法理上的制度支持。参见曹志勋:《反思事实预决效力》,载《现代法学》2015 年第 1 期,第 130~138 页。基于实定法,学界有力学说则肯定了其在解释论上的必要地位。参见王亚新、陈晓彤:《前诉裁判对后诉的影响——〈民诉法解释〉第 93 条和第 247 条解析》,载《华东政法大学学报》2015 年第 6 期,第 6~20 页。

〔2〕 在民事诉讼中主张客观真实的不同观点,参见张永泉:《客观真实价值观是证据制度的灵魂——对法律真实观的反思》,载《法学评论》2012 年第 1 期,第 38~44 页;江伟、吴泽勇:《证据法若干基本问题的法哲学分析》,载《中国法学》2002 年第 1 期,第 25~28 页。在客观真实说下,司法机关发现真相的义务更强烈,也许依职权更正错误是更为理论自洽的解释。

事人对案情和诉讼过程十分熟悉较容易发现此类错误,笔者认为,可以根据我国设置期限的通常做法及前述比较法经验,以送达判决书后 15 日为准。而且,无论是参考前述对显然错误的补正裁定制度还是事实部分错误救济的特殊性,也都没必要额外为其设置上诉程序。最后,在这种补正与针对漏判的补充判决制度的关系上,由于补充判决以判决中的本案事实部分记载了当事人完整请求为前提,在本案事实有瑕疵时应先申请补正本案事实,随后才能进入补充判决程序。[1] 很多情况下正是由于判决的本案事实部分忽略了某项请求,才会产生漏判的结果。[2] 至于就漏判和补充判决制度的讨论,则是第五章的内容。

---

〔1〕 BGH NJW – RR 2005, 790, 791; Musielak, in: Münchener Kommentar ZPO, a. a. O., § 321 Rn. 7.

〔2〕 德国的情况:Othmar Jauernig/Burkhard Hess, Zivilprozessrecht, 30. Aufl., 2011, § 58 Rn. 38。

第五章

补充民事漏判的裁判技术

比形式上的显然错误更严重的错误是遗漏诉讼请求,这主要包括脱漏应当审判的部分诉讼标的或者费用,在实践中也不少见。虽然现行法在复审程序中将这种错误视为严重程序违法,但是在司法实务中更为常见的是在上诉程序中直接纠错。为了同时弥补上述现行法和实践中两种模式的不足,我国应引入比较法上的补充判决制度。补充判决中漏判的识别以案件中诉讼标的的识别为标准,在救济程序上应当综合考虑借鉴德国与日本相关的立法模式,同时针对诉讼费用漏判的补充判决制度设置例外规则。漏判这样严重的错误,裁判技术显然不能置之不理,可能的争议与分歧更多在于如何设计裁判技术才是更好的选择。由法律规定到规则适用、自本土经验上升为一般理论,还是引入比较法上的补充判决制度,这就是本章需要回答的问题。

一、问题的提出

在通过判决补正裁定制度试图纠正判决中的形式错误之后,我们的关注应当延伸到遗漏诉讼请求问题的解决。民事漏判主要涉及两个问题,即哪些判决脱漏构成漏判,以及应当通过何种程序对脱漏裁判予以纠正。就此而言,虽然我国现行法及司法实践在这种错误的更正上均作出诸多努力,但也存在不少值得思考的问题。在实践中,不同法院就是否构成漏判的判断往往相互对立,研究者无法从中获得自洽的理论解读;不少法院对现行法定救济模式“阳奉阴违”,漏判本应作为重大程序违法情形发回纠正,但实际上常常被上级法院直接改正;由于有关诉讼标的理论选择的争议远未停息,判断漏判的理论依据因而难以确定。同时,功能视角下比较法中应对相同问题的补充判决制度也应当获得学界的充分关注,可供我国相关制度的改造借鉴。所谓补充判决制度,即法院通过一个相对独立的程序就被遗漏裁判的诉讼请求和费用作出裁判的制度。

需要说明的是,虽然二审程序同样可能遗漏上诉人的上诉请求,但是本书仅讨论最基础的一审漏判问题,以便在未来形成初步共识后,再充分探究审级因素对更正漏判制度的影响。与此类似的还包括2015年最高人民法院《关于人民法院办理执行异议和复议案件若干问题的规定》第23条第1款第4项所针对的执行异议裁定中遗漏异议请求的情形。另外,本书据以研究的案件材料主要是来自中国裁判文书网。由于并非所有判决书都会全面、准确地载明诉讼过程中原告诉讼请求的内容[1]和原审判决的裁判理由,因此不能排除对个案可能存在的认识局限甚至误解之处。

二、我国法上民事漏判的三种可能

(一)脱漏诉讼标的的情形

遗漏诉讼请求,既包括遗漏独立的诉讼标的,又包括遗漏同一诉讼标的下的一部分诉讼请求。一审诉讼请求应当以原告(或反诉原告)在庭审中最后确定的诉讼请求为准,[2]但如果原告在诉讼中新增的诉讼请求不合法(大陆法系民事诉讼理论中所谓的攻击失权),则该新增部分不属于案件审理范围。[3]判决对象也须涵盖多个原告的诉讼请求[4]和被告的反诉请求。在二审程序中,上诉人未请求的部分不属于上诉审查范围,对其未予审理自然不构成漏判。[5] 如果原告未提出诉讼主张,那么即使判决没有涉及同一客观事件下的诉讼请求、[6]基于同一持续性法律关系后续产生的租金请求权、[7]事故中被告未通过反诉请求的财产损失[8]或者后续医疗费[9],也不构成漏判。与此相似的是,原告在一审中撤回诉讼请求的情况。[10]

漏判的判断标准是当事人的诉讼请求,其识别则以诉讼标的理论为基础。我国法学理论界与实务界对诉讼标的理论的探讨相对充分,这在一方面深化了对相关问题的思考并为个案审判中的灵活处理提供了有力支持,另一方面

---

〔1〕 对应当记明的主张,参见曹志勋:《对民事判决书结构与说理的重塑》,载《中国法学》2015年第4期,第245页。

〔2〕 比如,参见宁夏回族自治区中卫市中级人民法院民事判决书,(2014)卫民终字第102号(关于诉的变更)。

〔3〕 比如,参见广东省揭阳市中级人民法院民事判决书,(2014)揭中法民二终字第3号(一审法院同意了逾期提出的诉讼请求的增加并且收取了相应诉讼费用,而二审法院否定了一审法院变更诉讼请求的职权)。

〔4〕 比如,参见湖南省邵阳市中级人民法院民事判决书,(2013)邵中民一终第587号。

〔5〕 参见山东省济南市中级人民法院民事判决书,(2014)济民再字第80号(认为对一审已判、当事人未上诉的请求不必审理)。相反,认为对一审未判亦未上诉的请求应当审理的判决书如河北省廊坊市中级人民法院民事判决书,(2014)廊民二终字第377号。

〔6〕 参见贵州省遵义市中级人民法院民事判决书,(2014)遵市法民一终字第939号。

〔7〕 参见辽宁省高级人民法院民事判决书,(2013)辽审四民提字第00064号。

〔8〕 参见河南省安阳市中级人民法院民事判决书,(2014)安中民三终字第1497号(同时指出可另诉请求)。

〔9〕 参见河北省石家庄市中级人民法院民事判决书,(2014)石民二终字第00013号。

〔10〕 比如,参见湖北省襄阳市中级人民法院民事判决书,(2014)鄂襄阳中民三终字第00440号;江苏省常州市中级人民法院民事判决书,(2014)常商终字第419号。

也造成了个案结果的不确定以及不同思路的冲突可能。在诉讼标的理论作出定论之前,在我国认定诉讼请求和判决脱漏本身尚存困难,这自然也会附带地使随后的更正程序陷于困境。结合相关实践中的争议焦点,此处仅以涉及确认判决和给付判决的情况为例。比如,当原告请求确认法律行为无效并主张返还不当得利时,一审法院未对行为人的行为效力予以认定但支持原告的请求,二审法院则维持原判,仅在裁判理由中阐明行为有效。[1] 根据最高人民法院针对《民诉解释》的官方解释,在判决主文遗漏了确认之诉,但是裁判理由部分已将其作为先决问题予以回答时,不应被视为遗漏诉讼请求。[2] 相反,也有二审法院在原告请求确认合同终止及腾退房屋时判定,一审法院未作出确认判决构成漏判,而且直接予以改判。[3] 另外,认为确认判决包含给付之诉的判决同样存在,例如,当原告请求停止侵害、排除妨害时,一审法院判决确认房屋所有权和农地承包权,二审法院则通过解释认为,"其实质,即是不允许除……(当事人)之外的任何非权利人,对本案争议的房屋、猪牛圈、田土进行侵害,也即为支持……(当事人)关于停止侵害、排除妨害的诉讼请求"。[4] 但是,两者一为关于物权归属的确认判决,一为对应物上请求权的(不作为)给付判决,在理论上可认定为不同的诉讼标的。

暂且不论在现行司法管理体制中上级法院对其所辖下级法院判决尽可能避免发回改判的现实考虑,仅就诉讼标的识别的裁判技术问题而言,法院采取何种学说说理也十分关键。由于我国的诉讼标的理论并非本书的研究议题,在此暂不讨论最高人民法院是否就先决法律关系已经转向欧盟法上的核心理论,或者仅仅是出于立足司法现实的便宜做法之考虑,而未坚持在诉讼标的问

---

〔1〕 参见吉林省通化市中级人民法院民事判决书,(2014)通中民终字第856号。

〔2〕 参见最高人民法院修改后民事诉讼法贯彻实施工作领导小组编著:《最高人民法院民事诉讼法司法解释理解与适用》,人民法院出版社2015年版,第1039页。也有最高人民法院法官认为债权人先请求确认合同效力、在败诉后又提起给付之诉的,构成《民诉解释》第247条下实质否定前诉裁判结果的情形。参见肖峰:《第一审普通程序中若干问题的完善》,载《法律适用》2015年第4期,第15页。

〔3〕 参见上海市第一中级人民法院民事判决书,(2014)沪一中民二(民)终字第3443号。

〔4〕 参见贵州省遵义市中级人民法院民事判决书,(2014)遵市法民一终字第1010号。

题上的理论连贯性。[1] 鉴于诉讼标的识别标准的选择是讨论漏判更正制度的理论先决问题,对此宜先处理以何种方式救济的"过程"和程序问题,待就诉讼标的问题形成初步共识后再作相应调整。

实践中还可能出现争议的是,对于原告虽已主张但被认为应当另诉处理的请求,部分法院也不认为其构成漏判。[2] 不过笔者认为,如果法院认为原告的诉讼请求已经包含不同诉讼标的,就应当尊重其行使的处分权,同时审判多个诉讼标的。就此而言,无论是《民诉解释》第201条关于诉讼费用的规定还是最高人民法院《关于印发修改后的〈民事案件案由规定〉的通知》第3条中关于多重案由的规定,均说明我国法上一贯许可诉的合并提出。从反面来看,《民事诉讼法》第143条也仅规定了增加的诉讼请求可以合并审理,根据《民诉解释》第232条的规定,在满足合并审理要件时法官并无裁量权。因此,对于在起诉中即提起的多个诉讼请求,应当适用处分权主义一般原则,分别审查各诉的起诉要件和诉讼要件,不得遗漏当事人已经申请的诉讼请求。至于两个诉讼标的由于涉及不同的法律关系、争点以及相关事实证据,不便在同一次诉讼中处理的情况,从诉讼法理上看应当考虑借助于诉讼分离制度。此时,法官可行使其诉讼指挥权,将在一案中一并提起的多个诉(诉的主观合并或客观合并)拆分成数个案件,分别推进审理进程并单独作出判决。在判断诉讼要件时,也需要考虑学理上的管辖恒定原则(参见《民诉解释》第37条至第39条)。[3] 在我国以前的司法实践中,主要通过立案实质审查实现上述程序功能。这在涉及诉的主观合并时表现得尤其明显,即在普通共同诉讼和部分(本

---

〔1〕 认为给付判决覆盖确认请求的之前案例,仅参见"奉化步云公司与上海华源公司商标所有权转让纠纷不予受理案",载《最高人民法院公报》2006年第6期,第27页。相反案例,仅参见最高人民法院民事裁定书,(2013)民申字第2320号。在《民诉解释》第247条出台后的相关学界讨论,参见刘哲玮:《论民事诉讼模式理论的方法论意义及其运用》,载《当代法学》2016年第3期,第24~26页;任重:《论中国民事诉讼的理论共识》,载《当代法学》2016年第3期,第43~45页;王亚新、陈晓彤:《前诉裁判对后诉的影响——〈民诉法解释〉第93条和第247条解析》,载《华东政法大学学报》2015年第6期,第12~14页。

〔2〕 比如,参见湖南省邵阳市中级人民法院民事判决书,(2014)邵中民一终字第921号和广西壮族自治区南宁市中级人民法院民事判决书,(2014)南市民二终字第38号。

〔3〕 德国的相关做法:Leo Rosenberg/Karl Heinz Schwab/Peter Gottwald, Zivilprozessrecht, 18. Aufl., 2018, § 78 Rn. 14; Christoph Althammer, in: Stein/Jonas, ZPO, Band 2, 23. Aufl., 2016, § 145 Rn. 1, 5, 19 ff.; Jörn Fritsche, in: Münchener Kommentar ZPO, Band 1, 6. Aufl., 2020, § 145 Rn. 1, 4, 12 ff.; Christian Seiler, in: Thomas/Putzo, ZPO, 40. Aufl., 2019, § 145 Rn. 1 ff.。

能提起的)代表人诉讼[1]中拆分案件,各判决的实质内容却几乎完全相同。但是无论如何,法院不能否定当事人已合法提起的诉,更不能恣意抹去已经发生的诉讼系属效果。[2] 就此而言,虽然美国法上存在类似由法官明确表示其判决对某部分请求不发生既判力效果的实践,[3]但是考虑到美国法上请求排除效的实用主义态度以及该国法院在这方面享有的巨大裁量权,[4]我国目前并不宜效仿。

相反,如果法院要求另案处理的请求并不在原告的诉请范围内,[5]当然不存在漏判的问题。例如,诉讼中涉及当事人之间达成的另一合同关系,[6]以及法院在驳回房屋善意取得人对原所有权人提出的腾房请求时,额外提示原告依据买卖合同向作为案外人的房屋出卖人主张由于其未能交房导致的违约责任等情形。[7] 相似地,如果认为违约责任与缔约过失责任属于不同的诉讼标的,那么在案件中也可不予处理,要求当事人诉外协商解决。[8] 又如,就侵权案件中后续治疗费用的诉讼请求而言,如果费用是否实际发生并不确定,那么应基于诉讼请求的不确定和缺乏权利保护利益而驳回起诉,留待日后另诉。此时根据最高人民法院《关于审理人身损害赔偿案件适用法律若干问题的解释》第6条第2款的规定,其也不构成原告请求的内容。由于相关费用和实体

---

[1] 参见吴英姿:《代表人诉讼制度设计缺陷》,载《法学家》2009年第2期,第67页(同时认为推选代表人同样常见)。

[2] 由于笔者无法查阅判决书背后的案卷及关联案件的情况,因此不能排除法院虽然写明告知当事人另诉,但是实际上已经将案件分离成两个案号分别处理的情形。在这种情形下,本也应该在判决书中记明相关程序问题。参见曹志勋:《对民事判决书结构与说理的重塑》,载《中国法学》2015年第4期,第238~239页。

[3] See Aldrich Nine Assoc. v. Foot Locker Specialty, Inc., 306 Fed. Appx. 723, 727 (3d Cir. 2009); In re Texas Wyoming Drilling, Inc., 647 F. 3d 547, 553 (5th Cir. 2011); Brown v. City of Chicago, 771 F. 3d 413, 415 (7th Cir. 2014); 18 Wright & Miller, *Fed. Prac. & Proc. Civ.*, § 4413 (westlaw); *Restatement (Second) of Judgments* §§ 25 cmt. h, 26 cmt. b (1982).

[4] See 18 Wright & Miller, *Fed. Prac. & Proc. Civ.*, § 4401 (westlaw); *Restatement (Second) of Judgments* § 24(2) cmt. b.

[5] 参见马家曦:《民事诉讼另案处理的标准澄清与程序完善》,载《中外法学》2021年第3期,第703~722页。

[6] 比如,参见新疆维吾尔自治区高级人民法院伊犁哈萨克自治州分院民事判决书,(2014)伊州民二终字第351号。

[7] 参见"连成贤诉臧树林排除妨害纠纷案",载《最高人民法院公报》2015年第10期,第48页。

[8] 比如,参见最高人民法院民事判决书,(2015)民二终字第36号。

权利在前诉发生既判力基准时之后才实际产生,上述内容同样不被前诉既判力覆盖。再如,在劳动案件中由于劳动争议仲裁前置于民事诉讼,如果相同当事人的多个诉讼请求中包括本应经过但未经劳动仲裁的内容,那么,根据《劳动争议调解仲裁法》第5条和曾经有效、现已失效的最高人民法院《关于审理劳动争议案件适用法律若干问题的解释》第6条后半句的规定,由于其不满足起诉要件,法院不必作出实体判断,可直接驳回起诉。[1] 总之,由于上述诉讼请求不应成为判决对象,因此不必出现在判决主文部分;即使在裁判理由部分对其予以相关说明,也仅为对当事人争点的回应,[2]不属于本案诉讼标的的范围。[3]

(二)脱漏费用事项的情形

由于被遗漏的内容也可能是诉讼费用和其他费用,理论上常常被忽略的费用问题[4]也值得研究。根据国务院制定的《诉讼费用交纳办法》第12条第1款的规定,评估费、鉴定费等费用在性质上类似于诉讼费用,[5]但是并不属于诉讼费用。原因在于,《诉讼费用交纳办法》第6条和第12条第1款将鉴定费明确排除出诉讼费用,后者除了《诉讼费用交纳办法》第13条和第14条明确界定的案件受理费和申请费之外,只包括鉴定人出庭产生的费用。根据《诉讼费用交纳办法》第11条的规定,也只有明确属于诉讼费用的部分才能由法

---

[1] 这里也可以就曾经有效、现已失效的规则进一步设想其他相似的情形。在所涉用人单位就终局裁决起诉时,根据最高人民法院《关于审理劳动争议案件适用法律若干问题的解释(四)》(已失效)第2条的规定,其同样不满足起诉要件。与此不同的是当事人不同的情况。根据最高人民法院《关于审理劳动争议案件适用法律若干问题的解释(三)》(已失效)第6条的规定,如果人民法院审查认为仲裁裁决遗漏了必须共同参加仲裁的当事人,则应当依法追加其为诉讼当事人,并可直接判令其承担责任。

[2] 参见曹志勋:《对民事判决书结构与说理的重塑》,载《中国法学》2015年第4期,第244页。

[3] 相同观点,参见王建平:《"驳回起诉"与"驳回诉讼请求"甄别探析》,载《人民法院报》2014年12月10日,第7版。

[4] 比如,参见王福华:《论民事司法成本的分担》,载《中国社会科学》2016年第2期,第93~113页;傅郁林:《诉讼费用的性质与诉讼成本的承担》,载《北大法律评论》2001年第4卷第1辑,法律出版社2001年版,第239~274页。

[5] 将鉴定费明确作为诉讼费用的不同理解,比如,参见最高人民法院民事判决书,(2013)民抗字第85号和山东省高级人民法院民事判决书,(2013)鲁民提字第319号。对评估费应当采用与鉴定费相同的理解,同属于"依法应当由当事人负担的费用"(《诉讼费用交纳办法》第12条第1款)。

院代收。上述费用应当与诉讼费用并列于判决书中,[1]但实践中也有法院将其视为损失并计入诉讼请求,[2]或者将鉴定费独立列为判项。[3]

同时,上述理解也体现在法院处理这类费用漏判的司法态度之中。由于一审法院应当裁判而没有处理,遗漏评估费、鉴定费等情形都应当属于漏判。但是在具体的补救措施上,有法院认为在前诉判决因当事人未主张鉴定费而未予审判时,鉴定费可作为单独的诉讼标的提起诉讼。[4] 另有法院认为,在一审法院遗漏了应予裁判的鉴定费承担问题时,二审法院可直接将其与二审受理费一并裁判并维持原判,即根本不视为遗漏诉讼请求。[5] 还有法院认为,一审法院委托评估的评估费需要由实际付款的原告作为诉讼请求主张并提供发票等证据,否则法院没有判决义务。[6]

为解决上述实务分歧,需要探究这些类似于诉讼费用的费用的法律地位。在德日大陆法系传统中,诉讼费用分为法院手续费和当事人应当支付的其他费用(如证人和鉴定人的旅费、鉴定费等),不同法域只是在对待律师费的态度上大相径庭。[7] 这些费用按照产生原因的不同可作进一步划分。其中,德国法区分诉讼法和实体法上的费用回复请求权,前者发生在诉讼程序之中,后者

---

〔1〕 比如,参见最高人民法院民事判决书,(2013)民提字第216号(与诉讼费用并列)、河南省洛阳市中级人民法院民事判决书,(2014)洛民终字第1750号和河南省鹤壁市淇滨区人民法院民事判决书,(2014)淇滨民初字第837号(在说理中强调不能列入诉讼请求,由法院分配给相对方)。

〔2〕 比如,参见河南省郸城县人民法院民事判决书,(2015)郸民初字第651号和浙江省温州市中级人民法院民事判决书,(2014)浙温民终字第734号。

〔3〕 比如,参见最高人民法院民事判决书,(2014)民抗字第5号(考虑到再审裁判的性质,这不能代表最高人民法院对鉴定费的观点)。

〔4〕 参见新疆维吾尔自治区乌苏市人民法院民事判决书,(2014)乌民一初字第74号。如果按照这种理解,那么遗漏鉴定费则应当以原告请求为前提。

〔5〕 参见河南省驻马店市中级人民法院民事判决书,(2015)驻民四终字第6号("未做处理");内蒙古自治区呼伦贝尔市中级人民法院民事判决书,(2013)呼民终字第801号("尚需表述……")。值得注意的是,将其定性为遗漏诉讼请求与通过后述法定违法模式抑或实践异化模式处理,实际上是相关的两个不同问题。

〔6〕 参见山东省济南市中级人民法院民事判决书,(2014)济商终字第575号。

〔7〕 Rosenberg/Schwab/Gottwald, a. a. O., § 83 Rn. 3 ff.; Hüßtege, in: Thomas/Putzo, a. a. O., Vorb § 91 Rn. 2 ff.; 新堂幸司『民事訴訟法』(弘文堂,2019年),989～992頁([日]新堂幸司:《新民事诉讼法》,林剑锋译,法律出版社2008年版,第703页;新版对律师费用的补偿有进一步讨论);伊藤眞『民事訴訟法』(有斐閣,2016年),599～600頁[[日]伊藤真:《民事诉讼法》(第4版补订版),曹云吉译,北京大学出版社2019年版,第407～408页]。

则发生于诉讼程序之前,基于相关合同约定(包括缔约过失损害赔偿责任,如宝石真伪鉴定)的费用和交通事故鉴定费用即属于后者。上述实体法上的费用回复请求权不得类推适用关于诉讼费用的特别规定,其求偿也被限定在一定范围内。与此不同,诉讼费用只能在专门的确认程序中得到处理。由于普通民事判决只给出诉讼费用分担的比例即属"费用原因裁判",因此也不存在判决书中如何提及鉴定费等问题。[1] 如果依照上述比较法思路,确实可如同我国相关司法实践那样,将鉴定费分别归入诉讼费用和实体损害两类,进而在诉讼程序中将其分别定性为诉讼费用或独立诉讼标的。

但是,我国现行法未作上述区分,而是将各种费用统一视为需要由法院分配、不得代收的费用,学界通说也将其与诉讼费用一并讨论。[2] 因此,笔者认为,上述费用在解释论上应当全部归入广义的诉讼费用。[3] 如此,对这些费用不适用"不告不理"原则,即其与当事人的诉讼/上诉请求无关。但是从立法论上看,未来仍有必要区分公法上的费用和私法上的费用,以便设计相应的程序。[4] 公法上的费用当然应当完全适用前述诉讼费用规则,而私法上的费用则应当套用实体请求所对应的规则。

(三)驳回诉讼请求的情形

需要专门讨论的是驳回诉讼请求的判决主文。因为驳回诉讼请求即意味

---

〔1〕 Hüßtege, in: Thomas/Putzo, a. a. O., Vor § 91 Rn. 8 ff.; Dieter Knöringer, Die Assessorklausur im Zivilprozess, 17. Aufl., 2018, Rn. 3. 02 ff.

〔2〕 比如,参见张卫平:《民事诉讼法》(第5版),法律出版社2019年版,第298页;刘家兴、潘剑锋主编:《民事诉讼法学教程》(第5版),北京大学出版社2018年版,第186页;江伟主编、傅郁林副主编:《民事诉讼法学》(第3版),北京大学出版社2015年版,第245页(蔡虹执笔);王福华:《民事诉讼法学》(第2版),清华大学出版社2015年版,第295页。

〔3〕 与此不同,《诉讼费用交纳办法》第36条第2句第2分句指出督促程序申请费可作为诉讼请求在另诉中提出,由于当事人不必主张诉讼费用分担,此处指的就是关于实体权利的诉的声明。而根据《民事诉讼法》第217条的规定,债权人在支付令失效后转入诉讼程序时,应当按照《诉讼费用交纳办法》第14条第3项的规定,补交财产案件受理费标准2/3的差额。最高人民法院的官方解释也认为,此时由于原告依据《诉讼费用交纳办法》第36条第2句第1分句的规定,仍应负担之前的申请费,也可作为实体债权主张。参见最高人民法院修改后民事诉讼法贯彻实施工作领导小组编著:《最高人民法院民事诉讼法司法解释理解与适用》,人民法院出版社2015年版,第538页。

〔4〕 参见曹志勋:《书证真伪鉴定的必要及费用分配——从新〈证据规定〉再出发》,载《中国法律评论》2020年第3期,第194~195页。

着驳回所有的诉讼请求,因此无论是由于实体法适用〔1〕还是证据〔2〕的原因,未在形式上逐个驳回原告的诉讼请求并不构成漏判。即使本应对某请求驳回起诉而非驳回诉讼请求,也只构成错判而非漏判。〔3〕

但也同样是由于仅从判决主文文义出发无法判定此时的主文范围,必须参考判决其他部分解释主文的内容。如果从裁判理由中无法发现法院对某请求的处理,即使判决驳回诉讼请求,原则上仍然构成漏判。〔4〕也有法院认为,由于被告的责任不成立,从而后续不必考虑责任范围,因此在一审裁判理由中本就不必驳回某项损害赔偿主张。〔5〕在离婚案件中,如果判决主文写明不准离婚,那么判决书通常会对后续财产分割和子女抚养问题不置一词。〔6〕虽然驳回其他请求属于不准离婚的当然后果,但是更妥当的做法也许是在裁判理由中予以提及,具体表示不支持各项请求。〔7〕这并不构成漏判,但应当体现诉讼请求、事实认定、裁判理由和判决主文之间的对应关系,尽可能使判决书内部统一和论证周延。在德国法上,解释判决主文的涵摄范围也应参考其中的本案事实、裁判理由部分以及当事人的陈述,〔8〕这与我国的相关实践相同。

---

〔1〕比如,参见重庆市高级人民法院民事判决书,(2014)渝高法民提字第00057号和云南省红河哈尼族彝族自治州中级人民法院民事判决书,(2014)红中民三终字第476号。

〔2〕比如,参见湖南省长沙市中级人民法院民事判决书,(2014)长中民三终字第00575号。

〔3〕属于这种情况的案件,比如,参见江西省萍乡市中级人民法院民事判决书,(2014)萍民一终字第124号(裁判理由中认为某请求不符合起诉条件,但是一审法院与二审法院都认为应当驳回诉讼请求)。

〔4〕比如,参见辽宁省辽阳市中级人民法院民事判决书,(2014)辽阳民一终字第00340号(遗漏了返还护照的请求权)和广东省江门市中级人民法院民事判决书,(2013)江中法民一终字第572号(遗漏了所有物返还请求权和清除楼顶设施的恢复原状请求权)。此时的例外如本书第四章所述,可通过当事人可获得的其他诉讼资料证明法官确实已经审判,则构成显然错误,可通过补正裁定更正。参见曹志勋:《论我国民事判决补正裁定制度的细化》,载《武汉大学学报(哲学社会科学版)》2017年第4期,第75页。

〔5〕参见广东省中山市中级人民法院民事判决书,(2014)中中法民四终字第9号。

〔6〕比如,参见广东省惠州市惠城区人民法院民事判决书,(2015)惠城法仲民初字第933号。此处还涉及实践中对判决主文的不同写法,除了如前述判决直接一并写明“驳回原告……的诉讼请求”外,也有法院写明“不准原告……与被告……离婚”,然后再驳回其他诉讼请求。比如,参见广东省普宁市人民法院民事判决书,(2014)揭普法民一初字第507号。在后一种情况下,如果判决主文中只写明不准离婚,那么将由于主文漏项构成漏判。

〔7〕最高人民法院针对执行裁定的再审实践则认为,即使原审法院在裁判理由中说明了不支持某项异议主张(违约金计算方式),其仍然认为属于漏判。从诉讼法理上看,这一结论值得怀疑。参见最高人民法院执行裁定书,(2014)执申字第33号。

〔8〕BGH NJW – RR 2010, 19, 20, Tz. 15.

与此不同的是说理不完全的情况，我国司法实践中存在的这种做法诸如当原告请求支付两人护理费时一审法院直接依照通常的一人标准计算。[1] 类似地，如果原告主张违约金而法院认为被告系行使形成权从而酌减违约金，那么判决给付同期贷款利息就不被认为属于漏判。[2] 此外，如果判决书未提及某一损害赔偿事项，但是，实际上法官已予考虑而且体现在主文最终确定的数额中，[3] 也不应构成漏判。

三、我国更正民事漏判的两种模式

在认定存在漏判之后，救济程序的设计是问题解决的第二个阶段。鉴于我国立法规则与司法实践在设置漏判救济程序时的张力，在此分别将其概括为"法定违法模式"和"实践异化模式"。

（一）聚焦程序违法的法定违法模式

在现行法上，二审法院如果发现一审漏判，依照最高人民法院的官方解释也无权审理，[4] 因为根据《民诉解释》第 321 条的规定，二审审理范围原则上限于当事人的上诉请求。从学理上看，此处的上诉对象也只能是一审判决书，[5] 而与一审程序中的起诉状及最终确定的诉讼请求无关。根据《民诉解释》第 324 条的规定，一旦对遗漏的诉讼请求调解不成，就只能裁定撤销原判决，发回重审，最高人民法院也将这种调解视为一审原告对其（上）诉权/诉讼权利的放弃。[6] 从反面解释看，遗漏诉讼请求属于严重程序违法，只能通过初审法院的重新审理得到救济。

根据《民诉解释》第 390 条的规定，如果当事人在上诉请求中继续主张一审判决遗漏的诉讼请求且二审法院也未发现一审漏判时，当事人可依照《民事

---

[1] 参见广西壮族自治区钦州市中级人民法院民事判决书，(2014) 钦民三终字第 8 号。

[2] 参见吉林省长春市中级人民法院民事判决书，(2014) 长民一终字第 247 号。

[3] 参见山东省高级人民法院民事判决书，(2013) 鲁民再字第 5 号。

[4] 参见最高人民法院修改后民事诉讼法贯彻实施工作领导小组编著：《最高人民法院民事诉讼法司法解释理解与适用》，人民法院出版社 2015 年版，第 860 页。

[5] 这可以说是我国民事诉讼法学界的主流观点。比如，参见张卫平：《民事诉讼法》（第 5 版），法律出版社 2019 年版，第 381 页；刘家兴、潘剑锋主编：《民事诉讼法学教程》（第 5 版），北京大学出版社 2018 年版，第 250 页；江伟主编、傅郁林副主编：《民事诉讼法学》（第 3 版），北京大学出版社 2015 年版，第 287～288 页（傅郁林执笔）。

[6] 参见最高人民法院修改后民事诉讼法贯彻实施工作领导小组编著：《最高人民法院民事诉讼法司法解释理解与适用》，人民法院出版社 2015 年版，第 866 页。

诉讼法》第207条第11项规定的法定事由申请再审。[1] 由于此处涉及的判决书只可能是二审判决,因此依照《民事诉讼法》第214条第1款的规定,再审审理应当适用二审程序。一审判决遗漏诉讼请求的,在调解不成时,应当继续发回原一审法院审理;二审判决遗漏诉讼请求的,则应当由二审法院审理。这一程序也应由发现漏判的法院随时自行启动,除非当事人未就被遗漏的诉讼请求提起上诉。

至于当事人能否就被遗漏的诉讼请求另行起诉,现行法并未作出明确规定。从《民诉解释》第247条规定的重复起诉规则来看,在一审法院漏判且当事人上诉时,被遗漏的诉讼请求仍然处于诉讼过程中(诉讼系属[2]),受到禁止双重起诉规则的限制;在二审法院仍漏判时,生效裁判中并不包括被遗漏的诉讼请求,因此在解释论上应当不受既判力规则的限制。换言之,无论当事人是否在上诉请求中主张被遗漏的请求,由于法院直至作出生效裁判都未就此裁判,因此当事人均可另行起诉。即使当事人未在上诉中坚持一审中的诉讼请求,也不宜否定其寻求实质救济的权利。

由此可见,对于遗漏诉讼请求的一审判决,现行法主要以正常的上诉和再审机制予以救济,即将存在漏判的一审判决评价为整体上的"错案"和严重程序违法。因为这种模式以法律和司法解释为基础,笔者称其为"法定违法模式"。

(二)强调直接更正的实践异化模式

然而,我国司法实践在很大程度上并没有适用上述规则,而是采取所谓的"实践异化模式"。法院在认定遗漏诉讼请求之后,通常会直接作出正确判决。

---

[1] 我国学者对其具体归类持不同意见。张卫平教授认为,其应当属于事实根据方面的事由,参见张卫平:《再审事由构成再探讨》,载《法学家》2007年第6期,第14页;张卫平:《民事再审事由研究》,载《法学研究》2000年第5期,第111页。相反王亚新和肖建国教授则认为,属于程序性问题,参见肖建国:《民事再审事由的类型化及其审查——基于解释论的思考》,载《法律适用》2013年第4期,第9页;王亚新:《民事审判监督制度整体的程序设计——以〈民事诉讼法修正案〉为出发点》,载《中国法学》2007年第5期,第183页。承认这种分歧的可能意义在于当再审审理适用二审程序时,如何确定发回重审标准。比如,潘剑锋教授即主张只有严重程序问题才能导致再审审理程序中的发回重审,参见潘剑锋:《论建构民事程序权利救济机制的基本原则》,载《中国法学》2015年第2期,第35~36页。

[2] 关于相关概念使用的讨论,参见张卫平:《重复诉讼规制研究:兼论"一事不再理"》,载《中国法学》2015年第2期,第51~52页。

当下级法院遗漏当事人主张的合同尾款、[1]利息请求、[2]违约责任、[3]协助办理房屋产权证书、[4]反诉诉讼费用[5]和鉴定费[6]等请求时，如果上级法院认为应当支持，就会直接在判决的裁判理由和主文中加以纠正。如果上级法院认为不应支持，将直接在判决的裁判理由中予以驳回。[7] 即使上级法院所维持的原判主文中根本没有驳回诉讼请求的判项，其做法也可能是相同的。[8] 略有不同的还可能是，虽然二审法院认为一审法院遗漏了诉讼请求，但是由于另诉已认定该请求存在（如后续发生的误工费），也可直接在上诉中改判。[9] 甚至有的法院虽然默示地承认一审漏判，但是认为被告表示愿意返还争议物，就不必在判决主文中写明。[10]

由此可见，实践中复审法院一般不会基于遗漏诉讼请求将案件发回重审，无视学理上对保障当事人上诉权的呼吁。上级法院会自行拟制下级法院已审判相关请求，直接考虑结果是否正确。

---

〔1〕 参见河北省廊坊市中级人民法院民事判决书，(2014)廊民二终字第377号。

〔2〕 参见河北省高级人民法院民事判决书，(2014)冀民再终字第68号。

〔3〕 参见江西省上饶市中级人民法院民事判决书，(2013)饶中民指再终字第10号（由于没有约定违约金，将原告对违约金的请求解释为违约责任请求）。与此相关，如果原告请求违约责任（法定赔偿责任，依据的是《商品房买卖解释》第9条第2项，2020年修正时已删除），一审法院判决支付违约金，则属于超越诉讼请求范围。参见最高人民法院民事判决书，(2013)民一终字第62号。

〔4〕 参见河南省郑州市中级人民法院民事判决书，(2014)郑民三终字第440号。

〔5〕 参见最高人民法院民事判决书，(2013)民一终字第62号。

〔6〕 参见江西省宜春市中级人民法院民事判决书，(2014)宜中民三终字第71号。

〔7〕 参见河北省廊坊市中级人民法院民事判决书，(2014)廊民二终字第377号（认为违约金条款显失公平，直接予以驳回）；北京市第二中级人民法院民事判决书，(2014)二中民终字第04018号；广东省江门市中级人民法院民事判决书，(2013)江中法民一终字第572号（认为只是理由不充分）。

〔8〕 参见辽宁省葫芦岛市中级人民法院民事判决书，(2014)葫审民终再字第00001号（二审判决书变更了一审判决书中驳回诉讼请求的判项）。与此不同，也有法院根据抗诉意见，针对遗漏的共同债务认定请求，增加了驳回原告诉讼请求的判项。参见山东省郓城县人民法院民事判决书，(2013)郓民再字第3号。

〔9〕 参见河南省濮阳市中级人民法院民事判决书，(2015)濮中法民二终字第00009号。

〔10〕 参见辽宁省辽阳市中级人民法院民事判决书，(2014)辽阳民一终字第00340号。与此不同的是在借款合同纠纷中，部分共同被告对不利事实的自认/认诺不发生效力，此时即使法院要求被告对认诺的部分自行履行债务，也不构成遗漏诉讼请求。参见"赵某诉项某敏、何某琴民间借贷纠纷案"，载《最高人民法院公报》2014年第12期，第28～30页。

(三)两种漏判更正模式的理论缺陷

如后文详述,笔者主张在我国引入比较法上的补充判决制度,因为上述"法定违法模式"和"实践异化模式"均有缺陷。

一方面,"法定违法模式"在试图保障当事人就脱漏请求的上诉权的同时,却违反了自身的制度逻辑和基本要件,而且对诉讼效率造成很大影响。从理论上看,一审判决根本没有就被遗漏的诉讼请求作出判定。既然判决本无"错"可纠,那么从立法论和法理上看都不应通过二审和再审程序予以救济。在我国,已有学者充分论证了对判决脱漏不应发回重审[1]和撤销原判,[2]当事人申请再审的做法也基于缺乏再审对象等原因有悖于民事诉讼法理。[3] 应当说,除了同时构成漏判和错判的情形之外,比如,遗漏了诉讼费用裁判或者在驳回诉讼请求的判决中,裁判理由部分缺乏对应所有诉讼请求的内容且原告又认为法院本应支持等情形,不宜通过上诉和再审程序予以救济。

此外,从司法效率、救济机制中的比例原则等方面来看,将漏判作为严重程序违法予以救济也有因噎废食、"把孩子和洗澡水一起倒掉"的遗憾。[4] 笔者认为,无论是采取后述比较法上救济模式中判断诉讼系属的哪一种司法技术方案,独立的补充判决制度都更适合解决漏判问题,更有利于保护原告利益与维护司法效率。如前所述,依照现行法解决漏判问题,要么需要经过首次一审、首次二审、二次一审和二次二审,要么需要经过首次一审、首次二审、再审、(发回重审后的)二次二审、二次一审和三次二审多个阶段,而且其他经过两审的诉讼请求也不得不一并重新经过上述程序,使(即使是)部分纠纷的解决都遥遥无期。相反,如果适用补充判决制度,那么或者可由一审法院作出补充判决(后述日本模式和在期限内申请补充判决的德国模式),或者可由原告直接

---

〔1〕 参见占善刚、阮志勇:《漏判及其救济刍议》,载《海南大学学报(人文社会科学版)》2007 年第 4 期,第 378 页。

〔2〕 参见吴庆宝:《法官裁判的规范性——以民事法官裁判为视角》,载《法律适用》2007 年第 9 期,第 14～15 页。

〔3〕 参见占善刚:《我国民事判决脱漏应然救济途径之探究》,载《法商研究》2009 年第 3 期,第36～37 页;赵泽君:《民事裁判遗漏的补充判决制度——兼评我国民事诉讼法第 179 条第 12 项之规定》,载《政法论坛》2008 年第 5 期,第 87～88 页;胡夏冰:《"遗漏诉讼请求"能否作为再审事由》,载《人民法院报》2009 年 6 月 16 日,第 6 版。

〔4〕 傅郁林教授即从结论上主张应当通过补充审理和判决救济,除非必要,不应撤销整个生效判决。参见江伟主编、傅郁林副主编:《民事诉讼法学》(第 3 版),北京大学出版社 2015 年版,第 308 页(傅郁林执笔)。

就遗漏的诉讼请求提起新诉（后述期限经过后的德国模式），之后走正常的两审终审程序即可。无论在哪一种情况下，整个诉讼进程都将大大缩短，而一审法院已审判部分的效力也将不受影响。

另一方面，“实践异化模式”虽然尽可能保持了诉讼高效并且避免了全盘发回重审可能造成的无谓浪费，但是这一做法直接否定了原告就其相关请求的法定上诉权，相应地直接挑战了《民事诉讼法》第10条所规定的作为民事诉讼基本制度的两审终审制。只要将遗漏的诉讼请求纳入上诉/再审机制处理，事实上就无法否定漏判构成严重程序违法的结论。“实践异化模式”无论是直接改判还是在判决理由部分说明后维持原判，也都无法逃避错误适用法律及违反法定程序的定论。对比《民事诉讼法》第177条第1款第4项和1991年《民事诉讼法》第153条第1款第4项的规定可见，前者在上诉处理方式上限定了程序违法的程度并删除了程序违法与实体结果之间联系的规定。在《民诉解释》第324条的明确规定下，遗漏诉讼请求属于严重程序违法应该也无争议。在这种情况下，二审法院对遗漏诉讼请求的处理不应有任何其他选择。相比之下，根据《民诉解释》第390条但书的规定，对再审法院增加了当事人在二审中继续主张被遗漏的诉讼请求的限制条件，但是除此之外其与二审法院面对的境况相同。

由此可见，无论是“法定违法模式”还是“实践异化模式”，本身都面临理论上难以解决的困境。毕竟两者在深层次上都仍然以整案的上诉和再审制度为基础，绕不过以“案件有错误”为核心的纠错理念。如果不能跳出这个窠臼，恐怕难以摆脱上述理论困境。笔者后文主张引入的补充判决制度能够提供解决问题的思路。与我国既有制度大相径庭，补充判决模式回避了对前判在整体上是否错误的判断，而是将遗漏部分独立处理，采取的是“案件不完整”的更正思路。

四、补充判决制度的诉讼法理基础

（一）补充判决与相关制度

在前述讨论的基础上，有必要进一步思考补充判决制度的理论条件和契合我国法语境的可行性。关于在通常上诉程序外设立独立补充判决制度的基本思路，大陆法系中的德国和日本已经形成共识。补充判决属于独立的部分判决,自 2020 年起,其审理程序中必须安排口头辩论的情形[1]被限缩为针对主请求的补充申请(对于从请求和费用是否安排口头辩论则取决于法官裁量)(德国《民事诉讼法典》第 321 条第 3 款),当事人也可独立就判决上诉。[2] 在裁判技术上,补充判决制度应当与诸如普通的上诉制度、部分判决和补正裁定制度等其他几种类似制度相区分。由于国内既有的相关讨论较少,因此需要借鉴德国法上对相关理论的阐释。

首先,脱漏的判决原则上不能通过提起上诉得到救济,因为从内容上看,脱漏判决中并未出现错误。[3] 在诉讼法理中,此处涉及对作为上诉要件的"当事人不服一审判决"的理解,即如前述我国学者认为的那样,只有一审判决才是声明不服和上诉审查的对象。在德国法上,针对脱漏判决的二审程序原则上也必须由当事人基于裁判内容错误启动。如果仅仅以判决脱漏为理由,将由于不存在上诉人的不服/败诉(Beschwer)导致二审控诉不合法,进而被直接驳回。[4] 此时的例外是,诉讼费用脱漏由于也构成内容错误,有机会同时通过上诉程序和补充判决程序得到救济,但其中的上诉程序不能仅仅针对费用问题。[5] 德国法上相似的例外情况如原告提起两个诉,其中的一个在庭审中被被告认诺。法院在判决驳回诉讼请求时省略了需要记载案件审理经过的本案事实部分(本就违法),在裁判理由中也只说明了其中的一个诉,如此只能认为法院同时驳回了被认诺的诉讼请求。这种情况同时满足上诉和补充判决的

---

[1] 占善刚教授认为,例外情形在于遗漏的诉讼请求已达到可裁判的程度且补充审判的法官与原审法官相同,此时不必正式开庭即可直接作出补充判决。参见占善刚:《我国民事判决脱漏应然救济途径之探究》,载《法商研究》2009 年第 3 期,第 38 页。

[2] Rosenberg/Schwab/Gottwald, a. a. O., § 61 Rn. 26; Hans - Joachim Musielak, in: Münchener Kommentar ZPO, a. a. O., § 321 Rn. 14 f. (对旧法的解释:Hans - Joachim Musielak, in: Münchener Kommentar ZPO, Band 1, 5. Aufl., 2016, § 321 Rn. 14 f.); 新堂幸司『民事訴訟法』(弘文堂,2019 年),663 - 664 頁([日]新堂幸司:《新民事诉讼法》,林剑锋译,法律出版社 2008 年版,第 456 页)。

[3] Musielak, in: Münchener Kommentar ZPO, a. a. O., § 321 Rn. 12.

[4] BGHZ 154, 1 = NJW 2003, 1463; BGH NJW - RR 2010, 19, 20, Tz. 11. 在日本,原判决和补充判决也被视为两个独立的判决,分别计算上诉期,即分别成为各自上诉审程序中的对象。新堂幸司『民事訴訟法』(弘文堂,2019 年),664 頁([日]新堂幸司:《新民事诉讼法》,林剑锋译,法律出版社 2008 年版,第 456 页)。在我国台湾地区,根据其"民事诉讼法"第 233 条第 2 款的规定,如果当事人就漏判上诉,那么将被法院依法理解为申请补充判决。

[5] BGH NJW - RR 2010, 19, 20, Tz. 13; Christoph Althammer, in: Stein/Jonas, ZPO, Band 4, 23. Aufl., 2018, § 321 Rn. 28 f.; Musielak, in: Münchener Kommentar ZPO, a. a. O., § 321 Rn. 12.

条件,两种救济途径也不互相排斥。[1] 与此不同,由于补充判决的对象限于诉讼请求权层面和必须判决的诉讼费用事项,因此攻击防御方法(如事实和证据)层面的瑕疵与补充判决无关,只能在上诉程序中予以解决。

当然,如果法官不是因为疏忽而是由于错误的法律见解"遗漏"了部分诉讼请求,那么涉及的就应当是裁判的内容错误及其纠正了。此时原告只能从通常的上诉程序寻求救济,不能申请补充判决。[2] 德国法上不乏实例,例如,二审控诉审法院认为,原告只将诋毁对手的比较广告而未明确将由于错误陈述导致的误导作为诉讼标的(两者对应相同的诉的声明),德国联邦最高普通法院则根据原告的一审陈述认为原告的意思已经足够明确。[3] 易言之,此时看似出现漏判(两个诉讼标的只审理了一个)现象,但是导致脱漏的原因是法律错误。在选择救济方式时,应当优先考虑纠正实质错误,而不能适用补充判决制度。

其次,需要补充的判决虽然表面上与诉讼法理上的部分判决相同,即都只覆盖了当事人的部分请求,但是由于法院在判决时并未意识到脱漏的存在,也无随后继续判决的意思,这种实质上不完整的完全判决并不能转化为部分判决。因此,需要为当事人在本诉中设置选择的权利,通过专门的补充判决制度寻求司法对诉的声明的全面回应。[4]

最后,补充判决也不同于补正裁定。与此对应,根据我国《民事诉讼法》第157条第1款第7项和第157条第2款以及《民诉解释》第245条的规定,当涉及判决书中的法律文书误写、误算,诉讼费用漏写、误算和其他笔误时,法院可通过不可上诉的裁定补正错误,在理论上则应当注意此处"笔误"或文字差错

---

〔1〕 BGH NJW – RR 2010, 19, 20, Tz. 13 ff.

〔2〕 BGH BeckRS 2014, 07720, Tz. 4; FamFG 2013, 1572, 1573, Tz. 4; NJW – RR 2008, 851, 853, Tz. 28; NJW 2006, 1351, 1352, Tz. 13; NJW 1980, 840.

〔3〕 BGH NJW – RR 2008, 851, 853, Tz. 24 ff. 值得注意的是,由于随后判例变动(BGHZ 194, 314 = GRUR 2013, 401, 402 f., Tz. 17 ff.),目前以上两种对同一陈述的不同法律见解仅构成一个诉讼标的。如此,法官就不必考虑原告的意思,在驳回原告请求时必须审查两个请求权基础,在支持时则可仅以其一说理。

〔4〕 Musielak, in: Münchener Kommentar ZPO, a. a. O., § § 301 Rn. 35, 321 Rn. 1. 国内相似见解,参见占善刚:《我国民事判决脱漏应然救济途径之探究》,载《法商研究》2009年第3期,第36~38页;杜睿哲:《补充判决制度的法意及问题探讨——兼与曹书瑜法官商榷》,载《人民司法·应用》2007年第11期,第79~80页。

的显然性(本书第四章)。[1] 依照大陆法系民事诉讼法理,不同于法官在判决主文和裁判理由中都没有作出裁判、因而只能寻求补充判决的救济的情形,如果法官在实质上作出了判决,但是未在裁决主文中予以载明或未在裁判理由中予以说理,则仅涉及补正裁定制度。[2] 比如,如果判决书只支持了一部分诉讼请求并且在裁判理由中作出解释,那么由于法官已经审查过整个诉讼请求而只是未在判决主文中写明,就不构成漏判,而应当通过补正裁定更正。[3] 对于诉讼费用而言,也要以法官是否就此作出裁判为标准区分两者。德国法上特殊的、针对记载案件审理经过的本案事实部分错误的补正裁定,由于其在适用对象上的限定性,当然也不同于补充判决。

(二)判断漏判的理论依据

补充判决制度与大陆法系对判决主文确定性的要求和对处分权主义的推崇有关。与英美法系的一般做法有所不同,德国法非常强调判决主文的确定性,目的在于确定案件既判力的范围以及给付判决中强制执行的内容。在德国的司法实践中,一般要求判决主文简洁、明确和可执行,而且尤其在本书讨论的意义上不能增加或减少当事人的实体请求。[4] 相反,根据英国《民事诉讼规则》第16.2(1)(a)(b)条的规定,起诉书必须包含对请求性质的简要说明和所请求的具体救济,但是依照其第16.2(5)条的规定,法官也有权就当事人未选择的诉讼救济方式作出审判。根据英国《民事诉讼规则》第16.3(7)条和英国《民事诉讼规则实务指引》第26章第7.3(2)条的规定,起诉数额的主要作用体现在缺席判决时,并不限制法院变更起诉数额或者命令当事人修改起诉标的额的职权。[5] 而根据美国《联邦民事诉讼规则》第54(c)条的规定,除了缺席判决,诉状中的请求对法院也没有约束力,法官可判决当事人所应得的

---

〔1〕 参见曹志勋:《论我国民事判决补正裁定制度的细化》,载《武汉大学学报(哲学社会科学版)》2017年第4期,第70~79页。

〔2〕 Musielak, in: Münchener Kommentar ZPO, a. a. O., § 321 Rn. 6; Althammer, in: Stein/Jonas, a. a. O., § 321 Rn. 12 (仅涉及理由中有而主文中没有的情形); Seiler, in: Thomas/Putzo, a. a. O., §§ 319 Rn. 3, 321 Rn. 2. 国内相似见解,参见占善刚:《我国民事判决脱漏应然救济途径之探究》,载《法商研究》2009年第3期,第35页。

〔3〕 认为"对同一请求事项不予支持的部分并不需要再作出驳回其他诉讼请求的表述"的观点,参见广西壮族自治区玉林市中级人民法院民事判决书,(2014)玉中民三终字第148号。

〔4〕 Knöringer, a. a. O., Rn. 2. 02 ff.

〔5〕 See Adrian A. S. Zuckerman, *Zuckerman on Civil Procedure: Principles of Practice*, Sweet & Maxwell, 2013, para. 4. 36 – 4. 38.

任何救济,[1]这被视为是普通法和衡平法融合的结果。[2]

同时,上述要求在诉讼法理上也应当回到最根本的处分权主义。对比德国《民事诉讼法典》第308条第1款和日本《民事诉讼法》第246条的规定,我国现行法尚未全面确定该原则,仅仅在当事人申请再审的法定事由中明确规定"原判决、裁定遗漏或者超出诉讼请求"。但是,从关于上诉审理范围的我国立法沿革角度考察,1991年《民事诉讼法》第151条的规定对上诉请求的强调得到了《民事诉讼法》第175条的重新确认,《民诉解释》第321条原则上也接受了1998年最高人民法院《关于民事经济审判方式改革问题的若干规定》第35条对1992年《民诉意见》第180条的修正。这些做法都体现了我国立法者对处分权主义的重视。[3]《民诉解释》第390条所作的对被遗漏诉讼请求必须在上诉状中提出的限定,同样被认为属于处分权主义的体现。[4]再结合理论界的普遍共识,[5]处分权主义应当成为后续讨论的理论起点。

依照大陆法系民事诉讼法理,当事人对审判对象享有处分自由并承担自我责任,当事人主张的诉讼标的的范围应当约束法院的审判权。[6]原则上,判决主文不能超出原告诉的声明的范围,否则在德国法上可能构成可通过事后

---

〔1〕 State of Kan. v. State of Colo., 1997 WL 33796878, 1, 33 (U.S., 1997)(水权纠纷). 不过,此处也要考虑正当程序保障。See 10 Wright & Miller, *Fed. Prac. & Proc. Civ.*, §§ 2662, 2664 (westlaw).

〔2〕 See Charles Alan Wright & Mary Kay Kane, *Law of Federal Courts*, Thomson Reuters, 2011, p. 699 - 700.

〔3〕 强调相同法条背后的理念进步,参见王亚新:《民事诉讼法二十年》,载《当代法学》2011年第1期,第4页。

〔4〕 参见最高人民法院修改后民事诉讼法贯彻实施工作领导小组编著:《最高人民法院民事诉讼法司法解释理解与适用》,人民法院出版社2015年版,第859~860、1038页。

〔5〕 比如,参见许可:《论当事人主义诉讼模式在我国法上的新进展》,载《当代法学》2016年第3期,第7~10页;王亚新:《诉讼程序中的实体形成》,载《当代法学》2014年第6期,第151~152页;王次宝:《处分原则之理论依据新论》,载《北方法学》2014年第2期,第107~116页;张卫平:《民事诉讼处分原则重述》,载《现代法学》2001年第6期,第89~95页;刘学在:《我国民事诉讼处分原则之检讨》,载《法学评论》2000年第6期,第70~78页。

〔6〕 Althammer, in: Stein/Jonas, a. a. O., § 308 Rn. 1 f.; Musielak, in: Münchener Kommentar ZPO, a. a. O., § 308 Rn. 1; 新堂幸司『民事訴訟法』(弘文堂,2019年),329~330頁([日]新堂幸司:《新民事诉讼法》,林剑锋译,法律出版社2008年版,第229页)。

追认补救的上诉理由、[1]适用违反法定听审权的特别救济,甚至导致当事人对发生既判力的判决提起宪法抗告/诉愿。[2] 与此不同,基于民事诉讼“两造对抗”的基本结构,可推定被告请求驳回诉讼请求,因此被告不必就此明确提出申请。[3] 依照德国《民事诉讼法典》第 308 条第 2 款的规定,诉讼费用的分配属于法官基于公共利益的考量而享有的固有职权,[4]因此即使当事人不申请也必须作出裁判。与超裁问题相似,在处分权主义下也不能遗漏某一诉讼请求。比较可见,判决主文的确定性与判决脱漏均以诉的声明和诉讼标的为判断标准,但是其对应的具体诉讼情形正好相反。正是由于判决未能满足主文确定性的要求,才需要补充判决制度弥补漏洞。同时,对处分权主义的理解也会影响判决补充程序的设计。如后文详述,在当事人对处分权的行使被法院遗漏时,法院能否推定当事人期待法院作出补充判决,而且立法据此规定补充判决申请期限的有无以及法院能否依职权作出补充判决,这就与对这一原则的理解密切相关。

此外,是否构成漏判的判断与对诉讼标的识别标准的理解有很大关系。[5] 在此仅举两个例子加以说明。例如,在德国关于诉讼标的的诉讼法说这一通

---

〔1〕 在合法提起的上诉中,超出诉讼请求的问题属于上诉法院应当依职权审查的事项(BGH NJW – RR 2002, 255, 257; NJW – RR 1989, 1087)。但是,除了纯粹数额上的变化不改变诉讼标的,因而不适用诉的变更的特别限制之外,基于一次性纠纷解决的理念,也应当避免当事人就超出诉讼请求范围的、属于不同诉讼标的的部分另行起诉。因此,只要原告在上诉中表达了接受一审法院超裁部分的意思即可达到追认补救的效果,在裁判技术上可选择通过请求驳回被告的上诉请求(BGHZ 111, 158 = NJW 1990, 1910, 1911)或者在附带上诉中就一审未主张的部分提出预备合并请求(BGH NJW 1999, 61, 62)的方式,之前的超出部分也能够发生既判力。Gottwald, in: Münchener Kommentar ZPO, a. a. O., § 322 Rn. 114. 但是在三审上告审中,由于当事人无权追加诉讼请求,二审法院超出诉讼请求范围的判决则不可补救(BGH NJW 2003, 2317, 2319)。

〔2〕 Musielak, in: Münchener Kommentar ZPO, a. a. O., § 308 Rn. 22 ff. 此外,在理论上也可能考虑执行程序中的债务人异议之诉、属于再审程序的无效之诉、补充判决制度或者德国《民事诉讼法典》第 321a 条中就侵害法定听审权的救济方法,本文未详加讨论。Rosenberg/Schwab/Gottwald, a. a. O., § 133 Rn. 9.

〔3〕 由于德国《民事诉讼法典》第 330 条和第 306 条的特别规定,被告在原告缺席和原告舍弃请求的情况下需要专门申请。Musielak, in: Münchener Kommentar ZPO, a. a. O., § 308 Rn. 5.

〔4〕 Musielak, in: Münchener Kommentar ZPO, a. a. O., § 308 Rn. 28 ff.

〔5〕 类似看法,参见范光群等:《裁判之脱漏》,载民事诉讼法研究基金会:《民事诉讼法之研讨(二)》,台北,民事诉讼法研究基金会 1987 年自版发行,第 395 页(陈荣宗发言)。

说下,法官可以违约为由支持给付请求,而不再考虑其构成侵权责任的可能性;[1]而根据在日本占据主流的旧实体法说,这种做法就可能涉及漏判,因为遗漏了作为独立诉讼标的的侵权损害赔偿请求;按照我国最高人民法院的观点,我国采取的是诉讼标的旧实体法说,[2]但是,依照《民法典》第186条(原《民法总则》第186条和原《合同法》第122条,以及曾经在解释论上发挥重要作用、2020年已废止的最高人民法院《关于适用〈中华人民共和国合同法〉若干问题的解释(一)》第30条)的明文规定,债权人应当明确选择请求权基础而不能客观合并两诉,[3]这样则不会出现判决脱漏的结果(此时能否更换理由再诉是另外的问题)。再如,无论采取诉讼标的旧实体法说还是诉讼法说,德国法院都承认诸如人身伤害这种财产上损失之赔偿与精神损害赔偿的独立性,[4]而日本最高裁判所判例认为此时仅构成一个诉讼标的,当事人的处分权仅在总额的范围内约束法官。[5] 我国虽然未对此作出明确规定,但是从诉讼标的旧实体法说下对财产上的损害和非财产损害的不同评价出发,应当承认此时存在两个诉讼标的,一审法院在只审判其中某一种损害时构成漏判。与此不同,在日本通说的理解下,此时就不存在漏判的问题。

从整体上看,关于漏判的判断依据,德国和日本与我国不同的是,司法实务与研究者已经形成了普遍适用的通说。对于大多数案件而言,需要适用的规则相对明确,在先裁判也已经以其说服力和基于审级的约束力提供了可预

---

〔1〕 而对于驳回诉讼请求的案件,法官则应当说明当事人主张的所有案情可能(如果有)及其所有的请求权基础都不能支持其请求,或者原告的主张不满足诉的正当性的要求、具体的要件事实未被证明或者抗辩成立。Rosenberg/Schwab/Gottwald, a. a. O., § 133 Rn. 13 ff.; Althammer, in: Stein/Jonas, a. a. O., § 300 Rn. 12; Seiler, in: Thomas/Putzo, a. a. O., § 313 Rn. 33; Knöringer, a. a. O., Rn. 6. 06.

〔2〕 比如,参见曹志勋:《民事立案程序中诉讼标的审查反思》,载《中国法学》2020年第1期,第291页。

〔3〕 参见葛云松:《赔礼道歉民事责任的适用》,载《法学》2013年第5期,第96页脚注28;邹碧华:《要件审判九步法》,法律出版社2010年版,第79~80页。

〔4〕 BGH NJW 1958, 343; Walther J. Habscheid, Der Streitgegenstand im Zivilprozess und im Streitverfahren der Freiwilligen Gerichtsbarkeit, 1956, S. 218 ff.; Walther J. Habscheid, Die neuere Entwicklung der Lehre vom Streitgegenstand im Zivilprozeß, in FS Karl Heinz Schwab, 1990, S. 191 ff.; Christoph Althammer, Streitgegenstand und Interesse, 2012, S. 421 ff., 531 f.

〔5〕 日本最高裁判所1973年4月5日判决,《最高裁判所判例集》第27卷第3号,第419页。松本博之=上野泰男『民事訴訟法』(弘文堂,2015年),207頁;Keizo Sakamoto (坂本恵三), Rechtskräftige Entscheidung und Nachforderung in Unterhalts- und Schadensersatzsachen in Japan, 1990, S. 57 ff.

期的纠纷解决结果。仅仅在一些新型案件和研究者或者某些法院推广的较新见解中,才存在争议和问题。而在我国,如前所述,除了需要学者继续发表相关体系化思考之外,也有待司法实务围绕《民诉解释》第 247 条的规定,形成相对完整的、固定的案例系统,这也应当属于本书关注的裁判技术的核心内容。但是,在此之前,本书只能先停留在漏判与诉讼标的理论存在关联的初步结论上。

(三)德日救济模式的考察

在设立独立的补充判决制度的共识之下,德日补充判决的实现方式以及在对被遗漏部分是否仍具有诉讼系属状态的判断上大相径庭,因此需要进行对比考察。根据德国《民事诉讼法典》第 321 条第 2 款的规定,必须有任一方当事人〔1〕在判决或者本案事实补正裁定送达后的两周内提出申请,〔2〕否则被遗漏部分的诉讼系属将就此结束。依照德国《民事诉讼法典》第 533 条和第 264 条第 2 项的规定,原告只能就未判决的部分在二审控诉审程序中申请诉的变更,或者直接另行起诉。〔3〕 相反,如果涉及的是不构成独立诉讼标的的请求权基础,诉讼系属规则就不受影响,此时也没有适用补充判决制度的余地。〔4〕如果二审裁判遗漏了当事人的部分上诉请求且当事人错过了申请补充判决的期限,那么遗漏部分的一审判决将不发生任何效力。〔5〕 在三审法律审中,由于根据德国《民事诉讼法典》第 559 条第 1 款第 1 句的规定,当事人无法申请诉的变更,因此只能另行起诉。即使针对诉讼费用,也必须依当事人申请才能启

〔1〕 Althammer, in: Stein/Jonas, a. a. O. , § 321 Rn. 19; Marc Hunke, in: Adolf Baumbach/Wolfgang Lauterbach/Peter Hartmann/Monika Anders/Burkhard Gehle, ZPO, 78. Aufl. , 2020, § 321 Rn. 6; Rudolf Wassermann, in: Alternativkommentar zur Zivilprozeßordnung, 1987, § 321 Rn. 5.

〔2〕 BGH NJW 1982, 1821, 1822.

〔3〕 BGH NJW 1991, 1683, 1684; NJW – RR 2005, 790, 791; Rosenberg/Schwab/Gottwald, a. a. O. , § 61 Rn. 28; Althammer, in: Stein/Jonas, a. a. O. , § 321 Rn. 22, 25 f. ; Musielak, in: Münchener Kommentar ZPO, a. a. O. , § 321 Rn. 11 f. 该观点自百年前即成为通说:Konrad Hellwig, System des deutschen Zivilprozeßrechts (Band. 1), 1912, S. 506。但是如果一审法院由于错误地理解系属的诉讼请求从而作出了与请求不符的判决,那么只涉及上诉救济而不是补充判决。如果当事人就漏判未上诉,则由于既判力范围的有限性,可以另行起诉。BGHZ 182, 158 = NJW 2010, 227, 232, Tz. 70; BGH NJW 2019, 1950, 1951 f. , Tz. 20.

〔4〕 Fabian Stein, Der Streitgegenstand im Zivilprozess, JuS 56 (2016), S. 124.

〔5〕 BGH NJW – RR 2005, 790, 791 f. ; Althammer, in: Stein/Jonas, a. a. O. , § 321 Rn. 23; Christian Feskorn, in: Zöller, ZPO, 33. Aufl. , 2020, § 321 Rn. 12.

动补充判决程序。[1] 德国联邦最高普通法院甚至认为,当事人在经过申请期限后仍可就被遗漏的诉讼费用另行起诉,[2]不过这种见解已遭受学界较强的质疑。[3] 在日本则有所不同。根据日本《民事诉讼法》第258条第1款的规定,被遗漏的部分请求将保持诉讼系属的状态,法院在发现判决脱漏时必须依职权作出追加判决,不受时间限制。[4] 我国台湾地区的原有规定借鉴了前述德国法模式,而现行规定则转向了日本法模式。[5] 也有我国学者从原告利益保护的角度出发,支持这一以扩大法官职权和没有时间限制为代表的观点。[6] 在司法实践中,有的二审法院在一审原告未就被遗漏的尾款未付事项上诉时,直接参考一审诉讼请求予以支持。[7] 虽然无论从理论上还是从现行法来看,此时法院在上诉制度框架下的审查都应当以当事人的上诉请求为限,但是也确实体现了法院无视当事人是否申请而依职权审判遗漏请求的日本法思路。

总之,德国和日本分别提供了一种典型的制度可能,我国应当在其中的关键点上作出自己的选择,在本国现行法与诉讼法理的共同基础上建构自己的补充判决制度。

五、我国法上补充判决的制度建构

(一)补充判决可以依职权作出

不同于将补充判决限定于当事人申请的德国法模式,依职权启动程序并不一定要与无时限的制度捆绑。就选择依职权还是依申请启动补充判决程序问题而言,争议的实质是作出补充判决是否需要原告同意。只要原告没有明确要求调整审判范围,就应当尊重其限定诉讼标的的处分权,如此,当然有必

---

〔1〕 BGH NJW – RR 2005, 295; NJW 1975, 218.(都涉及辅助参加人)

〔2〕 BGH NJW – RR 2005, 295.

〔3〕 一些学者认为,此时只能通过上诉途径救济。Althammer, in: Stein/Jonas, a. a. O., § 321 Rn. 28; Feskorn, in: Zöller, a. a. O., § 321 Rn. 12.

〔4〕 新堂幸司『民事訴訟法』(弘文堂,2019年),663頁([日]新堂幸司:《新民事诉讼法》,林剑锋译,法律出版社2008年版,第456页)。

〔5〕 我国台湾地区旧法时期的讨论,参见范光群等:《裁判之脱漏》,载民事诉讼法研究基金会:《民事诉讼法之研讨(二)》,台北,民事诉讼法研究基金会1987年自版发行,第375~426页(报告人范光群教授即主张如此修法)。

〔6〕 参见杜睿哲:《补充判决制度的法意及问题探讨——兼与曹书瑜法官商榷》,载《人民司法·应用》2007年第11期,第81页;杜睿哲:《论裁判脱漏及其程序上的处理》,载《甘肃政法学院学报》2008年第3期,第107~108页。在结论上倾向日本立法例的观点,参见占善刚、阮志勇:《漏判及其救济刍议》,载《海南大学学报(人文社会科学版)》2007年第4期,第379页。

〔7〕 参见河北省廊坊市中级人民法院民事判决书,(2014)廊民二终字第377号。

要审判所有最初被提出的诉讼请求。而从法院不得拒绝裁判的司法权角度考察，法院也应当享有在一定期限内根据请求对象调整裁判对象的权责。从这两点来看，法院在相关时限内依职权启动补充判决程序也无可厚非。[1] 如随后所讨论的，从原告在一段时间内的不作为可推定出其不在本诉讼中主张被遗漏诉讼请求的处分态度，诉讼系属从而消灭。在依申请启动补充判决程序与诉讼系属消灭之间并无不可分割的联系。[2]

诉讼费用问题虽然不涉及当事人的处分权，但是需要考虑不同法律系统对其背后公共利益的不同认识，这也是比较法上存在制度分歧的原因所在。在德国，虽然诉讼费用问题可由法官依职权裁判，但是同样适用基于诉讼内约束力的禁止变更原则，[3] 法院在裁判之后不能依职权作出补充判决（同时适用期限）；而根据日本《民事诉讼法》第 258 条第 2 款和第 3 款以及日本《民事诉讼规则》第 161 条的规定，则同时允许依书面申请或依职权启动的、针对诉讼费用的补充判决程序。[4] 笔者认为，考虑到我国法院对于积极维护公共利益、行使司法职权的一贯强调，也可由法院依职权纠正对诉讼费用判决的脱漏。[5]

---

〔1〕 类似观点，参见胡夏冰：《民事漏判及其救济》，载张卫平主编：《民事程序法研究》第 6 辑，厦门大学出版社 2011 年版，第 174～175 页；占善刚：《我国民事判决脱漏应然救济途径之探究》，载《法商研究》2009 年第 3 期，第 38 页；赵泽君：《民事裁判遗漏的补充判决制度——兼评我国民事诉讼法第 179 条第 12 项之规定》，载《政法论坛》2008 年第 5 期，第 89～90 页。在结论上相反的论断，参见张靖波、郑磊：《民事裁判遗漏救济程序的重整与优化》，载《人民司法·应用》2014 年第 9 期，第 105 页（主张依申请和当事人同意下的依职权）；丁宝同：《民事判决既判力研究》，法律出版社 2012 年版，第 30 页。在 20 世纪中叶，德国民事诉讼法修改委员会的修法结论同样认为，应当允许法官依职权作出补充判决，只不过其理由建立在针对明显错误的补正裁定与补充判决的目的相同的基础上。Bundesministerium der Justiz Hrsg., Bericht der Kommission für das Zivilprozeßrecht, 1977, S. 106. 在结论上主张依职权并不受期限限制的极少数观点：Wassermann, a. a. O., § 321 Rn. 3, 6。

〔2〕 对此，德国穆泽拉克教授认为，从德国法的立法选择和经过期间后诉讼系属消灭的规则来看，德国采用的是依申请模式。Musielak, in: Münchener Kommentar ZPO, a. a. O., § 321 Rn. 1. 但是其也同时主张，补充判决的功能（保障权利保护请求的完整性即“诉权”）与前述补正裁定不同，因此在立法论上也可规定法院依职权启动程序。

〔3〕 Althammer, in: Stein/Jonas, a. a. O., § 318 Rn. 10 f.

〔4〕 新堂幸司『民事訴訟法』（弘文堂，2019 年），664 頁（［日］新堂幸司：《新民事诉讼法》，林剑锋译，法律出版社 2008 年版，第 457 页）。

〔5〕 类似的但未注意前两者区别的观点，参见胡夏冰：《民事漏判及其救济》，载张卫平主编：《民事程序法研究》第 6 辑，厦门大学出版社 2011 年版，第 163～164 页。

（二）启动补充判决程序的期限

补充判决制度分别对应诉讼请求和诉讼费用两方面的遗漏，由于前者更为重要，本书先予讨论，随后再讨论遗漏诉讼费用的特殊情况。从民事诉讼法理上看，如果一审判决错误地缩小了原告诉讼请求的范围（包括具有私法性质的其他费用），原告当然享有要求及时启动补充判决程序和由原法院更正错误的权利。但是当原告经过一段时间仍未申请时，无论从司法运行的公共利益维护还是从对被告利益的保护来看，法院不能一直“按兵不动”，而必须在此基础上推进后续程序。此时，二审法院在裁判技术上可推定原告不再主张被遗漏的诉讼请求，转而把注意力集中于一审法院已经作出的判决。于是，一审遗漏的诉讼请求的诉讼系属应当视为消灭，二审的诉讼标的将限于一审判决对应的部分，补充判决制度也就完成了作为额外补充救济方式的使命。易言之，不同于日本法上对原告行使处分权的绝对尊重，德国法模式下的司法权基于原告在一段时间内的不作为，例外地限缩了其处分权。前文所主张的法院依职权启动补充判决程序的情况也是如此，法院启动该程序的根本原因在于对原告请求的尊重，因此也应以前述对当事人意思的解释为准。此外，由于可通过另诉保障当事人就被遗漏的诉讼请求接受审判的权利，设置启动补充判决程序的期限也不会实质地影响实体正义的实现。

从反方向看，如果补充判决不受申请期限的限制，将会对法的安定性产生强烈冲击。考虑到我国民事诉讼法体系的现有地位和改良方向，更应当强调民事裁判终局性，因此补充判决也应当受到时间层面的限制，[1]不应存在无限制地冲破裁判终局性的制度可能。不过，为了尽可能地减少由于部分一审程序归于无效所造成的资源浪费，以及平衡不实行律师强制代理制可能对实质正义造成的损害，在我国应当延长启动补充判决程序的时限。至于是选择两

---

〔1〕 类似观点，参见张靖波、郑磊：《民事裁判遗漏救济程序的重整与优化》，载《人民司法·应用》2014年第9期，第105页；杨小利：《民事判决法律效力研究》，人民法院出版社2012年版，第190页。新堂幸司教授也曾建议从这方面思考，我国台湾地区部分学者也曾表示认同。相关讨论，参见范光群等：《裁判之脱漏》，载民事诉讼法研究基金会：《民事诉讼法之研讨（二）》，台北，民事诉讼法研究基金会1987年自版发行，第387页（范光群）、第403～404页（曹鸿兰）、第405页（王甲乙）、第409页（陈计男）、第424页（范光群）。

周、一个月还是三个月,[1]应当根据我国的具体实际情况,由立法者决断。另外值得注意的是,启动补充判决程序并判决的法院应当是作出脱漏判决的原一审法院,[2]此时既应当保障当事人享有的上诉权和审级利益,又应当明确补充判决程序与上诉程序之间的差异,即前者系针对一审判决不完整,后者则针对一审判决错误。

(三)变更上诉请求及另诉可能

在新的诉讼阶段中,原告对于遗漏的诉讼请求仍然享有救济途径,即在上诉审中重新将诉讼标的扩大到一审时自己的申请范围,或者在另诉中重新行使处分权。就前者而言,在上诉请求变更之后,一审中未能审判的部分诉讼请求实际上仅经过二审审判。允许这种变更,似乎不利于保护当事人的审级利益,[3]因而可能面临对与前述我国法定模式和补充判决制度不同的质疑。不过,原告在上诉程序中申请诉的变更且原则上经过被告同意,[4]可代表双方当事人对处分权的一致行使。作为司法保护当事人上诉权的例外,这也与《民诉解释》第 324 条和之前《民诉意见》第 182 条的规定对调解的偏重一脉相承。[5] 相反,如果被告不同意诉的变更,那么二审法院仍然可依职权准许诉的变更。事实上,即使是设有被告同意权的德国,根据德国《民事诉讼法典》第 263 条和第 533 条的规定,也同样保留了法院基于“司法便利”(Sachdienlich)准许诉的变更的职权,只不过又依照该法第 529 条的规定,在二审中进而增加

---

〔1〕 由于根据德国《民事诉讼法典》第 517 条的规定,上诉期限通常是一个月,其对补充判决设置的两周期间并不与上诉期限对应。在历史上,这一期间也曾经是一周(Bekanntmachung 1950, BGBl. I S. 533, 563),但随后被延长了。

〔2〕 参见江伟主编:《民事诉讼法典专家修改建议稿及立法理由》,法律出版社 2008 年版,第 250 页(傅郁林、孙邦清执笔)。相反,认为在请求达到可裁判程度时,上诉法院可直接判决而不必发回的观点,参见胡夏冰:《我国遗漏诉讼请求救济制度的改革和完善》,载《人民法院报》2009 年 9 月 29 日,第 6 版。

〔3〕 参见占善刚、阮志勇:《漏判及其救济刍议》,载《海南大学学报(人文社会科学版)》2007 年第 4 期,第 377 页;曹书瑜:《论民事瑕疵裁判的补正程序》,载《人民司法》2006 年第 6 期,第 59 页。

〔4〕 但我国现行法并未赋予被告同意诉的变更的权利,对被告利益的保护实属不利,类似观点参见毕玉谦:《诉的变更之基本架构及对现行法的改造》,载《法学研究》2006 年第 2 期,第 25 ~ 26 页。甚至也可能出现即使被告同意变更,由于法院不同意也无法变更的不利状况。参见严仁群:《宽待诉的变更》,载《江苏行政学院学报》2010 年第 4 期,第 136 页。

〔5〕 由于当事人达成调解协议是双方处分权的体现,在调解程序本身不存在瑕疵的情况下,很难说二审中的调解侵犯了当事人的审级利益。不同见解,参见赵泽君:《民事裁判遗漏的补充判决制度——兼评我国民事诉讼法第 179 条第 12 项之规定》,载《政法论坛》2008 年第 5 期,第 86 ~ 87 页。

了不应扩大上诉审事实材料基础的条件。

在判断法院行使职权的合理性时，起决定作用的应该是司法便利和纠纷一次性解决的理念。一般而言，法院准许诉的变更的职权确实有被滥用的可能，在解释中需要从严控制，也应尝试在学理上和实务经验中进一步类型化。但是就漏判的特定场景来说，无须就制度的滥用过多担忧。相反，为了避免无谓的程序消耗，应当尽可能地将遗漏部分纳入二审审理范围（类推适用《民诉解释》第326条第2款）。此时，原告主动申请变更上诉请求就意味着对上诉机会的放弃，这样一来，只有被告方的审级利益有受损之虞。实际上，此处涉及对司法便利和（一方）当事人利益保护的权衡。笔者认为，除非遗漏的诉讼请求过于个别化、需要在上诉审中额外调查事实和收集证据，否则均应以原告享有的处分权和法院代表的公共利益为主要考量准许诉的变更。只有在例外情况下可能无法实现司法便利的预设功能，此时则应以保护被告的程序权利为主。

因此，无论是经被告同意还是法院依职权准许的情形，原则上都应当成为审级利益保护的例外。这种扩大上诉审诉讼标的救济的主要要件就是原告的申请，即符合原告对自身利益的评估。一般而言，多数原告会同意由法院直接纠错，只有在诸如当事人在诉讼进行中放弃了被遗漏的请求、认为一审法院的法律见解更有利于自己并且期待相对方不上诉等非典型情况下，原告才可能持不同意见。就此而言，虽然这种纠错方式在表面上与前述“实践异化模式”相同，但是在理论设计上仍然应当坚持对当事人基本权利的保障，尤其是以原告对诉讼请求的处分权为前提。这不仅是民事诉讼法学精细化的学术愿望使然，[1]而且是明确审判中需要考虑的要件和提高司法水平的必由之路。

此外，在整个救济体系中，另行起诉只是申请补充判决和上诉中诉的变更之外的最后救济手段。既然原告由于种种原因未能利用前两种救济手段，那么就只能承担由于另诉造成的程序上不利益。虽然另诉也会损害被告的程序利益，而且由于涉案事实相同可能造成重复审理和效率减损，[2]但是在法官已

---

〔1〕 类似分析，参见张卫平：《既判力相对性原则：根据、例外与制度化》，载《法学研究》2015年第1期，第73~74页（针对既判力问题）。

〔2〕 参见杜睿哲：《论裁判脱漏及其程序上的处理》，载《甘肃政法学院学报》2008年第3期，第108页。

经漏判的诉讼场景中，在裁判技术上无论是经由补充判决还是另行起诉（随后再次开庭），都将对其造成大致相同的实际损害。[1] 至于可能遇到的诉讼时效问题，由于诉讼时效从提交诉状之日起中断且不涉及撤诉带来的一系列问题，[2]应当自脱漏的一审判决生效时起重新计算诉讼时效。如果由于当事人未上诉而一审判决随后生效，纵使《民诉解释》第 390 条的规定否定了在上诉请求中未坚持一审诉讼请求的原告就漏判申请再审的权利，也并不意味着当事人就遗漏部分同样丧失了另诉机会。毕竟再审和审判监督程序主要解决的是原判决错误的问题，而不是直接限制当事人就实体权利获得公正审判的权利，应当区分重启诉讼程序与就诉讼请求的首次审判。判断生效判决既判力的范围应当以判决主文和法院的诉讼活动为准，不能由于当事人未就一审判决上诉就恣意扩大判决既判力的范围。

（四）费用漏判补充的例外规则

诉讼费用漏判虽然与诉讼请求漏判同属民事漏判范畴，但是由于两者的性质不同，整体规则也是同中有异。

首先，虽然与遗漏诉讼请求时的理由不同，诉讼费用漏判也不应适用再审和审判监督程序。就申请再审而言，《诉讼费用交纳办法》第 43 条第 1 款的规定明确否定了当事人对诉讼费用问题的独立上诉权，其中当然也包括费用漏判的情形，进而也可推论不能单独就费用漏判申请再审。从民事诉讼法理看，程序性救济机制的设计应当契合诉讼制度的预设功能。[3] 既然否定了作为审级制度中通常救济方式的上诉权，那么就不应再开启作为审级制度中例外救济方式的再审申请权，而是需要借助于其他机制为当事人提供程序保障。就依职权启动的审判监督程序来说，因为费用裁判与实体判决的结果密切关联，遗漏（部分）诉讼费用的分配应当构成判决错误，表面上虽符合审判监督程序的适用条件，但诉讼费用的分配问题依附于实体问题的判断、不具有独立性，

[1] 德国联邦最高普通法院也曾表达类似对当事人利益平衡的分析。BGH NJW - RR 2005, 295.（针对判决生效后的补充判决可能）

[2] 详细讨论，参见曹志勋：《起诉中断诉讼时效规则的理论展开》，载《当代法学》2014 年第 6 期，第 115 ~124 页。

[3] 参见潘剑锋：《论建构民事程序权利救济机制的基本原则》，载《中国法学》2015 年第 2 期，第 33 ~34 页（批评对一审终审的小额诉讼程序适用再审和审判监督程序；参见潘剑锋：《程序系统视角下对民事再审制度的思考》，载《清华法学》2013 年第 4 期，第 30 ~31 页）。

通常体现了法官较大的裁量权。从性质来看,单独就费用问题通过审判监督程序作出再次审查的必要性本就有限。而且,整体上限缩再审和审判监督程序的适用是我国司法改革的大趋势,学界有力观点也认为,在解释论上应当限缩解释审判监督程序中的"确有错误"要件(《民事诉讼法》第205条),以申请再审事由为标准。[1] 在这一基本共识下,审判监督与再审程序就费用漏判问题同样应当采用相似规则。换个角度看,就费用漏判问题从再审程序和审判监督程序转换为补充判决制度,涉及更多的不是方案对错和能否纠错的问题(两者都能自圆其说),而是价值判断问题(哪一种更适合当下的我国)。因此,原则上应当认为不应单纯就诉讼费用漏判启动再审程序和审判监督程序。[2] 对于具有公法性质的其他费用也应当适用相同规则。

其次,由于法官裁判义务的持续存在且无法通过其他途径实现完全救济,针对费用漏判的补充判决应当例外地不受期限限制。与遗漏的诉讼请求或诉讼标的不同,诉讼费用属于法院必须裁判的对象,当事人对诉讼费用不享有处分权,不能因为经过了一段时间就免除法官的裁判义务。如此则无拟制当事人意思的可能性,无法从理论上证成设置补充判决时限的必要性。同时,基于诉讼费用的公法属性,理论界与实务界也很难接受就遗漏的诉讼费用问题另行起诉的思路。毕竟此时争议的诉讼标的将脱离实体法律关系、缺少实体法基础,而且仅为了调整费用分担而重新推进诉讼似乎也是对诉讼资源的浪费。此外,一旦上诉法院未能发现错误,也需要以某种机制填补制度漏洞,如前所述,补充判决更适于完成这个任务。当然,具有私法性质的其他费用的漏判与此不同,在立法论上应当适用诉讼请求漏判的相关规则。

最后,除了通过补充判决救济外,在结果上与前述"实践异化模式"相同,根据《诉讼费用交纳办法》第30条、第43条第1款和《民诉解释》第196条的规定,就诉讼费用的漏判也可由上诉法院直接更正其错误。诉讼费用相较实体请求较为特殊、具有更强烈的公权力属性,法院在作出实体判决后也有义务对此作出相应的裁判。如果认为鉴定费用负担类似于诉讼费用分配,那么我

---

〔1〕 比如,参见张卫平:《民事诉讼法》(第5版),法律出版社2019年版,第393页;江伟主编、傅郁林副主编:《民事诉讼法学》(第3版),北京大学出版社2015年版,第310页(傅郁林执笔)。

〔2〕 当然,如果生效判决基于其他理由成功启动再审程序,再审法院与上诉法院一样,享有附带改变费用裁判的职权。

国司法实践中二审法院直接维持对鉴定费脱漏的原判并额外判定费用负担的做法,[1]也可能出现在关于诉讼费用漏判的案件中。也有法院甚至认为诉讼费用计算上的错误(应减半未减半)不构成错判,因此不必在判决的裁判理由部分予以说明,可直接在二审判决中写明正确的分配结果。[2] 这在整体上与前述“实践异化模式”同根同源。而在德国法与日本法上,在当事人上诉获得支持时,法官都会重新裁判诉讼费用的分担。如前所述,在德国,只要不是作为唯一的诉讼理由被提出,原审的诉讼费用问题都将成为上诉的审理对象。相似地,根据日本《民事诉讼法》第 258 条第 4 款的特别规定,在诉讼费用漏判的场合,当事人针对这一判决合法上诉将导致诉讼费用裁判无效,应当由二审控诉审法院适用关于总费用分配的规定。相对而言,根据日本《民事诉讼法》第 67 条第 2 款的规定,只有在最终改判、发回重审或者移送管辖时,通常才会否定一审法院作出的诉讼费用裁判。[3]

六、重新认识纠错功能与错误标准

在前述具体制度模式和设计的选择之外,值得特别重新认识的是民事程序纠错功能和“案件有错误”标准。如前所述,无论前述“法定违法模式”还是“实践异化模式”,坚持的都是漏判即错判的思路。而与此不同,补充判决制度的实质是将原来案件分为两份(至于是两个诉还是两个部分请求均可),每一份单独给予完整的程序保障(适用正常新诉的标准),最终达到与当初已经完整审判的假设下相同的司法效果。在通常情况下,民事错判体现为事实认定错误、法律适用错误或者程序错误中的一种或多种,从这三种基本类型的文义出发,遗漏诉讼请求本来也可被归入上述分类。但是正如前文所述,由于可能出现的理论困境,这种理解可能并不是最好的选择。相反,回避评价既有民事

---

〔1〕 比如,参见河南省驻马店市中级人民法院民事判决书,(2015)驻民四终字第 6 号。

〔2〕 参见湖北省汉江中级人民法院民事判决书,(2014)鄂汉江中民一终字第 00181 号。相反,在裁判理由中指明前审诉讼费用和鉴定费分配错误的做法,参见湖南省高级人民法院民事判决书,(2014)湘高法民再终字第 70 号。还有法院通过补正裁定更正未能减半收取案件受理费的错误[参见福建省厦门市思明区人民法院民事裁定书,(2014)思民初字第 12238 号]和不该减半而减半收取的错误(参见江苏省南京市栖霞区人民法院民事裁定书,(2013)栖民初字第 1018 号)。

〔3〕 新堂幸司『民事訴訟法』(弘文堂,2019 年),994 頁([日]新堂幸司:《新民事诉讼法》,林剑锋译,法律出版社 2008 年版,第 704 页);伊藤眞『民事訴訟法』(有斐閣,2016 年),602 頁([日]伊藤真:《民事诉讼法》(第 4 版补订版),曹云吉译,北京大学出版社 2019 年版,第 409 页)。

程序的纠结,转而填补缺漏向前看,在立法论和价值考量上可能更为有利。同时,由于法院在漏判时并未作出实质裁判,通常不会造成程序利益以外的额外损害,在性质上显然也有别于前述产生不公正裁判结果或违反法定程序的民事错判基本类型。

综上所述,这不仅是裁判技术上的简单转变,而且彰显了对于固有司法纠错理念的重新理解。事实上,无论是 2012 年《民事诉讼法》修改中审判监督程序与再审程序从名称上即代表的制度和理念争议,审判监督程序、第三人撤销之诉与另行起诉面临的复杂救济体系冲突,还是近期司法改革中对错案追究和法官责任追究的持续关注,[1]背后都隐藏着对于个案纠纷下纠错功能的极端重视。然而,至少在具体到遗漏诉讼请求的情形时,应当从理论上限缩解释错误及其纠正。如前所述,民事复审程序审查的对象应当是前一审级中法院作出的裁判,而不是对下级法院审判表现的全面审查。易言之,此处需要区分裁判技术上的纠错和司法管理上的纠错,前者止于审判活动的载体——民事裁判,后者才可扩展到全案范围。由是观之,也可进一步明确作为裁判权的司法权和更广泛的司法/审判管理权。在这种思路下,漏判在裁判技术上并不构成错案,不需要通过民事复审机制加以救济和纠错。这种思路也不意味着免去了否定性评价,漏判仍然需要填补,只不过这将通过对相关事项首次判定的方式实现。

---

〔1〕 比如,参见陈瑞华:《法官责任制度的三种模式》,载《法学研究》2015 年第 4 期,第 4～22 页。

第六章

反思裁判的事实预决效力

2001 年《证据规定》第 9 条规定生效裁判确认的事实具有预决效力,《民诉解释》第 93 条和 2019 年《证据规定》第 10 条继承了该规则的制度遗产。但是从立法论上看也应当否定上述事实预决效力,其无法得到传统既判力理论的支持,比较法上扩张既判力范围的不同理论主张也不适合我国现有的发展程度。此外,预决效力不同于既判力的事实排除效,也不同于公文书的证明力规则。从诞生之日起,事实预决效力就从未展现出"毅然决然"的态度,相反,凸显更多的是"悬而未决"的状态。本章重点在于从比较法的角度上观照该效力以"正本清源",至于解释论上的进一步讨论则留待本书第十三章"下回分解"。

一、问题的提出

在我国,根据 2001 年《证据规定》第 9 条第 1 款第 4 项和第 2 款的最先规定,已为人民法院发生法律效力的裁判所确认的事实被认为具有所谓预决效力。在后诉中,法官应当对前诉裁判中确认的事实适用法律上的事实推定,即证明责任的转换,在司法实务中上述规则也已经得到了广泛应用。[1] 在该规定出台后,部分学者对其展开了犀利批评。比如,李浩教授认为,该规定的依据不应是既判力而是争点效理论,并且在我国理论现状下实属过于超前。[2] 而从程序保障、诉讼效率和当事人意思自治的角度,翁晓斌教授更是鲜明地表示反对,主张暂时以所谓的"再审前置"模式,最终以将既判力限于裁判主文的理论方案解决上述问题。[3] 与此不同,也有学者强调其中国特色及与既判力

---

〔1〕 比如,参见张雅芬:《已为人民法院发生法律效力的裁判所确认的事实,当事人无须举证证明——陕西裕沣置业有限公司与西安市房地产管理局第一分局、西安市雍华置业有限公司及陕西省轻工行业管理办公室返还垫付款纠纷上诉案》,载最高人民法院民事审判第一庭编:《民事审判指导与参考》2008 年第 4 集,法律出版社 2009 年版,第 206 ~ 220 页;张雅芬:《守约方实际损失大于违约方应支付的违约金数额,违约方还应承担违约赔偿责任,但赔偿数额应以守约方实际损失为限——中国农业银行重庆市分行与重庆雨田房地产有限公司房屋买卖合同纠纷上诉案》,载最高人民法院民事审判第一庭编:《民事审判指导与参考》2007 年第 2 集,法律出版社 2007 年版,第 207 ~ 227 页。

〔2〕 参见李浩:《〈证据规定〉与民事证据规则的修订》,载《中国法学》2011 年第 3 期,第 31 ~ 40 页。

〔3〕 参见翁晓斌:《论已决事实的预决效力》,载《中国法学》2006 年第 4 期,第 180 ~ 189 页。

等理论的区别,[1]主张在解释论上细化发生预决事实效力的要件[2]或者至少从结论上支持在区分既决事项和既决事实基础上,进一步完善该制度。[3]更有学者认为,既决效力来自部分既决事实[4]已满足法律真实的要求,因此应当具有相对的效力。[5]

然而,在我国民事诉讼法律主要继受的、以德国法为代表的大陆法系传统中,并不存在类似制度。笔者认为,在立法论上应当否定上述预决效力规则,不仅既判力效果不能适用于裁判理由中的事实认定,我国目前也不应采取争点效理论,而且既判力的事实排除效力和裁判文书的证明力规则也不能支持上述预决效力。

二、预决效力无法得到既判力理论的支持

(一)定性:预决效力的理论意义

与前述我国学者的分析思路保持一致,否定事实预决效力的第一站应当是与既判力相关的理论。支持预决效力的学者可能主张构成既判力即不能再诉,而预决效力指的仅是事实推定,两者在本质上有明显区别。笔者完全同意两者在效力程度上的不同,预决效力理论并不妨碍对先决问题的重新审理和判断,预决效力在裁判技术上停留在事实层面,而非请求权/诉讼标的层面。但是,除了当事人持有证明价值高的直接证据的少数情形外,对证明责任的重新分配将不当增加新的本证方的证明难度并降低其胜诉可能,在实际效果上也能达到妨碍另诉胜诉的效果。而且,由于上述两种效力的目的都是一次性纠纷解决,以及作为预决效力重要理论支持的争点效理论与既判力理论的重

---

〔1〕 比如,江伟和常廷彬教授比较了上述事实预决力和既判力、争点效、争点排除效和司法认知概念的异同。参见江伟、常廷彬:《论已确认事实的预决力》,载《中国法学》2008 年第 3 期,第 102 ~ 109 页(但并未论证其理论上的正当性)。类似比较,参见邹碧华:《要件审判九步法》,法律出版社 2010 年版,第 100 ~ 101 页。点明预决效力与既判力分属事实和法律问题的观点,参见林剑锋:《民事判决既判力客观范围研究》,厦门大学出版社 2006 年版,第 19 ~ 20 页。

〔2〕 参见纪格非:《"争点"法律效力的西方样本与中国路径》,载《中国法学》2013 年第 3 期,第 109 ~ 120 页。

〔3〕 参见傅郁林:《先决问题与中间裁判》,载《中国法学》2008 年第 6 期,第 155 ~ 169 页。

〔4〕 张卫平教授也认为,并非所有被确认的事实都具有免除证明的效力,自认事实与基于经验法则推定的事实不能发挥上述效力。参见张卫平:《民事诉讼法》(第 5 版),法律出版社 2019 年版,第 443 页。

〔5〕 参见胡军辉:《论民事既判事实之预决效力》,载《湘潭大学学报(哲学社会科学版)》2010 年第 4 期,第 39 ~ 44 页。

要关联,既判力理论必须作为后续讨论的起点。

同时,扩大关注视野后可见,事实预决效力的问题可以归入前诉裁判理由对后诉的影响这一问题下。相反,如果涉及的是前诉的诉讼标的/判决主文,那么后诉法官显然就受到前诉裁判既判力的约束,并且应当根据一事不再理原则由法官依职权调查。如参考德国法的经验,在前诉确定了物的所有权的归属或者合同给付的义务,那么在随后主张所有物返还请求权或者违约损害赔偿及违约金的案件中,就必须以前诉的主文判断为前提。[1] 先进行的确认之诉的裁判主文同样构成随后提起的给付之诉的先决问题。[2]

(二)基础:德国法上的传统观点

为了明确讨论的对象,这里先简要回顾大陆法系传统理论中的基本观点。在德国,限缩的既判力理论是长期以来的通说。如果没有中间确认之诉及其判决(德国《民事诉讼法典》第256条第2款),前诉中附带判断的先决问题或法律关系不发生既判力效果,后诉中仍然可以重新审理并作出不同判断。[3] 基于类似理由,前诉中的法律定性原则上也不发生既判力,比如,前诉对过错的认定。[4] 显然,先决问题也与判断诉讼标的时的诉的理由并不相同。[5] 从德国《民事诉讼法典》的基本历史选择和文义解释出发,旧实体法说和诉讼法

---

〔1〕 BGH NJW 2008, 1227, 1228, Tz. 9; NJW 2003, 3058, 3059; NJW 1993, 3204, 3205(驳回诉讼请求判决的既判力); Leo Rosenberg/Karl Heinz Schwab/Peter Gottwald, Zivilprozessrecht, 18. Aufl., 2018, § 152 Rn. 15; Peter Gottwald, in: Münchener Kommentar ZPO, Band 1, 6. Aufl., 2020, § 322 Rn. 52 f.

〔2〕 BGH NJW 2008, 1227, 1228, 19 f.

〔3〕 BGHZ 183, 77 = NJW 2010, 2210, 2211, Tz. 9 f.; Rosenberg/Schwab/Gottwald, a. a. O., § 154 Rn. 14 ff.; Gottwald, in: Münchener Kommentar ZPO, a. a. O., § 322 Rn. 92 ff., 174(诉讼判决中的先决问题亦同); Karl Heinz Schwab, Die Bedeutung der Entscheidungsgründe, in FS Eduard Bötticher, 1969, S. 324 f.; Herbert Roth, Materielle Rechtskraft und rechtliche Qualifikation, ZZP 124 (2011), S. 5 f.; Carl Hahn, Die gesammten Materialien zur Civilprozessordnung, 1. Aufl., 1880, S. 290 ff.(反对萨维尼的宽松既判力的主张), 607 ff.(会议记录)

〔4〕 BGHZ 183, 77 = NJW 2010, 2210, 2211 f., Tz. 14 ff.; Christoph Althammer, in: Stein/Jonas, ZPO, Band 4, 23. Aufl., 2018, § 322 Rn. 111 ff.(根据不同类型不同处理); Gottwald, in: Münchener Kommentar ZPO, a. a. O. S., § 322 Rn. 94 ff.; Roth, a. a. O., 7 ff. 实务上主要涉及抵销的问题,因为民法理论一般认为,故意或重大过失侵权债权不得抵销(德国《民法典》第393条;我国《民法典》第568条第1款后一分句)。

〔5〕 Leo Rosenberg, Lehrbuch des deutschen Zivilprozessrechts, 2. Aufl., 1929, § 87 Ⅱ 2 a β (S. 252 f.).

说都支持上述观点。同时,由于涉及的实体权利或法律关系和诉的声明都不同,独立的确认先决法律关系之诉的诉讼标的自然也与针对具体实体权利的给付之诉的诉讼标的不同。[1]

在当代,学者多由于欧洲法上诉讼标的核心(点)(Kernpunkttheorie)理论的渗入调整了对诉讼法二分支通说的态度。所谓核心理论,即在识别标准上不再考虑诉的声明,而仅仅从广义的事实因素入手。这样做的直接后果是,将先决法律问题纳入既判力的范围,并且尽最大可能避免平行诉讼和重复诉讼,但同时也使识别相同诉讼标的的标准更为模糊。虽然在欧盟法盛行之前德国就已经出现类似观点,[2]然而这一理论主要代表了英美法系的思考方式(纠纷事实观),并且兴起于欧盟法的特定背景下。[3] 正如施蒂尔纳(Stürner)教授所指出的,在欧洲法的冲击下,新的法律继受时代即将开启,"诉讼标的理论能够保留法教义学上的纯粹和解释体系化的时代已经一去不复返了"。[4] 不过,学者们并不会反对,在涉及既判力的问题上仍然采取二分支说,并且继续区别诉讼标的与先决法律关系的思路。比如,即使主张不同的权利保护形式(确认和给付)应当构成相同的诉讼标的观点的罗特(Roth)教授,同样也认为诉讼标的不应包含先决法律关系,确认合同不存在之诉不受到给付之诉诉讼

[1] 旧实体法说的观点,比如,Friedrich Lent, Zivilprozessrecht, 9. Aufl., 1959, §§ 37 Ⅲ (S. 103), 63 Ⅲ (S. 178)。在诉讼法说下,由于诉的声明是识别诉讼标的的标准,两者显然明显不同。

[2] Gottfried Baumgärtel, Zur Lehre vom Streitgegenstand, JuS 14 (1974), S. 73 ff.; Gottfried Baumgärtel, Besprechung von Fritz Baur, Studien zum einstweiligen Rechtsschutz, AcP 168 (1968), S. 406.

[3] Herbert Roth, in: Stein/Jonas, ZPO, Band 3, 23. Aufl., 2016, vor § 253 Rn. 46 ff.; Peter Gottwald, Streitgegenstandslehre und Sinnzusammenhänge, in Peter Gottwald/Reinhard Greger/Hanns Prütting Hrsg., Dogmatische Grundfragen des Zivilprozesses im geeinten Europa: Akademisches Symposium zu Ehren von Karl Heinz Schwab aus Anlass seines 80. Geburtstages, 2000, S. 85 ff.; Helmut Rüßmann, Die Streitgegenstandslehre und die Rechtsprechung des EuGH – nationales Recht unter gemeineuropäischem Einfluß?, ZZP 111 (1998), S. 399 Fn. 1; Reinhard Bork, Der Vergleich, 1988, S. 431 ff.

[4] Rolf Stürner, Der deutsche Prozeßrechtslehrer am Ende des 20. Jahrhunderts, in FS Gerhard Lüke, 1997, S. 836.

系属的约束。[1] 相反在个人作品中主张将核心理论在德国诉讼标的理论中一以贯之地推广的哥特瓦尔德(Gottwald)教授,也同样认为在涉及既判力时,仍应当坚持原有二分支说的观点。[2] 由此可见,先决法律关系不应发生既判力效果是德国法的基本立场,也是对实践和相关程序价值长期考量的产物。

这样看来,由于预决事实涉及的争点一般可以归入先决问题和法律关系中,其在传统理论上并不具有预决的效力。

(三)规避:独立的中间确认之诉

在传统理论下,如果当事人希望将法院对预决事实争点的判断纳入既判力范围,就需要专门提起中间确认之诉,即在系属的诉讼中额外提起的、不独立的确认之诉,目的即将本案中终局判决的既判力扩大到先决法律关系(präjudizielle Rechtsverhältnisse)。[3] 在我国,也有学者主张应当引入中间确认之诉制度。[4]

具体而言,在德国,原告可以在起诉时一并提起主诉(给付、确认和形成之诉)和中间确认之诉[5],也可以在诉讼过程中通过追加新的诉讼标的构成诉的合并;[6]被告则可以提起中间确认反诉。无论在一审还是二审控诉审中,当事人都可以提起中间确认之诉,[7]但是在三审法律审中则由于禁止诉的追加而不得提出。[8] 在满足各自不同条件下,当事人有提起中间确认之诉还是独立确认之诉的自由。[9] 涉及中间确认之诉最典型的情况是,原告仅就部分债

---

〔1〕 Roth, in: Stein/Jonas, a. a. O., Vor § 253 Rn. 55, § 261 Rn. 31. 相同观点:Rüßmann, a. a. O., S. 407 Fn. 43, 414 ff.; Wolf-Dietrich Walker, Die Streitgegenstandslehre und die Rechtsprechung des EuGH—nationales Recht unter gemeineuropäischem Einfluß?, ZZP 111 (1998), S. 437 ff., 454 (在与给付之诉涉及相同内容的消极确认之诉的情况下,也坚持德国既有通说); Albrecht Zeuner, Zum Verhältnis zwischen internationaler Rechtshängigkeit nach Art. 21 EuGVÜ und Rechtshängigkeit nach den Regeln der ZPO, in FS Gerhard Lüke, 1997, S. 1017 f.

〔2〕 Gottwald, a. a. O., S. 85, 94.

〔3〕 BGHZ 169, 153 = NJW 2007, 82, 83, Tz. 12; BGH NJW 1992, 1897.

〔4〕 比如,参见丁宝同:《民事判决既判力研究》,法律出版社2012年版,第139~143、217~220页;张晋红:《关于中间确认判决制度的立法思考》,载《中国法学》2002年第5期,第109~117页。

〔5〕 这里实际上超出了法条的文义,允许在起诉时即对之前已经产生争议的先决法律关系提起中间确认之诉。

〔6〕 这里同样可以采取诉的预备合并的形式。BGH NJW 1992, 1897.

〔7〕 BGHZ 169, 153 = NJW 2007, 82, 83, Tz. 10.

〔8〕 BGH NJW 1961, 777, 779.

〔9〕 Roth, in: Stein/Jonas, a. a. O., § 256 Rn. 9.

权提起给付之诉，而被告对先决法律关系是否存在提起中间确认反诉，以避免既判力限于本诉原告提起诉讼的部分，而原告可以择机就余下部分另行起诉。[1] 中间确认判决可以与原有请求合一判决，在其先于原有请求适于裁判时，法院也可以通过作为终局判决的部分判决（德国《民事诉讼法典》第 301 条）先行裁判。[2] 由于当事人就部分判决与针对剩余部分的末尾判决（Schlussurteil）有权独立地提起上诉，[3] 独立作出的中间确认判决也应当具有这种属性，并且在中间确认判决发生既判力之前作出的、针对原请求的终局判决，将以中间确认判决的撤销为解除条件（类推德国《民事诉讼法典》第 304 条第 2 款）。[4]

中间确认之诉代表的是对一次性纠纷解决理念的审慎态度。[5] 一次性纠纷解决理念也与其他理论一样，时刻面临程度和边界的问题，也彰显了实体正义和诉讼经济之间的永恒冲突。在既不涉及陪审团制度（英美）、又不涉及不同国家法律统一（欧盟）的我国，对这一理念的推广就应当更为谨慎。[6] 中间确认之诉恰恰可以成为平衡该理念利弊的保险开关。原则上，我们应当优先考虑实体正义，避免诉讼程序中的瑕疵减损当事人接受实体审判的权利，即尽可能保留当事人就争点另诉的权利。但是例外地、如果当事人追求诉讼经济的效果，[7] 那么法院在提供了足够的程序保障后也可以扩大其解决纠纷的范围，即将本诉中的先决争点问题一并终局解决。就此笔者认为，这种“原则—

---

[1] BGHZ 69, 37 = NJW 1977, 1637; Rosenberg/Schwab/Gottwald, a. a. O., § 97 Rn. 38; Roth, in: Stein/Jonas, a. a. O., § 256 Rn. 9, 102.

[2] BGH NJW-RR 2012, 849, 850, Tz. 13（在中间确认之诉下做出部分判决，也避免了部分判决可能与针对余下部分的末尾判决相冲突的危险）; NJW 2006, 915; NJW 1961, 75; Rosenberg/Schwab/Gottwald, a. a. O., § 97 Rn. 47; Roth, in: Stein/Jonas, a. a. O., § 256 Rn. 119; Ekkehard Becker-Eberhard, in: Münchener Kommentar ZPO, a. a. O., § 256 Rn. 92; Dorothea Assmann, in: Wieczorek/Schütze, ZPO, Band 4, 4. Aufl., 2013, § 256 Rn. 385 f.

[3] Rosenberg/Schwab/Gottwald, a. a. O., § 59 Rn. 25.

[4] Becker-Eberhard, in: Münchener Kommentar ZPO, a. a. O., § 256 Rn. 94; Assmann, in: Wieczorek/Schütze, a. a. O., § 256 Rn. 388.

[5] 不同认识，参见吴英姿：《诉讼标的理论“内卷化”批判》，载《中国法学》2011 年第 2 期，第 177～190 页。

[6] 对该理念在德国适用的详细讨论：Rolf Stürner, Parteidisposition über Anfang, Gegenstand und Umfang des Verfahrens in wichtigen europäischen Prozessordnungen, in FS Andreas Heldrich, 2005, S. 1068 f.。

[7] 为了保障双方当事人的权利义务平等（《民事诉讼法》第 8 条第 1 句和第 51 条第 2 句后半句），此时与起诉的情形相同，只需一方当事人行使处分权即可。

例外"的折中裁判技术,也应当为我国所采纳。相反在事实预决效力的既有建构中,虽然降低了预决效力的强度,但是仍然采取的是"一刀切"式的规则模式。由于没有当事人参与的余地,这里考虑的很可能主要是法院自身审理的便利。

(四)反驳:既判力扩张论及评价

在德国相对漫长的学术史中,也有学者试图挑战既判力限于判决主文这一论断。[1] 自20世纪中叶起,佐伊纳(Zeuner)教授就倡导,前诉裁判理由中的判断在涉及实体法上的"意义关联(Sinnzusammenhänge)或替换关联(Austauschzusammenhänge)"时,也可以发挥既判力效果。[2] 倾向于诉讼标的新实体法说的学者亨克尔(Henckel)和里梅尔施巴希尔(Rimmelspacher)教授也分别主张所谓相同经济价值(wirtschaftliche Wert)[3]和法律地位(Rechtsposition)[4]的概念,用于支撑类似结论。在当前学界,部分观点也认为在极少数情况下先决法律关系能够例外地发生约束力,比如,有力说认为,在土地登记更正之诉(§ 894 BGB)中,诉的目的显然只能是确认所有权归属,从裁判技术上甚至可以直接视为确认所有权之诉,更正之诉在实质上只是一个法律形式。因此,虽然该诉胜诉的主文并未包含对所有权归属的确认,但是后者同样也应当发生既判力。[5] 但是,且不说最为保守、坚持传统的观点完全否定既判力向

---

〔1〕 对于德日相关学说的介绍,亦见林剑锋:《民事判决既判力客观范围研究》,厦门大学出版社2006年版,第83~91页。

〔2〕 Albrecht Zeuner, Die objektiven Grenzen der Rechtskraft im Rahmen rechtlicher Sinnzusammenhänge, 1959, S.42 ff., 72 ff., 115 f.

〔3〕 Wolfram Henckel, Prozessrecht und materielles Recht, 1970, S.171 ff.

〔4〕 Bruno Rimmelspacher, Materiellrechtlicher Anspruch und Streitgegenstandsprobleme im Zivilprozess, 1970, S.202 ff., 259 ff.

〔5〕 有力学说的观点:Christian Picker, in: Staudinger, Kommentar zum Bürgerlichen Gesetzbuch, 2019, § 894 Rn.166; Jürgen Kohler, in: Münchener Kommentar BGB, Band 8, 8. Aufl., 2020, § 894 Rn.45; Rosenberg/Schwab/Gottwald, a.a.O., § 155 Rn.7; Althammer, in: Stein/Jonas, a.a.O., § 322 Rn.83, 209; Gottwald, in: Münchener Kommentar ZPO, a.a.O., § 322 Rn.57, 103。相反通说则认为,此时和所有物返还请求权一样,对所有权归属的认定仅属于先决问题,因而不发生既判力。BGH NJW 2019, 71, 72 ff., Tz. 15 ff.; NJW-RR 2008, 1397, 1398 f., Tz. 19; NJW-RR 2002, 516, 517; Sebastian Herrler, in: Palandt, Bürgerliches Gesetzbuch, 79. Aufl., 2020, § 894 Rn.12(自第78版起变更了之前观点); Christian Seiler, in: Thomas/Putzo, ZPO, 40. Aufl., 2019, § 322 Rn.10; Gregor Vollkommer, in: Zöller, ZPO, 33. Aufl., 2020, Vor § 322 Rn.36.

先决法律关系扩张的可能性,[1]多数学者也广泛质疑在前述极端情形之外、更为大胆的主张,比如,认为双务合同关系的效力也可以作为先决问题被确定的观点。与此相似的是,在前诉中作为抗辩出现的相反债权的存在,并不因前诉给付之诉发生既判力而得到终局认定,[2]基于所有权的返还请求权也无法确认所有权的归属(§ 985 BGB)。[3]

本章无意从学说史上全面分析,而主要关注这种较新学说可能面对的困难。首先,上述各种标准已经超越了德国法的文义解释,由于违背立法者的原意,也不能适用目的性限缩解释。[4] 而就我国《民事诉讼法》第127条第5项规定的"对判决、裁定、调解书已经发生法律效力的案件"来说,这里的"案件"应当限于诉或者诉讼标的,也不存在将先决问题或法律关系解释进来的空间。其次,既判力扩张论提供的标准也都过于抽象,无法对每一类型的案件给出明确答案,并且可能对部分并未意识到既判力扩张的当事人造成裁判突袭。在德国现有制度下,法官在自由心证下对矛盾主张可能的不利评价以及极端例外时适用权利滥用/诚实信用原则的可能性,事实上也都可以达到与上述既判力扩张论类似的功能。相反,过广的既判力范围反而不利于既判力终局效果的维护,因为此时坚持既判力标准则限制了司法对正义的追求,而经常由于个案否定既判力又不利于司法稳定和司法权威。[5] 我国的情况也与此类似,而且个案正义具有压倒性优势。最后,从法系传统来看,德国和英美的争点排除理论(issue preclusion, collateral estoppel)各代表一种"对立"的理论可能以及对古日耳曼法的不同态度,上述扩张论对民事诉讼理论的改动将很可能是方

---

[1] Hans-Joachim Musielak, in: Musielak/Voit, ZPO, 18. Aufl., 2021, § 322 Rn. 27.

[2] Althammer, in: Stein/Jonas, a. a. O., § 322 Rn. 86, 204 f.; Gottwald, in: Münchener Kommentar ZPO, a. a. O., § 322 Rn. 58, 101; Seiler, in: Thomas/Putzo, a. a. O., § 322 Rn. 30; Vollkommer, in: Zöller, a. a. O., Vor § 322 Rn. 28, 36. 少数观点:Leo Rosenberg/Karl Heinz Schwab, Zivilprozessrecht, 14. Aufl., 1986, § 155 Ⅲ 2 (S. 986); Henckel, a. a. O. (1970), S. 198 ff.; Zeuner, a. a. O. (1959), S. 75.

[3] BGH NJW-RR 2008, 1397, 1398, Tz. 19. 少数观点:Zeuner, a. a. O. (1959), S. 151。

[4] 不同观点:Ulrich Foerste, Zur Rechtskraft in Ausgleichszusammenhängen, ZZP 108 (1995), S. 176 ff.。

[5] BGH NJW 2003, 3058, 3059; Althammer, in: Stein/Jonas, a. a. O., § 322 Rn. 202 ff.; Gottwald, in: Münchener Kommentar ZPO, a. a. O., § 322 Rn. 54 ff.; Musielak, in: Musielak/Voit, a. a. O., § 322 Rn. 26 f.; Egbert Peters, Zur Rechtskraftlehre Zeuners, ZZP 76 (1963), S. 229 ff.

向性和根本性的。[1] 简言之,该争点排除效即指在诉讼中实际辩论并被生效终局裁判的主要事实或法律争点,不得在任何其他诉讼中再次提起。[2] 比较法上其他规则可以体现为两种模式间的中间状态。比如,仅从既判力理论的内容来看,法国理论处于德国和英美之间:法国一方面将既判力涉及的原因事实限缩在当事人在诉讼中提出的部分,另一方面又将既判力范围部分扩大到裁判理由中的先决问题上。[3] 而欧洲法院的立场(诉讼标的核心理论)则倾向法国和英美法系。[4] 既然如前所述我们长期以来视大陆法系、特别是德日传统为同宗同源的“本家”(本书导论),又不存在前述欧洲法上法源复杂的特殊情况,就更要警惕轻易改弦更张可能带来的制度冲击。

在以上来自两大法系的学术脉络的基础上,出现了以日本新堂幸司教授为代表主张的争点效理论,并在日本和我国台湾地区成为学界的有力学说。[5] 据新堂幸司教授自述,他本人的学说主要来自英美争点效理论的启发,而大致同一时期的其他学者则通过对上述德国学说的引介发展了类似学说。此外,将其学说与大陆法系原有既判力理论有效衔接、并且适应不同的诉讼标的理论,也是其学术研究的重点。[6] 简要而言,所谓争点效,即如果在前诉中由当

---

〔1〕 Gottwald, in: Münchener Kommentar ZPO, a. a. O., § 322 Rn. 56.

〔2〕 See Stephen C. Yeazell & Joanna C. Schwartz, *Civil Procedure*, Wolters Kluwer, 2019, p. 735－757; Adrian A. S. Zuckerman, *Zuckerman on Civil Procedure: Principles of Practice*, Sweet & Maxwell, 2013, para. 25.86－25.90; Hendrik Albrecht, Die Streitsache im deutschen und englischen Zivilverfahren, 2013, S. 202 ff.; Christoph Althammer, Streitgegenstand und Interesse, 2012, S. 110 f. (并认为英美标准更侧重对个案正义的考量) 国内相关讨论,亦见纪格非:《“争点”法律效力的西方样本与中国路径》,载《中国法学》2013 年第 3 期,第 109～120 页;郭翔:《民事争点效力理论研究》,北京师范大学出版社 2010 年版。

〔3〕 Albrecht Zeuner, Rechtsvergleichende Bemerkungen zur objektiven Begrenzung der Rechtskraft im Zivilprozeß, in FS Konrad Zweigert, 1981, S. 608 ff.

〔4〕 作者同时认为德国式限缩的既判力理论更适合跨国法律纠纷,仅从由于语言障碍难以准确理解外国判决就可以看出其合理性。Rolf Stürner, Rechtskraft in Europa, in FS Rolf A. Schütze, 1999, S. 920 ff., 926 ff., 934.

〔5〕 关于我国台湾地区的情况,参见黄国昌:《争点效理论之细致化——评“最高法院”1996 年度台上字第 1782 号判决》,载黄国昌:《民事程序法学的理论与实践》,台北,元照出版有限公司 2012 年版,第 275～290 页。学者较早前的集中讨论,参见沈冠伶等:《民事判决之既判力客观范围与争点效》,载民事诉讼法研究基金会:《民事诉讼法之研讨》(十七),台北,民事诉讼法研究基金会 2010 年自版发行,第 1～92 页。

〔6〕 新堂幸司『民事訴訟法』(弘文堂,2019 年),718～720 頁([日]新堂幸司:《新民事诉讼法》,林剑锋译,法律出版社 2008 年版,第 493～494 页);参见林剑锋:《民事判决既判力客观范围研究》,厦门大学出版社 2006 年版,第 91～112 页。

事人充分辩论和法院审判的、在裁判理由中出现的主要法律争点(如所有权归属、是否存在侵权损害赔偿请求权和合同效力),在后诉中也成为先决问题,而且该争点在前后诉中涉争利益的经济价值等同,那么对争点的判断就将同时约束当事人和法官。争点效不同于裁判主文产生的既判力效果及后文详述的既判力中的事实排除效,实质上即依照诉讼法说的精神扩大既判力覆盖的范围(如法律定性和先决问题),并且构成以裁判理由中法律判断约束力为对象的理论主张。[1] 总体而言,争点效理论一方面从理论上加强了对一次性纠纷解决理念的追求,另一方面却也面临与前述既判力扩张论类似的标准模糊、缺乏可预见性以及可能无谓浪费诉讼资源的弊端。就此而言,在传统学说下理论和实务都已发展完备的日本或我国台湾地区,这或许是锦上添花的神来之笔,他们也可以通过理论界与实务界的充分互动,寻找最适合自己环境的"通说"。但是在传统诉讼法理方面仍有很大发展空间的我国,笔者对该理论当下的贡献并不持乐观态度。[2]

比较而言,佐依纳的既判力扩张说和日本的争点效理论与德国目前通说的主要区别在于中间确认之诉的作用范围。在前者看来,在涉及实体联系的前后诉之间,先决法律关系自动产生既判力,并不必假借中间确认之诉;相反德国通说则对寻求更广既判力效果的当事人提出强制要求,必须额外提起中间确认之诉。[3] 除了可能涉及的级别管辖问题[4]以及对处分权主义的强调,这里在更深层次上则涉及论者对当事人理想型(Idealtyp)的预期,即大多数当事人是希望在诉讼中终局地解决先决法律关系,还是希望日后仍有可能重新审视并调整诉讼策略及证据收集的方向。对于上述问题的不同回答,也就决定了将哪种对既判力的理解作为默认选项。在我国,至少从不少学者的表态

---

〔1〕 新堂幸司『民事訴訟法』(弘文堂,2019 年),718 頁、720~729 頁([日]新堂幸司:《新民事诉讼法》,林剑锋译,法律出版社 2008 年版,第 492、495~501 页)。这样争点效理论在效果上虽然与欧盟法上的诉讼标的核心理论部分相同,但是两者在理论上却是泾渭分明。后者仅见:EuGH, Urt. v. 08.12.1987, Rs. 144/86, Slg. 1987, 4871, 4875 f., Rn. 12-17(Gubisch/Palumbo)(在先的给付之诉和针对先决法律关系的消极确认之诉)。

〔2〕 从理论上看,也有学者在整体上持支持肯定的态度,比如,参见张卫平:《民事诉讼法》(第5版),法律出版社 2019 年版,第 447~448 页;郭翔:《民事争点效力理论研究》,北京师范大学出版社 2010 年版,第 239~253 页。

〔3〕 Zeuner, a. a. O. (1959), S. 173 f.

〔4〕 比如,前诉的声明是停止侵权,后诉则请求巨额损害赔偿。Peters, a. a. O., S. 236 f. 在我国,同样可能发生相同的情况(《诉讼费用交纳办法》第 13 条)。

来看,德国通说将既判力限缩在裁判主文的做法仍然被广为接受,〔1〕而日本和我国台湾地区通说拒绝争点效理论的实践也进一步提供了寻求共识的基础。再考虑到前述我国应当对一次性纠纷解决理念保持审慎态度的分析,不宜认为引入中间确认之诉的裁判技术构成循环论证、甚至成为所谓的"屠龙术"。〔2〕

此外,我们还需要注意到大陆法系民事诉讼法理对矛盾判决的理解。实际上,只有判决主文部分矛盾才是真正的矛盾判决,因为此时将直接影响对实体权利的归属判定,并且妨碍在给付之诉中的判决执行。而对裁判理由的冲突则不必大惊小怪,因为由于不同案件的事实发现程度和争议重心不同,客观上本就有不相同的可能性。这种冲突不会产生前述在诉讼标的层面的重大后果,因此只需在必要时通过审级制度加以救济。而且,从目前主流学界对纠纷解决的诉讼目的和法律真实说的大致认同也可看出,发现真相的诉讼目的/功能自有其限度,上述主要存在于事实层面的冲突是可以被允许的。

三、预决效力不同于既判力的事实排除效

在大陆法系民事诉讼理论中有所谓既判力的事实排除效(遮蔽效)或者相对的既判力(relative Rechtskraft),这属于既判力时间范围的内容,即在后诉中排除前诉口头辩论终结前已经存在的、处于同一"生活事实"范围内的事实主张。相反,只有那些与前诉诉讼资料无关的陈述才能免于被遮蔽的命运。〔3〕原因在于,前诉中当事人提出的诉讼资料和法官作出的事实认定及其法律评价都是前述裁判的基础,也是前诉主文发挥既判力的前提,当事人不得在后诉

〔1〕 比如,参见李浩:《〈证据规定〉与民事证据规则的修订》,载《中国法学》2011年第3期,第31~40页;林剑锋:《民事判决既判力客观范围研究》,厦门大学出版社2006年版,第58~66、155~164页(分别分析大陆法系和我国应当采取该说的理由);翁晓斌:《论已决事实的预决效力》,载《中国法学》2006年第4期,第180~189页。

〔2〕 参见吴英姿:《诉讼标的理论"内卷化"批判》,载《中国法学》2011年第2期,第177~190页。

〔3〕 既判力的时间范围涉及的另一类情况是在前诉口头辩论终结之后才产生的事实,自然也不受既判力的约束,这里也就包括了随后产生且在前诉中无法预见的后续损害。囿于主题,本章对此不再展开。BGH NJW - RR 2006, 712, 714 f., Tz. 16 ff.

中挑战其正确性。[1] 虽然我们应当区分裁判理由和裁判主文,但是如果前诉推论出裁判主文的事实基础被推翻,那么裁判主文及其既判力也将成为无本之木。易言之,预决事实不具有普遍效力,但是在本案既判力范围内可以发挥约束力。

关于生活事实的讨论以诉讼标的学说中的诉讼法二分支说为前提,相反在其他学说体系下,生活事实并不能发挥重要作用。从性质上看,生活事实应当包含"从当事人自然观察的角度看(bei einer vom Standpunkt der Parteien ausgehenden natürlichen Betrachtungsweise),应当属于由当事人为了裁判所陈述的事实因素(Tatsachenkomplex)的所有事实",或者应当"被整个历史生活经过确定"(durch den gesamten historischen Lebensvorgang bestimmt)。至于上述事实是否被当事人实际陈述或者当事人当时能否陈述,都不影响对上述生活事实的判断。[2] 具体而言,很难从理论上描述识别不同生活事实的标准,而只能通过案件的类型化加以观察。比如,重新出具的结算账单或者发票[3]不影响生活事实的同一性。类似地,在原告先以合同解除为由请求返还部分买卖价款并被生效判决驳回的情况下,另行以欺诈为由撤销合同并主张返还价款

---

〔1〕 BGHZ 157, 47 = NJW 2004, 1252, 1253; BGHZ 131, 82 = NJW 1996, 57; Rosenberg/Schwab/Gottwald, a. a. O., § 156 Rn. 5 ff.; Gottwald, in: Münchener Kommentar ZPO, a. a. O., § 322 Rn. 142 ff.; Matthias Jacobs, Der Gegenstand des Feststellungsverfahrens, 2005, S. 208 ff.; Schwab, a. a. O. (1969), S. 322 ff.; Karl Heinz Schwab, Der Streitgegenstand im Zivilprozess, 1954, S. 146.(建立在独立于既判力的裁判本质的理论基础上)

〔2〕 BGHZ 194, 314 = GRUR 2013, 401, 402, Tz. 18 ff.; BGHZ 168, 179 = GRUR 2006, 960, 961, Tz. 15; BGHZ 157, 47 = NJW 2004, 1252, 1253; BGHZ 117, 1 = NJW 1992, 1172, 1173; BGHZ 34, 337 = NJW 1961, 917; BGH NJW 2011, 2785, 2786, Tz. 9; NJW 1983, 388, 389; Rosenberg/Schwab/Gottwald, a. a. O., § 93 Rn. 12; Roth, in: Stein/Jonas, a. a. O., Vor § 253 Rn. 11 f.; Walther J. Habscheid, Der Streitgegenstand im Zivilprozess und im Streitverfahren der Freiwilligen Gerichtsbarkeit, 1956, S. 206 ff., 221 f., 282 ff.(但是区分对应前诉中提出的事实的基于既判力的排除效和对应整个生活事实范围的一般排除效); Wolfgang Büscher, Klagehäufung im gewerblichen Rechtsschutz – alternativ, kumulativ, eventuell?, GRUR 114 (2012), S. 23 ff.(作者为负责审理竞争法和知产案件的联邦最高普通法院审判庭的副庭长)

〔3〕 BGH NJW – RR 2004, 167; NJW – RR 1996, 891, 892.

的诉讼涉及的仍是相同的诉讼标的,此时涉及的是同一生活事实。[1] 相反,对于分别基于基础法律关系(如买卖)和票据法律关系(本票、汇票、支票)或(同样作为抽象法律行为的)债务承认的、相同的诉的声明而言,一般认为此时生活事实并不相同,因此构成不同诉讼标的。[2] 分别基于自己权利和转让后的债权,[3]或者先主张价款支付请求权,随后由于前诉认定合同无效继而主张不当得利返还请求权的情况也被社会一般观念视为不同的生活事实,因此同样构成不同诉讼标的。[4] 在买卖合同中,请求减价和解除合同的主张以不同形成权的行使为前提,构成不同诉的声明在量上的变化以及事实因素的变化,因

---

〔1〕 BGHZ 157, 47 = NJW 2004, 1252, 1253. 此外,在前诉裁判生效后行使形成权也不能突破既判力时间范围的约束即不属于新事实,因为形成之诉的时间范围取决于形成权产生的时间和客观上行使的权能。BGHZ 94, 29 = NJW 1985, 2481, 2482. 国内的相关讨论,参见林剑锋:《民事判决既判力客观范围研究》,厦门大学出版社2006年版,第178~186页。值得注意的是,由于与我国不同,上述形成权的行使并不需要法院介入,因此前后诉的诉的声明都是金钱请求。

〔2〕 BGH NJW-RR 1987, 58[汇票、本票;原告在事后补充提出票据上的请求权时构成事后的客观合并即诉的变更,但是法院可以在适当时允许其变更(德国《民事诉讼法典》第263条)];NJW 1992, 117.(支票)

〔3〕 BGH NJW 2008, 2922, Tz. 19(在原告先以转让权利起诉且败诉判决生效后,仍然可以自己的权利起诉。基于自己权利的请求权在前诉中并不构成诉讼系属,且不受到前诉既判力约束);NJW 2005, 2004, 2005(房屋新所有权人以自己的所有权的名义向承租人请求租赁合同终止后的清洁费用,随后转而主张在购房时取得的原所有权对承租人的所有债权,构成诉的变更).

〔4〕 BGH NJW 1990, 1795, 1796; Gottwald, in: Münchener Kommentar ZPO, a. a. O., § 322 Rn. 120(基于对当事人利益的评价而非生活事实的客观属性); Musielak, in: Musielak/Voit, a. a. O., Einl. Rn. 75 f.(必要时应引入诉的正当性/一贯性判断生活事实的边界)相反也有学者主张此时应当构成相同的生活事实:Seiler, in: Thomas/Putzo, a. a. O., Einl. II Rn. 31. 这实际上也从一个侧面表现了生活事实同一性认定的困难。与此相关的另一种情况是,如果前诉中被告被判决有给付义务(这样与正文中的例子相反),那么就不能在后诉中主张自始没有给付义务,因此构成不当得利。BGH NJW 2000, 2022, 2023(但本案中涉及新的事实因此可以另诉); NJW 1995, 967(构成矛盾判决诉不合法); Seiler, in: Thomas/Putzo, a. a. O., § 322 Rn. 11. 认为构成两个诉讼标的,但是由于两者不能并存(unvereinbar)因此必须驳回诉讼请求的看法:Gottwald, in: Münchener Kommentar ZPO, a. a. O., § 322 Rn. 46; Musielak, in: Musielak/Voit, a. a. O., § 322 Rn. 22。

而构成不同诉讼标的。[1]

不过值得注意的是,上述事实排除效仅能在前诉诉讼标的范围内发生效果。在诉讼法二分支说下,这就意味着当后诉诉的声明与前诉的相同时,即使具体的事实因素在前诉中没有提出,如果其属于前诉裁判的生活事实,不仅不能被提出,而且由于不满足诉讼要件,也无法进入实体审理。[2] 这实际上只是从事实主张的角度重复了既判力效果而已,[3]并不能支持前述我国一般化的事实预决效力。

四、预决效力不同于公文书的证明力规则

大陆法系公文书的证明力规则(德国《民事诉讼法典》第417条)也不能作为事实预决效力规则的基础。[4] 与前两者不同,这种证明力规则针对的不是彻底排除的效力,而只是类似预决事实的、推定为真的证明效力(本书第十二章)。[5]

其一,德国法上从未承认来自英美法系的判决证明效(Beweiswirkung),[6]也从未赋予刑事及治安案件判决书以预决效力。部分学者产生误解的原因在

---

[1] BGH NJW 1990, 2682. 由于德国新债法改变了买卖合同解除权的相关规定,该判例是否仍然适用也许值得进一步思考。笔者初步以为,依现行德国法,减价和解除是买受人在标的物瑕疵时可以择一行使的两种形成权(德国《民法典》第437条第2项和第441条第1款),由于形成权直接导致法律关系变动,作出了一种形成意思表示之后,显然在实体法上不能再做另外一种意思表示。但是这不一定影响诉讼法上诉讼标的的识别。举例而言,如果双方就解除意思表示是否有效存在争议、同时买受人在诉讼中向出卖人作出了新的减价的意思表示(实体法讨论,比如:Weidenkaff, in: Palandt, a. a. O., § 437 Rn. 21, 27 f.; Harm Peter Westermann, in: Münchener Kommentar BGB, Band 4, 8. Aufl., 2019, § 437 Rn. 50),那么依现有二分支说仍然应当认为此时提出了新的诉的声明和生活事实,进而构成诉的变更。基于相对诉讼标的论的基本主张,认为此时构成合法的诉的变更,即生活事实不变的观点:Roth, in: Stein/Jonas, a. a. O., § § 263 Rn. 6, 264 Rn. 15。

[2] Gottwald, in: Münchener Kommentar ZPO, a. a. O., § 322 Rn. 147 f.; Schwab, a. a. O. (1954), S. 167.

[3] 相反见解,参见吴英姿:《诉讼标的理论"内卷化"批判》,载《中国法学》2011年第2期,第177～190页。

[4] 不同意见,参见纪格非:《"争点"法律效力的西方样本与中国路径》,载《中国法学》2013年第3期,第109～120页。

[5] 详细讨论,参见曹志勋:《论公文书实质证明力推定规则的限缩》,载《国家检察官学院学报》2020年第2期,第137～154页。

[6] Jacobs, a. a. O., S. 206; Albrecht Mendelssohn Bartholdy, Grenzen der Rechtskraft, 1900, S. 362 ff. 国内相关讨论,参见齐树洁、季俊强:《英国证据法中先前判决的效力问题》,载《清华法学》2011年第5期,第136～142页。

于中译罗森贝克教材〔1〕中未注意到原书只是在介绍2003年司法现代化法的立法建议(建议的德国《民事诉讼法典》第415a条第1款),〔2〕但在该书出版后(中文译本出版前)该建议并未最终成为法律,〔3〕并且已在新版教科书中被完全删除。〔4〕

其二,法院裁判的证明力仅体现在法院确实作出了与文书内容相同的司法行为,而不涉及文书中法律争点、事实或证据,后者实际上是法院的法律判断。易言之,裁判理由中认定的事实,并不会由于上述证明力而得到既决的确定。此外,从实质上看,上述见解试图回到德国《民事诉讼法典》施行之前的状态,实际上推翻了大陆法系既有的证明体系,并且忽视了刑民诉讼在程序原则和证明规则上的巨大差别。在结果上,这也可能给在刑事诉讼外寻求民事救济的受害人带来证明困难。〔5〕因此即使不考虑德国实际的立法状况,在我国也不应采纳这种观点。

而且,生效裁判的本案事实(Tatbestand)部分的证明力(德国《民事诉讼法典》第314条)也只涉及对当事人陈述的书面证明,而不涉及前诉法院对事实的认定。如本书第三章所述,判决书中的本案事实部分,即未经法官评价的、当事人眼中的事实。本案事实中的内容都具有公文书的证明力,即证明法院确实作出了与文书内容相同的司法行为。但是,本案事实部分确定的只是当事人的陈述,而不是事实本身或认定的事实。〔6〕

---

〔1〕参见[德]罗森贝克、施瓦布、戈特瓦尔德:《德国民事诉讼法》,李大雪译,中国法制出版社2007年版,第886~887页。

〔2〕BT-Drucks 15/1508, S. 20 f.

〔3〕BT-Drucks. 15/3482, S. 17; Hans-Jürgen Ahrens, in: Wieczorek/Schütze, ZPO, Band 6, 4. Aufl., 2014, Vor § 415 Rn. 9 ff.

〔4〕与此不同,似乎法国法的通说承认上述效力。参见施鹏鹏:《刑事既判力理论及其中国化》,载《法学研究》2014年第1期,第150~170页。

〔5〕德国的批评意见:Michael Huber, Modernisierung der Justiz? Anmerkungen zu dem die ZPO betreffenden Teil des beabsichtigten Justizmodernisierungsgesetzes, ZPR 36 (2003), S. 270 f.; Gregor Vollkommer, Bindungswirkung des rechtskräftigen Strafurteils im nachfolgenden Schadensersatzprozess des Geschädigten, ZIP 25 (2003), S. 2061 f.

〔6〕详细讨论,参见曹志勋:《对民事判决书结构与说理的重塑》,载《中国法学》2015年第4期,第231~236页。

第七章

指导性案例的“参照”效力

除了民事诉讼法理上长期关注的预决效力,裁判一般可能发挥的效力也值得研究,这尤其以同时结合了规范与个案的指导性案例的效力为代表。通常的在先裁判可能具有说服力和事实上的约束力,指导性案例具有的“参照”效力在性质上则属于独立的制度性效力。在未来适用指导性案例的裁判技术上,公布的裁判要点和裁判理由都可以产生“参照”效力,相关法条也不能限制该效力的发生。在与原始案例的关系上,原则上应以指导性案例的公布内容为准,但必要时也可考虑原始裁判。“参照”效力的内容应当是一项特别说理义务。作为民事裁判中“含着金勺子出生的”指导性案例,其“参照”效力虽然特殊,但是推而广之,未尝不能促使我们发现在不属于判例法的法域中,在先裁判可能生效的最大边界。举重以明轻,应作如是观。

一、问题的提出

随着专门司法解释的出台、指导性案例的陆续发布以及理论和实务界讨论的不断深入,指导性案例制度已然成为我国法学研究的热点问题。在中共十八届四中全会中进一步强调强化依法治国和2015年《民诉解释》出台的背景下,这一有助于司法统一、公正裁判的重要配套制度必将得到更多的关注和重视。其中,引起了较大争议的是对指导性案例对于类似案件“参照”效力(《案例指导规定》第7条,《案例指导实施细则》第9条)的理解。从更广的范围看,这里涉及的是所谓“在先裁判”,即单纯以时间为准,客观上在被讨论案件裁判前作出的生效裁判,也即圈定了法官在审判中可能考虑的裁判的最大边界,包括“(真实)案例”、[1]判例[2]和指导性案例。如果暂且不考虑最高人民法院对于案件“相似性”的理解,这大致等同2020年最高人民法院《关于统一法律适用加强类案检索的指导意见(试行)》中规定的“类案”。在最高人民法院截至2021年年初发布的、共计27批156个指导性案例之中,考虑到相关

---

〔1〕 我国学界似乎倾向于将只能依靠内在说服力的在先裁判称为案例,用以区别具有某种约束力的“判例”。参见傅郁林:《建立判例制度的两个基础性问题——以民事司法的技术为视角》,载《华东政法大学学报》2009年第1期,第98、104~105页。

〔2〕 考虑到我国的法学传统以及制度上的近似性,虽然英美判例法制度同样值得比较和思考,本章仍将主要参考以德国为代表的大陆法系判例制度,并认为两者在功能上足以对应(Wolfgang Brehm, Rechtsfortbildungszweck des Zivilprozesses, in FS Schumann, 2001, S. 64)。此外,前辈学者在这方面已经作出很多努力,并向我们描绘了大陆法系判例的真实图景,即大陆法系判例虽然不构成正式的法源,但是无论在实务还是理论上,从来没有人怀疑其在实践中的重要地位。

指导性案例的编辑技术已经形成了一定的稳定性,本书将以于2016年10月之前已经发布的民事领域指导性案例为样本(这也是最好的本土素材和实证资料),并结合通过其他途径公开的原始案例素材,推测最高人民法院可能的潜在思路。这种探讨需要在法理学讨论的基础上进一步细化,实质分析个案所涉及的民事实体法和程序法问题,一并推进对一般性及个案中的"参照"效力的理解。这也与本书理解的裁判技术有关(本书第一章),[1]落脚点在于对个别指导性案例的深入理解和对未来个案审理的理论指导和实务指南,将法学理论争议转换为可操作的民事程序法规则。易言之,即法官在具体案件审判中如何适用指导性案例,界定具有指导性的内容及相应可能的辅助解释资料,并明确不适用指导性案例的法律后果。最后,由于我国指导性案例制度仍处于摸索和尝试的创新阶段,本书在缺乏本土经验的问题上将选取以德国为代表的大陆法系判例制度作为比较法上的参考。

二、在先裁判可能发挥的三类影响力

(一)普遍存在的裁判理由说服力

讨论指导性案例的"参照"效力,首先需要关注作为上位概念的"在先裁判"可能对后案审判发挥何种影响,在理论上体现为哪些效力。在先裁判在说理论证过程中所体现的说服力(内在指导力)是所有在先裁判都具有一定影响力的基础,只不过根据个案论证水平和正确程度区别很大。说服力的来源在于在先裁判内容所体现的理性与智慧,主审法官可以根据自己对法律观点的认同程度自由决定是否遵循。在这个意义上,在先裁判发挥的是与法学学说相同的作用。实际上,说服力是所有言论共有的作用,只不过因人、因言而异。指导性案例当然也具有这种说服力。但是从反面看,如最高人民法院强调的,《最高人民法院公报》所载案例不具有指导性案例的效力。[2] 部分由于上述原因,最高人民法院在2014年年底和2015年4月分别将7个清理汇编后的公

---

〔1〕 同样对于裁判技术的强调,参见四川省高级人民法院、四川大学联合课题组:《中国特色案例指导制度的发展与完善》,载《中国法学》2013年第3期,第45页。

〔2〕 最高人民法院民事裁定书,(2014)民申字第441号。对该公报案例内在指导力的详细讨论,参见李友根:《指导性案例为何没有约束力——以无名氏因交通肇事致死案件中的原告资格为研究对象》,载《法制与社会发展》2010年第4期,第86~96页(认为没有说服力的指导性案例不具有任何约束力)。类似概念区别,参见瞿灵敏:《指导性案例类型化基础上的"参照"解读——以最高人民法院指导性案例为分析对象》,载《交大法学》2015年第3期,第89页。

法《最高人民法院公报》案例和8个私法《最高人民法院公报》案例作为第九批和第十批指导性案例发布，在展示整合审判指导资源的方针的同时，也进一步突出了指导性案例制度的特殊地位。

虽然《释法说理意见》第13条指出，在裁判说理中法官可以利用“法理及通行学术观点”和可以包括在先裁判在内的“与法律、司法解释等规范性法律文件不相冲突的其他论据”（本书第八章），但是依照通常的司法实践，法官不太可能在裁判中直接引用一般的在先裁判，更遑论引用学说。[1] 无论法官的裁判是否在实质上符合其他裁判或学说，从表面上看，上述材料不会在裁判说理中发挥任何作用。转而关注诉讼法理的话，法官的裁判对象是诉讼标的，即当事人的权利主张或者诉的要求，裁判的事实基础是当事人提供的诉讼资料和法官在例外时自行收集的证据。除此之外，在大陆法系传统中，原则上只有法律规范才能约束法官的裁判行为。在先裁判显然不属于上述任何一种，自然在制度上无法对裁判施加直接影响。但是，任何学说和在先裁判都能够通过其自身的说服力，改变法官对法律问题的理解，进而影响裁判的过程和结果。易言之，在先裁判能够通过其内容影响法官的审判过程，却可以不在裁判说理中留下印迹。最后从比较法上看，比如，在德国，学说或不构成判例的在先裁判无论影响再大、支持者再多，除了其自身的说服力之外，在诉讼中没有任何作用。虽然学说可以结合联邦最高普通法院的判例构成法学通说，[2] 并且对法官产生一定程度的约束力，但这实际上已是下文所述的基于审级的约束力。

---

〔1〕 相关理论讨论，参见曹志勋：《对民事判决书结构与说理的重塑》，载《中国法学》2015年第4期，第244～245页。

〔2〕 除了后文将进一步讨论德国相关问题之外，国内学界已经初步研究了法学通说的问题，比如，《北大法律评论》2011年第2辑以“法学通说”为题组织的主题研讨。在美国，学说甚至是权威的法律重述本身虽然可以被判例引用，但是其观点也只能在判例所涉案情的范围内发挥判例约束力，剩余部分发挥的也只是影响很大的说理。Montana v. U. S., 440 U. S. 147, 164 (1979) (concurring, Justice Rehnquist).

(二)基于审级制度的事实约束力

第二种影响力是在先裁判基于审级的、事实上的约束力。[1] 无论我们是否建构了独立的案例指导制度,只要有审级制度的存在,就一定存在在先裁判在事实上的约束力。相反如后详述,作为指导性案例基础的原始案例,则不一定享有这种约束力。不同于一般的(法律)约束力,事实上的约束力的渊源并非制度规范而是司法实践,即法官为了避免裁判被上诉审法院发回或改判,很可能在事实上更重视上级法院的在先裁判。所谓"事实上"的表述来自对大陆法系理论认识的翻译,即由于对法安定性和形式正义的追求,[2]作为法官法存在的判例在司法实践中就其处理的法律问题[3]享有事实上的约束力(faktische/tatsächliche Bindungswirkung)。[4] 在我国,虽然最高人民法院在我国四级两审制中并没有法律三审的职权,但是这并不妨碍上级法院裁判中的法律观点对下级法院的影响力和统一法律适用。[5] 不限于此,《最高人民法院公报》上登载的案例、最高人民法院相关业务庭室法官在专业刊物上发表的案例评析、高级人民法院发布的参考性案例(《上下级法院意见》第9条第1款)等资料同样可以提供上级法院和法官的分析思路和意见,因此也可能发挥这种事实上的约束力。进而,这与下级法院法官对上级法院各级领导在审判业务

〔1〕 比如,参见何家弘:《完善司法判例制度是法治国家建设的需要》,载《法制与社会发展》2015年第1期,第29~30页;魏胜强:《为判例制度正名——关于构建我国判例制度的思考》,载《法律科学(西北政法大学学报)》2011年第3期,第184页;解亘:《案例研究反思》,载《政法论坛》2008年第4期,第13~14页。否定事实上的约束力的不同观点,参见王晨光:《制度构建与技术创新——我国案例指导制度面临的挑战》,载《国家检察官学院学报》2012年第1期,第5页。

〔2〕 Reinhold Zippelius, Juristische Methodenlehre, 11. Aufl., 2012, S.65.

〔3〕 Karl Larenz, Methodenlehre der Rechtswissenschaft, 6. Aufl., 1991, S.429.

〔4〕 Leo Rosenberg/Karl Heinz Schwab/Peter Gottwald, Zivilprozessrecht, 18. Aufl., 2018, § 150 Rn.10 ff.; Larenz, a. a. O., S.429 ff. 相反,德语文献中主张法官法本身就具有较弱的制度性约束力的观点。Franz Bydlinski, Juristische Methodenlehre und Rechtsbegriff, 2. Aufl., 2011, S.504 ff. 对于日本判例制度中类似内容的介绍,参见于佳佳:《日本判例的先例约束力》,载《华东政法大学学报》2013年第3期,第42~46页。对挑战美国法上述效力观点的介绍,参见林喜芬:《美国法院遵循先例的运行机制及启示》,载《比较法研究》2015年第2期,第74~75页。

〔5〕 相似理解,比如,参见李浩:《删而未除的"管辖错误"再审——基于2013年以来最高人民法院裁定书的分析》,载《法学研究》2015年第2期,第169~170页。不同观点,参见陈越峰:《公报案例对下级法院同类案件判决的客观影响——以规划行政许可侵犯相邻权争议案件为考察对象》,载《中国法学》2011年第5期,第188~189页。

会议和法官培训上(《上下级法院意见》第 8～10 条)发言稿的重视也没有本质区别。甚至与普遍承认审级约束力的其他国家相比,其事实上的约束力可能更为强势。虽然《上下级法院意见》重新定位并安排了上下级法院的关系,至少从文本上扬弃了曾经甚嚣尘上的案件请示制度,但是由于错案追究和审判管理制度依旧盛行,这种来自实践的约束力仍将继续保持较高水平。

在此继续以德国法为例,就大陆法系传统中审级约束力的实际运行状况作一说明。在德国,联邦宪法法院裁判中的裁判主文以及裁判意见(tragende Gründe, ratio decidendi)可以约束行政机关和各级法院(德国《宪法法院法》第 31 条第 1 款),〔1〕其就规范有效性的判决具有法律效力(德国《宪法法院法》第 31 条第 2 款),〔2〕二审控诉审法院也应当遵循发回重审裁判中的法律判断(德国《民事诉讼法典》第 563 条第 2 款)。除此之外,基于法官独立原则(德国《基本法》第 97 条第 1 款),不同裁判之间并不存在正式的(法律上的)约束效力。就事实上的约束力而言,下级法院虽然有权作出偏离上级法院判例的裁判,但是必须就此专门说理,其强度根据具体的法官法被实践的时间长度(习惯法)以及法律人共同体对其的信赖而定。〔3〕如果上级法院未被其说理说服,则很有可能直接改判或者发回重审。如后文详述,审级约束力既可能以裁判要点为对象,又可能包括裁判理由中对成文法的理解与发展。但是无论规则的抽象程度如何,理解规则都必须结合判例的案件事实,否则就将僭越司法权的边界。

---

〔1〕这就意味着作为例外,联邦宪法法院的裁判与普通法系对遵循先例原则的理解十分相似。相关讨论,参见张骐:《再论指导性案例效力的性质与保证》,载《法制与社会发展》2013 年第 1 期,第 103 页及脚注 1。不过,这个问题在德国的实务和学界都存在较大争议。之前的长期判决持上述见解:BVerfGE 96, 375 = NJW 1998, 519, 522; BVerfGE 40, 88 = NJW 1975, 1355, 1356; BVerfGE 1, 14 = NJW 1951, 877。但是自 2002 年以来先出现了将约束力限于裁判主文的裁判(BVerfGE 104, 151 = NJW 2002, 1559, 1560),随后的裁判又没有明确表态(BVerfGE 115, 97 = NJW 2006, 1191, 1192)。这种状况与(涉及基本权利的宪法法院裁判中)裁判理由与主文之间的关系有关。不同于一般的民刑事裁判,这类裁判中的裁判主文和理由都是与宪法相关的解释,同时也很难判断裁判理由是否因为体现了裁判主文的思考路径(Gedankengang)而应当具有约束力。囿于主题,本章仅作简要说明。

〔2〕Rosenberg/Schwab/Gottwald, a. a. O., § 17 Rn. 4.

〔3〕Hannes Rösler, Präjudizienwirkungen im deutschen Zivilprozessrecht, ZZP 126 (2013), S. 295 ff.; Zippelius, a. a. O., S. 66; Eberhard Schilken, Gerichtsverfassungsrecht, 4. Aufl., 2007, Rn. 459(同时强调由长期裁判向习惯法的过渡并不明确); Larenz, a. a. O., S. 433.

（三）指导性案例中的“参照”效力

如果说前两种效力是我国法和比较法上普遍存在的类型，那么指导性案例制度则体现了西方经验基础上的中国特色。[1] 2020年9月发布的最高人民法院《关于完善统一法律适用标准工作机制的意见》[2]第4条总结到，“最高人民法院发布的指导性案例，对全国法院审判、执行工作具有指导作用，是总结审判经验、统一法律适用标准、提高审判质量、维护司法公正的重要措施。各级人民法院应当从已经发生法律效力的裁判中，推荐具有统一法律适用标准和确立规则意义的典型案例，经最高人民法院审判委员会讨论确定，统一发布。指导性案例不直接作为裁判依据援引，但对正在审理的类似案件具有参照效力。进一步健全指导性案例报送、筛选、发布、编纂、评估、应用和清理机制，完善将最高人民法院裁判转化为指导性案例工作机制，增强案例指导工作的规范性、针对性、时效性”。就此而言，最高人民法院公布的指导性案例除了具有相对独立的遴选程序之外，[3]由于各级人民法院审判类似案例时应当参照，也就享有了不同于其他在先裁判的、制度上的约束力。考虑到司法解释已

---

〔1〕 比如，参见张志铭：《司法判例制度构建的法理基础》，载《清华法学》2013年第6期，第92页；汤文平：《论指导性案例之文本剪辑——尤以指导案例1号为例》，载《法制与社会发展》2013年第2期，第50～51页；张骐：《再论指导性案例效力的性质与保证》，载《法制与社会发展》2013年第1期，第95～96页；陈兴良：《案例指导制度的法理考察》，载《法制与社会发展》2012年第3期，第73页；胡云腾、于同志：《案例指导制度若干重大疑难争议问题研究》，载《法学研究》2008年第6期，第7～8、10页。

〔2〕 法发〔2020〕35号。

〔3〕 实务部门的权威观点强调，相关程序安排本身也是指导性案例的权威来源。参见胡云腾、罗东川、王艳彬、刘少阳：《〈关于案例指导工作的规定〉的理解与适用》，载《人民司法·应用》2011年第3期，第36页。与之相对，部分学者则持谨慎态度，比如，参见何家弘：《完善司法判例制度是法治国家建设的需要》，载《法制与社会发展》2015年第1期，第29页（程序过于复杂）；牟绿叶：《论指导性案例的效力》，载《当代法学》2014年第1期，第111～112页；陈兴良：《案例指导制度的法理考察》，载《法制与社会发展》2012年第3期，第79页（排除判决规则自然生成）；林维：《刑事案例指导制度：价值、困境与完善》，载《中外法学》2013年第3期，第506页（下级法院畏难不愿提交）。

经明确了上述效力并且提供了相应的制度基础，[1]关于效力的争议似乎应当尘埃落定，论者也终于有机会避免不时失于抽象的法源论讨论、回到聚焦具体案例适用的裁判技术。

此时强调"参照"效力制度独立性的意义在于，从概念上应当认为这种效力不同于前述的说服力和事实上的约束力。由于效力强度上的明显区别，就完全没有约束力的说服效力而言自不必说。同时，笔者也没有直接采纳事实上的指导或者拘束力概念，[2]因为这样只能强调指导性案例不具有"法律上"的强制约束力（与"事实上"相对应），却无法与前述基于审级的约束力相区分。基于相同原因，也应当区别指导性案例与比较法上的判例。[3]比如，一个明显的例子是，我国的指导性案例制度与裁判法院的审级和裁判的形式并不直接相关。无论某个裁判最初由哪一级法院作出或者在形式上表现为判决还是裁定（如执行复函[4]），都有资格被选为指导性案例，并且享有相同的"应当参照"效力。再如，我国执行法院与审判法院分享司法和裁判权，针对申请执行行为异议复议的裁定[5]同样属于指导性案例的范围，这样由于比较法上法院

[1] 参见雷磊：《法律论证中的权威与正确性——兼论我国指导性案例的效力》，载《法律科学（西北政法大学学报）》2014年第2期，第45～48页。张骐：《再论指导性案例效力的性质与保证》，载《法制与社会发展》2013年第1期，第94～98页。相关法理学和法源论上的综合评论，参见泮伟江：《论指导性案例的效力》，载《清华法学》2016年第1期，第20～37页。也有观点认为，应当根据指导性案例对法律的重复、解释和续造区别判断，参见郭明瑞、瞿灵敏：《指导性案例的参照效力与适用问题研究》，载《江汉论坛》2016年第2期，第136页；瞿灵敏：《指导性案例类型化基础上的"参照"解读——以最高人民法院指导性案例为分析对象》，载《交大法学》2015年第3期，第94～99页。与本章不同，认为应当根据个案中是否具有实质理由判断的，参见向力：《从鲜见参照到常规参照——基于指导性案例参照情况的实证分析》，载《法商研究》2016年第5期，第98～99页。

[2] 比如，参见雷鸿：《民事指导性案例研究》，法律出版社2013年版，第307～308页；陈兴良：《案例指导制度的规范考察》，载《法学评论》2012年第3期，第122～123页；胡云腾、于同志：《案例指导制度若干重大疑难争议问题研究》，载《法学研究》2008年第6期，第10～11页。

[3] 参见刘作翔、徐景和：《案例指导制度的理论基础》，载《法学研究》2006年第3期，第28～29页。不同意见，参见魏胜强：《为判例制度正名——关于构建我国判例制度的思考》，载《法律科学（西北政法大学学报）》2011年第3期，第185页；刘风景：《"指导性案例"名称之辨正》，载《环球法律评论》2009年第4期，第35～41页。对名称的讨论，亦见蒋惠岭：《建立案例指导制度的几个具体问题》，载《法律适用》2004年第5期，第9～10页。

[4] 最高人民法院指导案例2号涉及的即眉山市中级人民法院作出的（2010）眉执督字第4号复函。

[5] 最高人民法院于2014年年底发布的第八批指导性案例中即包含此类三个案例，即指导案例34号、35号和36号。

对执行权的分配大相径庭,也与其他国家的判例有一定区别。相反,如前所述,在大陆法系判例制度中显然不会出现这种情况。当然,承认指导性案例与判例制度的不同,并不是要否定我国发展判例制度的前景,[1] 只是说判例制度对应的是指导性案例之外的在先裁判,发挥的仅是审级约束力以及说服力。同时,我国学者就指导性案例制度发展出来的识别案件相似性技术,也可以适用于其他在先判例的说理;外国关于判例甚至判例法的研究经验,同样可以为确定"参照"效力提供借鉴和参考。

至于如何从理论的角度判断两个案件之间在基本案情和法律适用上实质性相似("同案")(《案例指导实施细则》第 9 条),则是"参照"效力问题的另一要点。根据 2020 年最高人民法院《关于统一法律适用加强类案检索的指导意见(试行)》的规定,对于应当进行类案检索的案件,不仅所有指导性案例属于需要检索的对象,而且"承办法官应当将待决案件与检索结果进行相似性识别和比对"(第 6 条),在程序上"承办法官应当在合议庭评议、专业(主审)法官会议讨论及审理报告中对类案检索情况予以说明,或者制作专门的类案检索报告,并随案归档备查"(第 7 条),同时在内容上"类案检索说明或者报告应当客观、全面、准确,包括检索主体、时间、平台、方法、结果,类案裁判要点以及待决案件争议焦点等内容,并对是否参照或者参考类案等结果运用情况予以分析说明"(第 8 条)。进而,"检索到的类案存在法律适用不一致的,人民法院可以综合法院层级、裁判时间、是否经审判委员会讨论等因素,依照最高人民法院《关于建立法律适用分歧解决机制的实施办法》[2] 等规定,通过法律适用分歧解决机制予以解决"(第 11 条)。

笔者初步认为,一方面应当由学者从具体的指导性案例出发,通过微调案

---

〔1〕 参见张志铭:《司法判例制度构建的法理基础》,载《清华法学》2013 年第 6 期,第 99 页。设想如何从指导性案例向判例制度转型的观点,参见汤文平:《民法教义学与法学方法的系统观》,载《法学》2015 年第 7 期,第 121 ~122 页。

〔2〕 法发〔2019〕23 号。

件事实预设并区别不同的案件类型。[1] 相对抽象地说，这种对比的关键在于求异，即在对案情调整到什么程度时才让人无法再适用相同规则。[2] 另一方面则需要关注实践中就指导性案例说理的案件，分析其裁判理由中适用或不适用指导性案例理由，这也以各级法院公布其裁判文书并切实履行其说理义务为前提。此外，观察两大法系对在先裁判的参引可见，在普通法系中案件事实就是形成裁判理由的基础及判断两案是否相似，[3] 因而可以适用前述裁判理由的标准，而在大陆法系需要适用的主要是在先裁判的抽象法律规则，即使两案案情不同，只要法院认为规则可以类推，就不会影响法官对在先裁判的引用。[4] 当然自不必说的是，事实区别技术在德国裁判实务中同样常见和重要，比如，同样涉及牙医广告（原则上禁止）的案件中，为了不适用宪法法院创立的规则，德国联邦最高普通法院则强调两者的广告发布平台不同（门口张贴和汽车杂志刊登），因此结果不同。[5] 案情在判断指导性案例效力时的作用值得探讨，但是囿于本章重点以及实践中发展的情况，本章暂不继续深入讨论。

---

〔1〕 此种方法的范例，参见吴泽勇：《“吴梅案”与判决后和解的处理机制——兼与王亚新教授商榷》，载《法学研究》2013 年第 1 期，第 162～165 页（对后文的批评和扩展分析）；王亚新：《一审判决效力与二审中的诉讼外和解协议——最高人民法院公布的 2 号指导案例评析》，载《法学研究》2012 年第 4 期，第 77～81 页。关于美国判例法适用中如何处理不同点的抽象分析，参见邓矜婷：《确定先例规则的理论及其对适用指导性案例的启示——基于对美国相关学说的分析》，载《法商研究》2015 年第 3 期，第 161～170 页。

〔2〕 参见陈杭平：《论“同案不同判”的产生与识别》，载《当代法学》2012 年第 5 期，第 29～30 页。所谓“同案同判”，指向的同样也是相似案件相似处理的形式正义要求。相同结论，参见周少华：《同案同判：一个虚构的法治神话》，载《法学》2015 年第 11 期，第 131～140 页。

〔3〕 关于区分技术的讨论，比如，参见雷槟硕：《判例区分技术运用考察与借鉴》，载《华东政法大学学报》2020 年第 2 期，第 178～192 页。

〔4〕 See Colm P. McGrath & Helmut Koziol, *Is Style of Reasoning a Fundamental Difference Between the Common Law and the Civil Law*?, 78 Rabels Zeitschrift für ausländisches und internationales Privatrecht 709, p. 729 – 732, 749 (2014). 类似见解，参见孙维飞：《隐名的指导案例——以“指导案例 1 号”为例的分析》，载《清华法学》2016 年第 4 期，第 15～16 页。相反就此而言，采取何种推理方法以及裁判思维，并不应影响指导性案例在我国的适用。不同见解，参见赵瑞罡、耿协阳：《指导性案例“适用难”的实证研究——以 261 份裁判文书为分析样本》，载《法学杂志》2016 年第 3 期，第 119～120 页。至于与此平行的、法律适用应否成为判断实质性相似的标准问题（就此批评，参见孙光宁：《反思指导性案例的援引方式——以〈《关于案例指导工作的规定》实施细则〉为分析对象》，载《法制与社会发展》2016 年第 4 期，第 94～97 页），笔者猜测该规定的本意是在案情相似的前提下，应当对涉及相似法律问题/争点的随后案件适用指导性案例的裁判规则。如果法律问题不同，自然没有必要适用了。相反，这并不要求案件涉及的所有法律问题必须相似，也不需要考虑适用的法律解释方法是否相似。

〔5〕 BVerfG NJW 2000, 2734; BGH NJW – RR 2002, 1685, 1686.

最后值得强调的是，现有两审终审的审级制度并不会制约指导性案例发挥“参照”效力。即使我国现行两审终审制与一般的审级制度原理不符，同时现有两审终审制下基层法院的裁判无法上诉到最高人民法院，也不宜认为指导性案例的效果必须与三审制挂钩，否则无法约束所有下级法院。[1] 除了提级审查再审申请的审判监督制度（《民事诉讼法》第206条第1句前句）在制度上扩大了上级法院直接审查的范围[2]之外，如后文所述，法律适用上的“应当参照”效力和说理义务应当转化为审级制度中的二审或者审判监督标准，从制度上要求各级法院必须尊重指导性案例。这样，无论最高人民法院是否具有终审权，都不妨碍上诉法院审查初审法院、再审法院审查作出生效裁判的一审或二审法院时遵循上述标准。就此而言，我们也可以初步定位各级法院裁判的效力。由于各级法院的主要功能[3]以及对应范围不同，最高人民法院和高级人民法院统一司法的作用更明显，同时具有说服力和审级约束力两方面的效力，在所有在先裁判中也自然更重要；相较而言，中级人民法院作出的裁判虽然对本辖区的基层人民法院同样具有说服力和审级约束力，但是其统一司法的功能就次之，一部分精力将分配给个案的纠纷解决；而基层人民法院作出裁判只能对本院和其他法院发挥说服力，重点就放在了纠纷的解决上。就此而言，《审级改革实施办法》第1条前句开宗明义地指出，应当“逐步实现基层人民法院重在准确查明事实、实质化解纠纷；中级人民法院重在二审有效终审、精准定分止争；高级人民法院重在再审依法纠错、统一裁判尺度；最高人民法院监督指导全国审判工作、确保法律正确统一适用”。同时，各级法院的裁

---

〔1〕 相反意见，参见夏引业：《论指导性案例发布权的合法性困境与出路》，载《法商研究》2015年第6期，第37～40页；宋晓：《判例生成与中国案例指导制度》，载《法学研究》2011年第4期，第61～64页。基于类似理由认为审级约束力无法完全发挥的观点，参见郑智航：《中国指导性案例生成的行政化逻辑——以最高人民法院发布的指导性案例为分析对象》，载《当代法学》2015年第4期，第125页；张超：《论“同案同判”的证立及其限度》，载《法律科学（西北政法大学学报）》2015年第1期，第26页；孙国祥：《从柔性参考到刚性参照的嬗变——以“两高”指导性案例拘束力的规定为视角》，载《南京大学学报（哲学·人文科学·社会科学）》2012年第3期，第138页。

〔2〕 这里需要注意到2021年启动的审级制度改革与《审级改革实施办法》的一个重点即在于对再审程序的改革，其中包含对再审申请审查法院的调整。虽然在这种情况下，借审判监督程序实现案件提级的目的将受到一定程度的限制，但是从现有规则来看，此次改革只涉及最高人民法院对高级人民法院所作出的生效裁判的提级审查，而不影响其他各级法院之间的提级审查。

〔3〕 针对指导性案例遴选主体发表的类似观点，参见宋晓：《判例生成与中国案例指导制度》，载《法学研究》2011年第4期，第61～64页。

判都可能经由特别程序被遴选为指导性案例，这样在其原有的说服力以及可能的审级约束力之外，可以“不问出身”地发挥“应当参照”的效力。[1]

三、公布案例有“参照”效力的内容

在笔者看来，明确“参照”效力的独立制度属性只是思考的开始，因为法理学性质上的争论需要落实到部门法学的具体制度和具体的法律适用，特别是作为处理具体问题方法指南的裁判技术上。在前述讨论基础上可见，指导性案例制度主要体现的是其发布者最高人民法院对法律问题的态度（虽然依照《案例指导规定》第2条的规定，该制度也涵盖了其他类型问题），其效力也与自身特殊的生成机制紧密相关。因此，在具体适用和解释中应当更多注重挖掘最高司法审判机关希冀表达的法律观点、尽可能扩大发挥“参照”效力的范围，同时重视对自然生成案例的后期加工（其内容和限度如后详述）。

在理论讨论中，论者就指导性案例中哪些部分具有“参照”效力的问题持有多样性的看法。有观点认为，参照的内容应限于裁判要点，[2]也有主张限于

---

〔1〕 认为这种制度设计破坏审级制度、裁判拘束力和司法权威性的不同意见，参见吴越：《中国“例制”构建中的法院角色和法官作用》，载《法学论坛》2012年第5期，第23～24页。类似观点，参见夏引业：《论指导性案例发布权的合法性困境与出路》，载《法商研究》2015年第6期，第37页。在此基础上、主张指导性案例应尽可能由最高人民法院及其巡回法庭亲自审理的观点，参见周翠：《民事指导性案例：质与量的考察》，载《清华法学》2016年第4期，第65～66页。认为这种现象影响了指导性案例权威性并应当改变的观点，参见向力：《从鲜见参照到常规参照——基于指导性案例参照情况的实证分析》，载《法商研究》2016年第5期，第100、104页。

〔2〕 参见李友根：《论指导性案例的约束力范围》，载《苏州大学学报（哲学社会科学版）》2011年第4期，第66～67页；江勇、陈增宝：《指导性案例的效力问题探讨》，载《法治研究》2008年第9期，第35页。

法律观点及其论证而非裁判要点,[1]更有呼吁同时包括裁判要点和法律理由。[2] 讨论最好的素材,莫过于已经公布的民事领域的指导性案例,需要我们依托个案的具体情况实质分析。

(一)裁判理由与裁判要点

笔者认为,为了尽可能发挥指导性案例的指导作用,为司法提供统一的标准,裁判理由和要点都应当成为参照的对象。当裁判理由中包含了要点中没有的解释性内容时,裁判理由当然可以适用。例如,在最高人民法院指导案例2号中,裁判理由部分在裁判要点之外还有"违背了双方约定和诚实信用原则"的表述,而这正是对裁判要点的说理和民事诉讼理论上的重大突破,也被论者广泛视为该案的一个主要贡献。[3]

又如,在最高人民法院指导案例9号(2012年)(上海存亮贸易有限公司诉蒋志东、王卫明等买卖合同纠纷案)中,裁判要点实际上只涉及裁判理由部分的第一段(不是实际控制人或者未实际参加公司经营管理的抗辩),而完全没有涉及第二段关于财产在清算前已经灭失的抗辩和履行清算义务以清算程序开始的客观状态为标准这两个法律问题。由前者可以推出,如果清算义务人

---

〔1〕 参见王利明:《我国案例指导制度若干问题研究》,载《法学》2012年第1期,第77页;冯文生:《审判案例指导中的"参照"问题研究》,载《清华法学》2011年第3期,第92~94、98~99页。

〔2〕 参见郭明瑞、瞿灵敏:《指导性案例的参照效力与适用问题研究》,载《江汉论坛》2016年第2期,第137页;孙光宁:《反思指导性案例的援引方式——以〈《关于案例指导工作的规定》实施细则〉为分析对象》,载《法制与社会发展》2016年第4期,第97~100页;张骐:《再论类似案件的判断与指导性案例的使用——以当代中国法官对指导性案例的使用经验为契口》,载《法制与社会发展》2015年第5期,第146~148页(较早前观点,参见张骐:《指导性案例中具有指导性部分的确定与适用》,载《法学》2008年第10期,第94~95页);马荣、葛文:《指导性案例裁判要点的类型与运用研究——以〈最高人民法院公报〉案例裁判摘要为原型的借鉴》,载《南京大学学报(哲学·人文科学·社会科学)》2012年第3期,第145页;杨力:《中国案例指导运作研究》,载《法律科学(西北政法大学学报)》2008年第6期,第44~45页。刘作翔教授甚至主张包括指导性案例中体现的程序问题,并且应当关注原始案例,参见刘作翔:《中国案例指导制度的最新进展及其问题》,载《东方法学》2015年第3期,第45~46页。

〔3〕 参见贺剑:《诉讼外和解的实体法基础——评最高人民法院指导案例2号》,载《法学》2013年第3期,第150~152页;吴俊:《指导案例2号的程序法理》,载《法学》2013年第1期,第150页;王亚新:《一审判决效力与二审中的诉讼外和解协议——最高人民法院公布的2号指导案例评析》,载《法学研究》2012年第4期,第78~81页。相反的消极评价,参见郑金玉:《和解协议与生效判决关系之债法原理分析——兼论"吴梅案"的规则解释》,载《比较法研究》2015年第4期,第112~113页;严仁群:《二审和解后的法理逻辑:评第一批指导案例之"吴梅案"》,载《中国法学》2012年第4期,第171~172页。

能够证明财产在清算前已经灭失，那么似乎就可以推翻怠于履行清算义务与财产灭失（但不包括账册）的因果关系。至于能否以此为抗辩不承担连带责任，或者换个角度说义务不履行仅导致账册灭失时是否承担连带责任，本案对此实际上没有明确回答，而是从证明评价的角度认为，其他法院找不到公司财产的证据不能证明公司已经没有财产。后者则对清算义务人履行清算义务提出了较高的标准，即不仅要有自行清算的行为，而且必须有开始清算程序的结果。就后一个问题具体而言，清算义务人应当在被吊销营业执照之日起15日内成立清算组，自行开始清算（2005年《公司法》第181条第4项及第184条第1句和第2句，《公司法解释（二）》第7条第1款）。如果公司解散逾期不成立清算组进行清算的，公司股东可以申请人民法院指定清算组对公司进行清算（2014年《公司法解释（二）》第7条第2款第1项和第3款，2020年修正时第3款已删除）。作为清算义务人的股东在清算前如果发现公司资不抵债时，则应当向人民法院申请破产清算（《企业破产法》第7条第3款）。可见，部分股东自行清算的行为在法律上没有意义，而必须组成清算组。即使在其他股东不配合、无法组成清算组时，上述部分股东也有救济的可能，即请求法院介入指定清算组，甚至直接向法院申请破产清算。本案中，提出抗辩的两名被告没有采取上述措施，自然属于怠于履行义务。

在最高人民法院指导案例18号（2013年）[中兴通讯（杭州）有限责任公司诉王某劳动合同纠纷案]中，裁判要点仅限于对“不能胜任工作”标准的具体化，而在裁判理由中，法官同时也分析了因分销科解散导致王某转岗的事实并不能证明转岗是因为不能胜任工作。易言之，裁判理由部分包含了《劳动合同法》第40条第2项的两项要件（“不能胜任工作”及其与转岗的因果关系），而裁判要点只涉及其中的一个。在笔者看来，裁判理由中对转岗原因的分析未来也应当发挥“参照”效力。[1] 类似的还有最高人民法院指导案例19号

---

〔1〕 与本章视角不同、批评“不能胜任工作”标准不够具体、缺乏指导价值的劳动法专业观点，参见王天凡：《“不能胜任工作”与“末位淘汰”规则的规范分析——指导性案例第18号评析》，载《清华法学》2016年第4期，第29～33页；郑晓珊：《从“末位淘汰”看解雇语境下的“不能胜任”——以“指导案例18号”为背景》，载《法学》2014年第11期，第34～43页；孙光宁：《“末位淘汰”的司法应对——以指导性案例18号为分析对象》，载《法学家》2014年第4期，第106页。这也代表着一种指导性案例指引学术研究方向、学者延续并深化指导性案例讨论的良好互动模式。

(2013 年)(赵某明等诉烟台市福山区汽车运输公司、卫某平等机动车交通事故责任纠纷案)中对被套牌车的承保人、不对客车享有处分收益权的登记所有人、未为雇主履行职务的事故司机的雇主不承担交通事故责任的认定,最高人民法院指导案例 23 号(2014 年)(孙某山诉南京欧尚超市有限公司江宁店买卖合同纠纷案)对《食品安全法》第 148 条第 2 款(2009 年《食品安全法》第 96 条第 2 款)下消费者的定义、销售者明知的认定以及赔偿损失和十倍赔偿金关系的讨论,最高人民法院指导案例 24 号(2014 年)(荣某英诉王某、永诚财产保险股份有限公司江阴支公司机动车交通事故责任纠纷案)对于受害人体质状况对损害后果的影响不构成保险公司免责事由的判断,最高人民法院指导案例 30 号(2014 年)(兰某军、杭州小拇指汽车维修科技股份有限公司诉天津市小拇指汽车维修服务有限公司等侵害商标权及不正当竞争纠纷案)中对侵犯注册商标专用权(2001 年《商标法》第 52 条第 1 项)和判断经营者擅自使用他人企业名称的考量因素的认定(1993 年《反不正当竞争法》第 5 条第 3 项)。在最高人民法院指导案例 54 号(2015 年)(中国农业发展银行安徽省分行诉张某标、安徽长江融资担保集团有限公司执行异议之诉纠纷案)中,裁判理由第一部分虽然也未被列入裁判要点,但是其通过对条款的实质分析后对质押合同成立的认定,也应当对后案产生影响。在最高人民法院指导案例 57 号(2016 年)(温州银行股份有限公司宁波分行诉浙江创菱电器有限公司等金融借款合同纠纷案)中,将来也可以参考法院在商事案件中全额支持律师费的做法。在最高人民法院指导案例 65 号(2016 年)(上海市虹口区久乐大厦小区业主大会诉上海环亚实业总公司共有权纠纷案)中,也出现了对于物业维修资金具有公共性和公益性的说理和认定,这一部分并没有出现在裁判要点之中。最后,与前面相类似的还有最高人民法院指导案例 66 号(2016 年)(雷某某诉宋某某离婚纠纷案)中对于转移、隐藏夫妻共同财产的事实认定以及在《民法典》第 1092 条(原《婚姻法》第 47 条第 1 款)下行使法定裁量权/作出形成判决中的具体程度判定。

甚至,即使是裁判理由中与本案案情和裁判并不必然相关的旁论,也可能产生“参照”效力。在最高人民法院指导案例 20 号(2013 年)(深圳市斯瑞曼精细化工有限公司诉深圳市坑梓自来水有限公司、深圳市康泰蓝水处理设备有限公司侵害发明专利权纠纷案)中,原告在法院释明下仍然拒绝请求支付发明专利临时保护期使用费,而是坚持涉争设备落入其专利保护范围,因此作出本案判决并不必回应与本案无关的、是否支付使用费的法律问题。类似地，在最高人民法院指导案例 30 号中，裁判要点中第 1 条的内容以及相对应的裁判理由实际上对应本案案情外的假设情形，是对抽象法律问题、行政法规与侵权之诉关系的回答。最高人民法院明确将其列为裁判要点，显然也将其视为指导的当然部分。如前所述，笔者甚至认为，即使该规则没有出现在裁判要点中，也应当能够发挥指导作用（如裁判理由第一部分关于商标侵权的分析）。最高人民法院将旁论纳入裁判要点的考虑，进一步说明了其同样重视旁论的态度。

就此而言，2015 年 6 月公布的《案例指导实施细则》第 9 条规定参照的对象是“裁判要点”，考虑的也许是指导性案例确立规则的明确性，但是也造成了解释上的进一步困难，即如果作为组成部分的裁判理由（《案例指导实施细则》第 3 条第 1 句）中的内容未包含在裁判要点中，那么应否具有指导效力。笔者认为，由于案例编辑权的存在，相关机构完全可以不选用这些裁判理由，将其保留为后述原始案例中的理由。既然选用并同样适用指导性案例的发布程序，那么应当扩大解释前述第 9 条的规则，将裁判理由纳入其中。当然，从现实层面也可以提出相反的假说，比如审判委员会在审查中精力有限，可能顾及不到裁判理由的细致审查；或者，相关裁判理由未被纳入裁判要点正是由于相关负责法官对具体观点的把握不大；抑或，如果要求法官有义务掌握所有的裁判理由，从一般法官素质和规则检索难度上看不符合现实情况；等等。

就此而言，判断“参照”效力范围、评价上述笔者及相反假说的合理性，在很大程度上属于价值判断问题（“各有各的道理”），需要更多理论上的分析。首先，如前述例子中展示的，相关裁判理由本身具有较高的参考/说理价值，通过纳入裁判理由中对更多法律问题的“标准答案”，加快案例指导制度司法统一功能的实现。其次，研究者在案例发布后对裁判理由和其中裁判规则的利用及拓展，也体现出一般观察者尽可能扩大参照效力范围的愿望。我国裁判文书改革面临的问题首要是说理不充分，其中一个重要原因就是依法可以利用的说理素材十分有限。就此而言，相关裁判理由可以代表司法统一答案，应当尽可能成为随后法官可以放心援引的说理素材，当然也有助于法律问题研究和相关案例研习课程教学的深入。再次，由于后文主张指导性效力体现为特别说理义务，因此扩大理解参照的对象，也不太可能产生过于极端的消极后果。如后文详述，如果法官未能发现指导性案例裁判理由部分已经明确的裁判规则,只要尚未满足既有审级制度下的审查标准,那么只构成司法行政、案件考评意义上的不当行为。比较其给法官带来的有限负担及可能产生的、增强裁判说理和规则可预测性的收益,有必要对法官提出同样关注指导性案例裁判理由的更高要求。最后,从相反方面看,即使《案例指导实施细则》的起草者坚持将裁判规则提炼为裁判要点是案例指导制度的中国特色(确实如此),〔1〕也无法当然推出其指导效力限于裁判要点的结论。毕竟,即使是裁判要点和理由都能发挥指导效力,同样也能体现中国特色。作出何种选择,仍需考虑该制度的预设功能——促进司法统一。

此外,德国的长期实践经验也部分支持这种做法。在德国,裁判要点和理由都在法律适用中发挥了很重要的作用。裁判要点显然是多数裁判引用、甚至直接原文引用的对象,也可能通过几十年间数个判决成为长期固定的见解(持续性判决),甚至扩展到其他领域。比如,在具体案件中清醒的司机本应能够避免事故发生的情况下,酒后驾车可以作为认定本案司机过错的表见证据,其后这个经验法则发展到其他领域。〔2〕 而裁判理由同样是法官经常参考的内容:无论是法官在在先裁判中延续其他判例对法条的解释还是自行解释,无论是对法律概念的直接理解〔3〕还是作为类推的旁论,〔4〕都可能经由其后法院的发展成为通说的重要佐证。同时,被引用的法律理由也不限于裁判要点中强调的部分。至于与此相关裁判要点本身是否过于抽象的问题,笔者认为个案规范或者裁判规则的抽象性只有程度之分,裁判要点的抽象性仍应当因个案而定,这也可以从《最高人民法院公报》案例的裁判摘要并非总是特别抽象可见。同时,这当然也与一国法学甚至具体部门法学的发展水平,即案例/判

〔1〕 参见郭锋、吴光侠、李兵:《〈〈关于案例指导工作的规定〉实施细则〉的理解与适用》,载《人民司法·应用》2015 年第 17 期,第 34 页。

〔2〕 BGHZ 18, 311 = NJW 1956, 21, 23; BGH NJW 1987, 1826, 1827(扩展到自行车手); NJW 1976, 897(酒后躺在马路上的行人).

〔3〕 如直接证据与间接证据的定义:BGHZ 53, 245 = NJW 1970, 946, 950。

〔4〕 如在论证当事人在通过表见证明推翻法官已经形成的临时心证时应当提供反面证据而非反证时,联邦最高普通法院举例指出在涉及公文书的证明力时,同样需要达到反面证据的程度,而这实际上相当于与案件事实无关的旁论(obita dictum)。BGHZ 16, 217 = NJW 1955, 625, 627. 但是随后法院却同样将其作为依据引用:BGH NJW 1997, 1312。对类似现象和问题的分析,亦见王晨光:《制度构建与技术创新——我国案例指导制度面临的挑战》,载《国家检察官学院学报》2012 年第 1 期,第 10 页。对于日本法上相同问题的讨论,参见于佳佳:《日本判例的先例约束力》,载《华东政法大学学报》2013 年第 3 期,第 46 ~ 50、53 页。

例所要澄清的法律问题或者填补的法律漏洞有关。[1]

一般而言，由于指导性案例经过了几轮遴选、编辑和审查，而且裁判要点本身即被视为裁判理由的提炼和总结，两者不太可能相互冲突。不过在少数情况下，也可能会出现裁判理由与要点不一致的情况，此时应当根据具体案情加以分析。在最高人民法院指导案例16号（2013年）（中海发展股份有限公司货轮公司申请设立海事赔偿责任限制基金案）中，就判断涉案船只是否属于“从事中华人民共和国港口之间的运输的船舶”（《海商法》第210条第2款）的法律问题，裁判理由部分包括两点理由，即“营业运输证载明的核定经营范围”和“涉案事故发生时其所从事的也正是从秦皇岛港至上海港航次的运营”，而裁判要点中只将后一项理由抽象为解释规则，即“发生海事事故航次正在从事中华人民共和国港口之间运输的船舶”。如果在其公布之后发生的案件中涉及营运范围本来涉外，但实际上却从事我国港口之间的运输时，就涉及两者的冲突问题。从解释上来看，笔者认为最高人民法院认为原裁判中两个理由是并列而非递进的关系，其中最明确、最主要的判断标准是实际进行的航次的属性，营运范围只不过是其参考，[2]因此上述船只应当属于“从事中华人民共和国港口之间的运输的船舶”。相反，如果未取得《国际船舶运输经营许可证》却实际擅自经营国际船舶运输业务的（对应《国际海运条例》第6条第1款和第35条），则应当根据裁判要点不能视为上述船舶。同时在最高人民法院指导案例19号中，裁判要点和理由虽然都提及机动车所有人或者管理人“出借机动车号牌给他人使用”或者“明知他人套牌使用其机动车号牌不予制止”的两种行为，但是裁判要点将两者理解为选择或并列关系，裁判理由则相反，将后者理解为前者的一个类型（上下层），体现了法律认识上的不同理解，在法学方法

---

〔1〕 在判断“同案”中的类似思路，参见张志铭：《司法判例制度构建的法理基础》，载《清华法学》2013年第6期，第107～108页。详细讨论，参见孙光宁：《指导性案例裁判要旨概括方式之反思》，载《法商研究》2016年第4期，第109～120页。批评我国公报案例中的裁判摘要过于抽象，并主张以类型事实为前提的规范命题说的观点，参见解亘：《论学者在案例指导制度中的作用》，载《南京大学学报（哲学·人文科学·社会科学）》2012年第4期，第78～80页。

〔2〕 最高人民法院的类似见解，参见最高人民法院案例指导工作办公室（王淑梅、汪洋、李兵）：《指导案例16号〈中海发展股份有限公司货轮公司申请设立海事赔偿责任限制基金案〉的理解与参照》，载《人民司法·应用》2013年第15期，第40～41页。一审法院的类似观点，亦见金晓峰：《海事赔偿责任限制基金设立中的“国内运输”认定标准》，载上海法院网2010年11月16日，http://www.hshfy.sh.cn/shfy/gweb/xxnr.jsp?pa=aaWQ9MTU1NzA4JnhoPTEmbG1kbT1sbTE4OAPdcssPdcssz（目前已失效）（作者为上海海事法院法官）。

论上代表着不同的法律适用模式。在最高人民法院指导案例 64 号(2016 年)(刘某捷诉中国移动通信集团江苏有限公司徐州分公司电信服务合同纠纷案)中,裁判要点在原《合同法》第 39 条(《民法典》第 496 条)和裁判理由所要求的告知义务的基础上,进而规定了“获得消费者同意”,并且认为此时格式条款无效。就前者而言,也许需要更多的成文法或法理上的支持和论证,这并非本章讨论所能覆盖。对比《合同法解释(二)》第 9 条中的撤销权,后者虽然能够得到《消费者权益保护法》第 26 条第 2 款、第 3 款(“限制消费者权利……内容无效”)的支持,但是本条在本案实际裁判时并未出现,在指导性案例说理中也没有被引用。此外,也许本案案情能够构成“排除对方主要权利”[《民法典》第 497 条,原《合同法》第 40 条),《合同法解释(二)》第 10 条],但是考虑到裁判理由和相关法条并未直接引用,可能也不能代表原审法院和最高人民法院的思路。总之在这两点上,想从现有公布材料中准确发现裁判要点所代表的法律适用思路,可能都存在较大困难。[1]

(二)相关法条的有限意义

与此相对,指导性案例中引用的“相关法条”只是便于理解的参考,并不能限制指导性案例的适用范围。公布的裁判理由可能涉及多个法条基础,作为对法律问题的解释或者具体化,对于未来的案件都具有指导意义。撰写裁判理由应当以请求权基础为核心,而几乎所有的法律适用过程都包含或多或少的法条联结(本书第八章)。比如,就最高人民法院指导案例 1 号(2011 年)(上海中原物业顾问有限公司诉陶某华居间合同纠纷案)而言,裁判理由在认定涉争合同属于居间合同之后,首先审查的就是禁止“跳单”格式条款是否有效,其案件的指导效力当然也应当及于裁判理由中的相关分析以及裁判要点中的结论。在最高人民法院指导案例 16 号中,裁判理由第三段涉及对本案第二异议人将清理残骸费用排除在基金计算基数之外主张的回应,涉及《海商法》第 207 条第 1 款第 1 项关于限制性债权中“与船舶营运……直接相关的……财产的灭失、损坏”的解释,即清理残骸费用不属于上述限制性债权,自然

---

〔1〕 与此不同的是在最高人民法院指导案例 17 号(2013 年)(张某诉北京合力华通汽车服务有限公司买卖合同纠纷案)中,裁判要点关于证明责任的表述只是概括了裁判理由的思路,似乎并不存在明显冲突。实体法上的展开,参见陆青:《论消费者保护法上的告知义务——兼评最高人民法院第 17 号指导性案例》,载《清华法学》2014 年第 4 期,第 158 ~ 164 页。不同见解,参见周翠:《民事指导性案例:质与量的考察》,载《清华法学》2016 年第 4 期,第 54、62 页。

也应当纳入指导范围。当然在指导性案例出台之前,2010 年最高人民法院已经出台了《海事责任限制规定》(2020 年已修正),其第 17 条规定限制性债权“不包括因沉没、遇难、搁浅或者被弃船舶的起浮、清除、拆毁或者使之无害提起的索赔”,因此其指导意义与现行有效的司法解释相互重叠。在最高人民法院指导案例 23 号中,为了逐项认定 2009 年《食品安全法》第 96 条第 2 款设定的“消费者”和“销售明知是不符合食品安全标准的食品”(自 2015 年修订起,2018 年和 2021 年修正的《食品安全法》第 148 条第 2 款均改“销售”为“经营”)两项要件事实,法官也分析并适用了其他相关法条。特别是对于“消费者”概念的扩张解释,扭转了“知假买假”者在各地司法实践中屡屡败诉的不利状况,也符合了“保护消费者的合法权益”(《消费者权益保护法》第 1 条)和“保障公众身体健康和生命安全”(《食品安全法》第 1 条)的立法宗旨,应当成为未来案件参照的主要内容。[1] 甚至,在最高人民法院指导案例 57 号中,所引的原《担保法》第 14 条只是针对最高额担保的一般规范,裁判要点中的结论和裁判理由的说理代表的都是民法原理及其他具体规则的系统解释。如果后者受到相关法条的限制而不能发挥“参照”效力,将直接否定该指导性案例的价值和影响。

同时,在相关法条的引用上,最高人民法院实际关注的是现在和将来案件的审判工作,而并不关注案件审判当时的情况。比如,在最高人民法院指导案例 17 号中,最高人民法院就明确引用了 2013 年《消费者权益保护法》第 55 条第 1 款的规定,附带说明了对应 2009 年《消费者权益保护法》第 49 条。在最高人民法院指导案例 19 号中,由于侵权事故发生于 2008 年,根据最高人民法院《关于适用〈中华人民共和国侵权责任法〉若干问题的通知》第 1 条后句“侵权责任法施行前发生的侵权行为引起的民事纠纷案件,适用当时的法律规定”的规定,不应适用 2010 年施行的《侵权责任法》。类似的情况也出现在最高人民法院指导案例 46 号(2015 年)(山东鲁锦实业有限公司诉鄄城县鲁锦工艺品有

---

〔1〕 值得注意的是,虽然最高人民法院在发布该指导性案例之前(2013 年 12 月)已经出台了最高人民法院《关于审理食品药品纠纷案件适用法律若干问题的规定》(2020 年已修正),并且明确否定了生产者、销售者以“购买者”明知食品、药品存在质量问题而仍然购买为由进行抗辩的权利(第 3 条),但是由于该规定仍然坚持“消费者……向生产者、销售者主张支付价款十倍赔偿金”(第 15 条)的表述,该指导性案例实际上将“为生活消费”的“消费者”扩大到“知假买假”者,因此仍然具有“参照”意义。

限责任公司、济宁礼之邦家纺有限公司侵害商标权及不正当竞争纠纷案）中，该案显然也不适用2013年修正的《商标法》第59条第1款，而应当适用裁判理由部分引用的《商标法实施条例》第49条。在最高人民法院指导案例52号（2015年）（海南丰海粮油工业有限公司诉中国人民财产保险股份有限公司海南省分公司海上货物运输保险合同纠纷案）中，同样出现了类似的相关法条和裁判理由两部分中引用法条版本不同的情况，前者引用的是2015年《保险法》第30条，而后者则引用的在再审程序中当时有效的2002年《保险法》第31条。而在最高人民法院指导案例48号中，虽然2006年作出的生效判决也不会最初就适用相关法条部分引用的2010年《著作权法》第48条第6项的规定，但最高人民法院却在该案中将裁判理由和相关法条中的法条引用统一了。上述这些做法的原因很可能是，最高人民法院只希望提示读者个案案情、法律理由与现行法上规则的关联。由此推论，如果未来相关规则遭遇立法变动，只要其实质内容不变，就能够继续发挥"参照"效力。不过，在最高人民法院指导案例20号中，相关法条部分引用的则是根据被诉侵权行为时间确定的2000年《专利法》，没有选择内容相同（施行时间除外）、发布案例当时有效的2008年《专利法》。在最高人民法院指导案例53号（2015年）（福建海峡银行股份有限公司福州五一支行诉长乐亚新污水处理有限公司、福州市政工程有限公司金融借款合同纠纷案）中，最高人民法院也坚持不适用案件发生之后施行的《物权法》，而是仅以其为参照。仅就条文顺序而言，最高人民法院指导案例65号中适用的《物业管理条例》第54条第1款、第2款也没有体现2016年《国务院关于修改部分行政法规的决定》第35条的修改以及其中相应调整条文顺序的规定。

而且，指导性案例"参照"效力的发挥，也不限于相关法条的文义本身，这实际上涉及指导性案例是否具有填补法律漏洞甚至"造法"功能的问题。比如，最高人民法院在指导案例2号中创立了《民事诉讼法》第237条第2款（2007年《民事诉讼法》第207条第2款）的类推适用，[1]在指导案例7号中对

---

〔1〕 认为在解释论上不应理解为类推适用的观点，参见吴泽勇：《"吴梅案"与判决后和解的处理机制——兼与王亚新教授商榷》，载《法学研究》2013年第1期，第160～162页。

《审判监督解释》第34条第2款(《民诉解释》第404条第2款)的类推理解,[1]在指导案例15号(徐工集团工程机械股份有限公司诉成都川交工贸有限责任公司等买卖合同纠纷案)中则以《公司法》第20条第3款为基础确立了类推规则,[2]以及在指导案例23号中对“消费者”概念和在指导案例29号(天津中国青年旅行社诉天津国青国际旅行社擅自使用他人企业名称纠纷案)中对“企业名称”的扩大解释。[3] 出于区别保护不同民事权益的考量,最高人民法院指导案例33号(2014年)(瑞士嘉吉国际公司诉福建金石制油有限公司等确认合同无效纠纷案)对原《合同法》第59条(《民法典》已删除)作出限缩解释,最高人民法院为原来“当事人恶意串通,损害第三人利益的,因此取得的财产返还第三人”的规则增补了“第三人为财产所有权人”的限制条件;为了保护在仲裁裁决生效时我国法院没有执行管辖权的案件中积极维权的申请执行人,最高人民法院指导案例37号(2014年)(上海金纬机械制造有限公司与瑞士瑞泰克公司仲裁裁决执行复议案)在《民事诉讼法》第246条之外增加了执行期间的特别限制规则;最高人民法院指导案例53号限缩了《民法典》第436条第2款(原《物权法》第219条第2款)质权行使的方式和程度,以契合污水处理项目收益权的特殊性;最高人民法院指导案例67号(2016年)(汤某龙诉周某海股权转让纠纷案)中,最高人民法院也限缩了《民法典》第634条(原《合同法》第167条)下合同解除权的适用范围,从中排除了约定分期付款的有限责任公司股权转让合同。从大陆法系法学方法论来看,对于明显法律漏洞的

---

[1] 在诉讼阶段上区分抗诉审查程序和审判监督程序,进而发现存在类推规则的讨论,参见吴俊:《处分权主义与审判监督程序的结构——最高人民法院指导案例7号研究》,载《法制与社会发展》2013年第6期,第15~16页。否定类推解释合理性的批评意见,参见郑金玉:《7号指导性案例规范依据和裁判理由评析》,载《法制与社会发展》2014年第5期,第99页。

[2] 参见韩强:《法教义学在商法上的应用——以最高人民法院指导案例15号为研究对象》,载《北大法律评论》2014年第15卷第1辑,北京大学出版社2014年版,第106~125页。

[3] 参见李友根:《论企业名称的竞争法保护——最高人民法院第29号指导案例研究》,载《中国法学》2015年第4期,第284~285页。

类推和目的性限缩填补已经属于法官造法的范围。[1]

笔者认为,虽然 2010 年《案例指导规定》第 2 条规定的具体类型中并未强调存在法律漏洞,但是从其创制规则的基本目的来看,应当承认其填补法律漏洞和造法功能的存在。与绝大多数学者的共识相符,无论成文法体系如何精致,都可能存在各种各样的漏洞,此时就需要司法机关运用其智慧加以弥补。同时,2015 年修改的《立法法》也只明确了最高人民法院作出一般性司法解释的权限(《立法法》第 104 条和第 45 条第 2 款),而不影响个案裁判对法律的发展。而且,既然最高人民法院已经不止一次主动实现了上述功能,似乎争议的实际意义更为有限。[2] 虽然这种实然层面的默认的确不能直接推出应然层面的结论,不少具体裁判规则的正当性也被论者广泛质疑,但是笔者首要关心的是对法官造法权限的肯定,暂且不深入到对相关造法结果的理论分析。

有时,确定裁判规则时的可能争议恰恰不涉及被引用的法条。对此当然应当建言指导性案例中的相关法条部分覆盖案件主要争点(这也是指导性案

---

〔1〕 Zippelius, a. a. O., S. 55 ff.; Karl Engisch, Einführung in das juristische Denken, 10. Aufl., 2005, S. 179 f.; Larenz, a. a. O., S. 381 ff.; Claus - Wilhelm Canaris, Die Feststellung von Lücken im Gesetz, 2. Aufl., 1983, S. 71 ff., 144 ff.; 参见吴从周:《台湾民法解释学之发展现况》,载张双根、田士永、朱庆育、王洪亮、张谷主编:《中德私法研究》第 10 卷,北京大学出版社 2014 年版,第 8、12～17 页。最高人民法院也持相同观点,参见最高人民法院案例指导工作办公室(刘净):《指导案例 15 号〈徐工集团工程机械股份有限公司诉成都川交工贸有限责任公司等买卖合同纠纷案〉的理解与参照》,载《人民司法·应用》2013 年第 15 期,第 36～37 页。

〔2〕 类似见解,参见雷鸿:《民事指导性案例研究》,法律出版社 2013 年版,第 193～198、228～232 页;陈兴良:《案例指导制度的规范考察》,载《法学评论》2012 年第 3 期,第 119～121 页;王利明:《我国案例指导制度若干问题研究》,载《法学》2012 年第 1 期,第 72～73 页;杨洪逵:《案例指导从功利走向成熟——对在中国确立案例指导制度的几点看法》,载《法律适用》2004 年第 5 期,第 12 页。亦见许德风:《法教义学的应用》,载《中外法学》2013 年第 5 期,第 965～968 页(讨论法官造法与司法权威的关系)。不同见解,参见刘克毅:《法律解释抑或司法造法?——论案例指导制度的法律定位》,载《法律科学(西北政法大学学报)》2016 年第 5 期,第 198～200 页;张志铭:《司法判例制度构建的法理基础》,载《清华法学》2013 年第 6 期,第 104～106 页;孙国祥:《从柔性参考到刚性参照的嬗变——以"两高"指导性案例拘束力的规定为视角》,载《南京大学学报(哲学·人文科学·社会科学)》2012 年第 3 期,第 135 页;夏锦文、莫良元:《社会转型中案例指导制度的性质定位与价值维度》,载《法学》2009 年第 11 期,第 134 页;郜永昌、刘克毅:《论案例指导制度的法律定位》,载《法律科学(西北政法大学学报)》2008 年第 4 期,第 136～137 页。较为特别的是,刘作翔和徐景和两位教授既强调了指导性案例不具有造法功能,又认为其应当统一司法并弥补法律缺陷或漏洞,而且缺乏具体法律规范又是适用指导性案例的前提条件。参见刘作翔、徐景和:《案例指导制度的理论基础》,载《法学研究》2006 年第 3 期,第 21、29 页。

例主要贡献的内容)，此外也需要考虑指导性案例不那么完美的可能性，后者在实践中并非不存在。比如，在最高人民法院指导案例7号(2012年)(牡丹江市宏阁建筑安装有限责任公司诉牡丹江市华隆房地产开发有限责任公司、张继增建设工程施工合同纠纷案)中，指导性案例的相关法条部分只引用了2007年《民事诉讼法》第140条第1款第11项，涉及的是在裁判技术上增加新的裁定形式。但实际上，该案主要指导的问题则是法院对检察院抗诉的形式审查，规定的是审判监督程序中针对检察院抗诉的再审审查程序，解释的是《民事诉讼法》第218条前句(2007年《民事诉讼法》第188条前句)。[1] 如果我们将“参照”效力仅限于明确引用的法条，那么除了明显与最高人民法院发布本案的目的相悖之外，本案的指导意义也必将大打折扣。在最高人民法院指导案例16号中，相关法条部分引用的《海事诉讼特别程序法》第106条第2款只涉及本案程序的法律渊源，双方对此其实并无争议，需要适用的实际是裁判理由中引用的最高人民法院《关于适用〈中华人民共和国海事诉讼特别程序法〉若干问题的解释》第83条。在最高人民法院指导案例18号中，相关法条部分引用了《劳动合同法》第39条和第40条。但是参考裁判要点和裁判理由可知，本案的争点是《劳动合同法》第40条第2项中对“不能胜任工作”的解释，实际上与第39条关于过失性辞退的规定无关。如前所述，虽然最高人民法院指导案例53号没有直接引用原《物权法》第219条第2款(《民法典》第436条第2款)的规定，但是其中一个主要贡献即提示对该条的灵活适用，考察个别权利的特殊性和可能的利益冲突。

四、原始案例对“参照”效力的影响

由于我国指导性案例特殊的遴选程序和最高人民法院负责法官对案例的编辑权，在公布的指导性案例和原始案例之间很可能存在不同程度的变动。这种区别既可能仅仅是文字上的调整或者对明显错误的更正(参照《民诉解释》第245条)，又可能是对原始文书内容的精炼和删改，还可能属于对原始法

---

[1] 相同见解，参见郑金玉：《7号指导性案例规范依据和裁判理由评析》，载《法制与社会发展》2014年第5期，第95、98~99页；最高人民法院审判监督庭、最高人民法院案例指导工作办公室(孙祥壮、吴光侠)：《指导案例7号〈牡丹江市宏阁建筑安装有限责任公司诉牡丹江市华隆房地产开发有限责任公司、张继增建设工程施工合同纠纷案〉的理解与参照》，载《人民司法·应用》2012年第15期，第55页(该文亦说明，最高人民法院曾提出将该条修改为“30日内作出是否再审的裁定”的立法建议，但是并没有被立法者采纳，参见第58页)。

律观点的实质性修改。这种指导性案例和原始案例之间的张力,是理解“参照”效力时不得不考虑的,具体可以区分为法律理由和案件事实两方面。

（一）法律理由部分

指导性案例中公布的法律理由部分是参照的主要内容,在未公布部分与公布部分冲突时以后者为准。在两者基本一致时,由于相关负责法官在指导性案例公布前有更长时间思考法律问题、征求意见,且其一般具有更高的法律素养,直接适用公布内容应当没有什么争议。比如,在最高人民法院指导案例15号(2013年)(徐工集团工程机械股份有限公司诉成都川交工贸有限责任公司等买卖合同纠纷案)中公布的内容与原判决没有明显差别,相反,从法律适用的角度看,公布内容较包含原判决实质内容并由主审法官发表的文章中的介绍〔1〕还更为严谨。此时,指导性案例提供的信息就已经足够并且更宜发挥指导的作用,参照时应当以公布的内容为准。此外,原始裁判中的理由也可能被“有意”地分为有指导效力和没有指导效力两部分,此时就应当以公布内容为准。比如,比较最高人民法院指导案例1号的原始文本和公布文本可知,指导性案例仅选取了原判决中的一个法律观点并配以裁判要点,而没有收录原始判决中的第一个理由。该理由仅在事实部分出现,即被告已经在先获得了房屋信息。〔2〕 此时由于指导性案例特殊的遴选和发布方式,应当参照的部分仅为被选择公布的要点和裁判理由,其他没有被选择的部分当然没有约束力。这里也需要注意到最高人民法院在遴选、编辑和发布指导性案例时的审慎态度。考虑到当时遴选工作刚刚起步和指导性案例较强的制度性效力,最高人民法院仅选择公布其认为最重要、最有把握的法律观点也无可厚非。指导性案例的内容与相关实体法或程序法的发展程度有关,同样也成为学说发展及后续裁判的奠基石。如果学说的研究尚未达到一定程度,本质上相对保守的

〔1〕 江苏省徐州市中级人民法院民事判决书,(2009)徐民二初字第0065号。参见史留芳:《关联公司人格混同的认定和法律适用——江苏高院判决徐工机械公司诉工贸公司等买卖合同纠纷案》,载《人民法院报》2012年7月26日,第6版。两个版本的案情中关于涉案人的姓名虽然有若干不符之处,但显然与本案涉及的法律问题无关,因而并不重要。

〔2〕 参见张宁:《房屋买卖居间合同中规避“跳单”条款的效力和“跳单”行为的认定》,载《法律适用》2010年第8期,第69页。

司法机关当然不能借指导性案例“揠苗助长”。[1] 就此而言，这种思路应当类似于大陆法系判断法律漏洞的思路（如是类推还是反面解释），应当结合各种可能的民法解释方法确定是“有意”还是“无意”。为了使这种解释成为可能，就应当尽可能公布原裁判文书以便加以比较，[2]在公布时也应当附上简短的理由说明。[3]

应当警惕和反思的是最高人民法院之前在编辑《最高人民法院公报》案例时，直接引入全新裁判理由的做法。比如，在使用假银行卡盗取储户存款的案件中，《最高人民法院公报》编辑者将本来的违反安全保障义务导致财产损失（《商业银行法》第 29 条第 1 款），变更为违反保证支付义务（《商业银行法》第 33 条）。这样，虽然判决主文并未发生变化，但案件的法律关系已经彻底改变，存款的所有人从储户变为银行，案件的民事法律定性也从违约与侵权竞合变为向无权第三人清偿的违约案件。[4] 笔者认为，如果指导性案例的编辑者认为某案件并不符合其理解的“正确”答案，当然有权拒绝遴选；对于论证不周延的原始理由，也可以调整文字，甚至补强论证。但是，指导性案例的公布应当避免如上根本性的理由变动。从指导性案例的角度看，这相当于最高人民法院“亲自上场”重新判决，超出了真实“案例”的本来含义；就个案裁判而言，这也无异于在案例编辑工作中启动程序外“再审”，行使了判定法律关系性质的

---

〔1〕 认为这种剪辑不利于民法学说发展的观点，参见汤文平：《论指导性案例之文本剪辑——尤以指导性案例 1 号为例》，载《法制与社会发展》2013 年第 2 期，第 52 页；汤文平：《从“跳单”违约到居间报酬——“指导案例 1 号”评释》，载《法学家》2012 年第 6 期，第 110～112、119～124 页。

〔2〕 结论上相同的见解，参见张骐：《再论指导性案例效力的性质与保证》，载《法制与社会发展》2013 年第 1 期，第 103 页；汤文平：《论指导性案例之文本剪辑——尤以指导性案例 1 号为例》，载《法制与社会发展》2013 年第 2 期，第 54～55 页。

〔3〕 最高人民法院在解释文章中也表明有意只选择了一个法律观点。参见最高人民法院案例指导工作办公室（刘净）：《指导案例 1 号〈上海中原物业顾问有限公司诉陶德华居间合同纠纷案〉的理解与参照》，载《人民司法·应用》2012 年第 7 期，第 32 页。

〔4〕 参见“王永胜诉中国银行股份有限公司南京河西支行储蓄存款合同纠纷案”，载《最高人民法院公报》2009 年第 2 期，第 44～48 页；吴宏、丁广：《合同法视野下的金融机构安全保障义务》，载《人民司法·案例》2009 年第 12 期，第 4～7 页（第二作者为裁判法院法官）。

"职权",实质地改变了裁判内容并"与裁判文书论述矛盾"。[1] 至于修改后的理由可能更符合理论和比较法乃至案件类型中的利益衡量,因而更具有"参照"价值,[2]当然可以通过其他上下级法院交流的途径加以推广,比如,非正式的类案经验交流和正式的另案判决或者审判监督程序。

(二)案件事实部分

理解指导性案例应当结合案件事实并以之为限,未公布的案件事实只能作为对案件事实的补充材料,与公布的案件事实冲突时也应当以公布的案件事实为准。

首先,与发挥审级约束力时相同,指导性案例的约束力也只是以个案判断/裁判为核心的司法权[3]的一种表现形式,理解裁判要点和法律理由也必须结合案件事实。在讨论未公布的案件事实之前,可以明确公布的案件事实就应当约束"应当参照"的辐射范围。例如,在最高人民法院指导案例 2 号中,基本案情部分有"因西城纸业公司未完全履行和解协议"的表述,而在裁判理由和要点中则变成了"一方当事人不履行和解协议"和"西城纸业公司未按和解协议履行还款义务"。如前所述,此时理解裁判理由和要点时就需要考虑指导性案例认定的事实,即西城纸业公司只是部分履行而非不履行。又如,在最高人民法院指导案例 8 号(2012 年)(林某清诉常熟市凯莱实业有限公司、戴某明公司解散纠纷案)中,判断公司经营管理发生严重困难(《公司法》第 182 条,2005 年《公司法》第 183 条)的标准在于"其股东会机制长期失灵,内部管理有严重障碍,已陷入僵局状态"(2020 年和 2014 年修正前后的《公司法解释(二)》第 1 条第 1 款第 1 项和第 2 项),并且不必考虑是否盈利的因素。但是除此之外也要注意到本案中涉及的是由两名股东投资而成的有限责任公司,

---

[1] 参见 2011 年《关于编写报送指导性案例体例的意见》(法研〔2012〕2 号)第七部分:"(裁判理由可以)在裁判文书的理由基础上进行适当充实,但不能与裁判文书论述矛盾,也不能在理由中出现前面未表述的事实。"相同的官方解释,参见胡云腾、吴光侠:《〈关于编写报送指导性案例体例的意见〉的理解与适用》,载《人民司法·应用》2012 年第 9 期,第 30~33 页。至少就目前的案例指导制度来说,法学教科书中常见的虚构案例,并不能候选为指导性案例。

[2] 对既往判决思路及学理分析的详细讨论,参见解亘:《冒领存款纠纷背后的法理——王永胜诉中国银行南京河西支行储蓄存款合同纠纷案评析》,载《浙江社会科学》2013 年第 2 期,第79~86 页。

[3] 比如,参见陈瑞华:《问题与主义之间——刑事诉讼基本问题研究》,中国人民大学出版社 2003 年版,第 4 页;孙笑侠:《司法权的本质是判断权——司法权与行政权的十大区别》,载《法学》1998 年第 8 期,第 34~36 页。

解散公司的社会影响力较小。如果涉及股东和员工人数较多、经营资产复杂甚至是在当地有影响力的有限责任公司甚至股份有限公司，裁判是否解散公司则需要考虑更为复杂的因素。[1]

相反，如果裁判要点超越了案件事实，则原则上超出部分不应发挥指导效力，除非以前述裁判理由中的旁论为依据。指导性案例的特色就在于抽象规则与具体案情的结合，如果可以撇开案情、恣意在裁判要点中加入法律规则，那么就与其基本特征背道而驰。试想如果裁判要点适用的情况在案件事实之外，那么最高人民法院最初是如何从该案例中“归纳和提炼”[2]的呢？同理，在指导性案例中也不必说明本案案情以外可以涵摄入相关规范的其他情形。[3] 而且，当裁判规则超出案情的最大边界时，案件中并不存在真实的争议，法院也将就此丧失裁判的基础和正当性。即使指导性案例在整体上通过特定程序获得了“指导性”，也不能补救这部分规则不再构成“案例”的根本缺陷。在最高人民法院指导案例 9 号中，案件事实涉及的是有限责任公司中清算义务人怠于履行其义务的行为，[4]而裁判要点则根据 2014 年《公司法解释（二）》第 18 条（2020 年修正时未修改）的规定，自行添加了股份有限公司的董事和控股股东，本属无效。未来遇到涉及股份有限公司的案件时，法官实际上应当是类推适用本案的裁判规则，而非直接参照，因为其主体并不相同。最高人民法院指导案例 10 号（2012 年）（李某军诉上海佳动力环保科技有限公司公司决议撤销纠纷案）也同样地将案件中的董事会决议撤销拓展到《公司法》第 22 条第 2 款规定中的公司决议。在这两种情况下，虽然裁判结果一致，但法律适用过程并不相同。这种修改试图缩短法律适用的路程，意图虽然是好的，但是从形式上看缺乏合理性，无法发挥示范和指导的作用。

---

〔1〕 参见最高人民法院案例指导工作办公室（陈龙业）：《指导案例 8 号〈林方清诉常熟市凯莱实业有限公司、戴小明公司解散纠纷案〉的理解与参照》，载《人民司法·应用》2012 年第 15 期，第 61 页。对于其他影响“严重困难”认定因素的分析，参见蒋大兴：《“好公司”为什么要判决解散——最高人民法院指导案例 8 号评析》，载《北大法律评论》2014 年第 15 卷第 1 辑，北京大学出版社 2014 年版，第 47 页。

〔2〕 参见 2011 年《关于编写报送指导性案例体例的意见》第三部分。

〔3〕 不同意见，参见房文翠、任敏：《指导案例评释——以最高人民法院发布的 9 批指导案例为研究对象》，载《法律适用》2015 年第 8 期，第 62 页。

〔4〕 关于有限责任公司清算义务人的责任认定问题，也可以参考 2019 年最高人民法院《全国法院民商事审判工作会议纪要》（法〔2019〕254 号）第 14～16 条的进一步规定。

不过,由于旁论同样能够代表最高人民法院对法律问题的态度,这样即使从性质上与本案案情无关,也能够发挥指导效力。在最高人民法院指导案例7号中,裁判要点中对《审判监督解释》第34条第2款规定的重复与本案案情并无关系,本案针对的实际上是再审审查程序,而不是该款规定的再审审理程序。如果此时没有司法解释的规定,那么该旁论也将直接提供解决实务问题的答案。在最高人民法院指导案例56号(2015年)(韩某彬诉内蒙古九郡药业有限责任公司等产品责任纠纷管辖权异议案)中,案件的核心问题是再审程序中能否提管辖权异议,案件事实并不涉及裁判要点和理由中出现的普通二审。从形式上看,如前文所述,这将构成裁判理由中的旁论,可以发挥指导作用。但是,参考原始案例可见,裁判理由中的普通二审部分是后来在编辑中加上的,[1]下一步需要判断是否构成前述全新裁判理由。由于本案与普通二审毫无关系,笔者认为本不应直接作如此修改。因此,在未来案件涉及二审中新提出的应诉答辩争点时,本案关于再审程序的裁判规则可以被类推适用。

其次,对于应当结合的案件事实是否包括原始裁判认定的事实,则应当适用类似法律理由的标准。虽然剪裁事实可能导致理解必备的一手文本的丧失并且本就应当在编辑过程中尽可能避免,[2]但是这仅限于剪裁中"无意"造成的事实偏差。如果是"有意"为之,如前述最高人民法院指导案例1号中的情况,仍然应当以公布的案件事实为准。

再次,与裁判理由的冲突不同的是,如果原始案件事实对于理解公布的裁判要点和裁判理由有帮助,应当将其作为补充材料纳入解释的范围。与未被公布的裁判理由直接涉及法律问题不同,无论案件事实是否公布,其作用都始终是协助公布的裁判要点和法律理由对法律问题的解释,因此可以适用更宽松的标准。比如,就上述最高人民法院指导案例2号中的部分履行事实,为了

---

〔1〕 参见最高人民法院民事裁定书,(2013)民再申字第27号。之前该案在《最高人民法院公报》2013年第7期(第43页)上发布时,也未作上述修改。

〔2〕 参见张骐:《再论指导性案例效力的性质与保证》,载《法制与社会发展》2013年第1期,第102~103页。

明确其具体的履行比例以便作为判断相似案件的实质标准,[1]还应当参考原始裁判文书中认定的案件事实。与此类似的还有最高人民法院指导案例1号中关于居间的性质[2]和最高人民法院指导案例2号中对于是否具有撤诉义务的认定,[3]也需要考察原始的合同约定内容。而在最高人民法院指导案例10号中,公布案情中省略了公司决议中“聘任王某胜为代总经理”的内容,可能影响对公司法上“商业判断规则”要件的判断,并妨碍对本案争议实质及适用法律的认定。[4] 这样,与前述裁判理由比较的需求一样,原始案件的事实认定也应当随指导性案例一并公布。

最后,除了以上涉及实体问题的案件事实外,这里也可能涉及程序法上的事实。比如,在最高人民法院指导案例7号中,也应当结合基本案情中“申请检察院抗诉的理由与申请再审的理由基本相同,遂与最高人民检察院沟通并建议其撤回抗诉,最高人民检察院不同意撤回抗诉”的认定。这里耐人寻味的,首先是最高人民检察院不同意撤回抗诉的理由。李浩教授猜测其原因在于检察院认为再审事实确实存在,2003年《关于人民检察院办理民事行政案件

[1] 似乎认为不履行和具体的履行比例不影响类似案件判断的不同观点,参见王亚新:《一审判决效力与二审中的诉讼外和解协议——最高人民法院公布的2号指导案例评析》,载《法学研究》2012年第4期,第78页及脚注9。结合德国民法通说的思路,本章初步认为,如果从实体法角度考虑约定解除权与诚信原则时,虽然不存在一般性轻微义务违反没有法律后果的规则(BGHZ 88, 91 = NJW 1983, 2437; BGH NJW 2003, 2448),但是具体数额在判断是否构成轻微迟延或者轻微不完全履行时仍具有实际意义。Christian Grüneberg, in: Palandt, Bürgerliches Gesetzbuch, 79. Aufl., 2020, § 242 Rn. 53 f.; Dirk Looschelders/Dirk Olzen, in: Staudinger, Kommentar zum Bürgerlichen Gesetzbuch, 2019, § 242 Rn. 214, 262 ff., 277 f.; Claudia Schubert, in: Münchener Kommentar BGB, Band 2, 8. Aufl., 2019, § 242 Rn. 180 ff. 类似思路,亦见贺剑:《诉讼外和解的实体法基础——评最高人民法院指导案例2号》,载《法学》2013年第3期,第151~152页。

[2] 参见汤文平:《从“跳单”违约到居间报酬——“指导案例1号”评释》,载《法学家》2012年第6期,第120页。

[3] 参见贺剑:《诉讼外和解的实体法基础——评最高人民法院指导案例2号》,载《法学》2013年第3期,第145页。

[4] 详细分析,参见彭冰:《理解有限公司中的股东压迫问题——最高人民法院指导案例10号评析》,载《北大法律评论》2014年第15卷第1辑,北京大学出版社2014年版,第77页脚注7和第81页及脚注15。但是限于本案诉讼标的的限制(对针对新诉讼标的的释明权更是应当严格限制),笔者认为本案没有进一步从股东滥用权利(《公司法》第20条第1款)的角度处理是正确的,最高人民法院将其选为指导性案例也符合现行法上不限于造法的遴选标准(《案例指导规定》第2条)。在程序法角度上正如本案未公布的裁判理由所言明的,当事人应当寻求另案救济。

撤回抗诉的若干意见》第3条关于发生在法院已经裁定再审后的，人民检察院不撤回抗诉，由人民法院依法处理的规定，以及其诉讼监督职能已经大部分完成。[1] 但从本案的裁判要点和结果来看，本案实际上符合的是上述若干意见第2条规定的检察院提出抗诉后、法院裁定再审之前当事人撤回申诉的情况，此时如果检察院“认为涉案当事人达成的和解协议不损害国家、集体和第三人利益的，应当撤回抗诉”。如果我们推定最高人民检察院在本案中遵守其规则，那么似乎可以推断本案损害了国家、集体和第三人利益。

同时，本案中对抗诉和再审理由相同的理解，也值得关注。如果抗诉理由本身即包括“损害国家利益、社会公共利益或第三人利益”，那么法院裁定终结立案审查似有不妥。在这种情况下，问题的实质很可能是法、检双方对是否损害上述三种利益的意见不同。如果通过再审审查程序而不是审判监督程序驳回检察院的意见，不仅无法通过正式的庭审程序解决两院对实体问题的分歧，而且更可能侵犯检察院的法律监督权（《宪法》第129条，《立法法》第8条第9项），因为检察院提起抗诉的法定效果本来是法院裁定再审（2007年《民事诉讼法》第188条前句，《审判监督解释》第26条第1句，现行《民事诉讼法》第218条前句同）。即使按照最高人民法院官方解释认为此时应当适用形式审查标准，也无法直接解决实体问题的分歧。[2] 因此，如果抗诉理由包括“损害国家利益、社会公共利益或第三人利益”，最高人民法院不宜裁定终结审查。由此可见，类似的程序法上的事实在个案中也可能十分重要。但是值得注意的是，《民诉解释》第411～415条以及第417条明确对不同类型的抗诉案件区别对待并设置不同门槛，坚持其限缩抗诉权的基本态度。

---

〔1〕 参见李浩：《处分原则与审判监督——对第7号指导性案例的解读》，载《法学评论》2012年第6期，第147页。与李浩教授和本章的理解均不同，认为应当适用上述《关于人民检察院办理民事行政案件撤回抗诉的若干意见》第5条的观点，即检察院抗诉后才发现，法院已经经由其他途径启动再审程序的规则，参见郑世保：《从第七号指导性案例透析民事抗诉的类型化》，载《法学》2013年第12期，第47页。但是，考虑到本条针对的应该是再审程序在进行中、可以合并抗诉的情形，而本案中原来的再审程序已经终结，并不能适用该条。

〔2〕 参见最高人民法院审判监督庭、最高人民法院案例指导工作办公室（孙祥壮、吴光侠）：《指导案例7号〈牡丹江市宏阁建筑安装有限责任公司诉牡丹江市华隆房地产开发有限责任公司、张继增建设工程施工合同纠纷案〉的理解与参照》，载《人民司法·应用》2012年第15期，第55～58页。有学者认为检察院抗诉不受当事人态度和参与的影响，最高人民法院自行主张不涉及上述公益是避重就轻，而且法院无权在程序上拒绝检察院的监督，参见郑金玉：《7号指导性案例规范依据和裁判理由评析》，载《法制与社会发展》2014年第5期，第100～103页。

五、“参照”效力下的裁判说理义务

就“参照”效力的具体内容而言，学者虽然在主张的具体名称上有所差异，但是大多数学者在实质上都主张原则上应当适用指导性案例、不适用时要说理，否则将产生一定程序上或司法行政上的后果。[1] 部分学者强调指导性案例应当经法官审查后决定是否适用，[2] 或者将其效力理解为法官在适用法律时的说服力或分量。[3] 少数学者则认为，指导性案例属于司法解释的具体形式，因而应当具有法律或者强制约束力。[4] 此外，基于对审级监督权的理解，也有学者认为指导性案例没有约束力。[5] 笔者遵从多数学者的观点，即“参照”效力表现为法官不遵循指导性案例时的特别说理义务（遵循时当然更要明确说明），并分别从正反两方面、特别是从个案中裁判技术的视角尝试明确上述讨论的具体指向。

---

〔1〕 参见巢志雄：《案例的生命在于引证》，载《电子知识产权》2015 年第 8 期，第 36 页；陈兴良：《案例指导制度的规范考察》，载《法学评论》2012 年第 3 期，第 122 ~ 123 页；王利明：《我国案例指导制度若干问题研究》，载《法学》2012 年第 1 期，第 76 ~ 77 页；张志铭：《司法判例制度构建的法理基础》，载《清华法学》2013 年第 6 期，第 103 ~ 104 页；胡云腾、于同志：《案例指导制度若干重大疑难争议问题研究》，载《法学研究》2008 年第 6 期，第 10 ~ 11、23 ~ 24 页；郜永昌、刘克毅：《论案例指导制度的法律定位》，载《法律科学（西北政法大学学报）》2008 年第 4 期，第 140 页。对此张骐教授强调法官有义务在裁判中围绕指导性案例论证，也可以视为主张此一观点。参见张骐：《再论指导性案例效力的性质与保证》，载《法制与社会发展》2013 年第 1 期，第 102、104 页。类似观点，参见孙国祥：《从柔性参考到刚性参照的嬗变——以“两高”指导性案例拘束力的规定为视角》，载《南京大学学报（哲学 · 人文科学 · 社会科学）》2012 年第 3 期，第 135 ~ 138 页。

〔2〕 参见江勇、陈增宝：《指导性案例的效力问题探讨》，载《法治研究》2008 年第 9 期，第 31 ~ 32 页。

〔3〕 参见冯文生：《审判案例指导中的“参照”问题研究》，载《清华法学》2011 年第 3 期，第 94 ~ 96 页；张骐：《试论指导性案例的“指导性”》，载《法制与社会发展》2007 年第 6 期，第 45 页（较早前观点）；蒋惠岭：《建立案例指导制度的几个具体问题》，载《法律适用》2004 年第 5 期，第 10 页。此外依本章标准，王利明教授实际上同时提到了指导性案例的“参照”效力、审级约束力和说服力。参见王利明：《我国案例指导制度若干问题研究》，载《法学》2012 年第 1 期，第 77 页。

〔4〕 这里主要涉及《案例指导规定》出台前的观点。参见郎贵梅：《中国案例指导制度的若干基本理论问题研究》，载《上海交通大学学报（哲学社会科学版）》2009 年第 2 期，第 27 ~ 30 页；董皞、贺晓翊：《指导性案例在统一法律适用中的技术探讨》，载《法学》2008 年第 11 期，第 147 页。《案例指导规定》出台后的相似观点，参见李学成：《指导性案例的法源意义与确认路径——以最高人民法院公布的私法性指导性案例为研究对象》，载《北方法学》2014 年第 6 期，第 28 ~ 32 页（将指导性案例区分为适用法律的司法解释和创制规则的补充性法源）。

〔5〕 参见夏锦文、莫良元：《社会转型中案例指导制度的性质定位与价值维度》，载《法学》2009 年第 11 期，第 135 ~ 136、138 ~ 139 页。

从正面来看,上述特别说理义务建立了一项较弱的程序性标准,单纯违反并不足以导致发回重审或者改判,而仅限于司法行政、业务考评方面的后果,需要纳入通常的民事程序框架和审级制度。这样也可以表明其处于法律约束力和一般资料所具有的说服力之间的基本定位。此外,由于指导性案例并非抽象法律规范而与其个案事实密切联系,因此只宜在裁判理由部分引用并注明其编号及裁判要点(《案例指导实施细则》第 11 条第 1 款),不宜在主文之前作为裁判依据出现(《案例指导实施细则》第 10 条)。[1] 当特定指导性案例在个案中成为当事人争点时,法官必须予以回应(《案例指导实施细则》第 11 条第 2 款)。[2]

根据指导性案例与后案涉及问题的异同,[3] 从程序上看法官不适用指导性案例可能涉及以下几种情况。首先,如果个案裁判中对于指导性案例涉及的实质性相似问题采取了不同的法律见解,并且没有说理或者说理不充分,那么在二审或者审判监督程序中就构成法律适用错误,[4] 应当由二审法院或者审判监督法院直接改判(《民事诉讼法》第 177 条第 1 款第 2 项后项和第 214

---

〔1〕《案例指导实施细则》出台前的讨论,参见刘作翔:《中国案例指导制度的最新进展及其问题》,载《东方法学》2015 年第 3 期,第 43 ~ 44 页;张骐:《再论指导性案例效力的性质与保证》,载《法制与社会发展》2013 年第 1 期,第 103 ~ 104 页;马荣、葛文:《指导性案例裁判要点的类型与运用研究——以〈最高人民法院公报〉案例裁判摘要为原型的借鉴》,载《南京大学学报(哲学·人文科学·社会科学)》2012 年第 3 期,第 147 页;王利明:《我国案例指导制度若干问题研究》,载《法学》2012 年第 1 期,第 77 页;胡云腾、于同志:《案例指导制度若干重大疑难争议问题研究》,载《法学研究》2008 年第 6 期,第 11 页。相反观点,参见孙光宁:《反思指导性案例的援引方式——以〈《关于案例指导工作的规定》实施细则〉为分析对象》,载《法制与社会发展》2016 年第 4 期,第 100 页;雷磊:《指导性案例法源地位再反思》,载《中国法学》2015 年第 1 期,第 286 页;江勇、陈增宝:《指导性案例的效力问题探讨》,载《法治研究》2008 年第 9 期,第 35 页。除此之外,主张指导性案例属于司法解释的观点在逻辑上也即意味着需要直接引用(《裁判文书引用规定》第 4 条第 1 句),而主张没有约束力的观点也自然认为不得引用。

〔2〕强调其对律师执业和法律共同体塑造的积极影响的观点,参见孙光宁:《反思指导性案例的援引方式——以〈《关于案例指导工作的规定》实施细则〉为分析对象》,载《法制与社会发展》2016 年第 4 期,第 92 ~ 94 页。

〔3〕也许值得说明的是,这里讨论的前后案关系针对的是适用于所有案件的抽象法律问题,而与涉及具体诉讼主体之间的既判力、排除(遮蔽)效甚至争点效无关。

〔4〕类似观点,参见马荣、葛文:《指导性案例裁判要点的类型与运用研究——以〈最高人民法院公报〉案例裁判摘要为原型的借鉴》,载《南京大学学报(哲学·人文科学·社会科学)》2012 年第 3 期,第 148 页;王利明:《我国案例指导制度若干问题研究》,载《法学》2012 年第 1 期,第 77、80 页;冯文生:《审判案例指导中的"参照"问题研究》,载《清华法学》2011 年第 3 期,第 103 页。

条)。作为普遍适用的法律问题,指导性案例应当由法官依职权发现并适用(“法官知法”),当事人是否主张对法院没有约束力。[1] 当然,法官有权根据当事人形成的争点,在裁判文书中加以回应。这里涉及的实际是一般性说理义务。[2] 不过,如果指导性案例本身存在错误,那么法官只需径自适用正确的理解。原因在于,指导性案例并不是法律,法官裁判仍然以法律及其正确解释为基础,没有必要引述错误理解或者直接批评。[3] 毕竟,法官的工作是适用法律而非评价,即使是面对规范性文件的冲突时,法官首先也应当依法选择适用(《裁判文书引用规定》第7条)。例如,在最高人民法院指导案例16号裁判理由最后一段中涉及海事赔偿责任限制基金数额的计算即特别提款权的认定,本案以事故发生次日国际货币基金组织公布的特别提款权对人民币的换算比率计算,而《海商法》第277条后句则明确将计算时间点规定为“法院判决之日、仲裁机构裁决之日或者当事人协议之日”,2010年本案二审裁定生效之后,指导性案例公布之前出台的《海事责任限制规定》第20条也依照上述法律规定,按法院准予设立基金的裁定生效之日计算。由此可见,本案在适用“相关法条”中没有标明的《海商法》第277条后句时,很可能存在法律适用错误。[4] 此时,法官只需直接适用上述法律和司法解释即可。又如,在最高人民法院指导案例48号中,最高人民法院公布的相关法条是“《著作权法》第48条第1款第6项”,而当时更为规范的表述是“《著作权法》第48条第6项”(参见2009年全国人大常委会法工委《立法技术规范(试行)(一)》第9·2条)。如果没有进一步的规范性解释,指导性案例中的偏离做法不能说明该院试图调整现有引用规范,因为也许只是疏忽造成的。值得注意的是,最高人民法院于2016年施行的《裁判文书规范》第三(六)6条,正式与《立法技术规范(试行)(一)》第9·1条对接,用“第六项”替代了原来在裁判文书中常见的“第(六)项”。

---

[1] 类似观点,参见冯文生:《审判案例指导中的“参照”问题研究》,载《清华法学》2011年第3期,第92~94、98~99页;不同观点,参见马荣、葛文:《指导性案例裁判要点的类型与运用研究——以〈最高人民法院公报〉案例裁判摘要为原型的借鉴》,载《南京大学学报(哲学·人文科学·社会科学)》2012年第3期,第147~148页(但在救济部分又主张构成事实问题)。

[2] 参见曹志勋:《对民事判决书结构与说理的重塑》,载《中国法学》2015年第4期,第244页。

[3] 针对一般性案例引证的类似见解,参见祝建军:《避免“同案不同判”的积极尝试—解读东莞市第一人民法院的案例引证制度》,载《电子知识产权》2015年第8期,第44页。

[4] 这里也不能理解为当事人协议之日,除了我国对这种程序性事项一般也应当要求书面形式(如协议管辖)之外,考虑到本案中存在多个异议人,事实上也难以确定协议的具体时间。

目前,两种写法在司法实务和指导性案例中都各有体现,有所分歧的还包括是使用阿拉伯数字还是中文数字,这种分歧尤其体现在公布的指导性案例中的相关法条和其他部分的对比上,可能分别使用了这两种表达方式。

其次,如果此时由于法律适用错误导致原审遗漏了重要的事实争点,也可能构成"认定事实错误"(《民事诉讼法》第177条第1款第2项前项)甚至"认定基本事实不清"(《民事诉讼法》第177条第1款第3项),在二审和审判监督程序中根据具体情况,分别发生直接改判或者发回重审的后果(前引法条)。这里涉及案件基本事实不全的情况,即本来应当按照指导性案例法律理由中列明的事实主张调查证据,但是实际上却没有调查。比如,在最高人民法院指导案例15号中,最高人民法院在确立了类推规则后又明确了判断人格混同时应当分别审查关联公司在人员、业务、财务方面的关系。如果初审法官只查明了人员和业务方面而没有调查财务方面的关系,则同时构成法律适用错误和事实不清,应根据上诉审法官是否便于查清事实而决定裁判方式。不过值得注意的是,在最高人民法院指导案例68号(2016年)(上海欧宝生物科技有限公司诉辽宁特莱维置业发展有限公司企业借贷纠纷案)中,最高人民法院除了就是否构成关联公司审查了控股股东、实际控制人的重叠之外,还在对恶意诉讼的认定中将涉案公司构成人格混同作为理由,而本案说理中其实并未考虑公司间在业务方面的关系。

这里值得思考的是,法院裁定这类再审申请案件应当再审的法律依据。现行法上事实问题方面的再审事由针对的都是证据方面的瑕疵(《民事诉讼法》第207条第1~5项),而没有针对事实主张的事由。固然,我们可以说,前述情景下调查财务方面的关系能够影响案件结果并且涉及案件中的具体权利义务,因此属于证明"基本事实"或理论上的要件事实的证据(《民诉解释》第333条),[1]并且满足"基本事实缺乏证据证明"的要求(《民事诉讼法》第207条第2项)。但是,案件瑕疵实际上在于个案中缺少了认定主要事实的一项间接事实(主张),相对地,在规范意义上就在解释法条的环节上有所缺陷。从裁判技术出发,个案事实发现中一般应当坚持间接证据—间接事实—主要事实

---

〔1〕 参见最高人民法院修改后民事诉讼法贯彻实施工作领导小组编著:《最高人民法院民事诉讼法司法解释理解与适用》,人民法院出版社2015年版,第884页;张卫平:《再审制度修正解读》,载《中国司法》2008年第1期,第25页。

的证明逻辑关系，在一般化的法律适用过程中则应当保证演绎推理中前提的正确性（本书第八章和第十章）。因此，笔者认为，从裁判技术上看，对上述问题更准确的归类应当是法律适用错误，即在涵摄过程中未能正确地确定推理中的前提，导致从整体上错误地分解了大前提中的各项要件事实。不过，现行司法解释中并未明确规定这种情形（《民诉解释》第388条）。[1]

再次，如果法院对前述实质性相似问题实际上适用了指导性案例的理由，但是没有论证其相似性或者没有直接援引，由于其错误既不涉及案件结果的实质正义又不构成明显的程序不正义，则不宜视为法律适用错误，而只能在司法行政和审判管理的角度上消极评价。[2] 这种“高举轻放”式的处理方案考虑的是诉讼成本与收益之间的平衡，裁判理由的错误在我国一般也不被视为法律错误（参照《民诉解释》第405条第1款后半句）。同时，明示引用是现阶段法官审判的义务（《案例指导实施细则》第10条），并且具有重要现实意义，[3]不过单纯引用指导性案例尚无法满足裁判说理义务。虽然本书区分指导性案例和大陆法系的判例制度，但是后者对于该项说理义务的理解仍有启发意义。在德国，一种通常的误解是法律人出于对权威的偏爱，认为引用判例似乎就足以完成论证。[4] 但是，由于在先裁判并不一定完全契合案件事实（甚至可能构成前述事实区别导致不应适用），在先裁判提供的裁判要点也不一定完全对应个案下的价值考量［特别是对于那些需要依个案案情判断的案

---

〔1〕 肖建国教授即认为现行司法解释并未穷尽所有法律适用有瑕疵的类型。参见肖建国：《民事再审事由的类型化及其审查——基于解释论的思考》，载《法律适用》2013年第4期，第8页。

〔2〕 类似观点，参见胡云腾、于同志：《案例指导制度若干重大疑难争议问题研究》，载《法学研究》2008年第6期，第10页。

〔3〕 参见张骐：《再论类似案件的判断与指导性案例的使用——以当代中国法官对指导性案例的使用经验为契口》，载《法制与社会发展》2015年第6期，第150～151页。观察实践后的不同见解，参见向力：《从鲜见参照到常规参照——基于指导性案例参照情况的实证分析》，载《法商研究》2016年第5期，第100页；孙维飞：《隐名的指导案例——以“指导案例1号”为例的分析》，载《清华法学》2016年第4期，第18页。基于相似观察的开放式观点，参见石磊、刘松涛：《指导性案例参照情况的实证分析》，载《人民司法·应用》2015年第23期，第45页。

〔4〕 Fritjof Haft, Juristische Rhetorik, 7. Aufl., 2007, S. 118; Egon Schneider/Friedrich E. Schnapp, Logik für Juristen, 6. Aufl., 2006, S. 172 ff.; Thomas Drosdeck, Die herrschende Meinung – Autorität als Rechtsquelle, 1989, S. 111 ff. 关于通说的形成过程：Uwe Wesel, Fast alles, Was Recht ist, 8. Aufl., 2007, S. 30 f.。

件类型,比如,德国法下的停止侵害之诉[1]和美国法下的(多数)衡平法救济[2]],法官仍然需要更详细的论证。我们不能因为法官引用了结合联邦最高普通法院的判决和部分有影响力的学说的"法学通说",[3]就认为其满足了裁判说理的要求。[4]

最后,如果后案涉及的是与指导性案例不同但相关的问题时,法官仍然应当承担就指导性案例的说理义务。只不过,法官此时应当论证两案之间的差异,即提供不应适用指导性案例的理由。比如,就最高人民法院指导案例 1 号而言,如果后案法官需要判断更为严格的违约金格式条款的效力时,就应当首先论证其与指导性案例是否相似,然后才能得出自己的结论。[5] 至于何谓"相关",则涉及与前述判断实质性相似案件类似的问题,也与比较法上的学理归纳、我国实践中的案例积累和法官基于其审判经验的"先见"有关。在法律后果上,应当同样考虑是否造成实体不公及其程序性违法的严重性。就一般

---

[1] 相关详细讨论,参见曹志勋:《停止侵害判决及其强制执行——以规制重复侵权的解释论为核心》,载《中外法学》2018 年第 4 期,第 1070 ~ 1100 页。

[2] 尤其在美国,近期也有论文批评法院可能借某些长期施行的法律规则(对应于德国通说)之名,回避案件涉及的实质性价值判断,仅仅从形式上履行其说理义务。Eric J. Konopka, *Hey, That's Cheating! The Misuse of the Irreparable Injury Rule as a Shortcut to Preclude Unjust - Enrichment Claims*, 114 Columbia Law Review 2045, p. 2078 - 2086 (2014). 这里涉及的规则即作为法定救济的损害赔偿,应当优先于衡平救济。事实上其本身是否存在也早已被强烈质疑: Douglas Laylock, *The Death of the Irreparable Injury Rule*, 103 Harvard Law Review 687 (1990)。但美国最高法院则坚持保留其作为审查标准要件的地位[eBay Inc. v. MercExchange, L. L. C., 547 U. S. 388, 391 (2006)],引发随后巡回法院就各类案件判断标准的意见对立,至今仍在发酵中。就美国法的详细讨论,参见李曼:《行为保全制度的标准构建——以美国法中间禁令制度的衡量标准为参考》,载《烟台大学学报(哲学社会科学版)》2016 年第 5 期,第 28 ~ 34 页;整体介绍,参见李曼:《美国中间禁令制度研究》,社会科学文献出版社 2020 年版。

[3] Bernadette Tuschak, Die herrschende Meinung als Indikator europäischer Rechtskultur, 2009, S. 1 ff.; Wolfgang Gast, Juristische Rhetorik, 4. Aufl., 2006, S. 439 ff.

[4] Thomas M. J. Möllers, Juristische Arbeitstechnik und wissenschaftliches Arbeiten, 5. Aufl., 2010, Rn. 323; Arne Pilniok, „h. M." ist kein Argument, JuS 49 (2009), S. 395 ff.; Gast, a. a. O., S. 433 ff. 相同见解,参见周翠:《民事指导性案例:质与量的考察》,载《清华法学》2016 年第 4 期,第 54 ~ 55 页。

[5] 考虑到指导性案例在公布时的有意删减,其实更严格的条款可能才是常态。而且,这里又可能涉及本案能否同时适用于关于违约金和报酬请求权的格式条款。相关讨论,参见周江洪:《"上海中原物业顾问有限公司诉陶德华居间合同纠纷案"评释》,载《浙江社会科学》2013 年第 1 期,第 87 页及脚注 38;汤文平:《从"跳单"违约到居间报酬——"指导案例 1 号"评释》,载《法学家》2012 年第 6 期,第 110 ~ 112、119 ~ 120 页。

情况而言,很难说未与指导性案例比较就构成对当事人诉讼权利(辩论权[1])的重大侵犯甚至剥夺。这不仅因为我国强调实体正义的传统,而且也因为指导性案例在效力上显然次于成文法,在违反的效果上也应有所区别。如果对于成文法律观点的辩论都不能成为改判理由的话,就更不必说指导性案例了。因此笔者认为此时不说理只构成司法行政和审判管理意义上的不当裁判,在二审或者再审裁定的裁判理由部分加以更正即可。

从驳论的角度看,鉴于《案例指导规定》明文规定了“应当参照”效力,很难说指导性案例不具有约束力,而只涉及如何描述这种约束力的问题。结合上述规定和理解指导性案例时必须联系案件事实的实际需要,都注定了指导性案例不同于抽象司法解释,因此仅从其定性上也不能推出其具有强制约束力。同时,前文明确区分了对所有文本都适用的内在说服力和专属于指导性案例的“应当参照”的效力,如果将两者等量齐观的话,也无法定位指导性案例的特色,因此也不宜将“参照”效力等同于说服力。当然,说服力和指导性案例的实际命运有着直接关系。由于广泛的遴选基础、严格的遴选程序以及法官细致的加工雕琢,指导性案例的说服力很可能被认为比较强,个案法官自然会乐于适用。但是如果公布的指导性案例本身的说服力较低甚至招致研究者的广泛批评,那么个案法官也有可能拒绝适用。[2] 无论如何,法官在面对指导性案例时,也必须满足特别说理的义务,不能简单地置之不理,否则应当如前文所述根据实际情况产生不同后果。

六、“参照”效力与德国的背离报告

针对指导性案例领域常常得到关注的热点问题,笔者认为,我国法院不必采取独立的所谓背离(判例)报告制度。不同于检察院系统中的指导性案例制度(最高人民检察院《关于案例指导工作的规定》第16条),法院系统中没有必要作此单独规定,因为既有规则已经覆盖了这种情况。根据具体情况的不同,背离指导性案例的行为可能分别属于应当或者可以提交审判委员会讨论的类

---

〔1〕参见王福华:《辩论权利救济论》,载《法学》2020年第10期,第93~106页。

〔2〕参见李友根:《指导性案例为何没有约束力——以无名氏因交通肇事致死案件中的原告资格为研究对象》,载《法制与社会发展》2010年第4期,第86~96页。法官此时拒绝的理由包括与更高位阶法律冲突(形式理由)和自身论证的缺失(实质理由),参见雷磊:《指导性案例法源地位再反思》,载《中国法学》2015年第1期,第287~289页。

型(2010年《改革审委会意见》第7~11条[1]),或者可以由审判长申请院长、庭长组织相关审判人员共同讨论,后者明确包含了"合议庭意见与本院或上级法院以往同类型案件的裁判有可能不一致的案件"(2010年《合议庭职责规定》第7条第1款第3项)。两者的差异主要在效力方面,即审委会意见约束裁判主文(2002年最高人民法院《关于人民法院合议庭工作的若干规定》第14条和第15条第1款),而共同讨论制度仅供合议庭参考(《合议庭职责规定》第7条第2款)。同时,下级法院对于"拟就法律适用问题向上级人民法院请示的案件",应当经过本院审委会讨论决定(《改革审委会意见》第9条第6项和第10条第4项),然后才能报请上级法院。就此而言,假如规定所有偏离指导性案例的案件都需要上报,似乎过多地强调了司法行政化,有悖学界长期以来的方向性共识。[2] 而且从其实践影响看,随着指导性案例的数量累积,这种做法恐怕也会越来越多地占据法官本就宝贵的工作时间,并且占用额外的非审判工作人员。[3] 换个角度看,虽然我国一贯采取以法院独立而非法官独立为核心的独立行使审判权概念(《宪法》第126条),[4]但是从合议庭的功能以及相关诉讼原则的角度看,仍然应当坚持将审判委员会讨论改造成书面法律审的基本思路,这既包括在审判程序上的诉讼化,又涉及对审判委员会委员专业权威的强化。[5] 当然,回到前文所述的常规上诉机制、判断后案是否有违指导性案例确定规则的设想,同样可取。[6]

---

[1] 对于最高人民法院各业务部门、各高级人民法院、各专门人民法院和中国应用法学研究所来说,2019年最高人民法院《关于建立法律适用分歧解决机制的实施办法》第2条和第3条分别提出了其向最高人民法院审判管理办公室提出法律适用分歧解决申请的要求。这不仅包括案件审理与执行过程和组织人民法院类案同判专项研究中发现的、最高人民法院生效裁判之间存在的法律适用分歧,而且涵盖案件审理与执行过程中出现的、在审案件拟作出的裁判结果可能与最高人民法院生效裁判确定的法律适用原则或者标准存在分歧的情形。

[2] 比如,参见陈瑞华:《司法裁判的行政决策模式——对中国法院"司法行政化"现象的重新考察》,载《吉林大学社会科学学报》2008年第4期,第134~143页;张卫平:《论我国法院体制的非行政化——法院体制改革的一种基本思路》,载《法商研究》2000年第3期,第3~11页。

[3] 类似观点,参见孙国祥:《从柔性参考到刚性参照的嬗变——以"两高"指导性案例拘束力的规定为视角》,载《南京大学学报(哲学·人文科学·社会科学)》2012年第3期,第139页。

[4] 参见陈光中:《比较法视野下的中国特色司法独立原则》,载《比较法研究》2013年第2期,第7、10~11页。

[5] 参见傅郁林:《建立判例制度的两个基础性问题——以民事司法的技术为视角》,载《华东政法大学学报》2009年第1期,第102~103页。

[6] 类似观点,参见冯文生:《审判案例指导中的"参照"问题研究》,载《清华法学》2011年第3期,第103页脚注48。

这里尤其需要澄清的是，上述具有我国特色的制度并不同于国内文献中常常引用的德国的“背离判例报告制度”。[1] 在德国，为了保证三审法院内部的司法统一，德国在法院组织上也设置了特别的专门机构。在联邦最高普通法院中设有民事和刑事两个大委员会（große senate），分别处理本领域内法律问题的分歧（divergenzvorlage）以及具有重大意义的法律问题（grundsatz-vorlage）（德国《法院组织法》第 132 条第 2 款和第 4 款）。在面对民事和刑事法庭之间的分歧时，则由前两个大委员会再组成联合大委员会（die Vereinigten Großen Senate）。在程序上，个案合议庭有义务通过裁定询问所有作出在先裁判的合议庭[2]或者根据业务分配计划目前负责这类案件的合议庭是否仍然坚持原有见解，而后者同样应当以裁定的形式回复。只有在直接法律观点冲突仍然存在而且会直接影响裁判结果[3]时，才有义务提交大委员会裁判（德国《法院组织法》第 132 条第 3 款）。因此，修改本合议庭之前的法律见解不在其限。[4] 在裁判内容上，大委员会对法律问题的裁判结果不限于对冲突法律观点得选择第三种见解，而且对个案合议庭有约束力（德国《法院组织法》第 138 条第 1 款）。如果相关委员会违反了提交义务，裁判本身仍然有效，但是可能涉及对法定法官原则的违反。[5] 类似机制也存在于负责不同法律途径的最

---

〔1〕 最早似乎见于王玧法官的介绍，参见王玧：《判例在联邦德国法律制度中的作用》，载《人民司法》1998 年第 7 期，第 51 页。相似观点，参见雷鸿：《民事指导性案例研究》，法律出版社 2013 年版，第 328 ~ 329 页；陈兴良：《案例指导制度的规范考察》，载《法学评论》2012 年第 3 期，第 123 页；孙国祥：《从柔性参考到刚性参照的嬗变——以“两高”指导性案例拘束力的规定为视角》，载《南京大学学报（哲学·人文科学·社会科学）》2012 年第 3 期，第 139 页；冯文生：《审判案例指导中的“参照”问题研究》，载《清华法学》2011 年第 3 期，第 103 页脚注 48；杨力：《中国案例指导运作研究》，载《法律科学（西北政法大学学报）》2008 年第 6 期，第 51 页。基于减少法官负担和加强法官独立的考虑，《案例指导实施细则》在起草过程中拒绝引入该制度。参见郭锋、吴光侠、李兵：《〈《关于案例指导工作的规定》实施细则〉的理解与适用》，载《人民司法·应用》2015 年第 17 期，第 36 页。

〔2〕 此合议庭即联邦最高普通法院中作为审判组织的委员会（Senate）。此时不同于涉及不同最高法院的情况，只需询问最后作出不同见解的委员会的情形（德国《保障联邦各最高法院裁判统一法》第 4 条第 1 款第 3 句），在联邦最高普通法院内部则必须询问所有的持有不同见解的委员会。Walter Zimmermann, in: Münchener Kommentar ZPO, Band 3, 5. Aufl., 2017, § 132 GVG Rn. 13.

〔3〕 BGHZ 121, 305 = NJW 1993, 2241（涉及州高等法院与拜仁州最高法院的不同见解）；BGH NJW 2003, 1588, 1594（涉及刑民委员会的不同见解）.

〔4〕 Kissel/Mayer, Gerichtsverfassungsgesetz, 9. Aufl., 2018, § 132 Rn. 17.

〔5〕 Kissel/Mayer, a. a. O., § § 138 Rn. 12 ff., 132 Rn. 16.

高法院之间[德国《基本法》第 95 条第 1 款和第 3 款和德国《保障联邦各最高法院裁判统一法》(Gesetz zur Wahrung der Einheitlichkeit der Rechtsprechung der obersten Gerichtshöfe des Bundes; RsprEinhG)第 1 ~ 4 条、第 6 条、第 11 ~ 12 条和第 15 ~ 16 条]。[1] 由此可见,上述制度主要解决的是最高法院内部的意见分歧,并不针对下级法院背离判例的做法。[2] 特别是,由于德国对不同类型的案件区分不同的法律途径并且分别设置了独立的三审审级制度,同时即使在联邦最高普通法院中,各民事庭由于各自案件类型的特殊性、很可能后续有所区别地发展本来共通的裁判法规则(如在识别诉讼标的的诉讼法二分支通说中,对生活事实标准的个案解读),使这种冲突出现的可能性进一步加大。相对而言,我国在实践中地位重要的审委会已经在制度上解决了上述问题。也许我国审委会改革有进一步深化的必要,但是这已经超出本书研究的主题了。

---

〔1〕 Zimmermann, in: Münchener Kommentar ZPO, a. a. O., § 132 GVG Rn. 3; Kissel/Mayer, a. a. O., § 132 Rn. 1 ff.; Schilken, a. a. O., Rn. 391. 此外,由于州高等法院负责部分刑事案件的三审审理,因此为了同样保障司法统一,在其裁判偏离其他州高等法院或者联邦最高普通法院的在先裁判时,也有相应的提交义务。Kissel/Mayer, a. a. O., § 121 Rn. 10 ff.

〔2〕 关于这一制度的详细介绍,亦见高尚:《德国判例使用方法研究》,法律出版社 2019 年版,第 200 ~ 222 页;卢佩:《司法如何统一?——以德国联邦最高法院判例为实证分析对象》,载《当代法学》2014 年第 6 期,第 125 ~ 139 页。

第八章

民事裁判的法律适用技术

在民事裁判的说理中，对法律规范的引用十分重要。根据现行法规定，法律规范可能在判决书的裁判理由和裁判依据部分被完整具体地引用，其引用范围根据引用位置不同而有所区别。大陆法系的涵摄技术可以作为法律规范引用的比较法参考。民事判决对法律规范的引用应以民法上的请求权基础为核心，无论实体法还是程序法规范的引用也受到请求权基础的影响。引用规范上的完整程度和引用数量上的详略程度应有所差别。在具体引用法律规范时，法官也应注意规范用语中"依照"与"参照"在立法技术上的差异。法律适用技术的概念本身包罗万象，由"法律"一词出发，整个实体法与程序法体系都能在其中有一席之地。本章能探讨的，仅限于其中纯适用技术问题，或者更准确地说应该是其中的适用方法与规范引用问题。

一、问题的提出

如本书重点关注的事实认定的说理一样，裁判技术中法律适用的重要性毋庸置疑。法律适用方法问题传统上属于法理学研究的范围，但是对于理解民事诉讼同样有重要参考价值，有必要从诉讼法的立场出发，认识法律解释的过程。在这其中处于核心地位的涵摄技术，能够通过一定程度的抽象表达，理解并厘清裁判中各项表达之间的逻辑关系，进而试图发现其中可能存在的疏漏。这不仅适用于简单案件，也同样可以用于解决涉及复杂法律问题的疑难案件。除了法理学者之外，遵从大陆法系法教义学/解释学传统的实体法学者，也必然从实体法规范适用的角度，尝试细化请求权基础体系或者构成要件理论。同时，法律适用问题在裁判技术中也体现为法律规范的引用，我国实践在这方面存在一定的问题，[1]也有学者认为在疑难案件中常常难以准确引用法律依据，[2]甚至认为法律要件的要求主要只能为审判活动背书，是法官掩盖裁判真实理由和推卸自身责任的挡箭牌。[3] 鉴于此，2018 年最高人民法院发布了《释法说理意见》，阶段性地完成 2015 年第三部《人民法院五年改革纲要》中设置的裁判文书改革的目标，专门强调"裁判文书释法说理的目的是通过阐

〔1〕 参见何良彬、钟宏：《论裁判文书中法律适用的公开》，载《法律适用》2006 年第 3 期，第 17～20 页。

〔2〕 比如，参见夏锦文、徐英荣：《裁判文书法理依据蓄积深藏之缘由——以民事疑难案件的裁判为分析对象》，载《法学》2012 年第 10 期，第 127～135 页。

〔3〕 参见方乐：《司法行为及其选择的文化注释——以转型司法中的中国法官为例》，载《法律科学（西北政法大学学报）》2007 年第 5 期，第 29 页。

明裁判结论的形成过程和正当性理由,提高裁判的可接受性,实现法律效果和社会效果的有机统一",认为"要释明法理,说明裁判所依据的法律规范以及适用法律规范的理由"。而从实务的角度看,不仅裁判说理中有如何引用规范的问题,而且当事人在起诉状中应否写明具体引用的法条,而不能仅使用"依照《宪法》和法律的规定"的笼统表述,由于可能与诉讼标的理论的选择间接相关,更可能影响《民事诉讼法》第 122 条第 3 项中"具体的诉讼请求"要件的解释,同样成为立案审查讨论中的争点。[1]

在笔者看来,这里的问题既有宏观层面的基本思路问题,又有中观层面的具体规则问题,还有微观层面上的概念使用问题,有必要专门讨论。值得注意的是,裁判说理包括判决和其他裁判的说理。与本书主题保持一致,本书讨论的对象限于一审民事判决的说理。至于针对重大程序性事项的民事裁定以及额外体现审级制度中对前审裁判评价的二审和再审裁判(《释法说理意见》第 10 条),都具有各自不同的特殊性,同样值得未来进一步研究。

二、法律适用中对引用规范的要求

(一)法律规范引用的一般规范

法律规范既可能出现在裁判文书"本院认为"部分的字里行间,又应在判决主文前作为裁判依据被集中引用(最高人民法院 1992 年《法院诉讼文书样式》第 41 号)。2016 年《民事诉讼文书样式》就民事一审判决书的说明指出,"在说理之后,作出判决前,应当援引法律依据。分项说理后,可以另起一段,综述对当事人诉讼请求是否支持的总结评价,后接法律依据,直接引出判决主文。说理部分已经完成,无需再对诉讼请求进行总结评价的,直接另段援引法律依据,写明判决主文"[2]。在讨论具体的问题之前,有必要大致归纳目前引用法律规范的"规范"。从解释论上看,我国现行法对此已经做出比较明确的规定,在 1986 年《法律文书引用批复》、1997 年最高人民法院《关于司法解释工作的若干规定》和 2007 年最高人民法院《关于司法解释工作的规定》的基础上,2009 年出台的《裁判文书引用规定》给出了更为清晰的思路。

---

[1] 参见曹志勋:《民事立案程序中诉讼标的审查反思》,载《中国法学》2020 年第 1 期,第 292 ~ 294 页。

[2] 参见最高人民法院修改后民事诉讼法贯彻实施工作领导小组编:《民事诉讼文书样式》,人民法院出版社 2016 年版,第 252 页。

具体而言，裁判文书应根据效力层级上的高低以及实体法先于程序法的顺序，即法律（基本法律先于其他法律）及法律解释、行政法规、地方性法规、自治条例或者单行条例、司法解释，引用相关法律、法规等规范性法律文件作为裁判依据（《裁判文书引用规定》第2条）。可能的例外在于，根据案件的说理情况和法官的说理习惯，法官也可以将实体法的司法解释直接放在被解释的实体法法条之后。[1] 在裁判文书具体引用时，也应准确完整地写明相关文件的名称、条款序号，在有必要引用具体条文时，应直接引用该条文的全部（《裁判文书引用规定》第1条）。2016年《裁判文书规范》第三（七）（5）条补充规定，引用司法解释时应按照公告公布的格式书写。《释法说理意见》第12条同样指出，在上述规范性法律文件仅作为裁判理由使用时，也应遵守上述规范，并且注意"需要加注引号引用条文内容的，应当表述准确和完整"。特别是《裁判文书规范》第7条详细规定，"引用法律、法规、司法解释应书写全称并加书名号。法律全称太长的，也可以简称，简称不使用书名号。可以在第一次出现全称后使用简称。引用法律、法规和司法解释条文有序号的，书写序号应与法律、法规和司法解释正式文本中的写法一致。引用公文应先用书名号引标题，后用圆括号引发文字号；引用外文应注明中文译文"。

（二）法律规范引用的范围确定

民事判决引用法律规范的难点在于引用范围的确定。民事裁判文书应引用法律、法律解释或者司法解释，并且可以引用应适用的行政法规、地方性法规或者自治条例和单行条例（《裁判文书引用规定》第4条）。法官认为合法有效的其他规范性文件，也可以作为裁判说理的依据（《裁判文书引用规定》第6条），即可以直接将其内部论证作为个案论证的一部分，发挥其内容上的说服力。[2] 转而从排除性规定来看，《裁判文书规范》第三（七）（4）条则要求，"裁判文书不得引用宪法和各级人民法院关于审判工作的指导性文件、会议纪要、各审判业务庭的答复意见以及人民法院与有关部门联合下发的文件作为裁判依据，但其体现的原则和精神可以在说理部分予以阐述"。就此而言，被引用的"法律"，从理论上看可能包括作为根本大法的《宪法》，但现有规范给出的答

[1] 参见最高人民法院修改后民事诉讼法贯彻实施工作领导小组编：《民事诉讼文书样式》，人民法院出版社2016年版，第252页。

[2] 类似观点，参见罗筱琦：《民事判决研究：根据与对策》，人民法院出版社2006年版，第217页。

案却相对消极。从整体来看,对宪法的援引只能出现在裁判理由部分,但不能出现在裁判依据部分[1]也有实证研究表明,《宪法》规范在裁判文书中出现时,通常都发挥补充一般法律规则下的裁判说理的功能,对其的引用也常常违背引用自身的法理逻辑。[2]

《释法说理意见》第 13 条则进一步补充说明了裁判说理的可能组成部分,包括"最高人民法院发布的指导性案例;最高人民法院发布的非司法解释类审判业务规范性文件;公理、情理、经验法则、交易惯例、民间规约、职业伦理;立法说明等立法材料;采取历史、体系、比较等法律解释方法时使用的材料;法理及通行学术观点;与法律、司法解释等规范性法律文件不相冲突的其他论据"[3]。上述补充的说理渊源,实际上包括几种不同的情形。一是现行法明确规定的、可以作为法律适用大前提组成部分的公理、经验法则和交易习惯(包括民间规约),前两者属于民事诉讼中认定免证事实的条件(2019 年《证据规定》第 10 条),后者则是在法律没有明确规定时可以构成案件的法源,可以借助《民法典》第 10 条后半句的引致,成为案件的法律依据。二是指导性案例,在 2010 年《案例指导规定》第 7 条对此规定了"应当参照"效力之后,2015 年《案例指导实施细则》第 10 条进一步明确指出,"各级人民法院审理类似案件参照指导性案例的,应当将指导性案例作为裁判理由引述,但不作为裁判依据引用"(本书第七章)。三是适用各种法律解释方法时需要的素材,如历史解释、目的解释以及学理解释,其中也应注意《核心价值观释法说理意见》第 9 条的重申。《核心价值观释法说理意见》第 5 条也规定,"有规范性法律文件作为裁判依据的,法官应当结合案情,先行释明规范性法律文件的相关规定,再结合法律原意,运用社会主义核心价值观进一步明晰法律内涵、阐明立法目的、论述裁判理由"。四是情理和职业伦理,在特定类型的案件中也将成为法院裁

---

[1] 参见张卓明:《裁判文书援引宪法的"能"与"不能"——"裁判说理"与"裁判依据"二分政策的法理解读》,载《法学》2021 年第 6 期,第 57 ~ 75 页。

[2] 相关分析,参见林孝文:《我国司法判决书引用宪法规范的实证研究》,载《法律科学(西北政法大学学报)》2015 年第 4 期,第 186 ~ 190 页。相关实证研究,亦见邢斌文:《法院如何援用宪法——以齐案批复废止后的司法实践为中心》,载《中国法律评论》2015 年第 1 期,第 127 ~ 157 页(该刊更以每年发布的《观察报告》,由同一作者进一步更新相关最新情况)。

[3] 相关解释,参见胡仕浩、刘树德:《新时代裁判文书释法说理的制度构建与规范诠释(下)——〈关于加强和规范裁判文书释法说理的指导意见〉的理解与适用》,载《法律适用(司法案例)》2018 年第 18 期,第 15 ~ 17 页。

判的考量因素。五是最高人民法院发布的非司法解释类审判业务规范性文件（本书第七章）。[1] 笔者认为，在是否引用的形式差别背后，真正关键的是相关观点的内在说服力。只要该观点在解释论层面上有道理，在判决书中就可以转化为个案法官对法律问题的回答，进而满足依法裁判的要求。[2]

此外，进一步需要关注的是被引用的法律规范本身存在疑问的情形。一方面，在法律规范存在冲突时，现行规范认为应以能否选择适用为标准加以区分。《释法说理意见》第 7 条第 3 句规定，“法律适用存在法律规范竞合或者冲突的，裁判文书应当说明选择的理由”。《裁判文书引用规定》第 7 条则指出，“人民法院制作裁判文书确需引用的规范性法律文件之间存在冲突，根据立法法等有关法律规定无法选择适用的，应当依法提请有决定权的机关做出裁决，不得自行在裁判文书中认定相关规范性法律文件的效力”。另一方面，在法律没有明文规定时，《释法说理意见》第 7 条第 4 句规定，“民事案件没有明确的法律规定作为裁判直接依据的，法官应当首先寻找最相类似的法律规定作出裁判；如果没有最相类似的法律规定，法官可以依据习惯、法律原则、立法目的等作出裁判，并合理运用法律方法对裁判依据进行充分论证和说理”。就此而言，法官通过具体裁判实现的法律漏洞补充甚至“造法”的功能，也得到了一定程度的明确承认。《核心价值观释法说理意见》第 6 条也指出，“民商事案件无规范性法律文件作为裁判直接依据的，除了可以适用习惯以外，法官还应当以社会主义核心价值观为指引，以最相类似的法律规定作为裁判依据；如无最相类似的法律规定，法官应当根据立法精神、立法目的和法律原则等作出司法裁判，并在裁判文书中充分运用社会主义核心价值观阐述裁判依据和裁判理由”。甚至，《核心价值观释法说理意见》第 7 条还补充规定，“案件涉及多种价值取向的，法官应当依据立法精神、法律原则、法律规定以及社会主义核心价值观进行判断、权衡和选择，确定适用于个案的价值取向，并在裁判文书中详细阐明依据及其理由”。

三、作为法律适用方法的涵摄技术

（一）涵摄技术的意义

在大陆法系传统中，关于法律规范引用的基本思路可以体现在所谓涵摄

---

〔1〕 参见曹志勋：《论指导性案例的“参照”效力及其裁判技术——基于对已公布的 42 个民事指导性案例的实质分析》，载《比较法研究》2016 年第 6 期，第 113 页。

〔2〕 参见曹志勋：《对民事判决书结构与说理的重塑》，载《中国法学》2015 年第 4 期，第 245 页。

技术之中,涵摄概念(subsumtion)历经百年依旧独占鳌头。随着社会对司法功能的重新认识以及主流法学理论的各领风骚,涵摄的内涵已经有了很大变化,比如,逐步承认其中价值判断、先见或法律感的存在空间。从概念上看,将司法涵摄过程称为法学三段论有不严谨之处,[1]不同学者对于涵摄的范围也有不同看法,其分歧主要是在填补大小前提的差距时,如何定义演绎推理以外的法律评价部分。囿于主题,本章将不会纠结于上述法理学上的分歧。[2] 在民事裁判的具体说理中,涵摄技术主要针对弥合法定要件事实与个案案件事实之间鸿沟的过程,[3]在裁判中则体现为适用法律和引用法律规范说明裁判理由的方法。这不仅适用于简单案件中的逻辑推理,也同样可以涉及疑难案件中复杂法律问题的解决,通过扩展还可以在对应指导性案例的具体裁判的处理过程中发挥应有的作用。[4] 在上述过程中,除了一般能够通过上下文解决歧义的问题之外,对于其中含混不清的问题和评价性概念/不确定法律概念

---

[1] Arthur Kaufmann, Problemgeschichte der Rechtsphilosophie, in Arthur Kaufmann/Winfried Hassemer/Ulfrid Neumann Hrsg., Einführung in die Rechtsphilosophie und Rechtstheorie der Gegenwart, 8. Aufl., 2011, S. 129; Ulfrid Neumann, Juristische Logik, in Arthur Kaufmann/Winfried Hassemer/Ulfrid Neumann Hrsg., Einführung in die Rechtsphilosophie und Rechtstheorie der Gegenwart, 8. Aufl., 2011, S. 299.

[2] 其中,拉伦茨(Larenz)教授认为法官对案件事实的评价只属于涵摄的准备工作,考夫曼(Kaufmann)教授也主张等置过程在涵摄之外,等置由溯因推理、归纳和类推组成,涵摄即纯粹演绎推理的过程,齐佩利乌斯(Zippelius)教授也持这样的观点。Karl Larenz, Methodenlehre der Rechtswissenschaft, 6. Aufl., 1991, S. 283 ff.; Arthur Kaufmann, Das Verfahren der Rechtsgewinnung, 1999, S. 75 f.(但是本书中主要讨论的武器与盐酸的问题实际上是一个无法仅通过法律解释解决的类推问题,而且即使考夫曼教授都认同,本案实际上超越了司法权,是不合法的类推。从这一个案例无法讨论一般意义上如何适用法律); Reinhold Zippelius, Juristische Methodenlehre, 11. Aufl., 2012, S. 58. 相反,恩吉施(Engisch)教授则将类似的等置过程视为涵摄的一部分,即"真正的涵摄"。Karl Engisch, Logische Studien zur Gesetzesanwendung, 3. Aufl., 1963, S. 19 f., 26. 也有学者尝试融合上述观点,例如,Ernst A. Kramer, Juristische Methodenlehre, 3. Aufl., 2010, S. 34 Fn. 4。但是这只是概念定义上的形式化差异,其讨论的主题都是相同的。国内认为应根据不同情况区别翻译的观点,参见[德]卡尔·恩吉施:《法律思维导论》,郑永流译,法律出版社2004年版,第60页译注。

[3] Hans-Joachim Koch/Helmut Rüßmann, Juristische Begründungslehre, 1982, S. 24 ff.; 参见王泽鉴:《法律思维与案例研习:请求权基础理论体系》,2019年自版发行,第164~166页。相关讨论,比如,参见胡学军:《在"生活事实"与"法律要件"之间:证明责任分配对象的误识与回归》,载《中国法学》2019年第2期,第239~259页;黄泽敏:《案件事实的归属论证》,载《法学研究》2017年第5期,第74~92页。

[4] 参见黄泽敏、张继成:《案例指导制度下的法律推理及其规则》,载《法学研究》2013年第2期,第40~44页。

(本书第十章)需要进一步展开。[1] 此时,法律推理的结构与模式成为大陆法系传统下法条适用理论的讨论重点。[2] 从笔者专攻的民事诉讼法学的角度看,在自诉的声明(实体法意义上的请求内容)、权利主张(无论是否具有独立识别诉讼标的的程序功能)到要件事实(直接由实体法规范的构成要件规定)之后,涵摄过程体现为要件事实逐步具体化并形成更为具体的法律规范(个案裁判规范)的过程,其间将主要依靠经验上的判断,[3]逐步向具体案件中的客观事实靠拢。此外值得注意的是,法官在形成结论的过程中不应仅为了个案的纠纷解决,还应同时着眼于其他案件中可能适用的规则,即发挥其规则形成功能。[4]

在目前私法领域的发展现状上,涵摄方法毫无疑问可以被用于我国法律规范的理解与适用。相应地,这一方法也会直接影响法官在裁判中引用法条时的考量因素。就"公民享有生命健康权"这样可能是最为简单直白的法条来说,即使是普通人也不会遇到法律适用上的障碍。将"公民"解释为要件事实只是纯粹的法律/裁判技术上的拟制,实际上通过文义就已经可以直接理解这一基本概念。[5] 这里更多只是一种方法上的展示。[6] 更进一步看,法律规范

---

〔1〕 参见王泽鉴:《法律思维与案例研习:请求权基础理论体系》,2019 年自版发行,第 236 ~ 243 页;许可:《民事审判方法:要件事实引论》,法律出版社 2009 年版,第 23 ~ 29 页。

〔2〕 Robert Alexy, Die logische Analyse juristischer Entscheidungen, in Robert Alexy/Hans – Joachim Koch/Lothar Kuhlen/Helmut Rüßmann, Elemente einer juristischen Begründungslehre, 2003, 9, 16 f. 国内法理学者对相关法律推理形式的更深入的(形式化)介绍,比如,参见雷磊:《法律推理基本形式的结构分析》,载《法学研究》2009 年第 4 期,第 18 ~ 39 页。其他研究,亦参见张其山:《司法三段论的结构》,北京大学出版社 2010 年版,第 50 ~ 59 页。

〔3〕 发现经验判断并论证其正确性不是内部证成的任务、而是外部证成的对象。Robert Alexy, Theorie der juristischen Argumentation, 5. Aufl., 2006, S. 278, 281; Koch/Rüßmann, a. a. O., S. 57 f., 117 f.(称为主要结构和补充结构);参见王鹏翔:《论涵摄的逻辑结构》,载《成大法学》2005 年总第 9 期,第 24 页。

〔4〕 Alexy, a. a. O. (2006), S. 279; Larenz, a. a. O., S. 314.

〔5〕 基本概念即不再需要其他概念定义的概念,但其理解可能因场景而异。比如,对于红黄蓝的颜色,日常生活和法学上的理解可能都认为其不再需要其他概念定义,但在物理学上仍然涉及波长的定义。Koch/Rüßmann, a. a. O., S. 25, 70. 这种情况下事实认定(感知)和涵摄之间的界限并不清晰,其解释也与涵摄的定义有关。Larenz, a. a. O., S. 276; Engisch, a. a. O. (1963), S. 103 f. 不过,对于数字概念由于没有比较的必要,可以直接进行演绎涵摄。Kaufmann, a. a. O., S. 77. 郑永流教授将其视为可以直接适用法律的传统法律适用的范围(区别于法律发现)。参见郑永流:《法律判断形成的模式》,载《法学研究》2004 年第 1 期,第 141 ~ 142 页。

〔6〕 当然,同样不能否定事实上存在这样相对简单的法律规范,因而基本模式仍然有其实践意义。不同见解,参见张继成:《法律推理模式的理性构建》,载《法商研究》2002 年第 4 期,第 127 页。

的设计显然有更多可能。法律构成要件可能需要从多个法条中寻找(不完全法条),如说明、限制、引用、拟制的法条,在法条竞合时更是如此。[1] 法律规范中也可能包含多个并列可选的要件事实,如"行为人没有代理权、超越代理权或者代理权终止后,仍然实施代理行为,相对人有理由相信行为人有代理权的,代理行为有效"。(《民法典》第172条)此时只需要满足上述三个要件事实中的一种即可。[2] 对于这种情况,在引用时也应注意区别个案中被适用的究竟是哪一种情形。同时,法律后果也可能存在多个选项,如"损坏国家的、集体的财产或者他人财产的,应当恢复原状或者折价赔偿"(原《民法通则》第117条第2款),或者范围不确定,如"由人民法院根据实际情况确定赔偿数额"的情况(《民法典》第1182条后1分句)。最后,当法条本身的表达就存在多种解释空间时,由于案件事实是否满足构成要件的条件本身存在争议,尚不能直接判断能否发生法律效果。[3]

(二)传统法学三段论

至于如何设置法律适用的具体规则,笔者认为,应当依托于对上述涵摄技术的进一步认识。在我国,最主流的分析框架是所谓法学三段论,一向是法律逻辑学者关注研究的领域。从本章主要研究的私法领域来看,相关讨论在早期更多源于我国台湾地区学者王泽鉴和黄茂荣教授的介绍,[4] 即将由行为规则和法律后果组成的具体法律规范(完全法条)作为大前提,再将具体的生活事实该当/涵摄于法律构成要件/要件事实之下形成小前提,最后通过逻辑推论导出前述法律效果。上述观点早在50多年前被德国恩吉施、拉伦茨两位大

[1] Zippelius, a. a. O., S. 26 ff.(所谓基本事实构成要件和补充性规范);Larenz, a. a. O., S. 257 ff.;参见王泽鉴:《法律思维与案例研习:请求权基础理论体系》,2019年自版发行,第51~54、95~101页;黄茂荣:《法学方法与现代民法》,法律出版社2007年版,第161~222页。

[2] 对此王鹏翔研究员将其理解为法律构成要件下并列的多个要件事实(侵权构成要件),虽然本身也是需要回应的法律适用问题,但是看起来更像是对文本的误读(应区分要件事实之间选择性和重叠性的关系)。参见王鹏翔:《论涵摄的逻辑结构》,载《成大法学》2005年总第9期,第11页。此外值得注意的是,法条上的"或"既有可能表示择一不可兼得(如正文例示),又可能表示可兼得("不违反法律或者社会公共利益",《民法通则》第55条第3项),通过形式化的方式更容易发现其准确含义。

[3] Alexy, a. a. O. (2006), S. 276.

[4] 参见王泽鉴:《法律思维与案例研习:请求权基础理论体系》,2019年自版发行,第164~166页;黄茂荣:《法学方法与现代民法》,法律出版社2007年版,第222~228页。

家广为传播,影响力甚广。[1] 在最基本的完全法条[2]中,其逻辑思路如下:第一,当法律构成要件(T)的要求被某个个案事实满足时,对这一案件事实应当适用法律效果(R)(大前提),即对属于 T 的任一事例都发生 R 的效果(T→R)。第二,特定案件事实(S)满足了 T 的要求,即 S 是 T 的一个事例(小前提)(S = T)。第三,对于 S 应当适用 R 的效果(结论)(S→R)。[3]

随后他们也具体讨论了如何寻找作为难点的小前提。[4] 对于由多个要件事实(M^1, M^2, M^3)穷尽列举的法律构成要件 T 而言,如果特定案件事实 S 同时完全满足了上述要件事实,那么 S 就是 T 的一个事例。[5] 王泽鉴教授在引介时将其表达如下:

$$T = M^1 + M^2 + M^3 \rightarrow R$$

$$S = M^1 + M^2 + M^3$$

$$S \rightarrow R$$

此外,就上述法学三段论意义上的尝试,德国学者也做了相对深入的探讨。比如,拉伦茨教授在概念上区分概念和类型,并且认为后者不满足涵摄的条件,只能进行“评价性归类”(wertende Zuordnung)。[6] 恩吉施教授则主张在法律适用的大前提方面,为了形成具体的应然规范,在涵摄之外还存在一个归属(Subordination)的过程。归属过程通过解释(经过补全的完全法条中的)法律构成要件将其细分为若干典型案例类型,并通过 AAA 式的直言三段论推

---

〔1〕 Karl Larenz, Methodenlehre der Rechtswissenschaft, 6. Aufl., 1991, S. 271 ff.; Engisch, a. a. O. (1963), S. 3 ff.

〔2〕 Larenz, a. a. O., S. 273; Engisch, a. a. O. (1963), S. 15.

〔3〕 这里拉伦茨教授使用了形式上并不严谨的等号(代表“等同”),因此德国部分学者对此从逻辑学上持批评态度。Jürgen Rödig, Die Theorie des gerichtlichen Erkenntnisverfahrens, 1973, S. 165; Koch/Rüßmann, a. a. O., S. 64. 但是拉伦茨教授随后已经做了说明,这只表示 S(但不限于这一个)体现了 T 的所有特征,但自己找不出更好表示自己意思的符号,因而姑且用之。Larenz, a. a. O., S. 272 Fn. 34. 这里很大程度上只是符号之争,并不影响其实质表述。此外王泽鉴教授则在这里使用了“一定的案例事实该当于 T 的要件”的不同表述,即直接将涵摄的意思写入上述规则中。参见王泽鉴:《法律思维与案例研习:请求权基础理论体系》,2019 年自版发行,第 164 页。

〔4〕 Karl Engisch, Einführung in das juristische Denken, 10. Aufl., 2005, S. 73.(强调寻找小前提是抽象的法律规范与个案之间的桥梁,并实现依法裁判)

〔5〕 Larenz, a. a. O., S. 273.

〔6〕 Larenz, a. a. O., S. 221 ff., 275.

论出这些案例类型同样适用抽象规范的法律后果。[1] 同时就最重要的小前提的寻找而言,恩吉施教授等人坚持等置理论,即要件事实通过解释(Interpretation)逐步具体化(konkretisiert)以及案件事实通过建构(Konstruktion)类型化的过程。[2] 虽然表述不同,但是这两种思路的差异其实并没有表面上看的那么大。按照恩吉施教授提出的模式,要件事实从逻辑上看可以划分为若干案件类型(归属),而且这个过程可以一直推演下去,直到出现能够将案件类型与具体案件事实等同(等置)。最终,该模式就可以达到拉伦茨模式中的"S 是 T 的一个事例"。[3] 因此,也可以说等置模式是对(拉伦茨)法学三段论的进一步细化。[4]

(三)精确的逻辑表达

1. 基本模式

上述观点在历史上发挥了重要作用,并成为其后司法实践、法学教育和研

---

〔1〕 Engisch, a. a. O. (2005), S. 45 f.; Engisch, a. a. O. (1963), S. 15 ff.

〔2〕 类似但更清晰的表述:Philippe Mastronardi, Juristisches Denken, 2. Aufl., 2003, Rn. 573 ff.; 参见郑永流:《法律判断形成的模式》,载《法学研究》2004 年第 1 期,第 143～149 页。齐佩利乌斯教授的观点大致也可以归入此类,他主张参照案件事实将法规范具体化,这可以通过从客观的角度比较案件事实与显然可以适用法律规范的案件类型(比较基准)来解决。这是一个解释大前提并细化法律规范的过程。Zippelius, a. a. O., S. 58 ff., 80 f. 类似观点:Dieter Medicus/Jens Peterson, Grundwissen zum Bürgerlichen Recht, 9. Aufl., 2011, Rn. 8, 10。

〔3〕 Rödig, a. a. O., S. 165 ff. 其形式化表达为:

$$T_x = T_a \cup T_b \cup \ldots \cup T_n$$

$$T_1 = T_{a.1} \cup T_{a.2} \cup \ldots \cup T_{a.n}$$

$$\{\{S_1\} \cup \{S_2\} \cup \ldots \cup \{S_n\}\}$$

$$\{Sa\} \subset Tx$$

$$Sa \in Tx$$

〔4〕 对这两种法律适用模式的批判性分析,参见黄泽敏:《案件事实的归属论证》,载《法学研究》2017 年第 5 期,第 77～80 页。

究的基石。但是从批评的角度看,上述论述也有比较明显的不足。[1] 虽然两位学者都强调了涵摄中“目光在大前提和生活事实之间的往返流转”[2]或者“解释学上的循环”,[3]但是没有更准确地揭示具体的案件事实如何满足要件事实的要求,特别是如何填补法律语言与生活事实之间的差距。[4] 于是,以阿列克西(Alexy)教授为代表的学者开始使用一阶谓词逻辑的表达,试图更好地

---

〔1〕 此外,罗迪克(Rödig)教授还指出,上述表达在逻辑上缺少了一个法律后果具体化的前提,即应当有一个与案件事实相对的法律效果(R＊)。Rödig, a. a. O. , S. 165. 就此而言,在一阶谓词逻辑中,相当于缺少了的全称实例化以及相应地适用分离规则/肯定前件的推理规则,由S推导出R＊。这也是命题逻辑(如肯定前件)和传统三段论(如AAA式)不能准确描述法律适用过程的一个原因,所以需要引入谓词逻辑。Koch/Rüßmann, a. a. O. , S. 39; 参见熊明辉:《论法律逻辑中的推论规则》,载《中国社会科学》2008年第4期,第33页。关于条件命令句的表达方式(如应然算子O),主要的观点都采用规范逻辑的方式明确表示:Alexy, a. a. O. (2006), S. 94 f. ; Hans – Joachim Koch, Deduktive Entscheidungsbegründung, in Alexy/Koch/Kuhlen/Rüßmann, a. a. O. , S. 46 ff. ; Koch/Rüßmann, a. a. O. , S. 43。作为少数意见,罗迪克教授认为上述模式可以用谓词逻辑表达(Rödig, a. a. O. , S. 276 ff.),熊明辉教授也采取这样的方式处理(熊明辉:《刑事法律论证的逻辑基础探析》,载《山东大学学报(哲学社会科学版)》2006年第3期,第37～42页)。批评意见:Eckart Ratschow, Rechtswissenschaft und Formale Logik, 1998, S. 101 f. , 117 ff. , 133 f. 。本人无力处理这类问题(而且两种选择也许都是可行的),只能暂且参照德国学者常用的表达使用规范逻辑的概念。关于规范逻辑下条件句逻辑表达问题的深入介绍,参见陈显武、葛祥林:《论条件式规范之逻辑特性》,中国台湾地区2002年“国科会”研究计划结案报告,2003年版,第1～24页。对此,王鹏翔研究员则将前述罗迪克教授的批评理解为,在上述表达中未能将案件事实S作为一个前提,因此不能推出个别的法律效果。参见王鹏翔:《论涵摄的逻辑结构》,载《成大法学》2005年总第9期,第7～8页。

〔2〕 Engisch, a. a. O. (1963), S. 15.

〔3〕 Larenz, a. a. O. , S. 279 ff. (同时设例具体解释了如何从生活事实中提取具有法律意义的事实)

〔4〕 部分原因在于其讨论的情形是民法上的案例,因此,在其语境中案件事实已经是确定并且与要件事实的距离并不远,特别是王泽鉴教授讨论的其实是民法实例的解题思路并强化实体法上的请求权基础体系,恐怕只是侧重不同的问题。但是在本章处理的民事诉讼的问题中,上述被忽略的问题恰恰是重点所在。同时,在一般的法律论证理论中常常不考虑案件事实认定的问题,而主要涉及个案的法律评价。Ulfrid Neumann, Theorie der juristischen Argumentation, in Arthur Kaufmann/Winfried Hassemer/Ulfrid Neumann Hrsg. , Einführung in die Rechtsphilosophie und Rechtstheorie der Gegenwart, 8. Aufl. , 2011, S. 334; 参见郑永流:《法律判断形成的模式》,载《法学研究》2004年第1期,第142页。作为例外:Koch/Rüßmann, a. a. O. , S. 271 ff. 。最后,在法学教育中同样不会让学生处理(争议)事实问题,参见王泽鉴:《法律思维与案例研习:请求权基础理论体系》,2019年自版发行,第110页;[德]阿什特里德·斯达德勒尔、吴泽勇:《德国法学院的法律诊所与案例教学》,载《法学》2013年第4期,第56页;Medicus/Peterson, a. a. O. (2011), Rn. 8.

描述涵摄技术。[1] 对于最简单的法律适用问题,如“公民享有生命健康权”(《民法通则》第98条),设x为不特定的主体(个体变量),a为特定的某个人(个体常量),T代表法律构成要件“公民”(谓词),R代表法律效果“享有生命健康权”(谓词),同时在逻辑上∀表示全称量词即所有的x,→表示充分条件,O表示应当如何的效果(应然算子)。那么我们可以将上述法条更准确地做如下表达。

(1)对于所有的x来说,如果满足T的要求就适用法律效果R,即对所有的自然人和法人来说,如果他是公民,就享有生命健康权。很明显,这是法典抽象化后(德国潘德克吞民法体系)最常见的法条结构,适用于所有人。

(1′)如果特定人a满足T的要求,对他就发生法律效果Ra,即如果a是公民,他就享有生命健康权。通过这一全称例示的过程,我们就得到了一个具体适用于a的个体规范。这就是恩吉施教授所谓的“具体的应然规则”(konkrete Sollenssätze, das konkrete rechtliche Sollen)[2]或者罗迪克教授所谓的“具体的应然法律判断”(das konkrete rechtliche Sollensurteil)[3],即类似体现个案实质正义的判决主文。

(2)a满足构成要件T,即a是公民。这是最基础形式的涵摄,也是从案件事实到要件事实的法律适用过程。

(3)对a应当适用法律效果R,即a享有生命健康权。之所以可以得出这样的结论,是因为存在分离规则/肯定前件(MP)的基本推论规则,即“如果p那么q;p,因此,q”(p→q,p∴q),其中p和q被称为命题。相对而言,前述(1)则被称为严格的分离规则,即不存在例外地适用分离规则。[4] 为了避免某法条由于其他因素的影响而出现例外,熊明辉教授使用可废止规则($\forall_n x$)在表

---

〔1〕 前述法学三段论,实际上就是一阶谓词逻辑的一部分。Neumann, Juristische Logik, in Kaufmann/Hassemer/Neumann, a. a. O., S. 303; Ulrich Klug, Juristische Logik, 4. Aufl., 1982, S. 48 ff. 国内既有概述,比如,参见张志铭:《司法判决的结构和风格——对域外实践的比较研究》,载《法学》1998年第10期,第26~27页。

〔2〕 Engisch, a. a. O. (2005), S. 45 f.

〔3〕 Rödig, a. a. O., S. 168.

〔4〕 Alexy, a. a. O. (2006), S. 273 ff.; 王鹏翔:《论涵摄的逻辑结构》,载《成大法学》2005年总第9期,第8~11页。相关哲学介绍,亦参见熊明辉:《论法律逻辑中的推论规则》,载《中国社会科学》2008年第4期,第32~33页。

达中承认例外的存在,[1]有学者在表达中加入“担心条款”(Angstklausel)(¬ Ax)或优先条款(Vorbehaltsklausel)(Ex)以表达没有其他规则效力优先并介入,[2]王鹏翔研究员则使用例外要件事实(Mx)表示。[3] 但是,如果以民事诉讼中的裁判而非抽象的法理论或逻辑理论为中心,对于基本模式也没有这样表达的必要。就此而言,个案中适用的法律构成要件当然由来自多个法条的积极、消极以及以某要件为前提的要件事实组成。但是不同于裁判的形成过程,[4]在说理时需要考虑的只是法官在审理中产生疑问或者当事人在陈述和辩论中强调的部分。这样,在讨论裁判说理中的涵摄时,法官已经明确了需要讨论的大前提的内容,这时就应当是一个严格的分离规则。[5] 易言之,法理学者对于例外能否穷尽的争论、也即(法律适用的)疑难案件和法律发展(阿列

---

〔1〕 参见熊明辉:《论法律逻辑中的推论规则》,载《中国社会科学》2008 年第 4 期,第 33 ~ 34 页。从法律方面的介绍:Peng – Hsiang Wang (王鹏翔), Defeasibility in der juristischen Begründung, 2004, S. 14 ff。亦见王涌:《私权的分析与建构:民法的分析法学基础》,北京大学出版社 2020 年版,第 363 ~ 368 页。

〔2〕 Neumann, Juristische Logik, in Kaufmann/Hassemer/Neumann, a. a. O., S. 306. 但是这实际上逃避了对于例外条款的具体化。结论相同但更清晰的批评:Wang, a. a. O., S. 25 & Fn. 55。

〔3〕 Wang, a. a. O., S. 92 ff. (由于经撤销后的前提集合不再能推出原有的法律后果,所以引入了非单调逻辑的方法解决) 此外,熊明辉教授随后的分析也值得进一步探讨。参见熊明辉:《论法律逻辑中的推论规则》,载《中国社会科学》2008 年第 4 期,第 34 ~ 35 页。首先,例外的存在并不能通过证明责任规则克服,因为例外不仅存在于事实认定上(适用证明责任更是事实主张真伪不明时的例外情形),当然也存在于找法的过程中,而且显然以后者为主(如后述规则的例外能否穷尽的问题)。熊教授另文则在讨论所谓哈特问题(法律解释中的开放结构)时明确以大前提中的例外批判传统法学三段论,似乎前后认识不同。参见熊明辉:《刑事法律论证的逻辑基础探析》,载《山东大学学报(哲学社会科学版)》2006 年第 3 期,第 36 ~ 37 页。其次,所谓非单调逻辑的缺省规则也只能解决具体的案件事实无法证明的情况,既无法回答构成罪与非罪、此罪与彼罪的问题(因为根本不是“证明”的对象),又无法论证否定前件的有效性(因为缺省规则只能不满足说服责任时推出¬ Pa,仍然需要论证为何能推出¬ Qa,而这个关系恰恰是该单条件句谬误的核心)。从另一个角度看,不能混淆针对事实真伪不明的证明责任和更一般化的说理义务。Wang, a. a. O., S. 77; Ratschow, a. a. O., S. 139. (针对驳回诉讼请求裁判的非演绎式的说理方案)最后,肯定后件和否定后件的情况在法律适用/论证中没有实际意义,笔者难以设想从法律效果反推法律构成要件/案件事实的情况。

〔4〕 在涉及法条竞合、原则冲突或者例外规则时,则需要在现有模式之外先作元涵摄,即事先形成与个案案件事实相关的抽象法律规则。参见王鹏翔:《论涵摄的逻辑结构》,载《成大法学》2005 年总第 9 期,第 18 ~ 19 页。进一步分析,亦见王鹏翔:《论基本权的规范结构》,载《台大法学论丛》2005 年第 34 卷第 2 期,第 15 ~ 28 页。

〔5〕 在裁判说理(而非审理过程)中,因为已经限定了本案所适用规则(例外在本案中不适用),使用全称例示并无不当。Ratschow, a. a. O., S. 80. 另外关于优先适用严格分离的观点,参见熊明辉:《自然语言论证评价的逻辑分析》,载《哲学研究》2006 年第 10 期,第 106 页。

克西教授主张的存在潜在例外的可能性)的问题[1]并不影响这个判断的成立,因为寻找大前提的过程并不在本文讨论的涵摄(已知法律构成要件与案件事实的关系)的范围中。[2] 将上述表述形式化,就如下所示。

(1)($\forall$x)(Tx→ORx)

(1′)Ta→ORa

(2)Ta

(3)ORa　　　(1′),(2)[3]

值得说明的是,本章借鉴形式化表达的目的有三点。这样既可以更清晰、直观地表现适用法律的过程,又可以借此向外行人初步介绍,有限地破除相关方法对相关后续研究带来的可能障碍,最后还可以尝试将民事诉讼传统上的解释与法哲学上的方法结合,换一个角度思考、整理和审视我们的民事诉讼法理。近年来,一部分法理学者深化了大陆法系传统下的法学方法论讨论,其中也已涉及对民事诉讼法学问题的认识。[4] 特别是,分属不同领域的研究者多关注本学科国内外研究的比较,可能导致由于学术背景、专攻方向以及翻译传统不同导致的误解或疏漏,这对于以概念为核心的大陆法系法学研究来说尤为重要。[5] 不过无论如何,纯粹的演绎或者形式化的表达都只是一种(有局限性的)方法而已,本身不提供知识增量,也显然需要其他理论或者额外论证的补强才能解决实际问题。易言之,形式化表达方法不能解决传统法哲学上

---

[1] Robert Alexy, Rechtsregeln und Rechtsprinzipien, in Alexy/Koch/Kuhlen/Rüßmann, a. a. O., 217, 219 ff.; Ronald Dworkin, *Taking Rights Seriously*, Harvard University Press, 1977, p. 25; Wang, a. a. O., S. 24 ff.

[2] 对于近年来法理学者通常详细讨论的、通过非单调逻辑方法解决可废止大前提规则的问题,本人无力加以介绍和探讨,请有兴趣的读者参见 Wang, a. a. O., S. 110 ff.; Ratschow, a. a. O., S. 80, 141 ff.; 陈显武:《论法学上规则与原则之区分——由非单调逻辑之观点出发》,载《台大法学论丛》2003 年第 34 卷第 1 期,第 1 ~45 页。关于非单调论证的中文介绍,亦见夏卫国:《非单调司法论证模式导论》,山东人民出版社 2013 年版。但是如前所述,依本章裁判说理的主题,这种分析在一般的法律说理中也没有必要。例外在后文所述的经验法则的形式化(本书第十一章),实际上体现的就是可废止规则。

[3] 在带括号的数字序号前的点代表前提,相应的(3)后面的"(1′),(2)"代表 ORa 的结论以这两者为前提。

[4] 参见黄泽敏:《案件事实的归属论证》,载《法学研究》2017 年第 5 期,第 74 ~92 页。

[5] 既有讨论,比如,参见胡学军:《在"生活事实"与"法律要件"之间:证明责任分配对象的误识与回归》,载《中国法学》2019 年第 2 期,第 257 ~258 页;卢佩:《"法律适用"之逻辑结构分析》,载《当代法学》2017 年第 2 期,第 97 ~105 页。

的语义或者漏洞等问题,这需要进一步讨论相关外部证成的问题(因此不能仅凭内部证成的局限性批评演绎模式,因为后者正是由内部和外部证成两部分组成)。[1] 而且,由于逻辑学方法本身的多样性以及法律学者对于逻辑方法使用的不同深度,本章介绍的只是基础内容,本章的重点无疑仍然在民事诉讼法学的路径上。与本章写作目的大致相符的是,我国也有学者将法律推理分为强调形式化表达的法律逻辑学、研究技术操作的诉讼法学以及追问法律思维的法理学。[2]

2. 复杂模式

为了进一步思考案件事实与要件事实之间的关系,这里需要讨论更为复杂的情形。就此而言,阿列克西教授针对一个德国刑法上杀人的案例,对只涉及单个要件事实的案例做出如下推论。“杀人者判处终生监禁”(德国《刑法典》第 211 条第 1 款)→“凶残杀人”构成前款 9 种要件事实中的一种(德国《刑法典》第 211 条第 2 款)→利用被害人的轻信和不备故意将其杀死属于前者→当被害者完全没有预见到攻击或者自卫机会有限时属于前者→在没有受害人布置了安保措施等特殊情形时,杀人者将一个睡着的人杀死属于前者。在上述推论后,就形成了一个具体的规范。随后通过前述基本模型,在存在满足最后一步的具体个案时,就可以推出对个案当事人应当适用终生监禁的法律后果。[3]

在我国,以最高人民法院指导案例 15 号为例,也许能够更好说明复杂模式下的涵摄过程。在事实方面经法院审理查明,A 公司成立于 1999 年,2008 年股东变更为王某礼、倪某。B 公司成立于 2004 年, 2007 年股东变更为王某礼、倪某。C 公司成立于 2005 年, 2008 年股东变更为张某蓉、吴某,其中张某蓉系王某礼之妻。在公司人员方面,三个公司经理均为王某礼,财务负责人均为凌某,出纳会计均为卢某,工商手续经办人均为张某;三个公司的管理人员存在交叉任职的情形,且免去 C 公司副总经理职务的决定系由 A 公司作出。在公司业务方面,三个公司在工商行政管理部门登记的经营范围均涉及工程

---

〔1〕 Zippelius, a. a. O. , S. 88 ff. ; Kaufmann, Problemgeschichte der Rechtsphilosophie, in Kaufmann/Hassemer/Neumann, a. a. O. , S. 87 f.

〔2〕 参见张保生:《法律推理中的法律理由和正当理由》,载《法学研究》2006 年第 6 期,第 84 页。

〔3〕 Alexy, a. a. O. (2006), S. 276 ff.

机械且部分重合,其中C公司的经营范围被A公司的经营范围完全覆盖;三个公司在对外宣传中区分不明,2008年12月4日重庆市公证处出具的公证书记载:通过因特网查询,C公司、B公司在相关网站上共同招聘员工,所留电话号码、传真号码等联系方式相同;C公司、B公司的招聘信息,包括大量关于A公司的发展历程、主营业务、企业精神的宣传内容;部分C公司的招聘信息中,公司简介全部为对B公司的介绍。在公司财务方面,三个公司共用结算账户,特别是在与徐工机械公司均签订合同、均有业务往来的情况下,三个公司于2005年8月共同向徐工机械公司出具书面说明,称因A公司业务扩张而注册了另两个公司,要求所有债权债务、销售量均计算在C公司名下,并表示今后尽量以C公司名义进行业务往来;2006年12月,C公司、B公司共同向徐工机械公司出具书面申请,以统一核算为由要求将2006年度的业绩、账务均于C公司名下计算。〔1〕

在适用法律方面,最高人民法院适用了下面两个条款。《公司法》第3条第1款规定,"公司是企业法人,有独立的法人财产,享有法人财产权。公司以其全部财产对公司的债务承担责任"。《公司法》第20条第3款规定,"公司股东滥用公司法人独立地位和股东有限责任,逃避债务,严重损害公司债权人利益的,应当对公司债务承担连带责任"。其中,前者是后者的说明性法条,部分解释了公司法人取得独立地位的前提条件,即有独立的法人财产。这里的法律构成要件由多个要件事实构成,即①x是公司股东;②滥用公司法人独立地位和股东有限责任;③逃避债务;④严重损害公司债权人利益;⑤(承担连带责任的范围是)公司债务。相对而言,①涉及后文详述的类推规则,③⑤两项较为直观,类似于前述基本模式中的情况,而②④并不直观,需要进一步解释。考虑到本案的实际情况,本章对其他要件事实不再展开,只以②为例加以说明。〔2〕

---

〔1〕 为了这里使用的需要,本章在编辑过程中删除了部分指导性案例公布的案件细节。随后引用的内容及标注的具体出处均是公布的指导性案例,不再重复说明。

〔2〕 对关联公司人格混同的表征因素的进一步解释,参见最高人民法院案例指导工作办公室(刘净):《指导案例15号〈徐工集团工程机械股份有限公司诉成都川交工贸有限责任公司等买卖合同纠纷案〉的理解与参照》,载《人民司法·应用》2013年第15期,第35~36页。我国实务中对人格混同的类似分析,参见"闽发证券有限责任公司与北京辰达科技投资有限公司、上海元盛投资管理有限公司、上海全盛投资发展有限公司、深圳市天纪和源实业发展有限公司合并破产清算案",载《最高人民法院公报》2013年第11期,第29~30页。

(1)如果股东滥用公司法人独立地位(人格混同),逃避债务,严重损害公司债权人利益的,就应当对公司债务承担连带责任(《公司法》第20条第3款)。

(2)关联公司之间滥用公司法人独立地位,违背了法人制度设立的宗旨,违背了诚实信用原则,其行为本质和危害结果与上述(1)的情形相当,应当类推其法律后果,即关联公司相互之间对外部债务承担连带责任。

(3)关联公司之间构成人格混同,属于滥用公司法人独立地位(裁判要点1)。

(4)公司之间表征人格的因素高度混同,导致各自财产无法区分,丧失独立人格的,构成人格混同(裁判要点1,裁判理由第二段)。

(5)关联公司的人员、业务、财务等方面,构成公司之间表征人格的因素(裁判理由第二段)。

(6)A、B和C公司的经理、财务负责人、出纳会计、工商手续经办人均相同,其他管理人员亦存在交叉任职的情形,C公司的人事任免存在由A公司决定的情形,构成人员混同;三个公司实际经营中均涉及工程机械相关业务,经销过程中存在共用销售手册、经销协议的情形,对外进行宣传时信息混同,构成业务混同;三个公司使用共同账户,以王某礼的签字作为具体用款依据,对其中的资金及支配无法证明已作区分,三个公司与徐工机械公司之间的债权债务、业绩、账务及返利均计算在C公司名下,构成财务混同(裁判理由第二段)。

(7)A和B公司应当对C公司的债务承担连带责任(判决主文)。

本案的说理可以分为类推解释和法律适用两部分。一方面,本案类推的逻辑是:在满足其他要件事实时,股东应当承担法律后果(Ox)→公司之间滥用公司法人独立地位行为虽然属于不同的要件事实(主体不同),但是其行为本质和危害结果与前者相当(Sxy, F sim x)[1]→在存在前两者的情况下,对其

〔1〕 这里涉及的也是需要证明条件合理性的价值判断。Alexy, a. a. O. (2006), S. 343 ff.; Larenz, a. a. O., S. 382 f.; Koch/Rüßmann, a. a. O., S. 260. 考夫曼教授则提到类推的关键在于比较点(Vergleichspunkte或者说作为旁观者的参照物,tertium comparationis)和用于类推的既定规范,并否定可以用演绎方法解释类推。但总体来看,在演绎模式演绎所展示的无非是论证的框架,至于何为以及为何相似的问题则出现在前提中。这一前提是知识增量的来源,同时也必须论证自身的合理性(前述外部证成或补充结构);而等置模式则拒绝这样的二分论,将其一并放在所谓比较点之中讨论。同时从区分法律发现和裁判说理的角度看,演绎模式因为将自己限定在事后说理上,因此不必讨论是否及如何根据前见找到用于类推的既定规则。Kaufmann, a. a. O., S. 59 f., 63 f., 71 ff., 92 f.

他公司也应当适用本来只适用于股东的法律后果[$(Ox \wedge Sxy \rightarrow Oy)$]→公司之间滥用公司法人独立地位,逃避债务,严重损害公司债权人利益的,关联公司相互之间对外部债务应当承担连带责任。[1] 另一方面,本案中从要件事实到案件事实的过程是:滥用公司法人独立地位(Tx)→人格混同(M^1x)→公司之间表征人格的因素高度混同,导致各自财产无法区分(M^2x)→关联公司的人员、业务、财务等方面要素是表征人格的因素(Sx)→本案中三公司的具体关联情况满足上述要求(Sa)→适用法律后果(ORa)。其中从 Tx、M^1x 到 M^2x 是语义解释上逐步具体化的过程,此时不再如基本模式一样、简单地将案件事实与各要件事实一一对应,而是首先将要件事实不断解释细化,使其不断接近真实的个案案件事实。与此相对,Sx 到 M^2x 则是一个经验性主张,即 Sx 是 M^2x 的一个事例。[2]

由此一般化,法律适用中相对完整的涵摄演绎模式应当如下表示:

$$(1)(x)(Tx \rightarrow ORx)$$

$$(2)(x)(M^1x \rightarrow Tx)$$

$$(3)(x)(M^2x \rightarrow M^1x)$$

$$(4)(x)(M^3x \rightarrow M^2x)$$

$$\vdots$$

$$(n+1)(x)(M^nx \rightarrow M^{n-1}x)$$

$$(n+2)(x)(Sx \rightarrow M^nx)$$

$$(n+3)Sa$$

---

〔1〕 Koch/Rüßmann, a. a. O., S. 259 f.

〔2〕 Ratschow, a. a. O., S. 133 & Fn. 98.

$(n+4)ORa \qquad (1)-(n+3)$[1]

将上述基本模式展开，我们也很容易得到法律构成要件包括多个要件事实时的情况。比如，将本案要件事实全部展开，设上述要件事实依序号分别为 $M_1x \sim M_5x$，需要补充如下：

$(1')(x)(M_1x \wedge M_2x \wedge \cdots \wedge M_5x \rightarrow Tx)$

$(1'')(x)(M_1x \wedge M_2x \wedge \cdots \wedge M_5x \rightarrow ORx)$

$(n+2')(x)(M_1x \wedge Sx \wedge \cdots \wedge M_5x \rightarrow ORx)$

$(n+3')S_1a \wedge Sa \wedge \cdots \wedge S_5a$

---

〔1〕 Alexy, a. a. O. (2006), S. 279; Wang, a. a. O., S. 90 f.; Koch/Rüßmann, a. a. O., S. 56; 王鹏翔:《论涵摄的逻辑结构》,载《成大法学》2005 年总第 9 期,第 11 ~ 16 页。在(2) - (n+2)适用的是直言三段论下的 AAA 式。(1) - (n+1)能否表示为充分必要条件的问题,则被认为主要涉及相应条件不满足时得出否定法律效果的形式表达。Alexy, a. a. O. (2006), S. 278; Ratschow, a. a. O., S. 134 ff.; Koch/Rüßmann, a. a. O., S. 56 f.; 参见王鹏翔:《论涵摄的逻辑结构》,载《成大法学》2005 年总第 9 期,第 17 页脚注 30。国内类似观点,亦见严仁群:《实体法:请慎入程序法之域——以民事责任竞合为例》,载《法律科学(西北政法大学学报)》2010 年第 3 期,第 34 页脚注 1。但是否定模式的法律效果“不应该”在德语语义上弱于“禁止”,这样就包括了“可以”的含义,从而不应适于公权力机关的行为,因此需要在分析规范时析出一个以要件事实不存在推导出禁止适用法律后果的新前提[Koch/Rüßmann, a. a. O., S. 53 f. & Fn. 3; 在结论上相同的观点:Wang, a. a. O., S. 149 & Fn. 23 (分析限缩解释时); Engisch, a. a. O. (1963), S. 12 f.]。也有学者批评这种做法不符合法律规范的一般语义理解,并主张如果在内部证成中要求所有裁判结果(当然包括驳回诉讼请求)都能够通过演绎方法论证,就会出现上述反推的问题,规范逻辑既没有导致又无法解决上述问题。解决的办法在于在驳回诉讼请求时不必通过演绎方法论证。Ratschow, a. a. O., S. 135, 137 ff. 此外,由于存在不同要件事实导致同一法律效果的情况,因此无法表示为充分必要条件的问题,应当限定法律效果具体的法律渊源(R § ix)。Koch/Rüßmann, a. a. O., S. 54. 我国学者似乎有认为在单条件句下可以根据小前提是否成立推论法律后果是否成立的观点,参见陈林林:《司法裁判中的演绎推论》,载《浙江大学学报(人文社会科学版)》2007 年第 1 期,第 157 页。

(n+4) ORa　　　(1), (1′), (1″) − (n+3)[1]

从上述推论过程来看,如果 Sx 能够构成 Tx 的充分条件,那么在前面讨论的几种解释路径中,无论是将要件事实具体化、形成具体的应然规范后再对应具体案件事实[菲肯彻尔(Fikentscher)教授],[2]或者先推论要件事实的一个事例再递推其与案件事实的关系(拉伦茨教授)、还是根据要件事实与案件事实的比较寻找中介(恩吉施和考夫曼教授),在裁判说理上都没有实质差异。[3] 从实质意义上看,演绎模式也包括等置理论所体现的通过案件比较逐步使要件事实具体化的过程,等置理论当然也运用了演绎逻辑的方法,至少在诉讼法需要关注的范围内两者之间并无根本不同。在这里,演绎模式或者说涵摄的过程本身的重要性没有争议,只是不能将之视为唯一的法律适用方法

---

〔1〕 Koch/Rüßmann, a. a. O., S. 49 ff.; Alexy, a. a. O. (Die logische Analyse juristischer Entscheidungen), S. 23 ff. 对此,王鹏翔研究员认为可以通过"或"(∨)来解决,即:

$$(1)(x)(Tx \rightarrow ORx)$$
$$(1')(x)(M_1x \vee \cdots \vee M_6x \leftrightarrow Tx)$$
$$(1'')(x)(M_1x \vee \cdots \vee M_6x \rightarrow ORx)$$

但是与前面提到的问题相同,涉及多个要件事实时显然应当是和(∧)的关系。就其所引的我国台湾地区"刑法"第 278 条而言这种表述是正确的,但其答案并不能解决彼处提出的问题。参见王鹏翔:《论涵摄的逻辑结构》,载《成大法学》2005 年总第 9 期,第 18 页脚注 31。张继成教授则在法律后果上为每一个要件事实都标记了独立的法律效果。但是从实体法上看,要件事实并不与个别的法律效果对应,实际上应当与简单模式无异,即作为整体的法律构成要件对应一个整体的法律效果。参见张继成:《法律推理模式的理性构建》,载《法商研究》2002 年第 4 期,第 128 页。

〔2〕 菲肯彻尔教授提出涵摄中的大前提应当是所谓个案规范,即具有与案件事实相同具体程度、但对本案或未来相同情形普遍适用的抽象规范,同样也应当由构成要件和法律后果组成。形成个案规范的过程体现为抽象规范单方向的具体化(但这个过程本身不属于涵摄),他同时批评等置理论不能准确做出逻辑表达而流于模糊。Wolfgang Fikentscher, Methoden des Rechts in vergleichender Darstellung, Band Ⅳ, 1977, S. 202 ff., 372 f. (但他认为个案规范本是不依赖语言的对正义的判断,法律规范则是个案规范经语言包装并一般化的结果。因此法律规范解释对应的是语言表达的部分,而形成个案规范的个别化过程则与之并列); Wolfgang Fikentscher, Methoden des Rechts in vergleichender Darstellung, Band Ⅲ, 1976, S. 750 ff.; Larenz, a. a. O., S. 142 ff. (批评过于具体的规范可能损害形式正义)。从司法实践来看,这确实也能代表很大一部分案件的实际情况,因为裁判整理和法条评注在德国的流行和积累,实务中遇到的法律问题多数可以找到直接的答案(虽然不少问题的答案并不唯一)。国内类似研究,参见高尚:《德国判例使用方法研究》,法律出版社 2019 年版,第 141 ~ 151 页;刘成安:《论裁判规则——以法官适用法律的方法为视角》,法律出版社 2012 年版;陈金钊:《论审判规范》,载《比较法研究》1999 年第 3、4 期,第 337 ~ 348 页。

〔3〕 Alexy, a. a. O. (2006), S. 279 f. Fn. 41; Koch/Rüßmann, a. a. O., S. 51; 参见王鹏翔:《论涵摄的逻辑结构》,载《成大法学》2005 年总第 9 期,第 16 ~ 17 页。

而已。[1] 易言之,无论是何种涵摄模式都只能为审理和说理提供框架,具体的内容仍然需要通过其他方式补充。相反,在实践中常常出现的问题是,(特别是在考虑先见的情况下)事实和法律问题根本难以截然分开。[2]

此外,如果说前面关注的更多是实体法的角度,那么从诉讼法的角度来看也许还有另外一种可能。实体法的角度是在假设案件事实存在的前提下,讨论如何弥合要件事实与案件事实的鸿沟,而诉讼法的角度则还关注上述鸿沟可能导致事实认定上的错误。具体而言,如果法官先从法律和先例出发演绎出本案需要适用的具体法律规则,随后将本案事实套用在法律规则之上,就会有出现遗漏甚至不由自主地曲解案件事实的可能。[3] 当然,由于审理与裁判的过程(法的发现或获取)和裁判文书说理(法律论证)并不一定对应(本书第一章),这种危险仅存在于审理过程中而不影响说理及裁判技术的展开,因为后者建立在事实已经查清的假设之上。但是,这至少提醒我们不仅要关注所使用的逻辑方法是否合理,而且更要回到民事诉讼和证据法的基本原理上,考察法官形成自由心证的要件和具体过程。

如果将上述逐步具体化的裁判规则作为应当适用的正确规范的话,也许可以证据法话语分析最高人民法院指导案例 15 号的裁判理由,即在不确定法律概念中确定要件事实(本书第十章)。此时,滥用公司法人独立地位(Tx)属

---

〔1〕 Kaufmann, a. a. O., S. 2 ff.; 参见郑永流:《法律判断形成的模式》,载《法学研究》2004 年第 1 期,第 146 页(并指出在我国演绎模式更值得强调)。类似观点,参见孙海波:《告别司法三段论?——对法律推理中形式逻辑的批判与拯救》,载《法制与社会发展》2013 年第 4 期,第 133 ~ 144 页;韩登池:《司法三段论——形式理性与价值理性的统一》,载《法学评论》2010 年第 3 期,第 140 ~ 145 页;周舜隆:《司法三段论在法律适用中的局限性——兼论法官裁判思维》,载《比较法研究》2007 年第 6 期,第 19 ~ 21 页。有所不同的观点,参见焦宝乾:《当代法律方法论的转型——从司法三段论到法律论证》,载《法制与社会发展》2004 年第 1 期,第 97 ~ 99 页。

〔2〕 Oskar Hartwieg, Tatsachen - und Normarbeit im Rechtsvergleich, 2003, S. 29 ff.; 参见[日]中村宗雄:《我的裁判理论》,载[日]中村宗雄、中村英郎:《诉讼法学方法论——中村民事诉讼理论精要》,陈刚、段文波译,中国法制出版社 2009 年版,第 51 ~ 52 页。

〔3〕 Oskar Hartwieg/Hans Albrecht Hesse, Die Entscheidung im Zivilprozess, 1981, S. 80 ff.; Wolfgang Bernhardt, Die Aufklärung des Sachverhalts im Ziviprozeß, in FS Leo Rosenberg, 1949, S. 11, 15; Georg Wildhagen, Der bürgerliche Rechtsstreit, 1912, S. 62 f., 73, 76.[将忽视甚至故意回避全面客观案件事实的行为称为(律师的)诉讼策略或者(法官)对案件事实的剪裁]国内类似观点,参见刘治斌:《案件事实的形成及其法律判断》,载《法制与社会发展》2007 年第 2 期,第 22 页。

于抽象法律概念。而人格混同(M^1x)同样相对抽象,因而虽然作为对滥用公司法人独立地位的解释,但是仍应属于抽象法律概念,无法直接成为证明的对象。公司之间表征人格的因素高度混同,导致各自财产无法区分(M^2x)相对更为具体,但是仍未达到直接可以通过证据证明的程度,但是结合关联公司的人员、业务、财务等方面要素是表征人格的因素(Sx)之后,这两者已经形成了一个具体的裁判规则。这样看,关联公司的人员、业务、财务等方面构成了本案中的要件事实,判决书中随后列举认定的本案中三公司的具体关联情况(Sa),实际上即本案中的直接证明过程。

四、法律适用以请求权基础为中心

(一)请求权基础方法在民法上的重要意义

与法学方法论上的涵摄技术相对应,德国实体法上的请求权基础方法〔1〕也是法律规范引用的重要指引。以给付之诉为典型场景,我国民法学界普遍采取请求权基础分析的方式讨论实体法问题。即使目前实务界对于请求权基础的使用实属“五花八门”,〔2〕但是可以预见的是,未来实体法相关研究将更多地以请求权为核心重新解读“千呼万唤始出来”的《民法典》,〔3〕以便为法官在裁判中引用法条提供权威参考,在裁判和法条引用中逐渐推广请求权分析思路。这首先需要圈定现有成文法规范中涉及请求权基础的法条和经由指导性案例完成的法律续造,识别其中的完全法条、解释性法条、限缩性法条、引用性法条和拟制性法条,厘清法条之间的竞合关系,然后将其与比较法及我国民

〔1〕 值得注意的是,王涌教授的最新著作则试图以霍菲尔德教授的权利理论为依托,发掘请求权体系话语之外、民法上私权的可能结构。参见王涌:《私权的分析与建构:民法的分析法学基础》,北京大学出版社2020年版,第67~202、344~368页。

〔2〕 参见金晶:《请求权基础思维:案例研习的法教义学“引擎”》,载《政治与法律》2021年第3期,第89~90页。

〔3〕 比如,参见吴香香:《民法典编纂中请求权基础的体系化》,载《云南社会科学》2019年第5期,第95~105页;胡坚明:《请求权基础规则与法典化立法》,载《华东政法大学学报》2016年第6期,第38~48页。

法理论体系相结合,形成大致自洽的请求权及其基础的理论体系。[1] 换个角度看,应着重识别和整理现行法中的赘文和残缺规定,关注法条理论上的注意规定或者说"僵尸法条"可能引发的解释疑义和司法误用。[2] 进而,在国内法学教育界大力推广所谓"鉴定式"(Gutachten)案例分析方法或者此类的案例研

---

〔1〕 关于德国的请求权基础体系的介绍:Dieter Medicus/Jens Peterson, Bürgerliches Recht, 27. Aufl., 2019; Torsten Kaiser/Horst Kaiser/Jan Kaiser, Materielles Zivilrecht im Assessorexamen, 9. Aufl., 2018;参见[德]迪特尔·梅迪库斯:《请求权基础》,陈卫佐、田士永、王洪亮、张双根译,法律出版社2012年版。我国台湾地区的相似总结,参见王泽鉴:《法律思维与案例研习:请求权基础理论体系》,2019年自版发行,第39~101、147~585页。这似乎也是国内民法学界目前的主流见解,比如,参见张凇纶:《作为教学方法的法教义学:反思与扬弃——以案例教学和请求权基础理论为对象》,载《法学评论》2018年第6期,第126~136页;朱晓喆:《请求权基础实例研习教学方法论》,载《法治研究》2018年第1期,第25~39页;汤文平:《法典编纂视野下的请求权体系研究》,载《兰州学刊》2016年第3期,第129~137页;陈年冰:《中国语境下的请求权方法》,载《法制与社会发展》2015年第4期,第127~138页;葛云松:《法学教育的理想》,载《中外法学》2014年第2期,第307~312页;许德风:《法教义学的应用》,载《中外法学》2013年第5期,第951~962页(并涉及对程序法规范的讨论);傅广宇:《从"飞机旅行案"看德国的民法方法论》,载《华东政法大学学报》2013年第4期,第52~53页;段文波:《规范出发型民事判决构造论》,法律出版社2012年版,第27~29页;杨立新:《请求权与民事裁判应用》,法律出版社2011年版。来自实务界的认同意见,参见刘力:《论民商事案件裁判方法的反思与完善——以请求权基础分析方法为中心》,载《东方法学》2020年第1期,第83~96页;胡仕浩、刘树德:《新时代裁判文书释法说理的制度构建与规范诠释(下)——〈关于加强和规范裁判文书释法说理的指导意见〉的理解与适用》,载《法律适用》2018年第18期,第4~5页;丁宇翔:《缺位、错位与归位:民法方法论在民事判决中的"谦抑"表达》,载《中国应用法学》2018年第4期,第125~140页;李后龙、李勇、王松:《请求权分析五定法:从有法可依到有据可判》,载《法律适用》2012年第1期,第13~17页;单国军:《要件审判法应用意义及完善》,载《人民法院报》2010年12月29日,第7版;邹碧华:《要件审判九步法》,法律出版社2010年版。

〔2〕 参见贺剑:《民法的法条病理学——以僵尸法条或注意规定为中心》,载《法学》2019年第8期,第75~91页。

习模式[1]的当下,这种思路的重要性似乎得到了进一步强调。值得注意的是,法条引用本身固然代表着法律适用大前提的明确,但是由于大前提与小前提之间存在鸿沟,在绝大多数情况下法条本身都不能代替对裁判结果的论证与裁判说理。

无论是从专业分野、个人侧重还是能力上的局限来看,笔者这里显然无力重构我国现行民法上的请求权基础,而仅仅作一例示。甚至在北京大学法学院开设的《民事诉讼案例研习》课程中,我们也是以民法专业《民法案例研习》提供的请求权基础体系为基准,几乎“不假思索”地将其作为诉讼法上诸问题的讨论前提。比如在本书反复关注的“彭宇案”一审判决书中,除了可能涉及的诉讼标的问题[2](本书第九章)之外,法官依据公平责任“酌定被告补偿原告损失的40%”,但是却没有相应地引用原《民法通则》第132条的规定(对应《民法典》第1186条和原《侵权责任法》第24条),在法律适用的逻辑上存在瑕疵。[3] 此时,原《民法通则》第98条并不能被简单地当作法律原则,该条规定了受害人的权利依据并与原《民法通则》第106条第2款一同构成了本案的请

---

[1] 参见王泽鉴:《法律思维与案例研习:请求权基础理论体系》,2019年自版发行,第125~132页;[德]罗兰德·史梅尔:《如何解答法律题》,胡苗苗译,北京大学出版社2019年版;[德]托马斯·M. J. 默勒斯:《法律研习的方法》,申柳华、杜志浩、马强伟译,北京大学出版社2019年版;葛云松、金可可、田士永、黄卉:《法治访谈录:请求权基础的案例教学法》,载《法律适用(司法案例)》2017年第14期,第23~33页;卜元石:《德国法学教育中的案例研习课:值得借鉴?如何借鉴?》,载方小敏主编:《中德法学论坛》第13辑,法律出版社2016年版,第45~57页;葛云松:《一份基于请求权基础方法的案例练习报告——对于一起交通事故纠纷的法律适用》,载《北大法律评论》2015年第16卷第2辑,北京大学出版社2015年版,第272~311页;国家法官学院、德国国际合作机构:《法律适用方法·合同法案例分析方法》,中国法制出版社2014年版;田士永:《民法学案例研习的教学实践与思考》,载张桂琳主编:《中国法学教育研究》2011年第3期,中国政法大学出版社2011年版,第79~102页;张双根:《动物致害侵权责任》,载朱庆育、王洪亮、张双根、田士永主编:《中德私法研究》第7卷,北京大学出版社2011年版,第172~183页。值得一提的还有朱晓喆教授主编的《德国民商法案例研习译丛》,以丛书的体量,原汁原味地覆盖私法案例研习的德国模式。对推行此类案例研习模式的背景条件的审慎观察,参见章程:《继受法域的案例教学:为何而又如何?》,载《南大法学》2020年第4期,第22~34页。

[2] 参见曹志勋:《论案件事实认定说理的不同维度——以彭宇案一审判决书为例》,载《北方法学》2020年第3期,第92页。

[3] 相同观点,参见张继成:《小案件 大影响——对南京“彭宇案”一审判决的法逻辑分析》,载《中国政法大学学报》2008年第2期,第105页。

求权基础。相应地,原《民法通则》第119条规定的只是损害的范围(责任范围)。[1]

当然,反过来看,在方法论的共识之下,只要民事实体法尚无法提供被学界和实务界同时在较大程度上广泛接受的请求权基础体系,无论是对于以实体法上请求权/法律关系为识别标准的诉讼标的问题,还是这里讨论的、法律规范的引用问题来说,获取相对确定的答案都是相当困难的。无论程序法是实体法目标实现的工具也罢,具有独立的制度价值也罢,更为合理的恐怕还是比较民事诉讼法上通常看到的,私法学者需要同时打通实体法与程序法的"任督二脉",私法研究也应当尽可能从两者出发,为现实问题的解决提供综合方案。为此,我们不仅应当看到请求权基础中的(至少两方的)民事主体、法律依据和请求权内容在民法上的意义,而且应当很自然地注意到各构成要件要素/要件事实与原被告、被引用的法律规范和诉的声明(诉讼请求)之间的对应关系。[2]

(二)请求权基础方法下的实体法规范引用

考虑到我国民事实体法主要移植自大陆法系法域,这里将以德国为例,观察改良我国法律规范引用的可能经验。在德国民事裁判中,对被认定事实的法律适用正是围绕实体法上的请求权基础展开的,这显然也与作为请求权体系的民法有关。[3] 与我国不同的是,德国裁判中并不会在裁判主文之前集中列明本案涉及的请求权基础及相关法律规范,而只是在对具体法律问题的分析中分别标明。当然,在德国公开出版的裁判中,在标题之下通常会引用若干法条,在形式上与我国裁判有相似之处。但是,上述引用一般仅在法律检索中具有指引和参考作用,本身并不构成裁判的有机组成部分,自然也不能代表裁判的法律依据。在通常情况下,裁判文书在不同部分中分别分析所涉及的法律问题,并且遵循先给出中间结论、随后分析法律基础、最后根据当事人的事实主张和法官证据调查的结果论证其结论的顺序。其中在分析法律基础时,法官应准确列明适用相关请求权基础的法律条件(条、款、句、项甚至一句中的

---

[1] 不同观点,参见张继成:《小案件 大影响——对南京"彭宇案"一审判决的法逻辑分析》,载《中国政法大学学报》2008年第2期,第105页。

[2] 参见王泽鉴:《法律思维与案例研习:请求权基础理论体系》,2019年自版发行,第41~42页。

[3] Jan Schapp, Das Zivilrecht als Anspruchssystem, JuS 32 (1992), S. 537.

前后段和并列的不同备选情形),[1]判决所依赖的法律规范也应全部援引。[2]

举个简单的例子,如在适用过错侵权责任、判断损害时需要同时参照侵权损害赔偿请求权(德国《民法典》第823条第1款)和损害赔偿方面(德国《民法典》第249条)的法条。更为复杂一点的例子是,如果原告主张一幅画为自己所有,因而要求被告返还,并以其所有权返还请求权(德国《民法典》第985条)作为理由。由于此时涉及的是所有权人和占有人的关系,因此可能适用到所有权取得和丧失(德国《民法典》第873条、第925条和第929条以下)以及关于占有(德国《民法典》第854条以下)的法条,甚至在涉及对合意的解释时,又涉及民法总论中法律行为(德国《民法典》第104条以下)和合同(德国《民法典》第145条以下)的规范。而从被告的抗辩出发,又需要考虑被告是否属于有权占有(德国《民法典》第986条),这就涉及质权(德国《民法典》第1204条以下、第562条和第647条)或者以占有为给付内容的合同(德国《民法典》第535条和第581条)。其中,物权返还请求权的规范被称为请求权规范(Anspruchsnorm),而其他规范则根据所处的逻辑层次不同,分别成为基本或者次级的辅助规范(Hilfnormen)。[3] 数个规范汇总在一起,才成为请求权基础的全部。[4] 同时,在不同案件中,同一规范可能属于上述不同的规范类型。而在涉及请求权竞合时,又需要逐一思考各请求权的构成要件。虽然需要重视审判过程与裁判说理之间的区别,但是在必要时仍需要同时分析多个实体请求权的具体内容。这里值得注意的是,在我国法上此时涉及主张原物返还请求权还是侵权责任的争议,特别是在实体法学者有进一步辩论空间时,法官在实务

---

[1] 参见王泽鉴:《法律思维与案例研习:请求权基础理论体系》,2019年自版发行,第42、46~47、134页。我国《法官行为规范》第53条第1项也作了相同规定。

[2] Hans-Joachim Musielak, in: Münchener Kommentar ZPO, Band 1, 6. Aufl., 2020, § 313 Rn. 17; Ernst Becht/Simon Markus Beck, Zivilprozessrecht im Assessorexamen, 3. Aufl., 2010, Rn. 702. 不同意见(但在实务中的差别有限):Christian Feskorn, in: Zöller, ZPO, 33. Aufl., 2020, § 313 Rn. 19a。

[3] Medicus/Peterson, a. a. O. (2011), Rn. 16 f. 整体分析,亦参见 Larenz, a. a. O., S. 264 ff。

[4] 参见王泽鉴:《法律思维与案例研习:请求权基础理论体系》,2019年自版发行,第40~41、54~57页。

中可能对同类案件引用不同的法律规范，不利于司法统一的实现。[1]

由以上介绍也可以观察到，在相对复杂的裁判中需要参照的法条的数目可能相当可观，并且分布在《民法典》的不同部分甚至其他单行法中。也正因如此，裁判必须在各处及时注明请求的法律依据（2010年《法官行为规范》第53条第2项亦同），否则既不能厘清所讨论的法条、相关要件或者在有疑问时提供佐证，又导致注明法条出处的形式意义大于实质意义。此外，在法条明确参照其他法条时应同时引用两者，如互易合同适用买卖合同的规定（德国《民法典》第480条）。[2] 2012年最高人民法院《关于审理买卖合同纠纷案件适用法律问题的解释》第45条第2款也要求法官在审理参照适用买卖合同有关规定的其他有偿合同时，应首先引用原《合同法》第174条（《民法典》第646条）的规定，再引用买卖合同的有关规定。而对于《民法典》合同编通则分编和典型合同分编均涉及的法条，以买卖合同为例，德国法的做法是直接引用买卖合同项下的主合同义务（德国《民法典》第433条）作为请求权基础，而不会回到总则中的一般规定。至少从特别法优于一般法的通常原则出发，笔者认为如此引用也许更为可取。[3]

（三）请求权基础方法下的程序法规范引用

除了实体法规范之外，民事判决中当然也需要引用程序法规范。与实体法理论上明确将请求权基础作为讨论起点相似，程序法规范的引用应回到诉讼要件与实体胜诉要件的基本分野上。与德国民事判决的作出以案件经过口头辩论为前提不同，我国法下的民事判决以诉满足起诉要件与诉讼要件（实体判决要件）为前提，否则诉将面临被裁定不予受理或者驳回起诉的命运（《民事诉讼法》第126条，《民诉解释》第208条第3款）。[4] 其中，起诉要件与诉讼

---

〔1〕 相关争议，比如，参见王洪亮：《原物返还请求权：物上请求权抑或侵权责任方式》，载《法学家》2014年第1期，第91～101页；魏振瀛：《论返还原物责任请求权：兼与所有物返还请求权比较研究》，载《中外法学》2011年第6期，第1171～1193页；王轶：《论侵权责任承担方式》，载《中国人民大学学报》2009年第3期，第15～21页；崔建远：《论物权救济模式的选择及其依据》，载《清华大学学报（哲学社会科学版）》2007年第3期，第111～116页。

〔2〕 BGH NJW 2006, 988, 989, Tz. 9.

〔3〕 相同观点，比如，参见姚明斌：《民法典违约责任规范与请求权基础》，载《法治现代化研究》2020年第5期，第41页。

〔4〕 参见曹志勋：《民事立案程序中诉讼标的审查反思》，载《中国法学》2020年第1期，第292～294页；张卫平：《民事案件受理制度的反思与重构》，载《法商研究》2015年第3期，第3～15页。

要件从法院、当事人和诉讼标的三个层面入手,用于审查案件是否具有获得实体判决的资格。这些要件更多属于形式标准,在审查内容与实体胜诉要件重合时,原则上应当推定该事项为真。而对于实体胜诉要件来说,除了对案件中部分诉讼行为的评析,我们仍然可以回到实体法上的请求权基础上。

首先,因为我国通常认为旧实体法说是目前诉讼标的识别标准中的通说,[1]所以请求权基础也被认为决定了案件中诉讼标的的数量和内容。处分权主义下的当事人对请求权基础的选择,决定了案件的审理对象。这既可能出现在多项诉的声明指向不同给付内容(如《民法典》第583条)时,又可能出现在相同返还请求分别基于物权、债权和其他法定之债的不同实体权利(如《民法典》第186条)的情形。当然,在请求权基础之外,法院也需要适用《民诉解释》第247条第1款这样直接规定重复起诉识别标准的程序法规范,论证本案与另案中的诉讼标的不同,因而可以做出实体判决。而对于停止侵害、排除妨碍、消除危险这样的请求权基础(《民法典》第179条第1款第1~3项)来说,由于可能出现重复侵害事实的情形,也要考虑《民诉解释》第248条的适用可能。[2]

其次,请求权基础本身预设了案件的待证事实。请求权基础中的(法律事实)构成要件(Tatbestand)可以分解为多个构成要件要素(Tatbestandsmerkmal)或者说要件事实。在具体诉讼过程中,抽象的要件事实则转换为属于个案案件事实的主要事实,[3]后者即个案中的待证事实(本书第十章)。进而,按照被认为是我国证明责任分配通说的规范说,[4]设定请求权基础的实体法规范进一步(隐含地)决定了在这些待证事实真伪不明时,应承担不利后果的一方当事人,其结果也将反射到个案中各方当事人的主张责任和证明的必要的判

〔1〕 参见赵秀举:《论请求权竞合理论与诉讼标的理论的冲突与协调》,载《交大法学》2018年第1期,第30页;卜元石:《重复诉讼禁止及其在知识产权民事纠纷中的应用——基本概念解析、重塑与案例群形成》,载《法学研究》2017年第3期,第94~95页;严仁群:《既判力客观范围之新进展》,载《中外法学》2017年第2期,第546~548页;张卫平:《重复诉讼规制研究:兼论"一事不再理"》,载《中国法学》2015年第2期,第55~56页。

〔2〕 相关讨论,参见曹志勋:《停止侵害判决及其强制执行:以规制重复侵权的解释论为核心》,载《中外法学》2018年第4期,第1070~1100页。

〔3〕 相关讨论,参见曹志勋:《论案件事实认定说理的不同维度——以彭宇案一审判决书为例》,载《北方法学》2020年第3期,第91~92页。

〔4〕 比如,参见曹志勋:《文书真伪认定的中国路径》,载《法学研究》2019年第6期,第122页;张卫平:《民事诉讼法》(第5版),法律出版社2019年版,第251~253页。

断。如果原告主张的事实本不足以满足构成要件的要求,甚至根本未能如数提及要件事实,那么如果不考虑个案中法官释明的必要,法官可以基于诉的正当性/一贯性(Schlüssigkeit der Klage)要求,径行判决驳回诉讼请求。易言之,裁判说理中与事实认定和证明评价相关的、所有被认为属于诉讼法的专门问题,实际上也间接地取决于请求权基础及其确定的要件事实。[1] 这一关系,也不受我们究竟采取辩论主义还是职权探知主义的影响。[2]

再次,比较特别的是对诉讼行为的评析。从表面上看,诉讼行为确实更像是《民事诉讼法》的"自留地",因而应与请求权基础无关。不过,从实质来看并非如此。一方面,那些与前述处分权主义、辩论主义/职权探知主义相关的诉讼行为无法脱离请求权基础的"控制",如诉的变更、撤诉、自认、证据申请、依职权调查收集证据、举证时限以及不同证据手段对应的具体调查程序。另一方面,诸如管辖权协议(《民事诉讼法》第35条)、合意选择简易程序(《民事诉讼法》第160条第2款)或者小额程序(《民事诉讼法》第165条第2款)、合意确定举证时限(《民诉解释》第266条第1款和第275条第1款)和受送达人同意以电子方式送达诉讼文书(《民事诉讼法》第90条),由于涉及当事人双方或者单方就程序法事项的意思表示及合意,同样与合同法下的请求权基础各要件的解释密切联系。很难想象,就意思表示及其瑕疵问题的讨论,[3]可以脱离实体法独立存在。甚至,对于实务中已经有了不少应用,[4]但是理论上仍有较大发展空间的诉讼行为附条件问题,如就诉的客观预备合并和选择合并的分析,也不得不回到民事法律行为的附条件理论。

与此不同,只有那些纯粹针对程序性事项的诉讼行为,才有与请求权基础方法"保持距离"的可能性。例如,就法院在行使自由裁量权时是否违反其法定义务而言,应当注意程序法控制模式中对条件和过程的控制,在个案中考虑裁判技术中裁判的实质要件和程序。与《民法典》时代我们仍将面临的法官就

---

[1] 参见吴香香:《请求权基础思维及其对手》,载《南京大学学报(哲学·人文科学·社会科学)》2020年第2期,第90~106页。

[2] 相关讨论,比如,参见段文波:《我国民事自认的非约束性及其修正》,载《法学研究》2020年第1期,第106~117页;张卫平:《事实探知:绝对化倾向及其消解——对一种民事审判理念的自省》,载《法学研究》2001年第4期,第70~79页。

[3] 比如,参见杨会新:《当事人诉讼行为论》,法律出版社2018年版,第235~276页;刘荣军:《民事诉讼行为瑕疵及其处理》,载《中国法学》1999年第3期,第111~118页。

[4] 比如,参见最高人民法院民事裁定书,(2019)最高法民申1016号。

实体法问题的裁量权问题一样,就司法裁量权及其限制的争议也仍将在诉讼行为的评价中继续存在。又如,《民事诉讼法》文本中的"必须"条款和"应当"条款蕴含的强制效力或有强弱之别,[1]这也会影响我们对相关诉讼行为的认识。诸如《民事诉讼法》第67条第2款规定的"人民法院应当调查收集"的"应当"条款体现了相关主体形式上的义务,该义务甚至有时也负有相应的法律后果。至少就大陆法系传统下当事人的诉讼行为而言,当"应当"条款没有附加后果规定时,未能满足"应当"条款不会导致诉讼行为无效。与此不同,如果法条用语使用的是"必须",那么未能满足法条的要求将造成诉讼行为的效力瑕疵。甚至,我们也可以认为,与民事实体法上针对民事主体规定的任意性规则不同,当民事程序法规则未就法官的裁量权作明确授权时,法官就有依该规则中的行为规范实施司法权的义务。易言之,与当事人的诉讼行为不同,法律规则中面向法官规定的"可以"条款并未给予其是否采用该规则的任意与自由。

最后,民事判决的起草中也可能需要处理程序法规则与实体法规范相互重合的情形。此时,法官应同时引用这两种不同性质的规范,甚至直接在处理程序性事项中从实体法规则寻找答案。前一种情况,如在争议为能否约定协议管辖以及其是否"采取合理方式提请消费者注意"时,法官在裁判中需要同时涉及《民法典》第496条和第497条(原《合同法》第39条和第40条)、《消费者权益保护法》第26条、《合同法解释(二)》第6条和第10条[2]以及《民诉解释》第31条的规定。此时由于格式条款规则的法律渊源是《民法典》和《消费者权益保护法》,即使《民诉解释》已经提供了完整的裁判规则,也应同时将《民法典》作为裁判依据引用。作为对提示规则的细化,在裁判说理中也应引用《合同法解释(二)》第6条中的"合同订立时采用足以引起对方注意的文字、符号、字体等特别标识"标准。上述做法的原因是,《民诉解释》的规则是对前述私法上的一般规则的解释性法条。至于从立法政策和效果上看,上述单纯形式上的提示义务能否实现保护消费者的重任,则并非本章所能覆盖。但是沿着前述思路,未尝不能直接回到《民法典》第496条和第497条的基本思路,

---

〔1〕 详细讨论,参见曹志勋:《法院依职权调查证据的强制程度及其与辩论主义第三命题间的关系》,载姜世明主编:《修正辩论主义与协同主义之时代论争》,台北,新学林出版股份有限公司2017年版,第289~294页。

〔2〕 与此不同,《合同法解释(二)》第9条虽然直接涉及原《合同法》第39条,但是由于其法律效果为产生撤销权,因而在管辖权协议的场景下不能适用。

以实体法为依据，直接评价程序法上协议的有效性。

后一种情况如法官本来认为，在案件中应就合同上签名真伪这一待证（主要）事实争点委托鉴定（2019年《证据规定》第31条第2款和第92条第1款），随后根据鉴定结论判断合同关系是否存在，进而确定主合同义务或者违约责任有无的问题。如果法官认为由于存在表见代理规则、因而不必再审查签名真伪时，应直接引用表见代理规则，以明确本案中（正确的）请求权基础即可。此外，由于我国《民事诉讼法》第13条第1款明确规定了“民事诉讼应当遵循诚信原则”，不必再转而引用《民法典》第7条“民事主体从事民事活动，应当遵循诚信原则，秉持诚实，恪守承诺”的规定。[1] 而在德国法上，如果需要在程序法问题上适用诚实信用原则，则不得不直接引用德国《民法典》第242条的规定，并且将该程序法问题作为该实体法规则适用的类型之一。[2] 比较而言，这与同样需要从实体法规范中发现的证明责任分配规范不同，因为后者本身就是实体法规定的内容之一，而这里涉及的、对诚实信用原则的适用则是纯粹的程序法事项。

五、法律适用引用规范的必要程度

（一）引用规范的完整程度

民事判决对法律规范的引用应有程度差别，这主要体现在引用规范上的完整程度和引用数量上的详略程度。就前者而言，不同于《裁判文书引用规定》第1条规定的“需要引用具体条文的，应当整条引用”，笔者认为，在“本院认为”部分的法律适用中应分情况决定引用法条的完整度，原则上应尽可能在需要适用的范围内完整引用，但是不宜一律要求整条引用。从积极方面看，整

---

〔1〕至于这种明文规定是否必要，则是立法论上需要考虑的内容。就此张卫平教授认为，一般来说，“对非诚实信用的诉讼行为的规制，可以通过干预实现没有体制上的障碍”。但是，“在我国民事司法中，法官尽管可以对非诚信行为进行干预，但却又缺乏足够的权威支撑”，“在一个缺失司法权威的现实中，法官也不可能有足够的权威。加之司法的行政化、法官责任追究制的存在，法官就只能依靠非常明确、细化的法律规定去实施裁判行为”。同时，而考虑到诚信原则作为一般条款的属性，“只有在法律没有明确规定的情况下才有适用诚实信用原则的空间，这就给如何适用该原则提出了难题”，“这就需要通过法官在具体个案中运用诚实信用的基本原理或法理，形成一种个案司法解释，并成为一种具体指引，使人们能够透过这些个案理解诚实信用原则的内涵，从而预测类似诉讼行为的法律后果”。张卫平：《民事诉讼中的诚实信用原则》，载《法律科学（西北政法大学学报）》2012年第6期，第157页。

〔2〕详细介绍，参见任重：《民事诉讼诚实信用原则的实施——德国的认知与实践》，载《法学家》2014年第4期，第166～175页。

条引用的做法避免了法条内容不完整甚至没有内容对法官自查以及给上级法院、当事人和其他裁判读者造成的困扰,[1]并且有助于当事人理解和接受裁判结果。[2] 但是,在法条长短参差不齐的实际情况下,部分过长的法条可能导致裁判说理的冗赘以及可读性的降低。而且,除了了解法条的全文内容当然属于“法官知法”原则的题中应有之“意”以外,对于当事人和其他阅读者来说,对照法条编号找到全文并不困难。正是在这个意义上,德国学说认为法条必须引用,但是完整地复述条文全文并无必要。[3] 另外,由于法官在行文中通常可以将法条直接与案件事实相结合并进行相应分析,对整条引用具体条文的“一刀切”要求也经常给法官的写作带来不必要的负担。因此,法官仍应享有根据具体案件情况决定引用法条程度的裁量权,尤其是法官可以根据法条条文的内容,针对同一条文采取夹叙夹议的论证方式。只有在极例外的情况下,如法官有合理理由相信本案当事人确实无法找到条文全文时,才有附加法条全文的必要性。

此外,依照《裁判文书引用规定》第 1 条第 1 句的规定,引用法条应表明规范性文件的名称和条款。很遗憾,如在最高人民法院指导案例 9 号的裁判理由中,法官仅仅以“违反了公司法及其司法解释的相关规定”一笔带过,很难说发挥了较好的指导作用。从指导性案例的相关法条部分和最高人民法院的解释来看,这里指的是《公司法》第 20 条、第 183 条以及 2014 年《公司法解释(二)》第 18 条的规定。[4] 从指导性案例指向未来法律适用的目的来看,如今也应关注《民法典》第 70 条第 3 款的规定,即“清算义务人未及时履行清算义务,造成损害的,应当承担民事责任;主管机关或者利害关系人可以申请人民法院指定有关人员组成清算组进行清算”。

---

〔1〕 此外在裁判文书后附上法条全文做法的建议,参见郭春明:《法院裁判文书中的法条引用问题研究》,载《法学杂志》2012 年第 7 期,第 137、139 ~ 140 页。

〔2〕 参见何波:《民商事裁判文书的制作与说理》,载《人民司法 · 应用》2009 年第 3 期,第 43 页。

〔3〕 Musielak, in: Münchener Kommentar ZPO, a. a. O., § 313 Rn. 17.

〔4〕 参见最高人民法院案例指导工作办公室:《指导案例 9 号〈上海存亮贸易有限公司诉蒋志东、王卫明等买卖合同纠纷案〉的理解与参照》,载《人民司法 · 应用》2013 年第 3 期,第 25 ~ 27 页。

(二)引用数量的详略程度

1. 裁判说理与裁判依据

法律规范引用的详略程度应根据引用的位置和判决对应的程序有所区别。民事判决中“本院认为”部分和判决主文之前的法律依据部分在地位和功能上差异明显,[1]在引用法律规范时应作不同处理。主文之前引用的法律规范不应仅是对裁判理由中出现的法律规范的罗列,而应提示裁判涉及的主要问题,即与诉讼标的直接相关的内容和案件中当事人的争议焦点。[2] 与此不同,对既没有争议又不直接构成要件事实的法律规范而言,虽然在裁判理由中可能被提及,但是并不一定要出现在主文之前。[3] 这样看,法律依据既应同样以请求权基础为核心,又应尽可能保持精简。至于指导性案例由于并非法律规范,因此只宜在裁判理由部分引用,不宜在主文之前作为裁判依据出现(《案例指导细则》第10条,《释法说理意见》第13条)。[4]

而对于程序法问题来说,上述要求也应同样适用。特别是,对于涉及证明责任分配以及个案中作为诉讼资料的证据能否证明待证事实问题的案件来说,具体引用《民事诉讼法》第67条和《民诉解释》第90条在实务中十分常见。不过,除了个别不需要证据证明的案件,这似乎是几乎所有民事诉讼案件所共通的情形。在法律依据部分每每具体引用上述规范,对于证明责任理念的深入人心确实可能具有较强的宣示作用。但是,从实质来看,毋宁说这种引用令人有“鸡肋”之感。笔者认为,仅在证明问题确实影响案件的结果时,才有必要引用与证明责任相关的规范。而在双方对于事实问题没有争议而只对法律问题有争议时,这种引用通常就是不必要的。比如,这种情形就可能出现在夫妇与医院签订服务合同实施人类辅助生殖技术时,其是否有权要求医院返还委托医院保管的冷冻胚胎的案件中,案件结果通常仅取决于对相关实体规则的

[1] 比如,参见刘树德:《“裁判依据”与“裁判理由”的法理之辩及其实践样态——以裁判效力为中心的考察》,载《法治现代化研究》2020年第3期,第123~138页。

[2] 强调应根据案件争点决定此时引用的法条的类似观点,参见汤文平:《论指导性案例之文本剪辑——尤以指导案例1号为例》,载《法制与社会发展》2013年第2期,第52页。

[3] 类似观点,参见雷鑫、黄文德:《当前法院裁判文书存在的问题及原因分析》,载《法律适用》2009年第12期,第98页。

[4] 参见曹志勋:《论指导性案例的“参照”效力及其裁判技术——基于对已公布的42个民事指导性案例的实质分析》,载《比较法研究》2016年第6期,第129页及脚注73。

认识。[1] 目前,虽然沈某南等与刘某法等胚胎继承纠纷案作为首例冷冻胚胎继承权纠纷案,[2]早已尘埃落定,但是关于这一个法律问题的争议仍然在实践中不时出现。[3] 就此而言,《民法典》第 1009 条也仅泛泛规定,从事与人体基因、人体胚胎等有关的医学和科研活动的,应当遵守法律、行政法规和国家有关规定,不得危害人体健康,不得违背伦理道德,不得损害公共利益。特别是,就医院是否有义务在原告配偶死亡的情况下,继续为原告实施人类辅助生殖技术的问题,实务中仍然存在一定裁判冲突。[4]

如果某一规范的适用本身就是双方争点所在,那么《释法说理意见》第 7 条第 2 句也指出,"诉讼各方对案件法律适用存有争议或者法律含义需要阐明的,法官应当逐项回应法律争议焦点并说明理由"。就此而言,法官确实应回应当事人可能存疑的事项或其法律争点,[5]即使他认为这些观点并不影响案件结果。或者,法官至少不能完全无视争点,而应在理由部分明确表明该争点由日后更合适的案件处理。[6] 此时,即使对于那些并非案件核心的法律问题,

[1] 相反做法,参见广东省深圳市福田区人民法院民事判决书,(2018)粤 0304 民初 40903 号。

[2] 参见江苏省无锡市中级人民法院民事判决书,(2014)锡民终字第 01235 号。相似看法,参见江苏省南京市中级人民法院民事判决书,(2018)苏 01 民终 5641 号。

[3] 比如,这可能包括委托人与介绍代孕妇女的第三人达成试管婴儿代孕合同,其后合同被法院确认无效并判令财产返还的案件,参见广东省清远市中级人民法院民事判决书,(2017)粤 18 民终 2766 号;原告与代孕被告签订的代孕协议被法院认为同时违反法律、行政法规的强制性规定和违背公序良俗因而无效,并判令财产返还的案件,参见江西省上饶县人民法院民事判决书,(2018)赣 1121 民初 3180 号;男女双方共同协商以国外代孕的方式满足其生育需要,法院以男方此时仍处于婚姻关系存续期间,其代孕约定有违公序良俗确认合同无效并判令财产返还的案件,参见北京市第二中级人民法院民事判决书,(2019)京 02 民终 13918 号。

[4] 甚至,在云南省昆明市两个不同基层人民法院于 2019 年第 4 季度作出的判决中,就出现了针锋相对的观点。云南省昆明市西山区人民法院民事判决书,(2019)云 0112 民初 9370 号认为,个人与医院签订的"体外受精—胚胎移植术"医疗服务合同的内容不包括将冷冻的胚胎解冻后进行新的胚胎移植术,两者涉及的胚胎移植术的治疗过程并不相同,因此医院并没有实施新的胚胎移植术的合同义务,因而驳回原告相应诉讼请求。云南省昆明市盘龙区人民法院民事判决书,(2019)云 0103 民初 6897 号则认为,原告单独要求被告继续履行合同并不违反其配偶可以推定的真实意思表示,亦不存在履行上的障碍,医院也不得基于部门规章的行政管理规定对抗当事人基于私法所享有的正当权利。此前,山东省济南市市中区人民法院民事判决书,(2017)鲁 0103 民初 7541 号也认为,原告在其配偶去世后无法证明其同意继续实施手术的意思表示,原告属于《人类辅助生殖技术规范》所禁止实施人类辅助生殖技术的单身妇女,以及辅助生育子女不利于社会关系稳定及孩子成长,因而拒绝判令被告完成"体外受精—胚胎移植"手术。

[5] 参见曹志勋:《对民事判决书结构与说理的重塑》,载《中国法学》2015 年第 4 期,第 244 页。

[6] 参见曹志勋:《对民事判决书结构与说理的重塑》,载《中国法学》2015 年第 4 期,第 242 页。

也应提高引用和说理的密度(本书第三章)。

2. 裁判说理的繁简分流

裁判说理的繁简分流也是重要的考虑因素。就民事案件而言,《释法说理意见》第8条和第9条以开放式列举的方式,分别指明了应强化和简化说理的典型案件类型。其中前者包括:疑难、复杂案件;诉讼各方争议较大的案件;社会关注度较高、影响较大的案件;新类型或者可能成为指导性案例的案件;抗诉案件;二审改判或者发回重审的案件;再审案件。后者则包括:适用民事简易程序、小额诉讼程序审理的案件;适用民事特别程序、督促程序及公示催告程序审理的案件;适用普通程序审理但是诉讼各方争议不大的案件。此外,《核心价值观释法说理意见》第4条以不完全列举的方式,初步圈定了应当强化运用社会主义核心价值观释法说理的裁判文书范围,即"涉及国家利益、重大公共利益,社会广泛关注的案件;涉及疫情防控、抢险救灾、英烈保护、见义勇为、正当防卫、紧急避险、助人为乐等,可能引发社会道德评价的案件;涉及老年人、妇女、儿童、残疾人等弱势群体以及特殊群体保护,诉讼各方存在较大争议且可能引发社会广泛关注的案件;涉及公序良俗、风俗习惯、权利平等、民族宗教等,诉讼各方存在较大争议且可能引发社会广泛关注的案件;涉及新情况、新问题,需要对法律规定、司法政策等进行深入阐释,引领社会风尚、树立价值导向的案件……"

特别是,《繁简分流试点办法》第14条还提出了简化裁判文书的试点改革方向:"(一)对于能够概括出案件固定要素的,可以根据案件要素载明原告、被告意见、证据和法院认定理由、依据及裁判结果;(二)对于一方当事人明确表示承认对方全部或者主要诉讼请求的、当事人对案件事实没有争议或者争议不大的,裁判文书可以只包含当事人基本信息、诉讼请求、答辩意见、主要事实、简要裁判理由、裁判依据和裁判主文。"这一最新尝试,实际上延续了《简易程序规定》第32条所许可的裁判简化的做法,除去涉及调解的内容不论,其适用范围包括以下四种类型:一方当事人在诉讼过程中明确表示承认对方全部诉讼请求或者部分诉讼请求的案件、当事人对案件事实没有争议或者争议不大的案件、当事人双方一致同意简化裁判文书的案件以及在涉及个人隐私或者商业秘密的案件中,当事人一方要求简化裁判文书中的相关内容,人民法院认为理由正当的情形。

对比而言,《民诉解释》第270条则删去了"当事人对案件事实没有争议或者争议不大的"的类型。最高人民法院就此明确强调其实属"有意为之",因此此时对事实和理由不能简化。[1] 如今这一类型再次成为改革试点的对象,在部分体现了最高人民法院对相关问题认识的复杂性的同时,似乎也进一步指明了司法政策对繁简分流这一民事程序设计宗旨的重视。就此而言,不仅每一种纠纷解决方式都应寻求解决相适应的纠纷,[2] 即使限缩到简易程序及其裁判方式的设计方案,也"应当超越'公正与效率'关系的狭窄思路,更多地从当事人的立场思考程序功能,按照多元的、可选择的价值取向设计出满足社会多元价值需求的繁简分流规则"[3]。

六、法律适用引用规范的规范用语

(一)立法技术上的基本差异

在相对抽象的引用技术之外,还需要单独讨论的是法律规范引用中的规范用语,这里主要针对与法律规范引用直接相关的"依照"、"参照"和"适用"。就此而言,我国立法语言在形式上已经明确区别前述三者。一方面,"适用"可能分别指向具体适用某部法律或者概括适用其他法律、法规,以及本法与其他法律、法规的优先适用关系[2009 年全国人大常委会法工委《立法技术规范(试行)(一)》第 7 条]。另一方面,"依照"和"参照"的区别在于,前者指"以法律法规作为依据",后者对应"一般用于没有直接纳入法律调整范围,但是又属于该范围逻辑内涵自然延伸的事项"[《立法技术规范(试行)(一)》第 18.1 条和第 18.3 条]。正如"立法技术规范是在总结我国 30 年立法工作经验的基础上提出的,同时也研究借鉴了一些行政法规、地方性法规的有益做法"[4],法律法规的行文也与上述立法规范保持一致。然而,至少观察《民事诉讼法》可见,"适用"在不同情况下分别表示"依照"或"参照"的含义,因此在裁判引用法条时只需区别"依照"和"参照"即可。同时,除"依照"和"参照"以外,立

---

〔1〕 参见最高人民法院修改后民事诉讼法贯彻实施工作领导小组编著:《最高人民法院民事诉讼法司法解释理解与适用》,人民法院出版社 2015 年版,第 704 页。与此不同,删去"诉讼过程中"的表述则不具有实质意义,被告的承认仍被认为应限于诉讼中而非诉讼外提出的。参见最高人民法院修改后民事诉讼法贯彻实施工作领导小组编著:《最高人民法院民事诉讼法司法解释理解与适用》,人民法院出版社 2015 年版,第 703 页。

〔2〕 参见潘剑锋:《论民事纠纷解决方式与民事纠纷的适应性》,载《现代法学》2000 年第 6 期,第 59~62 页。

〔3〕 参见傅郁林:《繁简分流与程序保障》,载《法学研究》2003 年第 1 期,第 63 页。

〔4〕 参见《关于〈立法技术规范(试行)(一)〉的说明》第二部分。

法实践中还存在其他相似的表达,有必要通过实例加以甄别。

(二)对"依照"的实际使用

从部分民事立法例来看,"依照"表示法条所涉及的情形本身即属于所引用法条的适用范围,如"依照法律规定"(《民事诉讼法》第6条第2款)、"依照行政诉讼法的规定"(《民事诉讼法》第127条第1项)、"依照人民调解法等法律"(2017年《民事诉讼法》第194条;现行《民事诉讼法》已改变该表述)、[1]"依照本章规定"(《民事诉讼法》第181条)、"法律另有规定的,依照其规定"(《民法典》第12条后句)、"被撤销死亡宣告的人有权请求依照本法第六编取得其财产的民事主体返还财产"(《民法典》第53条前1分句;原《民法总则》第53条前1分句与此实质相同)、"依照继承法取得他的财产的公民或者组织,应当返还原物"(原《民法通则》第25条后句前半句)、"依照本法第六十一条的规定"(原《合同法》第62条)和"法律、司法解释对诉前证据保全有规定的,依照其规定办理"(2019年《证据规定》第25条第3款)。[2]

在一些例外情形中,"依照"的对象还可能超出法律,如"事业单位法人的法定代表人依照法律、行政法规或者法人章程的规定产生"(《民法典》第89条)、"法人、非法人组织依照法律或者章程规定的议事方式和表决程序作出决议的,该决议行为成立"(《民法典》第134条第2款)、"依照法律规定、当事人约定或者民事法律行为的性质,应当由本人亲自实施的民事法律行为,不得代理"(《民法典》第161条第2款)以及"依照法定程序"(2019年《证据规定》第85条第2款)。

在现有立法技术中,"依据"有时也能发挥相同功能,一方面即"适用其他法律或者本法的其他条款",如"依据法律的规定"(2019年《证据规定》第85条第2款);另一方面则可能扩大到其他事项。例如,在《民事诉讼法》中,"依

[1] 这里值得注意的是,这里的《人民调解法》是否属于"民事诉讼法"(广义)的范围与其在立法技术上是否直接列入《民事诉讼法》(狭义)是两个不同的问题。如果其他法律将引用指向"民事诉讼法",那么《人民调解法》也应包含其中。

[2] 相反,部分民事立法还曾添加了对其他国家机关职责(原《合同法》第127条)或者民事主体的行政、刑事义务或责任(原《物权法》第38条第2款和第137条第3款)的内容,《民法典》已删除了此类条文。相关讨论,参见茅少伟:《寻找新民法典:"三思"而后行　民法典的价值、格局与体系再思考》,载《中外法学》2013年第6期,第1144页;苏永钦:《借箸代筹中华人民共和国的民事立法》,载苏永钦:《寻找新民法》,北京大学出版社2012年版,第58~59页。由于适用主体并非法院并且属于注意性规定,与这里的讨论并不相关。

据”的对象还可以是实现担保物权案件中的拍卖、变卖担保财产的民事裁定(《民事诉讼法》第 204 条)和另案的审理结果(《民事诉讼法》第 153 条第 1 款第 5 项)。又如,在《民法典》中,也出现了“依据前条规定”(《民法典》第 511 条)、“但是,营利法人依据该决议与善意相对人形成的民事法律关系不受影响”(《民法典》第 85 条后句)、“但是,捐助法人依据该决定与善意相对人形成的民事法律关系不受影响”(《民法典》第 94 条第 2 款后句)和“民事权利可以依据民事法律行为、事实行为、法律规定的事件或者法律规定的其他方式取得”(《民法典》第 129 条)的立法例。

与此相似的还有“根据”,不过以《民事诉讼法》为例,“根据”一般不与其他法律规范相联系(但《民诉解释》则大量在这一含义上引用《民事诉讼法》的规定),例外是“根据宪法和本法的原则”(《民事诉讼法》第 17 条第 1 句),该句符合立法技术,即“宪法或者其他法律对制定该法律有明确规定的,应当明示宪法或者该法律为立法依据”[《立法技术规范(试行)(一)》第 5.2 条,2011 年全国人大常委会法工委《立法技术规范(试行)(二)》第 13.1 条]。“根据”通常与抽象概念(“根据自愿和合法的原则进行调解”,《民事诉讼法》第 9 条前半句和《民诉解释》第 145 条第 1 款前句)、当事人的申请(“根据当事人的申请”,《民事诉讼法》第 68 条第 2 款第 2 句和《民诉解释》第 124 条第 1 款前句;“根据有关个人或者组织的申请”,《民法典》第 36 条第 1 款)或者特定事实情况[“人民法院根据当事人的主张和案件审理情况,确定当事人应当提供的证据及其期限”,《民事诉讼法》第 68 条第 2 款第 1 句;“根据不同情形”,《民事诉讼法》第 68 条第 2 款第 3 句后半句;“根据证据认定案件事实”,《民事诉讼法》第 78 条第 2 款;“根据其智力、精神健康恢复的状况”,《民法典》第 24 条第 2 款;“根据法人章程的规定或者法人权力机构的决议处理”,原《民法总则》第 72 条第 2 款前句(但《民法典》第 72 条第 2 款前句已将其修改为“按照”);“公告期间根据案件的具体情况确定”,《民诉解释》第 79 条后句;“根据案件性质”,《民诉解释》第 143 条;“根据协议内容制作判决书”,《民诉解释》第 148 条第 2 款后句;“根据案件的具体情况”,《民诉解释》第 152 条第 2 款第 3 句和第 3 款;“根据发生法律效力的判决”,《民诉解释》第 173 条;“根据其实施妨害民事诉讼行为的性质、情节、后果……”,《民诉解释》第 193 条;“根据当事人起诉之日前最后一个交易日的收盘价”,《民诉解释》第 197 条;“根据当事人的诉讼请求、答辩意见以及证据交换的情况”,《民诉解释》第 226 条;“根据审查案件的需要”,《民诉解释》第 397 条前句;“根据审查结果”,《民诉解释》第 539 条]共同使用。

(三)对“参照”的实际使用

与“依照”相对应,“参照”则表示本来不属于所引用法条的适用范围,但是由于法律特别规定可以适用,[1]其间又可以根据其适用内容之间是否相似,分为引用性法条和拟制性法条。[2] 就相关规范中的实例来说,如“证据保全的其他程序,参照适用本法第九章保全的有关规定”(《民事诉讼法》第 84 条第 3 款)、“没有规定的,参照适用公司法律的有关规定”(《民法典》第 71 条后 1 分句)、“非法人组织除适用本章规定外,参照适用本编第三章第一节的有关规定”(《民法典》第 108 条)、“本法或者其他法律没有明文规定的合同,适用本编通则的规定,并可以参照适用本编或者其他法律最相类似合同的规定”(《民法典》第 467 条第 1 款,原《合同法》第 124 条与此实质相同)、“法律对其他有偿合同有规定的,依照其规定;没有规定的,参照适用买卖合同的有关规定”(《民法典》第 646 条)、“当事人约定易货交易,转移标的物的所有权的,参照适用买卖合同的有关规定”(《民法典》第 647 条)、“供用水、供用气、供用热力合同,参照适用供用电合同的有关规定”(《民法典》第 656 条)、“参照物权法、担保法的有关规定”(《民诉解释》第 468 条第 2 款后句)、“参照本解释第四百九十四条规定处理”(《民诉解释》第 493 条第 2 款)、“参照适用涉外民事诉讼程序的特别规定”(《民诉解释》第 549 条)和“被执行人的财产不能满足所有申请执行人清偿要求的,执行时可以参照民事诉讼法第二百零四条的规定处理”(《民诉意见》第 282 条第 2 句)。

另外值得注意的是,由于这里的参照法条与被参照法条结合后形成了独立的法规范,并且构成法律适用大前提的一部分,在必须适用的意义上区别于《行政诉讼法》上“依据”和“参照”(《行政诉讼法》第 52 条和第 53 条),在抽象性方面也区别于指导性案例的“参照”效力。在后两者的比较中,由于指导性

---

〔1〕 Zippelius, a. a. O., S. 28 ff.; Larenz, a. a. O., S. 260 ff. 谢晖教授基于语义的不同见解,参见谢晖:《“应当参照”否议》,载《现代法学》2014 年第 2 期,第 57 ~ 59 页。

〔2〕 参见王泽鉴:《法律思维与案例研习:请求权基础理论体系》,2019 年自版发行,第 52 ~ 54 页;黄茂荣:《法学方法与现代民法》,法律出版社 2007 年版,第 172 ~ 206 页。对“参照适用”的详细讨论,参见张弓长:《〈民法典〉中的“参照适用”》,载《清华法学》2020 年第 4 期,第 107 ~ 124 页。

案例一定与案件事实相联系，不能作为法律依据直接引用，且《裁判文书引用规定》替代了 1986 年《法律文书引用批复》，也不宜认为指导性案例的参照效力作为固有表述对应“直接引用”。[1]

(四)对“适用”的不同理解

至于立法例中的“适用”一词，既可能表示上述“依照”的意思，又可能表示“参照”的意思。[2] 在前者的意义上，如“人民法院受理公民之间、法人之间、其他组织之间以及他们相互之间因财产关系和人身关系提起的民事诉讼，适用本法的规定”(《民事诉讼法》第 3 条)、“适用简易程序审理的民事案件，由审判员一人独任审理”(《民事诉讼法》第 40 条第 2 款前句)、“经过公证的赠与合同或者依法不得撤销的具有救灾、扶贫、助残等公益、道德义务性质的赠与合同，不适用前款规定”(《民法典》第 658 条第 2 款)和“当事人因同居或者在解除婚姻、收养关系后发生财产争议，约定管辖的，可以适用民事诉讼法第三十四条规定确定管辖”(《民诉解释》第 34 条)。

在后者的意义上，如“(审判人员回避的)前三款规定，适用于书记员……”(《民事诉讼法》第 47 条第 4 款；《民诉解释》第 49 条亦同)、“第二审人民法院审理上诉案件，除依照本章规定外，适用第一审普通程序”(《民事诉讼法》第 181 条)、“本章没有规定的，适用本法和其他法律的有关规定”(《民事诉讼法》第 184 条第 2 句)、“八周岁以上的未成年人不能辨认自己行为的，适用前款规定”(《民法典》第 21 条第 2 款)、“没有规定的，适用诉讼时效的规定”(《民法典》第 198 条后 1 分句)、“对自然人因婚姻家庭关系等产生的身份权利的保

[1] 类似见解，参见黄亚英：《构建中国案例指导制度的若干问题初探》，载《比较法研究》2012 年第 2 期，第 6 页；冯文生：《审判案例指导中的“参照”问题研究》，载《清华法学》2011 年第 3 期，第 91 页；胡云腾、罗东川、王艳彬、刘少阳：《〈关于案例指导工作的规定〉的理解与适用》，载《人民司法·应用》2011 年第 3 期，第 36 页。不同观点，参见张志铭：《对中国建立案例指导制度的基本认识》，载《法制资讯》2011 年第 1 期，第 87 页(但是在张教授较新的理论分析中已经不再提及这种观点。张志铭：《司法判例制度构建的法理基础》，载《清华法学》2013 年第 6 期，第 104 页)；江勇、陈增宝：《指导性案例的效力问题探讨》，载《法治研究》2008 年第 9 期，第 31～32 页(发表于《裁判文书引用规定》出台之前)。关于行政诉讼法上的讨论，例见付国华、李向阳：《规章在行政审判中的参照适用》，载《人民司法·案例》2011 年第 24 期，第 51～53 页；赵清林：《“依据”与“参照”真有区别吗——行政诉讼中是否适用规章之检讨》，载《政治与法律》2008 年第 5 期，第 30～34 页。

[2] 不同理解，参见最高人民法院民事审判第二庭编著：《最高人民法院关于买卖合同司法解释理解与适用》，人民法院出版社 2012 年版，第 666 页。

护，适用本法第一编、第五编和其他法律的相关规定；没有规定的，可以根据其性质参照适用本编人格权保护的有关规定”（《民法典》第 1001 条）、“本章没有规定的，适用承揽合同的有关规定”（《民法典》第 808 条）、“债权人申请支付令，适用民事诉讼法第二十一条规定”（《民诉解释》第 23 条）和“前款规定，适用于其他组织参加的诉讼”（《民诉解释》第 51 条第 2 款）。尤其是，《民法典》延续原《民法总则》的规则，有多处法条直接使用了“参照适用”的表述（《民法典》第 71 条、第 108 条、第 174 条第 2 款、第 646 条、第 647 条和第 656 条），用语更为明确。

至于具体法律适用问题是直接适用法律还是需要参照适用，则因法律本身采取的立法技术而定。比如，同样针对当事人对裁定的上诉，在民事案件中应依照《民事诉讼法》第 177 条第 1 款第 1 项、第 2 项的规定，以裁定方式驳回上诉，维持原裁定、依法撤销或者变更，而在刑事案件中则“应当参照本法第二百三十六条、第二百三十八条和第二百三十九条的规定，分别情形用裁定驳回上诉、抗诉，或者撤销、变更原裁定”（《刑事诉讼法》第 240 条）。而就实体法规范对程序法问题的影响来说，也应根据我国法律的具体规定和技术判断。比如，由于我国民事法领域对合同的理解限于民事关系，即“合同是民事主体之间设立、变更、终止民事法律关系的协议”（《民法典》第 464 条第 1 款）、“当事人之间设立、变更、终止民事关系的协议”（原《民法通则》第 85 条第 1 句）和“平等主体的自然人、法人、其他组织之间设立、变更、终止民事权利义务关系的协议”（原《合同法》第 2 条第 1 款），并不能直接适用于程序法上出现的合同关系。因此，对于作为诉讼契约的协议管辖，应当参照适用实体法对民事合同的具体规定。[1] 此外，原来需要参照适用的规定当然也可能由于新法的规定而转变为直接适用。比如，原《民法通则》第 120 条第 2 款曾规定“法人的名称权、名誉权、荣誉权受到侵害的，适用前款规定”，而由于《民法典》第 1013 条、第 1024 条和第 1031 条的直接规定，上述内容已经不再需要参照适用了。

---

〔1〕 不同见解，参见周翠：《协议管辖问题研究：对〈民事诉讼法〉第 34 条和第 127 条第 2 款的解释》，载《中外法学》2014 年第 2 期，第 461 页。

第九章

案件事实认定说理的不同维度

"彭宇案"判决书是我国近年来出现事实认定难题的典型裁判文书，其影响深远，值得以其为例，重新审视其中事实认定说理的不同维度，即程序事实、要件事实、案件事实、证据事实和媒体事实。除了该案中就调查程序事实的说理与就适用公平责任的要件事实的确定可能存在进一步深化的空间外，就该案中双方是否相撞这一核心事实也应当充分说理。在对证据的证明评价上，该案中最突出的问题是两个矛盾的直接证据的证明力认定问题。经由法院外人士在社会大众间传播的"媒体事实"，因其影响民众对司法的信赖，也应得到重视。"千秋功罪任评说"，首先要明确评与说的对象。除了第十一章即将集中讨论的经验法则问题，"彭宇案"判决也给我们提供了认识事实概念不同维度的契机，发现事实论证说理可能出现争议的不同位置。

一、问题的提出

无论从法律技术还是社会道德的角度来看，[1]十余年前的"彭宇案"都曾引起社会和法学界的广泛争议，该案一审判决书在诉讼证据与证明的研究中逐渐成为经典讨论素材。除了其中被适用的经验法则引起了各个层面上的关注并且得到广泛分析之外，该案判决书中其他涉及事实问题的部分同样值得关注。不同于很多争议案件长期处于"罗生门"般的事实混沌和争议状态，由于社会和媒体高举聚光灯的持续拷问，除了少数持类似"阴谋论"观点的论者外，大多数人可能都不怀疑案件真相已经被基本查清。以审判长王浩法官为代表的合议庭在判决书中正确地认定，2006 年 11 月 20 日上午，原告徐某兰老人在南京市水西门公交车站等候 83 路公交车。在两辆 83 路公交车同时进站时，她准备乘坐后面的公交车，但在行至前一辆公交车后门时，被告青年人彭宇第一个从公交车后门下车，与原告确实相撞并使其摔倒致伤。

同样可以确定的是，该案判决书似乎已被视为法律人的"耻辱柱"，引发了巨大的社会割裂。在这种情况下，即使案件事实似乎已经在随后的审理过程中得到澄清，法律人仍然应当反思该案背后的裁判技术问题，以便在将来遭遇类似案情时能有更为成熟的解决方案。一方面，我们应当协助法官完成就事实心证的说理，在该案基础上应当进一步思考经验法则的适用问题，在经验法则适用的基本原理之外，探索面向盖然性较低经验法则的、经验法则适用的弱

---

[1] 认为本案法官基于其"法律常识"塑造了区别于日常生活的法律世界的分析，参见方乐：《法官判决的知识基础》，载《法律科学（西北政法大学学报）》2009 年第 1 期，第 10～12 页。

化模式(本书第十一章)。[1] 另一方面,无论在哲学还是法学上,“事实”的概念都具有多义性,充分认识这一分析背景有助于准确识别所讨论的内容及其在裁判技术中的位置。民事诉讼中不同维度的“事实”,都在某种程度上出现于“彭宇案”中,该案的判决说理具有相当的代表性。参考德国和日本民事诉讼证明理论,本章的讨论对象包括程序事实、要件事实、案件事实、证据事实和媒体事实。值得说明的是,虽然该案裁判作出时主要适用的是2001年《证据规定》,而2012年《民事诉讼法》、2015年施行的《民诉解释》和2019年《证据规定》并不适用于本案,但是本章的讨论针对的是未来的证据与证明实践,因此也必须关注近几轮修法下的新发展。

二、对本案程序事实的补充说理

整体来看,“彭宇案”判决书中包括证据调查的程序事实、基于实体法规定的构成要件事实和直接指向个案真相的案件事实。其中,分析“彭宇案”判决中的事实认定问题,首先要圈定案件中证据材料的范围,并且分析是否存在明显的程序瑕疵,甚至可能导致证据材料不能成为定案根据的排除后果。

在与证据调查相关的程序性事项上,笔者并未发现明显的问题,但是站在解释论的立场上,认为可以进一步补强这里的裁判说理。首先,法官在说明证据副本或复制件的来源(由派出所提供)和取证情况(讯问笔录电子文档的主要内容为:彭宇称其没有撞到徐某兰;但其本人被徐某兰撞到了)时,可以调查证据复制件(2001年《证据规定》第20条,2019年《证据规定》第21条)。至于该条规定所称的、调查内容应当“经核对无误”的要件,并不是对调查对象证据能力/可采性的规定。因为从体系解释来看,在出示原件有困难或原件已不存在时,法官可以在法庭上出示证据复制件并组织相对方质证(2001年《证据规定》第49条第2句,2019年《证据规定》第61条第2句),此时显然无法满足“经核对无误”的条件,但司法解释同样认可了经法院许可或者在有证据证明复制件与原件一致时可以调查该证据的做法(2001年《证据规定》第49条第2句)。而且就后者而言,由于后述谈话笔录的存在,法官此时行使裁量权也无

[1] 参见曹志勋:《经验法则适用的两类模式——自对彭宇案判决说理的反思再出发》,载《法学家》2019年第5期,第31~44页。

可厚非。[1] 《民事诉讼法》第73条第1款第3句和《民诉解释》第111条规定了在“确有困难”情况下可以提交照片或副本,并且一般性地要求考察“其他证据和案件具体情况”作为补强,本案案情也能够满足上述要求。

其次,判决书并未记载电子文档具体的调查程序属于依职权还是依申请收集证据,但由于其符合“属于国家有关部门保存并须人民法院依职权调取的档案材料”的条件(2001年《证据规定》第17条第1项,《民诉解释》第94条第1款第1项),且即便媒体事实中表明该电子文档是原告儿子拍摄并转交派出所的,[2]在法律上也可以认为其属于依申请调取证据。不过值得思考的是,依申请调取证据的程序要件是由当事人向法院申请并由法院调取,而且一般应当属于当事人无法收集的证据(2001年《证据规定》第17条,《民诉解释》第94条第1款)。[3] 而经媒体报道,该证据在本案中是于后续开庭中由原告方自行提交,原告声称是派出所所长拍摄,但实际上保存在原告儿子的手机中。在判决书“经审理查明”部分认定的内容中无法找到上述内容,这也从一个侧面体现出我国判决书不重视记载程序性事项的态度。上述法律归类上的差异(依申请、还是同时不符合依申请和依职权调查收集证据要件的某种非常规情形)并不影响其质证的必要,因为即使是对依职权调取的证据,法院也必须组织当事人质证,否则不能作为定案根据(2001年《证据规定》第47条第1款,《民诉解释》第103条第1款)。[4] 鉴于此,笔者仍然以判决书认定的事实为准。

再次,谈话笔录的内容可以作为辅助证据,证明复制件与原件一致。判决书“经审理查明”部分记载,“该起事故的承办民警到法院对事件的主要经过作

---

〔1〕 与笔者观点不同,张卫平教授认为由于被告质疑原件丢失的理由,如果承办民警不出庭作证,就不能认定电子文档的证据能力。参见张卫平:《司法公正的法律技术与政策——对“彭宇案”的程序法思考》,载《法学》2008年第8期,第145页。

〔2〕 参见南方网:《男子称扶摔倒老太反被告 法院判其赔四万》,载搜狐网,http://news.sohu.com/20070906/n251994979.shtml。

〔3〕 参见最高人民法院修改后民事诉讼法贯彻实施工作领导小组编著:《最高人民法院民事诉讼法司法解释理解与适用》,人民法院出版社2015年版,第322~323页;李浩:《论民事诉讼当事人的申请调查取证权》,载《法学家》2010年第3期,第122~123页。

〔4〕 不过,在实践中也有法院认为,由于待证事实得到当事人的认可并且在二审期间组织过质证,就可以认为上述程序瑕疵不属于严重违反法定程序的情形。参见四川省高级人民法院民事判决书,(2014)川民再终字第8号。

了陈述并制作了谈话笔录,谈话的主要内容为:原、被告之间发生了碰撞”。[1]因此如上所述,法官可以组织被告就该电子文档质证。[2]

最后,作为证明方法的当事人的陈述在判决书中并没有单独列明,只能从行文之中发掘;双方就派出所对原告所做询问笔录没有争议,其内容应当载明了原、被告之间发生了碰撞。由于判决书中并未详细介绍询问笔录的具体内容,如原告声称是彭宇撞了她还是仅仅两人相撞,这里选择最保守的后者。但是,由于本案法官有意识地区分了无争议事实(“经审理查明”部分)和证明评价后认定的事实(“本院认为”部分),所以并不能认为判决书中这两部分自相矛盾。[3]

三、本案中要件事实的基本构成

(一)比较法上的事实构成要件

在前述程序事实之外,“事实”一词也可能指实体法律规范中的法律事实构成要件(Tatbestand),即请求权规范中的构成要件部分。[4] 完全法条所确定的一组构成要件,具体可以被分解为多个构成要件要素(Tatbestandsmerkmal)或者要件事实[5]。如果当事人提出了各要件事实,那么就满足了作为实体胜诉要件的诉的正当性/一贯性(Schlüssigkeit der Klage);如果当事人的事实主张最终满足了上述构成要件的要求,那么就满足所谓构成要件该当性(Tatbestandsmäßigkeit)。至于如何具体认定某个请求权基础下何者属于要件事实,则与对于抽象法律概念的理解有关(本书第十章)。

从比较法来看,不同法系均在功能上重视这类实体法直接规定的抽象事

[1] 张卫平教授甚至主张法官应当要求承办民警作为证人出庭。参见张卫平:《司法公正的法律技术与政策——对“彭宇案”的程序法思考》,载《法学》2008 年第 8 期,第 140 ~ 141 页。

[2] 在结论上的相同观点,参见张卫平:《论讯问、询问笔录在民事诉讼中的证据效力》,载《清华法学》2011 年第 1 期,第 22 ~ 24 页。对此认为该电子文档没有原始笔录、没有被告核对签名并且来源不合法,因此不具有证据能力,不能成为孤证作为认定案件事实依据的相反观点,参见张继成:《小案件 大影响——对南京“彭宇案”一审判决的法逻辑分析》,载《中国政法大学学报》2008 年第 2 期,第 112 ~ 113 页。但是,除了该结论自相矛盾之外(证据能力与证明力规则两者不能并立),似乎也忽略了对 2001 年《证据规定》第 68 条的法解释学分析。

[3] 不同意见,参见张继成:《小案件 大影响——对南京“彭宇案”一审判决的法逻辑分析》,载《中国政法大学学报》2008 年第 2 期,第 111 页。关于相关裁判文书结构问题,参见曹志勋:《对民事判决书结构与说理的重塑》,载《中国法学》2015 年第 4 期,第 226 ~ 246 页。

[4] 国内主张并详细论证法律规范在逻辑上应当分为构成要件和法律后果的“新二要素说”的观点,参见雷磊:《法律规则的逻辑结构》,载《法学研究》2013 年第 1 期,第 66 ~ 86 页。

[5] Reinhold Zippelius, Juristische Methodenlehre, 11. Aufl., 2012, S. 23 ff.

实要求。除了我国通常借鉴的大陆法系民事诉讼法理之外，在英美法上，功能上与构成要件和要件事实对应的概念是诉因(cause of action)以及构成诉因的诉因要素(element)。值得注意的是，德国诉讼法上的"Tatbestand"一词本身就有双重含义：法律事实构成要件可以被称为实质意义上的理解，而在裁判文书的结构中使用该词时就是所谓形式上的理解，[1]即指裁判中记录的、未经法官评价的当事人开庭陈述(本书第三章)。[2] 此外，在本章不赞同的、第三层含义上，"Tatbestand"一词也可能被用作指代具体案件的事实，这样就与后文讨论的"Sachverhalt"一词同义。[3] 与此类似的是，德国刑法学理上的构成要件错误(Tatbestandsirrtum)(德国《刑法典》第16条第1款)实际是指关于构成要件对应的具体案情的错误(Tatumstandsirrtum)，即个案事实上的错误。[4] 就此而言，德国民事诉讼法学界在近百年前有时会将两者混同使用，但其概念使用习惯目前已经相对固定，"Tatbestand"在当代不应再指代具体的案件事实。

整体而言，无论是实体法规范中的事实构成要件还是诉讼法上的要件事实，体现的都纯粹是大陆法系现代法律技术和裁判技术的划分。相反，在不区分生活事实与法律规范的罗马法诉权体系或者日耳曼法体系中，由于法律规范中包含的要件事实本身十分具体，主要事实就等同于生活事实。相应地，只

---

〔1〕 Christian Balzer, Schlanke Entscheidungen im Zivilprozeß, NJW 48 (1995), S. 2449.

〔2〕 详细讨论，参见曹志勋：《对民事判决书结构与说理的重塑》，载《中国法学》2015年第4期，第230～236页。

〔3〕 Leo Rosenberg, Lehrbuch des deutschen Zivilprozessrechts, 2. Aufl., 1929, § 87 Ⅱ 1 b (S. 250)[同时使用"abstrakter Tatbestand"描述实体法构成要件：Id, § 87 Ⅱ 3 a α (S. 255)]. 少数意见认为从教义学来看，德国裁判文书体例中使用的"Tatbestand"一词是误用，正确的表达应当是"Sachverhalt"。Gerhard Köbler, Wie werde ich Jurist?, 5. Aufl., 2007, S. 120. 从民事诉讼的角度看，这种获得支持较少的观点可以从一个侧面提示裁判文书中记载的不是抽象的法律事实构成要件。

〔4〕 Apostolos S. Georgiades, Die Anspruchskonkurrenz im Zivilrecht und Zivilprozeßrecht, 1967, S. 71 ff.; Friedrich Lent, Die Gesetzeskonkurrenz im bürgerlichen Recht und Zivilprozeß (Band. 2), 1916, S. 14 ff.

有在民事实体法抽象法典化之后,在概念上才会明显地出现上述区别。[1] 易言之,上述概念区别源自实体法规范的立法模式,这也导致在大陆法系适用法律/涵摄的过程中,必然存在要件事实逐步具体化、最终与具体的客观事实等同的过程(本书第八章)。

在德国法上,具有类似的抽象性质的还有所谓规范事实(Normtatsachen)或者法律续造事实(Rechtsfortbildungstatsachen),即对于解释或续造规范所必要的事实,如德国判断过失的标准化标准、交易习惯和商业惯例等。这些事实涉及的是抽象法律规范(大前提)而非案件事实(小前提)的形成,应当由法官依职权通过自由证明的方式调查,并且属于三审审查的范围。[2]

(二)适用公平责任的理论困难

在"彭宇案"及其判决书中,最为突出的就是法院所适用的公平责任[原《民法通则》第132条,《民法典》(本案不适用的)第1186条和原《侵权责任法》第24条]在事实构成要件上的说理瑕疵。抽象来看,一方面,存在争议的是应否将公平责任理解为独立的请求权基础,[3] 进而依照诉讼标的旧实体法说、识别为独立的诉讼标的,从而涉及处分权主义下当事人请求对审判对象的

---

[1] 从法制史角度对这一过程的描述,参见[日]中村宗雄:《我的裁判理论》,载[日]中村宗雄、中村英郎:《诉讼法学方法论——中村民事诉讼理论精要》,陈刚、段文波译,中国法制出版社2009年版,第35~38页(德文版:Muneo Nakamura, Meine Theorie zur Lehre der Entscheidung, 1970, S. 11 f.);[日]中村英郎:《民事诉讼中的罗马法理与日耳曼法理》,载[日]中村宗雄、中村英郎:《诉讼法学方法论——中村民事诉讼理论精要》,陈刚、段文波译,中国法制出版社2009年版,第192~193页;Hideo Nakamura, Die Institution und Dogmatik des Zivilprozesses – eine Betrachtung vom Standpunkt des Rechtskreises aus, ZZP 99 (1986), S. 7 f. 国内相关讨论,参见段文波:《规范出发型民事判决构造论》,法律出版社2012年版,第66~91页;马丁:《罗马法上的"诉":构造、意义与演变》,载《中外法学》2013年第3期,第562~563页。

[2] Leo Rosenberg/Karl Heinz Schwab/Peter Gottwald, Zivilprozessrecht, 18. Aufl., 2018, § 112 Rn. 21 f.; Hanns Prütting, Münchener Kommentar ZPO, Band 1, 6. Aufl., 2020, §§ 284 Rn. 48, 291 Rn. 20; Hans – Jürgen Ahrens, in: Wieczorek/Schütze, ZPO, Band 4, 4. Aufl., 2013, § 284 Rn. 19 f.; Helmut Rüßmann, Normtatsachen – Ein vorläufiger Überblick, in Robert Alexy/Hans-Joachim Koch/Lothar Kuhlen/Helmut Rüßmann, Elemente einer juristischen Begründungslehre, 2003, S. 357 ff. (应当区别规范事实和法官知法的内容,并主张从概念目的和功能出发区分事实问题和法律问题。)

[3] 比如,参见窦海阳:《侵权法中公平分担损失规则的司法适用》,载《法商研究》2016年第5期,第125~136页。

限制。[1] 另一方面，暂且不论公平责任是作为独立的归责原则[2]还是损害分担的一般规则，[3]问题聚焦于究竟应当如何解读一般情况下或者至少某种案件类型下公平责任规则的构成要件，[4]甚至是否由于《民法典》第1186条以"依照法律的规定"替换了原有的"可以根据实际情况"，实际上隐含了否定公平责任并且限制法官自由裁量权的立法态度。[5] 如果在一般民法学理上不能确定公平责任中的要件事实，那么法律适用以及事实认定就都可能存在困难了。

具体回到本案判决书中，法官在认定双方均无过错之后，自行"根据公平责任合理分担损失"。法官认为，"公平责任是指在当事人双方对损害均无过错，但是按照法律的规定又不能适用无过错责任的情况下，根据公平的观念，在考虑受害人的损害、双方当事人的财产状况及其他相关情况的基础上，判令加害人对受害人的财产损失予以补偿，由当事人合理地分担损失。根据本案案情，本院酌定被告补偿原告损失的40%较为适宜"。实际上，除了认定均无过错之外，法官只是给出了分配结果，对于理由或者衡平考虑的个案情形则只字不提，其实质是缺乏对公平责任构成要件事实的说明。从要件事实的角度来看，判决书的说理距离理想状态仍有较大空间。

当然，这并不能完全归咎于抽象引用学理概念的一审法院及其法官，即使是在当时的时空背景下以调解方式结案、拒绝披露心证并说理的二审法院，也肯定不是"罪魁祸首"。[6] 法官其实迫切需要民法理论和解释学上的进一步支持，这里有关要件事实的困难也主要属于民事实体法领域，但是无可避免地

[1] 参见许可：《多维视角下公平分担损失请求权的理论基础与裁判构造》，载《现代法学》2019年第6期，第167～174页（较早前观点，参见许可：《职权干涉与裁判突袭——从南京彭宇案一审判决看当下之民事审判》，载《清华法学》2008年第6期，第57～61页）。笔者认为，该判决符合旧实体法说对诉讼标的的理解，在案件仅有唯一正确的请求权基础时仍适用"法官知法"原则，因为无论适用的请求权基础是否变化，本案的诉讼标的都唯一确定（定性问题）。

[2] 比如，参见王利明：《我国侵权责任法的体系构建——以救济法为中心的思考》，载《中国法学》2008年第4期，第5～7页。

[3] 比如，参见陈本寒、陈英：《公平责任归责原则的再探讨——兼评我国〈侵权责任法〉第24条的理解与适用》，载《法学评论》2012年第2期，第136～140页。

[4] 比如，参见曹险峰：《论公平责任的适用——以对〈侵权责任法〉第24条的解释论研读为中心》，载《法律科学（西北政法大学学报）》2012年第2期，第107～110页。

[5] 参见王成：《〈民法典〉与法官自由裁量的规范》，载《清华法学》2020年第3期，第19～21页。

[6] 这种批评，参见傅郁林：《当信仰危机遭遇和谐司法——由彭宇案现象透视司法与传媒关系》，载《法律适用》2012年第12期，第6页。

延伸到民事程序法领域。

四、本案中案件事实的说理焦点

（一）作为证明对象的案件事实

如果案件中的诉讼资料能够符合程序法规则的要求转化为说理素材，那么紧接着需要确定的就是证明的对象。其中最基础、也最常见的待证事实是指三段论小前提中具体的案件事实（Sachverhalt），即反映在特定时空条件下，外部世界中过去或者现在的事件或状态（外部事实）以及人类的精神活动（内部事实〔1〕）。〔2〕 案件事实也是通常意义上的客观事实，在"彭宇案"判决中就是彭宇和徐某兰究竟是否相撞的客观存在，对此加以认定和判断也是民事诉讼与裁判的核心任务之一。虽然事实本身从哲学意义看也不过是一种对客观事物（实际情况）的陈述，〔3〕但是这并不妨碍我们在一般语境下、特别是在民事诉讼领域中继续将案件事实作为历史上发生的事件来理解。〔4〕 可以说，当事人的事实主张都是一种逻辑意义上的事实判断，证明的目的就是确定这些事实主张的真伪。〔5〕 同样由于其事实判断的性质，对未来的预测或者对过去

---

〔1〕 BVerfG NJW 1993, 2165, 2165 f.（内部事实同样需要通过证明制度证明，出租人必须通过间接事实证明其自己使用房屋的意图，才能请求通知解约。）

〔2〕 Rosenberg/Schwab/Gottwald, a. a. O., § 112 Rn. 3; Hans – Willi Laumen, in: Gottfried Baumgärtel/Hans – Willi Laumen/Hanns Prütting, Handbuch der Beweislast: Grundlagen, 4. Aufl., 2019, Kap. 4 Rn. 4 ff.

〔3〕 参见彭漪涟：《事实论》，上海社会科学院出版社 1996 年版，第 1 ~ 9、71 页；张继成：《事实、命题与证据》，载《中国社会科学》2001 年第 5 期，第 136 ~ 139 页。亦参见杨贝：《论案件事实的层次与建构》，载《法制与社会发展》2019 年第 3 期，第 41 ~ 42 页。

〔4〕 参见张保生：《事实、证据与事实认定》，载《中国社会科学》2017 年第 8 期，第 111 ~ 112 页。

〔5〕 从这个意义上，我们可以把民事诉讼上的事实主张等同于张继成教授所谓区别于证据载体的（证据）命题。关于后者，参见张继成：《事实、命题与证据》，载《中国社会科学》2001 年第 5 期，第 141 ~ 145 页。但是至少从民事诉讼和证据法的意义来看，张教授主张的书证、物证等证明方法本身不是证据、只有其中的命题才能成为证据的观点，强调的即证据载体与证据内容（信息）的传统区别。证据法领域的介绍，参见汪建成：《论刑事证据的多重视角》，载《中外法学》2004 年第 3 期，第 294 ~ 295 页。

的假设、消极的事实〔1〕或者不可能的事实也都属于案件事实的范畴。〔2〕此外,作为诉讼标的诉讼法说下识别标准的生活事实(Lebenssachverhalt)概念,也是在这一意义上被使用的,只不过其更强调作为生活经过的整体意义。〔3〕

而具体到民事证明领域来说,个案案件事实中最重要的应该是其中对应前述抽象要件事实的主要事实,其与间接事实、辅助事实共同组成大陆法系事实概念的体系(本书第十章)。对于"彭宇案"来说,一方面,案件中双方当事人的过错属于不确定法律概念或者说评价性要件,在裁判说理中本应该考虑究竟哪些具体的事实情节将使过错要件得到满足、从而肯定侵权损害赔偿请求权,或者通过排除过错要件否定该请求权。但是,该案判决书就此完全没有说理,〔4〕在裁判说理上有比较明显的不足。〔5〕另一方面,这里更为核心的主要事实是双方当事人相撞这一侵权行为是否发生和是否产生损害及产生多少损害。如前所述,由于案件事实或者说涉争的主要事实或多或少具有主观判断的属性,为了使司法对事实的认识能够同时在主客观上说服案件当事人并尽

---

〔1〕国内讨论,比如,参见郑金玉:《论否定事实的诉讼证明——以不当得利"没有法律依据"的要件事实为例》,载《法学》2018 年第 5 期,第 28 ~41 页。

〔2〕Christoph Thole, in: Stein/Jonas, ZPO, Band 4, 23. Aufl., 2018, § 284 Rn. 13(就消极事实而言,作者在前版评注的基础上进一步认为,此时某事实不可能存在这一主张成为证明目标。比如,就没有法律上的原因的取得来说,由于需要排除在可能的时间点可能达成的任何合同,这种证明原则上是不可能的。此时消极事实的证明对象应当转换为次级主张责任意义下的其他积极事实,比如,当事人在某日并未达成买卖合同。由此可见,其对消极事实的理解和我们通常认为的某事实不存在,有所区别); Prütting, Münchener Kommentar ZPO, a. a. O., § 284 Rn. 41.

〔3〕BGHZ 194, 314 = GRUR 2013, 401, 402, Tz. 18 ff.; Rosenberg/Schwab/Gottwald, a. a. O., § 93 Rn. 12; Herbert Roth, in: Stein/Jonas, ZPO, Band 3, 23. Aufl., 2016, Vor § 253 Rn. 11 f.(通常诉讼中和不作为之诉的特殊情况); Walther J. Habscheid, Der Streitgegenstand im Zivilprozess und im Streitverfahren der Freiwilligen Gerichtsbarkeit, 1956, S. 221 f.

〔4〕参见吴泽勇:《证明疑难案件的处理之道——从"彭宇案"切入》,载《西部法学评论》2011 年第 5 期,第 3 ~5 页。

〔5〕与这种抽象法律概念类似的是所谓的法律事实(juristische Tatsachen),即已经包含了法律概念和判断的事实主张,如买卖、租赁、所有权人等。Rosenberg/Schwab/Gottwald, a. a. O., § 113 Rn. 4 f.; Thole, in: Stein/Jonas, a. a. O., § § 284 Rn. 16 f., 288 Rn. 13 ff.; Prütting, Münchener Kommentar ZPO, a. a. O., § § 284 Rn. 41, 288 Rn. 17; Ahrens, in: Wieczorek/Schütze, a. a. O., § 284 Rn. 15 ff. 法律事实由于实质等同于对案件事实的概括,应当同样适用自认的规定(德国《民事诉讼法》第 288 条第 1 款)。BGH NJW - RR 2015, 1321, 1323, Rn. 15; NJW - RR 2007, 1563, 1565(退休合同); NJW - RR 2006, 281, 282(当事人可以就谁成为合同当事人自认).

可能符合案件真相,法院除了在审理技术上需要充分利用各种发现证据和合理推断的机制,也需要在终局判决中对其自由心证的形成充分说理。就"彭宇案"一审时的状况而言,法官充分意识到其说理义务,并且尽其所能试图给出解决特定案件中证据搜集困难的创新方案。但是很遗憾,由于过于倚重普遍被认为盖然性较低的经验法则,不仅未能说服当事人,而且在法律人共同体中也未能赢得大多数人的认同。

（二）相互矛盾证据的证明评价

本章认为,在当时场景下相对保守、但是更具有可预见性的论证思路,应该回到既有证据的证明力评价问题。需要判断的是,前述直接证据能否共同证明该案中的主要事实,[1]即既有的证据材料能否支持法官形成双方相撞事实的心证。该案判决书认为,派出所"在本案中提交的有关证据能够相互印证并形成证据锁链,应予采信。被告虽对此持有异议,但并未提供相反的证据,对其抗辩本院不予采纳"。从证明责任的角度看,法官通过上述证据就双方碰撞这一主要事实形成了心证,而被告由于没有提供反证将待证事实推回到真伪不明,因此不能动摇法官心证。[2] 笔者注意到,"彭宇案"判决书中几份直接证据是相互矛盾的。相比实务中常常成为争点的间接证据链条的充分性问题(本书第十章),这里更希望探讨的是,在存在相互矛盾的直接证据时,证据的证明力应当如何认定。

对此应当从证据法上详细讨论。首先,本案涉及前述四份证据(派出所对原告的询问笔录、派出所对被告讯问笔录的电子文档及其誊写材料、法院作出的谈话笔录、证人陈某春出庭作出的证人证言),不满足单独作为认定案件事实依据的法定证据规则(2001 年《证据规定》第 69 条第 4 项和第 70 条第 1 项,2019 年《证据规定》第 90 条第 5 项),因此需要综合讨论和评价其证明力。其次,彭宇是否"做点好事"或者见义勇为不属于该案的主要事实,因此也不涉及

---

[1] 学者一般认为对电子文档可以质证,争议在于如何判断证明力。参见吴泽勇:《自由心证的边界:"彭宇案"中的证据与证明——兼与王亚新教授商榷》,载《月旦民商法杂志》2010 年第 30 期,第 140 页。

[2] 对此,吴泽勇教授对该句的第一种解读认为,被告的异议依照现有法定证据规则足以使法官产生怀疑,因此事实陷于真伪不明,从而由原告承担不利后果。参见吴泽勇:《自由心证的边界:"彭宇案"中的证据与证明——兼与王亚新教授商榷》,载《月旦民商法杂志》2010 年第 30 期,第 141 页。类似认为属于真伪不明的观点,参见郑世保:《事实推定与证明责任——从"彭宇案"切入》,载《法律科学(西北政法大学学报)》2010 年第 3 期,第 100 页。

证明责任的问题,[1]甚至根本不能归于该案案件事实的范围中。上述道德评价只是对双方是否相撞的另一种表达方式(可以认为是"撞是撞了,但动机高尚"),其中具有事实认定意义的是"做事"和"为",而与"好"和"义"、"勇"的判断无关。最后,讯问笔录电子文档对相撞事实有证明力,并且根据案情其证明力明显大于被告的当庭陈述,应当得到确认。

该案中的争议,可以转化为两个相关问题,即讯问/询问笔录的证据属性为何,以及审理过程中当事人作出的相反陈述的证明力如何判断。由于国内学界当前缺乏有效讨论,笔者不得不借助德国经验,并且简要参考普通法系的相应做法。

五、对官方笔录证明力的再认识

(一)德国法中的公文书报告书证

在德国,讯问/询问笔录属于公文书中的报告书证,除了其文书本身的真实性得到推定之外,因其完全(形式)证明力(德国《民事诉讼法典》第418条第1款和第2款)也可以证明书证内容的存在(本书第十二章),[2]此时应当由相对方提交当事人陈述以外(德国《民事诉讼法典》第445条第2款)的反面证据。[3] 易言之,笔录的形式证明力在于完全证明讯问中当事人确实做出了某些表示(如两人相撞的表示)。与此不同,笔录对于两人确实相撞这个待证的主要事实并没有完全证明的效果,即在实质证明力方面只能发挥证据的作用,其证明效力同样需要经过法院自由证明的判断(本书第十三章)。[4]

同时,虽然笔录一般只是对于证人证言和当事人陈述的书面记载,但是仍不妨碍其在证据属性上转换为报道性书证。[5] 不过,考虑到当庭调查的事实更为准确(直接原则),相对方仍然有权在开庭时申请笔录中的证人出庭接受

---

[1] 不同见解,比如,参见杨晓玲:《经度与纬度之争:法官运用"经验法则"推定事实——以"彭宇案"为逻辑分析起点》,载《中外法学》2009年第6期,第948页。

[2] 参见曹志勋:《文书真伪认定的中国路径》,载《法学研究》2019年第6期,第115~133页。

[3] 虽然法律文本上使用的是反证(Gegenbeweis),但是通说认为必须达到本证的强度即反面证据(Beweis des Gegenteils)。BGHZ 16, 217 = NJW 1955, 625, 627; BGH NJW 1997, 1312.

[4] 参见曹志勋:《论公文书实质证明力推定规则的限缩》,载《国家检察官学院学报》2020年第2期,第137~154页。

[5] Rosenberg/Schwab/Gottwald, a. a. O., § 120 Rn. 25 ff.; Christian Berger, in: Stein/Jonas, ZPO, Band 5, 23. Aufl., 2015, § 418 Rn. 1, 10, 12 ff. 不过,由于刑事诉讼中坚持更严格的直接原则,因此法院禁止这种转化,而必须当庭取证(德国《刑事诉讼法典》第250条)。

询问,此时就不能进行上述转换。在法官认为待证事实已经由书证得到证明或者没有必要通过询问证人澄清事实问题时,也可以拒绝相对方对证人出庭的申请。[1] 在证明评价中,笔录书证中记载的证人证言效力一般也较在本案中询问证人的低,更需要法官详细介绍其心证过程。[2] 一般来说,当事人在诉前所作陈述的笔录也可以作为书证出现,并且适用上述规则。[3]

(二)对美国路径及其考量的扬弃

在美国法上,需要考虑的主要是笔录与传闻证据规则的关系。但是,笔者认为,在民事诉讼[4]中不应采纳传闻证据规则,而应该肯定笔录的证据能力。一方面,对于双方当事人就是否收集某证据产生的争议(证据争点),目前比较民事诉讼中的趋势就是原则上不否定证据的证据能力,而是从控制证明力的方向规制。大陆法系长期采取尽可能将证据能力有无转化为证明评价处理的思路,不能仅凭证据属于传闻证据而拒绝调查。[5] 而且,至少就民事诉讼而言,英国也已经放弃了传闻证据规则的证据排除效力(英国《1995 年民事证据法》第 1 条),由法官自由评价传闻证据的证明价值(英国《1995 年民事证据法》第 4 条)。[6] 在英国民事诉讼中,当事人在正式开庭时既可以经法官许可提交书面证言[英国《民事诉讼规则》第 32.2(1)(a)条],又可以将书面证言明确作为传闻证据提交[英国《民事诉讼规则》第 32.5(1)(b)条和第 33.2 条]

---

〔1〕 Jürgen Damrau/Alexander Weinland, in: Münchener Kommentar ZPO, Band 2, 6. Aufl., 2020, § 373 Rn. 25.

〔2〕 BGHZ 7, 16 = NJW 1952, 1171, 1172; BGH NJW 2000, 1420, 1421; NJW 1995, 2856, 2857; VersR 1970, 322, 323.

〔3〕 BGHZ 153, 165 = NJW 2003, 1123(即使在之前的刑事调查程序中没有被告知沉默权及要求律师辩护的权利,民事诉讼被告当时所作的笔录也不属于证据排除的范围,因此该书证在民事诉讼中可以被调查); Thole, in: Stein/Jonas, a. a. O., § 284 Rn. 36; Egon Schneider, Beweis und Beweiswürdigung, 5. Aufl., 1994, Rn. 1373 ff., 1382 f.(同时认为法庭调查的当事人陈述优先于笔录。)

〔4〕 由于民事诉讼与刑事诉讼的区别,这里并不能适用刑事司法中对相关问题的研究成果。关于后者,参见汪建成、孙远:《刑事证据立法方向的转变》,载《法学研究》2003 年第 5 期,第 24 ~ 28 页。

〔5〕 Rosenberg/Schwab/Gottwald, a. a. O., § 117 Rn. 11; 参见[日]高桥宏志:《重点讲义民事诉讼法》,张卫平、许可译,法律出版社 2007 年版,第 40 ~ 44 页。国内类似观点,参见李峰:《传闻证据规则,抑或直接言词原则?——民事诉讼书面证言处理的路径选择》,载《法律科学(西北政法大学学报)》2012 年第 4 期,第 140 ~ 142 页。

〔6〕 Solomon E. Salako, *The Hearsay Rule and the Civil Evidence Act* 1995: *Where Are We Now?*, 19 Civil Justice Quarterly 371 (2000).

(通知规则)。即使当事人没有明确表明所提交的属于传闻证据,也不会影响证据的可采性,但可能影响法官对费用的分配和对该证据证明力的评价。[1] 只不过,法官通常不会赋予传闻证据较高的证明力,并且有权(通常也会如此)在相对方申请时允许交叉询问证人[英国《民事诉讼规则》第33.4(1)条]。如果证人不出庭接受询问,法官则应当考虑排除该证据。[2] 当然,这种排除权的行使应当考虑个案案情。比如,导演波兰斯基起诉某杂志诽谤,但是因为担心去英国出庭时自己可能会基于他案被引渡到美国,所以申请通过视频会议作证。在本案旁论中,法官认为虽然法院享有排除证据的案件管理权[英国《民事诉讼规则》第32.1(2)条],但是即使相对方申请原告出庭,法官也需要根据个案情况行使裁量权决定是否排除证据,排除证据并非其法定义务。[3]

另一方面,基于陪审制、美国证据法对刑事、民事统一标准的执着以及其他程序上的差异,美国相关制度实际上对我国及本案的参考意义也不大。仅就学理参考而言,在美国,与庭审证人证言相矛盾的事前陈述(包括警察调查的笔录)只能作为辅助证据,攻击证人当庭陈述的可信性(美国《联邦证据规则》第607条和第613条),而对待证事实并不具有实质证明力(substantive evidence)。[4] 不过例外在于,证人[5]在经宣誓甘愿承受伪证责任的听审程序中作出的相反证言不被视为传闻证据[美国《联邦证据规则》第801(d)(1)条],而可以作为证明案件事实的证据使用,这也部分推翻了规则制定当时的普通法传统。但是,由于笔录由警察单方调查得来且无法与被法条规定的场景等量齐观,即使证人宣誓了也不属于前述不被视为传闻证据的例外情况。[6]

---

〔1〕 Geoffrey Vos ed., *The White Book Service 2019*: *Civil Procedure*, Sweet & Maxwell, 2019, para. 33.2.3 (westlaw).

〔2〕 Geoffrey Vos ed., *The White Book Service* 2019: *Civil Procedure*, Sweet & Maxwell, 2019, para. 32.1.4, 33.4.1 (由于法官应当评价传闻证据的证明力有无及大小,通过一般的案件管理权排除传闻证据甚至可能是不当的); Adrian A. S. Zuckerman, *Zuckerman on Civil Procedure*: *Principles of Practice*, Sweet & Maxwell, 2013, para. 20.42 – 20.44, 22.121 – 22.130.

〔3〕 Polanski v. Condé Nast Publications Ltd. [2005] UKHL 10, at [35] – [36] (Nicholls LJ).

〔4〕 30B Wright & Miller, *Fed. Prac. & Proc. Evid.*, § 6742 (westlaw).

〔5〕 原则上(除了《死人法》中禁止在交易中一方当事人死亡时,另一方当事人证明他们交易存在),当事人也属于证人(人证)的范畴。27 Wright & Miller, *Fed. Prac. & Proc. Evid.*, § 6005 (westlaw); Kenneth S. Broun et al., *McCormick on Evidence*, Thomas/West, 2006, p. 119 – 121.

〔6〕 U.S. v. Williams, 272 F.3d 845, 859 (7th Cir. 2001); 30B Wright & Miller, *Fed. Prac. & Proc. Evid.*, § 6745 (westlaw).

(三)我国官方笔录的证明力规则

回到我国,我国目前对公权力机关笔录的研究还有很大发展空间,即使是庭审笔录这样直接体现在《民事诉讼法》第 150 条中的笔录类型,也尚未完成法定化的历史过程。[1] 现行法只规定了国家机关在其职权范围内制作的文书所记载的事项推定为真实,但有相反证据足以推翻的除外(《民诉解释》第 114 条前句,延续 2001 年《证据规定》第 77 条第 1 项),以及在只有当事人陈述时,不能认定事实主张(2001 年《证据规定》第 76 条前句,2019 年《证据规定》第 90 条第 1 项)。同时,不同学者分别主张笔录可以被作为书证对待[2]或者属于证人证言,[3]多数学者也主张应当采取类似德国的报告公文书推定具有证明力的原则。[4] 但是从表面上看,即使笔录记载的内容被推定为真,由于当事人在本案中已经出庭并且可以由法官直接询问,所以笔录不能简单地成为法官调查的替代证据。相反,法官有充足机会通过法庭调查和证人询问,查明笔录记载的内容究竟是否为真。

由此出发,笔者认为应当在德国法经验的基础上,设置我国当事人询问的特别规则,即笔录能够被法官调查[5]并具有书证的形式证明力,当事人在法庭上应当加以反证。同时,部分区别于德国法经验,笔者认为,当同一当事人在诉外笔录和法庭询问时做出相互矛盾的陈述时,不应简单以直接原则或传

---

[1] 参见张卫平:《论庭审笔录的法定化》,载《中外法学》2015 年第 4 期,第 910~915 页。

[2] 参见王亚新:《民事诉讼中的证人出庭作证》,载《中外法学》2005 年第 2 期,第 149 页脚注 54 和 59。但值得注意的是,王教授仅是从我国单位作证的现实出发采取了治安笔录属于书证的工作定义,即从理论上看他似乎认为其应属于证人证言。类似的主张书面证言应属于书证的观点,参见张永泉:《书证制度的内在机理及外化规则研究》,载《中国法学》2008 年第 5 期,第 110~113 页。

[3] 参见张卫平:《论讯问、询问笔录在民事诉讼中的证据效力》,载《清华法学》2011 年第 1 期,第 19~21 页。进一步认为应当满足直接言词原则的观点,参见李峰:《传闻证据规则,抑或直接言词原则?——民事诉讼书面证言处理的路径选择》,载《法律科学(西北政法大学学报)》2012 年第 4 期,第 139~145 页;龙宗智:《论书面证言及其运用》,载《中国法学》2008 年第 4 期,第 128~144 页(在刑事诉讼领域,结合直接言词原则与传闻证据规则的尝试)。

[4] 参见张卫平:《公证证明效力研究》,载《法学研究》2011 年第 1 期,第 98~105 页(针对作为公文书的公证文书);肖建国:《书证的真实性及其举证责任》,载《中国审判》2010 年第 7 期,第 92~93 页;张永泉:《书证制度的内在机理及外化规则研究》,载《中国法学》2008 年第 5 期,第 115~116 页;宋强:《我国公、私文书及其证明力之探讨》,载《法学评论》2004 年第 2 期,第 119~124 页。但是如前文所述,这种证明力一般而言应当限于形式证明力。

[5] 虽然前文已经讨论过我国法律上讯问笔录具有证据能力,但是由于判断证明力时又涉及由德国法引申出来的证据能力的问题,因此在证明力部分仍需要再次回到证据能力。

闻证据规则为据,否定笔录的证据能力/可采性或者降低其证明价值,而应当进一步思考背后的利益关系。相对而言,在事故/意外刚发生时,无论从其记忆的新鲜程度还是鲜有其他因素干扰来看,证人或当事人的陈述可能更贴近客观事实的本来面貌。[1] 如果排除派出所民警在讯问中有强迫证人或当事人等违法行为的可能性,那么在事件发生很短时间内做出的笔录,也更有可能准确地反映客观事件的真相。而在其后开庭时,当事人由于已经明确了自己的诉讼策略和相应的事实主张,则有较强动机试图修正甚至篡改自己之前的陈述。[2] 实际上,最高人民法院对于行政管理部门依法制作的事故认定书就持这种认识,其认为结合现场勘验结果、当事人当时的陈述和证人当时的证言做出的描述最接近真相。从当事人的心理发展过程来看,案发当时也应该是最合适的取证阶段。[3] 与此相对,似乎不能认为证人或当事人在做笔录时其实是"事不关己,高高挂起",只是随意作答。这里要考虑的是,在我国派出所询问/讯问的现实环境中,尤其是在双方相撞与否被派出所作为调查的核心事实的情况下,普通人不大可能完全敷衍了事。

基于前述分析,虽然被告在开庭中关于没有碰撞的陈述不能被完全否定,但是笔录可以证明当事人的陈述先后矛盾。进而,法官可以从上述考量出发,得出被告当庭陈述的证明力较小的判断,并且认定笔录的证明力(2001 年《证据规定》第 64 条、第 66 条和第 73 条第 1 款,《民诉解释》第 105 条和第 108 条,2019 年《证据规定》第 85 条第 2 款和第 88 条)。因此,一审法官以现有证据认定双方相撞并不存在明显瑕疵。[4] 至于其在评价与判断相互矛盾证据时存在

---

[1] Fed. R. Evid. Rule 801(d)(1) Advisory Committee Note(引述加利福尼亚州法律修改委员会的意见). 这一点理由被龙宗智教授在刑事诉讼中称为"超越可用性"和"相对可用性"。参见龙宗智:《论书面证言及其运用》,载《中国法学》2008 年第 4 期,第 131 页。

[2] 傅郁林教授在主张类似观点的同时,更提到由于彭宇的代理人在一审第一次开庭时曾承认相撞的事实,本案更涉及自认及其撤回的问题。参见傅郁林:《当信仰危机遭遇和谐司法——由彭宇案现象透视司法与传媒关系》,载《法律适用》2012 年第 12 期,第 5 页。由于本章以裁判文书认定的事实为基础,而判决书仅提及被告在二次庭审时才主张见义勇为,对此不再讨论。

[3] 参见最高人民法院民事审判第二庭编著:《最高人民法院关于保险法司法解释(二)理解与适用》,人民法院出版社 2013 年版,第 410~414 页。

[4] 张卫平教授认为本案存在事实错误,所以发回重审是最合适的裁判方式。参见张卫平:《司法公正的法律技术与政策——对"彭宇案"的程序法思考》,载《法学》2008 年第 8 期,第 151 页。需要注意的是,由于本章写作时案外材料已经可以确认一审判决书认定的事实无误,因此在讨论中有"事后诸葛亮"的后发优势。而在十余年前,相关事实真相仍然笼罩在一片迷雾之中。

的明显缺陷,则确实有进一步补充说理的必要(2001 年《证据规定》第 79 条第 1 款,2019 年《证据规定》第 97 条)。

六、并行于判决事实的媒体事实

高度争议案件中的事实认定问题,不会仅局限在法院以判决书形成并认定的事实心证中。媒体眼中和所描述的事实版本,不仅会驻足于报端网络和街头巷尾,也能反射回民事诉讼的场域之中。尤其是在自媒体发展迅速的当代,媒体事实的另一种含义是裁判机关之外的机构或个人对未经司法程序检验的事实的主张。无论是"谣言止于智者"还是"谣言倒逼真相",法官与一般的读者听众并无两样,需要去尽可能发现事实的真相。法官在回答证据和证明问题之前,必须能够从当事人提供及自行调查的诸多诉讼材料中,识别出与案件相关[1]的部分。易言之,法官应当完成从当事人主张的事实向诉讼法上的案件事实的转化,即法官从当事人对案件客观事件的全部事实陈述中,剪裁与案件在法律上相关的陈述的过程,其中以证据及证明评价作为最重要的渊源。"现实生活中本来形态的事实"作为所谓"法的事实","失去了许多细节并经过点染润色的思维产物存在于法的世界中"[2]。

而以"彭宇案"判决书为研究对象也可以注意到,裁判技术中需要处理的内容不同于审判过程中被提交法院的各类信息,[3]而是已经预设了法官完成了上述依照先见、去粗取精的认识过程,[4]可以称为前述的个案案件事实,[5]从法理学角度也可以称为与本章在不同含义下使用的"法律事实"。[6] 无论是采取法律真实说还是客观真实说的观点,都不会反对法官所认定的事实是

---

[1] 关于全部事实与相关事实的关系,参见陈嘉映:《说理》,上海文艺出版社 2020 年版,第 360 ~ 365 页。

[2] [日]谷口安平:《程序的正义与诉讼》,王亚新、刘荣军译,中国政法大学出版社 2002 年版,第 76 ~ 77 页。

[3] 类似的区分案件的事实发现与事实论证的观点,参见武飞:《论司法过程中的案件事实论证》,载《法学家》2019 年第 6 期,第 47 ~ 48 页。

[4] Philippe Mastronardi, Juristisches Denken, 2. Aufl., 2003, Rn. 579 ff.; Karl Larenz, Methodenlehre der Rechtswissenschaft, 6. Aufl., 1991, S. 278 ff.

[5] 参见杨秀清:《民事裁判过程论》,法律出版社 2011 年版,第 155 ~ 169 页;刘治斌:《案件事实的形成及其法律判断》,载《法制与社会发展》2007 年第 2 期,第 16 ~ 19 页。也有观点将其直接称为主要事实,参见张海燕:《民事诉讼案件事实认定机制研究》,中国政法大学出版社 2012 年版,第 71 ~ 72 页。但是,在该文同样分析了间接事实概念的情况下,这种概念使用似乎并未给在诉讼中同样发挥重要作用的间接事实和辅助事实留下理论解释的空间。

[6] 参见郑永流:《法律判断大小前提的建构及其方法》,载《法学研究》2006 年第 4 期,第 3 ~ 5 页。

经过筛选、与本案相关的事实,[1]也就是媒体事实版本通常较大,判决事实通常范围较小。还可以说,媒体事实平行于判决认定的事实,既可能是从社会认知角度还原事件来龙去脉时可以补充参考的案情,[2]又可能是容易被误导甚至是以讹传讹的"干扰项"。当然,个案案件事实仍然受到诉讼标的的限制。客观来看具有法律意义的"案件事实",由于与本案的诉讼标的无关,也不应成为个案案件事实的组成部分。至于这些事实,在本案中成为案件争点(原则上为了说服当事人,应当在裁判中得到回应[3]),可能在另案中成为主要事实,甚至与律师的后续诉讼策略的实现密切相关(特别是考虑到所谓生效裁判的事实预决效力[4]),本不应是本案审理的内容,也就不是案件事实认定需要考虑的。

社会公众能充分知情的"公平""看得到的正义",才是"让人民群众在每一个案件中都感受到公平正义"。虽然媒体事实不同于判决中的事实认定,本身也不是说理的组成部分,但是却无时无刻不与案件事实说理的可接受度高度相关。在"彭宇案"发酵的过程中,一个突出的情节就是媒体对于案件的深度介入。无论是案件最初被普罗大众注意(获得如今来看广泛传播所必要的"流量"),还是在舆论场上引发分裂的言论对决,抑或后期产生案件参与人(包括但不限于彭宇、徐某兰、法官王某以及法院领导们)最初无法预料的、对社会道德认知与行动的深远影响,甚至是最后二审调解结案后对裁判结果的转述式披露,[5]都以各种媒体的参与为核心节点。同时,媒体的报道和述评作为司法之外的普通社会的组成部分,既能反映程序法的内部张力,又能作为一种程序法外部张力的相对方,进一步减损程序法吸收当事人和社会不满情绪和为

[1] 类似观点,亦见王雷:《民法证据规范论》,载《环球法律评论》2015年第2期,第83~84页;王亚新:《诉讼程序中的实体形成》,载《当代法学》2014年第6期,第141页;王学棉:《诉讼证明的基础理论研究——以裁判结果的检验为中心》,载《清华法学》2010年第5期,第69页。

[2] 这种"背景事实"在此之外还可能介绍整个纠纷的全貌,进而促进和解的达成。参见王亚新:《对抗与判定——日本民事诉讼的基本结构》(第2版),清华大学出版社2010年版,第91~92页。

[3] 参见曹志勋:《对民事判决书结构与说理的重塑》,载《中国法学》2015年第4期,第244页。

[4] 比如,参见曹志勋:《反思事实预决效力》,载《现代法学》2015年第1期,第130~138页。

[5] 参见瞭望新闻周刊:《南京政法委书记:彭宇案不应被误读》,载新浪网,http://news.sina.com.cn/c/2012-01-16/103623807830.shtml。

国民提供行为预期的功能。[1] 不过，由于本章的重点在于诉讼法角度的“回头看”，对于媒体事实的重新检视、[2] 由“彭宇案”发散出去的、我们恰恰也无法忽视的司法与传媒的关系问题[3] 则不做讨论了。

〔1〕 关于程序法涉及的张力，特别是其危害的讨论，参见段厚省：《司法的困惑：程序法的双重张力》，中国法制出版社2018年版，第22~24页。

〔2〕 参见朱菁、蔡海锋、张菱兰：《假作真时真亦假——彭宇案真相探析》，载《河北法学》2014年第5期，第6~23页。

〔3〕 相关思考，参见《人民法院报》于2014年7月25日至30日就“正确处理传媒与司法关系”刊载的系列讨论。

第十章

民事诉讼中的事实证明方式

在事实认定技术中，最核心的内容即法官如何在裁判中完成认定事实的过程并且给出认定的事实结论，尤其是事实与证据之间如何完成衔接的过程，这也包括抽象的实体法要件事实与能够将其直接证明或者经过中间阶段才能间接证明的证据之间的联系。在两大法系的证明理论中，直接证明和间接证明均得到了明确区分，也应当区分抽象的要件事实概念与争议案件事实中出现的主要事实。间接证明可以被分为较高盖然性经验法则的经验法则常规适用，经验法则虽然盖然性达不到前述较高的程度，但是能够排除其他可能性的经验法则弱化适用，以及通过完善证据链条达到证明效果的、一般的间接证明。事实认定技术的核心在于理性描述事实从混沌不清到（被认为）去伪存真的过程。于是，即便面对着法官深藏脑海的证明评价“黑箱”，我们也不得不暂时遗忘对不确定性乃至判断错误的恐惧，尝试发现常常无法言说的案件真相。

一、问题的提出

《民事诉讼法》第 67 条第 1 款规定，当事人对自己提出的主张，有责任提供证据，《民事诉讼法》第 6 章也以证据作为事实发现领域的核心对象。从证据出发，民事诉讼中的事实认定一般遵循“证据—间接事实—主要事实—要件事实—请求权基础”的递进过程，其中有时由于证据与主要事实之间存在直接关联，“间接事实”这一步骤可能被省略。反过来看，这就是由三段论中大前提中的找法与法律适用到小前提中的事实认定之间的涵摄过程（本书第八章）。在裁判技术中，要件事实与请求权基础的关系原则上由实体法直接规定，以要件事实为中心的证明责任分配也相应地得到明确。就此而言，实体法上的法律适用与程序法上的事实认定紧密关联，无论是直接证明还是间接证明，其前提都是判断案件的要件事实以及其相应的主要事实为何，同时借此认定何者应当属于间接事实，进而需要通过一般的间接证明或者对经验法则的特别适用，得到最终的事实认定结果。

本章重点讨论的是事实认定技术中从证据到要件事实的过程，也就是事实得到证明的方式。对于法官发现相关事实的过程和结论的说明与论证，应当以大陆法系证明制度和理论上的基本概念和基本原理为基础。依托于这些概念和原理，裁判中的事实说理也才获得了充实的方法论指引与得以证成的理论素材。换个角度看，如果对上述概念和原理的理解不够充分，也许法官本人仍然可以世事洞明、人情练达并且因此成功调解当事人之间的纠纷，甚至不乏偶然地认定与客观事实一致的案件事实，但是却难以通过有效充分的说理，让当事人或者社会公众信服裁判结果。如果我们试图走出“调解型”审判[1]或者泛调解化审判[2]的窠臼,那么事实得到证明的路径就是不得不探讨的问题,由此才能够实现从个性到共性、从具体到抽象的理论升华。

二、直接证明与间接证明的差异性

(一)两大法系共享的分析框架

1. 大陆法系

大陆法系理论区分直接证明和间接证明,与之相对应的证据即直接证据和间接证据,[3]证明方式的不同直接决定了事实证明过程的不同。直接证明即不需要通过任何中介就能证明某一要件事实存在或不存在的情形,这可以由本证方或反证方完成,也可能分别适用证明或疏明的标准;间接证明则涉及那些并不直接与法律构成要件相关的事实主张,但是可以结合其他事实,证成就要件事实是否存在的推论。在间接证明中还有所谓证据辅助事实,即涉及证据方法的合法性和证明力的事实。相应地,直接证明对应的证明对象是案件事实中的主要事实(Haupttatsache, erhebliche Tatsache),而间接证明对应的是间接事实(Indiz, Indizientatsachen, Anzeichen)。[4]

举例而言,亲眼见证了甲砍伤乙过程的证人及其证言,属于直接证明;虽然证人没有完全见证,但是如果他看到了甲用刀威胁乙,而这把刀正是事后沾满乙的鲜血并留有甲手印的凶器,那么就属于能够推导出要件事实的间接证明;如果被告能够举证证人不可信并且事发时其实证人在他处,那么就属于辅助事实。[5]

---

[1] 参见王亚新:《论民事、经济审判方式的改革》,载《中国社会科学》1994 年第 1 期,第 3~22 页。

[2] 参见张卫平:《诉讼调解:时下势态的分析与思考》,载《法学》2007 年第 5 期,第 18~27 页。

[3] 在德语中,证明和证据都对应 Beweis 一词,本章将区别语境加以使用。

[4] BGHZ 53, 245 = NJW 1970, 946, 950(不过其对辅助事实的定义已被学界通说改变); Leo Rosenberg/Karl Heinz Schwab/Peter Gottwald, Zivilprozessrecht, 18. Aufl., 2018, §§ 111 Rn. 15 f., 112 Rn. 7 ff. 日本法上的相同观点:新堂幸司『民事訴訟法』(弘文堂,2019 年),580 頁([日]新堂幸司:《新民事诉讼法》,林剑锋译,法律出版社 2008 年版,第 375 页);参见[日]高桥宏志:《重点讲义民事诉讼法》,张卫平、许可译,法律出版社 2007 年版,第 29 页;王亚新:《对抗与判定——日本民事诉讼的基本结构》(第 2 版),清华大学出版社 2010 年版,第 82~83 页。类似介绍,参见许可:《民事审判方法:要件事实引论》,法律出版社 2009 年版,第 39~40 页。

[5] Hans-Willi Laumen, in: Gottfried Baumgärtel/Hans-Willi Laumen/Hanns Prütting, Handbuch der Beweislast: Grundlagen, 4. Aufl., 2019, Kap. 2 Rn. 20 ff.

2. 英美法系

从美国的情况看，理论和实践中也广泛承认直接证据（direct evidence）与间接证据/情势证据（circumstantial evidence）的区分。[1] 美国民事诉讼领域的权威评注指出，直接证据是能够证明主要事实（consequential fact），并且满足以下标准的证言，即证人对主要事实有准确的感知并且能够正确回忆，同时使用通常的语言诚实地表达出来。[2] 从概念上的不同侧重出发，也有英美学者将大陆法系理论中的辅助证据称为间接相关证据（indirectly relevant evidence），而直接证据和间接证据则一同被概括为直接相关证据，两者之间不存在明确区别。[3]

在美国现行法上，判断证据是否具有相关性需要考虑实质性（materiality）和证明力（probative value, sufficiency, weight）两个因素（美国《联邦证据规则》第401条），其中前者针对的是证据的证明主题与待证事实之间的关系，后者则指其对事实主张的成立所能起到的作用。[4] 直接证据即被采信时能够直接证明主要事实的证据，而间接证据即使被采信，也必须配合其他证据才能证明主要事实。间接证据通常更为常见，而且证明与人相关的内部事实也只能依赖间接证据。[5] 无论直接证据还是间接证据，都能够证明待证事实的存

---

〔1〕 Christopher B. Mueller, Laird C. Kirkpatrick & Liesa L. Richter, *Evidence*, Wolters Kluwer, 2018, p. 161 – 162; Kenneth S. Broun et al., *McCormick on Evidence*, Thomas/West, 2006, p. 308. 国内相关讨论，亦见陈瑞华：《比较刑事诉讼法》，中国人民大学出版社2010年版，第28～30页。

〔2〕 22 Wright & Miller, *Fed. Prac. & Proc. Evid.*, § 5162.1 (westlaw).

〔3〕 Terence Anderson, David Schum & William Twining, *Analysis of Evidence*, Cambridge University Press, 2005, p. 62 – 63, 76 – 77.

〔4〕 在英国也采取同样的思路。虽然在法官和陪审团的分工中，证明力属于事实问题而可采性属于法律问题，但是可采性/排除规则也要求证据必须具有最低限度的证明力（sufficient weight）。Hodge M. Malek, Jonathan Auburn & Roderick Bagshaw, *Phipson on Evidence*, Sweet & Maxwell Ltd., 2010, para. 7.07, 7.17; Colin Tapper, *Cross & Tapper on Evidence*, Oxford University Press, 2007, p. 79.

〔5〕 例如：U. S. v. Caraway, 534 F. 3d 1290, 1301 (10th Cir. 2008)［书架上藏有制作爆炸物的恐怖活动书籍，可以推定他已经看过了，并且该证据不会导致不适当偏见（美国《联邦证据规则》第403条）因而具有相关性］。

在,[1]甚至间接证据链条能够更准确地满足说服责任的要求。[2]

与此相关但不同的是所谓可靠性或鉴真程序(authentication),[3]其针对的是证人证言是否可信、传闻证据和证据保存链条问题,如监控录像记录的抢劫过程是否真实完整、证人在庭审之外做出的证言笔录或者被认为是凶器的刀是否就是法庭上作为证物出示的刀。上述内容不是相关性标准需要审查的对象,也不影响直接证据与间接证据的划分。

(二)区分不同证明方式的标准

值得注意的是,判断某一案件事实对应主要事实还是间接事实的依据在于其所对应的法律构成要件,因此同一事实在不同的请求权基础下可能具有不同的属性。相应地,判断某一证据属于直接证据还是间接证据,也取决于证据与待证的主要事实的关系。比如,在确认合同法律关系存在时,对应要约与承诺的事实都属于主要事实;但在基于合同不履行请求损害赔偿时,合同成立且生效则成为主要事实,对应要约与承诺的事实则属于推论要件事实的间接事实。[4] 对于同样的款项是否交付的事实,也可能存在多种不同认识。在买方请求卖方履行买卖合同项下移转所有权及交付义务时,金钱交付构成买方给付义务的完成,属于对待给付义务履行的要件之一,即在个案中表现为主要事实;在确认合同是否成立、当事人是否伪造若干年前签订的借款合同的纠纷中,声称借款人是否有能力及是否实际交付涉争金钱,则属于证明双方是否达成真实合意的间接事实;[5]在确认借款合同是否成立时,金钱交付此时属于对

---

〔1〕 Holland v. U. S., 348 U. S. 121, 139 - 140 (1954).

〔2〕 Desert Palace, Inc. v. Costa, 539 U. S. 90, 100 (2003). 对于在基于多种合法及非法原因的歧视案件(mixed - motives cases)中是否必须采取直接证据(被视为提高了要求)的争论,也可参见Gross v. FBL Financial Services, Inc., 557 U. S. 167, 187 - 190 (2009) (Stevens, J., dissenting); 539 U. S. 90, at 98 - 99; Price Waterhouse v. Hopkins, 490 U. S. 228, 276 (1989) (O'Connor, J., dissenting)。

〔3〕 See Terence Anderson, David Schum & William Twining, *Analysis of Evidence*, Cambridge University Press, 2005, p. 60, 63 - 64. 国内讨论,亦见陈瑞华:《实物证据的鉴真问题》,载《法学研究》2011年第5期,第127~141页;牟绿叶:《论实物证据的鉴真与鉴定——以美国法为参照的分析》,载《中国司法鉴定》2012年第3期,第25~30页(对要件事实和辅助事实采取了与本文不同的定义)。

〔4〕 Karl Engisch, Einführung in das juristische Denken, 10. Aufl., 2005, S. 58 f.(以刑法上的投毒罪和买卖毒药的合同为例,后者为推导投毒行为的间接事实。)

〔5〕 这种情况的例示,参见"赵某诉项某、何某民间借贷纠纷案",载《最高人民法院公报》2014年第12期。

应合同特别成立要件的主要事实(《民法典》第679条;修改了原《合同法》第210条下的特别生效要件)。就此而言,可以说程序法上的证明方式也直接受到实体法规则的影响。

三、不确定法律概念中的待证事实

(一)不确定法律概念的法律定性

在涉及确定的法律概念(如年龄)或者包含了法律概念和判断的事实主张(如买卖)时,如上要件事实的确定相对明确。但是在涉及不确定法律概念[1]或一般条款时,如欺诈、违反诚信原则、过错、善良风俗、可期待性、权利滥用以及重大事由等,由于其高度抽象性,答案似乎就不那么明确。除了这些显然的抽象法律概念之外,其他很多概念在一定程度上也具有不确定的性质。比如,在野生动物园里老虎咬人的事故中,暂且不考虑诉讼标的选择问题,动物园是否尽到管理职责(《民法典》第1248条后1分句)的认定就是法律与事实共同影响的结果,可能分别对应是否设置足够的安全措施(如防止逃票进场的围墙)、施救是否及时得当等不同角度的客观事实。易言之,法律概念的抽象与否更多是程度问题,法律要件与案件事实之间常常存在或多或少的解释与具体化的空间。上述问题在其他部门法中也是非常重要的问题。民事实体法有必要经由个案中价值判断的具体化得以适用,[2]刑法上对规范性和描述性法律概念涉及相似问题,也有相对充分的讨论。[3]

而在民事诉讼法学领域中,这里如果继续借鉴德国通行的法理和诉讼原理,则应当回到对事实问题和法律问题的区分上。[4] 在德国法上,作为第三审的审查对象的法律问题(德国《民事诉讼法典》第546条),不仅包括法律行为

---

〔1〕 当然,法律概念的确定与不确定都是相对而言的,本章就此仅讨论思路和方法问题,而无力确定识别是否确定的标准。这方面的讨论,例见苏力:《解释的难题:对几种法律文本解释方法的追问》,载《中国社会科学》1997年第4期,第14~18页。德国法上概念定义的讨论,参见卢佩:《德国关于不确定法律概念之第三审级司法审查》,载《现代法学》2013年第6期,第147~149页。

〔2〕 参见王泽鉴:《法律思维与案例研习:请求权基础理论体系》,2019年自版发行,第237~240页。

〔3〕 参见张明楷:《规范的构成要件要素》,载《法学研究》2007年第6期,第76~93页。

〔4〕 对这一区分的国内基础性研究,参见陈杭平:《论"事实问题"与"法律问题"的区分》,载《中外法学》2011年第2期,第322~336页;张卫平:《民事诉讼法律审的功能及构造》,载《法学研究》2005年第5期,第43页;傅郁林:《审级制度的建构原理——从民事程序视角的比较分析》,载《中国社会科学》2002年第4期,第88~89页。

的解释、证明评价、思想法则和经验法则以及自由裁量权的运用,当然也包括对法律规范中法律概念的理解和适用。[1] 在德国,争议主要存在于不确定法律概念能否以及在何种程度上成为法律第三审的审查对象。通说认为,事实审法官在涵摄不确定法律概念及案件事实时享有评价的自由空间(Beurteilungsspielraum),第三审法院只能审查事实审法院对法律概念的理解是否正确,是否考虑了所有相关情况以及思想法则和经验法则。[2] 笔者的初步结论是,原则上三审法院能够审查上述问题,因为大多数法律概念在不确定性上只存在量的差异,不确定法律概念同样需要经过法规范解释和涵摄的过程,任何个案也都可以作为未来案例比较和区别的基础。限制三审审查权的原因不应在于控制上告审的许可条件(目的性上告限制说)(teleologische Revisionsmethode),而更应当是三审法院自身对事实发现的有限权限(基于权能的上告限制说)(Leistungsmethode)。[3]

(二)法律解释与要件事实的确定

不确定法律概念本身属于法律问题[4]或者说评价性要件[5],无法承担衔接抽象的请求权基础与具体的案件事实的重任,不宜直接成为要件事实。法学方法论上小前提中的案件事实与大前提的实体法律规范之间,需要比不

---

[1] 曹士兵法官曾经质疑司法解释中根据当事人约定的具体情形区分一般保证和连带保证的规则,认为其属于事实问题。参见曹士兵:《最高人民法院裁判、司法解释的法律地位》,载《中国法学》2006 年第 3 期,第 177 页。但是就本章理解而言,这其实正是对于法律的普适解释,而不是对于个案中事实认定的事实问题。真正(主要)作为事实问题的是个案中法官对意思表示的解释,对此三审法官只享有有限审查权(类似证明评价)。

[2] 比如:BGHZ 160, 354 = NJW 2004, 3413, 3415。

[3] Rosenberg/Schwab/Gottwald, a. a. O., § 143 Rn. 27 ff.; Matthias Jacobs, in: Stein/Jonas, ZPO, Band 6, 22. Aufl., 2013, § 546 Rn. 8, 27; Hanns Prütting, in: Wieczorek/Schütze, ZPO, Band Ⅲ 1, 3. Aufl., 2005, § 546 Rn. 15, 37 f. 就这一问题的研究资料丰富,笔者仅列举一些典型的进一步资料。Wolfgang Grunsky, in: Stein/Jonas, ZPO, Band 5/1, 21. Aufl., 1994, § 549, 550 Rn. 28 ff.; Hanns Prütting, Die Zulassung der Revision, 1977, S. 191 ff.; Peter Gottwald, Die Revisionsinstanz als Tatsacheninstanz, 1975, S. 138 ff., 160 ff., 184; Horst-Eberhard Henke, Die Tatfrage: der unbestimmte Begriff im Zivilrecht und seine Revisibilität, 1966, S. 191 ff.; Erich Schwinge, Grundlagen des Revisionsrechts, 2. Aufl., 1960, S. 26 ff. 国内详细介绍,参见卢佩:《德国第三审程序审查范围研究》,北京大学 2013 年博士学位论文,第 139~153 页(整体持与本文不同的目的性上告限制说的观点)。

[4] 参见段文波:《规范出发型民事判决构造论》,法律出版社 2012 年版,第 71、91 页。

[5] 参见许可:《民事审判方法:要件事实引论》,法律出版社 2009 年版,第 23~29 页。亦见纪格非:《直接证据与间接证据划分标准的反思与重构》,载《法学论坛》2013 年第 1 期,第 97 页。

确定法律概念具体程度更高的事实主张作为中介。例如,就德国法上的过失而言,过失这一概念本身并不是要件事实,而只有足以认定过失存在的、构成注意义务违反的具体行为才是要件事实,并且原则上由主张权利方承担证明责任。[1] 在确定要件事实之后,才存在通过表见证明减轻证明的问题,以便将内在的注意转换为外在的、对注意义务的违反。[2] 再如,在判定是否构成欺诈(德国《民法典》第123条第1款前一种情形)时,德国仍然将具体构成欺诈的积极行为和不披露本来必须被披露的事实的消极不作为当作(客观方面的)要件事实,[3]在涉及雇佣合同中的重大事由(德国《民法典》第626条第1款)时,重大事由本身同样属于法律概念,而那些满足重大事由的事实才是要件事实。[4] 与此相对,民法上的错误则不被视为不确定法律概念,本证方需要主张和证明的对象就是错误这个事实本身。[5] 在我国法中,除了前述同时也被我国法继受的民法概念外,也有许多典型示例可供参考。比如,作为离婚要件的"感情确已破裂"就属于上述抽象法律概念,而《民法典》第1079条第3款规定的重婚,有配偶者与他人同居,实施家庭暴力,虐待、遗弃家庭成员,有赌博、吸毒等恶习屡教不改以及因感情不和分居满二年的诸事实,则属于辩论主义上的要件事实。

当然,将抽象法律概念具体化的新的要件事实,也只是降低了不确定法律概念的抽象程度,本身仍然是相对抽象的。之所以要尽可能提高要件事实的具体化程度,主要是因为我国民事诉讼法学学说上主要继受的、日本关于辩论

---

[1] Tilman Repgen, in: Gottfried Baumgärtel/Hans – Willi Laumen/Hanns Prütting, Handbuch der Beweislast: § § 1 – 811 BGB, 4. Aufl., 2019, § 276 Rn. 1, 5; Christian Katzenmeier, in: Gottfried Baumgärtel/Hans – Willi Laumen/Hanns Prütting, Handbuch der Beweislast: Handbuch der Beweislast: § § 812 – 2385 BGB, 4. Aufl., 2019, § 823 Ⅰ Rn. 40 ff.; Christian Balzer/Bianca Walther, Beweisaufnahme und Beweiswürdigung im Zivilprozess, 4. Aufl., 2018, Rn. 13.

[2] Repgen, in: Baumgärtel/Laumen/Prütting, a. a. O. (§ § 1 – 811 BGB), § 276 Rn. 12 ff.

[3] BGH NJW 2001, 64, 65; Martin Kessen, in: Baumgärtel/Laumen/Prütting, a. a. O. (§ § 1 – 811 BGB), § 123 Rn. 3 ff. 国内研究,参见韩世远:《合同法总论》(第4版),法律出版社2018年版,第252~253页。

[4] BGH NJW 1993, 463, 464(本案中上诉法院错误地理解了重大事由的概念); Christian Grüneberg, in: Palandt, Bürgerliches Gesetzbuch, 79. Aufl., 2020, § 626 Rn. 38.

[5] OLG Brandenburg NJW – RR 2002, 578, 580; Jürgen Ellenberger, in: Palandt, a. a. O., § 119 Rn. 32; Christian Armbrüster, in: Münchener Kommentar BGB, Band 1, 8. Aufl., 2018, § 119 Rn. 149; Kessen, in: Baumgärtel/Laumen/Prütting, a. a. O. (§ § 1 – 811 BGB), § 119 Rn. 1 f.

主义的经典理论认为,只有当事人就要件事实作出的事实主张才具有约束法院的效果,而如后详述的间接证明的过程通常被认为属于法官的自由心证的范围(德国《民事诉讼法典》第286条第1款第1句),不在辩论主义下(如自认问题上)约束法官。[1] 对比来看,在德国法上,当事人就间接事实也可以自认;在主张责任与证明责任的问题中,主要事实和间接事实也都能够成为讨论证明的必要的对象。比如,在德国法上,只有在个案中假设司机保持清醒时本来能避免事故发生的情况下,酒后驾车才能作为认定本案司机过错的表见证据,即满足高度盖然性的经验法则。[2] 此时,酒后驾车的因素被认定为间接事实,而非主要事实。但是,对于当事人仅就酒后驾车辩论,法官最后却以东张西望为理由认定满足过失的要求,从日本法出发,则可以认为这种转换将构成裁判突袭,并且有损当事人的程序保障。[3]

笔者认为,直接将酒后驾车这样更为具体的事实直接上升到主要事实的层次,在前述经典理论的意义上,固然能够解决突袭性裁判[4]的问题。但是,这并非就是说"自古华山一条道",而更可能是"条条大路通罗马"。除了将主要事实抑或间接事实的定性问题与对法院审判权的约束直接挂钩的做法之外,理论和技术上完全可以从法官是否行使释明权的角度加以判断。在前述酒后驾车还是东张西望的问题上,即便暂且不问其定性如何,法官也本就应当通过发问和解释引导当事人发表意见和辩论。特别是,酒后驾车并不当然等同于当事人有过失,仍有双方进一步解明案件事实的必要。如前所述,司机如果保持清醒也无法避免事故发生,如受害人突然从树丛中窜出,就并不违反注意义务。就此而言,在日本也有观点试图挑战上述辩论主义中的经典理论。

---

〔1〕 新堂幸司『民事訴訟法』(弘文堂,2019年),472、587頁([日]新堂幸司:《新民事诉讼法》,林剑锋译,法律出版社2008年版,第379页);伊藤眞『民事訴訟法』(有斐閣,2016年),305頁([日]伊藤真:《民事诉讼法》(第4版补订版),曹云吉译,北京大学出版社2019年版,第211页);参见[日]谷口安平:《程序的正义与诉讼》,王亚新、刘荣军译,中国政法大学出版社2002年版,第151~153页。

〔2〕 BGHZ 18, 311 = NJW 1956, 21, 23; BGH NJW 1987, 1826, 1827(扩展到自行车手); NJW 1976, 897(酒后躺在马路上的行人); OLG Köln NJW – RR 2006, 101; Christoph Thole, in: Stein/Jonas, ZPO, Band 4, 23. Aufl., 2018, § 286 Rn. 232; Egon Schneider, Beweis und Beweiswürdigung, 5. Aufl., 1994, Rn. 421 ff.

〔3〕 参见许可:《民事审判方法:要件事实引论》,法律出版社2009年版,第33~34页。

〔4〕 相关讨论,参见曹志勋:《民事诉讼中法讨论义务之讨论》,载姜世明主编:《法官阐明义务及其界限之研究》,台北,新学林出版股份有限公司2020年版,第357~402页。

当不涉及前述抽象法律概念,而是关注在个案中具有关联性、构成当事人真正争点的间接事实时,如果将其扩大视为辩论主义的适用对象,确实有助于避免法官对当事人施加突袭性裁判。[1] 就此而言,应当有意识区分传统以主要事实为核心的辩论主义下主要事实和间接事实的区分问题与应否将辩论主义的适用对象或者说界限扩大到重要的间接事实上的问题,前者仍然在日本法中原有的基本学理框架之下,后者则已经提出了对辩论主义原理本身的重新定义。[2]

四、直接证明方式的对象与必要

(一)直接证明对应主要事实

1. 程序法上要件事实与主要事实概念

没有争议的是,待证事实应当是客观发生了的、具体的个案事实。但是,在民事诉讼学理中如何为其"贴标签",如何理解几个相似的证据法概念,则存在一定争议。固然我们需要十分警惕"就概念论概念"的抽象论辩,但是如果概念使用可能妨碍对问题的准确说明,就至少有必要意识到差异的存在,进而发掘不同概念选择背后不同的(应然)考量。我国民事诉讼法学界一种有力观点认为,案件事实中的主要事实,就是"要件事实",或者说要件事实被认为就是对应法律构成要件的案件事实。[3] 这种理解最主要的支持是,"要件事实"概念在词源上来自日本,而日本民事司法研修所就持前述理解,该机构由于负

---

〔1〕 三木浩一=笠井正俊=垣内秀介=菱田雄郷『民事訴訟法』(有斐閣,2018年),209~213頁;松本博之=上野泰男『民事訴訟法』(弘文堂,2015年),50~51頁。不扩大辩论主义适用范围的观点同样注意到此时扩大释明权范围的必要性。伊藤眞『民事訴訟法』(有斐閣,2016年),306頁([日]伊藤真:《民事诉讼法》(第4版补订版),曹云吉译,北京大学出版社2019年版,第211页)。

〔2〕 新堂幸司『民事訴訟法』(弘文堂,2019年),472~480頁参照。王亚新教授已经对日本法的情况作了充分讨论,参见王亚新:《对抗与判定——日本民事诉讼的基本结构》(第2版),清华大学出版社2010年版,第86~91页。对日本学说的详细整理,亦见段文波:《我国民事自认的非约束性及其修正》,载《法学研究》2020年第1期,第110~113页。

〔3〕 参见王雷:《民法证据规范论》,载《环球法律评论》2015年第2期,第84页;王亚新:《诉讼程序中的实体形成》,载《当代法学》2014年第6期,第148页(但同时指出要件事实与主要事实、直接事实的含义相同:王亚新:《诉讼程序中的实体形成》,载《当代法学》2014年第6期,第150页);段文波:《规范出发型民事判决构造论》,法律出版社2012年版,第68~72页;许可:《民事审判方法:要件事实引论》,法律出版社2009年版,第40~43页。主张加以区分的观点,比如,参见包冰锋:《民事诉讼间接证明的机理证成与模型应用》,载《法律科学(西北政法大学学报)》2020年第5期,第179~180页。

责培训法官,对于日本实务的影响非常大。针对《民诉解释》中出现的“基本事实”,最高人民法院法官也分别使用不同的术语,既可能是“要件事实”,[1]又可能是“主要事实”,[2]折射出概念使用在我国讨论中的不确定性。

在我国台湾地区学者的论述中,也同样出现这种概念使用上的不统一。既有学者将法律要件事实与主要事实等同的做法,[3]又有将两个概念混用的情况。后者如邱联恭教授有时区分要件事实和主要事实,并且将前者理解为该当于权利的法律事实或实体法的内容(区别于具体事实[4]),而主要事实则为间接事实所推认的事实。[5] 在邱教授著作的具体行文中,又曾出现过将要件事实和主要事实等同作为具体事实的表述。[6] 还有学者不同时采用要件事实和主要事实这两个概念,但是区分这两种不同含义,比如,直接称为“要件”(如买卖合意作为合同成立要件)和“直接相当于该要件之具体事实”(买受土地所有权及支付价金的生活事实),[7]或者改称“构成要件事实”(实体法规范)和“以构成要件所指涉的事实”(社会事实)的一组概念。[8] 在日本法上也可以看到这种分歧的痕迹。比如,虽然德国法上证明责任分配的对象应当被直译为“法律事实构成要件的特征”(Tatbestandsmerkmal),[9]但是日本学者理解的“法律要件分类说”就可能分别被认为是对“法律要件要素”[10]或者“要件事实”[11]分配证明责任的学说。

---

〔1〕 参见最高人民法院修改后民事诉讼法贯彻实施工作领导小组编著:《最高人民法院民事诉讼法司法解释理解与适用》,人民法院出版社 2015 年版,第 317 页。

〔2〕 参见最高人民法院修改后民事诉讼法贯彻实施工作领导小组编著:《最高人民法院民事诉讼法司法解释理解与适用》,人民法院出版社 2015 年版,第 884 页。

〔3〕 参见陈荣宗、林庆苗:《民事诉讼法》(中册),台北,三民书局股份有限公司 2014 年版,第 107～108 页(“主要法律要件事实”)。亦见王泽鉴:《法律思维与案例研习:请求权基础理论体系》,2019 年自版发行,第 106 页。

〔4〕 比如,参见邱联恭讲述、许士宦整理:《口述民事诉讼法讲义》(一),2017 年自版发行,第 24 页。

〔5〕 参见邱联恭:《司法之现代化与程序法》,1992 年自版发行,第 144、146 页。

〔6〕 比如,参见邱联恭:《争点整理方法论》,2001 年自版发行,第 400 页。

〔7〕 陈计男:《民事诉讼法论》(上),台北,三民书局股份有限公司 2007 年版,第 463 页脚注 19。

〔8〕 吕太郎:《民事诉讼法》,台北,元照出版有限公司 2018 年版,第 233 页。

〔9〕 Hanns Prütting, Münchener Kommentar ZPO, Band 1, 6. Aufl., 2020, § 286 Rn. 113 ff.; Rosenberg/Schwab/Gottwald, a. a. O., § 116 Rn. 7 ff.

〔10〕 松本博之＝上野泰男『民事訴訟法』(弘文堂,2015 年),448～449 頁。

〔11〕 新堂幸司『新民事訴訟法』(弘文堂,2019 年),473、605 頁([日]新堂幸司:《新民事诉讼法》,林剑锋译,法律出版社 2008 年版,第 309、394 页)。新堂幸司教授的著作中区分要件事实和主要事实概念。

笔者认为，有必要区分作为法律规范抽象内容的要件事实和属于具体案件事实的主要事实，即将要件事实概念与法律构成要件要素概念等量齐观，[1]并且在我国民事诉讼法学中区分使用要件事实与主要事实。从定义即可看出，要件事实和主要事实指向的内容不同，主要事实只是能够满足法律构成要件具体内容/要件事实的所有事实可能中的一个个例，因此在法学方法论上需要两个独立的概念来分别指代。在承认概念有区分必要的基础上，究竟用哪个名词来指代这一组概念，确实有讨论的空间。如前所述（本书第九章），在德国法的一般理论上，法律事实构成要件（Tatbestand）是多个事实要件的集合，我们固然可以将这些事实要件直译为法律要件要素、[2]事实构成要素、[3]构成要件因素/要素（Element）[4]或者特征（Merkmal），[5]也许也可以粗略称为"事实构成要件"[6]或者"要件"[7]，这当然也能够符合法学方法论上讨论的基本要求。

那么，应否认为，既然构成要件要素的译法已经能够完成直译的功能，就没有必要再多此一举，使用"要件事实"这一概念来翻译呢？[8]笔者认为，在准确的基础之上，还要考虑概念本身能发挥的指向性功能。从追求实效的功能主义比较法研究和使用来看，还应该追问概念使用背后的原理和客观上更正确的答案。[9] 构成要件要素这一类的翻译结果，只能突出其实体法规范的一面，而无法如"事实要件"这般，同时强调其与事实认定的相关性和作为法律适

---

[1] 类似做法，比如，参见[德]普维庭：《现代证明责任问题》，吴越译，法律出版社2006年版，第237页。

[2] 参见松本博之＝上野泰男『民事訴訟法』（弘文堂，2015年），425頁。

[3] 参见[德]齐佩利乌斯：《法学方法论》，金振豹译，法律出版社2009年版，第43～51、140～141页。

[4] 参见[奥]恩斯特·A. 克莱默：《法律方法论》，周万里译，法律出版社2019年版，第26～37页。

[5] 参见[德]莱奥·罗森贝克：《证明责任论》，庄敬华译，中国法制出版社2018年版，第8页；[德]卡尔·拉伦茨：《法学方法论》，陈爱娥译，商务印书馆2003年版，第152～154页。

[6] [德]罗森贝克、施瓦布、戈特瓦尔德：《德国民事诉讼法》，李大雪译，中国法制出版社2007年版，第850页。

[7] 邹碧华：《要件审判九步法》，法律出版社2010年版，第150～154页。

[8] 相关主张，参见胡学军：《在"生活事实"与"法律要件"之间：证明责任分配对象的误识与回归》，载《中国法学》2019年第2期，第248、251页及脚注33；曹云吉：《第一届紫荆民事诉讼青年沙龙实录》，载张卫平主编：《民事诉讼法研讨》（一），法律出版社2016年版，第38～39页（任重教授的发言书面整理稿）。

[9] 参见傅郁林：《改革开放四十年中国民事诉讼法学的发展——从研究对象与研究方法相互塑造的角度观察》，载《中外法学》2018年第6期，第1442页。

用要件的属性。“（事实）要件”与“要件事实”又只是语序的不同，两者应当对应同一内容，否则极易引发误读。因此，笔者认为要件事实概念更宜指代抽象规范对事实的要求。

同时，在民事诉讼法上，德国法和日本法上也都有主要事实（Haupttatsache）和与之类似的重要事实（erhebliche Tatsache）的概念，特别是由于日本民事诉讼法学教科书的翻译使用，主要事实概念在我国学界也已经得到了广泛使用，本身构成了我国民事诉讼理论继受的一部分。[1] 如果能够坚持要件事实与主要事实在术语中的区别使用，似乎也可以在民事诉讼法学中将法律适用三段论[2]中的大前提和小前提明确区分。易言之，在民事诉讼法学既有术语中，对于小前提也已经有主要事实这一对应表达，如果要件事实概念再指代相同内容，也令人有叠床架屋之感。

2. 民法上民事法律事实概念的双重性

此外，民法上也有（民事）法律事实概念，即作为法律规范中法律后果的前提条件或者依法导致权利变动的事实。这一概念的作用在于建构民法概念体系并解释法律规范的具体构成，[3] 其对应（本章认识中的）诉讼法上、抽象的要件事实，而区别于个案中的案件事实。[4] 比如，法律人就民法案例题说“甲

---

〔1〕 参见张卫平：《民事诉讼法》（第5版），法律出版社2019年版，第240～241页。

〔2〕 囿于主题，这里并未讨论的是与本文相似、在法条理论下挑战传统三段论认识的观点。黄泽敏博士认为，“法律事实是小前提，它是案件事实与法律规则构成要件联结后所形成的事实；构成要件所指陈的事实类型则是要件事实……案件事实重在证据的真实性证明，法律事实重在案件事实与构成要件之间的关联证明，而要件事实则高度抽象概括，是从筛选生活事实（客观事实）到形成法律事实的试金石”。黄泽敏：《案件事实的归属论证》，载《法学研究》2017年第5期，第76～77页。

〔3〕 Reinhard Bork, Allgemeiner Teil des Bürgerlichen Gesetzbuchs, 3. Aufl., 2011, Rn. 273; Werner Flume, Allgemeiner Teil des Bürgerlichen Rechts: Das Rechtsgeschäft, 4. Aufl., 1992, S. 104 ff.（基于德国民法典立法理由书，将法律事实与法律行为和不法行为并列。）中文相关讨论，参见常鹏翱：《法律事实的意义辨析》，载《法学研究》2013年第5期，第3～23页；王利明：《民法总则研究》，中国人民大学出版社2012年版，第180～182页；王泽鉴：《民法概要》，中国政法大学出版社2003年版，第76页；曾世雄：《民法总则之现在与未来》，中国政法大学出版社2001年版，第157～161页；史尚宽：《民法总论》，中国政法大学出版社2000年版，第297～298页。

〔4〕 不同观点，参见许可：《民事审判方法：要件事实引论》，法律出版社2009年版，第30～31、38～43页。更常见的情况是，学者论述中使用的法律事实可能同时覆盖具体事实和法律事实构成（要件），比如，参见魏振瀛主编：《民法》，北京大学出版社、高等教育出版社2017年版，第33～35页（魏振瀛执笔）；王利明、杨立新、王轶、程啸：《民法学》（第5版），法律出版社2017年版，第40～41页。

乙之间的合同属于法律行为”“丙先占无主物属于事实行为”，只不过是说甲乙之间的合同或丙事实上实施的先占行为是满足法律构成要件的一个事例。我们说法律行为是当事人之间私人自治以及具体意思的产物，强调的也只是其个例的特点。同样在这个意义上，说甲乙之间就土地所有权转让达成物权合意，也即主张甲乙之间达成的物权契约是所有权转让的构成要件要素的一个事例。在上述语境下的民法讨论中，我们通常不考虑诉讼法上的问题。至于其指向的具体行为是否确实存在，则仍需回到民事诉讼法的语境下，经由当事人自认或通过证据证明而得到答案。[1]

就这一概念的使用还值得注意的是，德国当前主流的民法教科书已经不再强调法律事实概念，但是从相关对法律行为以及其与准法律行为和事实行为的区分仍然可以看出，他们均认为上述三者都可以导致权利变动，只不过原因和适用规则不同。[2] 这种有意的无视可能与对抽象概念的扬弃有关，如近年来，在欧洲法层面使用法律行为概念的做法都遭受广泛质疑。[3]

（二）应当承认直接证明方式

1. 证明理论上的争议

基于上述对主要事实的认识，笔者认为，民事诉讼法学[4]传统上对“直接证明/间接证明”的划分应当继续得到承认。从理论上看，无论前述外部事实还是内部事实都可能被直接证明。只不过，由于实践中反证方不太可能主动提供不利于自己的证据（如当事人陈述），通常也不存在能够直接证明欺诈目的的传来证据（如证人证言、视听资料），对于主观意思的证明基本上只能依靠

---

〔1〕 就此从不同方向的理解，参见常鹏翱：《论现实存在与物权行为的无关联性——对相关学理争辩的再辨析》，载《法学》2015年第1期，第106～107页。

〔2〕 Karl Larenz/Jörg Neuner, Allgemeiner Teil des Bürgerlichen Rechts, 11. Aufl., 2016, § 28 Rn. 1 ff.; Dieter Medicus, Allgemeiner Teil des BGB, 10. Aufl., 2010, Rn. 174 f., 184 ff.

〔3〕 Nils Jansen/Reinhard Zimmermann, Vertragsschluss und Irrtum im europäischen Vertragsrecht, AcP 210 (2010), S. 202 ff.; Konrad Zweigert/Hein Kötz, Einführung in die Rechtsvergleichung, 3. Aufl., 1996, S. 145. 但是这显然并不影响本文对概念本身的辨析，因为本文的目的在于寻求实体法与程序法之间在各个层面的联系。

〔4〕 我国刑事诉讼法学中同样存在直接证明和间接证明的区分。比如，褚福民教授就将其称为验证模式和体系模式，参见褚福民：《刑事证明的两种模式》，载《政法论坛》2015年第2期，第93～103页。

间接证据,[1]如欺诈、恶意串通或者善意取得制度中的善意要件。[2] 而如前述持刀伤人或者高空抛物的外部事实则完全可以得到直接证明,最典型的莫过于第三方提供的监控视频。对此,也有德国学者主张即使前述直接证明事发经过的证人证据也不属于直接证据,因为认为此时也需要经过推论[3]或者甚至认为所有证据都是间接证据[4],进而质疑传统上区分直接证明与间接证明的意义。

在我国,纪格非教授的观点具有代表性,她依托英美晚近的研究成果,认为所有证据都是间接证据,并试图论证直接证据在事实上并不存在。[5] 与此不同,李浩教授则旗帜鲜明地主张,判断、检验是否存在直接证据的标准和依据在于是否存在可以直接证明主要事实的证据,而不应采取纪格非教授提出的、直接且单独的双重分类标准。[6]

就此而言,笔者支持李浩教授的观点。纪格非教授的挑战观点虽然进一步明确了直接证据与间接证据之间的界限,但是尚未能推翻大陆法系证据理论的通说。首先,法官可以通过勘验的方式直接查明相关事实,如损害是否发生(如车辆的损毁情况),这时勘验对应的就是直接证据。当然勘验的结果本

---

〔1〕 Laumen, in: Baumgärtel/Laumen/Prütting, a. a. O. (Grundlagen), Kap. 18 Rn. 5 ff.

〔2〕 基于解释论对我国法的有力讨论,参见吴泽勇:《论善意取得制度中善意要件的证明》,载《中国法学》2012 年第 4 期,第 156 ~ 161 页。

〔3〕 Engisch, a. a. O., S. 59.

〔4〕 Bender/Nack/Treuer, Tatsachenfeststellung vor Gericht, 3. Aufl., 2007, Rn. 577 f.

〔5〕 参见纪格非:《"直接证据"真的存在吗?——对直接证据与间接证据分类标准的再思考》,载《中外法学》2012 年第 3 期,第 594 ~ 606 页;纪格非:《直接证据与间接证据划分标准的反思与重构》,载《法学论坛》2013 年第 1 期,第 92 ~ 98 页。不过除了下文的分析之外还需要明确的是,本文与纪格非教授在概念使用上有一些不同。比如,直接证据对应的待证事实只是某个要件事实而非全部法律构成要件,这样仅否定因果关系没有直接证据,并不能推出直接证据不存在。此外,对于纪格非教授提出的直接证据的证明体现的是演绎推理还是归纳推理的问题,笔者尚没有能力梳理英美法系不同学说的异同,特别是新证据学出现之后的诸多高深理论和新颖方法,但可以肯定的是,我们很难得到非黑即白式的答案。William Twining, *Rethinking Evidence*, Cambridge University Press, 2006, p. 332 – 334 & n. 5; John Henry Wigmore, *A Treatise on the Anglo – American System of Evidence in Trials at Common Law*, Little, Brown and Company, 1940, p. 415 – 417(间接证明同时可以归入演绎推理和归纳推理,只不过归纳推理更能突出司法过程中的实际问题). 国内讨论,亦见封利强:《司法证明机理:一个亟待开拓的研究领域》,载《法学研究》2012 年第 2 期,第 148 ~ 162 页。

〔6〕 参见李浩:《"直接证据"真的不存在吗?与纪格非教授商榷》,载《中外法学》2017 年第 1 期,第 212 ~ 229 页。

身也只是法官的事实判断，[1]但是如果非要将其视为“间接”证据就只具有概念上的形式意义而已。其次，虽然如前所述，勘验以外的证明方法都属于事实判断而非法官直接感知的对象，[2]但是在诉讼法的传统概念使用中，同时也与待证事实构成间接关系的证明方法才能称为间接证据（双重的间接关系）。相应地，主要事实也可以是需要法官推论的事实判断。最后，在某些特定情况下，反证方也可能提供不利于己的直接证据。[3] 例如，在涉及责任保险时，由于实际侵权人与作为第三人的保险公司的利益不同，在侵权人作为当事人陈述案情时，可能直接承认原告受害人承担证明责任的主要事实（如过错）。再如，在实践中也可能出现侵权人自认侵权事实，但是对损害数额存在争议的情况，同样佐证了直接证据的可能性。总之，当我们看到北京大学未名湖平静的水面上飞来两只黑天鹅时，就足以推翻“天鹅都是白色的”的论断了。

2. 直接证明的证明力

在仅需要考虑直接证明时，法律人面对的问题相对简单。由于直接证据对应案件的主要事实，本证方只需认定证据的证据能力/可采性，进一步是否完成主观证明责任的要求则取决于对直接证据证明力大小的判断。就此而言，2001 年《证据规定》第 77 条第 4 项曾经指出，人民法院就数个证据对同一事实的证明力，可以认为直接证据的证明力一般大于间接证据，而 2019 年《证据规定》已经删除了该规则。虽然原有条文中使用了“一般大于”的谨慎表达，但是确实向司法实务传达了错误信号，认为在否定具体案件中直接证据对待证事实的证明时，需要特别的理由与论证。这确实会妨碍法官基于个案情况形成心证的自由。

实际上，被定义为直接证据的证据仅仅表明其与待证事实有直接对应、无

---

〔1〕 Rosenberg/Schwab/Gottwald, a. a. O. , § 112 Rn. 6.

〔2〕 Thole, in: Stein/Jonas, a. a. O. , § 284 Rn. 11; Laumen, in: Baumgärtel/Laumen/Prütting, a. a. O. (Grundlagen), Kap. 18 Rn. 1 & Fn. 5; Schneider, a. a. O. , Rn. 373 f. 在美国则有观点认为此时该证据同时构成直接证据和间接证据，如证人作证证明当天下雨了，但严格来说他只是从听到打雷、看到闪电以及行人打伞做出了推断。22 Wright & Miller, *Fed. Prac. & Proc. Evid.* , § 5162. 1 (westlaw). 张卫平教授同样强调证据的陈述/判断属性，参见张卫平：《事实探知：绝对化倾向及其消解——对一种民事审判理念的自省》，载《法学研究》2001 年第 4 期，第 74 页。

〔3〕 相反在刑事诉讼中，因为存在口供补强规则无法实现上述功能。关于口供补强规则及其在中国语境下与口供印证规则的关系，参见陈瑞华：《论被告人口供规则》，载《法学杂志》2012 年第 6 期，第 52～55 页。

须中转的关系,但是并未包含这种关系的可能性大小。即使不是诸如记载了自然人的出生时间和死亡时间的出生证明和死亡证明(《民法典》第15条)[1]和能够证明合同内容的公证合同书(《民事诉讼法》第72条)这样应当被推定内容为真的证据(本书第十三章),如能够提供诊疗行为与损害后果之间是否存在因果关系以及原因力大小的、法院指定的医疗损害鉴定(最高人民法院《关于审理医疗损害责任纠纷案件适用法律若干问题的解释》第11条第2款第2项)这样的证据,也确实具有较高的证明力。但是,直接证据中也包括比如证人证言这样需要具体审查的证据,很难泛泛地说其就具有较强的证明力。就此而言,2019年《证据规定》第96条规定,人民法院有权审查证人的智力状况、品德、知识、经验、法律意识和专业技能等因素。其中,能够经由其他间接证据佐证的证人证言,可能的确更为可靠。[2]

五、间接证明方式的类型与内容

(一)间接证明的三种类型

与前述直接证明不同,当事人在司法实践中提出的多属于间接事实主张和间接证据。于是,在证据到待证的主要事实之间就会存在一个或长或短的中间阶段,即间接证据—间接事实—主要事实。[3] 在本章语境下,间接证明可以分为以下三种:运用具有较高盖然性经验法则的表见证明;适用的经验法则虽然盖然性达不到前述较高的程度,但是在适用同时能够排除其他可能性的弱化表见证明;[4]以及通过完善证据链条达到证明效果的、一般的间接证明。为了避免贸然使用源自外国法的"表见证明"概念可能造成的交流困扰,本章将前两种分别称为经验法则适用的常规模式和弱化模式,其证明的核心在于经验法则的运用以及对其他案件事实可能性的排除。而在第三类间接证明中,证明的焦点则在于如何通过间接证据链条的形成,使法官对主要事实形成临时心证,这当然也会造成主观证明责任的转移。

---

[1] 这是我国实体法上的特别规则,而通常而言,报道性公文书不应当被推定具有实质证明力。参见曹志勋:《论公文书实质证明力推定规则的限缩》,载《国家检察官学院学报》2020年第2期,第149~150页。

[2] 德国法的类似主张:Balzer/Walther, a. a. O., Rn. 341。

[3] 反对观点,参见纪格非:《"直接证据"真的存在吗?——对直接证据与间接证据分类标准的再思考》,载《中外法学》2012年第3期,第600页。

[4] 详细讨论,参见曹志勋:《经验法则适用的两类模式——自对彭宇案判决说理的反思再出发》,载《法学家》2019年第5期,第33~44页。

(二)三种类型的区分原因

在笔者看来,承认经验法则适用的两种模式(本书第十一章)与通常的间接证明的区别,而不是将直接证明之外的所有证明过程笼统称为间接证明,主要考虑的是审理技术和裁判技术上的差异(本书第一章)。至于在概念上究竟是强调表见证明与间接证明之间泾渭分明,还是认为表见证明只是间接证明的一种特殊类型,更多只是表达偏好问题,而并不会掩盖两者之间的差异。

1. 审理技术

一方面,此时应当关注审理技术上的区别。首先,两种经验法则适用模式在诉讼过程中的攻防焦点之一在于经验法则盖然性的高低问题(另外两点则是直接攻击基础事实和推定事实的存在),而对于通常的间接证明来说,攻防焦点则在于是否形成了证据链条。前者其实是一个脱离个案案情、具有一般抽象性的判断(是否多数情况均会出现推定事实),后者则是对个案案情的具体证明与认定。

其次,与此相对,法官在经验法则适用模式中,应当就可能适用的经验法则的盖然性程度,在释明之后给予当事人发表意见的机会,将经验法则作为案件的争点和庭审中心证开示的对象。而在通常的间接证明模式下,虽然此时也必然存在盖然性不高的经验法则,但是在此基础上的司法推断并不将具体的特定经验法则作为待证事实,而是关注其对法官心证的整体影响。

再次,在经验法则适用模式中,法官有必要根据经验法则盖然性的高低,确定究竟应当由反证方还是本证方承担排除其他可能性的负担,也即仅凭经验法则能否使本证方满足举证的必要,使法官形成事实存在的临时心证。这里具体的主观证明责任的转移与否,体现了两种经验法则对当事人举证策略的直接影响。如本书第十一章详述,在经典表见证明模式下,一个间接证据与高盖然性经验法则的组合,将直接使反证方承担举证的必要,至少要将法官就该事实主张形成的心证推回到真伪不明状态。如果本证方认为自己仅提出盖然性不够高的经验法则,则应当马上意识到,自己仍应进一步列举具有现实性的、不同于经验法则推论事实的可能性,进而说服法官认同这些可能性在案件中均不存在。而在一般的间接证明中,本证方从正面来看应当列举出能够构成证据链条的多个间接证据,从反面来看也应当使证据链条达到排除其他可能性的效果。

最后,由此可见,弱化模式的经验法则适用确实处于常规模式的经验法则适用与一般的间接证明之间,既体现经验法则在诉讼过程中相对突出的地位,又强调与一般的间接证明相同的、排除其他可能性才能使法官确信的证明度要求。从这个角度看,笔者也能够理解仅区分强经验法则的适用与一般的间接证明的理论看法。德国主流观点就倾向于认为,弱化的经验法则适用模式应当直接作为间接证明来理解,经验法则适用仅有常规模式一种可能。[1]

2. 裁判技术

另一方面,裁判技术需要与上述审理技术相配合,完成法律对裁判说理的要求。首先,在经验法则适用模式中,法官在裁判说理中应当明确提及自己适用的经验法则和其认为经验法则盖然性的大小,以便当事人、代理人、上级法院以及将来阅读裁判的公众与学者能够明确案件中事实说理的落脚点。而在一般的间接证明中,适用的经验法则当然也是不可或缺的一部分,也存在间接证据链条足以排除其他可能性的问题,但是这一经验法则的盖然性则并非裁判说理的核心内容。

其次,经验法则的适用毕竟以脱离个案、抽象的盖然性为基础,即使某条经验法则的盖然性一般而言能够达到很有可能的高度,但是仍然令人心生不安,担心涉争个案恰恰属于少数的例外情形,从而在事实上导致错案的发生。在这个意义上,甚至可以说表见证明应该是穷尽其他证明方法之后、不得已采取的补充论证方式。[2] 于是,单纯依赖经验法则及其基础事实就形成了案件中满足证明标准所必要的心证,应当是司法实务比较少见的情形,裁判者为此也可能担上不小的司法责任或者至少是说理负担。只有在法官基于当事人的主张或者从自己的认知出发,对适用经验法则的合理性充满信心,经验法则才可能成为裁判说理的基石。对比而言,一般的间接证明仍应当是实务中更可取、也更可靠的认定方式,尤其是在此前审理技术得到良好适用时,法官克服困难找到了每一块间接证据"拼图"。由此可见,也许在"彭宇案"中主审法官最大的失误或者说遗憾不在于"错信"了经验法则,而在于未能尽力找到案件二审中才被提出的接警记录,其再现了双方于事故发生后分别电话报警时所

---

〔1〕 Laumen, in: Baumgärtel/Laumen/Prütting, a. a. O. (Grundlagen), Kap. 17 Rn. 27, 19 Rn. 57. 国内讨论,参见周翠:《从事实推定走向表见证明》,载《现代法学》2014 年第 6 期,第 111 ~ 113 页。

〔2〕 Laumen, in: Baumgärtel/Laumen/Prütting, a. a. O. (Grundlagen), Kap. 17 Rn. 1.

作的事实陈述。这也许是“事后诸葛亮”式的复盘（巨大的社会关注也许在二审程序中成就了一审程序中难以想象的资源聚集），但是与新冠肺炎疫情发生以来，各国科研人员的持续努力相似，这种回顾性研究并非证明彼时彼刻主事人早已“铸成大错”，而恰恰是希望通过发现症结所在而避免“再度失足”。

最后，即使法官认为适用常规模式的经验法则即足以认定案件事实，但是仍然可能补充地排除其他可能性的存在。法官此时采取的是饱和论证的方式，在裁判说理中提供多个平行的补充论证。既然每个论证思路均能够独立完成充分的事实说理，那么在论证中使用“双保险”也不会影响裁判说理的质量。相反，这种做法可以使裁判更“安全”，只有在多种论证思路都被上级法院驳回时，才可能出现撤销原判的后果。也是在这个意义上，法官当然可能在裁判说理中同时使用广义上间接证明的三种类型，只要其中任一种证明方式最终能够证成事实认定的结论，那么法官作出的裁判就能经得起审视与推敲。从相对保守的角度看，这样的饱和论证恰恰是法官规避裁判风险的“灵丹妙药”。但是从现实出发，个案法官将经验法则作为主要说理依据的原因恰恰就在于直接证据的缺失与不充分，此时无论如何努力也难以形成间接证据链条。事实论证的“饱和”，可能对多数法官提出了过高的要求，更多是法官在个案证明评价与说理中的愿景所在。

（三）间接证明的基本特征

在一般的间接证明中，由间接证据向间接事实的推导十分不稳定，这是大陆法系证明制度的基础框架决定的。在德国民事诉讼法理中有抽象规则与个案证明相分离的原则，当事人原则上只对实体法确定的要件事实承担客观证明责任，这被认为是具有普适性的法律问题，无论社会中是否发生以及发生什么纠纷，均储存在法官的知识库中；而间接事实及间接证据则指向具体个案中的证明评价问题，需要直接从案件事实中提取。〔1〕可以说，评价间接证据时起关键作用的是推导主要事实的思维过程，而不是间接事实本身。〔2〕不过由于例外情况具体的主张责任/事案解明义务〔3〕的存在，间接事实本身在诉讼证

---

〔1〕 Laumen, in: Baumgärtel/Laumen/Prütting, a. a. O. (Grundlagen), Kap. 10 Rn. 2 f.

〔2〕 BGHZ 53, 245 = NJW 1970, 946, 950.

〔3〕 较新讨论，参见吴泽勇：《不负证明责任当事人的事案解明义务》，载《中外法学》2018 年第 5 期，第 1360～1379 页。

明中同样有自己的作用，在作为证明主题时也必须被明确主张。[1] 特别是如果证人试图证明的对象是他人的内在事实时，如前所述当然可以通过外部事实间接证明，此时申请调查证人的当事人也要说明其直接证明对象（间接事实）。[2] 这样，我们并不必专门讨论间接证据与间接事实的关系，而只需集中精力关注间接证据是如何证明主要事实的。法官不需逐个认定间接事实（但是当然有权详细说明），间接事实原则上也没有主张责任、证明责任和证明度的问题。相反，法官应当从所有间接证据之间和其与案件事实的联系等方面评价证据（2019 年《证据规定》第 88 条），这就意味着法官的审查需要以证据链条为核心。[3]

参考德国法的经验具体可见，法官应当首先推定间接证据为真，然后审查全部间接证据链条是否足以说服自己认定主要事实存在，即所谓间接证据的充分性（Schlüssigkeit）。易言之，法官应判断能否排除其他可能性，认定根据间接证据形成的链条只可能推断出一种主要事实的可能。[4] 如果申请人希望法官调查某位证人以证明内在的主要事实（如已知悉），那么必须要提前说明，证人是基于何种情形具有了就内在事实作证的能力。[5] 如果申请方能够说服法官，那么就应当根据证据申请收集证据，否则构成程序违法，可以被三审法院撤销并发回；[6] 如果不能达到说服的程度，法官则应当驳回证据申请。[7] 基于自由心证原则，事实审法官对于间接证据的证明评价原则上不受任何法律

〔1〕 Prütting, Münchener Kommentar ZPO, a. a. O., § 284 Rn. 84. 国内类似主张，参见段文波：《一体化与集中化：口头审理方式的现状与未来》，载《中国法学》2012 年第 6 期，第 142 ~ 143 页。

〔2〕 BGH NJW 2012, 2427, 2431（本案涉及资本投资纠纷中对因果关系的证明责任）；NJW 1983, 2034, 2035（法官拒绝了调查证人的申请，因为原告并未陈述证人是如何得知原告的诉讼代理人最晚在何时知悉其错误的）.

〔3〕 部分由于不区分是否利用经验法则的间接证明产生的不同意见，参见段文波：《规范出发型民事判决构造论》，法律出版社 2012 年版，第 150 ~ 153 页。

〔4〕 BGHZ 53, 245 = NJW 1970, 946, 950; Rosenberg/Schwab/Gottwald, a. a. O., § 111 Rn. 16; Laumen, in: Baumgärtel/Laumen/Prütting, a. a. O.（Grundlagen）, Kap. 18 Rn. 22 f.

〔5〕 Balzer/Walther, a. a. O., Rn. 55.

〔6〕 BGH NJW 1989, 2947.（本案主要事实为与兽医大学中狗的接触是否导致了某犬类病毒感染）

〔7〕 Christian Seiler, in: Thomas/Putzo, ZPO, 40. Aufl., 2019, Vorb § 284 Rn. 11.

限制，除非考虑的间接证据不全面[1]或者违反经验法则和思想法则。[2] 当然，法官由于对其心证的形成负有说理义务（德国《民事诉讼法典》第286条第1款第2句、《民诉解释》第105条），也应当充分解释形成间接证据链条及其结论的依据。[3]

（四）间接证据链与证据环

虽然一般的间接证明较难得到描述，更多取决于个案法官的经验活动，但是我国台湾地区姜世明教授还是尝试提炼抽象的思维模式，[4]这具体可以区分为证据链与证据环两种情形。其一，所谓单纯证据链条，是指主要事实需要经由间接事实和经验法则得到证明，而间接事实本身则需要单数或复数的间接证据证明。此时区别于前述经验法则适用的两种模式，应当重点关注数个间接证据才能证明间接事实的情形，如检察官和法医出具的尸体证明书、继承系统表、户籍誊本、意外伤害保险合同和投保书，作为间接证据证明酒后呕吐和吸入窒息的间接事实，进而判定作为保险意外事故的主要事实是否发生。[5]应当说，在该例中，多个间接证据均可以直接证明间接事实的发生，其实质证明机理与直接证明无异，只不过证据推导的对象是间接事实而非直接事实而已，如前所述，这实际上取决于涉争实体法构成要件确定的要件事实为何。随后，单一间接证据（及事实）结合经验法则推定待证事实的存在，则属于经验法则适用的两种模式之一。

其二，在单纯证据链条基础上，需要研究的是复杂证据链条，即在间接事实和经验法则的共同证明之下仍不能推导直接事实的存在，而只是可能为多数的间接事实，随后需要重复这一推导过程，直至推出直接事实的存在。比如，当原告提出被告与其妻同床共枕以及出游分享同一行李箱的照片时，分别

---

[1] BGH NJW-RR 2007, 312, 313 ff.（在故意纵火以骗取保险金的案件中，法官必须充分全面地评价所有与该行为相关的间接证据，而不能笼统论之）

[2] BGH NJW 2004, 3423, 3424.

[3] BGH NJW 1994, 2289, 2291 f.（涉及违背善良风俗故意致人损害的请求权基础中被告对侵权行为知情的认定）在我国，王亚新教授对自由心证的基础性研究中的类似观点，参见王亚新：《刑事诉讼中发现案件真相与抑制主观随意性的问题——关于自由心证原则历史和现状的比较法研究》，载《比较法研究》1993年第2期，第138～139页。

[4] 从我国实务案例对这一分析模型的介绍，参见包冰锋：《民事诉讼间接证明的机理证成与模型应用》，载《法律科学》2020年第5期，第182～185页。

[5] 参见姜世明：《证据评价论》，厦门大学出版社2017年版，第163～165页。

证明了这两个间接事实。此时再结合一个经验法则,可以认定被告与原告配偶过往甚密、关系匪浅,并且经由第二个经验法则可以推出被告侵害原告基于配偶关系的人格身份法益的情节重大,最终能够支持原告诉请的、非财产上损害赔偿责任的成立。[1] 与前述单纯证据链条相似,虽然在复杂证据链条中待证事实的证明过程较为复杂,但待证事实本身的证明仍然与单纯证据链条相同,即间接事实经经验法则的作用而证明推定事实的存在。其复杂性则体现在上述间接事实本身得到证明的过程,在个案中可能需要其他单一甚至多个间接事实与其他经验法则的协助,从而表现为多组经验法则适用的递进过程。

其三,所谓证据环,这更接近一般理解的证据链条,即无论其中各间接事实应当如何得到证明,法官都必须合并评价多个间接事实,才能证明直接事实的存在。在姜世明教授所举案例中,为了证明意外保险中意外事件的存在,二审法院共计考虑了四个间接事实,即原告被商用遮阳伞上掉落的铁架砸伤、原告左脚旧伤痊愈、本案所涉应属于新伤或者并发新伤、外伤性关节炎脚趾畸形与有截肢必要之间存在因果关系以及大部分保单已多年缴纳保费,并且相应采纳了多项间接证据。[2] 值得注意的是,本案中最初原告采取证人证言的直接证明方式,被告则以间接反证方式否认意外事故的发生,一审法院根据相同一组证据也作出了与二审法院不同的事实认定结果。这种不同诉讼策略的选择与证明评价的理解本身,也可以从一个侧面凸显事实证明的疑难之处。甚至,在上述讨论的基础上,还可能出现证据链条与证据环综合适用的情形。[3] 这种模式实际上是在复杂案情下,对双方当事人主张的事实版本以及法院最终认定的事实结论和论证的描述,本身并未呈现区别于前述证据链或者证据环的特殊之处。

上述模式化讨论有助于发现案件争点与法官的实质论证,具有类似于其他法律问题讨论中使用树状图,甚至利用近年来在社会上较为流行的思维导图可能获得的好处。类似于经验法则的适用与一般的间接证明的区分,明确间接证明的具体模式,同样有助于审判技术中的释明权行使与裁判技术中的

---

〔1〕 参见姜世明:《证据评价论》,厦门大学出版社 2017 年版,第 166~169 页。
〔2〕 参见姜世明:《证据评价论》,厦门大学出版社 2017 年版,第 170~174 页。
〔3〕 参见姜世明:《证据评价论》,厦门大学出版社 2017 年版,第 176~181 页。

判决理由撰写。[1] 其中，一般间接证明也必然依赖一定程度的经验法则，甚至有时与前述弱化模式的经验法则适用难分彼此。但是，两种不同的经验法则的适用模式/表见证明类型作为描述性概念，仍应具有理论和实践意义，尤其值得在本书下一章中详细讨论其理论内涵及在实践中可能的应用模式。

---

〔1〕 相同观点，参见姜世明：《证据评价论》，厦门大学出版社 2017 年版，第 182 页。

第十一章

经验法则适用的两类模式

同样从本书关注的“彭宇案”一审判决书及其说理出发，尤其应当认真对待该案中引发巨大争议的经验法则问题，为案件中盖然性较低的经验法则提供进一步分析的理论工具。我国实践中对经验法则的适用，可以分为常规和弱化两类模式。经验法则的适用以社会上典型的事件经过为核心，根据盖然性高低，通常需要达到日常生活经验法则的标准。在相关经验法则的盖然性不强时，法官有必要通过理论上作为例外的弱化模式，满足其对事实认定确信的说理义务。法官应寻找本案中其他可能的事实线索，只有在排除其他可能时才能依弱化模式认定案情。经验法则指代的大概率事实经过，确实出于人类经验，但与不容挑战的法则没什么关系。围绕“彭宇案”的争议让经验法则一时成为“众矢之的”，但是无法否认的是其在证明制度中应有的位置。如果说本书第九章旨在“还”“彭宇案”主审法官认定事实结论的“清白”，那么本章的目的就在于“洗刷”经验法则背负的“耻辱”。“待从头、收拾旧山河”，让正直的中国法官有理可说，有理敢说。

一、问题的提出

延续本书第九章就“彭宇案”的探讨，即使法官在说理过程中无法充分利用自己就双方是否“确实”相撞的事实形成心证时考量的诉讼资料，从而不得不转而依赖经验法则，本案判决书的重要意义仍然无须赘言。笔者认为，该判决书在适用经验法则方面确实说理不当，正如主流意见所说，判决适用的经验法则本身盖然性过低。[1] 也有学者认为，经验法则本身在盖然性上成立，只是

〔1〕 参见傅郁林：《当信仰危机遭遇和谐司法——由彭宇案现象透视司法与传媒关系》，载《法律适用》2012 年第 12 期，第 4 页；段厚省、张峰：《证明评价原理：兼及对民事诉讼方法论的探讨》，法律出版社 2011 年版，第 221 页；吴洪淇：《从经验到法则：经验在事实认定过程中的引入与规制》，载《证据科学》2011 年第 2 期，第 164～165 页；吴泽勇：《自由心证的边界："彭宇案"中的证据与证明——兼与王亚新教授商榷》，载《月旦民商法杂志》2010 年第 30 期，第 139 页；杨晓玲：《经度与纬度之争：法官运用“经验法则”推定事实：以“彭宇案”为逻辑分析起点》，载《中外法学》2009 年第 6 期，第 944 页；张卫平：《认识经验法则》，载《清华法学》2008 年第 6 期，第 18、21～23 页；周量：《解读“彭宇案”判决理由——以证据规则和民事诉讼理论为视角》，载《东方法学》2008 年第 5 期，第 121～122 页；张继成：《小案件 大影响——对南京“彭宇案”一审判决的法逻辑分析》，载《中国政法大学学报》2008 年第 2 期，第 106～111 页。

不符合社会价值取向或公序良俗。[1] 还有少数学者持不同看法，其认为虽然经验法则盖然性较低，但是将其相互结合，也能满足证明的要求。[2] 笔者认为，即使在多个经验法则盖然性都较低时，也并非一定不能借助经验法则进行裁判说理，而可以考虑适用后文详述的经验法则适用的弱化模式，在满足一定条件的情况下同样证成个案的事实认定。[3]

不夸张地讲，"彭宇案"及其认定的经验法则已经成为当下社会大众评断司法的最典型例证，同样也成为对法院和法官社会评价影响恶劣的当代案件。无论是随后发生的以"许云鹤案""李凯强案"[4]为代表的事实问题争议，还是以"电梯吸烟案"为缩影、同样引起热议的应否适用公平责任的法律问题争议，[5]都可以上溯到本案一审判决和由此引发的社会分歧。从本案背后的裁判技术问题出发，检讨其问题的实质，避免其继续过度发酵、减损司法公信力和权威，应当是研究者无法回避的时代责任。进而，对典型个案的"较真"与"追问"，也应当为将来案件类似问题的处理，提供可能的解决方案和理论工具。

---

〔1〕 参见张亚东：《经验法则：自由心证的尺度》，北京大学出版社2012年版，第196～199页；郑世保：《事实推定与证明责任——从"彭宇案"切入》，载《法律科学（西北政法大学学报）》2010年第3期，第102～103页。吴洪淇教授则在从社会政策角度主张排除经验法则的同时，批评经验法则的盖然性，但是将其视为证实被告过错（而非相撞）的证据。参见吴洪淇：《转型的逻辑：证据法的运行环境与内部结构》，中国政法大学出版社2013年版，第141～147页。

〔2〕 参见王亚新：《"判决书事实"、"媒体事实"与民事司法折射的转型期社会》，载《月旦民商法杂志》2009年第24期，第127～128页。

〔3〕 本文并未讨论的一种情形是，如果多个盖然性较低的经验法则同时都得到满足，那么似乎也应当相应认为，一方当事人提出的事实版本更可能是真实的。正如一时引起广泛关注的《灰犀牛》一书作者在比较"灰犀牛"与"黑天鹅"时指出的，"那些低概率的孤立事件聚成一体时，其发生概率就会远远超出人们的认知"。［美］米歇尔·渥克：《灰犀牛：如何应对大概率危机》，王丽云译，中信出版集团2017年版，"序言"第4页。在2020年年初开始的这波世界性的新冠肺炎疫情面前，风险及其应对成为每位知识分子都无法回避的问题，也促使笔者在原有研究思路和结果的基础上，重新思考民事裁判技术研究与其他社会科学研究之间的关联。

〔4〕 天津市第一中级人民法院民事判决书，(2011)一中民四终字第0993号（二审判决基于间接证据链条维持一审判决）；河南省郑州市二七区人民法院民事判决书，(2012)二七民一初字第1841号（原审郑州市二七区法院在一审判决经二审改判及再审发回重审后，作出的生效判决）。

〔5〕 比如，参见王文胜：《〈侵权责任法〉中公平责任规则的构造、表达及其反思——从"郑州电梯劝烟案"说起》，载《法治现代化研究》2018年第5期，第157～170页；张家勇：《也论"电梯劝阻吸烟案"的法律适用》，载《法治研究》2018年第2期，第30～38页。本案也引发了民事诉讼法学者就我国法上第二审程序审理范围的热烈讨论，这里不再赘述。

换个角度看，在本案判决书凸显的实务问题的基础上，可以在学理讨论之外进一步拓展经验法则的适用范围，为法官在证据搜集困难的案件中提供满足说理义务提供理论参照。就此而言，本书遵从大陆法系对审理技术和裁判技术的区分（本书第一章），主要研究对象是判决书中事实认定的说理问题，并不直接针对如何在案件审理中借助证据和（较弱的）经验法则形成事实心证。不过，案件审理和判决撰写之间相互交织缠绕，在通常情况下，法官需要往返观照两者，不宜孤立对待这两方面的司法任务。这样，虽然本案法官在就事实形成心证后额外通过引入经验法则加强说理，也不宜否定本案对未来案件中最初心证形成过程的影响，因为后者同样可以利用后文讨论的相关规则，规范和充实对个别证据能力的判断和个案证明的评价。

此外，本案法官对事实问题已经完成了相对充分的说理。排除上述经验法则问题并且不考虑在我国法上并不明确的"辩论全趣旨"概念，笔者认为本案一审判决书中对于双方是否相撞的事实认定正确，其就证明过程的说理也不存在明显问题。延续本书第九章的讨论，该案认定相撞的几份直接证据包括：(1)原告陈述；(2)被告陈述；(3)派出所对原告所做询问笔录；(4)派出所对被告所做讯问笔录的电子文档及其誊写材料，其中誊写材料是为做到清晰明确而对复制件的复制，因此不应视为独立的证据。〔1〕相对而言，证人陈某春的当庭证言由于并不能证明原告倒地的原因，即使作为间接证据，对于待证事实也没有证明力。〔2〕根据2001年《证据规定》第69条第4项、第70条第1项的规定，上述四份证据不满足单独作为认定案件事实依据的法定证据规则，因此需要综合讨论和评价其证明力。讯问笔录电子文档对相撞事实有证明力，并且根据案情，其证明力明显大于被告的当庭陈述，应当得到确认。〔3〕很遗憾，在"彭宇案"一审程序中，法院未能调取到形式合法、更具有证明力和客观性的"110"接警记录，即法院在二审中新"发现"的、来自南京市公安局指挥中心的、记录事发当日双方各自报警情况的两份接处警登记表，其中"报警内容"

〔1〕类似观点，参见吴泽勇：《自由心证的边界："彭宇案"中的证据与证明——兼与王亚新教授商榷》，载《月旦民商法杂志》2010年第30期，第140页脚注27。

〔2〕不同评价，参见季卫东：《彭宇案的公平悖论》，载《财经》2007年第19期，第37页。

〔3〕参见曹志勋：《论案件事实认定说理的不同维度——以彭宇案一审判决书为例》，载《北方法学》2020年第3期，第89~98页。

一栏上均记有两人相撞的内容。[1] 否则,作为一个普通得不能再普通的案件,本案也许早就尘土俱归,更不会引发社会道德层面的大震荡。但是在本书看来,即使一审法官在调取证据方面能够做得更好,也不能否定其裁判时掌握的事实材料足以使其认定当事人双方相撞的事实。易言之,即使不“画蛇添足”地利用“先天不足”的经验法则,[2] 本案判决书认定事实的结论也基本正确,其问题仅在于具体说理方法不当。

二、经验法则的基本原理与典型分类

(一)经验法则与表见证明

1. 经验法则概念的使用

虽然在“彭宇案”中即使不考虑经验法则,法官也本应能够认定双方相撞的事实(本书第九章),但是这并不妨碍我们以“彭宇案”所涉情形为例,为正确适用经验法则树立更明确的规则。因此,有必要回到大陆法系中与经验法则相关的经典理论,并与我国语境相对照,探讨我国在适用经验法则方面的完善建议。鉴于我国学者对相关德日理论已经有了较为充分的梳理,下文主要以明确讨论对象和为后续经验法则适用的弱化模式提供参照为目的,概要介绍经典理论的内容,尤其将尝试联结相关域外理论与我国的司法规则和实践。

这里首先对经验法则概念的使用略作说明。在我国学界,吴泽勇教授多次主张经验“则”概念应当代替经验“法则”成为统一的上位概念,以便更准确地在翻译中将德文与中文用语一一对应并明确不同概念的关系,[3] 王亚新教授也从日本法出发采取了类似表达。[4] 从中德翻译的严格对应来讲,这种观点确实值得参考。不过在德国,多数学者统一使用的“经验(法)则”

---

〔1〕 参见瞭望新闻周刊:《南京政法委书记:彭宇案不应被误读》,载新浪网,http://news.sina.com.cn/c/2012-01-16/103623807830.shtml。由此可见,本案的事实认定基本上是符合客观事实经过的。基于新闻报告资料试图还原客观事实、证明相撞确实发生的详细讨论,参见朱菁、蔡海锋、张菱兰:《假作真时真亦假——彭宇案真相探析》,载《河北法学》2014 年第 5 期,第 6~23 页。

〔2〕 参见傅郁林:《当信仰危机遭遇和谐司法——由彭宇案现象透视司法与传媒关系》,载《法律适用》2012 年第 12 期,第 4 页。

〔3〕 参见吴泽勇:《论善意取得制度中善意要件的证明》,载《中国法学》2012 年第 4 期,第 159 页脚注 90。

〔4〕 参见王亚新:《对抗与判定——日本民事诉讼的基本结构》(第 2 版),清华大学出版社 2010 年版,第156~158 页;王亚新:《刑事诉讼中发现案件真相与抑制主观随意性的问题——关于自由心证原则历史和现状的比较法研究》,载《比较法研究》1993 年第 2 期,第 130~132 页。

(Erfahungssätze)只是从现象描述的角度区别其可信程度,[1]在司法实践中同样可能将思想法则和上述经验法则并列。[2] 因此,笔者仍然遵循既有的学术传统将其表述为“经验法则”。[3]

2. 德国法上的表见证明

与本书第十章详述的、间接证明的不同类型直接对应,在德国民事证明理论上,存在一类特殊形态间接证明的表见证明(Anscheinbeweis)。就此而言,日本虽然也有类似理论并将其称为“大致推定”,[4]但是在理论解说上的体系性较不发达,或者说至少并非其证明理论的核心工具,因此本书不再加以重点讨论。如前所述,间接证明的过程一般主要通过具体的间接证据实现,而通说认为表见证明是法官利用一般生活经验形成自由心证时,根据典型事件经过(typischer Geschehensablauf)认定争议事实主张,其中以过错和因果关系最为典型。[5] 比如,代表德国主流观点的普维庭(Prütting)教授指出,表见证明与一般间接证明的区分标准在于是否适用了较高盖然性的经验法则。[6] 由于无论一般的间接证明还是表见证明都可以适用生活经验,理解这个观点要结合

---

〔1〕 Leo Rosenberg/Karl Heinz Schwab/Peter Gottwald, Zivilprozessrecht, 18. Aufl., 2018, § 114 Rn. 18; Christoph Thole, in: Stein/Jonas, ZPO, Band 4, 23. Aufl., 2018, § 286 Rn. 11.

〔2〕 BGHZ 160, 308 = NJW 2004, 3623, 3625.

〔3〕 相同做法,参见周翠:《从事实推定走向表见证明》,载《现代法学》2014 年第 6 期,第 110 页脚注 2。

〔4〕 新堂幸司『新民事訴訟法』(弘文堂,2019 年),619 ~ 622 頁([日]新堂幸司:《新民事诉讼法》,林剑锋译,法律出版社 2008 年版,第 402 ~ 403 页;新版有进一步讨论);伊藤眞『民事訴訟法』(有斐閣,2016 年),377 ~ 378 頁([日]伊藤真:《民事诉讼法》(第 4 版补订版),曹云吉译,北京大学出版社 2019 年版,第 259 页);松本博之 = 上野泰男『民事訴訟法』(弘文堂,2015 年),470 頁;参见[日]谷口安平:《程序的正义与诉讼》,王亚新、刘荣军译,中国政法大学出版社 2002 年版,第 304 ~ 308 页;胡学军:《表见证明理论批判》,载《法律科学》2014 年第 4 期,第 91 页。关于我国台湾地区的类似分析,参见邱联恭讲述/许士宦整理:《口述民事诉讼法讲义(三)》,2017 年自版发行,第 239 ~ 242 页(强调我国台湾地区证明责任理论的特殊性)。

〔5〕 BGH NJW 2006, 2262, 2263; Rosenberg/Schwab/Gottwald, a. a. O., § 114 Rn. 16 ff.; Thole, in: Stein/Jonas, a. a. O., § 286 Rn. 213 ff.; Reinhard Greger, in: Zöller, ZPO, 33. Aufl., 2020, Vor § 284 Rn. 29 ff.

〔6〕 Hanns Prütting, Münchener Kommentar ZPO, Band 1, 6. Aufl., 2020, § 286 Rn. 66. 之前主张唯一区别在于待证事实是否不需对具体案情的阐述,在任何此类情况下,待证的过错或因果关系都成立。Hanns Prütting, Gegenwartsprobleme der Beweislast, 1983, S. 110. 类似主张间接证明也需要适用经验法则的观点,参见姜世明:《论经验法则》,载《政大法学评论》2008 年第 107 期,第 10 ~ 12 页;雷万来:《民事证据法论》,台北,瑞兴图书股份有限公司 1997 年版,第 273 页。

后述对经验法则的类型化。[1] 在普维庭教授看来,对经验法则的适用是狭义的,只有构成典型事件经过的才能被称为经验法则。从效果上看,一般的间接证明由多个具体的个案情节支持,而表见证明主要依赖于对应着一定概率的抽象经验法则。[2] 在通常情况下,前者认定事实为真的盖然性及对法官的说服力都更高,但相应地也会耗费更多的精力和成本,而且不得不纠结于对细节的证明困难。[3] 当然,表见证明只是对法官证明评价裁量权的描述,而非在学理上可以明确界定的类型。[4] 因此,表见证明常常与恣意的证明评价相距不远。表见证明作为法院追求特定证明结果的说理手段,[5] 既需要法官慎重适用,又需要经受上级审的检验。

另外,从更为抽象的法律逻辑的角度看,由于经验法则只代表一定的盖然性而不能转换为全称表达,德国学者一般将原来普适的大前提变更为不同盖

[1] 这可能正是哥特瓦尔德(Gottwald)教授反对的原因。Rosenberg/Schwab/Gottwald, a. a. O., § 114 Rn. 18. 与本文相同认为需借助经验法则概念层级理解的观点,参见姜世明:《论经验法则》,载《政大法学评论》2008 年第 107 期,第 15 ~ 16 页。

[2] Prütting, Münchener Kommentar ZPO, a. a. O., § 286 Rn. 66; Hans – Joachim Musielak, Die Grundlagen der Beweislast im Zivilprozess, 1975, S. 87 f. 至于抽象经验法则的形成原因,既可能是事实性的,如长期统计资料积累,又可能涉及价值判断。

[3] Hans – Willi Laumen, in: Gottfried Baumgärtel/Hans – Willi Laumen/Hanns Prütting, Handbuch der Beweislast: Grundlagen, 4. Aufl., 2019, Kap. 18 Rn. 16 ff.; Egon Schneider, Beweis und Beweiswürdigung, 5. Aufl., 1994, Rn. 380 ff. 我国部分观点不区分是否利用经验法则的间接证明,比如,参见段文波:《规范出发型民事判决构造论》,法律出版社 2012 年版,第 143、150 ~ 153 页;江伟、徐继军:《经验与规则之间的民事证据立法》,载《法学》2004 年第 8 期,第 88、90 页。与本文相同加以区分的观点,比如,参见张卫平:《认识经验法则》,载《清华法学》2008 年第 6 期,第 11 页。与此不同的是需要经过下级间接证据——上级间接证据——主要事实逐层证明过程的情形,此时主要事实发生的盖然性为各层级间接事实盖然性相乘的结果,即主要事实盖然性将随间接证据层级的增加而降低。参见姜世明:《论经验法则》,载《政大法学评论》2008 年第 107 期,第 9 页。

[4] Helmut Kollhosser, Anscheinbeweis und freie richterliche Beweiswürdigung, AcP 165 (1965), S. 49 f. 认为不仅判决书应当说明经验法则的内容,同时也要在说理中根据其盖然性大小,分类型采取不同论证模式的观点,参见姜世明:《论经验法则》,载《政大法学评论》2008 年第 107 期,第 74 ~ 75 页。

[5] Peter Hartmann, in: Adolf Baumbach/Wolfgang Lauterbach/Jan Albers/Peter Hartmann, ZPO, 77. Aufl., 2019, Anh § 286 Rn. 15 (但是在其实务有用性之外,只是相对较小的"恶";新版评注因为更换作者,则不再采取这种表述:Robert Nober, in: Adolf Baumbach/Wolfgang Lauterbach/Peter Hartmann/Monika Anders/Burkhard Gehle, ZPO, 78. Aufl., 2020, Anh § 286 Rn. 15); Carsten Jungmann, Der »Anscheinsbeweis ohne ersten Anschein«, ZZP 120 (2007), S. 462 ff.; Kollhosser, a. a. O., S. 75 ff. (在德国的三审制下,更涉及对联邦最高普通法院以法律审查掩盖事实认定的质疑)

然性的命题,即 p(G, F) = 0.9 或者 p(E|A ≈1),即对条件 F 或者 A 来说,发生 G 后果的概率是 0.9 或接近 1。此时小前提仍然是全称个别化的过程,最后可以得出一个带有盖然性的结论。[1] 相对而言,这可能是法条逻辑结构分析中可废止规则($\forall_n x$)在法律上更常见、也更确定的实例。[2] 由此可见,经验法则并不能表示为一般假言推理的形式(p→q),[3] 其适用过程也不满足传统的法学三段论结构(本书第八章)。[4]

(二)经验法则的主要类型

1. 盖然性不同的四类经验法则

以德国法的分析框架为参照,常规模式的经验法则之适用并不能改变客观证明责任的分配和内心确信的证明标准,实践中形成的一般性认识只能对上述分配规则和标准的个案适用产生影响。法官在认定个案具体案件事实时,一旦认定其成立,则被认为将改变具体的主观证明责任,[5] 并且使相对方

---

〔1〕 Jungmann, a. a. O., S. 461; Hans – Joachim Koch/Helmut Rüßmann, Juristische Begründungslehre, 1982, S. 287 ff.

〔2〕 参见熊明辉:《论法律逻辑中的推论规则》,载《中国社会科学》2008 年第 4 期,第 33 ~ 34 页; Peng – Hsiang Wang (王鹏翔), Defeasibility in der juristischen Begründung, 2004, S. 14 ff. 简单地说,即存在分离规则/肯定前件(MP)的基本推论规则,"如果 p 那么 q;p,因此,q"(p→q, p∴q),其中 p 和 q 被称为命题。相对而言,这被称为严格的分离规则,即不存在例外地适用分离规则。Robert Alexy, Theorie der juristischen Argumentation, 5. Aufl., 2006, S. 273 ff.; 参见王鹏翔:《论涵摄的逻辑结构——兼评 Larenz 的类型理论》,载《成大法学》2005 年总第 9 期,第 8 ~ 11 页。而为了避免某法条由于其他因素影响出现例外,所谓可废止规则就应运而生。进一步主张建构以所谓"推导"为核心的证据法理论的观点,参见胡学军:《推导作为诉讼证明的逻辑》,载《法学研究》2011 年第 6 期,第 173 ~ 190 页。这种观点值得认同地站在较新知识谱系下、重新论证法律真实和证明过程中可能出现例外等一般性认识,但是却无法得出"彭宇案"中所涉并非经验法则的结论(参见胡学军:《推导作为诉讼证明的逻辑》,载《法学研究》2011 年第 6 期,第 186 页)。"推导"提供的更多是一种平行视角(尤其是在与演绎归纳并列的层次),而非排除其他解读框架的垄断性结论。从法律沟通和语言角度的引入,参见季卫东:《法律议论的社会科学研究新范式》,载《中国法学》2015 年第 6 期,第 33 ~ 35 页。

〔3〕 参见王学棉:《事实推定:事实认定困境克服之手段》,载《清华法学》2009 年第 4 期,第 55 页。

〔4〕 参见郑世保:《事实推定与证明责任——从"彭宇案"切入》,载《法律科学(西北政法大学学报)》2010 年第 3 期,第 99 页。我国台湾地区学者的类似观点,参见骆永家:《民事举证责任论》,台北,商务印书馆 1972 年版,第 7 页。

〔5〕 也有观点仅在概念上区分具体的主观证明责任和表见证明:Hans – Jürgen Ahrens, in: Wieczorek/Schütze, ZPO, Band 4, 4. Aufl., 2013, § 286 Rn. 57, 83。

有必要加以证明。[1]

在常规适用模式中起决定性作用的,就是衔接一般生活经验与个案主要事实的经验法则(Erfahungssätze)。根据程度的不同,普维庭教授从学理上将其细分为强制性经验法则(zwingende Erfahrungsgesetze)、经验原则(Erfahrungsgrundsätze)、一般经验法则(einfache Erfahrungssätze)和偏见(Vorurteile)。[2] 在规范意义上,常规适用模式中可以适用的经验法则只包括其中的第二种和第三种情况。

首先,强制性经验法则与自然法则、思想法则可一并称为生活法则(Lebensgesetze)。[3] 德国学者一般不将这种一定成立的强制性经验法则(如一个人不可能同时出现在两个地方)视为常规适用模式中的"经验法则"。[4] 原因很简单,强制性经验法则在法律上体现的不是盖然性,而是必然性。[5] 在我

---

〔1〕 BGH NJW 2010, 363, 364, Tz. 15 ff.; Thole, in: Stein/Jonas, a. a. O., § 286 Rn. 222; Prütting, Münchener Kommentar ZPO, a. a. O., § 286 Rn. 50 ff.; Laumen, in: Baumgärtel/Laumen/Prütting, a. a. O., Kap. 9 Rn. 55, Kap. 17 Rn. 32 f., 38; Prütting, a. a. O., S. 94 ff. 少数说认为降低了证明标准:Dieter Leipold, in: Stein/Jonas ZPO, Band 4, 22. Aufl., 2008, § 286 Rn. 133 ff.。国内相关讨论,参见胡学军:《表见证明理论批判》,载《法律科学(西北政法大学学报)》2014 年第 4 期,第 94~97 页;朱虎:《规制性规范违反与过错判定》,载《中外法学》2011 年第 6 期,第 1208~1209 页(区分违反保护性规范的过错推定和表见证明)。

〔2〕 Prütting, Münchener Kommentar ZPO, a. a. O., § 286 Rn. 58 ff.; Prütting, a. a. O., S. 100 ff.; Dietmar Hainmüller, Der Anscheinsbeweis und die Fahrlässigkeitstat im heutigen deutschen Schadensersatzprozess, 1966, S. 26 ff. 纪格非教授将这里的盖然性转化为"客观性",并主张社会和人文经验不应以此为分类标准,在"彭宇案"中应当特别关注具体情境中能否适用相关经验法则。参见纪格非:《民事诉讼中的真实——路径与限度》,中国政法大学出版社 2013 年版,第 215~237 页。

〔3〕 Prütting, a. a. O., S. 106.

〔4〕 Prütting, Münchener Kommentar ZPO, a. a. O., § 286 Rn. 59; Laumen, in: Baumgärtel/Laumen/Prütting, a. a. O., Kap. 17 Rn. 25; Schneider, a. a. O., Rn. 383 f.(在个案中由于孩子的父母双方在可能的受孕期中分别服刑,因此孩子不可能是"父亲"的,属于间接证据组成的完整链条)

〔5〕 张继成教授将其称为必然性证明(如父母血型为 O,则子女血型为 O)并满足假言推理中的肯定前件论证,参见张继成:《事实推定的逻辑基础》,载《北京科技大学学报(社会科学版)》2002 年第 2 期,第 75 页(但该文混淆了法律上的事实推定和证明评价中的"事实推定")。姜世明教授也介绍所谓决断性经验法则和统计性经验法则,其中前者即如这里代表确定性关系。参见姜世明:《论经验法则》,载《政大法学评论》2008 年第 107 期,第 26~27 页。仅仅在定义上有区别的是,张卫平教授区分包括逻辑法则的广义的经验法则和生活经验法则,其中后者才是表见证明中的"经验法则"。参见张卫平:《认识经验法则》,载《清华法学》2008 年第 6 期,第 9~10 页。类似观点参见王学棉:《事实推定:事实认定困境克服之手段》,载《清华法学》2009 年第 4 期,第 58 页(认为属于经验法则但不适用于事实推定)。

国,这应当属于2019年《证据规定》第10条第1款第1项和《民诉解释》第93条第1款第1项规定的"自然规律以及定理"的范畴。

其次,偏见由于不具有法律意义的盖然性,同样不应被归入经验法则。在学理上,偏见类型被学者作为批评司法实践的工具,以针对德国部分法院假借经验法则之名,逃避诉讼证明制度的不当做法。[1]

最后,从解释上看,第二种经验原则和第三种一般经验法则对应我国司法解释中的"日常生活经验法则"(2019年《证据规定》第10条第1款第4项、《民诉解释》第93条第1款第4项)。[2] 其中,经验原则是最典型的经验法则,由于其较高的盖然性可以直接作为常规适用模式的依据使用,即直接提示产生特定后果的某种原因或者经过。[3] 而一般经验法则的可能性并不高,单独使用也不足以认定主要事实,只有在例外情形下(如实体法上降低证明要求的因果关系)才能成为常规适用模式的对象。[4] 不过,这种类型很难说包括了表见或者初步证明的因素,而是需要在排除其他可能性后新产生"经验法则",从而适用弱化模式的情形。

2. 我国法上准法律推定的定性

由于我国与德国在司法体制上存在巨大差异,我国在实践中还存在一类较为特别的"准法律推定"。尤其在刑事司法领域中,法律与司法解释之外的规范性文件也可能对推定做出规定,特别是对应涉及被告人主观方面的要件

---

〔1〕 Prütting, a. a. O., S. 109; Laumen, in: Baumgärtel/Laumen/Prütting, a. a. O., Kap. 17 Rn. 29. 国内相同观点,参见张卫平:《认识经验法则》,载《清华法学》2008年第6期,第12页。认为无论盖然性高低都属于经验法则、但同时区分能够在事实推定中运用的经验法则的不同观点,参见王学棉:《事实推定:事实认定困境克服之手段》,载《清华法学》2009年第4期,第57页。

〔2〕 在相同的德国法理解基础上,认为只有第二种经验原则才对应"日常生活经验法则"的不同观点,参见周翠:《从事实推定走向表见证明》,载《现代法学》2014年第6期,第111页。2001年《证据规定》第64条规定的证明评价时的"日常生活经验"针对的对象是证据而非事实,似不必与经验法则在概念上相提并论。《民诉解释》第105条也将前款统一为"日常生活经验法则",上述理解的解释论基础目前不再存在。此外,这也与本书在理论上主张存在表见证明的弱化模式,而该文未采这种理解有关(参见周翠:《从事实推定走向表见证明》,载《现代法学》2014年第6期,第120页)。

〔3〕 BGH NJW 2006, 2262, 2263; NJW 2006, 300, 301. 姜世明教授甚至认为经验原则的盖然性(85% ~89%)应当高于高度盖然性标准(75%以上)。参见姜世明:《论经验法则》,载《政大法学评论》2008年第107期,第33~34页。

〔4〕 Prütting, Münchener Kommentar ZPO, a. a. O., § 286 Rn. 48, 62 f.

事实,如“明知”和“非法占有目的”。[1] 从德国理论来看,上述规则类似于联邦最高普通法院的个案判决所形成的裁判要旨,可以根据具体情况理解为对不明确法律条款的解释或者较高盖然性的经验法则。[2] 如果属于前者,那么实际上属于一般的法律适用过程,对于不明确法律概念(明知、过错)来说一般是对直接事实的证明(本书第十章);如果属于后者,那么满足基础事实时即发挥表见证明的效果。[3] 因此,民事司法中出现的类似经验总结,并不能转移案件的客观证明责任,但被告应当提出其他可能性或者其他经验法则,将法官的临时心证至少推回到真伪不明的程度。至于如何区分解释和经验法则的界限,还是应当回到经验法则的本质,即一般事件经过和盖然性上。

三、经验法则的常规适用与弱化适用

(一)面向盖然性较高经验法则的常规模式

1. 常规适用模式的基本要求

在经验法则适用中争议较小的,是经验法则本身盖然性较高的情形。在这种常规适用的案件中,法官通过认定已知基础事实,可以使待证的推定事实得到证明。相应地,受到不利影响的相对方既可以通过反证将法官对基础事实的心证程度降低到真伪不明的程度(2019 年《证据规定》第 10 条第 2 款前半句、《民诉解释》第 93 条第 2 款前半句),[4] 也可以通过直接挑战经验法则本身,推翻法官对推定事实的心证。为了进一步说明其适用原理,这里仍然参考德国法上的既有讨论。

---

〔1〕 参见褚福民:《准法律推定——事实推定与法律推定的中间领域》,载《当代法学》2011 年第 5 期,第 107 ~ 114 页。

〔2〕 对于刑事规范的类型化分析,参见龙宗智:《推定的界限及适用》,载《法学研究》2008 年第 1 期,第 120 ~ 124 页。

〔3〕 认为可以借由经验法则解释不明确法律概念的不同观点,参见张卫平:《认识经验法则》,载《清华法学》2008 年第 6 期,第 14 页。

〔4〕 这里笔者从理论出发,站在立法论的角度展开分析。本处理解需要根据对法律推定和表见证明的不同认识,从 2001 年《证据规定》第 9 条第 2 款中分别解读出不同强度,即在法律推定时这里“推翻”就应当对应证明相反事实主张存在的反面证据。易言之,这里必须承认司法解释漏洞的存在。注意到这一点的批评,比如,参见周翠:《从事实推定走向表见证明》,载《现代法学》2014 年第 6 期,第 119 页;刘春梅:《浅论经验法则在事实认定中的作用及局限性之克服》,载《现代法学》2003 年第 3 期,第 140 页。遗憾的是,《民诉解释》第 93 条第 2 款在认同前述区别对待思路的同时,仍然为前款第 3 项、第 4 项附加相同的“当事人有相反证据足以反驳的除外”(区别于推翻)例外条款,未采纳前述批评意见,而 2019 年《证据规定》第 10 条第 2 款亦同。

在德国法上，经验法则不必达到在同类案件中上述推论都成立的程度，而只需表明发生上述关联的可能性很大即可（或然性联系）。不过，经验法则本身并非事实主张，而类似于法律规范本身（德国《民事诉讼法典》第293条），应当由法官依职权审查，而与证明责任和自认无关。[1] 法官可以决定自行认定或者借助鉴定人认定经验法则，但是只有在法官能够证明并在裁判说理中展示了相关专业知识后，才能拒绝参考鉴定人的意见，[2]否则将构成对裁量权的滥用。[3]

上述典型事件经过要求经验法则具有典型性，对于相关事态发生的经常程度并没有数量要求。[4] 常规适用模式既可以根据个案情况，又可以根据一般规则确定，后者即违反那些旨在防止事故发生的（广义的）保护性法律，如涉及水上交通、行车先行权、脚手架照明、煤气布线等，只要其涉及的危险在案件中确实发生即可。[5] 如果原事实主张的本证方妨碍相对方推翻其表见证明，则可能构成证明妨碍，因而除了可能适用一般规则中直至证明责任倒置为止的证明减轻措施外，不能再主张常规适用模式。[6] 最后，部分学者主张经验法则本身也不能与法律规范等同视之，但属于上告审审查的内容。[7] 此时三审法院只享有有限审查权，即审理事实审法官是否全面且无矛盾地审查了诉讼资料，并且没有违反思想法则和经验法则。[8]

2. 常规适用模式的推翻途径

法官心证的降低，主要通过对案件发生经过仍然存在其他解释可能的反证实现。这种反证属于间接反证，即反证方对原告所依赖的间接事实链条之

---

〔1〕 Rosenberg/Schwab/Gottwald, a. a. O., § 112 Rn. 11 f.; Prütting, Münchener Kommentar ZPO, a. a. O., § 284 Rn. 44; Monika Anders, in: Baumbach/Lauterbach/Hartmann/Anders/Gehle, a. a. O., Grdz. § 284 Rn. 22.

〔2〕 BGHZ 159, 254 = NJW 2004, 2828, 2830.

〔3〕 BGH NJW – RR 2007, 357, 358, Tz. 14（计算机纠纷）; NJW 2000, 1946, 1947（医疗纠纷）.

〔4〕 Thole, in: Stein/Jonas, a. a. O., § 286 Rn. 214 Fn. 560.

〔5〕 Thole, in: Stein/Jonas, a. a. O., § 286 Rn. 217 & Fn. 580.

〔6〕 BGH NJW 1998, 79, 81.（证据保全延误）

〔7〕 Rosenberg/Schwab/Gottwald, a. a. O., § 114 Rn. 38（构成对自由心证条款本身的违反）; Leipold, in: Stein/Jonas, a. a. O., § 286 Rn. 141（主张从自由心证条款本身不能推出法官受到表见证明规则的法律约束）; Prütting, Münchener Kommentar ZPO, a. a. O., § 286 Rn. 23, 68; Ahrens, in: Wieczorek/Schütze, a. a. O., § 286 Rn. 65 ff.

〔8〕 BGHZ 160, 308 = NJW 2004, 3623, 3625; BGH VersR 2008, 1126, 1127, Tz. 7.

外的其他间接事实加以证明,借此推翻原告已经完成的表见证明。[1] 这就意味着,反证方需要具体主张并证明个案中发生某种不典型事态经过的可能性,他应当完全证明足以支持这种"真正的"(ernsthaft)可能性的事实,而纯粹理论上的可能性则不在其列。[2]

比如,原告一天下午在举办城市节的街道上丢失内有储蓄卡的钱包,傍晚和次日上午被第三人用正确密码取走现金,于是向被告银行主张补偿。法院在排除其他可能(破解密码、通过不同方式偷窥密码和各种类型的内部人作案)后,认定上述情形构成原告将密码写在卡上或一并携带的表见证明,故而满足储蓄卡合同中的重大过失免责条款。[3] 具体来说,法院在说理中适用了新的经验法则否定偷窥密码的可能性,即只有当储蓄卡失窃在时间上与持卡人输入密码相近时,才需要考虑偷窥泄密。原因在于,通常窃贼不认识被害人,因此为了实际取到钱,也必须尽快偷到储蓄卡。

同时法院也认为,作为弱势者的储蓄卡持有人,也可以利用诸如事案解明义务/次级主张责任、证明妨碍等诉讼机制获取必要的证据资料,尤其是针对内部人利用安保系统漏洞的可能性。然而,本案中原告未能满足其事实主张具体化义务或者证明这些管理或系统漏洞的存在,法院从银行专家的鉴定报告中也找不到任何可能线索,[4]因此不构成上述反证中应当达到的、真正的可能性。这也意味着,被告通过经验法则的常规适用证明的事实主张是"密码写

---

[1] 新堂幸司『新民事訴訟法』(弘文堂,2019 年),622~623 頁([日]新堂幸司:《新民事诉讼法》,林剑锋译,法律出版社 2008 年版,第 403~404 页);参见[日]高桥宏志:《民事诉讼法:制度与理论的深层分析》,林剑锋译,法律出版社 2003 年版,第 448~456 页;[日]谷口安平:《程序的正义与诉讼》,王亚新、刘荣军译,中国政法大学出版社 2002 年版,第 308~310 页;邱联恭讲述/许士宦整理:《口述民事诉讼法讲义(三)》,2017 年自版发行,第 242~244 页。

[2] BGHZ 160, 308 = NJW 2004, 3623; BGHZ 100, 31 = NJW 1987, 2876, 2877; BGH NJW-RR 2011, 1113, 1114, Tz. 14; Rosenberg/Schwab/Gottwald, a. a. O., § 114 Rn. 39; Thole, in: Stein/Jonas, a. a. O., § 286 Rn. 226 f.; Prütting, Münchener Kommentar ZPO, a. a. O., § 286 Rn. 67; Laumen, in: Baumgärtel/Laumen/Prütting, a. a. O., Kap. 17 Rn. 36 f.; Jochen Taupitz, Prozessuale Folgen der »vorzeitigen« Vernichtung von Krankenunterlagen, ZZP 100 (1987), S. 295 f. 国内对反证的讨论,参见毕玉谦:《经验法则及其实务应用》,载《法学》2008 年第 2 期,第 34~39 页。国内质疑完全证明的观点,参见段文波:《间接反证——事实认定中的效用论》,载《宁夏大学学报(人文社会科学版)》2008 年第 3 期,第 103 页。

[3] BGHZ 160, 308 = NJW 2004, 3623.

[4] 也有不同意见认为法院并未排除内部人作案。Jungmann, a. a. O., 464. 还有批评意见指出安全系统可能存在漏洞。Hartmut Strube, Richter und Technik, Anmerkung zu BGH XI ZR 210/03 v. 5. 10. 2004, BKR 4 (2004), S. 497 ff.

在卡上或一并携带”，原告不必证明没写或者分别携带（反证而不是作为本证方，承担证明责任的反面证明），而是需要证明另一个关于其他可能性的事实主张，使法官形成后者存在的心证。

如果根据不同的经验法则，两个事实上的原因都能够单独地导致损害结果发生，则不满足常规适用模式的条件。此时不必比较哪个经验法则的可能程度更高，[1]因为法官在证明标准的要求下，需要对其事实认定结果得到完全的心证。如在德国联邦最高普通法院的判决指出，在交强险保险公司以挂号信形式催告被告客户支付迟延履行的保险费时，寄出挂号信并不构成表见证明，因为日常经验和当时的统计数据都表明，同时存在挂号信到达或未到达的可能性；[2]原告到被告经营的餐厅吃了烤肉拼盘，随后主张盘中夹杂的异物硌断了他的牙，法官也认为这并不构成表见证明，因为此时也存在诸如牙之前已经损坏或者咬到了其他菜中残留的骨头的可能性；[3]在装修合同纠纷中，法官还认为在个案中装修失误并不是导致房屋溢水的唯一可能原因，因而不构成表见证明。[4]

（二）面向盖然性较低经验法则的弱化模式

1. 弱化适用模式的基本思路

在经验法则适用的常规模式外，还存在弱化模式，即使法官适用的经验法则的盖然性程度达不到通常标准，也可以例外地适用经验法则。鉴于这种弱化模式恰恰对应“彭宇案”中出现的诉讼场景，本书在这里有必要简单介绍德国法上的相关经验，然后尝试为法官在类似“彭宇案”的情况下提供更充分说理的可能。易言之，这里解决的是当法官已经形成心证时，如何在盖然性较低的经验法则之外补强事实认定结果的可接受性。

在常规适用模式中，由于受到不利影响的一方可以通过证明其他可能性排除适用经验法则带来的影响，德国联邦最高普通法院判决常常在存在多种

---

〔1〕 BGHZ 160, 308 = NJW 2004, 3623, 3624. 也有认为本案本该发回重审，以便进一步调查偷窥密码的一般现状并且督促银行改良安全系统的。Christian Hofmann, Schadensverteilung bei Missbrauch der ec – Karte – Zugleich Besprechung des Urteils des BGH vom 5. Oktober 2004 = WM 2004, 2309, WM 59 (2005), S. 449 f.

〔2〕 BGHZ 24, 308 = NJW 1957, 1230, 1231.

〔3〕 BGH NJW 2006, 2262, 2263.

〔4〕 BGH VersR 1995, 723, 724.

可能性时逐一排除，最后才对剩下的唯一可能性形成心证。当然，这种可能性应当来自当事人的主张，法院没有必要审查当事人无争议事实或未主张事实的可能性。如在前述储蓄卡盗刷案中，法院就不必考虑钱是不是由当事人自己取走的可能性。[1] 德国学界的较新观点更指出，有时只有在排除其他可能性之后，所谓"经验法则"才真正产生；甚至在这类案件最开始时，法官并没有认定任何"一眼看上去就是"的经验法则和理论上要求的典型事件经过，即所谓"缺少初步证明的表见证明"(Anscheinsbeweis ohne ersten Anschein)。作为一般规则的例外，证明责任此时应由主张表见证明一方承担。[2] 值得注意的是，虽然这种较为特殊的适用模式立足于尽可能将法院判决正当化的基础上，但其他学者则可能直接将其划入前述一般经验法则之列，并批评法院对表见证明的滥用和错判。[3] 如果转而参考日本法的话，也可以将弱化模式理解为事案解明义务的进一步发展。

2. 德国判例形成的裁判规则

举两个德国联邦最高普通法院的判例，也许能够更好地说明这种特殊类型。我国国内既有研究虽然在结论上已经关注到这些案例，但是尚未从弱化模式角度加以分析。比如，一女子在五年前接受了来自三期梅毒患者的输血(但并没有证据证明血液本身受到污染，而梅毒通过输血感染的概率较低)，现在生病的病症可能源于梅毒或者其他疾病。除了因输血感染梅毒的主张有供血者本身患病的事实支持外，其他诸如她输血前已经感染、输血后才感染或者病症源于其他疾病三种可能性，都只是被告的一般性猜测，在本案中没有任何事实依据。法官认为此时因输血感染梅毒构成表见证明，并要求相对方提出涉及其他可能性的事实线索。[4] 在涉及艾滋病病毒时，如果能够认定血液受到污染、受害人在治疗外没有其他感染的原因、也不属于高危人群，德国联邦最高普通法院则认为存在由输血导致感染的经验法则。[5] 又如，不会游泳的人在海水浴场中溺亡时没有呼救，法院认为只要不能证明有发生其他事故的

---

〔1〕 BGHZ 160, 308 = NJW 2004, 3623, 3624.

〔2〕 Jungmann, a. a. O., 464 ff., 469 ff.

〔3〕 Oliver Rommé, Der Anscheinsbeweis im Gefüge von Beweiswürdigung, Beweismaß und Beweislast, 1989, S. 79 ff.; Prütting, a. a. O., S. 103; Kollhosser, a. a. O., 75 ff.

〔4〕 BGHZ 11, 227 = NJW 1954, 718.

〔5〕 BGHZ 163, 209 = NJW 2005, 2614, 2615.

可能性,如突发疾病或者在遭遇海浪呛水而失去知觉,因水深造成的溺水就构成表见证明。[1]

这两种情况在我国同样可能发生。在实践中有法院认为,消费者在浴室溺亡没有呼救时,如果浴室水位很浅且没有安全缺陷,那么消费者就是因为疾病等自身原因溺亡的。[2] 即使是对输血导致感染的争议也并不鲜见,在案件事实上也可能有多种变数。如在输血和确认感染之间有较长时间间隔[3]或者因年龄排除其他可能性且发生在住院期间;[4]对于究竟应当由医患之间哪一方证明其他可能性的存在,在实务中也有不同的判断。[5] 而在前述储蓄卡盗刷案中,排除内部人作案可能性的裁判说理中也没有提供较为可能的经验法则。法院只是认为原告未能证明,而第三人提供的证据也没有涉及这种可能性。

在上述案件中,损害发生都存在多种可能原因,由于不能找到前述具有较高盖然性的经验原则,需要通过排除本案中的其他可能性,加强对事实认定结果的论证。在笔者看来,这里涉及的类型是前述一般经验法则,是一种特殊的表见证明。由于其经验法则在盖然性上的不足及出错概率的增加,应当在效果上将其与常规的表见证明区分。毕竟适用经验法则与证明评价中对裁量权的滥用仅有一线之隔,降低所适用经验法则的盖然性底线必须十分谨慎,更需要在制度设计上作出相应调整。常规的表见证明将抗辩事实(其他可能性)的证明责任分配给要件事实的反证方,由于在多数情况下很难证明其他可能性

---

[1] BGH NJW 1954, 1119.

[2] 参见河南省焦作市中级人民法院民事判决书,(2016)豫08民终517号(一审事实认定,二审认可但调整了双方责任分配比例)。

[3] 参见李海菊:《六旬老人输血一年后被查感染梅毒医院称无问题》,载新浪网,http://news.sina.com.cn/s/2013-05-07/171227051870.shtml。输血后七年尚未出现症状、但九年后确诊肝炎的情况:河北省秦皇岛市中级人民法院民事判决书,(2016)冀03民再55号;输血与确诊相差16年的情况:江苏省徐州市中级人民法院民事判决书,(2013)徐民终字第1957号(要求医疗服务提供方证明患病不是输血所致)。对输血感染类我国案件的详细整理和分析,参见周翠:《从事实推定走向表见证明》,载《现代法学》2014年第6期,第112~113页。

[4] 参见中国江苏网:《八旬教师输血后染上梅毒医院被判精神损害赔偿》,载中国新闻网,http://www.chinanews.com/fz/2013/07-08/5015867.shtml。

[5] 推定输血是主要感染途径、由医方证明感染丙肝不是输血所致的做法,比如,参见江苏省徐州市中级人民法院民事判决书,(2013)徐民终字第1957号。相反要求患者排除其他可能感染乙肝病毒的途径的做法,比如,参见辽宁省高级人民法院民事裁定书,(2014)辽审一民申字第656号。

的存在，这种分配本身也对事实认定及实体结果影响巨大。从平衡原被告双方利益的角度看，既然弱化模式中的经验法则无法单独承担改变法官临时心证的重任，那么应当由本证方通过继续主张和举证说服法官，被告此时并没有证明的必要。因此，与德国法通说的一般规则不同，此时由主张适用经验法则的一方对不存在例外可能承担主张和证明的责任更为合适。这样看，在储蓄卡盗刷案中应由银行证明自己的系统没有漏洞、内部管理不存在问题，在输血案和溺水案中也应当由原告通过主张和证明排除其他可能性。为了使本证方对否定性事实的证明成为可能，这种证明的标准不必达到高度盖然性的程度，而只需达到比如优势证据即可。[1]

上述特殊规则的设置，并不会影响对弱势群体利益的保护。确实，在涉及证明困难的案件中，常常出现当事人实力不对等的状况，如上述三个案件中的患者与医院、消费者与海滨浴场或者持卡人与大型银行，都属于这种情况。不过，从案件的诉讼场景也可看出，主张表见证明的既可能是弱势者（输血案和溺水案中的原告），也可能是相对强势的一方（储蓄卡盗刷案中的银行）。因此，法律和法官固然要尽可能地在诉讼中促进双方的武器平等、保障其实质上的诉讼权，但这仅限于诸如释明权、次级主张责任/事案解明义务、证明妨碍等的诉讼机制，并且应当形成抽象适用的规则。相反，法官不应以个案中当事人的力量对比作为证明评价和适用经验法则的依据，因案而异的做法将极大损害程序正义的实现。

四、两类适用模式在我国的应用可能

（一）常规模式：简单案件的适用方法

近年来已经被我国学者讨论、采纳和推广的常规适用模式，可以用来直接分析我国实务中的案件。比如，原告女婿起诉被告丈人，起因在于原告将婚前

---

〔1〕 Jungmann, a. a. O., 472. 这里就需要回到前述弱化模式的经验法则适用是否降低证明标准的问题。前述德国通说观点认为不应降低的隐含认识其实就是，只有具有高度盖然性的经验原则才能构成表见证明，此时法官心证相应也能达到完全证明的程序。Thole, in: Stein/Jonas, a. a. O., § 286 Rn. 222. 如果例外地允许弱化模式存在的话，与之相配套的可能只是这里提出的较低的优势证据标准。否则在本来就无法通过直接证明、需要形成证据链条的间接证明或者经验法则适用常规模式的案件中，强求主观上的内心确信同时满足客观上的高度可能性，也并不现实。相反，放宽内心确信对应的客观证明标准，也许才更符合弱化模式对应的本来就需要减轻证明困难的特定案件。至于对法官自由心证的限制，则仍需回到通常条件控制（如证明不存在其他合理例外）和程序控制（如裁判说理、上诉机制等）中。

房屋卖给被告并登记移转所有权。后原告与被告女儿离婚，随即请求被告支付转让款。原告称因其姻亲关系并未要求撰写欠条，被告则称买卖当天已经履行完毕，且因为姻亲关系及产权已过户，未要求原告出示收据。就本案系争的要件事实"买方履行合同，支付价款"(《民法典》第595条)而言，案件审理开始时主客证明责任都应由主张履行抗辩的被告(本证方)承担(《民诉解释》第91条第2项[1]、2001年《证据规定》第5条第2款)。一旦法官在审理过程中对事实主张形成的心证超过真伪不明的限度，那么此时具体的主观证明责任就转移给原告。原告应当主张新的事实、经验法则或者提交反证，将法官心证至少降低到真伪不明的程度，之后本证方将重新承担具体的主观证明责任。这一过程周而复始，直到开庭结束时法官对上述事实主张形成了最后的心证(存在、不存在和真伪不明)。本案的焦点就在于法官能否借助"如果已办理所有权转移登记的房屋买卖合同，那么一般就已经完全付款"的"已知事实和日常生活经验法则"，认定具体的主观证明责任已经转移到卖方原告，即形成了付款事实存在的临时心证。如果法官认为随后卖方未能提供充分的事实抗辩或者新的经验法则，可以最终认定付款事实存在并据此判原告卖方败诉。

"本案中"法官认为，"交易习惯决定了对于已办理所有权转移登记的房屋买卖合同，证明购房款尚未付清的举证责任在出卖方。……在没有直接证据证明购房款已付清或尚未付清的情况下，原告作为房屋的出卖方应当就已经过户的房屋尚未付清房款一事承担举证责任"[2]。需要注意的是，虽然法官有自行认定并适用经验法则的职权，但是在说理中显然不能对双方都主张的姻亲关系置之不理。换句话说，这提示了法官注意其他经验法则的可能性，如由于房产实际上是彩礼或者由于结婚的需要，至少当时没有付款。从这个角度看，在本案中很可能存在多条经验法则，显然不能在没有说理的情况下就适用第一条。如能发现另一条相对的经验法则，那么本案中就不能适用常规模

---

[1] 本条所称的"基本事实"，据最高人民法院解释即要件事实。参见最高人民法院修改后民事诉讼法贯彻实施工作领导小组编著：《最高人民法院民事诉讼法司法解释理解与适用》，人民法院出版社2015年版，第317页。

[2] 杜健：《本案举证责任应分配给谁》，载余姚市人民法院网2013年12月1日，http://www.yy-fy.gov.cn/info.asp?ID=2767&NodeCode=00740005(访问链接现已失效)。本案相关问题曾经在民诉法学研讨QQ群中引起了讨论，感谢百晓锋教授提出了这个问题。无论时光荏苒与技术产品更新换代，均以该案例的解说间接纪念曾经的青年讨论平台。

式。而且,本案还存在需要调查的其他事项,比如,如果买方已经履行完毕,房款是如何支付的。考虑房款数额较大,能否适用"数额较大的金钱履行中,一般都会采取存在书面证据的支付方式,如最常见的银行转账"或者"此时即使是现金支付的,一般也会有在银行的取款记录"等可能存在的经验法则。在这种情况下,相对方也应当有反证的机会。仅从形式上看,本案裁判没有全面审查诉讼资料并考察各种经验法则的可能,除了判决结果可能遭受质疑外,也应当在说理上加以补充和完善。[1]

而对于前述德国储蓄卡盗刷案的情形,在我国实践中需要首先排除伪卡交易和网络盗刷——这两种类型可以适用明确的证明责任规则(如2018年最高人民法院《关于审理银行卡民事纠纷案件若干问题的规定(征求意见稿)》第6条第2款和第16条第2款)——而仅关注更为直接相关的真卡盗刷交易。在伪卡交易中,由于银行的技术未能断绝非法复制伪卡的发生,需要银行证明储户对密码管理不当[2],此时储户将因未尽到其注意义务而承担(部分)责任。[3] 而在真卡交易中,需要认定的只是真卡的遗失和密码的泄露。就后者而言,银行卡合同中"凡使用密码进行的交易,发卡银行均视为持卡人本人所为"条款可以被理解为经验法则,从交易的大数据来看其盖然性也较高,即泄露银行卡密码或者密码保管不善构成违约。在这种情况下,储户需要提出并证明其他可能性,才能避免承担责任。比如,第三人在自助银行门禁系统或ATM上安装盗码器,[4]或者POS机业务公司的技术主管利用公司系统漏洞,非法获取后台数据,进而盗刷使用过该公司POS机的持卡人的卡内资金。[5] 此外,同样可能的是储户本人取款或者授权他人所为,法院也会将其作为案件

---

[1] 相关一般性分析,参见张卫平:《认识经验法则》,载《清华法学》2008年第6期,第12页。

[2] 参见"宋鹏诉中国工商银行股份有限公司南京新门口支行借记卡纠纷案",载《最高人民法院公报》2017年第12期,第41页;北京市第一中级人民法院民事判决书,(2015)一中民(商)终字第3682号。参见杨钌、黄秋燕:《银行卡被伪造盗刷的责任认定及举证责任分配》,载《人民司法·案例》2017年第29期,第74~75页。之前的相反理解,比如,参见广东省东莞市中级人民法院民事判决书,(2015)东中法民二终字第65号。

[3] 参见最高人民法院民事判决书,(2015)民提字第181号;四川省高级人民法院民事判决书,(2017)川民再223号;广东省高级人民法院民事判决书,(2013)粤高法民二提字第19号。

[4] 参见"顾某诉上海交行储蓄合同纠纷案",载《最高人民法院公报》2005年第4期,第40~44页(伪卡案件)。

[5] 参见内蒙古自治区巴彦淖尔市中级人民法院民事判决书,(2017)内08民终529号(伪卡案件)。

事实发现过程中的重要内容。[1]

(二)弱化模式:以“彭宇案”案情为例示

1. 常规模式的无法适用

以“彭宇案”为代表的另一类同样常见的案件,无法通过常规适用模式得到解决。如前所述,在常规模式中,法官应当首先寻找可适用的日常生活经验法则,同时确定只存在一条这样的经验法则。而在找到的生活经验结论盖然性不高时,法官则应当寻找本案中所有其他理论上的可能性,然后再根据案件中是否存在相应的事实线索,选定需要详细分析和说理的部分可能性。最后,法官应该排除其他可能性,使本案案情只有一种可能。在求证推翻经验法则时,应当由本证方就不存在其他可能性主张,并且在优势证据标准[2]下举证。

然而,“彭宇案”适用的三条经验法则,都达不到高度盖然性的标准。经过对具有法律意义内容的提炼,这三条经验法则分别是:“原告在被撞后会寻找并指认要逃逸的加害人,在视线较好、人较多的公共场所,加害人难以逃逸,此时第一个下车的人撞倒原告的可能性较大”;“如果原告不是被告撞倒的,本应在扶助之外抓住元凶,并且在原告家人到达后,说明情况自行离开”;“原、被告素不认识,一般不会贸然借款,即便借款,也应请他人证明或者索取对方提供的书面材料”。显然,除了被指责最多的后两条不符合一般人对社会道德的期

---

〔1〕 参见山西省高级人民法院民事裁定书,(2017)晋民申1014号(认为银行应当就此证明);广东省高级人民法院民事判决书,(2013)粤高法民二提字第19号(刑侦大队就此提供书面证明);广西壮族自治区高级人民法院民事裁定书,(2016)桂民申983号(无法查清是否是他人受储户委托用其密码持真卡进行取款);四川省宜宾市中级人民法院民事判决书,(2018)川15民终402号(依认定案件事实否定这种可能)。

〔2〕 虽然《民诉解释》第108条第1款明确规定了“高度可能性”证明标准(2001年《证据规定》第73条第1款同),但是这里涉及的并非要件事实或主要事实的证明,因此并不违反法定证明标准。虽然实践中对证明标准的概括可能存在分歧,如最高人民法院杜万华大法官就认为高度可能性和优势证据是同义的(参见杜万华:《〈民事诉讼法〉司法解释重点问题解析》,载《法律适用》2015年第4期,第5页),但是在学理上区分两者仍属必要。关于司法实践中对证明标准的多样化理解,参见吴泽勇:《中国法上的民事诉讼证明标准》,载《清华法学》2013年第1期,第78~84页。当然,从立法论上将优势证据标准明确引入我国法,对本书主张的弱化模式也许是更有利的。就此而言,解释论上值得注意的是,2019年《证据规定》第86条第2款就与诉讼保全、回避等程序事项有关的事实,已经引入了优势证据标准。虽然该条本身尚不满足《民诉解释》第108条第3款中仅承认法律有权调整证明标准的限制,但是至少在注意《民诉解释》第109条即被认为属于该条的例外规则的通常认识下,此时已有“新法优于旧法”的解释空间。

待、显然不能排除有人乐于助人的情况外,[1]第一条经验法则对应的情形也存在多种其他可能性,诸如被风吹倒、被广告牌砸倒或者被路上或车上的其他人撞倒。[2] 单独凭借经验法则,无法认定双方相撞的事实。更重要的是,彭宇是否"做点好事"或者见义勇为不属于本案的主要事实,因此也不涉及证明责任的问题,[3]甚至根本不能归于本案生活事实的范围中。上述道德评价应当只是对双方是否相撞的另一种表达方式,其中具有事实认定意义的是"做事"和"为",而与"好"、"义"和"勇"的判断无关。

2. 弱化模式的应然进路

由于经验法则的盖然性不高,借此发现事实的过程需要通过补强对其他可能性的排除,即法官采取弱化适用模式完成对事实发现结果的论证。其中对于与社会道德相关的后两条经验法则,虽然不能根据道德好恶判定经验法则对应的盖然性(否则即非客观科学,而只可能是偏见和一厢情愿),但是由于难以排除人性向善的一面并准确预测社会一般人的行为选择,所以自然无法适用常规模式。至于第一种相对客观的经验法则,依照本书见解,应当由原告承担进一步主张和证明其他可能性不存在的负担,而不是由被告证明存在如其他人撞倒原告的可能性。从判决书上看,法官实际上无法排除原告是自己绊倒或滑倒的可能性,而只是在形式上认为双方都没有主张,因此不必讨论。由于双方也没有主张或提示与此相关的事实信息,这些假想不属于前文所述的真正可能性的范畴,确实没有必要再深入讨论。在本案中,两人相撞属于主要事实,而自己绊倒或滑倒在逻辑上可以排除相撞的可能性,不宜归入间接事实的范畴。因而,法官应当受到上述无争议事实的约束。[4] 至于其他诸如被风吹倒、被广告牌砸倒的可能性,在本案中都没有相应的间接证据或者争议,最多属于逻辑上可能的原因而不是本案中法律上可能的原因,似乎本就不必讨论。而且,裁判说理应以简洁必要为限,对于可能性的列举也至少需要与案

---

〔1〕 反驳理由,参见杨晓玲:《经度与纬度之争:法官运用"经验法则"推定事实——以"彭宇案"为逻辑分析起点》,载《中外法学》2009 年第 6 期,第 944 页。

〔2〕 参见张继成:《小案件 大影响——对南京"彭宇案"一审判决的法逻辑分析》,载《中国政法大学学报》2008 年第 2 期,第 106 ~ 107 页。

〔3〕 不同见解,比如,参见杨晓玲:《经度与纬度之争:法官运用"经验法则"推定事实——以"彭宇案"为逻辑分析起点》,载《中外法学》2009 年第 6 期,第 948 页。

〔4〕 基于辩论主义中事实分层与主张责任关系的不同意见,参见闫庆霞:《当事人民事诉讼主张研究》,法律出版社 2013 年版,第 173 ~ 175 页。

情有一定联系,不可能天马行空地发挥想象力。

对于双方存在争议的被外物或外人撞倒的可能性,在上述经验法则之外,应当由原告以优势证据的标准,继续证明其不存在。就本案的具体情况来说,由于被告对自己是第一个下车的人没有争议,基本可以排除原告与其他下车的乘客相撞的可能性。原告还需要证明,当时自己周围并没有其他行人站立或者经过。比如,其他候车乘客都在准备上第一辆 83 路公交车,只有自己走向第二辆公交车或者自己走在最前面。当时也没有其他人堵在第一辆车后门旁,准备(违规)从后门上车。同时,在存在一定线索、构成前述真正可能性时,可以考虑的也包括没有如流浪猫狗窜过的事实。只有原告能够满足上述证明要求,才能够适用特殊的经验法则适用模式,被告方的证明必要才进而产生。

最后,从其他可能性引入诉讼的方式来看,由于其并不直接对应要件事实,因而不受辩论主义下当事人必须自行主张的限制。同时,由于法官享有的事实发现职权当然包含证明评价的权能,我们也不能这样认为:一旦法院在审理中自行发现存在其他可能性并主动提及,就可能违反了保持中立性的司法要求。从诉讼动态证明的角度看,对于原告进一步说明和举证的必要,法官应当行使释明权。一方面要求原告作为本证方履行其举证义务,[1]另一方面在被告由于前述举证行为产生举证必要时,要求其进一步举出相反证据。一般而言,此时在理论上也有可能涉及反证方的事案解明义务/次级主张责任,[2]即反证方不能仅仅否认事实,而是必须提供可以合理期待的、更详细的信息,以便在双方事实主张逐步具体化的过程中,进一步使案情的“解明度”不断加深。[3] 但由于在本案中没有任何一方处于明显的举证优势地位,上述义务不能适用本案。

---

〔1〕 参见吴泽勇:《证明责任视角下民间借贷诉讼中的借款单据鉴定问题研究》,载《法律适用》2018 年第 9 期,第 63 页。

〔2〕 参见吴泽勇:《不负证明责任当事人的事案解明义务》,载《中外法学》2018 年第 5 期,第1360 ~ 1379 页;姜世明:《举证责任与真实义务》,厦门大学出版社 2017 年版,第 71 ~ 125 页;[德]彼得·哥特瓦尔德:《对当事人释明义务的释明》,曹志勋译,载《清华法律评论》2015 年第 2 期,第 206 ~ 216 页。

〔3〕 关于这一过程的分析及图示,参见王亚新、陈杭平、刘君博:《中国民事诉讼法重点讲义》(第 2 版),高等教育出版社 2021 年版,第 126 ~ 127 页。笔者初步认为大陆法系德日民诉理论中在这一方面的思路仍然大致相同,囿于主题和篇幅,不再赘述。

五、实践中经验法则适用面临的困难

实践中法官的困惑是，在对事实是否存在形成了明确心证之后却苦于找不到足够证据，因此只能借助经验法则对裁判结果加以证成。易言之，有责任心的法官可能不满足于证明责任判决的结果，又无法通过其他更为妥当的方式克服事实真伪不明的状态，不得不走上经验法则代表的“少有人走的路”。遗憾的是，在没有明确的司法解释、指导性案例、在先类似判决或者上级法院合法的业务指导（《上下级法院意见》第8～10条）的情况下，基层法院自行适用经验法则存在较大的不确定性。又由于说理本身可能成为日后被认定错误的“确凿证据”，身处恶性循环之中，法官说理的动力显然不高。[1] 倘若法官能够利用的只是在弱化模式下可能性较低的经验法则，论证事实认定结论的阻力无疑更大。实际上，近期实务中一些案件确实出现了这种情况，如在最高人民法院于2018年发布的第一批涉互联网典型案例中，一个涉及公民信息泄露的案件实质上就与前文讨论的储蓄卡盗刷案和“彭宇案”的情况相似，既涉及经验法则盖然性的问题，又与如何分配就其他可能性的证明责任这一裁判技术相关。然而，在推翻一审判决的二审判决书中，已经无处寻觅“经验法则”的行踪了。[2]

在德国，司法实践中积累的经验一方面会被法院反复适用和讨论，另一方面也会由研究者在法律评注和工具书中汇编整理。[3] 而在我国实践中，下级审法官也许不得不通过请示汇报等方式与上级法院沟通。但这样的做法，既有架空两审终审制之嫌，又由于再审/审判监督程序可能导致案件上提一级，而同样面临较大的风险。如果再结合审判管理考核甚至错案追究等配套制度，令人确有法官“戴着镣铐跳舞”的唏嘘感慨。[4] 在员额制改革基本完成的

〔1〕类似理解，参见申伟：《论我国法官的司法论证义务——兼及对“法律逻辑学”的反思》，载《暨南学报（哲学社会科学版）》2015年第4期，第102页及脚注2。对于比较法经验和我国推进事实认定说理愿景的不同理解，参见苏力：《司法如何穿过错综复杂（译者序）》，载［美］理查德·波斯纳：《波斯纳法官司法反思录》，苏力译，北京大学出版社2014年版，第12页（针对本案）。

〔2〕参见北京市第一中级人民法院民事判决书，（2017）京01民终509号。除了实质上涉及经验法则的适用技术外，该案涉及判决书讨论的案外人同样可能泄露信息的情况以及判决书完全没有被讨论，但是在技术上也有现实可能的其他因素，如原告手机中其他App已经通过访问信息授权获取了相关隐私信息。

〔3〕Prütting, Münchener Kommentar ZPO, a. a. O., § 286 Rn. 69 ff.

〔4〕类似思考，参见周翠：《从事实推定走向表见证明》，载《现代法学》2014年第6期，第118页。

背景下(且不论对审判人员分类改革本身的评价[1]),在宏观方向上"善待"精挑细选出的法官、鼓励合理行使司法权,在精细技术上为法官提供足以处理各类问题的专业方案,也许更应当成为所有法律人或者至少成为当下学者和观察者主要担当的任务,同时也是发展法教义学/解释论的当然选择。在期待下一个十年之约时实现美好司法愿景的同时,我们必须同行的路还很长。

[1] 相关讨论,参见傅郁林:《以职能权责界定为基础的审判人员分类改革》,载《现代法学》2015年第4期,第12~30页。

第十二章

公私书证真伪的判断技术

文书(书证)在我国民事诉讼及事实认定过程中的重要性毋庸赘言,其真实性更是其中的核心问题。我国没有专门规定大陆法系常见的文书真伪之诉的必要,文书真伪应当在普通诉讼中成为争点。参考其他大陆法系的经验和我国实务做法,我国应在形式要件上明确要求相对方就文书真伪表态,同时在实质要件上,文书真伪问题应当以规范说作为证明责任分配标准。在诉讼法理上,我国应区分公、私文书的证明力规则和书证的形式及实质证明力。文书形式证明力应当包含文书真伪问题,从我国现行法中可以解释公文书形式证明力的推定规则。"书证为王",书证的强弱常常是诉讼中第一顺位的"胜负手",挑战书证的真实性更可能发挥"釜底抽薪"的奇效。如何将书证真伪争议作为诉讼中的焦点,如何认识理解文书证明力的体系,就是本章的研究对象。

一、问题的提出

书证在我国民事诉讼证据中的核心地位,使文书的真实性成为各类民事案件审理中的重心和焦点。一份文书可能成为某个要件事实或主要事实的直接证据,也可能成为确认特定实体法律关系是否存在的依据(如遗嘱或者合同),从而决定案件的实体结果。当该文书本身的真伪存在争议而需要提交司法判定时,其认定程序具有复杂性和多元性。书证的真实性包括其本身真实作出(书证真伪)和其能够证明待证事实为真(书证证明力)这两方面的内容;证实书证本身为真的最主要目的即是为证明待证事实服务,而证明后者又以证明前者为必要条件。两大诉讼法模式对此问题的处理进路,如对书证真伪争点的处理,形式和实质证明力的区分,公、私文书证明力推定规则等,存在明显差异。

我国现行规范不仅一般性地规定"证据必须查证属实,才能作为认定事实的根据"(《民事诉讼法》第 66 条第 2 款),同时也特别要求,法院对有关单位和个人提出的证明文书,应当辨别真伪并审查确定其效力(《民事诉讼法》第 70 条第 2 款),而且"原判决、裁定认定事实的主要证据是伪造的"属于当事人申请再审、挑战已经发生法律效力的原裁判的正确性的法定事由(《民事诉讼法》第 207 条第 3 项)。但是,除了一般性地规定双方当事人就证据的真实性进行质证(《民诉解释》第 104 条第 1 款、2001 年《证据规定》第 50 条)、审判人员也可以审核和认定具体证据的内容是否真实(2019 年《证据规定》第 87 条第 4

项、2001 年《证据规定》第 65 条第 4 项),[1]以及普遍强化了鉴定意见的庭审质证程序(《民事诉讼法》第 81 条、2019 年《证据规定》第 79 ~ 84 条)之外,我国现行规范并未就文书真实性的认定程序作出特别规定。不过,我国现行规范却赋予了公文书[2]以优先于普通证据的特殊证明力,如《民诉解释》第 114 条和第 93 条规定,国家机关或者其他依法具有社会管理职能的组织,在其职权范围内制作的文书记载的事项被推定为真实;生效法院裁判确认的事实也被规定不必由当事人举证证明,而是由相对方承担推翻其所确认的待证事实不存在的负担。

理论界对于文书真伪及文书证明力的关注同样有限,一系列理论问题尚待厘清。首先,就认定程序而言,大陆法系德日传统允许当事人提起所谓的文书真伪之诉,从而使书证真伪问题能够成为独立的诉讼标的。我国立法和实务中并没有相似机制,是否有必要效法。其次,就当事人之间的责任和风险配置而言,如在有必要对文书进行鉴定时,应由哪一方提出申请并预交鉴定费用以及在无人申请或鉴定的客观条件不具备而出现证明不能的状况时应如何处理。特别是,此时辅助事实成为争点,应当判断哪一方当事人有主观证明责任甚至承担客观证明责任。2019 年《证据规定》第 92 条第 1 款的出台部分回应这方面的问题,但是对其理论渊源的讨论并不会因为规则的制定而画上句号。最后,鉴于大陆法系区分公文书与私文书的一般法理,我国在公文书记载事项推定为真的规则之下,就书证的真伪与推定书证的证明力的关系应否进一步借鉴大陆法系通行的形式证明力理论,将直接影响我国书证证明力体系的建构与选择。

为此,本书遵循由诉讼标的到事实再到证据(证明)的基本裁判逻辑,首先关注大陆法系中德国、日本和我国台湾地区法律规定的针对文书真伪提起的独立确认之诉,并提出我国在继受与扬弃该经验的基础上,应致力于在普通诉

---

〔1〕 但是,如后所述,这两者分别对应制作书证本身的真实(形式证明力)和书证内容与客观真实是否相符(实质证明力)两个问题。而且,主审法官如果对某项书证既未调查核实,又未组织质证,则甚至可能被判处民事枉法裁判罪。比如,参见山西省长治市中级人民法院刑事判决书,(2016)晋 04 刑终 321 号。

〔2〕 我国的公文书是指国家公务人员在其职权范围内或者我国企事业单位和社会团体在其权限范围内制作的文书,与之对应的是由其他主体制作的私文书。参见张卫平:《民事证据法》,法律出版社 2017 年版,第 29 页。

讼程序中将文书真伪问题作为证据争点进行审理，并从形式要求、证明责任的分配和认定文书真伪的现实手段三个方面建构其程序机制。在探讨了形式证明力概念的内涵、书证真伪与形式证明力概念的关系之后，本书提炼了我国解释论上书证形式证明力推定规则。同时，在民事证据法共享刑事证据法的某些法理且部分借鉴其证据规则的背景下[1]，本书也希望就文书真伪这一具体问题的处理进路拓宽民事证据法的中国路径。[2] 此外，虽然在大陆法系的书证证明力体系中，书证真伪问题与书证实质证明力问题总是相伴相随，但是囿于主题，本书将讨论重点落在书证本身的真伪上，而将实质证明力规则尤其是其中涉及的公文书实质证明力推定规则和事实预决效力问题，留待本书下一章专门讨论。与此类似的是，近期引起较大关注的电子证据的真实性问题[3]具有较大特殊性，尤其是该问题与其特殊的载体密切相关，本书仍然聚焦在更为传统的纸质书证上。

二、对独立的文书真伪确认之诉的否定

（一）事实问题不能成为确认之诉的对象

虽然我国现行法并未明确许可以独立确认之诉认定文书真伪，但是这种文书真伪之诉得到了学界有力学说的赞许[4]，并且有比较法上理论资源的支持，值得思考。一般而言，事实问题原则上不涉及独立裁判，法官只需在实体判决中一并回应和判断。大陆法系民事诉讼理论认为，事实问题原则上不能成为确认之诉或中间确认之诉的对象。原因在于，确认之诉是直接确认法律关系存在与否的诉，在诉讼要件理论上需要满足“法律关系”和“确认利益”两方面要求。[5] 易言之，在由诉讼请求、权利依据、要件事实、证据主张四个层次组成的审理和裁判技术体系（本书第一章）中，事实争点不能上升到诉或者权利争点的层面，对其作出的判断也不能直接产生既判力，而只能作为裁判结果

---

〔1〕参见易延友：《证据法学》，法律出版社2017年版，第435～440页；陈瑞华：《刑事证据法》（第3版），北京大学出版社2018年版，第127～130、146～148、225～231、250～253、307～309页。

〔2〕关于民事证据法学的独立研究价值，参见张卫平：《民事证据法》，法律出版社2017年版，第1～5页。

〔3〕比如，参见褚福民：《电子证据真实性的三个层面——以刑事诉讼为例的分析》，载《法学研究》2018年第4期，第121～138页；刘品新：《电子证据的鉴真问题：基于快播案的反思》，载《中外法学》2017年第1期，第89～103页。

〔4〕参见张卫平：《民事证据法》，法律出版社2017年版，第42、226页。

〔5〕参见曹志勋：《论我国法上确认之诉的认定》，载《法学》2018年第11期，第47～54页。

的理由。[1] 易言之,虽然民事诉讼的部分目的在于解决纠纷,但是双方当事人在事实方面的分歧及其解决仅是整个纠纷解决的组成部分,其不能成为裁判对象本身。从实体权利实现的角度看,单纯认定事实的诉也难以成立,[2]法院的角色显然不能与鉴定人和侦查机关相混淆。[3]

不过,不同法域在这方面也都有一些带有本地特色的例外规则。除了后述文书真伪之诉的例外,德国《投资者示范诉讼法》第 2 条第 1 款第 1 句和 2018 年 11 月生效的德国《民事诉讼法典》第 606 条以下均规定了消费者示范确认诉讼。我国台湾地区于 2000 年修法时则突破了德国法的传统,将其“民事诉讼法”第 247 条第 1 款前半句原有的“确认法律关系成立或不成立之诉”扩大为“确认法律关系之诉”,即不再受法律关系“成立或不成立”(我国台湾地区 2000 年前有关规定)甚至“存在或不存在”(德、日立法)的限制。同时,我国台湾地区“民事诉讼法”第 247 条第 1 款后半句规定的例外的确认对象,除了文书真伪之外,还包括法律关系的基础事实。这种扩张规定可能带来解释论上新的困难。[4] 不过,我国台湾地区有关规定在此次修改之后,仍然坚持确认之诉的诉讼要件包括需要根据个案情形考量判断的“确认利益”概念。[5] 比较德国法提供的迂回思路,即在个别案件类型下不得不扩大解释被确认的“法律关系”概念,[6]我国台湾地区有关规定直接将“基础事实”纳入确认之诉对象的做法实际上能够更为直接地达到相同效果。

(二)文书真伪可能成为确认之诉的对象

1. 文书真伪之诉的特殊规则

与前述一般原理相对,大陆法系普遍承认文书真伪可以作为诉讼标的的特别地位,在裁判技术上设置所谓文书真伪之诉(德国《民事诉讼法典》第 256

---

〔1〕 BGHZ 68, 331 = NJW 1977, 1288, 1290 f.

〔2〕 Matthias Jacobs, Der Gegenstand des Feststellungsverfahrens, 2005, S. 302; Dieter Philipp Klass, Reformansätze im zivilrechtlichen Persönlichkeitsschutz unter besonderer Berücksichtigung der persönlichkeitsrechtlichen Feststellungsklage, 1998, S. 291.

〔3〕 Reinhard Bork, Der Vergleich, 1988, S. 102 f.

〔4〕 相关讨论参见陈荣宗、林庆苗:《民事诉讼法》(上册),台北,三民书局股份有限公司 2013 年版,第 279 ~ 282 页。

〔5〕 参见许士宦:《诉之变更、追加与阐明》,载《台大法学论丛》2003 年第 32 卷第 3 期,第 251 ~ 253 页。亦参见姜世明:《民事诉讼法》(上册),台北,新学林出版股份有限公司 2016 年版,第 404 ~ 405 页(学说分歧在于确认之诉的补充性)。

〔6〕 参见曹志勋:《论我国法上确认之诉的认定》,载《法学》2018 年第 11 期,第 47 ~ 49 页。

条第1款，日本《民事诉讼法》第134条、我国台湾地区“民事诉讼法”第247条第1款后半句）。从“作为预防性诉讼有助于防止权利义务争议的发生或扩展”[1]的角度看，文书真伪确认之诉有理论上的特殊价值，在大陆法系民事诉讼法理体系中具有正当性。虽然我国目前并未规定上述制度，而且后文也主张我国不必引入该制度，但是考虑到该制度在各大陆法系法域的裁判技术中普遍存在，笔者认为仍有必要对其从驳论的角度加以讨论。

顾名思义，文书真伪之诉所确认的仅是文书的真伪，即文书是否确由某人或某组织制作，[2]而非该文书为真时有何效力[3]或其记载内容是否真实[4]，这实质上是以独立的诉的方式认定书证的形式证明力。当事人有权在确认文书真伪之诉中提起中间确认之诉，确认文书涉及的法律关系是否存在（德国《民事诉讼法典》第256条第2款）。文书真伪确认判决生效后，相对方将不得在后续诉讼中就文书的制作者提出相反主张或反证。基于其具有诉的形式和既判力的特质，文书真伪之诉区别于独立的证据调查程序（德国《民事诉讼法典》第485条以下）。[5] 不同于当事人可以在确认文书真伪之诉中提起中间确认之诉，遵循民事诉讼一般原则，当事人不能在其他诉讼中以中间确认之诉的形式确认文书真伪（文书真伪问题构成事实问题而非先决法律关系），而只能通过中间判决（德国《民事诉讼法典》第303条）确认，或者由法官在终局判决的理由部分加以说明。[6]

---

〔1〕 参见张卫平：《民事证据法》，法律出版社2017年版，第42页。

〔2〕 Herbert Roth, in: Stein/Jonas, ZPO, Band 3, 23. Aufl., 2016, § 256 Rn. 41；新堂幸司『新民事訴訟法』（弘文堂，2019年），203頁（[日]新堂幸司：《新民事诉讼法》，林剑锋译，法律出版社2008年版，第148页）。

〔3〕 BayObLG NJW – RR 2003, 9, 11.

〔4〕 伊藤眞『民事訴訟法』（有斐閣，2016年），180頁注27[[日]伊藤真：《民事诉讼法》（第4版补订版），曹云吉译，北京大学出版社2019年版，第125页脚注27]；陈荣宗、林庆苗：《民事诉讼法》（上册），台北，三民书局股份有限公司2013年版，第282页。

〔5〕 Roth, in: Stein/Jonas, a. a. O., § 256 Rn. 41 f.; Christoph Althammer, in: Stein/Jonas, ZPO, Band 4, 23. Aufl., 2018, § 322 Rn. 78.

〔6〕 Roth, in: Stein/Jonas, a. a. O., § 256 Rn. 103; Christian Berger, in: Stein/Jonas, ZPO, Band 5, 23. Aufl., 2015, § 437 Rn. 2; Hans – Jürgen Ahrens, in: Wieczorek/Schütze, ZPO, Band 6, 4. Aufl., 2014, § 437 Rn. 9.

2. 文书真伪之诉的确认利益

在确认利益的判断上，原则上提请确认的书证内容须能够证明法律关系，因而对认定案件核心事实具有重大作用，才有通过独立之诉确认的价值。[1]否则，与通常的确认之诉一样，文书真伪之诉将因不满足诉讼要件的要求而被驳回起诉。就此而言，日本法较德国法和我国台湾地区立法的规定更为明确，在法条文义上即将所确认文书的范围限定在“证明法律关系的书证”（日本《民事诉讼法》第134条），更为明确地排除了如医生诊断书之类事实报告类重要书证的确认利益。[2]

就此而言，《民间借贷规定》第2条第1款规定的“出借人向人民法院提起民间借贷诉讼时，应当提供借据、收据、欠条等债权凭证以及其他能够证明借贷法律关系存在的证据”，除了通过特别规则强调起诉时必须提交的证据之外，也从证明对象角度对所提交的书证表达了类似的限制。

（三）我国不必引入域外的文书真伪之诉

笔者认为，我国没有必要引入独立的文书真伪之诉。从表面上看，文书真伪之诉提高了事实问题在民事诉讼分析框架中的理论层次，并且回应了文书真伪在部分诉讼中可能发挥的重要作用。如果能够成为独立之诉的内容，文书真伪问题将获得既判力，既足以避免后诉中对其再起争议，又能够直接成为后诉中相关实体权利判断的基础。从既判力角度来看，似乎独立的文书真伪之诉具有明显的价值，应当成为我国裁判技术的组成部分。然而，正如一般原则所揭示的，文书真伪本身的争议仅发生在事实层面，并不涉及实体权利的实现或者纠纷的实际解决，例外地提升其地位必须加以充分说理，裁判技术也应当避免不必要的烦琐内容。特别是在我国立法没有明文规定这种独立之诉，司法实践对一般的确认之诉亦持谨慎态度的背景下，尤其需要进一步考察改变裁判技术的实际收益和必要性。

---

〔1〕 OLG Karlsruhe, Beschluss vom 02. 07. 2012 – 18 UF 227/10 = BeckRS 2012, 18789; Roth, in: Stein/Jonas, a. a. O., § 256 Rn. 41；参见姜世明：《民事诉讼法》（上册），台北，新学林出版股份有限公司2016年版，第409页；陈荣宗、林庆苗：《民事诉讼法》（上册），台北，三民书局股份有限公司2013年版，第282页。我国主张放弃确认利益要件的观点，参见刘哲玮：《确认之诉的限缩及其路径》，载《法学研究》2018年第1期，第126～145页。

〔2〕 松本博之＝上野泰男『民事訴訟法』（弘文堂，2015年），173頁。

实际上,文书真伪本身对诉讼的影响都是间接的。[1] 即使确认之诉认定文书为真,其既判力也只是排除了相对方在后诉中就此提出反证的机会,法官仍然需要进一步评价其证明力并考虑其他诉讼资料。而在后文主张的、仅将文书真伪作为案件争点处理的模式下,虽然后诉中当事人仍然能够提出与前诉中就文书真实性的判断相反的主张(证据异议),但是鉴于前诉中该争点已经得到充分处理,法官在其自由心证中通常也不会作出与前诉相反的判断。

从诉讼效益的角度看,仅仅确定文书真伪很难"一锤定音"实质地解决纠纷,如对遗嘱或合同书真伪的判定本身并不能完全解决所涉财产的归属,仍然需要法官在后诉中审判诸如法定继承或者不当得利返还之类的问题。相反,一旦前诉限定在文书真伪并需要收集鉴定意见,对实体纠纷的审理必然面临诉讼中止(《民事诉讼法》第153条第1款第5项)甚至(不合法但实际存在的)不予受理的命运。至少法院在鉴定期内不会积极审理实体问题的其他方面,而如果在实践中鉴定时间较长的现状维持不变的话,必然会损害当事人的程序利益并且占用诉讼资源。

从比较法经验来看,即使是在设置了文书真伪之诉的德国,该诉的既判力效果也没有那么得到重视。例证就是,既然该国已经突破了德国《民事诉讼法典》第256条第1款明确规定的确认之诉不能针对事实的原则,认可了以独立确认之诉判断文书真伪的可能性,如果重视此类确认之诉的既判力,完全可以进一步允许以中间确认之诉判断文书真伪。这种中间确认之诉的直接效果是,在当事人仅提起给付之诉时,文书真伪判断也将被纳入给付之诉的既判力范围(本书第六章)。[2] 相反,如前所述,文书真伪问题仍然被认为不满足德国《民事诉讼法典》第256条第2款对中间确认之诉所特别要求的法律关系的先决性要件。

最后,就民事诉讼理论而言,文书真伪之诉的例外属性使基本理论也必须相应地设置例外。如一般而言,既判力的对象指向法律后果(而这里是事实认定),而且裁判理由也不应产生既判力。[3] 除了目前来看设置例外没有明显

---

〔1〕 Ingo Saenger, in: Ingo Saenger Hrsg., ZPO, Handkommentar, 8. Aufl., 2019, § 256 Rn. 8.

〔2〕 Roth, in: Stein/Jonas, a. a. O., § 256 Rn. 22, 27 ff.; Christian Seiler, in: Thomas/Putzo, ZPO, 40. Aufl., 2019, § 256 Rn. 26. 参见曹志勋:《反思事实预决效力》,载《现代法学》2015年第1期,第132~133页。

〔3〕 Jacobs, a. a. O., S. 302.

必要之外，这种理论新建构本身也需要特别的论证支撑。文书真伪之诉虽然在外国法既有规则体系中能够发挥一定作用，但并不必然具有一般性和普适意义。从我国现状出发，论证引入这种例外的独立之诉的说理义务应当在主张移植的学者。

三、作为争点认定私文书真实性的路径

虽然上文在裁判技术和程序上否定了引入文书真伪之诉的必要性，但是考虑到书证在实践中的重要意义以及关键书证真伪存疑时应由哪方当事人提供进一步证据（如申请证人或者鉴定人）加以证明的现实问题，也应当比较参考大陆法系理论上对文书真伪之诉和普通诉讼中文书真伪的客观证明责任问题的讨论。不同于焦点明确的独立文书真伪之诉，在诉讼标的并非文书真伪的普通诉讼中，文书真伪问题首先需要成为个案中的辩论对象和争点，才能够在具体的证明过程中得到判断。从具体的诉讼场景出发，此时仅涉及一方提出文书、相对方单纯质疑其真实性或者进而主张文书是伪造、冒签（实质仍然是否认而非抗辩）〔1〕等情况。以德国为代表的大陆法系经验对我国的参照意义主要体现在相对方在形式上应当对文书真伪表态（从属于更广的事案解明义务〔2〕）以及法官在实质上应当适用证明责任规范说。前者涉及的是相对方在程序上参与义务（过程控制），后者则对应当事人之间的任务分配及其标准（条件控制）。这使具体诉讼中文书真伪问题的解决呈现两方面的特征，即一方面文书提出的相对方应当明确作出形式上的表态，其判断标准也是形式化的，即看哪一方提出书证；另一方面证明责任规范在实质上决定败诉风险的分配，其判断标准是与个案中谁提出无关的、通常的客观证明责任分配规则。

（一）相对方就文书真伪的表态

1. 德国法就私文书真伪的表态要求

在德国法上，由于公文书适用真实性推定规则（德国《民事诉讼法典》第437条第1款），因此这里主要需要讨论的是涉及私文书的情况。相对方应当陈述私文书的真伪（德国《民事诉讼法典》第439条第1款），后续程序以其表态为前提。当相对方否认文书为真时，一般而言应当由提出证据的当事人承

---

〔1〕 BGH NJW 1995, 1683.

〔2〕 较新讨论，参见吴泽勇：《不负证明责任当事人的事案解明义务》，载《中外法学》2018年第5期，第1360～1379页。

担证明责任(德国《民事诉讼法典》第440条第1款)。如果相对方认可文书为真,自然不需要进一步的证明(德国《民事诉讼法典》第288条以下)。相对方不表态则视为认可(德国《民事诉讼法典》第138条第3款,第439条第1款、第3款),而且除了文书并非相对人制作的情况外,相对人也不得表示不知(德国《民事诉讼法典》第138条第4款、第439条第1款)。[1]

根据文书记载的不同内容,表态对象和证明对象也有所区别。有签名的文书的真伪集中在签名的真伪(德国《民事诉讼法典》第439条第2款),一旦签名被确定,就适用文书本体推定为真的法律上的事实推定(德国《民事诉讼法典》第440条第2款)。按照诉讼推定的一般原理,被告要推翻法律上的事实推定,要么必须证伪签名(基础事实),要么必须证伪文书本体(推定事实)。而在不涉及签名时,文书的真伪就指向文书内容。[2]

2. 我国法应确立表态要求及其例外

笔者认为,在我国法上也应当强调文书真伪判断必须以文书提出的相对方就文书真伪明确表态为前提。相对方拒绝表态的,文书将直接被认定为真,也就不必考虑就文书真伪的客观证明责任。[3] 只有相对方表态了,法院在程序推进上才有判断是否委托鉴定的必要。这不仅与前述德国法或者日本法[4]上的要求无异,也和我国司法实践中的通常做法相同,文书真伪之所以成为诉讼中的争点,在多数情况下都是源于相对方基于种种理由提出质疑。

根据我国实践中的现实情况和目前的司法政策倾向,上述相对方应当表态规则的例外在于法官认为可能存在虚假诉讼等情况的案件,此时不能因相对方未表态而直接推定文书真实。这尤其出现在民间借贷案件中,需要法院基于借贷发生的原因、时间、地点、款项来源、交付方式、款项流向以及借贷双方的关系、经济状况等间接事实,综合判断和认定案件的主要事实是否确实发

---

〔1〕 Berger, in: Stein/Jonas, a. a. O., § 439 Rn. 6 ff.; Klaus Schreiber, Münchener Kommentar ZPO, Band 2, 6. Aufl., 2020, § 439 Rn. 1 ff.

〔2〕 Berger, in: Stein/Jonas, a. a. O., §§ 439 Rn. 3 ff., 440 Rn. 2 ff.; Schreiber, Münchener Kommentar ZPO, a. a. O., § 440 Rn. 3 ff.

〔3〕 相同观点,参见肖建国:《书证的真实性及其举证责任》,载《中国审判》2010年第7期,第93页。

〔4〕 新堂幸司『新民事訴訟法』(弘文堂,2019年),653頁([日]新堂幸司:《新民事诉讼法》,林剑锋译,法律出版社2008年版,第448页);松本博之＝上野泰男『民事訴訟法』(弘文堂,2015年),504頁。

生(《民间借贷规定》第 18 条)。由于此时存在举证方和相对方相互串通、共同损害第三人利益的可能,即他们可能共同制作虚假文书,不能期待相对方在诉讼中质疑相关书证的真实性。因此,应当类推适用《民事诉讼法》第 67 条第 2 款和《民诉解释》第 96 条第 1 款关于法院依职权调查收集其认为审理案件需要的证据的规定,允许法院依职权审查书证的真伪。一旦该书证不能反映案件的真实情况,自然不应作为认定案件事实的根据(《民诉解释》第 104 条第 2 款)。

(二)证明责任分配适用规范说

1. 德国对文书真伪认定适用规范说

在德国,依照作为通说的证明责任分配的规范说,证明责任的分配源于实体法的规定,与当事人在诉讼中的地位无关,而仅取决于所涉事实对诉的声明的影响。上述规则同样适用于确认之诉,即证明责任的分配只需要确认所涉及的事实是对应权利成立要件事实,还是权利妨碍、权利阻却和权利消灭要件事实。[1] 在文书真伪之诉中也应当遵循上述一般原则。[2] 比如,原告请求确认涉及支持自己权利成立的事实的书证为真,就应当对此承担客观证明责任。这同样对应于原告请求确认足以证明被告的权利已经消灭的事实(如原告的债务已履行完毕)的书证为真的情况,原告承担客观证明责任,只不过此时主张权利人在该确认之诉中处于被告的地位。而在确认文书为假的诉中,如果文书证明的事实是被告的权利成立,那么也应当由被告承担证明文书为真的证明责任。同样,在主张权利存在的原告确认用于证明时效抗辩成立的文书为假的诉讼中,文书证明的事实涉及的是权利阻却事实,应当由被告承担该文书为真的证明责任。易言之,确认之诉的诉讼请求究竟是确认某文书为真或假并不重要。判断谁应当证明文书为真并承担真伪不明时的客观证明责任,关键在于文书待证事实与被主张的实体权利的关系,即待证事实究竟属于规范说下哪一类要件事实。

而在将文书真伪作为争点的普通诉讼中,当证据提出方如上文所述经由

---

〔1〕 BGH NJW 1993, 1716, 1717; Leo Rosenberg/Karl Heinz Schwab/Peter Gottwald, Zivilprozessrecht, 18. Aufl., 2018, § 116 Rn. 9 ff.; Thole, in: Stein/Jonas, a. a. O., § 286 Rn. 105 ff.; Hanns Prütting, Münchener Kommentar ZPO, a. a. O., § 286 Rn. 111 ff., 123.

〔2〕 Roth, in: Stein/Jonas, a. a. O., § 256 Rn. 82 ff.

相对方的表态、需要证明书证的真实性时，主张权利的原告应当证明涉及权利成立的事实的文书，否认权利的被告则应当证明权利妨碍、权利阻却和权利消灭事实的文书的真实性。[1] 在一般情况下，由于当事人都仅会申请提出涉及对自己有利事实主张的文书，因此通常证明责任归属于证据提出方；[2]但是在涉及法院依职权调取证据[3]以及当事人提出了实际上对相对方有利的文书的例外情况时，证明责任的归属仍需通过规范说基本原则加以判定。从对实务中通常状况的描述出发，确实通常是证据提出方将承担证明责任，但是这只是在结果上与规范说的结论重合而已，究竟是以证据提出还是证明责任分配作为判断标准的思路并不相同。

2. 我国应以规范说判断鉴定必要性

在我国，实务中长期困惑和争议的现实问题是，文书真伪的判定固然可以采取鉴定或物证勘验的方法解决，但是法官只能认定个案中存在诸如鉴定笔迹的必要，而仍需确定应当由哪一方申请诸如书证笔迹鉴定和预交鉴定费用，进而在无人申请（如双方互相推诿都不愿意预付费用）或者鉴定的客观条件不具备时（如鉴定事项为文书中不同部分形成时间的先后），确定由哪一方对出现的证明不能状况承担不利的证明后果。在实践中，除了由认为举证方和质疑的相对方承担证明责任之外，也有主张认为应当根据举证的便利性来具体分配的观点。[4] 固然2019年《证据规定》第92条第1款已经规定私文书证的真实性由主张以私文书证证明案件事实的当事人承担举证责任，但是理论上的探究与辩论并不会因为司法解释条文的出台而“偃旗息鼓”。

笔者认为，在相对方否定了书证的真实性后，承担客观证明责任的一方相应地也应当承担提出证据的主观证明责任。与民事诉讼中对要件事实的证明

[1] BGH NJW 2001, 448, 449; NJW 1995, 1683.

[2] 基于日本法的类似观点，参见袁中华：《民事诉讼中文书真伪的“举证责任”问题》，载《法学家》2012年第6期，第129页。另参见张自合：《论私文书证明力的推定规则》，载《法律科学（西北政法大学学报）》2010年第4期，第155页。

[3] Rosenberg/Schwab/Gottwald, a. a. O., § 120 Rn. 17, 45 ff.

[4] 比如，参见最高人民法院民事判决书，(2018)最高法民再13号。

责任分配采取规范说一样,[1]对于文书真伪这样的辅助事实同样适用规范说。不仅是前述德国法采纳了这种思路,因而我国也应基于法系传统或者路径依赖的原因加以继受,而且对于要件事实和辅助事实一体分配证明责任,也是证明责任理论的必然要求。在整个案件证明和事实发现的过程中,证明辅助事实的真实只是手段,其目的仍然在于证明待证事实的真实。于是较为合理的是,需要证明法律要件对应的待证事实的一方当事人,也应当证明指向该事实的书证能够成为定案根据。同时,不仅待证事实是否符合客观真相有处于真伪不明状态的可能性,书证本身也可能难以被证实或证伪。与主要事实真伪不明时相同,法官同样会面临裁判方法上的困难,此时证明责任规范仍然是理论上的首选。

这样,证明特定书证真伪的证明责任的分配将根据书证所证明的案件事实属于权利成立要件事实还是权利妨碍、权利阻却和权利消灭要件事实来确定。这种证明通常会通过书证鉴定来实现,此时除了需要考虑后述的、认定文书真伪的现实手段之外,也需要确定鉴定费用的预交与分配问题。与证明责任分配的一般原则不同,在存在公文书的真实性和形式证明力推定规则时,证明责任则由于法律推定规则转换到相对方。同时,当本证方证明了其提交的书证上签名为真时,在没有类似德国《民事诉讼法典》规定的法律推定规则的

---

〔1〕 参见李浩:《规范说视野下法律要件分类研究》,载《法律适用》2017年第15期,第2~9页;任重:《罗森贝克证明责任论的再认识——兼论〈民诉法解释〉第90条、第91条和第108条》,载《法律适用》2017年第15期,第18页(摘要)和第27页脚注54;胡东海:《"谁主张谁举证"规则的历史变迁与现代运用》,载《法学研究》2017年第3期,第107~124页;张卫平:《民事证据法》,法律出版社2017年版,第250~253页;吴泽勇:《民间借贷诉讼中的证明责任问题》,载《中国法学》2017年第5期,第258页(摘要)和第277页脚注68;胡学军:《证明责任"规范说"理论重述》,载《法学家》2017年第1期,第63~76页;陈刚:《证明责任法研究》,中国人民大学出版社2000年版,第261~272页。主张在规范说原则下通过解释论调整个别类型案件证明责任分配的观点,参见袁中华:《规范说之本质缺陷及其克服——以侵权责任法第79条为线索》,载《法学研究》2014年第6期,第147~161页(对话观点,参见吴泽勇:《规范说与侵权责任法第79条的适用——与袁中华博士商榷》,载《法学研究》2016年第5期,第49~66页;袁中华教授也主张应当通过法律解释将《民诉解释》第91条中的"法律关系"直接指向某个具体规范或者某种具体权利,以填平其与规范说之间的差别,参见袁中华:《证明责任分配的一般原则及其适用——〈民事诉讼法〉司法解释第91条之述评》,载《法律适用》2015年第8期,第48~49页);毕玉谦:《"一强多元"模式下的证明责任学说——以克服"规范说"局限性为重心》,载《政法论坛》2011年第2期,第51~56页。批评基于实体法的证明责任分配理论、否定证明责任法定化并且主张程序思维与程序方法的观点,参见吴英姿:《证明责任的程序法理》,载《南大法学》2020年第2期,第57~72页。

当下,也可以基于经验法则的事实推定为依据,〔1〕推定书证本身为真。进而,对于书证上盖章的情形,由于存在他人盗盖的可能性(因而与签名有别),日本法主张当文书作出人的印章被认定为真时,有必要先推定盖章行为是基于本人意思,进而再推定此时文书本身为真,〔2〕这种双重推定的思路也值得参考。

上述文书真伪的审查程序,也为在立法论和解释论上都占据统治地位的规范说提供了新的适用示例。在判断合同是否为真时,最高人民法院曾明确指出适用一般证明责任分配规范,即"在私章所代表的一方否认该私章为其所有,盖章行为是其所为,即否认与对方成立合同关系时,应由主张合同关系成立的一方当事人承担举证责任,该方当事人应当举证证明该枚私章为对方所有以及盖章的行为为对方所为或对方委托他人所为"〔3〕。这样来看,在举证的相对方就质证的合同表态质疑合同上己方的印章为假后,应当由主张合同成立及实体权利存在的举证方证明印章为真,法院不能以相对方未提供证据证明印章为假(尤其在前审法院不准许鉴定真伪时),认定其为合同的当事人并承担民事责任。〔4〕与此不同,相对方如果认可书证所盖公章的真实性,而只对书证内容有异议,则适用前述对盖章行为和文书真实的推定,相对方需要通过举证来推翻法官对后者的心证。〔5〕

例如,在遗嘱继承纠纷中,原告提供了关于自己应继承财产的遗嘱。如果被告质疑了遗嘱的真实性,就完成了对文书真伪的表态。如果此时当事人提供及法院依职权调取的鉴定资料(检材)均不满足鉴定条件,因而无法鉴定真伪,那么依上述理解,应当由主张权利的原告承担证明责任。无论是依照证明责任分配的一般思路,还是依据2001年《证据规定》第25条第2款关于"……无正当理由……拒不提供相关材料,致使对案件争议的事实无法通过鉴定结

〔1〕 这种观点,参见肖建国:《书证的真实性及其举证责任》,载《中国审判》2010年第7期,第93页。

〔2〕 新堂幸司『新民事訴訟法』(弘文堂,2019年),654頁([日]新堂幸司:《新民事诉讼法》,林剑锋译,法律出版社2008年版,第448~449页);伊藤眞『民事訴訟法』(有斐閣,2016年),415~416頁([日]伊藤真:《民事诉讼法》(第4版补订版),曹云吉译,北京大学出版社2019年版,第285页);川嶋四郎『民事訴訟法』(日本評論社,2013年),558~559頁;参见[日]高桥宏志:《重点讲义民事诉讼法》,张卫平、许可译,法律出版社2007年版,第107~108页及脚注143。

〔3〕 最高人民法院民事判决书,(2012)民抗字第55号。

〔4〕 相反做法,比如,参见最高人民法院民事判决书,(2015)民一终字第359号。

〔5〕 这种情形,比如,参见"陈某浴与内蒙古昌宇石业有限公司合同纠纷案",载《最高人民法院公报》2016年第3期,第38~39页;最高人民法院民事裁定书,(2016)最高法民申140号。

论予以认定”的规则,在上述情况下原告都应当承担无法证明时的不利后果。具体在证明技术上,由于遗嘱附有制作人的签名,此时原告既可以通过其他间接证据证明遗嘱的真实性,又可以在证明对象上将遗嘱的真实性问题转变为签名的真实性问题,还可以提请法院综合考量案件中的具体情况,比如代书人和见证人证言的内容、各方诉讼参与人的陈述有无矛盾之处、有无盖然性较高的日常生活经验法则等,认定原告(在本案中同时也是文书提出方)是否已经满足了其应当承担的客观证明责任。

不过,即使在经过鉴定后,书证的疑点被完全验证成立,也并不一定意味着书证丧失实质证明力。原因在于,根据疑点不同,书证可能是完全伪造的,也可能只是部分填补或者局部修改。这里需要解决的是文书真伪问题,而非被证明(部分)为假的书证能否产生一定证明力的问题。比如,即使提出借条的相对方主张并不存在借贷关系,并且通过鉴定证实借条修改过落款时间和在借条形成之后增加了对月息的约定,法院仍可能结合其他借条认定借款事实的存在,并且基于其他证据(数额相一致的还款保证书)认定被修改的借条上载明的时间。[1]

3. 对适用规范说的理论批评与辩护

有学者反对把以规范说为标准的客观证明责任分配作为依据,认为在具体诉讼中申请鉴定的责任应当根据法官在个案中对待证事实形成的心证程度来分配。具体来说,需要判断的是“综合此前原告、被告提出的全部证据和陈述,法官是否确信借贷关系的存在具有高度可能性。如果法官形成了这种确信,接下来的提出证据责任就在被告;如果没有,这一责任就仍然在原告”。[2]这种观点认为,待证事实的证明状况决定哪一方应当申请鉴定书证真伪并预交费用。在某待证事实的本证方提出有利于自己的证据时,比如在请求返还借款的诉讼中出借人提出借条(合同关系存在的事实)或者借款人提出收条(合同义务已履行的事实)时,上述学说与本书主张的观点的差异主要在于,其以为如果法官此前已经形成事实存在的(临时)心证,此时将发生提出证据责任的转移,对本来的反证方即证据提出的相对方来说,产生了鉴定的必要。与

---

〔1〕 参见宁夏回族自治区高级人民法院民事判决书,(2014)宁民外终字第1号。

〔2〕 参见吴泽勇:《证明责任视角下民间借贷诉讼中的借款单据鉴定问题研究》,载《法律适用》2018年第9期,第67页。

此类似，也有学者认为鉴定费用的预交问题涉及的只是具体的主观证明责任或者证明的必要，[1]因此，不必探讨针对书证真伪的、单独的客观证明责任。

作为基本原则，笔者完全赞同适用证明责任最核心的对象应当是实体法上的要件事实或与之对应的主要事实。依我国学界主要依托于日本学界观点的通常理解，间接事实的认定属于法官自由心证的范围，因此不宜适用客观证明责任。[2] 然而，文书真伪涉及的是作为辅助事实[3]的证据争点的证明责任问题，可以作为例外成为适用客观证明责任的对象，[4]并相应地适用诸如自认、法律上的事实推定（及其反驳）等规则。在德国法语境下，笔者检索所及的判例和学说也都直接使用证明责任概念介绍私文书真实性的证明问题。[5] 因此，至少从概念及其体系出发，不能排除主、客观证明责任在文书真伪问题判断中的适用可能。

这里也有必要重新审视个案中的证明状况。当本证方在对他有利的书证之外提出了其他间接证据，并使法官形成了某主要事实成立的（临时）心证时，依照规范说，本证方实际上仍然承担提出鉴定申请并预交费用的负担。只不过由于该事实已经被（临时）认定，此时即使本证方不申请提交前述书证并预交鉴定费，也不会影响事实认定的结果。相反，反证方有必要提出证据（尤其作为间接反证），使法官就主要事实形成的心证重新陷入真伪不明状态。举个极端的例子，原告债权人在提出借条的同时，可以找出若干位为借款1000元见证的证人以及庭外被告自认债务存在的录音。从最终事实认定结果来看，此时无论借条是否为真（如原借条遗失了，出借人伪造了一份借条），法官都能够形成借款债务存在的心证。不过，鉴定借条为真的负担仍应由原告承担，即如

---

〔1〕 参见王亚新：《新〈民事诉讼法〉中的鉴定：理论定位与解释适用》，载《法律适用》2013年第10期，第3页（参见王亚新、陈杭平、刘君博：《中国民事诉讼法重点讲义》（第2版），高等教育出版社2021年版，第142页）；袁中华：《民事诉讼中文书真伪的"举证责任"问题》，载《法学家》2012年第6期，第130～133页。参见胡学军：《在"生活事实"与"法律要件"之间：证明责任分配对象的误识与回归》，载《中国法学》2019年第2期，第245页。

〔2〕 参见王亚新、陈杭平、刘君博：《中国民事诉讼法重点讲义》（第2版），高等教育出版社2021年版，第138页。

〔3〕 参见[日]兼子一、竹下守夫：《民事诉讼法》，白绿铉译，法律出版社1995年版，第126页。

〔4〕 此外，还包括比如程序法上的（要件）事实，例外时也可以成为证明责任的对象。参见李浩：《民事诉讼法适用中的证明责任》，载《中国法学》2018年第1期，第77～95页。

〔5〕 至于这里是否涉及德日两国在辩论主义和证明责任方面的理论差别，笔者囿于本书篇幅和能力，暂不作讨论，部分参见本书第八章。

果原告不申请鉴定并预交费用，不应认定借条为真，即借条本身不能支持借款关系存在。依上述相反学说，此时同样假设在不考虑该书证时，法官凭借其他证据已经形成了事实存在的心证。可以推断，即使书证经由相对方申请鉴定、预交费用并且最终被认定为假，也只不过表明该书证对待证事实的实质证明力为零，法院不能将其作为定案根据，但不能动摇法官的心证。

反过来看，在上述假设下，相对方质疑这份可能仅仅"锦上添花"的书证，似乎也没有证据法上的实益，而仅可能意味着提出证据方涉嫌从事妨害诉讼证据的收集和调查的伪证行为并应面临相应制裁后果（《民事诉讼法》第114条第1款第2项）。在笔者看来，似乎不能认为一旦本证方提出伪证，法官就可能因为对其诚信产生怀疑（这种怀疑实属偏见）而将本来形成的、就主要事实的心证推回到真伪不明状态。在这种情况下，反证实际上攻击的是书证而非待证事实本身，不应影响法官对待证事实的既有心证。甚至由于此时鉴定书证的结果不影响本案事实查明，也可以进而认为不存在鉴定的必要。也许只能在现行法之外、从外国法中和我国立法论上主张的自由心证应当考虑的"辩论的整个内容"（德国《民事诉讼法典》第286条第1款第1句、日本《民事诉讼法》第247条）[1]出发，才能够产生直接影响法官心证的效果。

如果综合其他间接证据不能得出待证事实存在的心证，法官不能基于未辨真伪、有利于本证方的书证形成待证事实存在的临时心证，更不能进而认为，此时反证方应当借助对该书证为假的证明，将待证事实从整体上"拉低"到真伪不明的程度。相反，只要相对方对书证的真实性提出质疑，法官就要考虑能否基于其他证据形成事实存在的心证。如果答案是否定的，就必须通过笔迹对照或者鉴定确认书证本身的真伪，或者依照证明责任规范说判定书证的真假，然后再对待证事实形成判定。易言之，从裁判技术出发，有必要区分待证事实本身和书证真伪的客观证明责任和主观证明责任或者说证明的必要。最后，在原告提交的书证结合间接证据也无法证明待证事实存在的场景下，原告承担鉴定的负担自然更没有疑问了。

---

[1] 参见占善刚：《言词辩论的全部意旨研究——德国、日本的判例、学说之考察及其启示》，载《现代法学》2012年第2期，第173～181页。比较法上的经验，参见［日］高桥宏志：《重点讲义民事诉讼法》，张卫平、许可译，法律出版社2007年版，第45～47页；姜世明：《民事诉讼法》（下册），台北，新学林出版股份有限公司2018年版，第42～44页。

（三）认定文书真伪的现实手段

在文书真伪成为争点而非诉讼标的的普通诉讼中，强调表态要求和规范说的应用，确实是民事诉讼法理中解决文书真伪问题最核心的理论对策，但是并不能解决所有问题。上述理论方案的作用在于，在裁判方法论上明确双方当事人之间应当由谁承担文书真伪证明不能时的不利后果。但是，该方案却不能在真相发现维度上实现个案正义，更不能从整体系统上减少事实认定的不确定性，因为证明责任分配只是对个案胜负结果的分配而已，并不会有助于事实的查明。由此观之，虽然表态要求和证明责任规范使裁判文书真伪成为可能，但裁判的可接受性与司法权威仍然可能被一方甚至双方当事人怀疑。进而，可能有人恶意利用诉讼机制，轻易通过证明责任规范的滥用而获取不当利益；无怪乎，我国司法实践曾经在理论界高举大陆法系证明责任模式的同时，长时间对作出证明责任判决持强烈保留的态度（本书第十四章）。[1] 因此，有必要讨论认定文书真伪的现实手段，从而追求查明事实。

1. 司法勘验的适用可能性

可以考虑的是法官直接通过对文书的勘验，获得其是否真实的心证。参考德国法可见，德国法官除了一般的证明方法之外，也可以使用笔迹对照（德国《民事诉讼法典》第441条以下），法官在实务中也确实时有使用。笔迹对照在证明方法上属于勘验，但是由于法律特别规定适用书证的提出规则（德国《民事诉讼法典》第441条第2～4款），同时，笔迹对照又属于法院的证据调查，因此应当作为口头辩论的组成部分，并且向当事人公开（德国《民事诉讼法典》第357条）。至于拿到当事人提出的证据之后，首先检查证据是否有形式上的瑕疵，比如对照灯光检查有没有删划、涂抹、增改的痕迹（德国《民事诉讼法典》第419条），应该是德国法官的常规动作。[2]

在我国，虽然法官通常没有充分的鉴定知识和能力，司法培训中一般也不会强调笔迹比对的训练，但是德国法所强调的笔迹勘验对鉴定机制可能发挥

---

〔1〕 参见曹志勋：《"真伪不明"在我国民事证明制度中确实存在么？》，载《法学家》2013年第2期，第95～105页。

〔2〕 Christian Balzer/Bianca Walther, Beweisaufnahme und Beweiswürdigung im Zivilprozess, 4. Aufl., 2018, Rn. 265.

的补充功能,其实适合我国司法的实际需要。[1] 我国部分法官也可能在当下的开庭审理中,直接指出当事人提交的文书中的明显瑕疵,比如存在涂改痕迹,笔迹颜色、用力和轨迹存在不同,在复印件上复写以冒充原件等。在法律实务中同样常见的是,在签订重大合同时,合同一方会主动查询对方在登记机关备案的法定代表人签名,以避免显而易见的代签或冒签风险;在票据交易中,付款人也应对持票人提示付款的票据是否伪造变造特别是凭证上的印鉴与银行预留印鉴是否相符,承担实质审查义务。前述执业律师和金融机构工作人员虽然可能达不到专业鉴定机构的资质与水平,但是他们仍然可以、也有必要通过如折角核对或者满足更高技术标准的方法来核验文件真伪。对同样需要经常面对书证真伪问题的法官来说,相应的审查义务及能力也深值考虑。如果未来在司法培训中能够加强这方面的训练,我们可以期待法官能够更多地在不借助第三方机构以及技术侦查手段的情况下,独立判断书证的真伪。

2. 书证鉴定的必要与限度

法官委托文书鉴定是目前实务中的主要手段,但是对其过度依赖的现状令人深思。相比勘验,鉴定在我国实践中占据绝对核心地位。即使在德国也如是,虽然法院不受当事人鉴定申请的约束,有权自由裁量是否安排鉴定人,但正是由于鉴定在发现案件真相中的重要地位,[2]法官在实践中一般都被认为应当寻求鉴定意见的协助。[3] 在我国,法院可以依当事人申请或者依职权委托具备相应资格的鉴定人鉴定(《民事诉讼法》第 79 条、《民诉解释》第 121 条第 2 ~ 3 款),并且以当事人申请为主,法院依职权启动只处于补充地位[4]

---

〔1〕 对此持保留意见的观点,参见袁中华:《民事诉讼中文书真伪的“举证责任”问题》,载《法学家》2012 年第 6 期,第 129 页。

〔2〕 Peter Gottwald, Die Stellung des Sachverständigen und seines Gutachtens im deutschen Zivilprozess, Ritsumeikan Law Review 36 (2018), S. 121 ff.(中文译本,参见[德]彼得·哥特瓦尔德:《鉴定人及其鉴定意见在德国民事诉讼法中的地位》,曹志勋译,载《证据科学》2020 年第 2 期,第 218 ~ 226 页);Caroline Meller - Hannich, Die Rolle des Sachverständigen im deutschen Zivilprozess, ZZP 129 (2016), 263 ff.

〔3〕 Rosenberg/Schwab/Gottwald, a. a. O., § 120 Rn. 17; Berger, in: Stein/Jonas, a. a. O., § 442 Rn. 1, Vor § 402 Rn. 26, 28 ff.; Schreiber, Münchener Kommentar ZPO, a. a. O., § 442 Rn. 1; Reichold, in: Thomas/Putzo, a. a. O., § 442 Rn. 1; Ahrens, in: Wieczorek/Schütze, a. a. O., § 442 Rn. 3.

〔4〕 详细讨论,参见曹志勋:《民事鉴定程序启动中的职权与权利配置》,载《当代法学》2021 年第 2 期,第 134 ~ 146 页。

(2019年《证据规定》第30条的体系解释)。本书所讨论的理论对策,主要也是针对于此,尤其是在无人申请鉴定情况下事实认定不利后果的分配。[1] 笔者认为,我国有必要明确法院审理书证鉴定申请时的要件,避免实务中本不应鉴定时滥用鉴定程序。法官应当依托《民诉解释》第121条第1款的基本规定,认定涉争书证是否与待证事实有关联(证据的相关性)并且对该事实的证明能够产生(实质)证明力,同时考虑鉴定事项对应的待证事实对个案纠纷解决是否有意义。与此不同的是,并不能将鉴定在客观上由于科学技术条件的局限能否开展作为鉴定申请的额外审查要件,而是应当先启动鉴定程序,再加以判断。就费用的相当性来说,应当优先考虑我国民事诉讼发现真相的目标,适用简易程序和小额诉讼程序的案件也存在适用鉴定程序的可能。[2]

整体来看,更应该警惕滥用鉴定程序对法官裁判权的不当影响。适用鉴定的证明方法并不影响案件事实证明应当达到高度可能性的程度(《民诉解释》第108条第2款),法官在个案中形成的心证能否达到这一常规证明标准,取决于法官的实质判断而非鉴定意见的结论。与德国法相同,此时应当适用完全证明(vollen Beweis)的标准(德国《民事诉讼法典》第440条第1款),[3] 即由法官形成内心确信并满足常规适用的客观证明标准。即使已经委托了鉴定人并获得了鉴定意见,法院仍然有权作出与之不同的事实认定结论。[4] 而在我国,正如交通事故责任认定书认定的事实不应对客观事实经过产生实质证明力,而仅能证明交警当时(主观)认定了哪些事实(形式证明力)一样,鉴定书所代表的也仅是鉴定人对客观事实的认识而已。法官不能将其法定的事实认定权及司法裁判权让渡给鉴定人,不能让本来辅助其推动民事诉讼的鉴定制度"越俎代庖",成为主导诉讼程序及其结果的决定性力量。

3. 利用其他民事诉讼制度

我们可以考虑利用其他民事诉讼制度来间接解决证明困难。参考德国

---

[1] 详细讨论,参见曹志勋:《书证真伪鉴定的必要及费用分配——从新〈证据规定〉再出发》,载《中国法律评论》2020年第3期,第187~196页。

[2] 详细讨论,参见曹志勋:《对当事人鉴定申请的司法审查——兼论书证真伪鉴定的特殊性》,载《法学》2020年第12期,第112~129页。

[3] BGH NJW 2001, 448, 449; NJW 1995, 1683; Reinhold Geimer, in: Zöller, ZPO, 33. Aufl., 2020, § 440 Rn. 1.

[4] BayObLG FamRZ 2005, 1782, 1783 f.; OLG München NJW 1970, 1924, 1925.(不同鉴定意见的冲突)

法,文书制作者在诉讼外对文书真实性的确认属于诉讼外自认(参照2019年《证据规定》第3条),在诉讼中可以作为间接证据影响法官心证。此外,德国实践中也承认一些例外情形,比如对于在形式和内容上都正确无误的商业账簿,法院可以直接认定其真实性。[1] 我国也可以在实践中形成一系列关于书证真实性的经验法则[2](本书第十一章),并且建立书证签名真实与书证本身真实之间的高度可能性联系。比如,一旦书证签名被认定为真,那么应当要求主张伪造文书的一方证明伪造的事实,比如证明书证是书证提出方利用真笔迹签名,通过"移花接木"(去掉原有书证的实质内容,在原有签名之上增加新的书证内容)或者"无中生有"(套取已签名的空白文书)的方式,伪造的相对方的手写文书。

在德国法和中国法上都值得注意的是,与本书更多讨论的证明责任分配不同,所谓文书提出义务及其后果也可能影响司法实践中对证明结果的认定,此时将适用证明妨碍规则(2019年《证据规定》第48条和第95条、《民诉解释》第113条,2001年《证据规定》第75条)。[3] 比如,原告请求买卖合同项下的价款,但其持有的合同已丢失,目前仅被告持有一份正本合同。此时法院如果要求被告提出合同但被拒绝,就可能依其裁量权,作出合同内容如原告所述的心证。[4] 甚至,在满足特殊条件时,法院还可以认定对方当事人主张以该书证证明的事实为真实(2019年《证据规定》第48条第2款)。善用证明妨碍规则在实践中也是有经验的法官规制当事人诉讼行为的良方,促使双方慑于法官的实体、程序乃至行政性的惩戒,尽可能诚实信用地共同促进民事诉讼。[5]

4. 新技术手段的革新意义

新技术手段可以在相当程度上克服文书真伪认定中的困难。正如物权登

---

〔1〕 Berger, in: Stein/Jonas, a. a. O., § 440 Rn. 1 & Fn. 2; Schreiber, Münchener Kommentar ZPO, a. a. O., § 440 Rn. 2.

〔2〕 参见曹志勋:《经验法则适用的两类模式——自对彭宇案判决说理的反思再出发》,载《法学家》2019年第5期,第31~44页。

〔3〕 参见袁中华:《文书提出义务的实践与反思——以劳动争议为视角》,载《当代法学》2015年第2期,第129~132页。

〔4〕 参见最高人民法院民事判决书,(2013)民提字第205号。学说讨论,参见张卫平:《当事人文书提出义务的制度建构》,载《法学家》2017年第3期,第31~44页;曹志勋:《书证搜集裁判:模式比较与本土改造》,载《现代法学》2011年第5期,第151~160页。

〔5〕 参见傅郁林:《论民事诉讼当事人的诚信义务》,载《法治现代化研究》2017年第6期,第130~145页。

记能够在很大程度上解决物权变动问题、商事登记(如有限责任公司股东名册和登记制度的真实化)能够简化股权变动时点的确定、保理合同中取得应收账款的登记能够明确多份保理合同之间的优先关系(《民法典》第768条),合同的“登记”同样可能发挥根本性作用。区块链技术在技术和产业发展中意义深远,以其为代表的技术变革正在从各个方面影响法律交往的过程与结果。[1]如果当事人达成的电子合同或者纸本合同在电子化后能够内嵌可信时间戳,即在本书探讨的文书自然人签名之外附加数字签名,那么认定书证真伪的问题就迎刃而解。而在通过电子方式达成的合同中,应用了哈希(HASH)值的电子签章以及具有特定技术保障的特定电子邮箱系统,甚至能够促成德国预期于2022年实现纯粹电子化、无纸化的民事诉讼。[2] 以我国香港政府于2018年资助建立的在线纠纷解决平台——“电子商务相关仲裁及调解”中心(eBRAM Center)为代表的纠纷解决新模式,更可以在专精于事后纠纷解决的同时,通过辅助合同订立的存证系统,为当事人提供便利的证据保存方案。

同时,在现有整体技术条件下,也完全可以考虑其他更简便的间接证据方法,补强对文书真实性的证明,比如摁指印、手持身份证及合同拍照、会谈双方手持合同合影、对签字过程全程录像(及运用区块链技术防伪)等。这些手段虽然已经超出民事诉讼法的核心范围,但是同样可能经由法庭上的出示与质证,成为连接诉讼法理价值与律师执业智慧的真实存在。

四、文书形式证明力与公文书真实推定

表态要求、规范说的应用以及各种直接针对真相发现的现实手段,能够提供解决文书真伪判断的基本规则。不过,由于立法和理论上的原因,书证有可能在不同程度和事项上被推定为真,所以有必要进一步关注其证明力推定规则。原因在于,公文书推定为真的规则本身就是对证明责任的直接分配,因而

---

〔1〕 就此而言,被认为可自动执行的智能合同更是其中典型的例子。比如,参见郭戎晋:《美国区块链与智能契约技术立法之发展与重要问题》,载《月旦法学杂志》2021年第3期,第146~163页;夏庆锋:《从传统合同到智能合同:由事后法院裁判到事前自动履行的转变》,载《法学家》2020年第2期,第14~28页。

〔2〕 参见[德]彼得·哥特瓦尔德:《德国民事诉讼中的电子文件与电子签章》,曹志勋译,载姜世明主编:《电子文书及电子商务相关实体与程序问题之研析》,台北,新学林出版股份有限公司2018年版,第433~452页。这在德国尤其是在实务界并非没有争议,德国律师会通过多种方式表达不满,尤其是对于在原有机制下具有丰富执业经验的律师来说,这种诉讼模式上的变革不但会给他们带来适应新技术的现实困难,而且可能减少其原有的执业优势和竞争优势。

区别于前述规范说的思路，应该一概由提出公文书的相对方承担证明公文书为假的证明责任。尤其是我国法上的书证证明力规则并未照搬个别法域的制度，有必要专门探讨我国对大陆法系理论体系的继受与扬弃。

（一）比较法上文书的证明力体系

在德国法下，文书证明力体系采三分模式，包括文书真实、形式证明力和实质证明力。只有真实的书证才能对相关待证事实具有不同程度的证明力，虚假的证据则没有证明力。因此，法院应当首先确定书证为真，然后再分别处理书证的形式证明力和实质证明力问题。文书真实的含义是，无论是举证方举证还是法院依职权调取证据，依书证当下的表现形式和内容判断，书证确实是由因该书证受益的一方所主张的文书制作人制作的。文书的形式证明力针对相关表示的作出，实质证明力针对其内容的正确性。

与德国《民法典》第 126 条第 1 款对法律行为的书面形式（Schriftform）要求亲笔签名不同，文书可以根据署名人的意思由其他人代为签名，此时书证仍然属于真实的文书，并且满足形式证明力的要求。[1] 在程序上，德国法院通过前述文书真伪之诉或者在仅以文书真伪作为争点的普通诉讼中判断文书是否为真。进而，公文书将被推定为真（德国《民事诉讼法典》第 437 条第 1 款），私文书则应当经过前述“相对方表态—本证方证明”的两阶段审查程序。

与德国法的三分模式不同，日本和我国台湾地区的文书证明力体系采取两分模式，仅区分文书的形式和实质证明力，而没有单独提出文书真实问题。日本《民事诉讼法》第 228 条第 1 款要求举证方证明文书的成立是真实的。日本通说将书证真实视为其“形式的证据力”的组成部分，比如认为“当文书是基于举证者所主张的特定人之思想而作成时，在诉讼上才可以说该文书的成立是真实的”，“当事人若要否定文书成立的真实性，那么必须阐明其理由”，“法院对于文书成立真实与否的认定，也委诸法官的自由心证，不过也存在若干推定性的规定”。[2] 换句话说，对文书的真实的确定被认为属于“形式的证据力的前提事实”，一并包含在“形式的证据力”中，后者应当分为真实作出（区别于

---

〔1〕 Rosenberg/Schwab/Gottwald, a. a. O., § 120 Rn. 11.

〔2〕 新堂幸司『新民事訴訟法』（弘文堂，2019 年），653 頁（［日］新堂幸司：《新民事诉讼法》，林剑锋译，法律出版社 2008 年版，第 448 页；正文的直接引语为林剑锋教授翻译原文）。

伪造文书)及表达作出人的思想(区别于书法练笔)两个要件。[1] 与此不同,只有少数观点受到德国法继受的影响,坚持从概念上严格区分书证的形式证明力和书证真实。[2]

我国台湾地区的情况与日本类似,书证真实和形式证明力两个概念被一体观之。学者通常认为"文书真正成立时所存之证据力,亦即足证其作成人实曾为文书内所记载之陈述或报告,为形式上之证据力"[3],或者"文书之成立为真正而非伪造者,称此文书有形式上之证据力"[4]。也有学者指出,"文书之形式证据力,指可以证明文书确系作成者思想表现,亦即文书为真正之效力"[5]。

我国大陆主流观点更倾向于日本和我国台湾地区学界的通常理解,仅区分形式证明力和实质证明力,[6]或者认为书证的真实性即包括形式和实质真实。[7] 虽然本书以德国法为主要参照对象,但并不主张我国法应当回到德国法严加区分的三分模式。对比两种模式,其差异并不在于是否认为书证的真实性是文书证明力的组成部分或者应当构成法院证据审查的内容,而在于是

---

〔1〕 伊藤眞『民事訴訟法』(有斐閣,2016 年),414 頁[[日]伊藤真:《民事诉讼法》(第 4 版补订版),曹云吉译,北京大学出版社 2019 年版,第 284 页];川嶋四郎『民事訴訟法』(日本評論社,2013 年),556~557 頁;上田徹一郎『民事訴訟法』(法学書院,2011 年),408 頁;参见[日]高桥宏志:《重点讲义民事诉讼法》,张卫平、许可译,法律出版社 2007 年版,第 104 页;[日]兼子一、竹下守夫:《民事诉讼法》,白绿铉译,法律出版社 1995 年版,第 125~126 页。

〔2〕 松本博之 = 上野泰男『民事訴訟法』(弘文堂,2015 年),506~507 頁。

〔3〕 杨建华:《民事诉讼法要论》,郑杰夫增订,北京大学出版社 2013 年版,第 284 页。

〔4〕 姜世明:《民事诉讼法》(下册),台北,新学林出版股份有限公司 2018 年版,第 198 页(甚至将形式证明力与证据能力概念等同);陈荣宗、林庆苗:《民事诉讼法》(中册),台北,三民书局股份有限公司 2014 年版,第 152 页。

〔5〕 吕太郎:《民事诉讼法》,台北,元照出版有限公司 2018 年版,第 567 页。

〔6〕 参见张卫平:《民事证据法》,法律出版社 2017 年版,第 30 页;李浩:《民事诉讼法学》(第 3 版),法律出版社 2016 年版,第 149 页;王福华:《民事诉讼法学》(第 2 版),清华大学出版社 2015 年版,第 207 页;邵明:《正当程序中的实现真实——民事诉讼法理之现代阐释》,法律出版社 2009 年版,第 251 页;郭小冬、姜建兴:《民事诉讼中的证据和证明》,厦门大学出版社 2009 年版,第 46 页。实践中的这种理解,参见上海市高级人民法院民事判决书,(2010)沪高民二(商)再提字第 4 号;江苏省徐州市中级人民法院民事判决书,(2016)苏 03 民终 4817 号。

〔7〕 参见张海燕:《推定在书证真实性判断中的适用——以部分大陆法及国家和地区立法为借鉴》,载《环球法律评论》2015 年第 4 期,第 17~18 页;肖建国:《书证的真实性及其举证责任》,载《中国审判》2010 年第 7 期,第 92 页。类似主张两种证明力概念实际上是从不同角度观察书证真实性的观点,参见邵明:《正当程序中的实现真实——民事诉讼证明法理之现代阐释》,法律出版社 2009 年版,第 255 页。

否承认其独立地位。对于二分模式来说,真实性问题被直接包含在对形式证明力的理解中,从而让形式证明力本身应当包含作出真实和思想表意真实两方面的内容。文书为真即意味着文书署名人应对文书负责,书证的形式证明力在实质上当然可以包含上述内容,因为形式证明力即证明由某人负责的书证被发出。而德国三分模式的基础在于其法条明确将认定书证为真理解为证明力规则的前提条件,在规范上突出文书真实这一概念的独立性。但是,与前文对于独立的确认文书真伪之诉路径的否定相似,笔者认为在理论建构和制度设计上没有必要过于复杂。文书真实最终也是为待证事实的真实服务的,只要能确保认可书证的(双重)证明力必须以书证真实为前提,理论体系的化繁为简更为可取。在两种概念模式的内容没有实质差异的情况下,没有必要强求必须与德国法保持一致。而且,我国目前也没有德国式的细致规则,因此,在立法论上采取更为简明的二分模式较为适宜。

当然,换个角度看,德国法把书证证明力问题中最容易生争议的真伪部分作为单独问题重点处理,其实也适用于我国诉讼诚信仍有很大发展空间的现状。在德国法的三分模式下,只有认定了书证真伪,才会去讨论书证的两类证明力。易言之,假的书证根本不具有证明力,书证的真实性与其说是书证证明力的一部分,毋宁说是书证具有证明力的前提条件。而在我们的传统认识上,认为证据的真实性是证明力的组成部分,与之相对的概念是证据能力。同时,由于书证真伪可以作为独立的待证事实,也具有独立的证明责任规范,采取三分法也有利于突出真实性问题的特殊地位。这样看,如果未来依托于比如2019年《证据规定》第92条第1款的思路,我们逐渐因应实践中对证据真实的巨大呼声,形成了更完善的书证真伪判断规则与实践,三分模式也许并不是因为对德国法的继受,而是因为中国特色司法实践的引领,再次成为证明理论上的备选项。

(二)公私文书的形式证明力规则

1. 公文书的形式证明力

在前述认识的基础上,本书可以继续借助德日大陆法系的书证证明原理,参考德国法的文书形式证明力方面的经验也不存在理论障碍。在德国,由于被推定为真的公文书也具有推定为真的形式证明力,因此这里对公、私文书的情形分别加以讨论。对于公文书的形式证明力来说,应当区分在相关有权主体面前发出表示的记录、命令和司法裁判文书以及其他公文书。具体而言,首先,当事人在公证员、婚姻登记机关、土地登记机关等有权主体面前作出从事相关法律行为的表示时,相关机关加以记录的公文书能够完全证明当事人发出表示的经过(德国《民事诉讼法典》第 415 条第 1 款)。[1] 如果相对方想要提出反对意见,只有提供证据(作为本证方)[2]并且在达到证明标准时,才能证明记录被篡改或者不完整和不准确(德国《民事诉讼法典》第 415 条第 2 款)。

其次,对行政命令和法院裁判等证据来说,其本身即包含了公权力机关直接发生外部效力的书面意思表示,[3]不可能被伪造篡改,因而不能被加以反对(德国《民事诉讼法典》第 417 条)。[4] 前述关于法律行为表示和公权力意思表示的书证,又被统称为创设性书证(konstitutive Urkunde),也被称作生效性[(be)wirkende]书证、处分性书证(Dispositivurkunde)或者构成要件性书证(Tatbestandsurkunde),因为其中直接包含了被证明的事实经过。[5]

最后,其他内容的公文书则证明了相关事实(德国《民事诉讼法典》第 418 条第 1 款),比如诉讼程序笔录、送达文书、土地登记记录、出生和死亡证明等。[6] 这些文书属于证明性书证(bezeugende Urkunde),在概念分类上独立于创设性书证。在德国各联邦州法没有例外规定时,证明的相对方可以提出相反证据(德国《民事诉讼法典》第 418 条第 2 款)。如果他能以自由证明(Freibeweis)方式达到通常的证明标准,就将实现对这些事实的完全证明。比如,当涉及上诉是否满足相关期限限制时,法院档案中上诉理由书所盖的妥投印章证明已经逾期,此时上诉人就应当证明其在期限届满之前(如盖章前夜 24

---

〔1〕 Rosenberg/Schwab/Gottwald, a. a. O., § 120 Rn. 21.

〔2〕 Reichold, in: Thomas/Putzo, a. a. O., § 415 Rn. 6; Christian Feskorn, in: Zöller, a. a. O., § 415 Rn. 7; Michael Huber, in: Musielak/Voit, ZPO, 18. Aufl., 2021, § 415 Rn. 12. 相反,认为单纯以反证方式反驳已经足够的观点:Schreiber, Münchener Kommentar ZPO, a. a. O., § 415 Rn. 30。

〔3〕 BGH NJW - RR 2011, 953, 954, Tz. 19.

〔4〕 Schreiber, Münchener Kommentar ZPO, a. a. O., § 417 Rn. 7.

〔5〕 Rosenberg/Schwab/Gottwald, a. a. O., § 120 Rn. 9; Hans - Joachim Musielak/Wolfgang Voit, Grundkurs ZPO, 13. Aufl., 2016, Rn. 804. 参见陈荣宗、林庆苗:《民事诉讼法》(中册),台北,三民书局股份有限公司 2014 年版,第 151 页。日本法对与此相同的文书分类则称为处分证书和报告文书。伊藤眞『民事訴訟法』(有斐閣,2016 年),411 ~412 頁[[日]伊藤真:《民事诉讼法》(第 4 版补订版),曹云吉译,北京大学出版社 2019 年版,第 282 页]。

〔6〕 Rosenberg/Schwab/Gottwald, a. a. O., § 120 Rn. 25.

点之前)就已经妥投了,[1]即达到完全排除书证正确可能性的程度。[2] 比较特殊的情况是德国裁判中的事实认定部分。判决书中的形式证明力的对象,除了包括法官在事实上作出了如判决主文所述的裁判之外,还包括当事人也作出如判决所述的陈述和主张,这也被称为"本案事实的证明效力",适用相对特殊的证明力规则(本书第三章)。[3]

2. 私文书的形式证明力

私文书的形式证明力通常与签名的真实性有关,而且由于不存在类似于公文书的形式证明力推定规则,应当由法官依自由心证原则加以评价。这里值得关注的是,当私文书具有真实签名或者其使用的签名缩写(Handzeichen)经过公证时,该文书就能完全证明书证作出人发出了某个表示或陈述(德国《民事诉讼法典》第416条)。在这种法定证据规则下,法官的自由心证将被排除。[4] 当然,程序法上的证明力不同于实体法上的考量:一方面不考虑实体法上特定表示的法律归属,比如在涉及代理时,文书作出人即代理人本身,而非被代理人;另一方面实体法上意思表示的效力要件也不影响私文书的形式证明力,而仅与其实质证明力有关。[5]

私文书的形式证明力指向其制作者表示的发出。[6] 由于私文书的形式证明力限于表示的发出而非公文书中的整个事实经过,[7]通常情况下私文书就表示的内容而言没有形式证明力。不过合同实务中存在例外,即存在法律行为表示正确且完整的事实上的推定,因此相对方需要以存在口头约定为由,承担反证乃至事实真伪不明的负担(本书第十三章)。[8]

德国《民事诉讼法典》并没有明确否定文书的一方当事人提出反证的权利,德国联邦最高普通法院的判例在理论界的争议面前,肯定了提出反证的可

〔1〕 BGH NJW 2017, 2285, 2286, Tz. 19; NJW 2002, 3164.

〔2〕 Rosenberg/Schwab/Gottwald, a. a. O., § 120 Rn. 26.

〔3〕 Rosenberg/Schwab/Gottwald, a. a. O., § 60 Rn. 22; Seiler, in: Thomas/Putzo, a. a. O., § 314 Rn. 1 ff. 参见曹志勋:《对民事判决书结构与说理的重塑》,载《中国法学》2015年第4期,第233~234页。

〔4〕 BGHZ 198, 32 = NJW 2013, 3306, 3308, Tz. 31.

〔5〕 Schreiber, Münchener Kommentar ZPO, a. a. O., § 416 Rn. 4.

〔6〕 Rosenberg/Schwab/Gottwald, a. a. O., § 120 Rn. 28; Schreiber, Münchener Kommentar ZPO, a. a. O., § 416 Rn. 8.

〔7〕 BGH NJW – RR 2006, 847, 848, Tz. 16.

〔8〕 Schreiber, Münchener Kommentar ZPO, a. a. O., § 416 Rn. 9 f.

能性。[1] 此时，该方当事人不仅可以作为新事实主张的本证方（相反证据），证明他撤回了私文书或者本来并未打算发出但是遗失了（随后被别人代为发出），[2]还可以相同标准推翻基于签名为真从而文书为真的法律推定（德国《民事诉讼法典》第440条第2款）。[3]

（三）我国应明确公文书推定规则

与对应私文书、以表态要求和证明责任规范说为核心的审查程序不同，对于符合要求的公文书，我国《民事诉讼法》并未规定其具有形式证明力。[4]《民诉解释》第114条前句仅规定，国家机关或者其他依法具有社会管理职能的组织，在其职权范围内制作的文书所记载的事项推定为真实，但有相反证据足以推翻的除外。该句继承了2001年《证据规定》第77条第1～2项的规定，涉及的是具有公法属性的机构依职权制作的职务文书。[5]

根据《民诉解释》第114条前句，被推定为真实的是书证内容和待证事实（实质证明力），而非公文书本身推定为真并且代表制作人的意思（形式证明力）。笔者认为，在解释论上也可以认为这一规定实际上同时推定了公文书的形式证明力。一方面，书证记载事项被推定为真的前提即书证本身为真，而在书证为假或者真伪不明时，书证对于其记载事项的证明根本无从谈起。进而，本身为真的公文书也将具有证明制作人制作文书意思的效果，两者合一即书证的形式证明力的内容。从最高人民法院对该司法解释条文的说明来看，其在司法解释制定过程中也充分注意到了书证的形式与实质证明力，只是在行文中直接规定了实质证明力规则。起草者间接地将形式证明力视为理所当然，因而认为不必另行专门规定。[6] 毕竟，书证如果不具有形式证明力，自然

---

〔1〕 BGH NJW – RR 2006, 847, 848, Tz. 15 ff. 反对观点：Schreiber, Münchener Kommentar ZPO, a. a. O., § 416 Rn. 11。

〔2〕 BGHZ 198, 32 = NJW 2013, 3306, 3308, Tz. 31.

〔3〕 Rosenberg/Schwab/Gottwald, a. a. O., § 120 Rn. 17, 30.

〔4〕 参见张海燕：《推定在书证真实性判断中的适用——以部分大陆法系国家和地区立法为借鉴》，载《环球法律评论》2015年第4期，第18～21页。

〔5〕 参见最高人民法院修改后民事诉讼法贯彻实施工作领导小组编著：《最高人民法院民事诉讼法司法解释理解与适用》，人民法院出版社2015年版，第376页。

〔6〕 参见最高人民法院修改后民事诉讼法贯彻实施工作领导小组编著：《最高人民法院民事诉讼法司法解释理解与适用》，人民法院出版社2015年版，第375～376页。

没有实质证明力。[1] 同时,我们也可以将书证复制品、复印件的传来(派生)证据在采信规则上的限制(2001 年《证据规定》第 77 条第 3 项)更为具体地理解为其真实性[2]或者形式证明力较低,[3]进而有综合审查的必要(《民诉解释》第 111 条第 2 款),并且降低其对于待证事实的实质证明力。从立法论上看并结合前述笔者对书证证明力理论体系的认识,应当对书证这两种指向不同内容的证明力予以分别规定,[4]以便明确形式证明力作为实质证明力的前提地位。如果未来应当重新思考《民诉解释》第 114 条前句规定的公文书的实质证明力推定的合理性,那么单独规定其形式证明力的推定规则就更为恰当。

另一方面,《民诉解释》第 114 条后句进一步规定,法院在必要时可以要求制作文书的机关或者组织对文书的真实性予以说明。最高人民法院就此问题借鉴了我国台湾地区"民事诉讼法"第 355 条第 2 款的立法例,[5]而我国台湾地区"民事诉讼法"该条的前句即为对书证形式证明力的推定规则。我国台湾地区"民事诉讼法"实际上照搬了日本《民事诉讼法》第 228 条第 3 款的规定,这两条规则其实也与德国最原始的规定、德国《民事诉讼法典》第 437 条第 2 款一脉相承。因此,从比较法渊源来看,可以认为我国法实际上也隐含着相同规则。

---

[1] 参见张卫平:《民事证据法》,法律出版社 2017 年版,第 30 页;李浩:《民事诉讼法学》(第 3 版),法律出版社 2016 年版,第 149 页;张海燕:《推定在书证真实性判断中的适用——以部分大陆法系国家和地区立法为借鉴》,载《环球法律评论》2015 年第 4 期,第 17~18 页;肖建国:《书证的真实性及其举证责任》,载《中国审判》2010 年第 7 期,第 92 页;占善刚:《民事证据法研究》,武汉大学出版社 2009 年版,第 210 页;张永泉:《书证制度的内在机理及外化规则研究》,载《中国法学》2008 年第 5 期,第 114 页。比较法上的相同观点,比如,参见[日]高桥宏志:《重点讲义民事诉讼法》,张卫平、许可译,法律出版社 2007 年版,第 105~106 页;姜世明:《民事诉讼法》(下册),台北,新学林出版股份有限公司 2018 年版,第 198 页;陈荣宗、林庆苗:《民事诉讼法》(中册),台北,三民书局股份有限公司 2014 年版,第 152 页。

[2] 参见张卫平:《民事证据法》,法律出版社 2017 年版,第 20 页;陈瑞华:《刑事证据法》(第 3 版),北京大学出版社 2018 年版,第 148~149 页。

[3] 实践中的这种理解,比如,参见广东省高级人民法院民事判决书,(2017)粤民终 223 号(引用一审判决说理)。

[4] 相同结论,参见高星阁:《民事诉讼中公文书证之证据效力研究》,载《证据科学》2016 年第 5 期,第 585 页;张海燕:《推定在书证真实性判断中的适用——以部分大陆法系国家和地区立法为借鉴》,载《环球法律评论》2015 年第 4 期,第 28~29 页。

[5] 参见最高人民法院修改后民事诉讼法贯彻实施工作领导小组编著:《最高人民法院民事诉讼法司法解释理解与适用》,人民法院出版社 2015 年版,第 375 页。

与以上规定形成鲜明对比的是，对于属于私文书[1]的单位证明材料，《民诉解释》第115条明确规定了行使要件，并且要求相关人员在必要时接受调查核实或者出庭作证，否则将否定该书证成为定案根据的资格。实践中也有法院将这种要求直接理解为对此类书证形式证明力的要求。[2] 从单位证明材料与公文书在现行法上的差别也可以进一步看出，公文书确实在我国具有特殊地位。

---

〔1〕 参见最高人民法院修改后民事诉讼法贯彻实施工作领导小组编著：《最高人民法院民事诉讼法司法解释理解与适用》，人民法院出版社2015年版，第378页。

〔2〕 参见江苏省南通市中级人民法院民事判决书，(2016)苏06民终4693号。

第十三章

公文书的实质证明力推定

与前述文书的真伪与形式证明力直接相关,书证的实质证明力在证明法理和实务上十分重要,其推定规则对于案件胜负也有直接影响。公文书的实质证明力推定规则将作为真实公文书内容的待证事实推定为真,这在案件证明上具有重要意义,该规则也具有我国特色。在我国法上,应当从解释论和立法论上重新审视法院裁判就其认定事实的预决效力。处分性公文书诸如法院裁判文书、结婚证、不动产登记簿等能够实质证明法律行为作出的过程和内容,但其证明力不应扩大到书证中对其他事实的说明和认定。报道性公文书和私文书原则上不适用该法定证明力规则。就待证事实的证明而言,如果说对于反证方来讲、证明书证为假算是“釜底抽薪”,那么本证方一旦能够促使法官被禁止具体考虑涉争证据、原则上只能直接认定其待证事实存在,就至少可谓“对症下药”,犹如在等待疫苗的漫长日子里简直就是特效抗病毒药。既然效果如此明显,那么其究竟属于广谱还是窄谱(适用范围的大小),对特定靶区的具体效果如何(是否有助于就事实预决效力理解的深入),在我国的治疗效果能否真的寄托“人民的希望”(Remdesivir)(我国法上的解释论认识),就是笔者和本章在新冠肺炎疫情肆虐全球之际希冀有机会探求的内容。

一、问题的提出

在隐含推定公文书的形式证明力之外,我国《民诉解释》第114条前句直接设立了公文书实质证明力推定规则。2019年《证据规定》第91条第1款也规定,公文书证的制作者根据文书原件制作的载有部分或者全部内容的副本,与正本具有相同的证明力。易言之,符合特定要求的副本也将被推定具有证明其内容的实质证明力。特别是,抛开随着2019年《证据规定》生效而退出历史舞台的仲裁裁决预决效力(2019年《证据规定》第10条第2款第2分句)不谈,上述公文书实质证明力推定规则与《民诉解释》第93条第1款第5项和第7项以及2019年《证据规定》第10条第1款第6项和第7项规定的法院裁判和公证文书的事实预决效力同属一类,[1]后者实际上是公文书记载事实推定为真的特别规定。由此可见,公文书实质证明力推定规则不但会影响本案中事实认定的结果,而且可能向未来不特定的案件辐射并产生影响,甚至在特定情况下导致后诉中基于推定成为本证方的第三人遭受"无妄之灾"——"一个既未参与前案当事人交易过程,又不知悉其纠纷发生和解决过程,却被事后绑架到前案当事人争议裁判的战车上并被要求推翻它"[2]。

如前所述,从书证证明理论上看,无论是如德国法一般,明确区分书证真实性、形式与实质证明力的三分模式,还是仅简单地区分形式和实质证明力的日本和我国台湾地区的两分模式(本书第十二章),[3]都承认书证证明体系中实质证明力的独立地位。与针对书证所包含表示的作出的形式证明力不同,书证的实质证明力将其证明主题从文书本身转换为文书指向的待证事实,后者是否为真直接影响实体法上构成要件是否成立、实体权利能否获得司法保护以及双方当事人最终的胜负。仍然需要追问的是,上述推定规则是否具有比较法上的支持,作为其特殊类型的、所谓生效裁判事实预决效力应当何去何从以及应否限缩这一实质证明力规则的适用范围。上述问题的回答植根于对比较法原理的准确掌握和对我国实务要点的充分认识,值得从证据法和证明理论视角加以讨论。

二、实质证明力推定缺乏两大法系经验的支持

(一)我国法对推定规则的基本理解

比较法讨论的前提是对我国法规则的充分了解。从我国法规则本身的沿革看,《民诉解释》第 114 条延续并深化了 2001 年《证据规定》第 77 条第 1 项和第 2 项对于国家机关、社会团体依职权制作的公文书证、档案和经过公证、

---

[1] 参见最高人民法院修改后民事诉讼法贯彻实施工作领导小组编著:《最高人民法院民事诉讼法司法解释理解与适用》,人民法院出版社 2015 年版,第 321 页。而在此之前,实务界对该条的解释则更多单纯从既判力角度出发,而从其实质内容来看,与一般大陆法系理论上对既判力理论的认识有明显差异。参见梁书文主编:《〈关于民事诉讼证据的若干规定〉新释解》(第 2 版),人民法院出版社 2011 年版,第 201 页;最高人民法院民事审判第一庭:《民事诉讼证据司法解释的理解与适用》,中国法制出版社 2002 年版,第 85~86 页;李国光主编:《最高人民法院〈关于民事诉讼证据的若干规定〉的理解与适用》,中国法制出版社 2002 年版,第 141~142 页。

[2] 傅郁林:《论民事诉讼当事人的诚信义务》,载《法治现代化研究》2017 年第 6 期,第 136 页。

[3] 参见曹志勋:《文书真伪认定的中国路径》,载《法学研究》2019 年第 6 期,第 128~129 页。

登记的书证在证明待证事实时的(指引性、而非严格的)法定证明力规则,[1]也与最高人民法院《关于适用〈中华人民共和国保险法〉若干问题的解释(二)》第18条对交通事故认定书、火灾事故认定书等行政管理部门依据法律规定制作的书证的规则相同。即使相对而言适用对象大大限缩,《民事诉讼法》第72条也直接规定了经过法定程序公证证明的法律事实和文书(《公证法》第36条则表述为"经公证的民事法律行为、有法律意义的事实和文书"),人民法院应当作为认定事实的根据,但有相反证据足以推翻公证证明的除外。就此而言,2019年《证据规定》第94条第2款则明确规定,经公证机关公证的电子数据的内容也属于上述推定规则的适用对象。

对这一规范解释上的问题,我国学者也给予了相当关注。关于实质证明力的讨论,在我国的学术讨论中获得的关注要比文书本身的真实性问题和形式证明力问题还要多。比如,在区分以民事法律关系变动为目的的处分性文书和仅记载某事实的报道性文书之后,有学者主张文书的分类不同影响实质证明力推定规则的成立,[2]认为报道性文书不能被推定具有实质证明力,而处分性文书则应被推定具有实质证明力,[3]甚至具有不可反驳的实质证明力。[4] 也有学者认为,报道性文书同样适用于实质证明力推定规则。[5]

而就《民诉解释》第93条和2019年《证据规定》第10条所列三项文书而

---

〔1〕 参见最高人民法院修改后民事诉讼法贯彻实施工作领导小组编著:《最高人民法院民事诉讼法司法解释理解与适用》,人民法院出版社2015年版,第376页。司法解释出台后,继续适用这一证明力规则的实务做法,比如,参见最高人民法院民事裁定书,(2016)最高法民申3238号。不过,由于2019年《证据规定》直接删除了该规则,最高人民法院的倾向性态度可以说是更为明显。对我国这种法定证据规则的批评,参见陈瑞华:《以限制证据证明力为核心的新法定证据主义》,载《法学研究》2012年第6期,第147~163页。

〔2〕 反对观点,参见占善刚、刘显鹏:《证据法论》,武汉大学出版社2015年版,第88页;占善刚:《民事证据法研究》,武汉大学出版社2009年版,第211~212页。

〔3〕 参见张自合:《论私文书证明力的推定规则》,载《法律科学(西北政法大学学报)》2010年第4期,第158页;张永泉:《书证制度的内在机理及外化规则研究》,载《中国法学》2008年第5期,第114~116页。参见姜世明:《民事诉讼法》(下册),台北,新学林出版股份有限公司2018年版,第200页。

〔4〕 参见张卫平:《民事证据法》,法律出版社2017年版,第30页;李浩:《民事诉讼法学》(第3版),法律出版社2016年版,第150页;高星阁:《民事诉讼中公文书证之证据效力研究》,载《证据科学》2016年第5期,第585页;张海燕:《推定在书证真实性判断中的适用——以部分大陆法系国家和地区立法为借鉴》,载《环球法律评论》2015年第4期,第24、29页。

〔5〕 参见张海燕:《推定在书证真实性判断中的适用——以部分大陆法系国家和地区立法为借鉴》,载《环球法律评论》2015年第4期,第29页。

言，虽然就其与待证事实的关系而言属于报道性文书（就相关机构作出文书内容而言则为证明该机构以文书方式做某种“处分”的处分性文书），即书证制作人对客观待证事实的观察报告，但是在我国法上已被明确规定具有推定内容为真或者至少免于证明的效力。在各类文书中，除了应当专门讨论的公证证明效力之外，[1]其他两者则由于存在被当事人滥用、侵害第三人合法权益的可能性，引发理论和实务界的诸多讨论。值得注意的是，事实预决效力既不同于前诉判决主文构成后诉诉讼请求权是否成立的先决问题时的既判力效果（此时后诉法官受到前诉裁判直接约束，不得提出相反证明），又与以《民法典》第229条（原《物权法》第28条）为代表的、具有对世效力的形成判决的形成力有明显区别。[2] 特别是针对这种事实预决效力的定性，学界存在比较明显的不同认识。其中与本书相同的观点，可能从区别于既判力的、具有较强证明力的证据的证明效力的角度出发，[3]也可能在证明效力的基础上，进一步探求对可能的争点效力的分析。[4] 即使对德国法上公文书证明力规则有与本书不同的认识，也有观点坚持立足于证明效力而非禁反言规则。[5] 区别于本书观点，另一类学术观察则主张与源自公定力的公文书证明效力不同，预决效力实际上

---

〔1〕 参见潘剑锋：《民事证明责任论纲——对民事证明责任基本问题的认识》，载《政治与法律》2016年第11期，第6～7页；占善刚、楚晗旗：《公证文书的证据效力探析》，载《证据科学》2016年第1期，第59～65页；张卫平：《公证证明效力研究》，载《法学研究》2011年第1期，第98～110页。

〔2〕 参见曹志勋：《论我国法上确认之诉的认定》，载《法学》2018年第11期，第55页；任重：《形成判决的效力——兼论我国物权法第28条》，载《政法论坛》2014年第1期，第54～61页。

〔3〕 参见王亚新、陈杭平、刘君博：《中国民事诉讼法重点讲义》（第2版），高等教育出版社2021年版，第340～344页（对前一版做了较大程度的增补）。

〔4〕 参见张卫平：《民事证据法》，法律出版社2017年版，第149～152页。类似主张，参见王学棉：《民事诉讼预决事实效力理论基础之选择》，载《国家检察官学院学报》2020年第1期，第146～161页。

〔5〕 参见纪格非：《“争点”法律效力的西方样本与中国路径》，载《中国法学》2013年第3期，第109～120页。

源于判决的既判力。[1] 此外,还有少数观点将其归为司法认知的范畴,[2]或者主张其为"我国民事诉讼法确立的一项具有独特内涵的制度"[3]。

之所以要限缩实质证明力推定规则的适用范围,是因为该规则将影响证明任务在当事人之间的分配。[4] 即使在多数案件中,待证事实推定为真(证明力推定)与法官通常基于经验法则而做出的事实上的推定[5](自由心证)都能够推论出相同的事实认定结果,但是这两者在证据法上的区别仍然十分明显。判断是否适用推定为真规则的影响在于,对待证事实证明责任的分配是否转换,事实真伪不明时由哪一方承担不利后果,以及究竟相反证据是足以"反驳"即可还是必须要达到足以"推翻"的程度。从司法解释规则的沿革来看,《民诉解释》第 93 条第 2 款规定"前款第二项至第四项规定的事实,当事人有相反证据足以反驳的除外;第五项至第七项规定的事实,当事人有相反证据足以推翻的除外",2001 年《证据规定》第 9 条第 2 款仅规定"有相反证据足以推翻",而 1992 年《民诉意见》第 75 条根本没有规定但书条款。2019 年《证据规定》第 10 条第 2 款的规定则直接继承了《民诉解释》第 93 条第 2 款的规定,再次确认反驳和推翻不可等量齐观。最高人民法院就《民诉解释》第 114 条的解释认为,公文书提供者的相对方要对公文书记载内容事实为假承担本证的证明责任,而提供私文书时则提供方为本证方。[6] 按照这一思路,比如对于交通事故认定书认定的事故经过,法院认为:"当事人……应当对交通事故认定

---

[1] 参见吴英姿:《预决事实无需证明的法理基础与适用规则》,载《法律科学(西北政法大学学报)》2017 年第 2 期,第 70~71 页。类似主要从既判力角度理解预决效力的观点,参见李浩:《民事诉讼法学》(第 3 版),法律出版社 2016 年版,第 171 页;翁晓斌:《论已决事实的预决效力》,载《中国法学》2006 年第 4 期,第 180~189 页(但同时认可预决事实"具有免除当事人的举证责任的效力":第 187 页)。基于这一证明效理解的反对意见,参见王学棉:《民事诉讼预决事实效力理论基础之选择》,载《国家检察官学院学报》2020 年第 1 期,第 152~153 页。

[2] 参见毕玉谦主编:《〈最高人民法院关于民事诉讼证据的若干规定〉释解与适用》,中国民主法制出版社 2002 年版,第 95~96 页。

[3] 江伟、常廷彬:《论已确认事实的预决力》,载《中国法学》2008 年第 3 期,第 102~105 页。

[4] 参见潘剑锋:《民事证明责任论纲——对民事证明责任基本问题的认识》,载《政治与法律》2016 年第 11 期,第 7 页。

[5] 参见曹志勋:《经验法则适用的两类模式——自对彭宇案判决说理的反思再出发》,载《法学家》2019 年第 5 期,第 31~44 页;周翠:《从事实推定走向表见证明》,载《现代法学》2014 年第 6 期,第 108~126 页;张卫平:《认识经验法则》,载《清华法学》2008 年第 6 期,第 6~24 页。

[6] 参见最高人民法院修改后民事诉讼法贯彻实施工作领导小组编著:《最高人民法院民事诉讼法司法解释理解与适用》,人民法院出版社 2015 年版,第 376 页。

书内容不真实负有本证的证明责任。……如果只是使交通事故认定书的内容处于真假难辨、真伪不明的状态，当事人仍未完成其证明义务，人民法院经审查应当确认交通事故认定书的证明力。”[1]

（二）大陆法系传统例外有推定规则

与前述我国规则不同，在大陆法系传统中原则上不存在实质证明力推定规则。尤其是，在被多位我国学者征引为实质证明力规则参考例[2]的德国法上，书证的实质证明力大小，比如关于判决主文、事实认定和裁判理由中内容是否正确[3]或者妥投印章显示已经过期的诉讼文书在事实上是否逾期提出，[4]原则上仍由法院根据自由心证判断，[5]即不存在实质证明力规则。德国《民事诉讼法典》第 415 条第 1 款对“（意思）表示发出经过”（第一类）、第 417 条对“行政命令和裁判的内容”（第二类）以及第 418 条第 1 款对“其中被证明的事实”（第三类）的“完全证明”（vollen Beweis），指向的仍是书证的形式证明力，只是就发出某个来自公主体的表示本身适用法定证明力规则，并不能推定书证待证事实为真。

如本书前一章所述，德国《民事诉讼法典》第 415 条和第 417 条涉及的是处分性文书，即指那些直接记载了意思表示或者其他法律行为的书证，又被称为勘验文书。[6] 这类文书既对应被见证的私主体之间的法律行为，比如当当事人在婚姻登记机关面前作出结婚的表示时，记录的公文书能够完全证明当

[1] 甘肃省高级人民法院民事裁定书，(2018)甘民申 1446 号。也有法院将事故认定书的证明力理解为“初步证明”，比如，参见天津市高级人民法院民事判决书，(2014)津高民四终字第 14 号。

[2] 参见张海燕：《推定在书证真实性判断中的适用——以部分大陆法系国家和地区立法为借鉴》，载《环球法律评论》2015 年第 4 期，第 22 页；纪格非：《论刑事判决在民事诉讼中的预决力》，载《当代法学》2015 年第 4 期，第 100 页；占善刚：《民事诉讼证据调查研究》，中国政法大学出版社 2017 年版，第 227 ~ 228 页；占善刚、刘显鹏：《证据法论》，武汉大学出版社 2015 年版，第 88 页。相反地，与本书相同的理解，参见宋强：《我国公、私文书及其证明力之探讨》，载《法学评论》2004 年第 2 期，第 121 页。

[3] Klaus Schreiber, Münchener Kommentar ZPO, Band 2, 6. Aufl., 2020, § 417 Rn. 6.

[4] BGH NJW 2017, 2285, 2286, Tz. 19; NJW 2002, 3164.

[5] Leo Rosenberg/Karl Heinz Schwab/Peter Gottwald, Zivilprozessrecht, 18. Aufl., 2018, § 120 Rn. 32.

[6] Rosenberg/Schwab/Gottwald, a. a. O., § 120 Rn. 9; 伊藤眞『民事訴訟法』(有斐閣, 2016 年), 411 ~ 412 頁[[日]伊藤真：《民事诉讼法》（第 4 版补订版），曹云吉译，北京大学出版社 2019 年版，第 282 页]；陈荣宗、林庆苗：《民事诉讼法》（中册），台北，三民书局股份有限公司 2014 年版，第 151 页。

事人发出该表示的经过;又包括公主体自行作出的、直接发生法律效果的行为,比如一旦法院作出判决书,判决书本身也能够证明法院的裁判内容。而第418条则涉及报道性文书,只记录公主体对相关事实的观察,比如法院笔录、户口登记簿和出生证明。尤其值得注意的是,在对德国《民事诉讼法典》第415条中“(意思)表示发出经过”的法条解释中,也许需要注意翻译上的不同认识,这里可能产生误解的是对法条中“(事实)过程”(Vorgang)一词的翻译,比如谢怀栻老师译为“记载的事项”,丁启明博士的新译与此完全相同。〔1〕 本书则认为更恰当的理解是周翠教授和李大雪教授主张的“过程”,除了更为符合原意之外,又不会令人误解为对书证实质证明力的证据规则。〔2〕

当公文书被推定为真的形式证明力本身成为案件的待证事实时,在证明效果上可能出现例外的实质证明力规则的情形。一方面,由于第一类处分性公文书能够证明当事人作出法律行为(“处分”)的“过程”,此时书证的形式和实质证明力合二为一,结婚登记能够证明其待证对象——双方申请结婚的合意。从结果上看,确实可以说大陆法系也存在实质证明力推定规则;但是更准确地观察可见,这种推定在形式证明力层面已经实现,因而没有必要叠床架屋地再在实质证明力层面重复承认推定的存在。同时,除了前述法律行为的内容当然也属于推定的对象之外,此类公文书中还能够进一步推定其对法律行为的记录是正确且完整的(Vermutung der Vollständigkeit und Richtigkeit)。比如,当一方主张经公证的土地买卖合同的内容与双方达成的合意不符时,由于公证合同属于公文书,〔3〕应当推定合同内容与双方约定相符,并且双方约定的内容已经全都体现在合同书中。此时质疑的一方应当承担证明存在与合同内

〔1〕 参见《德意志联邦共和国民事诉讼法》,谢怀栻译,中国法制出版社2001年版,第103页;《德国民事诉讼法》,丁启明译,厦门大学出版社2016年版,第101页。

〔2〕 参见[德]汉斯—约阿希姆·穆泽拉克:《德国民事诉讼法基础教程》,周翠译,中国政法大学出版社2005年版,第262页;[德]罗森贝克、施瓦布、戈特瓦尔德:《德国民事诉讼法》,李大雪译,中国法制出版社2007年版,第885页。

〔3〕 Dorothee Einsele, in: Münchener Kommentar BGB, Band 1, 8. Aufl., 2018, § 128 Rn. 8. 德国《民法典》第128条和第129条针对公证(Beglaubigung)与公证书证(notarielle Beurkundung)有不同制度设计,前者对应形式证明力,证明签名和签名缩写的真实性,后者类似实质证明力,要求公证员就重大事项亲力亲为地起草文书。公证书证在符合法定作出条件时属于公文书,而在公证中,德国法将公证文书的文本和签名视为私文书,而在公证员面前进行或者被承认的签名或者被公证的签名缩写则属于公文书。Rosenberg/Schwab/Gottwald, a. a. O., § 120 Rn. 7.

容不同的合意的本证证明责任。[1] 当然,即使是对这种例外情形,也允许当事人基于公文书外的因素,以本证的方式加以推翻。与此类似,第二类公主体自行作出的处分性文书中包含的、比如行政命令本身或者法院裁判的主文内容,也体现出形式和实质证明力合二为一的特征,即如文书所载那样作出了相应行为或者说“处分”。甚至,由于其代表公主体自身的意志,德国法并未给予举证相对方加以挑战的机会,即公文书不仅能推定,而且能不可反驳地证实相关公法行为的作出。

另一方面,前述由形式证明力规则引发的实质证明力规则的适用是有范围限制的。无论是第一类处分性公文书见证的他人的法律行为,还是第二类处分性公文书中记录的自己的公法行为,其实质证明力的推定为真或者证实为真的效果都仅针对其中的具体“处分”。在此之外,比如买卖合同中对特定标的物物理特征的描述或者法院判决中对案件事实的认定,都不会被推定符合客观真实,就此而言并不存在相应的实质证明力规则。与前述第三类报道性文书相同,这些“处分”之外的公文书的内容只能适用形式证明力推定规则,此时公文书的形式和实质证明力是分离的。

同时,甚至是在特别重视书证的法国法上,依照法国旧《民法典》第1319条规定的公文书的证明“完全效力”,也仅限于公务人员自己完成或者由其到场见证的行为,不包括对于当事人自己陈述事实的记载。而对于不属于前述事实范围、但是指向法律行为的事实,则适用书证优先原则,不能以提出证人的方式推翻。[2] 但是,鉴于法国《民法典》于2016年对这一部分的内容已经做了大幅度修改[如在继承法国旧《民法典》第1319条的法国《民法典》第1371条的条文上删去“完全效力”中的“完全”(pleine)],本书无力讨论其现状,留待我国学界结合最新一手资料的进一步介绍。[3] 而在立法上同样没有

---

〔1〕 BGH NJW 2017, 175, 176, Tz. 6.

〔2〕 参见《法国民法典》(下册),罗结珍译,法律出版社2005年版,第1005~1006、1026~1027页;[法]雅克·盖斯旦、吉勒·古博、缪黑埃·法布赫—马南:《法国民法总论》,陈鹏等译,法律出版社2004年版,第599~619、625~627页。

〔3〕 相关条文翻译,参见《〈法国民法典:合同法、债法总则和债之证据〉法律条文及评注》,秦立威等译注,载李昊、明辉主编:《北航法律评论》2016年第1辑,法律出版社2017年版,第253~256页。

规定实质证明力规则的日本，自然也是由法官自由心证主导认定[1]或者至多在事实上基于经验，认可处分性书证具有较高的实质证明力。[2] 只有在学界讨论中确有学者主张认为，处分性书证具有直接证明或者不可反驳的实质证明力；[3]但是也有相反观点指出，即使是处分性书证也同样不适用实质证明力推定规则，而应完全由法官根据自由心证判断。[4]

（三）英美法系经验不支持推定规则

英美法系虽然在认定法官判决内容的形式证明力之外，[5]部分承认了判决书对待证客观事实的实质证明力，[6]但是这同样无法佐证我国一般性的实质证明力推定规则。在英美法系，这主要涉及在先判决能否作为证据在本案中出现的问题（可采性问题），或者说是否存在相应的传闻证据排除规则的例外。虽然英美法系的可采性概念本身即包括对证据相关性的限制，因而与讨论证据对待证事实证明价值大小的实质证明力概念相关，[7]但是可采性概念的重点在于成为证据的资格，而前述实质证明力推定规则则更侧重对待证事实的证明。在肯定了在先判决在后诉中的可采性后，才应当进而关注少数类型的刑事判决具有实质证明力的特殊规则，这些规则部分与后文详述的、生效裁判的事实预决效力相关，但是并不能被一般化为公文书证明力推定规则。

具体而言，美国《联邦证据规则》的基本思路是，法院判决属于传闻证据，但是在两个例外情形下也可以具有可采性。一方面，根据美国《联邦证据规

---

〔1〕 参见［日］兼子一、竹下守夫：《民事诉讼法》，白绿铉译，法律出版社1995年版，第126～127页。

〔2〕 松本博之＝上野泰男『民事訴訟法』（弘文堂，2015年），507頁；参见［日］高桥宏志：《重点讲义民事诉讼法》，张卫平、许可译，法律出版社2007年版，第105页；吕太郎：《民事诉讼法》，台北，元照出版有限公司2018年版，第569页。

〔3〕 新堂幸司『新民事訴訟法』（弘文堂，2019年），第655頁（［日］新堂幸司：《新民事诉讼法》，林剑锋译，法律出版社2008年版，第449页）；三木浩一＝笠井正俊＝垣内秀介＝菱田雄郷『民事訴訟法』（有斐閣，2018年），313、318頁；参见陈荣宗、林庆苗：《民事诉讼法》（中册），台北，三民书局股份有限公司2014年版，第151、154页。

〔4〕 参见杨建华：《民事诉讼法要论》，郑杰夫增订，北京大学出版社2013年版，第284页。

〔5〕 参见纪格非：《论刑事判决在民事诉讼中的预决力》，载《当代法学》2015年第4期，第100～101页。

〔6〕 参见齐树洁、季俊强：《英国证据法中先前判决的效力问题》，载《清华法学》2011年第5期，第136～142页；Hiroshi Motomura, *Using Judgements as Evidence*, 70 Minnesota Law Review 979 (1986)。

〔7〕 参见陈瑞华：《刑事证据法》（第3版），北京大学出版社2018年版，第122～123页。

则》第803条第8款规定的“公共记录例外”,有罪判决作为公共记录(public record),可以证明被告人在前诉中被认定为有罪的事实本身;[1]另一方面,依照美国《联邦证据规则》第803条第22款规定的“终局有罪判决例外”,刑事重罪判决由于源于细致的事实调查,具有较高可靠性,因而进一步能够用于证明作为有罪判决基础的主要事实。[2] 对比而言,前者与大陆法系的前述理解相当,而后者则指向了法官在判决中认定的事实,因而在有限的范围内肯定了生效裁判的实质证明力。

而在英国,英国《1995年民事证据法》第7(2)(c)条继承英国《1968年民事证据法》的规则,认可了源自普通法的、法庭记录能够证明其所载事实的规则。同时,虽然判例法原则上认为另案事实认定在诉讼中不具有可采性,[3]但是英国《1968年民事证据法》第11条则认可了在先刑事有罪判决就犯罪事实作为证据的可采性,并且进一步要求相对方必须提供证据证明相反事实的存在,这被认为构成可反驳的推定。甚至,对于由于被告主张原告实施了相关犯罪行为而产生的名誉侵权诉讼,英国《1968年民事证据法》第13条赋予刑事有罪判决不可反驳的证据效力,该名誉侵权之诉将可能被视为滥用诉权而直接驳回。[4] 此外,就其他公文书而言,较新判例也进而承认了财政部门在处理公司董事资格撤销申请时作出的调查报告[5]和交通运输部下属空难调查部门记录证人证言和内部及第三方专家证言的报告[6]各自作为一份书证在整体上的可采性,但是其实质证明力则仍应由法官自由判断。

---

〔1〕 U. S. v. Adedoyin, 369 F. 3d 337, 344 (3d Cir. 2004).

〔2〕 30B Wright & Miller, *Fed. Prac. & Proc. Evid.* § 6952 (westlaw). 不同理解,参见纪格非:《论刑事判决在民事诉讼中的预决力》,载《当代法学》2015年第4期,第101页。关于相关正反观点的介绍,参见[美]约翰·W. 斯特龙主编:《麦考密克论证据》(第5版),汤维建等译,中国政法大学出版社2004年版,第577~579页。

〔3〕 Hollington v. F Hewthorn & Co. Ltd. ,[1943] K. B. 587 (CA). 该规则对于民事判决同样适用:Secretary of State for Trade and Industry v. Bairstow, [2003] EWCA Civ 321。

〔4〕 See Adrian A. S. Zuckerman, *Zuckerman on Civil Procedure: Principles of Practice*, Sweet & Maxwell, 2013, para. 22.83, 25.73 f.

〔5〕 Secretary of State for Business, Enterprise and Regulatory Reform v. Aaron, [2008] EWCA Civ 1146.

〔6〕 Rogers v. Hoyle, [2014] EWCA Civ 257. See Geoffrey Vos ed. , *The White Book Service 2019: Civil Procedure*, Sweet & Maxwell, 2019, para. 35.10.6 (westlaw).

三、实质证明力推定与生效裁判事实预决效力

（一）解释论上限缩预决效力的适用范围

如前所述，民事裁判文书作为公文书的典型代表，其事实预决效力是实质证明力推定规则的一个特例。尤其是考虑到在我国实践中公文书被特别重视，笔者在解释论上并非强烈反对现行法规则；由规则中解释出待证事实证明责任的转换，也应当符合我国立法者的本意。特别是，如果将该规则的适用范围进一步限缩于前诉双方当事人之间，即生效裁判文书仅对于相同"两造"再次对抗的后案诉讼具有预决效力，[1]应该能够避免实务中争议最大的、双方当事人"手拉手"滥用诉讼程序的现象。当事人不能再借由虚假诉讼的裁判，通谋营造不利于第三人的推定事实状态。应当说，《刑法》第307条之一对捏造事实起诉行为的（广义）虚假诉讼的入罪、《民事诉讼法》第115条对（狭义）通谋虚假诉讼的惩戒以及以最高人民法院《关于防范和制裁虚假诉讼的指导意见》为代表的司法政策宣告的"多管齐下"，已经能够在很大程度上抵制滥用民事纠纷解决途径的"一股歪风"。

不过，虚假诉讼问题更应当在民事诉讼的程序本身中得到解决。作为事后救济的第三人撤销之诉并非应对良策，因为上述预决效力"给裁判效力理论和程序保障机制这个严密的体系撕开一个裂缝，第三人撤销之诉如同一个巨大的补丁，它在缝补这个制度裂缝时制造的新问题比解决的旧问题还要多"[2]。与之相对，强化2019年《证据规定》第63条正式确立的当事人就事实陈述的真实与完整义务，在立案和通常诉讼中直接处理虚假诉讼、[3]从立法

---

〔1〕参见傅郁林：《改革开放四十年中国民事诉讼法学的发展——从研究对象与研究方法相互塑造的角度观察》，载《中外法学》2018年第6期，第1428～1429页。主张预决效力恰恰应当在"在前后诉主体不同一的情况下"发挥作用的不同观点，参见王亚新、陈晓彤：《前诉裁判对后诉的影响——〈民诉法解释〉第93条和第247条解析》，载《华东政法大学学报》2015年第6期，第18～19页。根据前诉与后诉当事人双方同一、一方同一和各不相同而展开的类型化分析，参见段文波：《预决力批判与事实性证明效展开：已决事实效力论》，载《法律科学（西北政法大学学报）》2015年第5期，第110～111页。

〔2〕傅郁林：《论民事诉讼当事人的诚信义务》，载《法治现代化研究》2017年第6期，第136页。

〔3〕参见刘君博：《论虚假诉讼的规范性质与程序架构》，载《当代法学》2019年第4期，第145～147页；吴泽勇：《民事诉讼法理背景下的虚假诉讼规制——以〈民事诉讼法〉第112条的适用为中心》，载《交大法学》2017年第2期，第14～19页；洪冬英：《论虚假诉讼的厘定与规制——兼谈规制虚假诉讼的刑民事程序协调》，载《法学》2016年第11期，第143页。

论上增设类似比较法上诈害防止参加之诉的救济通道、[1]从实体法角度增加虚假诉讼侵权行为[2]或者甚至考虑设置专精于甄别虚假诉讼的专门程序[3]以及专门法官[4](且无论现有司法体制下是否具有现实可能性),可能在制度设计上更加直击要害。此外,除了适用主体方面的限制以外,将调解书和当事人自认的事实排除出产生预决效力的生效裁判的范围,[5]也是解释论上遏制虚假诉讼和2019年《证据规定》第10条第1款第6项规定的不利后果的可选项。至于2019年《证据规定》在文义上将生效法院裁判所确认的"事实"限缩为"基本事实",确实也在一定程度上为未来解释论的开展提供了新的落脚点,但是似乎过于谨慎和迂回。尤其在面对这一具有理论和实践双重重要性的核心问题上,"犹抱琵琶半遮面"的局部改良很可能令人有"不解渴"之感。

(二)立法论上否定预决效力的理论依据

从立法论角度看,笔者仍然对裁判文书能否就其事实认定产生预决效力持谨慎态度。一方面,虽然裁判文书被认为属于处分性文书,但其实具有处分性的只是裁判作出的行为(在事实上作出了如判决主文所述的裁判),裁判内容本身与客观真实的关联并不包含在内,不应认定其实质证明力。从德国法来看亦如是,民事判决本身被认为包含了公权力机关的书面意思表示。[6] 由于不可能被伪造篡改,德国《民事诉讼法典》第417条规定的解释论指出,当事人甚至不能反对民事判决的记载。[7] 就此而言,正如德国判决中独立的本案事实部分,笔者认为我国判决书中事实部分也应当实现功能转换,将其重心移至对法官判如所载和当事人也作出如判决所述的陈述和主张的证明上,德国法上称为"本案事实的证明效力"。由此,我国"经审理查明"部分将不再强调

---

〔1〕 比如,参见王亚新:《第三人撤销之诉原告适格的再考察》,载《法学研究》2014年第6期,第140页;肖建华:《主参加诉讼的诈害防止功能》,载《法学杂志》2000年第5期,第30~31页。

〔2〕 参见张艳:《虚假诉讼类型化研究与现行法规定之检讨——以法院裁判的案件为中心》,载《政治与法律》2016年第7期,第158~160页。

〔3〕 参见纪格非:《民事诉讼虚假诉讼治理思路的再思考——基于实证视角的分析与研究》,载《交大法学》2017年第2期,第29页。

〔4〕 参见牛颖秀:《民事虚假诉讼识别的二元控制模式研究》,载《北京社会科学》2019年第1期,第103页。

〔5〕 参见任重:《论虚假诉讼:兼评我国第三人撤销诉讼实践》,载《中国法学》2014年第6期,第261页。

〔6〕 BGH NJW – RR 2011, 953, 954, Tz. 19.

〔7〕 Schreiber, Münchener Kommentar ZPO, a. a. O., § 417 Rn. 7.

裁判文书展示法官依职权认定的结果，避免由于对其中所认定的事实的客观性的强调，而忽视整个裁判文书中对事实问题的说理。相应地，事实说理应当在裁判理由部分（“本院认为”）得到充分体现。[1] 当然，无论采取何种思路，民事判决中均会体现法官对无争议事实的认定和对事实争点的附理由判断（2019 年《证据规定》第 97 条，2001 年《证据规定》第 79 条），上述主张并不会影响我们对事实预决效力的论断。不过，上述本案事实的证明效力实际上即判决的形式证明力，证明相关观点确实由特定当事人和法官表达。换个角度看，民事裁判作为直接证据，能够证明案件审理中提出的各方观点及其提出者，作为间接证据则能够为后诉法官提供前诉法官形成心证时考虑过的因素与证明材料，使其能够在此基础上自主形成关于要件/主要事实的心证。[2] 上述裁判文书的结构变化和功能转换，至少可以避免最高人民法院对于民间借贷纠纷中是否归还款项无法判断“究为双方一致认可抑或二审法院查明的事实”[3]这种“雌雄难辨”的情况，更能够避免此时法官由于不问程序事实真相、简单主张事实预决效力而造成的对司法公信力的减损。

另一方面，与德日大陆法系的比较法规则不同，这里对事实认定结论的推定无法得到既判力理论及其事实排除效或者诉讼中争点排除效的理论支持，因为该推定规则既不针对判决主文，又不强调在同一诉讼标的范围内，更不与争点的存在与否直接挂钩（本书第六章）。[4] 正如段文波教授所溯源和分析的，事实预决效力源于苏联民事诉讼理论和我国学者对其的原则性继受，但是无论从法官独立审判、后诉当事人的程序保障、后诉审判仅受前诉裁判既判力的影响还是从后诉法官的心证自由来看，事实预决效力均有其不可克服的理论障碍。[5] 至于未来应否使事实预决效力规则向英美法系的禁反言原则靠拢，或者更为直接地参考英美法系的争点排除效对其加以改造，实属比较民事

---

[1] 参见曹志勋：《对民事判决书结构与说理的重塑》，载《中国法学》2015 年第 4 期，第 236 ~ 237 页。类似结论，参见任重：《论中国民事诉讼的理论共识》，载《当代法学》2016 年第 3 期，第 47 页。

[2] 略有不同的观点，参见段文波：《预决力批判与事实性证明效展开：已决事实效力论》，载《法律科学（西北政法大学学报）》2015 年第 5 期，第 112 ~ 113 页（区分“参考”与“依据”）。

[3] 最高人民法院民事判决书，（2018）最高法民终 1163 号。

[4] 参见曹志勋：《反思事实预决效力》，载《现代法学》2015 年第 1 期，第 130 ~ 138 页。

[5] 参见段文波：《预决力批判与事实性证明效展开：已决事实效力论》，载《法律科学（西北政法大学学报）》2015 年第 5 期，第 107 ~ 110 页。

诉讼法学研究中值得深究和探索的重要议题,可能成为民事裁判效力研究中可能的学术增长点。

四、实质证明力推定的范围限于处分性公文书

(一)处分性公文书推定为真及其限缩解释

除了否定较为特殊的、生效裁判对其事实认定的预决效力之外,基于部分前述比较法的经验,笔者也认为作为一般规则,《民诉解释》第 114 条也应当被限缩解释,只有处分性公文书中的处分意思才能被推定为真。可以想见,经公证的合同,能够同时证明双方达成合意以及合意的内容;《民法典》第 1049 条特别要求“结婚的男女双方应当亲自”申请登记的结婚登记及结婚证(原《婚姻法》第 8 条与此实质相同),能够证明登记机关的登记行为以及双方申请结婚的共同要求;[1]《民法典》第 217 条规定下的不动产登记簿与权属证书,既能证明登记机关对不动产物权的登记行为,又能在根据《不动产登记暂行条例》第 14 条第 1 款的规定,于因买卖、设定抵押权等应当由当事人双方共同申请的情形下,证明双方共同申请的行为。

如前所述德国法上的做法,上述处分性公文书的形式和实质证明力合一,因而基于公文书的形式证明力规则,法院才能例外地推定公文书也具有实质证明力。由于公文书的制作通常有完善的程序规定并且体现公权力机关的意志,所以公文书具有较高的可靠性,一份形式规范的公文书通常可以被推定具有形式证明力。进而,法院应当将证伪该公文书所载内容的证明责任转移给质疑书证证明力的一方,比如要求该方充分证明公证书的内容与在公证机关留存的现场同步录像中的音视频记录并不相符。[2] 在交通事故认定书和劳动监察保障建议书[3]中,相关部门同样是基于现场获得的信息,作出了如认定书所述的认定结论。在诉讼中一方提出了编号明确的《房屋拆迁许可证》时,也应当由主张其为虚假的另一方当事人充分证明这其实是拆迁办主任的违法个人行为。[4] 就此而言,处分性公文书中推定为真的内容应当限于制作主体

---

〔1〕 但实践中所谓“电子结婚证”目前并不具有作为结婚证的书证效力,而只是一种带有纪念意义的电子记录,或者说并非法律意义上的“结婚证”。相关报道,参见蒋若静:《“电子结婚证”不具备任何法律效力》,载《北京青年报》2019 年 8 月 20 日,A05 版。

〔2〕 参见张卫平:《民事证据法》,法律出版社 2017 年版,第 217 页。

〔3〕 比如,参见贵州省高级人民法院民事判决书,(2017)黔民再 23 号。

〔4〕 参见最高人民法院民事裁定书,(2017)最高法民申 902 号。

作出处分意思的行为。如果如本书所述、站在检讨现行法的立法论立场上,并不能简单从处分性公文书的整体属性出发,[1]就认定比如行政处罚决定书中的事实认定原则上符合客观真相。相反,法官对于处分意思之外的事实的真伪,应当不受到书证证明力规则的限制,而应当基于全案事实查明的状况,自由形成心证。

至于此时存在基于《民法典》第 1052 条中的胁迫结婚或者《民法典》第 147 ~ 151 条规定的意思表示不真实产生的撤销权及其对应事实,则属于证明责任分配规范说下抗辩方应当承担证明责任的情形,对应的是书证证明对象背后的、实体法律关系的评价,与实质证明力的讨论对象并不相同。[2] 比如,就合同的履行期(工期)而言,当事人可能主张其签署的《施工合同执行情况说明》的内容“是为了在行政主管部门办理退还农民工工资保证金的需要,其内容基本与客观情况不符且前后矛盾,不能作为认定工期的依据”。此时该书证的实质证明力指向约定的工期为何,而当事人主张的则是该约定在实体法上不应发生效力,而仍应以最初达成的真实合意为准。[3] 与此相似,对于比如当事人的行为能力有无、可能影响待证事实证明的要件事实,由于对应新的证明对象,也不能为书证证明力所覆盖。[4]

(二)报道性公文书原则上不应推定证明力

1. 否定实质证明力推定的一般思路

与处分性公文书不同,报道性公文书的实质证明力原则上应交由法官依自由心证评价,除非存在特别法上的明确规则。比如,对于诸如“彭宇案”中出现的警察讯问笔录来说,其形式证明力在于完全证明讯问中当事人确实做出了某些表示(如自述两人确实相撞),但对于两人确实相撞这一待证的主要事实(实质证明力)并不应具有完全证明的效果。[5] 与此相同,法院的开庭笔录的证明力也限于记录各方的发言,认为记录不准确的当事人应承担证明其实

---

〔1〕 相反实践,比如,参见山东省威海市中级人民法院民事判决书,(2016)鲁 10 民终 1782 号。

〔2〕 类似观点,参见占善刚:《民事诉讼证据调查研究》,中国政法大学出版社 2017 年版,第 226 页。

〔3〕 参见最高人民法院民事裁定书,(2017)最高法民申 1881 号。

〔4〕 新堂幸司『新民事訴訟法』(弘文堂,2019 年),655 頁注 2;松本博之 = 上野泰男『民事訴訟法』(弘文堂,2015 年),507 頁;上田徹一郎『民事訴訟法』(法学書院,2011 年),409 頁。

〔5〕 我国实践中的类似理解,比如,参见最高人民法院民事判决书,(2017)最高法民终 732 号(以被讯问/询问人出庭并接受质证为认定讯问/询问笔录证明力的前提)。

际开庭中准确内容的证明责任。[1] 再者,与对交警认定的内容本身的证明不同,交通事故认定书(包括各类鉴定书)认定的事实,本来也不应当对于事实经过产生实质证明力。同时,经过公证的商业账簿和收据仍然属于报道性文书,虽然有公证机关审查的“加持”,但是并不能因此限制法官的自由心证。[2] 对于这类实际上需要在公证程序中实质认定的事实,更应当认识到“相关事项通过公证程序获得证明力较之通过审判程序获得证明力相对更为容易,而客观上,其接近客观真实的可能性相对要小”[3]。至于比如户籍登记簿对其记载事实本身通常具有更高的可信度,则应当视为基于经验法则的事实上的推定,仍然体现的是法官自由心证的结果。[4] 在社会生活中,也确实可能由于人为错报、原始信息错误、公农历未换算或换算不当、同一人有多户籍甚至同一人同时具有外国护照和中国户籍登记等种种原因,产生推翻上述证明力推定的必要。[5]

此外,至少在我国不得不考虑的是,存在同一有权机关就相同事实出具相互矛盾的两份公文书的可能,[6] 此时如果要求必须推定每份公文书的实质证明力,似乎也显得支持不足。《最高人民法院公报》案例就曾经指出:“对于政府机关及其他职能部门出具的证明材料,人民法院应当对其真实性、合法性以及与待证事实的关联性进行判断,如上述证据不能反映案件的客观真实情况,则不能作为人民法院认定案件事实的根据。”例如,在个案中,法院认为在认定房屋租赁价格时,区物价局价格认证中心咨询的意见不应成为认定涉案房屋租金标准的直接依据,而应当调查房屋同期实际租金,并且最终以综合得出

〔1〕 参见张卫平:《论庭审笔录的法定化》,载《中外法学》2015 年第 4 期,第 910 ~ 915 页;张兴美:《庭审记录方式电子化改革的反思与建构》,载《法学杂志》2019 年第 1 期,第 128 页。

〔2〕 相似观点,参见占善刚、楚晗旗:《公证文书的证据效力探析》,载《证据科学》2016 年第 1 期,第 59 ~ 65 页。不同意见,参见张卫平:《民事证据法》,法律出版社 2017 年版,第 217、220 ~ 223 页。

〔3〕 潘剑锋:《民事证明责任论纲——对民事证明责任基本问题的认识》,载《政治与法律》2016 年第 11 期,第 7 页。

〔4〕 伊藤眞『民事訴訟法』(有斐閣,2016 年),417 頁[[日]伊藤真:《民事诉讼法》(第 4 版补订版),曹云吉译,北京大学出版社 2019 年版,第 286 页]。

〔5〕 比如,参见郑玉:《户籍证明异议:少年司法中的“幽灵抗辩”》,载《青少年犯罪问题》2016 年第 1 期,第 83 ~ 84 页。

〔6〕 比如,参见江苏省常州市中级人民法院民事判决书,(2017)苏 04 民终 3351 号;天津市第一中级人民法院民事裁定书,(2018)津 01 民辖终 71 号。此时当然可以认为法院有权要求出具机关撤销其中一份公文书,但是似乎更直接的方案是本书主张的法院自行对书证的实质证明力加以判断。

的、自南京市住建局调取的同区域别墅租金清册载明的价格为准。[1] 如果我们把视野放得更远一些，2018 年以来我国从行政角度大力整顿清理的各类证明事项，绝大多数都属于报道性文书。如果如本书一样，否定了此类文书的实质证明力，也可谓是“釜底抽薪”，从司法证明规则的角度呼应了上述国家政策。毕竟，前述证明力规则虽然可能简化证明和查证的过程，但是同样可能对商事交易和正常生活处处掣肘，反而成为社会发展的阻力与障碍。

2. 关于出生和死亡时间的特别规则

不过，值得注意的是我国实体法上的特别规定，这以《民法典》上对于自然人出生和死亡时间的特别规则为代表。《民法典》第 15 条规定，自然人的出生时间和死亡时间，以出生证明、死亡证明记载的时间为准；没有出生证明、死亡证明的，以户籍登记或者其他有效身份登记记载的时间为准。有其他证据足以推翻以上记载时间的，以该证据证明的时间为准。易言之，对于出生和死亡时间这一重要的法律事实，现行法给出了明确的证明力规则。以出生时间为例，真实的出生医学证明上记载时间对该事实的证明力被认为优先于其他相关证据的证明力，进而被推定为真，否定其真实性的一方则需要提出其他证据达到足以推翻的证明度。[2] 而在证明法理上，出生医学证明与户籍登记相同，属于报道性公文书，即记录《母婴保健法》第 23 条中规定的医疗保健机构和从事家庭接生的人员对客观事实的观察。此时，本不应当适用实质证明力推定规则，而应当由法官自由心证判断，通常来说基于盖然性较高的经验法则认可其证明力。从社会生活的常态来说，出生证明具有较为严格的管理和使用规定，由具有社会管理职能的医疗机构如实填写，即使偶尔出现冒填甚至公然虚构事实牟利的个别案件（出生医学证明本身和填写为真，但其待证的整个出生事实为虚假），[3] 也不影响对其公信力的社会认知与法律评价。上述法律的特别规定以及其背后可能存在的、立法政策上的特殊考量正是体现了这样的

---

〔1〕 参见“李某柏诉南京金陵置业发展有限公司商品房预售合同纠纷案”，载《最高人民法院公报》2016 年第 12 期，第 36 ~ 37 页。

〔2〕 参见陈甦主编：《民法总则评注》（上册），法律出版社 2017 年版，第 97 ~ 99 页；张新宝：《〈中华人民共和国民法总则〉释义》，中国人民大学出版社 2017 年版，第 31 ~ 32 页。

〔3〕 参见《央视曝医院员工 QQ 群卖出生证明 五人被控制》，载新浪网，http://news.sina.com.cn/s/2019-10-22/doc-iicezzrr4081688.shtml。较早前类似案件，参见国家卫生计生委办公厅《关于〈出生医学证明〉相关违法事件查处情况的通报》，国卫办妇幼发〔2013〕4 号（其中也包括证明本身为假的情形）。

经验判断，在我国例外地就出生时间认可了实质证明力推定规则。当然，出生医学证明对出生时间以外的其他记载信息并不能发挥实质证明力推定的效果，比如新生儿的体貌特征以及父母亲相关个人信息（多数基于个人自述或者自行提供的材料）。

（三）区别于证明力推定的实体法特别规则

虽然公文书的实质证明力推定规则应当限定在处分性公文书的处分意思，但是相关事实的证明仍然可能受到其他实体法上特别规则的影响，这与本书讨论的、基于《民诉解释》第114条的一般性实质证明力推定规则不同。这里主要涉及不动产登记和商事登记这两项与登记相关的实体法规则。

1. 不动产登记中的权利推定规则

在不动产登记中应当区分登记机关的登记行为、登记的核心内容（不动产的权利归属）以及登记的其他信息。登记行为本身如前所述属于处分性公文书，具有推定为真的效果。而登记簿对于不动产自然状况的记载不具有推定效力，[1]不存在作为登记内容的、不动产相关事实的推定为真的效果。不动产登记中对不动产物权的推定，则不是本书讨论的公文书对事实的实质证明力的对象。

从现行法上看，《民法典》第216条第1款和第217条确实规定，不动产登记簿与不动产权属证书都能证明权利人享有不动产物权；在两者记载不一致时，原则上以不动产登记簿为准，除有证据能证明其确有错误外。这虽然看似规定了不动产登记簿的实质证明力优先，但是其实质仍然是对权利归属的推定。[2] 就此而言，虽然前述规定并未采取明确的法律上推定（gesetzliche Vermutung）的形式，但是在解释论上仍然可以参考德国《民法典》第891条第1款的规定，即不动产登记簿上记载的权利人被推定享有该权利。该条规定被认

---

〔1〕 参见最高人民法院民事审判第一庭编著：《最高人民法院物权法司法解释（一）理解适用与案例指导》，法律出版社2016年版，第44页。经龙俊教授在2021年10月12日于中国政法大学就推定问题举办的会议中的发言介绍，与此相关需要注意的是动产和权利担保的登记的权利推定效力，尤其是注意最高人民法院《关于适用〈中华人民共和国民法典〉有关担保制度的解释》第61条第2款就应收账款的证据证明要求，此时并不存在权利推定为真的效果。

〔2〕 参见全国人大常委会法制工作委员会民法室编：《〈中华人民共和国物权法〉条文说明、立法理由及相关规定》（第2版），北京大学出版社2017年版，第31页。而在权属证书和登记簿之间，尤其考虑到权属证书所载信息的不全面与不及时，应当拒绝作为登记簿外在表现形式的权属证书的权利推定效力，或者至少认为在权属证书与登记簿冲突时，权属证书不具有权利推定效力。

为属于典型的权利推定(Rechtsvermutung)或称权利状态推定(Rechtszustandsvermutung),被推定的并非关于权利取得或者消灭的构成要件中包含的要件事实或其对应的个案主要事实,而直接是权利本身是否存在。[1] 这样看来,作为法律上的权利推定规则,该登记行为及结果能够推定登记权利人,并且在物权外部关系中对善意第三人产生公信力,[2] 甚至根据最高人民法院《第八次全国法院民事商事审判工作会议(民事部分)纪要》第 15 条形成的抽象规则,登记被认为能够在一房数卖案件中决定多项合同履行请求权的权利保护顺位。

同时,登记机关的登记行为的正确性也能够被举证推翻。在不动产登记簿的记载与真实权利状态不符时,在物权内部关系中主张自己是真实权利人的当事人,依照最高人民法院《关于适用〈中华人民共和国民法典〉物权编的解释(一)》第 2 条的规定,应当提起所有权确认之诉;在有证据证明登记权利人不是房款实际出资人时,在登记权利人主张对涉案房产排除执行的执行异议之诉中,法院被认为应当根据实际出资情况确定房屋归属;[3] 在办理房屋所有权变更登记在先的房产买受人恶意办理登记时,依照 2020 年修正后的《商品房买卖解释》第 7 条(2003 年版本为第 10 条)的规定,已经合法占有该房屋的买受人也被认为能够经由证明出卖人和已经登记取得所有权的买受人恶意串通损害第三人利益,促使法院认定相关合同无效,进而作为顺位在先的买受人,最终取得房屋的所有权。[4]

2. 法人与股权登记的实体法规则

在我国现有的商事登记制度中,也应当重视关于法人登记与股权登记的实体法规则。《民法典》第 64 ~ 65 条规定,法人存续期间登记事项发生变化的,应当依法向登记机关申请变更登记。法人的实际情况与登记的事项不一致的,不得对抗善意相对人。就公司登记一般而言,根据《公司登记管理条例》

---

〔1〕 Rosenberg/Schwab/Gottwald, a. a. O., § 113 Rn. 34. 关于法律上事实推定与权利推定,参见庄加园、李昊:《论动产占有的权利推定效力——以〈德国民法典〉第 1006 条为借鉴》,载《清华法学》2011 年第 3 期,第 123 ~ 141 页。

〔2〕 比如,参见梁慧星、陈华彬:《物权法》(第 6 版),法律出版社 2016 年版,第 81 页;许德风:《不动产一物二卖问题研究》,载《法学研究》2012 年第 3 期,第 93 ~ 99 页。

〔3〕 参见最高人民法院民事裁定书,(2017)最高法民申 3404 号。

〔4〕 参见杜万华主编:《第八次全国法院民事商事审判工作会议(民事部分)纪要》,人民法院出版社 2017 年版,第 292 页;茅少伟:《论恶意串通》,载《中外法学》2017 年第 1 期,第 155 ~ 157 页。

第2条第2款的规定,对申请文件、材料的真实性负责的义务主要在提供材料的申请人。特别针对有限责任公司股东的登记,《公司法》第32条第3款则在要求公司置备股东名册的同时,也要求公司将股东的姓名或者名称向公司登记机关登记;登记事项发生变更的,应当办理变更登记。未经登记或者变更登记的,不得对抗第三人。[1] 进而,与前述不动产物权内部关系的规则相似,在公司实际出资人与名义出资人订立合同,约定由实际出资人出资并享有投资权益,以名义出资人为名义股东时,2020年和2014年修正前后的最高人民法院《关于适用〈中华人民共和国公司法〉若干问题的规定(三)》第24条第2款也规定,实际出资人与名义股东因投资权益的归属发生争议,实际出资人有权以其实际履行了出资义务为由,向名义股东主张权利。

就此而言,虽然由于涉及商事法中公司的参与以及各股东之间的关系,[2] 针对诸如"借名买房"和"股权代持"的裁判规则可能存在一定的差异,[3] 但是这并不能直接否定股东登记可能具有的实体法上的效力。无论上述股东工商登记抑或其他公示方法能否推定股东身份或者股权的存在,[4] 上述规则的效果也不同于书证的实质证明力。

与此不同,在现行法下,即使与事实不符,对善意相对人来说仍应以商事登记中诸如法人的法定代表人和住所地的信息为准。[5] 未登记的一方应当承担证明第三人恶意这一抗辩事实存在的证明责任。[6] 这样看来,出于商法上价值考量中对信赖利益的特殊保护,商事登记信息对第三人的证明效力被认为甚至高于本书讨论的实质证明力推定规则,即不得反驳的"拟制"效力。至

---

[1] 关于此时股权登记效力的讨论,比如,参见李建伟、罗锦荣:《有限公司股权登记的对抗力研究》,载《法学家》2019年第4期,第145~159页。

[2] 比如,参见张双根:《论隐名出资——对〈公司法解释(三)〉相关规定的批判与发展》,载《法学家》2014年第2期,第61~77页;胡晓静、崔志伟:《有限责任公司隐名出资法律问题研究——对〈公司法解释(三)〉的解读》,载《当代法学》2012年第4期,第32~38页。

[3] 比如,参见刘凯湘:《以工商登记作为判断股东资格的法定依据》,载《法律适用(司法案例)》2018年第22期,第15~17页。

[4] 比如,主张在有限责任公司股权转让中,以属于处分行为的股权让与合意的生效时点为受让人自转让人取得股权的时点,同时受让人原则上应以股东名册的记载作为向公司主张股权的要件的观点,参见张双根:《论股权让与的意思主义构成》,载《中外法学》2019年第6期,第1552~1577页。

[5] 参见张新宝:《〈中华人民共和国民法总则〉释义》,中国人民大学出版社2017年版,第124~125页。

[6] 参见陈甦主编:《民法总则评注》(上册),法律出版社2017年版,第448~449页。

于在立法论上,进一步值得思考的是我国商事登记信息上述“拟制”效力的范围问题。对比而言,比如德国法上明确区分传统上的商事登记(Handelsregister)(§ 8 HGB)与响应欧洲统一化要求并作为统一企业信息平台的企业登记(Unternehmensregister)(§ 8b HGB),[1]两者分别由管辖非讼事件的基层法院与联邦司法和消费者保护部负责,只有其中商事登记的内容才具有公示效力(§ 15 HGB)。而我国目前似乎并未作此种区分,仍有待研究上述“拟制”效力是否存在保护范围过宽的隐忧。

(四)私文书不推定为真及经验法则的适用

无论从比较法还是我国既有规则体系来看,私文书都不应当适用任何法定的实质证明力规则,而是应当回到一般原理,依照表述略有差异、内容实质相同的《民诉解释》第 105 条和 2019 年《证据规定》第 85 条的规定,由法官依照自由心证综合判断。就此而言,2019 年《证据规定》第 92 条第 1 款规定,主张以私文书证证明案件事实的当事人承担该书证为真的证明责任。进而,2019 年《证据规定》第 93 条和第 94 条则规定了人民法院综合判断电子数据的真实性时应当考虑的因素。同时,私文书的形式和实质证明力两方面都必须得到证明,即使是具有形式证明力的书证,其实质证明力也可能被法院直接否定。[2] 比如,当事人作为证据提交、证明其一审中所提诉讼请求内容的起诉状,虽然属于处分性公文书,也需要与一审判决书记载内容相互印证,才能使法官就诉讼请求的内容形成心证,进而判断一审判决是否构成遗漏诉讼请求(本书第五章)的情形。[3]

如前所述,由于适用范围的限制,实质证明力推定对证明责任分配的影响同样应当限于处分性公文书。但是此时对于作为私文书的合同来说,即使不存在法定的实质证明力推定规则,不能利用比较法上如前所述、公文书中的法律行为表示正确且完整的推定,仍然可以考虑证明评价和事实上的推定意义上的特别规则。比如,私主体之间的合同书就被最高人民法院认为“应作为确定当事人法律关系性质的逻辑起点和基本依据”,因而“仅可在确有充分证据

---

[1] Alexander Krafka, in: Münchener Kommentar HGB, Band 1, 5. Aufl., 2021, § 8b Rn. 1.

[2] 比如,参见山东省高级人民法院民事判决书,(2008)鲁民四终字第 71 号。

[3] 参见最高人民法院民事裁定书,(2016)最高法民申 1233 号。关于我国法上漏判的认识,参见曹志勋:《论民事一审漏判的更正》,载《法学》2017 年第 7 期,第 22～38 页。

证明当事人实际履行行为与书面合同文件表现的效果意思出现显著差异时”，才能“推翻书面证据之证明力”，[1]这里实际上涉及的就是对证据证明价值的自由心证判断。

这样，基于对日常生活经验法则的运用（2019 年《证据规定》第 10 条第 1 款第 4 项）（本书第十一章），法官确实可以在事实上推定合同书足以证明合同的存在及内容。不同于客观证明责任的转换，考虑到这种免于证明的效果，相对方只需将前述事实的证明状态推回到真伪不明即可。[2] 作为事实认定和证明评价的后续正常经过，法官既可能随后基于比如手持身份证及合同拍照、对签字过程全程录像等其他间接证据方法补强对文书内容的认定，[3]又可以依照《民间借贷规定》第 15 条第 2 款的规定，“结合借贷金额、款项交付、当事人的经济能力、当地或者当事人之间的交易方式、交易习惯、当事人财产变动情况以及证人证言等事实和因素，综合判断查证借贷事实是否发生”。[4] 此外，法官还可能由于《民间借贷规定》第 18 条下对恶意串通型虚假诉讼的嫌疑，结合《民事诉讼法》第 67 条后一种情形和《民诉解释》第 96 条第 1 款第 4 项的规定，依职权调取“审理案件需要的证据”。从 2019 年《证据规定》第 18 条的规定看，最高人民法院认为当事人无争议本身并不能妨碍依职权调取证据规则[5]的适用，因而甚至扩大了 2001 年《证据规定》第 13 条规定的辐射范围。值得注意的是，在前述后两种情形（综合判断和依职权调取证据）中，法官急需评价的对象已经不再是文书本身（“证据”层面），而是裁判技术中层次更高的待证事实（“事实”层面）。

---

〔1〕“洪某凤与昆明安钡佳房地产开发有限公司房屋买卖合同纠纷案”，载《最高人民法院公报》2016 年第 1 期，第 39 ~ 40 页。

〔2〕比较法上的经验，参见魏大喨：《民事诉讼法》，台北，三民书局股份有限公司 2015 年版，第 295 页。这与德国合同实务中的理解相同：Schreiber, Münchener Kommentar ZPO, a. a. O., § 416 Rn. 10。

〔3〕关于新技术条件下的发展，参见曹志勋：《文书真伪认定的中国路径》，载《法学研究》2019 年第 6 期，第 127 页。

〔4〕据此结合相对方的抗辩，分别认定借款存在、借款不存在以及应当通过再审程序进一步发现事实的案例，比如，参见最高人民法院民事裁定书，(2019) 最高法民申 2264 号；最高人民法院民事裁定书，(2019) 最高法民申 1227 号；最高人民法院民事裁定书，(2018) 最高法民监 6 号。相关讨论，比如，参见吴泽勇：《民间借贷诉讼中的证明责任问题》，载《中国法学》2017 年第 5 期，第 260 ~ 266 页。

〔5〕相关讨论，参见曹志勋：《民事鉴定程序启动中的职权与权利配置》，载《当代法学》2021 年第 2 期，第 143 ~ 146 页。

第十四章

证明责任裁判的模式选择

在大陆法系证明理论上,无论是各方主体在诉讼过程中就事实的辩论和就证据的攻防,还是体现在判决书说理中的法官所形成的心证的经过与结果,都落脚在证明责任的分配上。正是在这一意义上,证明责任被称为"民事诉讼的脊梁"。除了证明责任规范及其代表的客观证明责任的分配之外,构成终局判决作出条件的证明责任裁判应如何作出的问题,也值得在裁判技术上特别关注。这一问题集中体现在裁判者如何看待所谓真伪不明的状态,大陆法系与普通法系的思路存在明显差异,其形成与两大法系的若干背景因素密切相关。我国通说倾向于大陆法系客观证明责任理论,但立法和司法活动都表明该理论尚未得到体系化运用。虽然在《民诉解释》出台之后,实务中直接认定真伪不明的裁判文书的数量逐步增加,但是我国在理论与实践层面上仍存在明显的背离现象。对于常常分配败诉风险的客观证明责任来说,其在诉讼中"最终出场之日",就是"本证方山穷水尽、反证方柳暗花明之时"。胜败乃兵家常事,但至少同样重要的是,比赛裁判如何得出比赛结果。此时,裁判方法论不仅影响裁判过程,而且可能体现出一系列隐藏的价值选择。虽然《民诉解释》已经在很大程度上解决了本章讨论的现行规则方面的问题,但就此的理论思考仍然具有当下意义。

一、问题的提出

是否强调事实真伪不明状态及其法律适用过程,是两大法系证明责任理论的一个重要区别。在大陆法系,事实"真伪不明"(*non liquet*)状态被认为是人类认识的局限性和证据提出的有限性导致的客观存在,也是适用客观证明责任作出裁判的前提。而在普通法系,这一状态并没有特别重要的地位,主张方只要无法超越证明标准就满足不了说服责任的要求,在证明结果上即表明事实不存在。[1] 本书将这一差异概括为"证明责任模式"。大陆法系的事实认定表现为事实存在、不存在和真伪不明三种可能,后者通过适用证明责任规范得出判决(三分式证明责任模式);在普通法系则只有事实存在与不存在两种情形,事实"未说服即不存在"(二分式证明责任模式)。对此,我国学界一般认同前一种观点,2001 年《证据规定》也被认为采纳了这种观点。

但在之前的司法实务中,法官在判决书里认定事实"真伪不明"的情况即

---

〔1〕 参见刘哲玮:《论美国法上的证明责任——以诉讼程序为视角》,载《当代法学》2010 年第 3 期,第 92 页。

使不是绝无仅有,也是少得可怜。法官常采取普通法系的证明责任模式,即在本证方未提出足够证据时,直接认定事实“不存在”而不是在判定真伪不明后再转而适用证明责任规范。2001 年《证据规定》是否确实彰显了大陆法系的证明责任模式,好像也并不那么清晰。当然,在 2015 年《民诉解释》第 108 条出台之后,这种情况有了明显改观。真伪不明状态直接出现在司法解释的文本之中,随后司法实践中对真伪不明状态的认定也显著增加了。同时,《民诉解释》在实质上保留了 2001 年《证据规定》第 2 条第 2 款的规定。

本书试图解决的问题是:在我国法官裁判过程中,“真伪不明”状态确实存在么?我国现行法确定的民事证明责任模式究竟是二分式还是三分式?为什么理论界似乎已达成基本共识的三分式证明责任模式并未被实践熟知?为此,不妨先走近这两种证明责任模式看个究竟。

二、比较法视野中的证明责任模式

(一)德日三分式证明责任模式

大陆法系通说认为,在证据裁判主义下无论当事人如何竭尽全力举证,在诉讼辩论终结时,法官仍可能无法就争议事实形成满足证明标准的心证,即在事实问题上留有疑问(真伪不明)(如图 7[1] 中 B－C 段所示,证明标准在 C 点)。[2] 学者列举的真伪不明出现的条件是:(1)原告提出满足事实构成要件的事实陈述;(2)被告提出实质性的相反事实陈述;(3)争议的事实主张有证明的必要;(4)用尽所有程序上可能的合法证明手段,法官仍不能获得心证;(5)口头辩论结束时仍持续这种状态。[3] 一般而言,真伪不明对应两种情形:第一种是主张方提出的证据本身就无法使法官形成事实存在或不存在的心证;第二种是在法官最终作出裁判时,如果单独考虑双方当事人提供的证据,那么双方各自主张的事实都能够得到法官的认定。但由于这两种事实针锋相

---

〔1〕 需要说明的是,复杂的司法与人类认知问题很难用简单的数字加以表达,本书所列的百分比仅作为图示的参考和辅助。相关批评:Michele Taruffo, *Rethinking the Standards of Proof*, 51 American Journal of Comparative Law 659, p. 669－670 (2003)。

〔2〕 Hans－Willi Laumen, in: Gottfried Baumgärtel/Hans－Willi Laumen/Hanns Prütting, Handbuch der Beweislast: Grundlagen, 4. Aufl., 2019, Kap. 9 Rn. 1; Hanns Prütting, in: Baumgärtel/Laumen/Prütting, a. a. O., Kap. 11 Rn. 1; Hanns Prütting, Gegenwartsprobleme der Beweislast, 1983, S. 112; Leo Rosenberg, Die Beweislast, 5. Aufl., 1965, S. 9, 14; 参见[日]高桥宏志:《民事诉讼法:制度与理论的深层分析》,林剑锋译,法律出版社 2003 年版,第 419 页。

〔3〕 Prütting, a. a. O., S. 14.

对以致不可能同时为"真",法官也只能将事实认定为真伪不明。

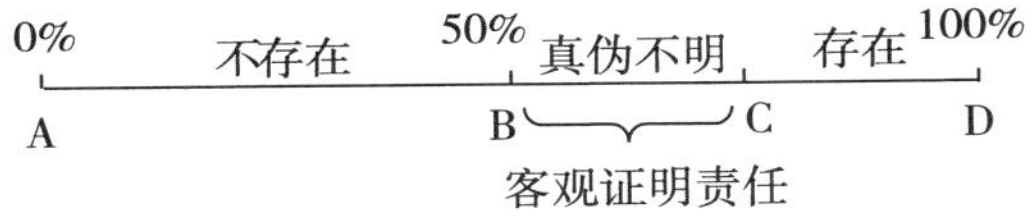

图 7　德日三分式证明责任模式

由于法官无权拒绝裁判,随后就必然会出现此时如何适用法律的方法论问题。大陆法系通说认为,在事实认定真伪不明时,法官不能通过"不适用法律"[1],而只能通过适用证明责任规范得出不利于本证方的判决。[2] 原因在于,传统的涵摄/三段论推理要求法官只有在认定事实的基础上才能适用法律。但是在真伪不明的条件下,法官偏偏无法认定事实,这样自然不能适用法律。法官应当直接指出此时事实主张处于真伪不明状态并作出证明责任判决,根据证明责任规则决定由哪方当事人承担不利后果。[3] 至于证明责任的分配规则,则取决于实体法的规定,而并不允许法官裁量分配证明责任。[4] 在请求权基础

---

〔1〕 Rosenberg, a. a. O., S. 12; Karl Heinz Schwab, Zur Abkehr moderner Beweislastlehren von der Normentheorie, FS Bruns, 1978, S. 519. 在我国也有学者主张不适用规范说,如李浩教授就认为该说更为可取。参见李浩:《民事证据立法前沿问题研究》,法律出版社 2007 年版,第240~253 页。

〔2〕 Leo Rosenberg/Karl Heinz Schwab/Peter Gottwald, Zivilprozessrecht, 18. Aufl., 2018, § 116 Rn. 7 f.; Prütting, a. a. O., S. 145 ff.; Hans - Joachim Musielak, Die Grundlagen der Beweislast im Zivilprozess, 1975, S. 19 ff., 293; Dieter Leipold, Beweislastregeln und gesetzliche Vermutungen, 1966, S. 59 ff.; 新堂幸司『新民事訴訟法』(弘文堂,2019 年),604 頁([日]新堂幸司:《新民事诉讼法》,林剑锋译,法律出版社 2008 年版,第 393 页)。

〔3〕 比如:AG Hamburg - Altona: Urteil vom 04. 11. 2008 - 316 C 153/08, BeckRS 2010, 00470。此外,这种不利后果并不必然导致败诉。如果双方当事人都无法证明各自承担证明责任的事实主张(如原告应当证明所主张的合同成立,被告证明自己没有民事行为能力抗辩事实),那么此时法官显然应当判决原告败诉。Prütting, a. a. O., S. 113. 此时被告虽然也承担了证明责任的不利后果,但是并不必承担败诉后果。

〔4〕 在我国,为了避免实践中法官可能滥用 2001 年《证据规定》第 7 条的规定随意裁量分配证明责任的情况出现,2019 年《证据规定》彻底删除了该例外规则,并且认为对法官来说,"实践中如果出现按照实体法律规定确定举证责任分配可能导致明显不公平情形的……可以通过向最高人民法院请示、由最高人民法院批复的方式解决,而不能在个案中随意变更法律所确定的举证责任分配规则"。郑学林、刘敏、宋春雨等:《关于新〈民事证据规定〉理解和适用的若干问题》,载《人民法院报》2020 年 3 月 26 日,第 5 版。之前的相关讨论,比如,参见胡学军:《法官分配证明责任:一个法学迷思概念的分析》,载《清华法学》2010 年第 4 期,第 82~103 页;霍海红:《证明责任配置裁量权之反思》,载《法学研究》2010 年第 1 期,第 98~111 页。

方法(本书第八章)的引导下,民事程序法与实体法之间的互动频繁。[1]

值得注意的是,客观证明责任作为事实真伪不明时的裁判方法的落脚点,本身固然不能克服证据不足导致的生活事实的模糊不清,[2]但是其制度目标也仅在于指引法官在无法形成心证时的裁判并以此倒推、引导某一方当事人更加积极地尝试在证明困难面前"破局"。无论如何,如果仅将证明责任裁判作为结束存在证明困难的个案的手段、而未能去发挥法官发现事实的能动性,[3]恐怕是与证明责任理论背道而驰的。

(二)美国二分式证明责任模式

说服责任(burden of persuasion/ risk of nonpersuasion),是指当事人在所主张的争议事实未被证明时承担的败诉风险(如图 8 中 A - B 段所示和图 9 中 A - C段所示)。与大陆法系对于客观证明责任的分析相同,说服责任解决的也是在当事人穷尽所有证明材料后,陪审团或法官仍持怀疑态度或者认为双方的证明势均力敌[4]时如何裁判的问题,同样属于裁判规则。[5] 在一般情况下,满足说服标准的条件是优势证据(图 8,证明标准在 B 点),而在涉及特别重要的私人权利或利益时,则应当适用明确而令人信服的证明标准(图 9,证

---

[1] 我国的类似主张,比如,参见翁晓斌、郑云波:《〈民法典〉编纂背景下的证明责任分配规范配置》,载《浙江社会科学》2019 年第 11 期,第 30 ~ 40 页;胡东海:《民事证明责任分配的实质性原则》,载《中国法学》2016 年第 4 期,第 287 ~ 302 页;王雷:《民法证据规范论》,载《环球法律评论》2015 年第 2 期,第 82 ~ 96 页;谌宏伟:《"规范说"与中国民事立法》,载《北大法律评论》2014 年第 15 卷第 1 辑,北京大学出版社 2014 年版,第 280 ~ 312 页。

[2] 比如,参见胡学军:《在"生活事实"与"法律要件"之间:证明责任分配对象的误识与回归》,载《中国法学》2019 年第 2 期,第 240 ~ 247 页。

[3] 参见胡学军:《中国式举证责任制度的内在逻辑——以最高人民法院指导案例为中心的分析》,载《法学家》2018 年第 5 期,第 100 ~ 104 页。

[4] 双方的举证产生严格、完全等同的说服力在现实中很难发生,因此美国讨论中所关心的僵持状态的边界一般在 55% 左右。See Louis Kaplow, *Burden of Proof*, 121 Yale Law Journal 738, p. 758 n. 34 (2012).

[5] See Christopher B. Mueller, Laird C. Kirkpatrick & Liesa L. Richter, *Evidence*, Wolters Kluwer, 2018, p. 108, 113; Fleming James, Geoffrey C. Hazard & John Lubsdorf, *Civil Procedure*, Foundation Press, 2001, § § 7. 12 - 7. 13; Edmund M. Morgan, *Some Problems of Proof under the Anglo - American System of Litigation*, Columbia University Press, 1956, p. 74; James B. Thayer, *A Preliminary Treatise on Evidence at the Common Law*, Little, Brown and Company, 1898, p. 355; Colin Tapper, *Cross & Tapper on Evidence*, Oxford University Press, 2007, p. 130 - 132 (在普通法系层面上的研究).

明标准在 C 点)。[1]

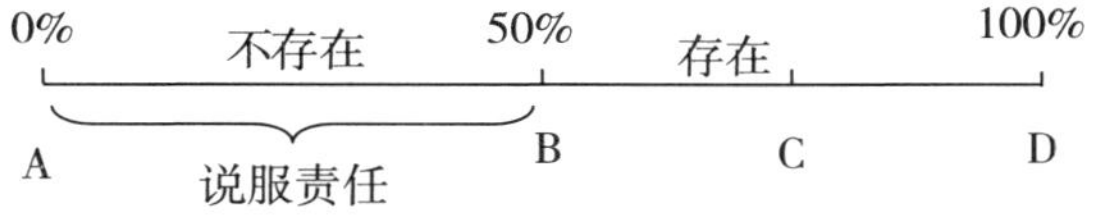

图 8　美国二分式证明责任模式(优势证据标准)

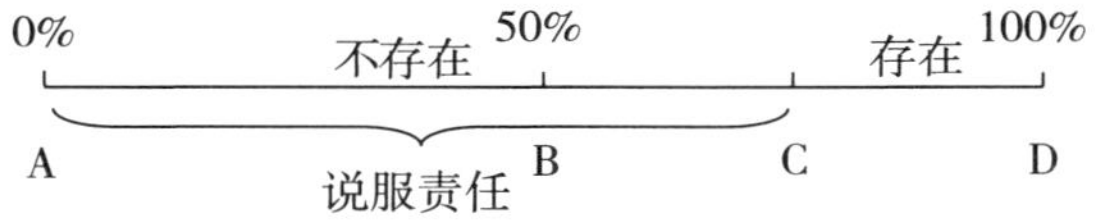

图 9　美国二分式证明责任模式(明确而令人信服的证明标准)

与大陆法系相比,真伪不明状态并没有被特别强调,美国对事实认定基本采取了非此即彼的态度。在一般的民事案件中,如果负有说服责任的一方使事实裁判者认定,有利于他的事实的发生较未发生更为可能的话,就可以认定事实发生。反之,如果原告无法使事实裁判者做出达到法定证明标准的事实认定,裁判者就会认定该事实不存在,原告随之将很可能承担败诉后果。在逻辑上,这就包括了认定事实的未发生较之已发生更为可能和无法区分两种情况(结合后文图 10 中 2001 年《证据规定》的措辞)。而且,由于客观上没有需求,在普通法系也鲜有对相关方法论的讨论。

(三)证明责任模式的背景因素

那么与大陆法系相比,普通法系为什么没有出现独立的对真伪不明状态适用法律的证明责任模式理论呢?笔者认为,以下几点背景因素值得关注。首先,这与两大法系对于法学方法论的态度有关。普通法系在理论上并不强调诉讼证明中的法学方法论,并不要求明确界定究竟是根据什么规范在事实真伪不明时适用法律,也不强调这种规范究竟是什么性质。[2] 相反,德国类似形而上的探讨十分流行。其实,证明责任的分配源于实体法的规定,各家学说在结果上并不会有什么不同。学者所争议的只是不同的解释路径,如证明责

---

〔1〕 Grogan v. Garner, 498 U. S. 279, 286 (1991); Technology Licensing Corp. v. Videotek, Inc., 545 F. 3d 1316, 1326 - 1327 (Fed. Cir., 2008). See James, Hazard & Lubsdorf, *Civil Procedure*, § 7. 14.

〔2〕 这并不是说,英美法院不重视以三段论为代表的逻辑推理,参见[美]理查德·A. 波斯纳:《法理学问题》,苏力译,中国政法大学出版社 2002 年版,第 49 ~ 54 页。

任规范的性质以及克服真伪不明状况与败诉风险分配在方法论上的区分。[1]

其次,进一步讲,这是两大法系民事诉讼各异的运作起点造成的。正如日本中村英郎教授所指出的,大陆法系民事诉讼属于所谓的"规范出发型",普通法系则是"事实出发型"。在大陆法系,法官裁判的主要工作就体现在找法、认定事实随后涵摄的过程中。[2] 法官认定事实的目的是适用现有法律规范,这就需要遵循现有规范来剪裁事实。如果被认定的事实(小前提)不能从当前规范的事实构成要件(大前提)中推出,那么就需要选择一个新的大前提,以满足合(制定)法性的要求。[3] 与之相反,在普通法系,法官审理案件以事实或纠纷本身为出发点,传统上并不寻求对成文裁判规范的适用而是在自然和正义中"发现"法律,恢复日耳曼人所谓的"习惯的主权"。[4] 法官要做的是在对抗的双方之间合理地分配利益,即解决纠纷。此时,正确认定事实的任务只能体现在该目的许可的范围内。[5] 因此,并没有必要独立求索事实真伪不明时的裁判规范。

再次,普通法国家更崇尚实用主义的司法态度也是原因之一。实际上,如果证明标准同一的话,两种模式适用法律的实体结果并没有区别。在两大法系中,本证方举证的目标都是使事实得到认定,只要未能逾越证明标准,无论法官认定事实不存在还是真伪不明,对本证方来说都只有败诉一条路;而对反证方来说,将本证方已使法官初步形成存在心证的事实推回证明标准所在的证明程度,也正是打败本证方的最好武器。至于从事实不存在到证明标准的光谱是否再详加细分,在案件结果上无关紧要。这就容易理解,在重视效果而不是概念本身的普通法国家没有发展出相对复杂的证明责任模式的缘由。

最后,参与审判的非法律人在事实认定上的影响大小也为这种差异提供

---

〔1〕 Prütting, in: Baumgärtel/Laumen/Prütting, a. a. O., Kap. 11 Rn. 4 ff.; Prütting, a. a. O., S. 145 ff., 152 ff., 164 ff.; Christian Heinrich, Die Beweislast bei Rechtsgeschäften, 1996, S. 37 ff.

〔2〕 Reinhold Zippelius, Juristische Methodenlehre, 11. Aufl., 2012, S. 71 ff., 74 ff., 79 ff.

〔3〕 Karl Engisch, Einführung in das juristische Denken, 10. Aufl., 2005, S. 68.

〔4〕 参见[日]中村英郎:《我与民事诉讼法研究》,载[日]中村宗雄、中村英郎:《诉讼法学方法论——中村民事诉讼理论精要》,陈刚、段文波译,中国法制出版社2009年版,第262~263页。

〔5〕 See Mirjan Damaska, *Truth in Adjudication*, 49 Hastings L. J. 289, 304 (1998).

了合理解释。[1] 在美国,[2]事实和法律问题的裁判者相分离,法官和陪审团各据一方。一般而言,只有在陪审团无法摆脱"僵局"状态时,法官才有权跨越"楚河汉界",无视陪审团的事实认定。基于法律制度与诉讼文化对陪审团的尊重,作为一个整体的陪审团对于事实问题"说一不二",他们对事实作出或真或伪的判定在法律上被认为是正确的,二分式证明责任模式正好体现了这种信任。相反,大陆法系虽然也有参审制,但主要还是由职业法官掌控事实问题和法律问题的处理。[3] 同时,法官要受到自由心证主义及其经验法则、上诉审查范围等限制,再考虑侧重发现真相的制度传统,大陆法系国家在制度上更容易选择三分式证明责任模式。[4]

三、我国证明责任模式的现实状况

(一)学说中的证明责任模式

一般认为,我国的证明责任概念在理论上经历了三个演变阶段,由最初的单一的行为责任说发展到行为责任意义上的双重含义说再到败诉风险说。目前通说认为,证明责任的本质是"当作为裁判基础的法律要件事实在诉讼中处于真伪不明的状态时,一方当事人因此而承担的诉讼上的不利后果"[5]。就研究现状而言,我国的学说已经与大陆法系通说没有区别。而且,在方法论上,我国学界的有力说更效仿大陆法系,认为应当适用证明责任规范将真伪不

---

〔1〕 在2011年,美国联邦法院系统中只有1.1%的案件进入法庭审理(trial)阶段(总计302,922件案件)。See The Administration Office of the United States, *Judicial Business of the United States Court*: 2011 *Report to the Director* (Washington D. C.: Administration Office of the U. S. Courts, 2011), p. 149, table C-4. 到2018年9月截止新的统计周期下,该数据则为0.9%(总计275,879件案件)。See *Judicial Business* 2018 *Tables*: *Civil Cases Terminated*, by Nature of Suit and Action Taken (C4), https://www.uscourts.gov/sites/default/files/data_tables/jb_c4_0930.2018.pdf. 但是这一长期低位保持的比率,并不妨碍在理论上和实践中,美国始终将陪审团审判视为民事诉讼的一般程序要素。

〔2〕 需要把英国排除的原因是,近代英国只有极少数民事案件(如欺诈)适用陪审团,且法官还有不适用陪审团审判的裁量权(英国《1981年高级法院法》第69条)。

〔3〕 例如,在德国,民事诉讼中的参审制仅存在于少数案件类型,即立法者认为特别需要专业知识的商事诉讼和民事诉讼。Eberhard Schilken, Gerichtsverfassungsrecht, 4. Aufl., 2007, Rn. 523.

〔4〕 类似观点,参见张卫平:《民事诉讼法比较研究方法论——对民事诉讼法比较研究中若干关联因素的思考与分析》,载《国家检察官学院学报》2019年第6期,第159~160、165~166页。

〔5〕 张卫平:《民事诉讼法》(第5版),法律出版社2019年版,第246页。亦参见刘家兴、潘剑锋主编:《民事诉讼法学教程》(第5版),北京大学出版社2018年版,第140页;王亚新、陈杭平、刘君博:《中国民事诉讼法重点讲义》(第2版),高等教育出版社2021年版,第136~138页;江伟主编、傅郁林副主编:《民事诉讼法学》(第3版),北京大学出版社2015年版,第202页(赵秀举执笔)。

明状态拟制为“真”或“伪”,进而适用实体规范作出裁判。具体而言,首先,在事实层面上,法官应认定要件事实存在真伪不明状态(第1阶段);其次,在方法论意义上,法官应通过拟制来克服真伪不明(第2阶段);最后,在结果分配上,法官需要依照实体法的规定分配真伪不明的不利后果。如果实体法把证明责任分配给主张权利的一方,便将真伪不明拟制为不存在;而如果把证明责任分配给否认权利的一方,则将真伪不明拟制为存在(第3阶段)。〔1〕

与此不同,有学者从“当事人举证本位”和“法官裁判本位”两种证明责任观入手,突出质疑了由于缺乏对裁判方法论意义上的证明责任的系统研究,我国证明责任理论体系内部存在的“内容冲突、逻辑紊乱”问题。〔2〕也有观点认为,“如果在事实认定上虽然增加了‘真伪不明’的状态,在‘真伪不明’状态下,仍然依据真或伪的事实状态进行裁判,那么,‘真伪不明’就没有独立的存在价值”〔3〕。同时,有学者亦指出,事实真伪不明状态仅由于路径依赖而被《民诉解释》第108条“照单全收”,这一规范变动反而使我国的证明责任体系更为混乱,进而主张事实认定的结果仅应分为是或否得到证明两种可能。〔4〕如果上述少数说能够成功地釜底抽薪、否定“真伪不明”概念的意义,〔5〕那么其确实可能挑战整套证明责任理论体系。

在上述背景下,笔者要回到最初始的疑问:“真伪不明”状态确实存在么?笔者认为,在《民诉解释》出台之前,我国无论在规范文本还是司法实践上,都可能从未采纳理论界的通说,而是采取了一种折中办法,即在本证方未提出足够证据时,直接认定事实“不存在”〔6〕而适用法律,而不是判定为真伪不明再转而适用证明责任规范。〔7〕

---

〔1〕 参见张永泉:《论诉讼上之真伪不明及其克服》,载《法学评论》2005年第2期,第33页;陈刚:《证明责任法研究》,中国人民大学出版社2000年版,第141~143页。

〔2〕 参见肖建华主编:《民事诉讼立法研讨与理论探索》,法律出版社2008年版,第198~219页。

〔3〕 许尚豪:《证明责任理论的证据语境批判》,载《政治与法律》2016年第11期,第21页。

〔4〕 参见欧元捷:《论“事实真伪不明”命题的抛弃》,载《政治与法律》2016年第11期,第23~31页。

〔5〕 鲜明的反对意见,参见胡学军:《为“事实真伪不明”命题辩护》,载《法商研究》2018年第2期,第60~70页;任重:《罗森贝克证明责任论的再认识——兼论〈民诉法解释〉第90条、第91条和第108条》,载《法律适用》2017年第15期,第20~22页。

〔6〕 这里所谓的“不存在”,是在普通法系两分式证明责任模式的意义上使用的。

〔7〕 这与黄国昌研究员对比较法和我国台湾地区司法实务的判断是一致的,参见黄国昌:《民事诉讼理论之新开展》,北京大学出版社2008年版,第139页。日本的类似情况,参见段文波:《规范出发型民事判决构造论》,法律出版社2012年版,第172页。

(二)立法中的证明责任模式

如果不考虑《民诉解释》第 108 条第 2 款的规定，我国之前与证明责任模式相关的“立法”主要是 2001 年《证据规定》。其中 2001 年《证据规定》第 2 条第 2 款规定：“没有证据或者证据不足以证明当事人的事实主张的，由负有举证责任的当事人承担不利后果。”该《证据规定》的起草者们认为，他们规定的就是结果意义上的证明责任，对条文采取的也是客观证明责任的理解。[1] 本款虽然规定了败诉后果的承担问题，但所针对的并不是一般理解上的客观证明责任，因为该款并没有规定真伪不明状态下的法律适用问题，只将其与同法官确信事实不存在的情况平等看待。易言之，由该条文可见，只有超过证明标准，才能认定事实存在；只要未能超过证明标准，就不能认定事实存在，由不能证明事实存在的一方承担败诉后果(如图 10 中 A－C 段所示，与图 9 相似)。因此，尽管起草者自己可能并未察觉，但这一规定实际上采取的是普通法系二分式证明责任模式，即“未说服即不存在”。

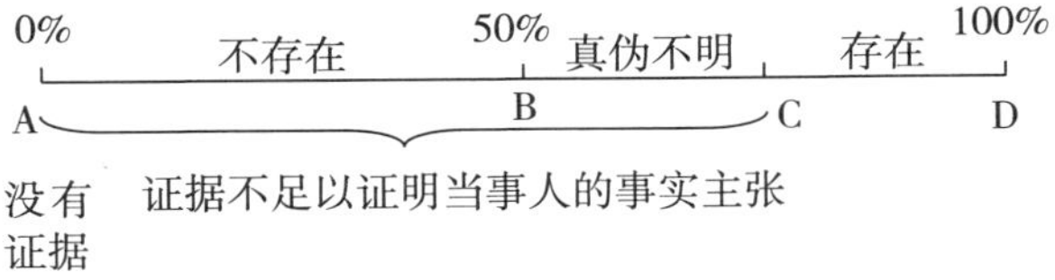

图 10　我国特色的证明责任模式

笔者的这种假说面临的质疑可能有两种。其一，应当将该款中的“举证责任”解释为客观证明责任，进而可以认为起草者只是将事实不存在和真伪不明两种情况一并规定而已，内心里并没有采用普通法系的证明责任模式。笔者认为，这种解释在理论上有牵强附会之嫌。如果作为事实认定的小前提无法包含在作为法律规范的大前提之下，三段论的完整推理不能实现的话，那么法院应当直接拒绝适用该规范，作出驳回诉讼请求的判决，因此在事实不存在时适用法律并无疑问。问题的关键在于，发生真伪不明时应当如何适用法律。然而在本款文本以及起草者、学者的解读中，根本未理会这两种不同情况，因

〔1〕 参见李国光主编：《最高人民法院〈关于民事诉讼证据的若干规定〉的理解与适用》，中国法制出版社 2002 年版，第 33 页；最高人民法院民事审判第一庭：《民事诉讼证据司法解释的理解与适用》，中国法制出版社 2002 年版，第 15 页。

而需要进一步进行名词理论澄清。[1]

其二,也许有学者认为,即使2001年《证据规定》第2条第2款没有说清楚问题,也还可以参考该《证据规定》第73条第2款关于高度盖然性的证明标准的规定。该款指出,在双方证据的证明力势均力敌无法分出明显的强弱时,应当适用证明责任分配的规则。这就是关于真伪不明时适用证明责任规范裁判的重要依据。

对此,笔者只能部分同意。这种观点明确了事实真伪不明时的裁判规范,有可能代表了起草者采取三分式证明责任模式的态度。但是,2001年《证据规定》与理论的冲突依然存在。第一,本款明确承认了真伪不明状态的存在(第1阶段),但也扩大了证明责任的适用范围,部分可归入二分式证明责任模式。根据司法解释起草者的解释,"证据的证明力无法判断"包括两种情形:第一种情况是双方证据的证明力势均力敌,第二种情况是双方的证据均不能作为认定事实的依据。[2] 其中,第一种情况就是传统上说的真伪不明状态,第二种情况是指法官对双方证据的真实性无法认定因此不予采信。在三分式证明责任模式下,没有证据支持主张时应当直接认定事实不存在并判决本证方败诉,但本款却在这种事实清楚(不存在)时仍主张适用举证责任的分配规则,实际上仍是"未说服即不存在"的思路。第二,该款并未涉及方法论意义上的证明责任理论(第2阶段)。如前所述,完整的证明责任理论包括真伪不明状态及其法律适用方法论两部分,缺一不可。虽然司法解释作为实务指导,不必将理论的详细过程展示其间,但是,至少丧失了一个"证明"自己属于三分式家族的重要机会。第三,在判断证明责任模式时,2001年《证据规定》第73条第2款的效力要低于第2条第2款。前款主要针对证明标准,只是附带谈及了事实难以认定时的裁判规范问题。因此,理解证明责任模式,回到作为最直接规定的后者才更有说服力。而且,起草者和大多数学者也主要从后者来解读该《证据规定》的证明责任制度。后者恰恰很可能采取的是普通法系二分式证明责任模式。

综上所述,2001年《证据规定》虽然承认了真伪不明状态的存在,但是一方面没有将证明责任规则的适用范围限于真伪不明,另一方面也没有试图建构

---

〔1〕 许可教授敏锐地主张应当在两种情况下区分判决理由。参见许可:《民事审判方法:要件事实引论》,法律出版社2009年版,第64~65页。

〔2〕 参见最高人民法院民事审判第一庭:《民事诉讼证据司法解释的理解与适用》,中国法制出版社2002年版,第354页。

配套的方法论，很难让人认为其效法了大陆法系的通说理论；同时，在直接规定证明责任的法条中实际上坚持了"未说服即不存在"的理念，可以成为对普通法系借鉴的有力证据。因此，笔者推测该《证据规定》的特色可能在于，在二分式证明责任模式的主线之外，单独地承认了真伪不明状态的存在。这也许是结合了两大法系证明责任模式的新尝试？但至少"立法者"和多数学者不这样认为。

2015 年《民诉解释》对此作出了较大的修改。《民诉解释》第 108 条第 2 款规定："对一方当事人为反驳负有举证证明责任的当事人所主张事实而提供的证据，人民法院经审查并结合相关事实，认为待证事实真伪不明的，应当认定该事实不存在。"同时，延续 2001 年《证据规定》第 2 条第 2 款的规定，《民诉解释》第 90 条第 2 款表述为"在作出判决前，当事人未能提供证据或者证据不足以证明其事实主张的，由负有举证证明责任的当事人承担不利的后果"，两者的内容在实质上相同。从现行法的解释论来看，笔者认为《民诉解释》第 108 条的规定实际上已经完成了就前述二分式还是三分式证明责任模式的争议的"盖棺定论"。[1] 《民诉解释》第 90 条第 2 款的规定的制定目的在于解释证明责任的含义，[2]体现其与《民事诉讼法》第 67 条的规定的关联。而《民诉解释》第 108 条则部分澄清、部分展开了 2001 年《证据规定》第 73 条第 2 款的规则。[3] 结合前文来看，该条恰恰解决了 2001 年《证据规定》在前述第二种质疑意见下存在的问题，"大大方方"地承认了真伪不明状态及其法律适用方法论。特别是，《民诉解释》第 108 条虽然规定了证明标准，但是其中无论是以"举证证明责任"为核心概念的文义表述还是分别从本证与反证两个方向出发的独立规则，都"从证明过程的角度反映出本解释对于证明责任内容的理解"[4]。从三分式证明责任模式的基本理论立场出发，笔者无疑也对这样的规则更加怀有欢迎与希冀的态度。

---

〔1〕 参见任重：《罗森贝克证明责任论的再认识——兼论〈民诉法解释〉第 90 条、第 91 条和第 108 条》，载《法律适用》2017 年第 15 期，第 20～21 页。

〔2〕 参见最高人民法院修改后民事诉讼法贯彻实施工作领导小组编著：《最高人民法院民事诉讼法司法解释理解与适用》，人民法院出版社 2015 年版，第 309 页。

〔3〕 参见最高人民法院修改后民事诉讼法贯彻实施工作领导小组编著：《最高人民法院民事诉讼法司法解释理解与适用》，人民法院出版社 2015 年版，第 357 页。

〔4〕 最高人民法院修改后民事诉讼法贯彻实施工作领导小组编著：《最高人民法院民事诉讼法司法解释理解与适用》，人民法院出版社 2015 年版，第 359 页。

(三)司法中的证明责任模式

1. 2001年《证据规定》时期

司法实践进一步支持了上述分析。法官在引用2001年《证据规定》第2条第2款时,往往明显地采取了两分式证明责任模式。例如,在君信创业公司诉绿谷伟业公司等出资合同纠纷案〔1〕中,宁夏回族自治区高级人民法院在一审中根据原告君信公司提供的证据——"无法认定绿谷伟业公司是否属于虚假出资"认为原告应当承担证据责任,令本证方承担事实真伪不明时的败诉风险,这是符合客观证明责任的判决;但是最高人民法院认为,"双方当事人对同一事实分别举出相反的证据,但均没有足够的依据否定对方证据,因证据的证明力有限,不能作出对上诉人有利的认定",即不能认定对原告主张的事实存在,驳回了一审原告的上诉请求。再如,在中国人寿保险公司成都分公司诉华隆公司等证券侵权纠纷案中,四川省高级人民法院认为,"由于第三人没有足够充分的证据来证明(行为)系原告所为,故该院据此认定(行为)系第三人所为(在具体案情中即认定相反事实存在)"〔2〕,两者采取的似乎都是前述普通法系"未说服"责任的思路。〔3〕就具体表述而言,结合个案事实,无论是"未提供这方面的证据"〔4〕、"因证据不足不能认定"〔5〕还是"所举证据不具有证明力,不能证明(侵权造成损害的)事实"〔6〕,都体现了实务上可能倾向英美法系模式的态度。

当然,笔者不可能重新评估法官在个案中获得的证据,因此,无法排除以下可能性:对个案事实的正确认识就是事实不存在而非真伪不明,笔者所择取的案件本来就没有证明责任规范适用的必要。但是,本书的目的只是试图提出对通说的质疑。在没有更充分的实证研究之前,笔者的假说尚没有被证伪之虞:一方面,这些案件直接引用的都是2001年《证据规定》的条款,而该《证据规定》(图10)事实上更倾向于二分式证明责任模式(图9)而不是三分式证

〔1〕 参见最高人民法院民事判决书,(2004)民二终字第260号。

〔2〕 最高人民法院民事判决书,(2004)民二终字第137号;四川省高级人民法院民事判决书,(2003)川民初字第22号。

〔3〕 与笔者相反,李浩教授认为类似表述已经体现了不适用规范说(这也可以推断出李教授认为法院已经提出了真伪不明状态),并且认为这是法官"直截了当地说明裁判理由"的一种方式。参见李浩:《民事证据立法前沿问题研究》,法律出版社2007年版,第248页。

〔4〕 广东省高级人民法院民事判决书,(2006)粤高法民三终字第127号。

〔5〕 最高人民法院民事判决书,(2004)民一终字第104号。

〔6〕 海南省海南中级人民法院民事判决书,(2005)海南民二终字第105号。

明责任模式(图 7);另一方面,判决书中都没有对真伪不明的认定,因此质疑者也不能根据判决书中对事实不存在的认定,反推法官的心证程度低于真伪不明(图 10 中 A - B 段),否则无异于循环论证。这正如普通法系的证据提出责任(burden of production)一样,笔者已经提供了“初步案情”(prima facie case)。如果要证伪该命题,需要反对方拿出更有力的证据。

2. 2015 年《民诉解释》时期

而在《民诉解释》出台之后,实务中直接认定真伪不明的案件越来越多了。笔者于 2021 年 4 月 1 日粗略以“真伪不明”为检索词并限定在民事案件中检索“中国裁判文书网”案例数据库,可以返回约 45,000 个结果。〔1〕 根据结果可知,似乎对于多数案件都会涉及的证明责任与证明标准的问题来说,返回结果的比例并不能算高,而且其中很多均为对法条的直接引用,因而应当属于无效结果。在上述案例检索返回的结果中,有相当一部分的判决确实涉及对真伪不明的认定。的确,“通常情况下,作为裁判基础的法律事实通过案件的审理是能够确定的……法院的司法裁判通常也就根据法院查明的案件事实作出,而不是适用证明责任的结果作出。因此,也就没有必要纠结于为什么在司法实践中法院裁判很少直接援用证明责任制度的相关条款来作出判决这一本来就不应该成为问题的问题”〔2〕。因此,证明责任裁判在所有民事案件中的占比固然在一定程度上体现了其是否在实践中得到贯彻,但是也许更重要的是,案件裁判说理部分体现出的对证明责任问题的态度。

比如,在最高人民法院 2019 年年底宣判的一个二审案件中,一审被告二段某于二审程序中提出的证据包括一份中国建设银行太仓陆渡支行对美中公司出具的汇款入账查询回函,表明美中公司 2014 年度并无 2014 年 7 月 31 日汇

---

〔1〕 胡学军教授约 4 年前的检索尝试也体现出类似状况。他于 2017 年 11 月 29 日在“中国裁判文书网”案例数据库中检索到民事案例数为 23,627,790 个,而在关键词检索中“举证责任”返回 1,109,898 个结果,占比不到 5%;“真伪不明”返回 10,707 个结果,占比不到 5‰;两者同时出现的比例同样约为 5‰。参见胡学军:《中国式举证责任制度的内在逻辑——以最高人民法院指导案例为中心的分析》,载《法学家》2018 年第 5 期,第 100 页脚注 32。当然值得注意的是,由于裁判文书网中的案例也包括《民诉解释》施行之前的,本书和胡学军教授对数据的理解显然有不准确之处。但是,如果同样以“真伪不明”为检索词并限定在民事案件中检索,并且将时间范围限定在 2014 年 1 月 1 日至 2015 年 2 月 3 日,那么总共只能够返回 669 个裁判文书,并不会显著影响本书和胡学军教授的大致分析。

〔2〕 潘剑锋:《民事证明责任论纲——对民事证明责任基本问题的认识》,载《政治与法律》2016 年第 11 期,第 4 页。

款入账556,000元、2014年11月17日汇款入账40,000元之事实,拟证明一审判决认定王某华向美中公司转入上述两笔汇款的事实存在错误。法院则就本案中争点之一、一审原告主张被告一系列代持美中公司的股权是否成立的问题认为,在张某元(一审原告)股权转让后,张某元一方向美中公司转入多笔资金以及代替美中公司对外支付多笔款项。但对张某元一方2014年7月31日及同年11月17日分别汇入美中公司的两笔款项,殷某在二审中提交了汇款入账查询回函予以反证,法院认定张某元主张其汇入该两笔款项的事实真伪不明,但对张某元一方汇入美中公司的其他资金以及代替美中公司对外支付款项之事实,霍某锋、殷某(一审被告)并未提出有效反证。[1]

在基层法院的案件中也可能出现这样的说理,如在北京市昌平区人民法院2019年年底的一个民事判决中,法院就认为在李某滨坚决否认现金交付,且陈某勇对交付金额先后陈述不一致的情形下,陈某勇是否实际履行了交付义务以及交付了多少借款本金这一待证事实存在真伪不明的情形。借款合同为实践合同,且主张履行一方的当事人应就款项的交付承担举证责任。在法院对陈某勇是否以现金交付的形式履行合同以及交付的金额存在合理怀疑的情况下,陈某勇应进一步举证证明涉案借款系现金交付及具体交付的金额。陈某勇未能完成该举证责任,应承担举证不能的法律后果。[2]

不过,至少在缺少较为科学的实证研究的当下,笔者仍然倾向于认为,实务中仍然存在相当多的案件,继续坚持原有证明责任二分式证明责任模式下"未说服即不存在"的思维方式。这不仅是理论上常常得到广泛认同的路径依赖的假说所致,而且更多地是由于《民事诉讼法》本身并未改动,在从整体来看仍然保持较大延续性的法官队伍面前,原有的审判思路很可能仍然在明面上或者暗地里主

[1] 参见最高人民法院民事判决书,(2019)最高法民终992号。

[2] 参见北京市昌平区人民法院民事判决书,(2018)京0114民初14311号。该主审法官类似的案例,比如,参见北京市昌平区人民法院民事判决书,(2018)京0114民初12696号。("从被告提交的公证书内容可以认定小讲桌公司的印章在2017年3月23日为郭某楣持有控制,郭某楣及刘某之间的聊天记录多次提到法人章,虽未明确指出具体的人名私章,但不排除彭某、刘某的人名私章在2017年3月23日亦为郭某楣持有,而郭某楣提交的《公司债务偿还协议》的签订时间为2017年3月31日,郭某楣未能提交证据证明其于2017年3月31日之前或当日返还了小讲桌公司印章及相关人名章。在被告质疑该份协议的印章、人名私章系由郭某楣或郭某楣授意之人加盖的情况下,本院认为该份协议的印章、人名私章是如何加盖的这个待证事实存在真伪不明的情形。对此,郭某楣应进一步举证。")

宰着我国的司法实践。实际上,《民诉解释》中第90条第2款和第108条第2款同时存在,两者单独来看也分别代表了本书分析的二分式证明责任模式和三分式证明责任模式。在原有被践行的审理思路并未被否定、而只是与其他规范同时施行时,究竟是“狭路相逢”还是“并行不悖”,可能并不是短时间内就能够“见分晓”的。

从这个角度看,实务中也可能出现这样的情形,即为了在形式上增强说理或者至少增加对裁判规范的引用,法院虽然引用了相关抽象规则,但是在针对个案的实质分析中,仍然采取的是与2001年《证据规定》时期相同的裁判技术,直接将对事实主张的认定简化为存在与不存在两种可能。比如,在2019年最高人民法院的一份再审判决书中,裁判理由在认定鉴定意见不足以认定《担保函》虚假和时任永华公司的法定代表人认可《担保函》的真实性之后,认为“从举证责任看,永华公司否认《担保函》的真实性,应当提供充分的反驳证据加以推翻”,并且随后基于《民诉解释》第108条第2款的规定,主张“仅依据鉴定意见并不足以认定待证事实即公章真伪问题,永华公司应当承担举证不能的不利法律后果”。[1] 由此可见,虽然《民诉解释》对证明标准提出具有一定可操作性的要件(“高度可能性”和“真伪不明”),但是法官在实务中仍然可能坚持原有的实践做法,虽然对证据本身作出了比较详细的说明,但是对于证明标准和证明结果的详细说理仍然“不大感冒”。

上面这种情况,尤其可能出现在适用简易程序的案件中(该案即为繁简分流改革之前的独任审判案件)。笔者认为,如果认为简易程序可以简化裁判说理,因而不必就法官心证的水平(事实存在具有高度盖然性、真伪不明乃至事实不存在)作出说明的话,恰恰能够支持二分式证明责任模式仍在我国实践中大多数的民事案件中占据主流地位的论点。仅从本书探讨的过程来看,证明责任规范应当属于绝大多数当事人存在争议的裁判中说理的核心内容,[2]而并非可有可无的部分。易言之,如果裁判没有对证明责任规范以及必要时真伪不明状态的认定,更接近于没有说理而非简化说理。也许论者会更为审慎地思考,“省略了,是否等于不存在?”笔者则认为,裁判说理本就不同于法官形成裁判的过程,是给别人看的。判决书里不写,让当事人和所有其他读者如何知晓呢? 正如“当我们说民法典,我们其实是憧憬着(描绘着)一个关于具体法

---

〔1〕 参见最高人民法院民事判决书,(2019)最高法民再177号。

〔2〕 参见曹志勋:《对民事判决书结构与说理的重塑》,载《中国法学》2015年第4期,第241、243页。

治的路线图"[1]一样,当我们说裁判说理,依法说理和依照不限于民事程序法和证据法的现行规则说理,仍应该是各界法律人共同追求的司法目标。

四、我国证明责任模式的原因分析

(一)理念:司法真实与诉讼目的

曾经占据主流地位的客观真实说认为,法官在判决中认定的事实是客观事实,对法院来说,查明案件的客观事实不仅是可能的,也是必须的。[2] 目前的通说法律真实说则强调,即使事实和客观真实仍有差距,也可以视为存在。但是,这一通说仍未涉及法律上事实不存在与真伪不明之间的区分。鉴于中国社会中常见的矫枉过正现象,笔者作出的推测是,法官认为真伪不明只存在于现实层面中,在法律上应当认为事实只有存在和不存在两种状态,因而拒绝将法律上的真伪不明作为事实认定的第三种可能。同时在实践中法官也同样能在形式上终结司法进程,因为除了适用客观证明责任裁判外,客观上还存在很多备选方案,如拒绝裁判、驳回起诉、不予受理、调解解决、依心证比例裁判、推迟裁判、降低证明标准,[3]甚至可以由当事人均摊风险。比如,在金坛市建筑安装工程公司与大庆市庆龙房地产开发有限公司建设工程结算纠纷案[4]中,双方约定 1999 年施工应按约定取费,2000 年双方协议包清工(不涉及取费问题),因此涉及对已安装电缆的费用清算问题。最高人民法院认为,在原被告双方就电缆问题意见不统一,又都未能充分举证证明各自主张的情况下,除双方均认可 7 根电缆为 1999 年完工之外,对于争议的 14 根电缆费用共计 1,708,497.48 元由双方共同承担不利后果。

在理念层面发挥作用的另一个因素是我国对于纠纷解决这一诉讼目的观的侧重。在各国,纠纷解决都被认为至少是诉讼目的之一。[5] 在我国,除去所

---

[1] 薛军:《当我们说民法典,我们是在说什么》,载《中外法学》2014 年第 6 期,第 1407 页。

[2] 参见李浩:《民事举证责任研究》,中国政法大学出版社 1993 年版,第 233 页。

[3] 参见李浩:《事实真伪不明处置办法之比较》,载《法商研究》2005 年第 3 期,第 104 ~ 111 页。Prütting, a. a. O., S. 120 ff.

[4] 参见最高人民法院民事判决书,(2004)民一终字第 118 号。

[5] Rosenberg/Schwab/Gottwald, a. a. O., § 1 Rn. 18; Mirjan R. Damaska, *Evidence Law Adrift*, Yale University, 1997, p. 110 – 113, 120; J. A. Jolowicz, *On Civil Procedure*, Cambridge University Press, 2000, p. 70; 新堂幸司『新民事訴訟法』(弘文堂,2019 年),2 ~ 3 頁([日]新堂幸司:《新民事诉讼法》,林剑锋译,法律出版社 2008 年版,第 4 页);参见张卫平:《民事诉讼法》(第 5 版),法律出版社 2019 年版,第 9 ~ 10 页。

谓的“息讼”传统文化不论,[1]实践中法官同样非常重视当事人之间的纠纷解决,其中以审判监督制度所体现的有错必纠精神、强调“案结事了”的“调解型审判”模式[2]以及“让群众满意”和促进社会和谐的司法理念为代表。而且,在现实中当事人申诉、上诉甚至缠诉缠访的直接压力下,法官个人和法院的具体利益也与纠纷是否解决密切相关(本书第二章)。因此,从根本上解决其纠纷、说服当事人认可裁判成为法官的需求。

在这种需求的刺激下,我们必须考虑法官在实践中可能如何推测和思考。在事实方面,说服当事人的最直接方法就是将法律事实认定的正当性建立在与客观事实相一致的基础上,所谓“还事实于真相”。但是,适用客观证明责任进行裁判注定是不能发现事实时的最终救济,[3]认定事实在法律上真伪不明就注定不可能符合客观真实。此时,法官只能寄希望于说服当事人相信采取任何手段都无法发现事实的客观真相,这不仅与绝大多数当事人的真实观、法院对自身的政治宣传背道而驰,而且通常也是极其困难的(这是对消极事实的证明,法官此时试图要让当事人相信没有任何一种办法能发现案件真相),无法达到解决纠纷的目的。与之相对,由于我国证明责任分配规则主要依照规范说,一般情况下不考虑盖然性说,导致客观证明责任的分配常与事实发生的可能性无关,裁判对错的概率是相同的。那么,从现实的角度出发,法官还不如同时结合对非要件事实因素的考量(如大陆法系作为证据裁判主义例外的心证原因“辩论全趣旨”或者商事案件中商人的声誉对特定交易中违约可能性判断的影响),至少认定一个确定的事实,反倒更有可能符合客观真实和实质正义,同时增强说服当事人的可能性。因此,“通过操纵证明标准人为地将当事人主张的案件事实归入假或者真的范围……更为法官所青睐”[4]。

(二)程序:以二审事实标准为例

就审级制度的事实认定部分而言,我国的二审审查标准远远超越大陆法

---

〔1〕 参见尤陈俊:《“厌讼”幻象之下的“健讼”实相?重思明清中国的诉讼与社会》,载《中外法学》2012年第4期,第815~834页。

〔2〕 参见王亚新:《论民事、经济审判方式的改革》,载《中国社会科学》1994年第1期,第3~22页。

〔3〕 Laumen, in: Baumgärtel/Laumen/Prütting, a. a. O., Kap. 9 Rn. 2; Prütting, in: Baumgärtel/Laumen/Prütting, a. a. O., Kap. 11 Rn. 1.

〔4〕 段厚省:《证明责任、证明标准和证明评价的实践互动与制度协调》,载《南京师大学报(社会科学版)》2007年第3期,第26页。

系上诉程序的“续审”制而更符合所谓“全面复审”制,[1]这种强有力的监督机制在尽可能发现真相的同时,也导致下级法官在认定事实上如履薄冰,进而难以遵循三分式证明责任模式。

首先,我国的事实不清规则给法官带来更高的错案风险,本身就是促使法官避免真伪不明判决的原因之一。一方面,客观证明责任判决在形式上即满足“基本事实不清”规则(《民事诉讼法》第177条第1款第3项)或者原来的“事实不清,证据不足”规则。从文义上看,真伪不明只不过是上述标准的另一种表达形式,当然同样符合发回或改判的要求。易言之,这两种规则似乎并没有给真伪不明留有余地。另一方面,事实不清规则背后所代表的全面审查模式在理念上并未将上诉制度的目的限定在纠正错误而进一步强调了查清事实,相应地,在制度上也未采取将尊重一审事实认定作为原则的续审制,[2]而是鼓励二审法官采取类似重新审理、不受拘束的方式。如果再考虑到前述司法实践中对客观真实的偏爱,在涉及真伪不明的微妙证明局面中,上诉法官当然更可能只会形成事实存在或不存在的认定。特别是所谓“用尽所有程序上可能的合法证明手段,法官仍不能获得心证”的条件相对灵活,“用尽与否”直

---

〔1〕 参见傅郁林:《审级制度的建构原理——从民事程序视角的比较分析》,载《中国社会科学》2002年第4期,第94~95页;傅郁林:《论民事上诉程序的功能与结构——比较法视野下的二审上诉模式》,载《法学评论》2005年第4期,第40~41页。

〔2〕 [日]新堂幸司『新民事訴訟法』(弘文堂,2019年),926~929頁([日]新堂幸司:《新民事诉讼法》,林剑锋译,法律出版社2008年版,第628~629页;新版补充说明了续审制向事后审制的改革);参见傅郁林:《论民事上诉程序的功能与结构——比较法视野下的二审上诉模式》,载《法学评论》2005年第4期,第43页。在德国,虽然立法将尊重初审法院认定的事实作为原则,并要求只在有明确客观的怀疑理由时才可以重新审查(德国《民事诉讼法典》第529条第1款第1项),通说仍然强调二审事实审中发现真相的功能。BGHZ 162, 313 = NJW 2005, 1583, 1584; BGHZ 159, 254 = NJW 2004, 2828, 2829; Rosenberg/Schwab/Gottwald, a. a. O., § 138 Rn. 36 ff.; Bruno Rimmelspacher, Münchener Kommentar ZPO, Band 2, 6. Aufl., 2020, § 529 Rn. 8 ff.; Klaus Reichold, in: Thomas/Putzo, ZPO, 40. Aufl., 2019, § 529 Rn. 1 ff. 反对观点则更强调法条的前述文义。Hannes Unberath, Der Zweck der Rechtsmittel nach der ZPO – Reform – Theorie und Praxis, ZZP 120 (2007), S. 342 ff. 就我国的情况而言,目前的主要工作仍然落在进一步充实一审事实审上(这也是本书的核心研究目标),二审法院在现阶段对于事实的重新审查仍然是必要的。至于以何种速度走向更为严格的续审制(包括本书并不涉及新事实和新证据的失权问题),需要就修法后的实际评估而定。就此,黄国昌研究员就我国台湾地区刑事二审状况的实证研究可资参考,参见黄国昌:《刑事第二审制度变革之影响评估——一个实证考察之分析模组》,载黄国昌主编:《2008司法制度实证研究》,台北,“中央研究院”法律学研究所筹备处2009年版,第447~495页。

接建立在正义与效率的博弈结果之上。这与投入的社会成本和私人成本大小直接相关,更以具体诉讼场景下的直接认识为基础,由此会导致两审法官之间的认识分歧。

其次,在上述事实不清规则的语境中,直接认定真伪不明将使一审法官承担相对困难的说理负担。事实一般只有存在和不存在两种情况,直接认定真伪不明显然是例外。超越诉讼证明的一般证明规则是,主张适用特别规则者应对主张本身承担"证明/说理责任"。因此,如果一审法官在判决书中写明无法认定特定事实存在与否,就必须准备足够理由说服上级法院认同其适用特别规则的理由,否则就必须适用一般规则。基于上下级审判机关之间的分工协作与职能分层原则,二审法官如果试图推翻其判断,在逻辑上必须准备更充分的反驳理由,否则就应当尊重一审法官在更接近事实材料下的判断。易言之,如果初审法官认定真伪不明,那么就要承担"证明责任",证明特别理由的存在;如果初审法官形成了是否存在的心证,则上述"证明责任"将由审查者承担,上级法官要想推翻初审法官的判断,就必须证明特别理由的存在。由此,初审法官在事实存在与否中任选一种,一方面错判的概率会因此降低,另一方面上级法院由于惰性可能倾向于不再异议,何乐而不为?

再次,由于缺少成熟的判例制度,抽象证明标准下事实认定的分歧更为严重。在证据裁判主义下,法官在认定事实时需要将目光穿梭于证明评价与证明标准之间。但是,两大法系的证明标准都很抽象,[1]一般需要相关案例制度的协助才能尽可能保证司法认知的统一。在我国,法官的法学素质已经普遍大幅提高,指导性案例制度也在逐渐深化(本书第七章)。但是,没有成熟的判

〔1〕至于证明标准应当如何认定,则属比较民事诉讼法学界内的重大争议问题,同时涉及各国文本与实践的认定、其他社会科学的引入以及价值取向多个面向的问题。Rosenberg/Schwab/Gottwald, a. a. O., § 114 Rn. 11 ff.; Laumen, in: Baumgärtel/Laumen/Prütting, a. a. O., Kap. 5 Rn. 4 ff.; Prütting, a. a. O., S. 59 ff.; Kevin M. Clermont, *Standards of Proof Revisited*, 33 Vermont Law Review 469 (2009); Michele Taruffo, *Rethinking the Standards of Proof*, 51 American Journal of Comparative Law 659 (2003); Kevin M. Clermont & Emily Sherwin, *A Comparative View of Standards of Proof*, 50 American Journal of Comparative Law 243 (2002). 囿于篇幅,本书就此不作深入讨论。至少参考我国一贯对真相的追求而言,高度盖然性仍然可以成为一般的理论规则,这也与德国的通说一致;在个案裁判中,证明标准则应更多交由法官根据实际情况来把握;法律、司法解释或者指导性案例也可以根据我国的审判经验,在部分案件类型中将证明标准降低到优势证据的程度。相关讨论可参见吴泽勇:《中国法上的民事诉讼证明标准》,载《清华法学》2013 年第 1 期,第 73 ~ 88 页。

例制度的配套,对证明标准的把握仍然容易因人而异。于是,对事实不清规则认定不一的现象既可能发生于同级法官之间,当然也可能存在于上下级法官之间。

最后,一旦法官在事实问题上被判定为"错误",将面临巨大风险。在现有的审判管理制度下,初审法官的发改率直接与其个人及集体的经济待遇、荣誉挂钩,更可能涉及错案追究的问题,前述额外的说理要求也可能与司法责任制下的后果直接对应〔1〕。因此,法官们理性地抗拒认定事实真伪不明,也在情理之中。〔2〕

(三)移植:理论与实践间的分离

在法学理论和法律制度上,后发展国家移植或者继受先进国家的法治经验非常普遍。如同这一过程中可能导致的法律制度与社会环境的分离一样,法学理论的移植和实践之间的分离也是可能的。例如,日本在明治时期和第二次世界大战后就出现过这种情况,明治时期政府决意引进德国制度,但是学者最初却希望嫁接法国法的理论和制度;第二次世界大战后,政府没有对民事诉讼法的条文作太多修改,但是学界却对美国的学说趋之若鹜。〔3〕 1908 年,我国也出现"理想上试图学习德国,实际上抄袭了日本"的状况。〔4〕 目前,由于学术和制度传统使然,民事诉讼法学者大多推崇大陆法系的基本框架,只是在诉讼理念和部分具体制度上借鉴普通法系的成果。但是,英语成为法律人的主要工作外语,法律全球化特别是律师实务、法学教育和法律文书都趋近美

〔1〕 参见赵朝琴、刘树德:《关于裁判文书说理责任制度构建的思考》,载《法律适用》2017 年第 23 期,第 44 ~51 页。

〔2〕 在美国,不依证明责任判定事实的问题同样可能发生,如陪审团可能无视法官关于证明的指示,法官也可能期待上诉法院不会纠正其事实认定而故意"违法"。Kenneth S. Broun et al., *McCormick on Evidence*, § 336. 笔者认为,司法实践与理论之间的张力在不同法域中都注定以不同的形式存在,但是由于我国上述特殊情况导致的司法制度缺失及对法官个人的变相鼓励,问题可能更为严重和突出。

〔3〕 参见[日]中村英郎:《我与民事诉讼法研究》,载[日]中村宗雄、中村英郎:《诉讼法学方法论——中村民事诉讼理论精要》,陈刚、段文波译,中国法制出版社 2009 年版,第 258 页。

〔4〕 邓峰:《清末变法的法律经济学解释:为什么中国学习了大陆法?》,载《中外法学》2009 年第 2 期,第 166 页。

国化,[1]部分学术研究也没有细致甄别法学方法论/法律推理的区别而仅关注相同的法律适用结果,使客观证明责任与说服责任之间的区分较少为人重视(这个状况近年来已经大大改观了)。如果考虑到司法实践的客观现实,这种分离就更为复杂了。因此,在没有特别注意概念差别的情况下,学术和实务中使用普通法系的话语("未说服")而非真伪不明来解读客观证明责任问题就不足为奇。在民事诉讼法学的中国特色或者"元素"[2]尚未成型的当下,发生这个问题是正常的现象。甚至,与此相类似,本书所关注的客观证明责任概念只是在我国理论界得到普遍认可,而实务界则仍然倾向使用主观证明责任概念与思路。[3]

五、证明责任裁判的意义及其局限

"真伪不明"状态真的存在么? 这不仅是对法学概念的形而上探讨,实质上观察的也是两大法系对同一诉讼证明状态的不同法律适用模式。在回答这个问题的过程中,我们至少部分发现了客观证明责任理论在实践中运用的现状:至少在理论界高举"真伪不明"大旗的同时,相当数量的司法判决并不买账。相反,他们选择了普通法系看起来更直接的态度:"未说服即不存在"。

也许有人会说,大陆法系的证明责任理论及其所植根的法学方法论对于我国的司法实践来说过于复杂了,而且这也不会影响到案件审判的结果,没必要全部引入。诚然,这与诉讼结果无关。但是,这真的就那么复杂么? 并非如此。大陆法系的证明责任理论的复杂建立在法学的高度发达之上,复杂的只是学者的思辨过程和理论的完整阐释;而就法官而言,只不过首先要求认定事实真伪不明状态,进而通过适用某种规范将其转化为或真或伪的事实状态,然后再适用法律。实际上,就裁判者而言,只增加了事实认定上的一个环节而已,只需要法官在向当事人释案或撰写判决书时讲清楚过程。加强说理,仅此

---

〔1〕 参见何美欢:《论当代中国的普通法教育》,中国政法大学出版社2005年版,第1~23页。在此之上进一步就在国际政治经济交往和公司合规领域中,接受过美国法律教育的律师发挥作用与其角色转换可能的观察("美国律师的全球统治"),参见强世功:《帝国的司法长臂——美国经济霸权的法律支撑》,载《文化纵横》2019年第4期,第89~91页。

〔2〕 试对比民法学的发展,参见王轶:《论中国民事立法中的"中国元素"》,载《法学杂志》2011年第4期,第27~32页。

〔3〕 参见李浩:《证明责任的概念——实务与理论的背离》,载《当代法学》2017年第5期,第3~10页;霍海红:《主观证明责任逻辑的中国解释》,载《北大法律评论》2010年第11卷第2辑,北京大学出版社2010年版,第521~539页。

而已。

本书的主要目的是提示并尝试解释理论与理论之间、理论与实践之间的张力,对何种理论更适合我国国情的问题仅略加讨论,毕竟后者是建立在承认差异基础上的后话。对于后者,笔者初步的认识分为三个层次:必须从更高的层次上思考我们究竟需要什么样的法律适用理论,这必然需要将民事诉讼法学的研究与法理学的抽象思辨相结合;上诉审查模式、证明标准、案例指导制度等基础性问题,仍有必要在更体系化的比较中深化讨论;讨论与证明责任模式相关的国情,更有必要建立在广泛的实证研究之上,以科学的眼光发现(而不仅是"猜想")法官、律师、当事人的接受程度究竟如何。无论如何,讨论"真伪不明"的作用更多只能是点出一系列问题,要解决它,则需要下好法治发展中的每一步棋。

主要结论

本书所谓的裁判技术，即法院在作出裁判的过程中所运用的程式、理路、方法等司法技术。针对我国突出的现实问题，本书关注的重点是一审终局判决。在诉讼法理上，裁判技术由诉讼请求/标的、实体请求权（基础）或法律依据、要件事实及其对应的主要事实主张、间接事实主张和证据这五个不同层面的问题组成。裁判技术来自对大陆法系和我国相关理论的发展，也即法官在民事案件中以相对合理的裁判形式，分别处理法律问题、事实问题以及程序性问题，并最终适用法律形成裁判理由和结论的法律方法。我国程序法中的裁判技术有其特点，同时也区别于立足于诉讼过程的审理技术。发展裁判技术理论的目标在于，连贯技术化问题背后的核心民事诉讼法理，并且聚焦于事实认定技术，提出裁判技术核心领域中较为理想的解决方案。

裁判技术的适用与发展也受到司法制度和诉讼机制两大类因素的影响。在司法制度方面，司法调解提供了不适用裁判技术的可能性，法官的素质、司法公信力以及司法和法院内反专业化的资源配置则从法院组织层面施加着不容忽视的影响。司法公开和广义上属于司法范畴的涉诉信访机制，也与裁判技术密切互动。在诉讼机制方面，无论是就诉讼程序中的立案、审前，还是庭审阶段而言，程序上缺陷的部分原因就在于裁判技术上的不足，而反过来看，程序的局限性也制约了裁判技术的发展。最后，繁简分流与程序分类也可能会分别影响裁判技术的适用范围。简易程序以其分流意义能够化解“案多人少”的现状,为日趋正式的普通程序遴选适当类型和数量的案件,保障民事程序的高规格运行。诉讼程序的选择应当体现程序法上当事人的意思自治,取决于双方在个案中就程序保障达成的合意而非对某类纠纷及其解决机制的一般性理解。

基于我国民事判决书的既有状况和改革尝试并参考大陆法系的经验,本书认为,在我国民事判决书结构中应引入独立的本案事实部分,将原有的原告诉讼请求、双方主张的事实和理由部分、本案经审理确定的案由和案件审理程序中特殊的情形合并组成本案事实部分,以突出其记载和证明的功能。同时,现有经审理查明部分应与本院认为部分合并组成裁判理由,后者一并裁判本案中的证明评价、事实认定和法律适用问题,从而在事实问题应当说理的共识之下,进一步强化事实问题与法律问题之间结合的必要性。法官应当重视争议事实认定的证成及其心证形成理由的公开,同时在法律适用部分除了要注意法律规范引用的基本技术,还应回应当事人可能存疑的事项或其法律争点,并且有必要通过充实说理素材,增强裁判说理的厚度。

借鉴两大法系比较经验并关注我国司法实践,本书认为,现行法上处理“笔误”的补正裁定,应分为针对显然错误和事实部分错误的两种制度,其中前者为当前解释论研究的重点。德国法上对形式错误的补正分别针对显然错误和事实部分错误,在程序上前者可由原先判决的法院或者上诉法院随时依职权补正,后者只能由判决法院在一定期限内依申请补正。与德国制度大致相同,美国法和日本法也规定了判决错误补正制度。在我国,对显然错误的补正,应考虑对法官真实意思的解释、对显然性标准的强调和当事人对纠错的态度。通过整合我国实践经验,应进一步厘清补正裁定制度的适用对象。从司法实践和效率角度出发,应扩大解释有权补正的法院范围并且可以由法院依职权随时启动,法官也可以在上诉程序中直接更正。对于面向未来立法论的事实部分错误,由于只涉及对过去记录的更正,只能由最初判决的法官们依当事人申请启动和当初状况补正。

就我国实践中不时出现的民事一审漏判问题而言,无论是我国现行法上通过发回重审制度救济还是实践中由复审法院直接改正的做法均存在较大缺陷。本书进而主张,就此我国未来应引入独立的补充判决制度。补充判决制度分为确认漏判存在和漏判救济程序两个阶段。第一阶段的判断以处分权主义和诉讼标的理论的理解为识别标准。在第二阶段的程序设计上,作出补充判决不应受当事人申请的限制。为了限制补充判决的适用以及维护判决的权威,我国应规定诉讼系属状态保留和启动补充判决程序这两个方面的时限(可在比较法基础上适当放宽),以使遗漏部分的诉讼系属状态及时消灭。同时补充判决制度也应允许当事人通过上诉审中变更上诉请求或者另诉得到救济,在多数情况下,上述安排能够与当前的实务做法衔接。针对诉讼费用的补充判决应例外地不受期限限制,也可在上诉中被附带地直接更正。

2001 年《证据规定》第 9 条规定了生效裁判确认的事实具有预决效力,但是我国学者对此认识不同。从立法论出发,本书也认为应否定上述事实预决效力。事实预决效力的主张无法得到传统既判力理论的支持。如果当事人希望将法院对预决事实争点的判断纳入既判力范围,就需要专门提起中间确认之诉,即在系属的诉讼中额外提起的不独立的确认之诉,其代表的是对一次性纠纷解决理念的审慎态度。比较法上虽然存在扩张既判力范围的理论主张,但也存在标准模糊、缺乏可预见性以及可能无谓浪费诉讼资源的弊端,也不适合我国现有的发展程度。我们还需要注意到大陆法系民事诉讼法理对矛盾判决的理解。此外,预决效力不同于既判力的事实排除效力,只有前诉口头辩论终结前已经存在的、处于同一"生活事实"范围内的事实主张,才会在后诉中被禁止挑战其正确性。预决效力也不同于公文书的证明力规则,其针对的不是彻底排除的效力,而只是类似预决事实的、推定为真的证明效力。

就民事指导性案例的"参照"效力而言,该效力不同于一般在先裁判具有的说服力和基于审级的事实上的约束力,而是一种具有中国特色的制度性效力,对应专门的裁判技术。从内容上看,指导性案例的裁判理由和要点都应成为"参照"效力的对象,当裁判理由中包含了要点中没有的解释性内容时,裁判理由同样可以适用,当两者冲突时应根据具体情况判断。指导性案例中引用的相关法条只是便于理解的参考,并不能限制指导性案例的适用范围,也不排除对相关法条的扩张或限缩解释。指导性案例中公布的法律理由部分是参照的主要内容,在未公布部分与公布部分冲突时以后者为准;理解指导性案例应结合案件事实并以之为限,未公布的案件事实只能作为对案件事实的补充材料,与公布的案件事实冲突时也应以公布的案件事实为准。在程序法上,"参照"效力在内容上产生一项特别的说理义务,违反该义务将产生司法行政方面的消极评价,也需要纳入通常的民事程序框架和审级制度。如果个案裁判中对与指导性案例涉及的实质性相似问题采取了不同的法律见解并且没有说理或者说理不充分，那么在二审或者审判监督程序中就构成法律适用错误；如果由于法律适用错误导致原审遗漏了重要的事实争点，也可能构成“认定事实错误”甚至“认定基本事实不清”；如果法院对相同问题实际上适用了指导性案例的理由但没有论证其相似性或者没有直接援引，不宜视为法律适用错误；如果后案涉及的是与指导性案例不同但相关的问题时，法官仍然承担说理义务。不过，无论是从我国既有实践还是从比较法来看，我国都不必采取所谓的背离报告制度，而应继续加强审判委员会的司法化和专业化。

根据现行法规定，法律规范可能在判决书的裁判理由和裁判依据部分被完整具体地引用，其引用范围根据引用位置不同而有所区别。法官应重视并类型化理解司法实践中各类可能组成裁判说理的内容。法律规范存在冲突时，现行规范认为应以能否选择适用为标准加以区分；法官通过具体裁判实现的法律漏洞补充甚至“造法”的功能，也得到了一定程度的明确承认。无论是传统法学三段论还是更为精确的逻辑表达，大陆法系的涵摄技术可以作为法律规范引用的比较法参考。这尤其能够从法律适用技术的角度，完成抽象的要件事实与具体的间接事实对接的说理过程，其在裁判中则体现为适用法律和引用法律规范说明裁判理由的方法。在自诉的声明、权利主张到要件事实后，涵摄过程体现为要件事实逐步具体化并形成更具体的法律规范的过程。民事判决对法律规范的引用应以民法上的请求权基础为核心，这在实体法领域没有争议。由于请求权基础同时决定诉讼标的和待证事实，程序法规范的引用也受到请求权基础的影响，例外在于民事判决对部分诉讼行为的评析。引用规范上的完整程度和引用数量上的详略程度应有所差别，后者应考虑引用处于裁判说理还是裁判依据的部分以及裁判说理本身应实现的繁简分流目标。在具体引用法律规范时，法官也应注意规范用语中“依照”与“参照”在立法技术上的差异，准确判断“适用”是在前述哪一种含义上被使用。

以“彭宇案”判决为例，事实认定说理的不同维度，即程序事实、要件事实、案件事实、证据事实和媒体事实，均值得从裁判技术角度重新思考。本案中就调查程序事实的说理可以依据现有规则进一步补充。由于实体法理论上的争议，对本案中适用公平责任的要件事实存在说理困难。本案的主要证明对象是双方是否相撞这一核心事实，对此同样应充分说理，但可以在原判中依据经验法则的说理之外寻找替代方案。在证明评价上，“彭宇案”中最突出的问题是如何认定相互矛盾的诉外笔录和法庭陈述内容，也即两个矛盾的直接证据的证明力。比较来看,德国的询问笔录属于公文书中的报告书证,具有证明当事人确实作出了某些表示的形式证明力;而在美国,问题的核心则在于笔录与传闻证据规则的关系。在我国,当同一当事人在诉外笔录中和法庭上询问时作出相互矛盾的陈述时,应综合判断哪一份证据的证明力较高,并且将其作为定案根据。最后,就"媒体事实"而言,法官应完成从当事人主张的事实向诉讼法上的案件事实的转化,裁判技术的适用也已经预设了法官完成了去粗取精的认识过程。虽然媒体事实不同于判决中的事实认定,本身也不是说理的组成部分,但是却无时无刻不与案件事实说理的可接受度高度相关,因此应得到特别重视。

在两大法系的证明理论中,直接证明和间接证明均得到明确区分。从大陆法系法理来看,区分两者时应注意到同一事实在不同的请求权基础下可能具有不同的属性。本身含义不确定的法律概念在实体法中常常出现,法官不宜将其直接作为案件证明中的要件事实,而应将案件中具体出现的、符合该抽象概念的事实类型作为要件事实。应区分实体法规范中直接规定的、抽象的要件事实概念与争议案件事实中出现的对应法律构成要件的主要事实,本书认为,通说中广泛承认的直接证明模式应继续存在。在间接证明中,可以基于对审理技术和裁判技术的认识并考虑根据案件中双方当事人攻防的可能性,区分以下三类证明方式,即较高盖然性经验法则的经验法则常规适用,经验法则虽然盖然性达不到前述较高的程度,但是能够排除其他可能性的经验法则弱化适用,以及通过完善证据链条达到证明效果的一般的间接证明。间接证明对应专门的制度设计,可能体现为证据链与证据环的不同形式。

同样以重新检视十余年前作出的"彭宇案"一审判决书及其说理为契机,本书认为,有必要借鉴德国法经验,为处理将来案件中可能反复出现的经验法则盖然性较低的情形提供理论工具。实务中对经验法则的适用,可以分为常规和弱化两类模式。经验法则的适用以社会上典型的事件经过为核心,根据盖然性高低,通常需要达到日常生活经验法则的标准,既有研究又要主要关注于此。但是仍需思考的是,即使在相关经验法则的盖然性不强时,法官也有必要通过理论上作为例外的弱化模式,在已经形成心证时补强事实认定结果的可接受性,满足其对事实认定确信的说理义务。法官应寻找本案中所有其他理论上的可能性,然后再根据案件中是否存在相应的事实线索,选定需要详细分析和说理的部分可能性。只有在排除其他可能使本案案情只有一种可能时,法官才能依弱化适用模式认定案情。此时,为了推翻经验法则,本证方应就不存在其他可能性提出主张,并且以相对优势标准举证说服法官。

在区分文书本身的真实性和文书对案件真实的证明力的基础上,本书认为,虽然大陆法系普遍认可文书真伪问题可以例外地成为独立确认之诉的诉讼标的,但鉴于文书真伪判断本身只能间接影响案件实体问题的审理,在诉讼效益上也不能直接解决案件争议,我国可以坚持事实问题不能成为确认之诉对象的一般原理,并在普通程序中将文书真伪问题作为争点进行认定。我国应明确要求相对方对文书真伪表态,实务中通常也只会在有异议时审查书证真伪,其例外主要源于现实中虚假诉讼的存在可能性和法官在个案中就此产生的怀疑。申请鉴定的必要性应以证明责任分配的规范说为标准,对于书证真伪的辅助事实也能适用证明责任,在理论上应区分待证事实本身和书证真伪的主、客观证明责任。从实务对策出发,除了应认识到实践中十分重要的文书真伪鉴定有其限度之外,也应充分发挥司法勘验和相关民事诉讼制度的作用,并且关注新技术手段的革新意义。在比较法上,大陆法系书证证明力的理论体系有三分式证明责任模式和二分式证明责任模式,在均承认形式证明力和实质证明力有别的同时,两者的区别在于书证真实是否具有独立的理论地位。我国法应认为书证的形式证明力包含了书证本身为真的判断和书证中的表示确实由其署名人发出的双重效果。虽然现行法并未明确规定书证的形式证明力,但是通过解释《民诉解释》第 114 条,特别是考虑形式证明力作为实质证明力的前提条件和该条文的比较法借鉴范本,也可以认为我国既推定公文书为真,又推定公文书具有形式证明力。但为明确形式证明力作为实质证明力的前提地位,在立法论上应明确规定形式证明力的独立规则。

公文书实质证明力推定规则是我国《民诉解释》第 114 条继承并再次确认的法定证明力规则,在实务中影响法院对公文书中待证事实的证明责任分配,具有很大的实践意义。两大法系原则上都不存在实质证明力推定规则。大陆法系既有规则的适用对象主要在于书证的形式证明力的真实,只是就发出某个表示本身适用的法定证据规则。由于处分性公文书中就意思表示和法律行为的内容在形式证明力和实质证明力上相互重合,在效果上会出现事实上的实质证明力推定规则。英美法系证据规则的核心是可采性问题,虽然在例外情况下承认了刑事判决书对待证客观事实的实质证明力,但主要规则仅针对认定法官判决内容的形式证明力。特别是,生效裁判事实预决效力是公文书实质证明力推定规则的特殊情形,在解释论上可以将其适用范围限于相同“两造”再次对抗的后案诉讼。但是与此相比,更应该考虑通过改进民事诉讼程序,更直接地解决虚假诉讼的问题。在立法论上,这一预决效力也缺乏足够的理论依据。与此不同,公文书的实质证明力推定的范围应限于处分性公文书中的处分意思,此时书证的形式证明力和实质证明力合一。除了实体法以自然人出生时间的证明力推定规则之外,处分性公文书中的其他记载、报道性公文书以及私文书均不应适用法定的证明力规则。与一般性的证明力推定规则不同的是现行法上关于不动产登记和商事登记的实体法规则。作为自由心证的组成部分,法官仍然可以利用各类经验法则,综合认定各类公私书证对待证事实的实质证明力。

大陆法系强调事实认定的真伪不明状态及其法律适用过程,普通法系则相反。这一差异的形成与两大法系中的方法论研究、民事诉讼的运作起点、对实用主义的态度和陪审制的运用密切相关。我国通说倾向于大陆法系客观证明责任理论,但立法和司法活动都表明该理论尚未得到体系化运用,相反,普通法系说服责任的应用更为流行。在《民诉解释》出台之后,实务中直接认定真伪不明的裁判文书逐步增加,但整体来看仍属于极少数情况。实务中仍然存在相当多的案件,继续坚持原有二分式证明责任模式下“未说服即不存在”的思维方式,或者只是为了在形式上增强说理或者至少增加对裁判规范的引用,而适用了《民诉解释》中的抽象规则。我国理论与实践的背道而驰,部分起因于法律真实观的矫枉过正、以纠纷解决为主的诉讼目的以及以二审事实审查标准为代表的程序,这在其他国家和地区的法治移植过程中也是常见的。

参考文献

一、中文书籍

1. 毕玉谦主编:《〈最高人民法院关于民事诉讼证据的若干规定〉释解与适用》,中国民主法制出版社 2002 年版。

2. 陈刚:《证明责任法研究》,中国人民大学出版社 2000 年版。

3. 陈杭平等:《新范式下的民事诉讼标的理论》,中国法制出版社 2020 年版。

4. 陈计男:《民事诉讼法论》,台北,三民书局股份有限公司 2007 年版。

5. 陈嘉映:《说理》,上海文艺出版社 2020 年版。

6. 陈荣宗、林庆苗:《民事诉讼法》(上册),台北,三民书局股份有限公司 2013 年版。

7. 陈荣宗、林庆苗:《民事诉讼法》(中册),台北,三民书局股份有限公司 2014 年版。

8. 陈瑞华:《比较刑事诉讼法》,中国人民大学出版社 2010 年版。

9. 陈瑞华:《程序性制裁理论》,中国法制出版社 2010 年版。

10. 陈瑞华:《程序正义理论》,中国法制出版社 2010 年版。

11. 陈瑞华:《问题与主义之间——刑事诉讼基本问题研究》,中国人民大学出版社 2003 年版。

12. 陈瑞华:《刑事审判原理论》(第 2 版),北京大学出版社 2003 年版。

13. 陈瑞华:《刑事诉讼的前沿问题》,中国人民大学出版社 2011 年版。

14. 陈瑞华:《刑事证据法》,北京大学出版社 2018 年版。

15. 陈甦主编:《民法总则评注》(上册),法律出版社 2017 年版。

16. 邓继好:《程序正义理论在西方的历史演进》,法律出版社 2012 年版。

17. 丁宝同:《民事判决既判力研究》,法律出版社 2012 年版。

18. 段厚省:《民事诉讼标的论》,中国人民公安大学出版社 2004 年版。

19. 段厚省:《司法的困惑——程序法的双重张力》,中国法制出版社 2018 年版。

20. 段厚省:《诉审商谈主义——基于商谈理性的民事诉讼构造观》,北京大学出版社 2013 年版。

21. 段厚省、张峰:《证明评价原理——兼及对民事诉讼方法论的探讨》,法律出版社 2011 年版。

22. 段文波:《规范出发型民事判决构造论》,法律出版社 2012 年版。

23. 冯文生:《推理与诠释——民事司法技术范式研究》,法律出版社 2005 年版。

24. 高尚:《德国判例使用方法研究》,法律出版社 2019 年版。

25. 公丕祥:《法制现代化的理论逻辑》,中国政法大学出版社 1999 年版。

26. 国家法官学院、德国国际合作机构:《法律适用方法——合同法案例分析方法》(第 2 版),中国法制出版社 2014 年版。

27. 郭翔:《民事争点效力理论研究》,北京师范大学出版社 2010 年版。

28. 郭小冬、姜建兴:《民事诉讼中的证据和证明》,厦门大学出版社 2009 年版。

29. 韩世远:《合同法总论》,法律出版社 2018 年版。

30. 何美欢:《论当代中国的普通法教育》,中国政法大学出版社 2005 年版。

31. 侯猛:《司法的运作过程:基于对最高人民法院的观察》,中国法制出版社 2021 年版。

32. 胡思博:《民事裁定研究》,社会科学文献出版社 2014 年版。

33. 黄国昌:《民事诉讼理论之新开展》,北京大学出版社 2008 年版。

34. 黄茂荣:《法学方法与现代民法》,法律出版社 2007 年版。

35. 黄湧:《民事审判争点归纳——技术分析与综合运用》,法律出版社 2021 年版。

36. 纪格非:《民事诉讼中的真实——路径与限度》,中国政法大学出版社 2013 年版。

37. 江伟主编:《民事诉讼法典专家修改建议稿及立法理由》,法律出版社 2008 年版。

38. 江伟主编、傅郁林副主编:《民事诉讼法学》(第 3 版),北京大学出版社 2015 年版。

39. 姜世明:《举证责任与真实义务》,厦门大学出版社 2017 年版。

40. 姜世明:《民事诉讼法》(上册),台北,新学林出版股份有限公司 2016 年版。

41. 姜世明:《民事诉讼法》(下册),台北,新学林出版股份有限公司 2018 年版。

42. 姜世明:《证据评价论》,厦门大学出版社 2017 年版。

43. 雷鸿:《民事指导性案例研究》,法律出版社 2013 年版。

44. 雷万来:《民事证据法论》,台北,瑞兴图书股份有限公司 1997 年版。

45. 李国光主编:《最高人民法院〈关于民事诉讼证据的若干规定〉的理解与适用》,中国法制出版社 2002 年版。

46. 李浩:《民事举证责任研究》,中国政法大学出版社 1993 年版。

47. 李浩:《民事诉讼法学》(第 2 版),法律出版社 2016 年版。

48. 李浩:《民事证据立法前沿问题研究》,法律出版社 2007 年版。

49. 李龙:《民事诉讼标的理论研究》,法律出版社 2003 年版。

50. 李曼:《美国中间禁令制度研究》,社会科学文献出版社 2020 年版。

51. 李心鉴:《刑事诉讼构造论》,中国政法大学出版社 1992 年版。

52. 梁慧星、陈华彬:《物权法》(第 6 版),法律出版社 2016 年版。

53. 梁书文主编:《〈关于民事诉讼证据的若干规定〉新释解》(第 2 版),人民法院出版社 2011 年版。

54. 梁玉霞:《裁判主张研究》,法律出版社 2019 年版。

55. 林剑锋:《民事判决既判力客观范围研究》,厦门大学出版社 2006 年版。

56. 刘成安:《论裁判规则——以法官适用法律的方法为视角》,法律出版社 2012 年版。

57. 刘加良:《司法确认程序的生成与运行》,北京大学出版社 2019 年版。

58. 刘家兴、潘剑锋主编:《民事诉讼法学教程》(第 5 版),北京大学出版社 2018 年版。

59. 刘明生:《民事诉讼法实例研习》,台北,元照出版有限公司 2019 年版。

60. 刘树德:《无理不成"书"——裁判文书说理 23 讲》,中国检察出版社 2020 年版。

61. 罗筱琦:《民事判决研究:根据与对策》,人民法院出版社 2006 年版。

62. 骆永家:《民事举证责任论》,台北,商务印书馆 1972 年版。

63. 吕太郎:《民事诉讼法》,台北,元照出版有限公司 2018 年版。

64. 米健等:《当今与未来世界法律体系》,法律出版社 2010 年版。

65. 南英等主编:《人民法院裁判文书写作教程》,中国法制出版社 2013 年版。

66. 聂长建:《司法判决研究》,中国社会科学出版社 2011 年版。

67. 潘剑锋:《民事诉讼原理》,北京大学出版社 2001 年版。

68. 彭漪涟:《事实论》,上海社会科学院出版社 1996 年版。

69. 钱穆:《四书释义》,九州出版社 2010 年版。

70. 邱联恭:《程序利益保护论》,台北,2005 年自版发行。

71. 邱联恭:《司法之现代化与程序法》,台北,1992 年自版发行。

72. 邱联恭:《争点整理方法论》,台北,2001 年自版发行。

73. 邱联恭讲述,许士宦整理:《口述民事诉讼法讲义(二)》,2017 年自版发行。

74. 全国人大常委会法制工作委员会民法室编:《〈中华人民共和国物权法〉条文说明、立法理由及相关规定》(第 2 版),北京大学出版社 2017 年版。

75. 邵明:《现代民事之诉与争讼程序法理》,中国人民大学出版社 2018 年版。

76. 邵明:《正当程序中的实现真实——民事诉讼证明法理之现代阐释》,法律出版社 2009 年版。

77. 最高人民法院修改后民事诉讼法贯彻实施工作领导小组编著:《最高人民法院民事诉讼法司法解释理解与适用》,人民法院出版社 2015 年版。

78. 最高人民法院修改后民事诉讼法贯彻实施工作领导小组编:《民事诉讼文书样式》,人民法院出版社 2016 年版。

79. 史尚宽:《民法总论》,中国政法大学出版社 2000 年版。

80. 苏力:《送法下乡——中国基层司法制度研究》,中国政法大学出版社 2000 年版。

81. 孙邦清、史飚:《民事诉讼询问权研究》,中国政法大学出版社 2016 年版。

82. 唐文:《法官判案如何说理——裁判文书说理研究与应用》,人民法院出版社 2000 年版。

83. 滕威、刘龙编著:《要素式审判法:庭审方式与裁判文书的创新》,人民法院出版社 2016 年版。

84. 王福华:《民事诉讼法学》(第 2 版),清华大学出版社 2015 年版。

85. 王利明:《裁判说理论——以民事法为视角》,人民法院出版社 2021 年版。

86. 王利明:《民法总则研究》,中国人民大学出版社 2012 年版。

87. 王利明等:《民法学》,法律出版社 2017 年版。

88. 王强义:《民事诉讼特别程序研究》,中国政法大学出版社 1993 年版。

89. 王亚新、陈杭平、刘君博:《中国民事诉讼法重点讲义》(第 2 版),高等教育出版社 2021 年版。

90. 王亚新:《对抗与判定——日本民事诉讼的基本结构》(第 2 版),清华大学出版社 2010 年版。

91. 王轶:《民法原理与民法学方法》,法律出版社 2009 年版。

92. 王涌:《私权的分析与建构:民法的分析法学基础》,北京大学出版社 2020 年版。

93. 王泽鉴:《民法概要》,中国政法大学出版社 2003 年版。

94. 王泽鉴:《法律思维与案例研习:请求权基础理论体系》,2019 年自版发行。

95. 魏大喨:《民事诉讼法》,台北,三民书局股份有限公司 2015 年版。

96. 魏振瀛主编:《民法》,北京大学出版社、高等教育出版社 2017 年版。

97. 吴洪淇:《转型的逻辑:证据法的运行环境与内部结构》,中国政法大学出版社2013年版。

98. 吴在存、刘玉民、马军编著:《民事审判技能》,中国民主法制出版社2013年版。

99. 夏卫国:《非单调司法论证模式导论》,山东人民出版社2013年版。

100. 肖晖:《中国判决理由的传统与现代转型》,法律出版社2008年版。

101. 肖建国:《民事诉讼程序价值论》,中国人民大学出版社2000年版。

102. 肖建华主编:《民事诉讼立法研讨与理论探索》,法律出版社2008年版。

103. 熊跃敏:《民事审前准备程序研究》,人民出版社2007年版。

104. 徐亚文:《程序正义论》,山东人民出版社2004年版。

105. 许可:《民事审判方法:要件事实引论》,法律出版社2009年版。

106. 许可:《侵权责任法要件事实分析》,人民法院出版社2018年版。

107. 闫庆霞:《当事人民事诉讼主张研究》,法律出版社2013年版。

108. 杨会新:《当事人诉讼行为论》,法律出版社2018年版。

109. 杨建华:《民事诉讼法要论》,郑杰夫增订,北京大学出版社2013年版。

110. 杨凯:《书记员和法官助理职业技能培训教程》,人民法院出版社2010年版。

111. 杨凯主编:《新民事诉讼文书样式实例评注》,北京大学出版社2018年版。

112. 杨立新:《民事裁判方法》,法律出版社2008年版。

113. 杨立新:《请求权与民事裁判应用》,法律出版社2011年版。

114. 杨小利:《民事判决法律效力研究》,人民法院出版社2012年版。

115. 杨秀清:《民事裁判过程论》,法律出版社2011年版。

116. 杨兆龙著、陈夏红编:《大陆法与英美法的区别》,北京大学出版社2009年版。

117. 易延友:《证据法学》,法律出版社2017年版。

118. 曾世雄:《民法总则之现在与未来》,中国政法大学出版社2001年版。

119. 占善刚、刘显鹏:《证据法论》,武汉大学出版社2015年版。

120. 占善刚:《民事诉讼证据调查研究》,中国政法大学出版社2017年版。

121. 占善刚:《民事证据法研究》,武汉大学出版社2009年版。

122. 张海燕:《民事诉讼案件事实认定机制研究》,中国政法大学出版社2012年版。

123. 张其山:《司法三段论的结构》,北京大学出版社2010年版。

124. 张卫平:《民事诉讼法》(第5版),法律出版社2019年版。

125. 张卫平:《民事证据法》,法律出版社2017年版。

126. 张文显、信春鹰、孙谦主编:《司法改革报告——法律职业共同体研究》,法律出版社2003年版。

127. 章武生主编:《个案全过程新论——以集中审理为中心》,复旦大学出版社2020

年版。

128. 张新宝:《〈中华人民共和国民法总则〉释义》,中国人民大学出版社 2017 年版。

129. 张亚东:《经验法则——自由心证的尺度》,北京大学出版社 2012 年版。

130. 赵朝琴:《司法裁判的现实表达》,法律出版社 2010 年版。

131. 周翠:《中外民事临时救济制度比较研究》,清华大学出版社 2014 年版。

132. 周晓霞:《民事判决理由研究》,法律出版社 2014 年版。

133. 邹碧华:《要件审判九步法》,法律出版社 2010 年版。

134. 最高人民法院民事审判第一庭编著:《最高人民法院新民事诉讼证据规定理解与适用》,人民法院出版社 2020 年版。

135. 最高人民法院民事审判第一庭编著:《最高人民法院物权法司法解释(一)理解适用与案例指导》,法律出版社 2016 年版。

136. 最高人民法院民事诉讼法修改研究小组编著:《〈中华人民共和国民事诉讼法〉修改条文理解与适用》,人民法院出版社 2012 年版。

137. 最高人民法院民事审判第二庭编著:《最高人民法院关于保险法司法解释(二)理解与适用》,人民法院出版社 2013 年版。

138. 最高人民法院民事审判第二庭编著:《最高人民法院关于买卖合同司法解释理解与适用》,人民法院出版社 2012 年版。

139. [奥]恩斯特 · A. 克莱默:《法律方法论》,周万里译,法律出版社 2019 年版。

140. [德]迪特尔 · 梅迪库斯:《请求权基础》,陈卫佐、田士永、王洪亮、张双根译,法律出版社 2012 年版。

141.《德国民事诉讼法》,丁启明译,厦门大学出版社 2016 年版。

142.《德意志联邦共和国民事诉讼法》,谢怀栻译,中国法制出版社 2001 年版。

143. [德]《法国民法典》(下册),罗结珍译,法律出版社 2005 年版。

144. [德]汉斯 - 约阿希姆 · 穆泽拉克:《德国民事诉讼法基础教程》,周翠译,中国政法大学出版社 2005 年版。

145. [德]卡尔 · 恩吉施:《法律思维导论》,郑永流译,法律出版社 2004 年版。

146. [德]卡尔 · 拉伦茨:《法学方法论》,陈爱娥译,商务印书馆 2003 年版。

147. [德]莱奥 · 罗森贝克:《证明责任论》,庄敬华译,中国法制出版社 2018 年版。

148. [德]罗兰德 · 史梅尔:《如何解答法律题》,胡苗苗译,北京大学出版社 2019 年版。

149. [德]罗森贝克、施瓦布、戈特瓦尔德:《德国民事诉讼法》,李大雪译,中国法制出版社 2007 年版。

150. [德]普维庭:《现代证明责任问题》,吴越译,法律出版社 2006 年版。

151.［德］齐佩利乌斯:《法学方法论》,金振豹译,法律出版社 2009 年版。

152.［德］琼希姆·泽柯:《比较民事诉讼法》,王洪亮译,载［德］马蒂亚斯·赖曼、莱茵哈德·齐默尔曼编:《牛津比较法手册》,高鸿钧等译,北京大学出版社 2019 年版。

153.［德］托马斯·M. J. 默勒斯:《法律研习的方法:作业、考试和论文写作》(第 9 版),申柳华、杜志浩、马强伟译,北京大学出版社 2019 年版。

154.［法］勒内·达维德:《当代主要法律体系》,漆竹生译,上海译文出版社 1984 年版。

155.［法］洛伊克·卡迪耶:《法国民事司法法》,杨艺宁译,中国政法大学出版社 2010 年版。

156.［法］雅克·盖斯旦、吉勒·古博:《法国民法总论》,陈鹏等译,法律出版社 2004 年版。

157.［美］劳伦斯·鲍姆:《从专业化审判到专门法院》,何帆、方斯远译,北京大学出版社 2019 年版。

158.［美］理查德·A. 波斯纳:《法理学问题》,苏力译,中国政法大学出版社 2002 年版。

159.［美］米歇尔·渥克:《灰犀牛:如何应对大概率危机》,王丽云译,中信出版集团 2017 年版。

160.［美］约翰·W. 斯特龙主编:《麦考密克论证据》(第 5 版),汤维建等译,中国政法大学出版社 2004 年版。

161.［日］草野芳郎:《调解技术论》,韩宁、姜雪莲译,中国法制出版社 2016 年版。

162.［日］高桥宏志:《民事诉讼法:制度与理论的深层分析》,林剑锋译,法律出版社 2003 年版。

163.［日］高桥宏志:《重点讲义民事诉讼法》,张卫平、许可译,法律出版社 2007 年版。

164.［日］谷口安平:《程序的正义与诉讼》(增补本),王亚新、刘荣军译,中国政法大学出版社 2002 年版。

165.［日］兼子一、竹下守夫:《民事诉讼法》,白绿铉译,法律出版社 1995 年版。

166.［日］新堂幸司:《新民事诉讼法》,林剑锋译,法律出版社 2008 年版。

167.［日］伊藤真:《民事诉讼法》(第 4 版补订版),曹云吉译,北京大学出版社 2019 年版。

二、中文论文

1. 北京市第一中级人民法院课题组:《关于加强司法公开建设的调研报告》,载《人民司法·应用》2009 年第 5 期。

2. 包冰锋:《民事诉讼间接证明的机理证成与模型应用》,载《法律科学(西北政法大学学报)》2020 年第 5 期。

3. 毕玉谦:《“一强多元”模式下的证明责任学说——以克服“规范说”局限性为重心》,载《政法论坛》2011 年第 2 期。

4. 毕玉谦:《经验法则及其实务应用》,载《法学》2008 年第 2 期。

5. 毕玉谦:《缺席判决制度的基本法意与焦点问题之探析》,载《法学评论》2006 年第 3 期。

6. 毕玉谦:《诉的变更之基本架构及对现行法的改造》,载《法学研究》2006 年第 2 期。

7. 边燕杰:《论社会学本土知识的国际概念化》,载《社会学研究》2017 年第 5 期。

8. 卜元石:《重复诉讼禁止及其在知识产权民事纠纷中的应用——基本概念解析、重塑与案例群形成》,载《法学研究》2017 年第 3 期。

9. 卜元石:《德国法学教育中的案例研习课:值得借鉴? 如何借鉴?》,载方小敏主编:《中德法学论坛》第 13 辑,法律出版社 2016 年版。

10. 卜元石:《法教义学的显性化与作为方法的法教义学》,载《南大法学》2020 年第 1 期。

11. 蔡杰、程捷:《封闭与开放:裁判文书论理风格之类型化检讨》,载《法学论坛》2006 年第 2 期。

12. 曹建军:《论民事调查令的实践基础与规范理性》,载《法学家》2019 年第 3 期。

13. 曹士兵:《最高人民法院裁判、司法解释的法律地位》,载《中国法学》2006 年第 3 期。

14. 曹书瑜:《论民事瑕疵裁判的补正程序》,载《人民司法 · 应用》2006 年第 6 期。

15. 曹险峰:《论公平责任的适用——以对〈侵权责任法〉第 24 条的解释论研读为中心》,载《法律科学(西北政法大学学报)》2012 年第 2 期。

16. 曹云吉:《第一届紫荆民事诉讼青年沙龙实录》,载张卫平主编:《民事诉讼法研讨(一)》,法律出版社 2016 年版。

17. 曹志勋:《不作为诉讼之诉讼标的》,载姜世明主编:《诉讼标的及重复起诉禁止理论之再省思》,台北,新学林出版股份有限公司 2018 年版。

18. 曹志勋:《德国诉讼标的实体法说的发展——关注对请求权竞合的程序处理》,载《交大法学》2018 年第 1 期。

19. 曹志勋:《对当事人鉴定申请的司法审查——兼论书证真伪鉴定的特殊性》,载《法学》2020 年第 12 期。

20. 曹志勋:《对民事判决书结构与说理的重塑》,载《中国法学》2015 年第 4 期。

21. 曹志勋:《民事诉讼依职权审查合同效力规则再认识》,载《法制与社会发展》2021 年第 3 期。

22. 曹志勋:《民事诉讼中法讨论义务之讨论》,载姜世明主编:《法官阐明义务及其界限之研究》,台北,新学林出版股份有限公司 2020 年版。

23. 曹志勋:《法院依职权调查证据的强制程度及其与辩论主义第三命题间的关系》,载姜世明主编:《修正辩论主义与协同主义之时代论争》,台北,新学林出版股份有限公司 2017 年版。

24. 曹志勋:《反思事实预决效力》,载《现代法学》2015 年第 1 期。

25. 曹志勋:《经验法则适用的两类模式——自对彭宇案判决说理的反思再出发》,载《法学家》2019 年第 5 期。

26. 曹志勋:《立案程序的修改:司法现实与理论设想》,载《中国社会科学报》2012 年 5 月 9 日,A07 版。

27. 曹志勋:《立案形式审查中的事实主张具体化》,载《当代法学》2016 年第 1 期。

28. 曹志勋:《论案件事实认定说理的不同维度——以彭宇案一审判决书为例》,载《北方法学》2020 年第 3 期。

29. 曹志勋:《论公文书实质证明力推定规则的限缩》,载《国家检察官学院学报》2020 年第 2 期。

30. 曹志勋:《论普通程序中的答辩失权》,载《中外法学》2014 年第 2 期。

31. 曹志勋:《论我国法上确认之诉的认定》,载《法学》2018 年第 11 期。

32. 曹志勋:《论我国民事判决补正裁定制度的细化》,载《武汉大学学报(哲学社会科学版)》2017 年第 4 期。

33. 曹志勋:《民事鉴定程序启动中的职权与权利配置》,载《当代法学》2021 年第 2 期。

34. 曹志勋:《商事审判组织的专业化及其模式》,载《国家检察官学院学报》2015 年第 1 期。

35. 曹志勋:《论指导性案例的"参照"效力及其裁判技术——基于对已公布的 42 个民事指导性案例的实质分析》,载《比较法研究》2016 年第 6 期。

36. 曹志勋:《民事地域管辖制度释疑——兼对〈民诉法解释〉规则的述评》,载《法学家》2015 年第 6 期。

37. 曹志勋:《民事立案程序中诉讼标的审查反思》,载《中国法学》2020 年第 1 期。

38. 曹志勋:《民事诉讼中的双重相关事实——"初步证据"向"假定为真"的转变》,载《环球法律评论》2021 年第 1 期。

39. 曹志勋:《起诉中断诉讼时效规则的理论展开》,载《当代法学》2014 年第 6 期。

40. 曹志勋:《书证搜集裁判:模式比较与本土改造》,载《现代法学》2011 年第 5 期。

41. 曹志勋:《书证真伪鉴定的必要及费用分配——从新〈证据规定〉再出发》,载《中国法律评论》2020 年第 3 期。

42. 曹志勋:《停止侵害判决及其强制执行——以规制重复侵权的解释论为核心》,载《中外法学》2018 年第 4 期。

43. 曹志勋:《文书真伪认定的中国路径》,载《法学研究》2019 年第 6 期。

44. 曹志勋:《我国商事正式程序论纲》,载张卫平主编:《民事程序法研究》第 11 辑,厦门大学出版社 2014 年版。

45. 曹志勋:《"真伪不明"在我国民事证明制度中确实存在么?》,载《法学家》2013 年第 2 期。

46. 曹志勋:《中调浓郁,尾调逸香——从品味〈对抗与判定——日本民事诉讼的基本结构〉谈起》,载谢进杰主编:《中山大学法律评论》第 10 卷第 2 辑,法律出版社 2013 年版。

47. 常鹏翱:《法律事实的意义辨析》,载《法学研究》2013 年第 5 期。

48. 常鹏翱:《论现实存在与物权行为的无关联性——对相关学理争辩的再辨析》,载《法学》2015 年第 1 期。

49. 巢志雄:《案例的生命在于引证》,载《电子知识产权》2015 年第 8 期。

50. 陈柏峰:《缠讼、信访与新中国法律传统——法律转型时期的缠讼问题》,载《中外法学》2004 年第 2 期。

51. 陈本寒、陈英:《公平责任归责原则的再探讨——兼评我国〈侵权责任法〉第 24 条的理解与适用》,载《法学评论》2012 年第 2 期。

52. 陈刚:《法系意识在民事诉讼法学研究中的重要意义》,载《法学研究》2012 年第 5 期。

53. 陈光中:《比较法视野下的中国特色司法独立原则》,载《比较法研究》2013 年第 2 期。

54. 陈桂明、李仕春:《缺席审判制度研究》,载《中国法学》1998 年第 4 期。

55. 陈桂明、李仕春:《形成之诉独立存在吗?——对诉讼类型传统理论的质疑》,载《法学家》2007 年第 4 期。

56. 陈杭平:《论"事实问题"与"法律问题"的区分》,载《中外法学》2011 年第 2 期。

57. 陈杭平:《论"同案不同判"的产生与识别》,载《当代法学》2012 年第 5 期。

58. 陈杭平:《论中国法院的"合一制"——历史、实践和理论》,载《法制与社会发展》2011 年第 6 期。

59. 陈杭平:《诉讼标的理论的新范式——"相对化"与我国民事审判实务》,载《法学研究》2016 年第 4 期。

60. 陈金钊:《论审判规范》,载《比较法研究》1999 年第 Z1 期。

61. 陈景辉:《裁判可接受性概念之反省》,载《法学研究》2009 年第 4 期。

62. 陈景辉:《依法裁判:理想还是幻想?》,载《中国法律评论》2020 年第 2 期。

63. 陈林林:《公众意见影响法官决策的理论和实验分析》,载《法学研究》2018 年第 1 期。

64. 陈林林:《公众意见在裁判结构中的地位》,载《法学研究》2012 年第 1 期。

65. 陈林林:《司法裁判中的演绎推论》,载《浙江大学学报(人文社会科学版)》2007 年第 1 期。

66. 陈年冰:《中国语境下的请求权方法》,载《法制与社会发展》2015 年第 4 期。

67. 陈瑞华:《法官员额制改革的理论反思》,载《法学家》2018 年第 3 期。

68. 陈瑞华:《法官责任制度的三种模式》,载《法学研究》2015 年第 4 期。

69. 陈瑞华:《论被告人口供规则》,载《法学杂志》2012 年第 6 期。

70. 陈瑞华:《实物证据的鉴真问题》,载《法学研究》2011 年第 5 期。

71. 陈瑞华:《司法裁判的行政决策模式——对中国法院"司法行政化"现象的重新考察》,载《吉林大学社会科学学报》2008 年第 4 期。

72. 陈瑞华:《司法权的性质——以刑事司法为范例的分析》,载《法学研究》2000 年第 5 期。

73. 陈瑞华:《以限制证据证明力为核心的新法定证据主义》,载《法学研究》2012 年第 6 期。

74. 陈显武:《论法学上规则与原则之区分——由非单调逻辑之观点出发》,载《台大法学论丛》2005 年第 34 卷第 1 期。

75. 陈显武、葛祥林:《论条件式规范之逻辑特性》,中国台湾地区 2002 年"国科会"研究计划结案报告,2003 年。

76. 陈晓君:《缺陷的弥补与权利的补充救济——民事裁判瑕疵补正程序》,载《法律适用》2008 年第 9 期。

77. 陈兴良:《案例指导制度的法理考察》,载《法制与社会发展》2012 年第 3 期。

78. 陈兴良:《案例指导制度的规范考察》,载《法学评论》2012 年第 3 期。

79. 陈越峰:《公报案例对下级法院同类案件判决的客观影响——以规划行政许可侵犯相邻权争议案件为考察对象》,载《中国法学》2011 年第 5 期。

80. 谌宏伟:《"规范说"与中国民事立法》,载《北大法律评论》2014 年第 15 卷第 1 辑,北京大学出版社 2014 年版。

81. 褚福民:《电子证据真实性的三个层面——以刑事诉讼为例的分析》,载《法学研究》2018 年第 4 期。

82. 褚福民:《刑事证明的两种模式》,载《政法论坛》2015 年第 2 期。

83. 褚福民:《准法律推定——事实推定与法律推定的中间领域》,载《当代法学》2011 年第 5 期。

84. 崔建远:《合同解除探微》,载《江淮论坛》2011 年第 6 期。

85. 崔建远:《论物权救济模式的选择及其依据》,载《清华大学学报(哲学社会科学版)》2007 年第 3 期。

86. 邓峰:《清末变法的法律经济学解释　为什么中国学习了大陆法?》,载《中外法学》2009 年第 2 期。

87. 邓矜婷:《确定先例规则的理论及其对适用指导性案例的启示——基于对美国相关学说的分析》,载《法商研究》2015 年第 3 期。

88. 丁宇翔:《缺位、错位与归位:民法方法论在民事判决中的"谦抑"表达》,载《中国应用法学》2018 年第 4 期。

89. 董皞、贺晓翊:《指导性案例在统一法律适用中的技术探讨》,载《法学》2008 年第 11 期。

90. 窦海阳:《侵权法中公平分担损失规则的司法适用》,载《法商研究》2016 年第 5 期。

91. 杜睿哲:《补充判决制度的法意及问题探讨——兼与曹书瑜法官商榷》,载《人民司法 · 应用》2007 年第 11 期。

92. 杜睿哲:《论裁判脱漏及其程序上的处理》,载《甘肃政法学院学报》2008 年第 3 期。

93. 杜睿哲:《判决的补正探析》,载《西南政法大学学报》2005 年第 2 期。

94. 杜万华:《〈民事诉讼法〉司法解释重点问题解析》,载《法律适用》2015 年第 4 期。

95. 段厚省:《论民事案件裁判方法——在事实和法律之间探寻》,载《法律适用》2006 年第 5 期。

96. 段厚省:《证明责任、证明标准和证明评价的实践互动与制度协调》,载《南京师大学报(社会科学版)》2007 年第 3 期。

97. 段文波:《间接反证——事实认定中的效用论》,载《宁夏大学学报(人文社会科学版)》2008 年第 3 期。

98. 段文波:《请求权竞合论:以诉之选择性合并为归宿》,载《现代法学》2010 年第 5 期。

99. 段文波:《庭审中心视域下的民事审前准备程序研究》,载《中国法学》2017 年第 6 期。

100. 段文波:《我国民事庭审阶段化构造再认识》,载《中国法学》2015 年第 2 期。

101. 段文波:《我国民事自认的非约束性及其修正》,载《法学研究》2020 年第 1 期。

102. 段文波:《一体化与集中化:口头审理方式的现状与未来》,载《中国法学》2012 年第 6 期。

103. 段文波:《预决力批判与事实性证明效展开:已决事实效力论》,载《法律科学(西北政法大学学报)》2015 年第 5 期。

104.《〈法国民法典:合同法、债法总则和债之证据〉法律条文及评注》,秦立威等译注,载李昊、明辉:《北航法律评论》2016 年第 1 辑,法律出版社 2017 年版。

105. 樊涛:《我国商事审判制度的反思与重构》,载《河北法学》2010 年第 2 期。

106. 范光群等:《裁判之脱漏》,载民事诉讼法研究基金会:《民事诉讼法之研讨(二)》,台北,民事诉讼法研究基金会 1987 年自版发行。

107. 范光群等:《判决之更正》,载民事诉讼法研究基金会:《民事诉讼法之研讨(一)》,台北,民事诉讼法研究基金会 1986 年自版发行。

108. 范一:《提高民事诉讼庭审质效的现实进路》,载汪明亮、杨严炎主编:《复旦大学法律评论》第 6 辑,复旦大学出版社 2019 年版。

109. 范愉:《"当判则判"与"调判结合"——基于实务和操作层面的分析》,载《法制与社会发展》2011 年第 6 期。

110. 方乐:《法官判决的知识基础》,载《法律科学(西北政法大学学报)》2009 年第 1 期。

111. 方乐:《司法行为及其选择的文化注释——以转型司法中的中国法官为例》,载《法律科学(西北政法大学学报)》2007 年第 5 期。

112. 房文翠、任敏:《指导案例评释——以最高人民法院发布的 9 批指导案例为研究对象》,载《法律适用》2015 年第 8 期。

113. 封利强:《司法证明机理:一个亟待开拓的研究领域》,载《法学研究》2012 年第 2 期。

114. 冯文生:《审判案例指导中的"参照"问题研究》,载《清华法学》2011 年第 3 期。

115. 傅广宇:《从"飞机旅行案"看德国的民法方法论》,载《华东政法大学学报》2013 年第 4 期。

116. 付国华、李向阳:《规章在行政审判中的参照适用》,载《人民司法・案例》2011 年第 24 期。

117. 傅郁林:《"审"与"判"的逻辑和相应技巧》,载《人民法院报》2011 年 1 月 19 日,第 7 版。

118. 傅郁林:《当信仰危机遭遇和谐司法——由彭宇案现象透视司法与传媒关系》,载《法律适用》2012 年第 12 期。

119. 傅郁林:《多层次民事司法救济体系探索》,载《当代法学》2013 年第 2 期。

120. 傅郁林:《法学研究方法由立法论向解释论的转型》,载《中外法学》2013 年第 1 期。

121. 傅郁林:《繁简分流与程序保障》,载《法学研究》2003 年第 1 期。

122. 傅郁林:《分界 · 分层 · 分流 · 分类——我国民事诉讼制度转型的基本思路》,载《江苏行政学院学报》2007 年第 1 期。

123. 傅郁林:《改革开放四十年中国民事诉讼法学的发展——从研究对象与研究方法相互塑造的角度观察》,载《中外法学》2018 年第 6 期。

124. 傅郁林:《建立判例制度的两个基础性问题——以民事司法的技术为视角》,载《华东政法大学学报》2009 年第 1 期。

125. 傅郁林:《论民事上诉程序的功能与结构——比较法视野下的二审上诉模式》,载《法学评论》2005 年第 4 期。

126. 傅郁林:《论民事诉讼当事人的诚信义务》,载《法治现代化研究》2017 年第 6 期。

127. 傅郁林:《迈向现代化的中国民事诉讼法》,载《当代法学》2011 年第 1 期。

128. 傅郁林:《民事裁判文书的功能与风格》,载《中国社会科学》2000 年第 4 期。

129. 傅郁林:《民事诉讼法修改的价值取向论评》,载《华东政法大学学报》2012 年第 4 期。

130. 傅郁林:《审级制度的建构原理——从民事程序视角的比较分析》,载《中国社会科学》2002 年第 4 期。

131. 傅郁林:《司法责任制的重心是职责界分》,载《中国法律评论》2015 年第 4 期。

132. 傅郁林:《司法职能分层目标下的高层法院职能转型——以民事再审级别管辖裁量权的行使为契机》,载《清华法学》2009 年第 5 期。

133. 傅郁林:《诉讼费用的性质与诉讼成本的承担》,载《北大法律评论》2001 年第 4 卷第 1 辑,法律出版社 2001 年版。

134. 傅郁林:《先决问题与中间裁判》,载《中国法学》2008 年第 6 期。

135. 傅郁林:《小额诉讼与程序分类》,载《清华法学》2011 年第 3 期。

136. 傅郁林:《新民事诉讼法中的程序性合意机制》,载《比较法研究》2012 年第 5 期。

137. 傅郁林:《以职能权责界定为基础的审判人员分类改革》,载《现代法学》2015 年第 4 期。

138. 傅郁林:《中国民事诉讼立案程序的功能与结构》,载《法学家》2011 年第 1 期。

139. 傅郁林:《自由裁量管辖权及其行使——〈美国最高法院受案议程表的形成〉导

读》,载《北大法律评论》2010 年第 11 卷第 1 辑,北京大学出版社 2010 年版。

140. 高新华:《论司法程序性裁判》,载《国家检察官学院学报》2008 年第 1 期。

141. 高星阁:《民事诉讼中公文书证之证据效力研究》,载《证据科学》2016 年第 5 期。

142. 郜永昌、刘克毅:《论案例指导制度的法律定位》,载《法律科学(西北政法大学学报)》2008 年第 4 期。

143. 葛云松:《法学教育的理想》,载《中外法学》2014 年第 2 期。

144. 葛云松:《赔礼道歉民事责任的适用》,载《法学》2013 年第 5 期。

145. 葛云松:《一份基于请求权基础方法的案例练习报告——对于一起交通事故纠纷的法律适用》,载《北大法律评论》2015 年第 16 卷第 2 辑,北京大学出版社 2015 年版。

146. 葛云松、金可可、田士永、黄卉:《法治访谈录:请求权基础的案例教学法》,载《法律适用(司法案例)》2017 年第 14 期。

147. 龚成:《改革民事判决书制作模式的思考》,载《法律适用》2000 年第 2 期。

148. 顾培东:《公众判意的法理解析——对许霆案的延伸思考》,载《中国法学》2008 年第 4 期。

149. 顾培东:《判例自发性运用现象的生成与效应》,载《法学研究》2018 年第 2 期。

150. 顾培东:《人民法院改革取向的审视与思考》,载《法学研究》2020 年第 1 期。

151. 郭春明:《法院裁判文书中的法条引用问题研究》,载《法学杂志》2012 年第 7 期。

152. 郭锋、吴光侠、李兵:《〈《关于案例指导工作的规定》实施细则〉的理解与适用》,载《人民司法·应用》2015 年第 17 期。

153. 郭明瑞、瞿灵敏:《指导性案例的参照效力与适用问题研究》,载《江汉论坛》2016 年第 2 期。

154. 郭戎晋:《美国区块链与智能契约技术立法之发展与重要问题》,载《月旦法学杂志》2021 年第 3 期。

155. 韩登池:《司法三段论——形式理性与价值理性的统一》,载《法学评论》2010 年第 3 期。

156. 韩强:《法教义学在商法上的应用——以最高人民法院指导案例 15 号为研究对象》,载《北大法律评论》2014 年第 15 卷第 1 辑,北京大学出版社 2015 年版。

157. 郝振江:《论我国非讼程序的完善——聚焦于民诉法特别程序的“一般规定”》,载《华东政法大学学报》2012 年第 4 期。

158. 何波:《民商事裁判文书的制作与说理》,载《人民司法·应用》2009 年第 3 期。

159. 何帆:《法官多少才够用》,载《人民法院报》2013 年 6 月 7 日,第 5 版。

160. 何帆:《判决书加脚注是画蛇添足?》,载《南方周末》2009 年 6 月 4 日,E30 版。

161. 何家弘:《完善司法判例制度是法治国家建设的需要》,载《法制与社会发展》2015 年第 1 期。

162. 何良彬、钟宏:《论裁判文书中法律适用的公开》,载《法律适用》2006 年第 3 期。

163. 何其生:《大国司法理念与中国国际民事诉讼制度的发展》,载《中国社会科学》2017 年第 5 期。

164. 贺剑:《法教义学的巅峰　德国法律评注文化及其中国前景考察》,载《中外法学》2017 年第 2 期。

165. 贺剑:《合同解除异议制度研究》,载《中外法学》2013 年第 3 期。

166. 贺剑:《民法的法条病理学——以僵尸法条或注意规定为中心》,载《法学》2019 年第 8 期。

167. 贺剑:《诉讼外和解的实体法基础——评最高人民法院指导案例 2 号》,载《法学》2013 年第 3 期。

168. 贺小荣:《民事裁判文书的规范化及其改革方向》,载《人民法院报》2004 年 1 月 7 日,B3 版。

169. 贺小荣、王松:《民事裁判文书制作若干问题探析》,载《人民司法》2005 年第 12 期。

170. 贺欣:《中国民事诉讼的确存在逆向选择效应吗——评张维迎、柯荣住的〈诉讼过程中的逆向选择及其解释——以契约纠纷的基层法院判决书为例的经验研究〉》,载《法学》2005 年第 7 期。

171. 洪冬英:《论虚假诉讼的厘定与规制——兼谈规制虚假诉讼的刑民事程序协调》,载《法学》2016 年第 11 期。

172. 胡东海:《“谁主张谁举证”规则的历史变迁与现代运用》,载《法学研究》2017 年第 3 期。

173. 胡东海:《民事证明责任分配的实质性原则》,载《中国法学》2016 年第 4 期。

174. 胡坚明:《请求权基础规则与法典化立法》,载《华东政法大学学报》2016 年第 6 期。

175. 胡军辉:《论民事既判事实之预决效力》,载《湘潭大学学报(哲学社会科学版)》2010 年第 4 期。

176. 胡仕浩、刘树德:《新时代裁判文书释法说理的制度构建与规范诠释(上)——〈关于加强和规范裁判文书释法说理的指导意见〉的理解与适用》,载《法律适用(司法案例)》2018 年第 16 期。

177. 胡仕浩、刘树德:《新时代裁判文书释法说理的制度构建与规范诠释(下)——

〈关于加强和规范裁判文书释法说理的指导意见〉的理解与适用》,载《法律适用(司法案例)》2018 年第 18 期。

178. 胡思博:《民事裁定的类型对比研究——以种类界定与层次划分为考察基点》,载《法学论坛》2013 年第 2 期。

179. 胡思博:《民事裁定适用范围考》,载张卫平主编:《民事程序法研究》第 9 辑,厦门大学出版社 2013 年版。

180. 胡夏冰:《"遗漏诉讼请求"能否作为再审事由》,载《人民法院报》2009 年 6 月 16 日,第 6 版。

181. 胡夏冰:《裁判表述错误及其补正》,载《法律适用》2009 年第 10 期。

182. 胡夏冰:《法治化是涉法涉诉信访制度改革的基本方向》,载《人民法院报》2013 年 11 月 23 日,第 1 版。

183. 胡夏冰:《民事漏判及其救济》,载张卫平主编:《民事程序法研究》第 6 辑,厦门大学出版社 2011 年版。

184. 胡夏冰:《我国遗漏诉讼请求救济制度的改革和完善》,载《人民法院报》2009 年 9 月 29 日,第 6 版。

185. 胡晓静、崔志伟:《有限责任公司隐名出资法律问题研究——对〈公司法解释(三)的解读〉》,载《当代法学》2012 年第 4 期。

186. 胡学军:《表见证明理论批判》,载《法律科学(西北政法大学学报)》2014 年第 4 期。

187. 胡学军:《法官分配证明责任:一个法学迷思概念的分析》,载《清华法学》2010 年第 4 期。

188. 胡学军:《推导作为诉讼证明的逻辑》,载《法学研究》2011 年第 6 期。

189. 胡学军:《为"事实真伪不明"命题辩护》,载《法商研究》2018 年第 2 期。

190. 胡学军:《在"生活事实"与"法律要件"之间:证明责任分配对象的误识与回归》,载《中国法学》2019 年第 2 期。

191. 胡学军:《证明责任"规范说"理论重述》,载《法学家》2017 年第 1 期。

192. 胡学军:《中国式举证责任制度的内在逻辑——以最高人民法院指导案例为中心的分析》,载《法学家》2018 年第 5 期。

193. 胡学军、涂书田:《司法裁判中的隐性知识论纲》,载《现代法学》2010 年第 5 期。

194. 胡云腾、罗东川、王艳彬、刘少阳:《〈关于案例指导工作的规定〉的理解与适用》,载《人民司法·应用》2011 年第 3 期。

195. 胡云腾、吴光侠:《〈关于编写报送指导性案例体例的意见〉的理解与适用》,载《人民司法·应用》2012 年第 9 期。

196. 胡云腾、于同志:《案例指导制度若干重大疑难争议问题研究》,载《法学研究》2008 年第 6 期。

197. 胡云腾:《论裁判文书的说理》,载《法律适用》2009 年第 3 期。

198. 黄国昌:《刑事第二审制度变革之影响评估——一个实证考察之分析模组》,载黄国昌主编:《2008 司法制度实证研究》,台北,台湾地区“中央研究院”法律学研究所筹备处 2009 年版。

199. 黄国昌:《争点效理论之细致化——评“最高法院”1996 年度台上字第 1782 号判决》,载黄国昌:《民事程序法学的理论与实践》,台北,元照出版有限公司 2012 年版。

200. 黄卉:《论法学通说》,载《北大法律评论》2011 年第 12 卷第 2 辑,北京大学出版社 2011 年版。

201. 黄亚英:《构建中国案例指导制度的若干问题初探》,载《比较法研究》2012 年第 2 期。

202. 黄湧:《民事庭审中争点归纳环节的问题样态与对策》,载《人民司法》2013 年第 5 期。

203. 黄泽敏:《案件事实的归属论证》,载《法学研究》2017 年第 5 期。

204. 黄泽敏、张继成:《案例指导制度下的法律推理及其规则》,载《法学研究》2013 年第 2 期。

205. 霍海红:《证明责任配置裁量权之反思》,载《法学研究》2010 年第 1 期。

206. 霍海红:《主观证明责任逻辑的中国解释》,载《北大法律评论》2010 年第 11 卷第 2 辑,北京大学出版社 2010 年版。

207. 纪格非:《“争点”法律效力的西方样本与中国路径》,载《中国法学》2013 年第 3 期。

208. 纪格非:《“直接证据”真的存在吗?——对直接证据与间接证据分类标准的再思考》,载《中外法学》2012 年第 3 期。

209. 纪格非:《论刑事判决在民事诉讼中的预决力》,载《当代法学》2015 年第 4 期。

210. 纪格非:《民事诉讼虚假诉讼治理思路的再思考——基于实证视角的分析与研究》,载《交大法学》2017 年第 2 期。

211. 纪格非:《直接证据与间接证据划分标准的反思与重构》,载《法学论坛》2013 年第 1 期。

212. 季卫东:《法律议论的社会科学研究新范式》,载《中国法学》2015 年第 6 期。

213. 季卫东:《彭宇案的公平悖论》,载《财经》2007 年第 19 期。

214. 季卫东:《上访潮与申诉制度的出路》,载《二十一世纪》2005 年第 3 期。

215. 江伟、常廷彬:《论已确认事实的预决力》,载《中国法学》2008 年第 3 期。

216. 江伟、刘荣军:《民事诉讼中当事人与法院的作用分担——兼论民事诉讼模式》,载《法学家》1999 年第 3 期。

217. 江伟、吴泽勇:《证据法若干基本问题的法哲学分析》,载《中国法学》2002 年第 1 期。

218. 江伟、徐继军:《经验与规则之间的民事证据立法》,载《法学》2004 年第 8 期。

219. 江勇、陈增宝:《指导性案例的效力问题探讨》,载《法治研究》2008 年第 9 期。

220. 姜世明:《论经验法则》,载《政大法学评论》2008 年第 107 期。

221. 姜世明:《相煎何太急——从部分"最高法院"关于"民事诉讼法"第 288 条适用之妥适性谈起》,载《裁判时报》2016 年第 47 期。

222. 蒋大兴:《"法官言说":问题意识、特殊知识与解释技艺》,载《法学研究》2011 年第 6 期。

223. 蒋大兴:《"好公司"为什么要判决解散——最高人民法院指导案例 8 号评析》,载《北大法律评论》2014 年第 15 卷第 1 辑,北京大学出版社 2014 年版。

224. 蒋大兴:《审判何须对抗——商事审判"柔性"的一面》,载《中国法学》2007 年第 4 期。

225. 蒋惠岭、龙飞:《香港澳门的司法公开制度与启示》,载《法律适用》2013 年第 4 期。

226. 蒋惠岭:《建立案例指导制度的几个具体问题》,载《法律适用》2004 年第 5 期。

227. 蒋若静:《"电子结婚证"不具备任何法律效力》,载《北京青年报》2019 年 8 月 20 日,A05 版。

228. 焦宝乾:《当代法律方法论的转型——从司法三段论到法律论证》,载《法制与社会发展》2004 年第 1 期。

229. 金枫梁:《裁判文书援引学说的基本原理与规则建构》,载《法学研究》2020 年第 1 期。

230. 金晶:《请求权基础思维:案例研习的法教义学"引擎"》,载《政治与法律》2021 年第 3 期。

231. 郎贵梅:《中国案例指导制度的若干基本理论问题研究》,载《上海交通大学学报(哲学社会科学版)》2009 年第 2 期。

232. 雷槟硕:《判例区分技术运用考察与借鉴》,载《华东政法大学学报》2020 年第 2 期。

233. 雷磊:《从"看得见的正义"到"说得出的正义"——基于最高人民法院〈关于加强和规范裁判文书释法说理的指导意见〉的解读与反思》,载《法学》2019 年第 1 期。

234. 雷磊:《法律规则的逻辑结构》,载《法学研究》2013 年第 1 期。

235. 雷磊:《法律论证中的权威与正确性——兼论我国指导性案例的效力》,载《法律科学(西北政法大学学报)》2014 年第 2 期。

236. 雷磊:《法律推理基本形式的结构分析》,载《法学研究》2009 年第 4 期。

237. 雷磊:《指导性案例法源地位再反思》,载《中国法学》2015 年第 1 期。

238. 雷鑫、黄文德:《当前法院裁判文书存在的问题及原因分析》,载《法律适用》2009 年第 12 期。

239. 李安:《裁判形成的思维过程》,载《法制与社会发展》2007 年第 4 期。

240. 李琛:《关于民事判决书的撰写技术》,载《法律适用》2002 年第 4 期。

241. 李承运:《民事二审“变更”裁判方式的价值体认与实践构想》,载《法律适用》2015 年第 2 期。

242. 李滇、樊华中:《刚弱两需分野下我国判决说理模式新探——以 S 市 F 区法院判决书为样本的研究》,载《法制与社会发展》2015 年第 3 期。

243. 李峰:《传闻证据规则,抑或直接言词原则?——民事诉讼书面证言处理的路径选择》,载《法律科学(西北政法大学学报)》2012 年第 4 期。

244. 李浩:《“直接证据”真的不存在吗?——与纪格非教授商榷》,载《中外法学》2017 年第 1 期。

245. 李浩:《〈证据规定〉与民事证据规则的修订》,载《中国法学》2011 年第 3 期。

246. 李浩:《查明事实、分清是非原则重述》,载《法学研究》2011 年第 4 期。

247. 李浩:《处分原则与审判监督——对第 7 号指导性案例的解读》,载《法学评论》2012 年第 6 期。

248. 李浩:《法官离职问题研究》,载《法治现代化研究》2018 年第 3 期。

249. 李浩:《规范说视野下法律要件分类研究》,载《法律适用》2017 年第 15 期。

250. 李浩:《回归民事诉讼法——法院依职权调查取证的再改革》,载《法学家》2011 年第 3 期。

251. 李浩:《理性地对待调解优先——以法院调解为对象的分析》,载《国家检察官学院学报》2012 年第 1 期。

252. 李浩:《论民事诉讼当事人的申请调查取证权》,载《法学家》2010 年第 3 期。

253. 李浩:《民事诉讼当事人的自我责任》,载《法学研究》2010 年第 3 期。

254. 李浩:《民事诉讼法典修改后的“新证据”——〈审监解释〉对“新证据”界定的可能意义》,载《中国法学》2009 年第 3 期。

255. 李浩:《民事诉讼法适用中的证明责任》,载《中国法学》2018 年第 1 期。

256. 李浩:《宁可慢些,但要好些——中国民事司法改革的宏观思考》,载《中外法学》2010 年第 6 期。

257. 李浩:《删而未除的“管辖错误”再审——基于 2013 年以来最高人民法院裁定书的分析》,载《法学研究》2015 年第 2 期。

258. 李浩:《事实真伪不明处置办法之比较》,载《法商研究》2005 年第 3 期。

259. 李浩:《调解归调解,审判归审判:民事审判中的调审分离》,载《中国法学》2013 年第 3 期。

260. 李浩:《先行调解性质的理解与认识》,载《人民法院报》2012 年 10 月 17 日,第 7 版。

261. 李浩:《证明责任的概念——实务与理论的背离》,载《当代法学》2017 年第 5 期。

262. 李浩:《走向与实体法紧密联系的民事诉讼法学研究》,载《法学研究》2012 年第 5 期。

263. 李后龙、李勇、王松:《请求权分析五定法:从有法可依到有据可判》,载《法律适用》2012 年第 1 期。

264. 李建伟、罗锦荣:《有限公司股权登记的对抗力研究》,载《法学家》2019 年第 4 期。

265. 李曼:《行为保全制度的标准构建——以美国法中间禁令制度的衡量标准为参考》,载《烟台大学学报(哲学社会科学版)》2016 年第 5 期。

266. 李敏:《论法理与学说的民法法源地位》,载《法学》2018 年第 6 期。

267. 李荣珍、黄永锋:《法院司法信息公开的初步研究》,载《法学杂志》2013 年第 4 期。

268. 李汝建、胡曲云:《深圳:冲破民商事裁判文书制作瓶颈》,载《人民法院报》2012 年 11 月 27 日,第 7 版。

269. 李纬华、殷进亮:《案件事实存在争议时的裁判之道——德国关系法简介》,载《法律适用》2009 年第 4 期。

270. 李喜莲:《网上公开之民事裁判文书的现状、问题及对策》,载《法律科学(西北政法大学学报)》2015 年第 4 期。

271. 李学成:《指导性案例的法源意义与确认路径——以最高人民法院公布的私法性指导性案例为研究对象》,载《北方法学》2014 年第 6 期。

272. 李扬、许清:《知识产权人停止侵害请求权的限制》,载《法学家》2012 年第 6 期。

273. 李拥军:《我国人民陪审制度的现实困境与出路——基于陪审复兴背后的思考》,载《法学》2012 年第 4 期。

274. 李友根:《论企业名称的竞争法保护——最高人民法院第 29 号指导案例研究》,载《中国法学》2015 年第 4 期。

275. 李友根:《论指导性案例的约束力范围》,载《苏州大学学报(哲学社会科学版)》2011 年第 4 期。

276. 李友根:《指导性案例为何没有约束力——以无名氏因交通肇事致死案件中的原告资格为研究对象》,载《法制与社会发展》2010 年第 4 期。

277. 廖永安、刘方勇:《人民陪审员制度目标之异化及其反思——以湖南省某市人民陪审员制度实践为样本的考察》,载《法商研究》2014 年第 1 期。

278. 廖永安:《民事裁判文书改革应避开几个误区》,载《人民法院报》2003 年 9 月 16 日,第 3 版。

279. 林维:《刑事案例指导制度:价值、困境与完善》,载《中外法学》2013 年第 3 期。

280. 林喜芬:《美国法院遵循先例的运行机制及启示》,载《比较法研究》2015 年第 2 期。

281. 林孝文:《我国司法判决书引用宪法规范的实证研究》,载《法律科学(西北政法大学学报)》2015 年第 4 期。

282. 林荫茂:《信访工作责任追究制若干问题思考》,载《法学》2007 年第 2 期。

283. 刘斌:《从法官“离职”现象看法官员额制改革的制度逻辑》,载《法学》2015 年第 10 期。

284. 刘春梅:《浅论经验法则在事实认定中的作用及局限性之克服》,载《现代法学》2003 年第 3 期。

285. 刘风景:《“指导性案例”名称之辨正》,载《环球法律评论》2009 年第 4 期。

286. 刘君博:《论虚假诉讼的规范性质与程序架构》,载《当代法学》2019 年第 4 期。

287. 刘凯湘:《以工商登记作为判断股东资格的法定依据》,载《法律适用(司法案例)》2018 年第 22 期。

288. 刘克毅:《法律解释抑或司法造法?——论案例指导制度的法律定位》,载《法律科学(西北政法大学学报)》2016 年第 5 期。

289. 刘力:《论民商事案件裁判方法的反思与完善——以请求权基础分析方法为中心》,载《东方法学》2020 年第 1 期。

290. 刘莉、孙晋琪:《两大法系裁判文书说理的比较与借鉴》,载《法律适用》2002 年第 3 期。

291. 刘品新:《电子证据的鉴真问题:基于快播案的反思》,载《中外法学》2017 年第 1 期。

292. 刘荣军:《美国变更判决制度简介》,载陈光中主编:《诉讼法论丛》第 11 卷,法律出版社 2006 年版。

293. 刘荣军:《民事诉讼行为瑕疵及其处理》,载《中国法学》1999 年第 3 期。

294. 刘树德:《“裁判依据”与“裁判理由”的法理之辨及其实践样态——以裁判效力为中心的考察》,载《法治现代化研究》2020 年第 3 期。

295. 刘思达:《当代中国日常法律工作的意涵变迁(1979 - 2003)》,载《中国社会科学》2007 年第 2 期。

296. 刘学圣:《民事裁判文书的改革与制作》,载《人民司法》2005 年第 12 期。

297. 刘学在:《我国民事诉讼处分原则之检讨》,载《法学评论》2000 年第 6 期。

298. 刘永沛:《专利侵权判定元对比理论》,载《北大法律评论》2011 年第 12 卷第 2 辑,北京大学出版社 2011 年版。

299. 刘哲玮:《论美国法上的证明责任——以诉讼程序为视角》,载《当代法学》2010 年第 3 期。

300. 刘哲玮:《论民事诉讼模式理论的方法论意义及其运用》,载《当代法学》2016 年第 3 期。

301. 刘哲玮:《普通形成权诉讼类型考辨——以合同解除权为例》,载《中外法学》2014 年第 5 期。

302. 刘哲玮:《确认之诉的限缩及其路径》,载《法学研究》2018 年第 1 期。

303. 刘哲玮:《审前程序研究》,北京大学 2010 年博士学位论文。

304. 刘治斌:《案件事实的形成及其法律判断》,载《法制与社会发展》2007 年第 2 期。

305. 刘作翔、徐景和:《案例指导制度的理论基础》,载《法学研究》2006 年第 3 期。

306. 刘作翔:《中国案例指导制度的最新进展及其问题》,载《东方法学》2015 年第 3 期。

307. 龙宗智:《论书面证言及其运用》,载《中国法学》2008 年第 4 期。

308. 龙宗智:《推定的界限及适用》,载《法学研究》2008 年第 1 期。

309. 卢佩:《“法律适用”之逻辑结构分析》,载《当代法学》2017 年第 2 期。

310. 卢佩:《德国第三审程序审查范围研究》,北京大学 2013 年博士学位论文。

311. 卢佩:《德国关于不确定法律概念之第三审级司法审查》,载《现代法学》2013 年第 6 期。

312. 卢佩:《司法如何统一? ——以德国联邦最高法院判例为实证分析对象》,载《当代法学》2014 年第 6 期。

313. 卢学英:《信访制度之进退——对信访机构功能定位的思考》,载《当代法学》2006 年第 3 期。

314. 陆青:《论消费者保护法上的告知义务——兼评最高人民法院第 17 号指导性案例》,载《清华法学》2014 年第 4 期。

315. 陆晓燕:《“裁判式调解”现象透视——兼议“事清责明”在诉讼调解中的多元化定位》,载《法学家》2019 年第 1 期。

316. 陆益龙:《乡村民间纠纷的异化及其治理路径》,载《中国社会科学》2019 年第 10 期。

317. 陆永棣:《法官良知在司法责任制背景下的展开》,载《现代法学》2020 年第 3 期。

318. 罗灿:《推进裁判文书说理改革要避免的五大误区》,载《人民法院报》2015 年 2 月 6 日,第 5 版。

319. 骆锦勇:《让“既陪又审”成为司法常态》,载《人民法院报》2014 年 8 月 4 日,第 2 版。

320. 马丁:《罗马法上的“诉”:构造、意义与演变》,载《中外法学》2013 年第 3 期。

321. 马家曦:《民事诉讼另案处理的标准澄清与程序完善》,载《中外法学》2021 年第 3 期。

322. 马家曦:《民事诉讼证据预断之防止及限定》,载《法律科学(西北政法大学学报)》2019 年第 3 期。

323. 马荣、葛文:《指导性案例裁判要点的类型与运用研究——以〈最高人民法院公报〉案例裁判摘要为原型的借鉴》,载《南京大学学报(哲学·人文科学·社会科学)》2012 年第 3 期。

324. 茅少伟:《论恶意串通》,载《中外法学》2017 年第 1 期。

325. 茅少伟:《寻找新民法典:“三思”而后行——民法典的价值、格局与体系再思考》,载《中外法学》2013 年第 6 期。

326. 孟醒:《争点整理实效化的模式探索与完善》,载《中南大学学报(社会科学版)》2020 年第 1 期。

327. 牟绿叶:《论实物证据的鉴真与鉴定——以美国法为参照的分析》,载《中国司法鉴定》2012 年第 3 期。

328. 牟绿叶:《论指导性案例的效力》,载《当代法学》2014 年第 1 期。

329. 聂长建:《“说者”与“听者”角色转换——司法判决可接受性的程序性思考》,载《政法论坛》2011 年第 2 期。

330. 牛颖秀:《民事虚假诉讼识别的二元控制模式研究》,载《北京社会科学》2019 年第 1 期。

331. 欧宏伟:《联邦德国最高法院民事判决书评介》,载《法律适用》2007 年第 6 期。

332. 欧元捷:《论“事实真伪不明”命题的抛弃》,载《政治与法律》2016 年第 11 期。

333. 潘剑锋:《程序系统视角下对民事再审制度的思考》,载《清华法学》2013 年第

4 期。

334. 潘剑锋:《论建构民事程序权利救济机制的基本原则》,载《中国法学》2015 年第 2 期。

335. 潘剑锋:《论民事纠纷解决方式与民事纠纷的适应性》,载《现代法学》2000 年第 6 期。

336. 潘剑锋:《民事证明责任论纲——对民事证明责任基本问题的认识》,载《政治与法律》2016 年第 11 期。

337. 潘剑锋:《民诉法修订背景下对“诉调对接”机制的思考》,载《当代法学》2013 年第 3 期。

338. 潘剑锋、韩静茹:《新问题与新意识:〈民事诉讼法〉修改对民事审判工作提出的挑战》,载《法律适用》2012 年第 11 期。

339. 潘剑锋、刘哲玮:《论法院调解与纠纷解决之关系——从构建和谐社会的角度展开》,载《比较法研究》2010 年第 4 期。

340. 泮伟江:《论指导性案例的效力》,载《清华法学》2016 年第 1 期。

341. 彭冰:《理解有限公司中的股东压迫问题——最高人民法院指导案例 10 号评析》,载《北大法律评论》2014 年第 15 卷第 1 辑,北京大学出版社 2014 年版。

342. 彭小龙:《人民陪审员制度的复苏与实践:1998 – 2010》,载《法学研究》2011 年第 1 期。

343. 彭中礼:《论法律学说的司法运用》,载《中国社会科学》2020 年第 4 期。

344. 齐树洁、季俊强:《英国证据法中先前判决的效力问题》,载《清华法学》2011 年第 5 期。

345. 强世功:《帝国的司法长臂——美国经济霸权的法律支撑》,载《文化纵横》2019 年第 4 期。

346. 强世功:《法律共同体宣言》,载《中外法学》2001 年第 3 期。

347. 强世功:《迈向立法者的法理学——法律移植背景下对当代法理学的反思》,载《中国社会科学》2005 年第 1 期。

348. 瞿灵敏:《指导性案例类型化基础上的“参照”解读——以最高人民法院指导性案例为分析对象》,载《交大法学》2015 年第 3 期。

349. 任强:《司法方法在裁判中的运用——法条至上、原则裁判与后果权衡》,载《中国社会科学》2017 年第 6 期。

350. 任喜荣:《作为“新兴”权利的信访权》,载《法商研究》2011 年第 4 期。

351. 任重:《罗森贝克证明责任论的再认识——兼论〈民诉法解释〉第 90 条、第 91 条和第 108 条》,载《法律适用》2017 年第 15 期。

352. 任重:《论民事诉讼案例分析框架:案例教学与研究方法》,载《法治现代化研究》2020 年第 1 期。

353. 任重:《论虚假诉讼:兼评我国第三人撤销诉讼实践》,载《中国法学》2014 年第 6 期。

354. 任重:《论中国民事诉讼的理论共识》,载《当代法学》2016 年第 3 期。

355. 任重:《民事诉讼诚实信用原则的实施——德国的认知与实践》,载《法学家》2014 年第 4 期。

356. 任重:《形成判决的效力——兼论我国物权法第 28 条》,载《政法论坛》2014 年第 1 期。

357. 单国军:《要件审判法应用意义及完善》,载《人民法院报》2010 年 12 月 29 日,第 7 版。

358. 申伟:《论我国法官的司法论证义务——兼及对"法律逻辑学"的反思》,载《暨南学报(哲学社会科学版)》2015 年第 4 期。

359. 申欣旺、强世功:《再论法律共同体:超越与重构》,载《财经》2013 年第 32 期。

360. 沈冠伶等:《民事判决之既判力客观范围与争点效》,载民事诉讼法研究基金会:《民事诉讼法之研讨》(十七),台北,民事诉讼法研究基金会 2010 年自版发行。

361. 施鹏鹏:《刑事既判力理论及其中国化》,载《法学研究》2014 年第 1 期。

362. 石磊、刘松涛:《指导性案例参照情况的实证分析》,载《人民司法·应用》2015 年第 23 期。

363. 史留芳:《关联公司人格混同的认定和法律适用——江苏高院判决徐工机械公司诉工贸公司等买卖合同纠纷案》,载《人民法院报》2012 年 7 月 26 日,第 6 版。

364. 四川省高级人民法院、四川大学联合课题组:《中国特色案例指导制度的发展与完善》,载《中国法学》2013 年第 3 期。

365. 宋连斌、赵正华:《我国涉外民商事裁判文书现存问题探讨》,载《法学评论》2011 年第 1 期。

366. 宋强:《我国公、私文书及其证明力之探讨》,载《法学评论》2004 年第 2 期。

367. 宋晓:《判例生成与中国案例指导制度》,载《法学研究》2011 年第 4 期。

368. 宋晓明、刘竹梅、张雪楳:《最高人民法院〈关于审理民事案件适用诉讼时效制度若干问题的规定〉的理解与适用》,载《法律适用》2008 年第 11 期。

369. 苏力:《法条主义、民意与难办案件》,载《中外法学》2009 年第 1 期。

370. 苏力:《解释的难题:对几种法律文本解释方法的追问》,载《中国社会科学》1997 年第 4 期。

371. 苏力:《判决书的背后》,载《法学研究》2001 年第 3 期。

372. 苏力:《审判管理与社会管理:法院如何有效回应“案多人少”?》,载《中国法学》2010 年第 6 期。

373. 苏力:《司法如何穿过错综复杂(译者序)》,载[美]理查德 · 波斯纳:《波斯纳法官司法反思录》,苏力译,北京大学出版社 2014 年版。

374. 苏力:《司法制度的合成理论》,载《清华法学》2007 年第 1 期。

375. 苏清涛、吴宣正:《正方:增强说理性可直接引用》,载《检察日报》2015 年 4 月 1 日,第 3 版。

376. 苏永钦:《借箸代筹中华人民共和国的民事立法》,载苏永钦:《寻找新民法》,北京大学出版社 2012 年版。

377. 孙大雄:《信访制度功能的扭曲与理性回归》,载《法商研究》2011 年第 4 期。

378. 孙光宁:《“末位淘汰”的司法应对——以指导性案例 18 号为分析对象》,载《法学家》2014 年第 4 期。

379. 孙光宁:《反思指导性案例的援引方式——以〈《关于案例指导工作的规定》实施细则〉为分析对象》,载《法制与社会发展》2016 年第 4 期。

380. 孙光宁:《指导性案例裁判要旨概括方式之反思》,载《法商研究》2016 年第 4 期。

381. 孙国祥:《从柔性参考到刚性参照的嬗变——以“两高”指导性案例拘束力的规定为视角》,载《南京大学学报(哲学 · 人文科学 · 社会科学)》2012 年第 3 期。

382. 孙海波:《告别司法三段论? ——对法律推理中形式逻辑的批判与拯救》,载《法制与社会发展》2013 年第 4 期。

383. 孙维飞:《隐名的指导案例——以“指导案例 1 号”为例的分析》,载《清华法学》2016 年第 4 期。

384. 孙笑侠、熊静波:《判决与民意——兼比较考察中美法官如何对待民意》,载《政法论坛》2005 年第 5 期。

385. 孙笑侠:《司法权的本质是判断权——司法权与行政权的十大区别》,载《法学》1998 年第 8 期。

386. 谭世贵:《论司法信息公开》,载《北方法学》2012 年第 3 期。

387. 汤维建、齐天宇:《漂移的中国民事调解制度》,载《比较法研究》2012 年第 5 期。

388. 汤维建:《两大法系民事诉讼制度比较研究——以美、德为中心》,载陈光中、江伟主编:《诉讼法论丛》第 1 卷,法律出版社 1999 年版。

389. 汤维建:《我国民事诉讼法学的现代化转向》,载《清华法学》2013 年第 5 期。

390. 汤文平:《从“跳单”违约到居间报酬——“指导案例 1 号”评释》,载《法学家》2012 年第 6 期。

391. 汤文平:《法典编纂视野下的请求权体系研究》,载《兰州学刊》2016 年第 3 期。

392. 汤文平:《论指导性案例之文本剪辑——尤以指导案例法为例》,载《法制与社会发展》2013 年第 2 期。

393. 汤文平:《民法教义学与法学方法的系统观》,载《法学》2015 年第 7 期。

394. 汤啸天:《写好"讲理"的裁判文书》,载《法学评论》2000 年第 4 期。

395. 唐力:《在"强制"与"合意"之间:我国诉讼调解制度的困境与出路》,载《现代法学》2012 年第 3 期。

396. 唐应茂:《领导意愿、机构能力和司法公开——北京、上海、广东裁判文书上网率的初步研究》,载《中国法律评论》2018 年第 6 期。

397. 唐应茂:《司法公开及其决定因素:基于中国裁判文书网的数据分析》,载《清华法学》2018 年第 4 期。

398. 田士永:《民法学案例研习的教学实践与思考》,载张桂琳主编:《中国法学教育研究》2011 年第 3 期,中国政法大学出版社 2011 年版。

399. 童兆洪、章恒筑:《判决理由改革论》,载《浙江大学学报(人文社会科学版)》2002 年第 2 期。

400. 汪建成、孙远:《刑事证据立法方向的转变》,载《法学研究》2003 年第 5 期。

401. 汪建成:《论刑事证据的多重视角》,载《中外法学》2004 年第 3 期。

402. 王晨光:《制度构建与技术创新——我国案例指导制度面临的挑战》,载《国家检察官学院学报》2012 年第 1 期。

403. 王成:《〈民法典〉与法官自由裁量的规范》,载《清华法学》2020 年第 3 期。

404. 王次宝:《处分原则之理论依据新论》,载《北方法学》2014 年第 2 期。

405. 王福华:《辩论权利救济论》,载《法学》2020 年第 10 期。

406. 王福华:《大调解视野中的审判》,载《华东政法大学学报》2012 年第 4 期。

407. 王福华:《电子诉讼制度构建的法律基础》,载《法学研究》2016 年第 6 期。

408. 王福华:《论民事司法成本的分担》,载《中国社会科学》2016 年第 2 期。

409. 王福华:《协议管辖制度的进步与局限》,载《法律科学(西北政法大学学报)》2012 年第 6 期。

410. 王合静:《论民事判决理由的可接受性》,载《法学评论》2012 年第 4 期。

411. 王洪亮:《原物返还请求权:物上请求权抑或侵权责任方式》,载《法学家》2014 年第 1 期。

412. 王建平:《"驳回起诉"与"驳回诉讼请求"甄别探析》,载《人民法院报》2014 年 12 月 10 日,第 7 版。

413. 王建文:《中国商事司法实践中的法律适用:困境与出路》,载《现代法学》2010

年第 5 期。

414. 王雷:《民法证据规范论》,载《环球法律评论》2015 年第 2 期。

415. 王立梅:《裁判文书直接引用学者观点的反思》,载《法学论坛》2020 年第 4 期。

416. 王利明:《关于无效合同确认的若干问题》,载《法制与社会发展》2002 年第 5 期。

417. 王利明:《我国案例指导制度若干问题研究》,载《法学》2012 年第 1 期。

418. 王利明:《我国侵权责任法的体系构建——以救济法为中心的思考》,载《中国法学》2008 年第 4 期。

419. 王鹏翔:《论涵摄的逻辑结构——兼评 Larenz 的类型理论》,载《成大法学》2005 年总第 9 期。

420. 王鹏翔:《论基本权的规范结构》,载《台大法学论丛》2005 年第 34 卷第 2 期。

421. 王申:《法官的理性与说理的判决》,载《政治与法律》2011 年第 12 期。

422. 王松:《民事裁判文书应繁简分流》,载《法律适用》2006 年第 12 期。

423. 王天凡:《"不能胜任工作"与"末位淘汰"规则的规范分析——指导性案例第 18 号评析》,载《清华法学》2016 年第 4 期。

424. 王文胜:《〈侵权责任法〉中公平责任规则的构造、表达及其反思——从"郑州电梯劝烟案"说起》,载《法治现代化研究》2018 年第 5 期。

425. 王学棉:《事实推定:事实认定困境克服之手段》,载《清华法学》2009 年第 4 期。

426. 王学棉:《诉讼证明的基础理论研究——以裁判结果的检验为中心》,载《清华法学》2010 年第 5 期。

427. 王亚新:《"判决书事实"、"媒体事实"与民事司法折射的转型期社会》,载《月旦民商法杂志》2009 年第 24 期。

428. 王亚新:《裁判文书释法说理与提升司法公信力》,载《人民法院报》2018 年 6 月 16 日,第 2 版。

429. 王亚新:《程序·制度·组织——基层法院日常的程序运作与治理结构转型》,载《中国社会科学》2004 年第 3 期。

430. 王亚新:《第三人撤销之诉原告适格的再考察》,载《法学研究》2014 年第 6 期。

431. 王亚新:《非诉讼纠纷解决机制与民事审判的交织——以"涉法信访"的处理为中心》,载《法律适用》2005 年第 2 期。

432. 王亚新:《论民事、经济审判方式的改革》,载《中国社会科学》1994 年第 1 期。

433. 王亚新:《民事审判监督制度整体的程序设计——以〈民事诉讼法修正案〉为出发点》,载《中国法学》2007 年第 5 期。

434. 王亚新:《民事诉讼法二十年》,载《当代法学》2011 年第 1 期。

435. 王亚新:《民事诉讼法修改中的程序分化》,载《中国法学》2011 年第 4 期。

436. 王亚新:《民事诉讼法学研究:与实务结合之路》,载《法学研究》2012 年第 5 期。

437. 王亚新:《民事诉讼中的依法审判原则与程序保障(代译序)》,载[日]谷口安平:《程序的正义与诉讼》,王亚新、刘荣军译,中国政法大学出版社 2002 年版。

438. 王亚新:《民事诉讼中的证人出庭作证》,载《中外法学》2005 年第 2 期。

439. 王亚新:《实践中的民事审判(一)——四个中级法院民事一审程序的运作》,载王亚新等:《法律程序运作的实证研究》,法律出版社 2005 年版。

440. 王亚新:《诉讼程序中的实体形成》,载《当代法学》2014 年第 6 期。

441. 王亚新:《新〈民事诉讼法〉中的鉴定:理论定位与解释适用》,载《法律适用》2013 年第 10 期。

442. 王亚新:《刑事诉讼中发现案件真相与抑制主观随意性的问题——关于自由心证原则历史和现状的比较法研究》,载《比较法研究》1993 年第 2 期。

443. 王亚新:《一审判决效力与二审中的诉讼外和解协议——最高人民法院公布的 2 号指导案例评析》,载《法学研究》2012 年第 4 期。

444. 王亚新、陈晓彤:《前诉裁判对后诉的影响——〈民诉法解释〉第 93 条和第 247 条解析》,载《华东政法大学学报》2015 年第 6 期。

445. 王轶:《论侵权责任承担方式》,载《中国人民大学学报》2009 年第 3 期。

446. 王轶:《论中国民事立法中的“中国元素”》,载《法学杂志》2011 年第 4 期。

447. 王玧:《判例在联邦德国法律制度中的作用》,载《人民司法》1998 年第 7 期。

448. 王仲云:《判决书说理问题研究》,载《山东社会科学》2005 年第 8 期。

449. 魏胜强:《当面说理、强化修辞与重点推进——关于提高我国判决书制作水平的思考》,载《法律科学(西北政法大学学报)》2012 年第 5 期。

450. 魏胜强:《为判例制度正名——关于构建我国判例制度的思考》,载《法律科学(西北政法大学学报)》2011 年第 3 期。

451. 魏伟:《判决书写作模式再思考——以理论重构和制度保障为视角》,载《东方法学》2008 年第 4 期。

452. 魏振瀛:《论返还原物责任请求权:兼与所有物返还请求权比较研究》,载《中外法学》2011 年第 6 期。

453. 翁晓斌、郑云波:《〈民法典〉编纂背景下的证明责任分配规范配置》,载《浙江社会科学》2019 年第 11 期。

454. 翁晓斌:《论已决事实的预决效力》,载《中国法学》2006 年第 4 期。

455. 吴从周:《台湾民法解释学之发展现况》,载张双根、田士永、朱庆育、王洪亮、张谷主编:《中德私法研究》第 10 卷,北京大学出版社 2014 年版。

456. 吴丹红:《中国式陪审制度的省察——以〈关于完善人民陪审员制度的决定〉为研究对象》,载《法商研究》2007 年第 3 期。

457. 吴宏、丁广:《合同法视野下的金融机构安全保障义务》,载《人民司法·案例》2009 年第 12 期。

458. 吴洪淇:《从经验到法则:经验在事实认定过程中的引入与规制》,载《证据科学》2011 年第 2 期。

459. 吴洪淇:《司法改革与法律职业激励环境的变化》,载《中国法学》2019 年第 4 期。

460. 吴俊:《处分权主义与审判监督程序的结构——最高人民法院指导案例 7 号研究》,载《法制与社会发展》2013 年第 6 期。

461. 吴俊:《指导案例 2 号的程序法理》,载《法学》2013 年第 1 期。

462. 吴庆宝:《法官裁判的规范性——以民事法官裁判为视角》,载《法律适用》2007 年第 9 期。

463. 吴庆宝:《论裁判文书改革与法官自由裁量权的行使》,载《人民司法》2002 年第 12 期。

464. 吴庆宝:《制作民事裁判文书的规范化要求之我见》,载《人民法院报》2003 年 8 月 20 日,第 3 版。

465. 吴如巧、姜洁:《民事诉讼主体结构模型观——以诉讼模式为视角的分析》,载《重庆社会科学》2006 年第 6 期。

466. 吴香香:《民法典编纂中请求权基础的体系化》,载《云南社会科学》2019 年第 5 期。

467. 吴香香:《请求权基础思维及其对手》,载《南京大学学报(哲学·人文科学·社会科学)》2020 年第 2 期。

468. 吴英姿:《"调解优先":改革范式与法律解读——以 O 市法院改革为样本》,载《中外法学》2013 年第 3 期。

469. 吴英姿:《代表人诉讼制度设计缺陷》,载《法学家》2009 年第 2 期。

470. 吴英姿:《诉讼标的理论"内卷化"批判》,载《中国法学》2011 年第 2 期。

471. 吴英姿:《预决事实无需证明的法理基础与适用规则》,载《法律科学(西北政法大学学报)》2017 年第 2 期。

472. 吴英姿:《证明责任的程序法理》,载《南大法学》2020 年第 2 期。

473. 吴英姿:《治理能力现代化视域下的专门法院建设》,载《法治现代化研究》2021 年第 3 期。

474. 吴越:《中国"例制"构建中的法院角色和法官作用》,载《法学论坛》2012 年第

5 期。

475. 吴泽勇:《“吴梅案”与判决后和解的处理机制——兼与王亚新教授商榷》,载《法学研究》2013 年第 1 期。

476. 吴泽勇:《不负证明责任当事人的事案解明义务》,载《中外法学》2018 年第 5 期。

477. 吴泽勇:《规范说与侵权责任法第 79 条的适用——与袁中华博士商榷》,载《法学研究》2016 年第 5 期。

478. 吴泽勇:《论善意取得制度中善意要件的证明》,载《中国法学》2012 年第 4 期。

479. 吴泽勇:《民间借贷诉讼中的证明责任问题》,载《中国法学》2017 年第 5 期。

480. 吴泽勇:《民事诉讼法教义学的登场——评王亚新、陈杭平、刘君博:〈中国民事诉讼法重点讲义〉》,载《交大法学》2018 年第 3 期。

481. 吴泽勇:《民事诉讼法理背景下的虚假诉讼规制——以〈民事诉讼法〉第 112 条的适用为中心》,载《交大法学》2017 年第 2 期。

482. 吴泽勇:《证明疑难案件的处理之道——从“彭宇案”切入》,载《西部法学评论》2011 年第 5 期。

483. 吴泽勇:《证明责任视角下民间借贷诉讼中的借款单据鉴定问题研究》,载《法律适用》2018 年第 9 期。

484. 吴泽勇:《中国法上的民事诉讼证明标准》,载《清华法学》2013 年第 1 期。

485. 吴泽勇:《自由心证的边界:“彭宇案”中的证据与证明——兼与王亚新教授商榷》,载《月旦民商法杂志》2010 年第 30 期。

486. 武飞:《论司法过程中的案件事实论证》,载《法学家》2019 年第 6 期。

487. 夏锦文、莫良元:《社会转型中案例指导制度的性质定位与价值维度》,载《法学》2009 年第 11 期。

488. 夏锦文、徐英荣:《裁判文书法理依据蓄积深藏之缘由——以民事疑难案件的裁判为分析对象》,载《法学》2012 年第 10 期。

489. 夏庆锋:《从传统合同到智能合同:由事后法院裁判到事前自动履行的转变》,载《法学家》2020 年第 2 期。

490. 夏引业:《论指导性案例发布权的合法性困境与出路》,载《法商研究》2015 年第 6 期。

491. 向力:《从鲜见参照到常规参照——基于指导性案例参照情况的实证分析》,载《法商研究》2016 年第 5 期。

492. 肖峰:《第一审普通程序中若干问题的完善》,载《法律适用》2015 年第 4 期。

493. 肖建国:《从立法论走向解释论:〈民事诉讼法〉修改的实务应对》,载《法律适用》2012 年第 11 期。

494. 肖建国:《回应型司法下的程序选择与程序分类——民事诉讼程序建构与立法的理论反思》,载《中国人民大学学报》2012 年第 4 期。

495. 肖建国:《民事再审事由的类型化及其审查——基于解释论的思考》,载《法律适用》2013 年第 4 期。

496. 肖建国:《书证的真实性及其举证责任》,载《中国审判》2010 年第 7 期。

497. 肖建华:《主参加诉讼的诈害防止功能》,载《法学杂志》2000 年第 5 期。

498. 肖萍、胡汝为:《信访性质辨析》,载《法学杂志》2008 年第 4 期。

499. 谢晖:《"应当参照"否议》,载《现代法学》2014 年第 2 期。

500. 谢宇:《走出中国社会学本土化讨论的误区》,载《社会学研究》2018 年第 2 期。

501. 解亘:《案例研究反思》,载《政法论坛》2008 年第 4 期。

502. 解亘:《论学者在案例指导制度中的作用》,载《南京大学学报(哲学·人文科学·社会科学)》2012 年第 4 期。

503. 解亘:《冒领存款纠纷背后的法理——王永胜诉中国银行南京河西支行储蓄存款合同纠纷案评析》,载《浙江社会科学》2013 年第 2 期。

504. 邢斌文:《法院如何援用宪法——以齐案批复废止后的司法实践为中心》,载《中国法律评论》2015 年第 3 期。

505. 熊明辉:《论法律逻辑中的推论规则》,载《中国社会科学》2008 年第 4 期。

506. 熊明辉:《刑事法律论证的逻辑基础探析》,载《山东大学学报(哲学社会科学版)》2006 年第 3 期。

507. 熊明辉:《自然语言论证评价的逻辑分析》,载《哲学研究》2006 年第 10 期。

508. 熊跃敏:《法官职权调查证据的比较研究》,载《比较法研究》2006 年第 6 期。

509. 徐瑞柏:《民商事判决书改革中的几个问题》,载《法律适用》2003 年第 Z1 期。

510. 许德风:《不动产一物二卖问题研究》,载《法学研究》2012 年第 3 期。

511. 许德风:《法教义学的应用》,载《中外法学》2013 年第 5 期。

512. 许可:《多维视角下公平分担损失请求权的理论基础与裁判构造》,载《现代法学》2019 年第 6 期。

513. 许可:《论当事人主义诉讼模式在我国法上的新进展》,载《当代法学》2016 年第 3 期。

514. 许可:《职权干涉与裁判突袭——从南京彭宇案一审判决看当下之民事审判》,载《清华法学》2008 年第 6 期。

515. 许尚豪:《证明责任理论的证据语境批判》,载《政治与法律》2016 年第 11 期。

516. 许士宦:《诉之变更、追加与阐明》,载《台大法学论丛》2003 年第 32 卷第 3 期。

517. 薛军:《当我们说民法典,我们是在说什么》,载《中外法学》2014 年第 6 期。

518. 严仁群:《二审和解后的法理逻辑:评第一批指导案例之“吴梅案”》,载《中国法学》2012 年第 4 期。

519. 严仁群:《既判力客观范围之新进展》,载《中外法学》2017 年第 2 期。

520. 严仁群:《宽待诉的变更》,载《江苏行政学院学报》2010 年第 4 期。

521. 严仁群:《实体法:请慎入程序法之域——以民事责任竞合为例》,载《法律科学(西北政法大学学报)》2010 年第 3 期。

522. 杨贝:《论案件事实的层次与建构》,载《法制与社会发展》2019 年第 3 期。

523. 杨贝:《论判决理由与判决原因的分离——对司法虚饰论的批判》,载《清华法学》2016 年第 2 期。

524. 杨钉、黄秋燕:《银行卡被伪造盗刷的责任认定及举证责任分配》,载《人民司法·案例》2017 年第 29 期。

525. 杨洪逵:《案例指导:从功利走向成熟——对在中国确立案例指导制度的几点看法》,载《法律适用》2004 年第 5 期。

526. 杨惠惠、邵新:《裁判文书证据说理的实证分析与规诫提炼——以法发〔2018〕10 号为中心》,载《法律适用》2020 年第 6 期。

527. 杨凯:《寻找从现实生活出发的民商事审判方法》,载《法律适用》2012 年第 1 期。

528. 杨力:《中国案例指导运作研究》,载《法律科学(西北政法大学学报)》2008 年第 6 期。

529. 杨晓玲:《经度与纬度之争:法官运用“经验法则”推定事实——以“彭宇案”为逻辑分析起点》,载《中外法学》2009 年第 6 期。

530. 姚明斌:《民法典违约责任规范与请求权基础》,载《法治现代化研究》2020 年第 5 期。

531. 叶林:《商法理念与商事审判》,载《法律适用》2007 年第 9 期。

532. 叶肖华:《零判决现象的反思与批判》,载《政法论坛》2015 年第 3 期。

533. 易延友:《证据法学的理论基础——以裁判事实的可接受性为中心》,载《法学研究》2004 年第 1 期。

534. 应星:《“气”与中国乡村集体行动的再生产》,载《开放时代》2007 年第 6 期。

535. 应星:《作为特殊行政救济的信访救济》,载《法学研究》2004 年第 3 期。

536. 应秀良:《论民事审判中法官如何“认证”》,载《法律适用》2013 年第 6 期。

537. 尤陈俊:《“厌讼”幻象之下的“健讼”实相? 重思明清中国的诉讼与社会》,载《中外法学》2012 年第 4 期。

538. 于佳佳:《日本判例的先例约束力》,载《华东政法大学学报》2013 年第 3 期。

539. 于建嵘:《当前我国群体性事件的主要类型及其基本特征》,载《中国政法大学学报》2009 年第 6 期。

540. 于建嵘:《信访制度改革与宪政建设》,载《二十一世纪》2005 年第 3 期。

541. 于龙刚:《人民法院立案环节的压力化解策略及其改革》,载《现代法学》2019 年第 5 期。

542. 于晓青:《司法裁判中的法理与民意》,载《法商研究》2012 年第 5 期。

543. 袁力、邵新:《德国民事裁判文书结构与说理的关联分析》,载《法律适用》2017 年第 1 期。

544. 袁中华:《规范说之本质缺陷及其克服——以侵权责任法第 79 条为线索》,载《法学研究》2014 年第 6 期。

545. 袁中华:《民事诉讼中文书真伪的"举证责任"问题》,载《法学家》2012 年第 6 期。

546. 袁中华:《文书提出义务的实践与反思——以劳动争议为视角》,载《当代法学》2015 年第 2 期。

547. 袁中华:《证明责任分配的一般原则及其适用——〈民事诉讼法〉司法解释第 91 条之述评》,载《法律适用》2015 年第 8 期。

548. 云利珍:《如何强化裁判文书的证据说理》,载《中国审判》2012 年第 2 期。

549. 占善刚、楚晗旗:《公证文书的证据效力探析》,载《证据科学》2016 年第 1 期。

550. 占善刚、阮志勇:《漏判及其救济刍议》,载《海南大学学报(人文社会科学版)》2007 年第 4 期。

551. 占善刚:《论民事诉讼中之自由证明》,载《法学评论》2007 年第 4 期。

552. 占善刚:《民事判决中的表示错误及其更正》,载《法学》2017 年第 8 期。

553. 占善刚:《我国民事判决脱漏应然救济途径之探究》,载《法商研究》2009 年第 3 期。

554. 占善刚:《言词辩论的全部意旨研究——德国、日本的判例、学说之考察及其启示》,载《现代法学》2012 年第 2 期。

555. 张保生:《法律推理中的法律理由和正当理由》,载《法学研究》2006 年第 6 期。

556. 张保生:《事实、证据与事实认定》,载《中国社会科学》2017 年第 8 期。

557. 张超:《论"同案同判"的证立及其限度》,载《法律科学(西北政法大学学报)》2015 年第 1 期。

558. 张陈果:《德国民事判决书的说理:格式、内容与方法》,载《人民法治》2015 年第 10 期。

559. 张耕、邓宏光:《无效合同性质之反思与重构》,载《求索》2006 年第 2 期。

560. 张弓长:《〈民法典〉中的“参照适用”》,载《清华法学》2020 年第 4 期。

561. 张国明:《民事判决书基本结构的完善》,载《法学杂志》2000 年第 5 期。

562. 张海燕:《推定在书证真实性判断中的适用——以部分大陆法系国家和地区立法为借鉴》,载《环球法律评论》2015 年第 4 期。

563. 张继成:《法律推理模式的理性构建》,载《法商研究》2002 年第 4 期。

564. 张继成:《可能生活的证成与接受——司法判决可接受性的规范研究》,载《法学研究》2008 年第 5 期。

565. 张继成:《事实、命题与证据》,载《中国社会科学》2001 年第 5 期。

566. 张继成:《事实推定的逻辑基础》,载《北京科技大学学报(社会科学版)》2002 年第 2 期。

567. 张继成:《小案件　大影响——对南京“彭宇案”一审判决的法逻辑分析》,载《中国政法大学学报》2008 年第 2 期。

568. 张家勇:《也论“电梯劝阻吸烟案”的法律适用》,载《法治研究》2018 年第 2 期。

569. 张晋红:《关于中间确认判决制度的立法思考》,载《中国法学》2002 年第 5 期。

570. 张靖波、郑磊:《民事裁判遗漏救济程序的重整与优化》,载《人民司法 · 应用》2014 年第 9 期。

571. 张坤世:《适用法律错误但结果正确之裁判的改判方式》,载《人民司法 · 案例》2011 年第 14 期。

572. 张敏、戴娟:《困惑与出路:转型期法院涉诉信访制度的理性探究》,载《法律适用》2009 年第 6 期。

573. 张明楷:《规范的构成要件要素》,载《法学研究》2007 年第 6 期。

574. 张宁:《房屋买卖居间合同中规避“跳单”条款的效力和“跳单”行为的认定》,载《法律适用》2010 年第 8 期。

575. 张骐:《论案例裁判规则的表达与运用》,载《现代法学》2020 年第 5 期。

576. 张骐:《试论指导性案例的“指导性”》,载《法制与社会发展》2007 年第 6 期。

577. 张骐:《再论类似案件的判断与指导性案例的使用——以当代中国法官对指导性案例的使用经验为契口》,载《法制与社会发展》2015 年第 5 期。

578. 张骐:《再论指导性案例效力的性质与保证》,载《法制与社会发展》2013 年第 1 期。

579. 张骐:《指导性案例中具有指导性部分的确定与适用》,载《法学》2008 年第 10 期。

580. 张青:《基层法官流失的图景及逻辑:以 Y 省部分基层法院为例》,载《清华法学》2018 年第 4 期。

581. 张双根:《动物致害侵权责任》,载朱庆育、王洪亮、张双根、田士永主编:《中德私法研究》第 7 卷,北京大学出版社 2011 年版。

582. 张双根:《论股权让与的意思主义构成》,载《中外法学》2019 年第 6 期。

583. 张双根:《论隐名出资——对〈公司法解释(三)〉相关规定的批判与发展》,载《法学家》2014 年第 2 期。

584. 张淞纶:《作为教学方法的法教义学:反思与扬弃——以案例教学和请求权基础理论为对象》,载《法学评论》2018 年第 6 期。

585. 张特生等:《三谈民事判决如何写》,载民事诉讼法研究基金会:《民事诉讼法之研讨》(十三),台北,民事诉讼法研究基金会 2006 年自版发行。

586. 张维迎、柯荣住:《诉讼过程中的逆向选择及其解释——以契约纠纷的基层法院判决书为例的经验研究》,载《中国社会科学》2002 年第 2 期。

587. 张卫平:《重复诉讼规制研究:兼论"一事不再理"》,载《中国法学》2015 年第 2 期。

588. 张卫平:《当事人文书提出义务的制度建构》,载《法学家》2017 年第 3 期。

589. 张卫平:《对民事诉讼法学贫困化的思索》,载《清华法学》2014 年第 2 期。

590. 张卫平:《法庭调查与辩论:分与合之探究》,载《法学》2001 年第 4 期。

591. 张卫平:《公证证明效力研究》,载《法学研究》2011 年第 1 期。

592. 张卫平:《管辖权异议:回归原点与制度修正》,载《法学研究》2006 年第 4 期。

593. 张卫平:《既判力相对性原则:根据、例外与制度化》,载《法学研究》2015 年第 1 期。

594. 张卫平:《论庭审笔录的法定化》,载《中外法学》2015 年第 4 期。

595. 张卫平:《论我国法院体制的非行政化——法院体制改革的一种基本思路》,载《法商研究》2000 年第 3 期。

596. 张卫平:《论讯问、询问笔录在民事诉讼中的证据效力》,载《清华法学》2011 年第 1 期。

597. 张卫平:《民事案件受理制度的反思与重构》,载《法商研究》2015 年第 3 期。

598. 张卫平:《民事诉讼处分原则重述》,载《现代法学》2001 年第 6 期。

599. 张卫平:《民事诉讼法比较研究方法论——对民事诉讼法比较研究中若干关联因素的思考与分析》,载《国家检察官学院学报》2019 年第 6 期。

600. 张卫平:《民事诉讼法律审的功能及构造》,载《法学研究》2005 年第 5 期。

601. 张卫平:《民事诉讼法学:滞后与进步》,载《法学研究》2011 年第 6 期。

602. 张卫平:《民事诉讼基本模式:转换与选择之根据》,载《现代法学》1996 年第

6 期。

603. 张卫平:《民事诉讼中举证迟延的对策分析》,载《法学家》2012 年第 5 期。

604. 张卫平:《民事再审事由研究》,载《法学研究》2000 年第 5 期。

605. 张卫平:《起诉难:一个中国问题的思索》,载《法学研究》2009 年第 6 期。

606. 张卫平:《起诉条件与实体判决要件》,载《法学研究》2004 年第 6 期。

607. 张卫平:《认识经验法则》,载《清华法学》2008 年第 6 期。

608. 张卫平:《事实探知:绝对化倾向及其消解——对一种民事审判理念的自省》,载《法学研究》2001 年第 4 期。

609. 张卫平:《司法公正的法律技术与政策——对“彭宇案”的程序法思考》,载《法学》2008 年第 8 期。

610. 张卫平:《诉讼请求变更的规制及法理》,载《政法论坛》2019 年第 6 期。

611. 张卫平:《诉讼调解:时下势态的分析与思考》,载《法学》2007 年第 5 期。

612. 张卫平:《再审事由构成再探讨》,载《法学家》2007 年第 6 期。

613. 张卫平:《再审制度修正解读》,载《中国司法》2008 年第 1 期。

614. 张锡敏:《裁判文书改革的若干法理思考》,载《法律适用》2005 年第 2 期。

615. 张兴美:《庭审记录方式电子化改革的反思与建构》,载《法学杂志》2019 年第 1 期。

616. 张艳:《虚假诉讼类型化研究与现行法规定之检讨——以法院裁判的案件为中心》,载《政治与法律》2016 年第 7 期。

617. 张缨:《以“评判如下”取代“经审理查明”》,载王立人主编:《裁判文书制作新探》,上海社会科学院出版社 2009 年版。

618. 张永泉:《客观真实价值观是证据制度的灵魂——对法律真实观的反思》,载《法学评论》2012 年第 1 期。

619. 张永泉:《论诉讼上之真伪不明及其克服》,载《法学评论》2005 年第 2 期。

620. 张永泉:《书证制度的内在机理及外化规则研究》,载《中国法学》2008 年第 5 期。

621. 张真理:《裁判文书写作的误区》,载《国家检察官学院学报》2009 年第 2 期。

622. 张志铭:《对中国建立案例指导制度的基本认识》,载《法制资讯》2011 年第 1 期。

623. 张志铭:《司法判决的结构和风格——对域外实践的比较研究》,载《法学》1998 年第 10 期。

624. 张志铭:《司法判例制度构建的法理基础》,载《清华法学》2013 年第 6 期。

625. 张卓明:《裁判文书援引宪法的“能”与“不能”——“裁判说理”与“裁判依据”

二分政策的法理解读》,载《法学》2021 年第 6 期。

626. 张自合:《论私文书证明力的推定规则》,载《法律科学(西北政法大学学报)》2010 年第 4 期。

627. 章程:《继受法域的案例教学:为何而又如何?》,载《南大法学》2020 年第 4 期。

628. 章恒筑、夏瑛:《日本要件事实论纲——一种民事诉讼思维的展开》,载《法学家》2005 年第 3 期。

629. 章武生:《非讼程序的反思与重构》,载《中国法学》2011 年第 3 期。

630. 章武生:《我国开庭审理程序与方式存在的问题及改革方向》,载《人民法院报》2013 年 10 月 11 日,第 5 版。

631. 章武生:《我国民事案件开庭审理程序与方式之检讨与重塑》,载《中国法学》2015 年第 2 期。

632. 章武生、肖国玉:《法院调解与判决的关系》,载《政法论坛》2012 年第 6 期。

633. 赵朝琴、刘树德:《关于裁判文书说理责任制度构建的思考》,载《法律适用》2017 年第 23 期。

634. 赵清林:《"依据"与"参照"真有区别吗——行政诉讼中是否适用规章之检讨》,载《政治与法律》2008 年第 5 期。

635. 赵瑞罡、陈碧玉:《文书上网背景下"后裁判效应"的理性应对》,载《法律适用》2015 年第 8 期。

636. 赵瑞罡、耿协阳:《指导性案例"适用难"的实证研究——以 261 份裁判文书为分析样本》,载《法学杂志》2016 年第 3 期。

637. 赵晓力:《信访的制度逻辑》,载《二十一世纪》2005 年第 3 期。

638. 赵秀举:《论请求权竞合理论与诉讼标的理论的冲突与协调》,载《交大法学》2018 年第 1 期。

639. 赵旭东:《论民事案件的上诉审裁判方式——兼论新〈民事诉讼法〉关于上诉审裁判方式的规定》,载《法学杂志》2013 年第 6 期。

640. 赵泽君:《民事裁判遗漏的补充判决制度——兼评我国民事诉讼法第 179 条第 12 项之规定》,载《政法论坛》2008 年第 5 期。

641. 郑飞、杨默涵:《互联网法院审判对传统民事证据制度的挑战与影响》,载《证据科学》2020 年第 1 期。

642. 郑金玉:《7 号指导性案例规范依据和裁判理由评析》,载《法制与社会发展》2014 年第 5 期。

643. 郑金玉:《和解协议与生效判决关系之债法原理分析——兼论"吴梅案"的规则解释》,载《比较法研究》2015 年第 4 期。

644. 郑金玉:《论否定事实的诉讼证明——以不当得利“没有法律依据”的要件事实为例》,载《法学》2018 年第 5 期。

645. 郑世保:《从第七号指导性案例透析民事抗诉的类型化》,载《法学》2013 年第 12 期。

646. 郑世保:《事实推定与证明责任——从“彭宇案”切入》,载《法律科学(西北政法大学学报)》2010 年第 3 期。

647. 郑晓珊:《从“末位淘汰”看解雇语境下的“不能胜任”——“以指导性案例 18 号”为背景》,载《法学》2014 年第 11 期。

648. 郑学林、刘敏、宋春雨、潘华明:《关于新〈民事证据规定〉理解和适用的若干问题》,载《人民法院报》2020 年 3 月 26 日,第 5 版。

649. 郑永流:《法律判断大小前提的建构及其方法》,载《法学研究》2006 年第 4 期。

650. 郑永流:《法律判断形成的模式》,载《法学研究》2004 年第 1 期。

651. 郑玉:《户籍证明异议:少年司法中的“幽灵抗辩”》,载《青少年犯罪问题》2016 年第 1 期。

652. 郑智航:《中国指导性案例生成的行政化逻辑——以最高人民法院发布的指导性案例为分析对象》,载《当代法学》2015 年第 4 期。

653. 钟鸣、范跃如:《民商事裁判文书需要完善》,载《人民法院报》2002 年 6 月 18 日,第 3 版。

654. 周翠:《从事实推定走向表见证明》,载《现代法学》2014 年第 6 期。

655. 周翠:《互联网法院建设及前景展望》,载《法律适用》2018 年第 3 期。

656. 周翠:《民事指导性案例:质与量的考察》,载《清华法学》2016 年第 4 期。

657. 周翠:《全球化背景中现代民事诉讼法改革的方向与路径》,载《华东政法大学学报》2012 年第 4 期。

658. 周翠:《现代民事诉讼义务体系的构建——以法官与当事人在事实阐明上的责任承担为中心》,载《法学家》2012 年第 3 期。

659. 周翠:《协议管辖问题研究——对〈民事诉讼法〉第 34 条和第 127 条第 2 款的解释》,载《中外法学》2014 年第 2 期。

660. 周飞舟:《行动伦理与“关系社会”——社会学中国化的路径》,载《社会学研究》2018 年第 1 期。

661. 周国兴:《审判如何回应民意——基于卢埃林情景感理论的考察》,载《法商研究》2013 年第 3 期。

662. 周江洪:《“上海中原物业顾问有限公司诉陶德华居间合同纠纷案”评释》,载《浙江社会科学》2013 年第 1 期。

663. 周量:《解读“彭宇案”判决理由——以证据规则和民事诉讼理论为视角》,载《东方法学》2008 年第 5 期。

664. 周少华:《同案同判:一个虚构的法治神话》,载《法学》2015 年第 11 期。

665. 周舜隆:《司法三段论在法律适用中的局限性——兼论法官裁判思维》,载《比较法研究》2007 年第 6 期。

666. 周晓虹:《社会学本土化:狭义或广义,伪问题或真现实——兼论谢宇和翟学伟两位教授商榷》,载《社会学研究》2020 年第 1 期。

667. 周永坤:《信访潮与中国纠纷解决机制的路径选择》,载《暨南学报(哲学社会科学版)》2006 年第 1 期。

668. 周忠、魏再金:《反方:直接引用违背以法律为准绳的要求》,载《检察日报》2015 年 4 月 1 日,第 3 版。

669. 朱虎:《规制性规范违反与过错判定》,载《中外法学》2011 年第 6 期。

670. 朱菁、蔡海锋、张菱兰:《假作真时真亦假——彭宇案真相探析》,载《河北法学》2014 年第 5 期。

671. 朱立恒:《法院裁判与民意冲突的法理解析》,载《政治与法律》2011 年第 4 期。

672. 朱晓喆:《请求权基础实例研习教学方法论》,载《法治研究》2018 年第 1 期。

673. 祝建军:《避免“同案不同判”的积极尝试:解读东莞市第一人民法院的案例引证制度》,载《电子知识产权》2015 年第 8 期。

674. 庄加园、李昊:《论动产占有的权利推定效力——以〈德国民法典〉第 1006 条为借鉴》,载《清华法学》2011 年第 3 期。

675. 庄绪龙:《裁判文书“说理难”的现实语境与制度理性》,载《法律适用》2015 年第 11 期。

676. 最高人民法院案例指导工作办公室(陈龙业):《指导案例 8 号〈林方清诉常熟市凯莱实业有限公司、戴小明公司解散纠纷案〉的理解与参照》,载《人民司法 · 应用》2012 年第 15 期。

677. 最高人民法院案例指导工作办公室(刘净):《指导案例 15 号〈徐工集团工程机械股份有限公司诉成都川交工贸有限责任公司等买卖合同纠纷案〉的理解与参照》,载《人民司法 · 应用》2013 年第 15 期。

678. 最高人民法院案例指导工作办公室(刘净):《指导案例 1 号〈上海中原物业顾问有限公司诉陶德华居间合同纠纷案〉的理解与参照》,载《人民司法 · 应用》2012 年第 7 期。

679. 最高人民法院案例指导工作办公室(王淑梅、汪洋、李兵):《指导案例 16 号〈中海发展股份有限公司货轮公司申请设立海事赔偿责任限制基金案〉的理解与参照》,载

《人民司法·应用》2013 年第 15 期。

680. 最高人民法院案例指导工作办公室(姚宝华):《指导案例 9 号〈上海存亮贸易有限公司诉蒋志东、王卫明等买卖合同纠纷案〉的理解与参照》,载《人民司法·应用》2013 年第 3 期。

681. 最高人民法院审判监督庭、最高人民法院案例指导工作办公室(孙祥壮、吴光侠):《指导案例 7 号〈牡丹江市宏阁建筑安装有限责任公司诉牡丹江市华隆房地产开发有限责任公司、张继增建设工程施工合同纠纷案〉的理解与参照》,载《人民司法·应用》2012 年第 15 期。

682. [德]阿什特里德·斯达德勒尔:《德国法学院的法律诊所与案例教学》,吴泽勇译,载《法学》2013 年第 4 期。

683. [德]彼得·哥特瓦尔德:《德国民事诉讼中的电子文件与电子签章》,曹志勋译,载姜世明主编:《电子文书及电子商务相关实体与程序问题之研析》,台北,新学林出版股份有限公司 2018 年版。

684. [德]彼得·哥特瓦尔德:《德国司法判决书中的说理:实践与学说》,曹志勋译,载《苏州大学学报(法学版)》2015 年第 4 期。

685. [德]彼得·哥特瓦尔德:《对当事人释明义务的释明》,曹志勋译,载《清华法律评论》第 8 卷第 2 辑,清华大学出版社 2015 年版。

686. [德]彼得·哥特瓦尔德:《鉴定人及其鉴定意见在德国民事诉讼法中的地位》,曹志勋译,载《证据科学》2020 年第 2 期。

687. [日]中村英郎:《民事诉讼中的罗马法理与日耳曼法理》,载[日]中村宗雄、中村英郎:《诉讼法学方法论——中村民事诉讼理论精要》,陈刚、段文波译,中国法制出版社 2009 年版。

688. [日]中村英郎:《我与民事诉讼法研究》,载[日]中村宗雄、中村英郎:《诉讼法学方法论——中村民事诉讼理论精要》,陈刚、段文波译,中国法制出版社 2009 年版。

689. [日]中村宗雄:《我的裁判理论》,载[日]中村宗雄、中村英郎:《诉讼法学方法论——中村民事诉讼理论精要》,陈刚、段文波译,中国法制出版社 2009 年版。

三、德文资料

1. Hendrik Albrecht, Die Streitsache im deutschen und englischen Zivilverfahren, 2013.

2. Robert Alexy, Die logische Analyse juristischer Entscheidungen, in Robert Alexy/Hans-Joachim Koch/Lothar Kuhlen/Helmut Rüßmann, Elemente einer juristischen Begründungslehre, 2003, S. 9 ff.

3. Robert Alexy, Rechtsregeln und Rechtsprinzipien, in Robert Alexy/Hans-Joachim

Koch/Lothar Kuhlen/Helmut Rüßmann, Elemente einer juristischen Begründungslehre, 2003, S. 217 ff.

4. Robert Alexy, Theorie der juristischen Argumentation, 5. Aufl., 2006.

5. Christoph Althammer, Streitgegenstand und Interesse, 2012.

6. Monika Anders/Burkhard Gehle, Antrag und Entscheidung im Zivilprozess, 3. Aufl., 2000.

7. Christian Balzer, Schlanke Entscheidungen im Zivilprozeß, NJW 48 (1995), S. 2448 ff.

8. Christian Balzer/Bianca Walther, Beweisaufnahme und Beweiswürdigung im Zivilprozess, 4. Aufl., 2018.

9. Christian Balzer/Bianca Walther, Das Urteil im Zivilprozess, 3. Aufl., 2018.

10. Gottfried Baumgärtel, Besprechung von Fritz Baur, Studien zum einstweiligen Rechtsschutz, AcP 168 (1968), S. 401 ff.

11. Gottfried Baumgärtel, Zur Lehre vom Streitgegenstand, JuS 14 (1974), S. 69 ff.

12. Gottfried Baumgärtel/Hans-Willi Laumen/Hanns Prütting, Handbuch der Beweislast: Grundlagen, 4. Aufl., 2019.

13. Gottfried Baumgärtel/Hans-Willi Laumen/Hanns Prütting, Handbuch der Beweislast: § § 1 – 811 BGB, 4. Aufl., 2019.

14. Gottfried Baumgärtel/Hans-Willi Laumen/Hanns Prütting, Handbuch der Beweislast: § § 812 – 2385 BGB, 4. Aufl., 2019.

15. Ernst Becht/Simon Markus Beck, Zivilprozessrecht im Assessorexamen, 3. Aufl., 2010.

16. Wolfgang Bernhardt, Die Aufklärung des Sachverhalts im Ziviprozeß, in FS Leo Rosenberg, 1949, S. 1 ff.

17. Hans Helmut Bischof, Der Zivilprozeß nach der Vereinfachungsnovelle, 1980.

18. Reinhard Bork, Allgemeiner Teil des Bürgerlichen Gesetzbuchs, 3. Aufl., 2011.

19. Reinhard Bork, Der Vergleich, 1988.

20. Wolfgang Brehm, Rechtsfortbildungszweck des Zivilprozesses, in FS Schumann, 2001, S. 57 ff.

21. Ulrich Büdenbender, Die Analyse höchstrichterlicher Entscheidungen, JA 45 (2013), S. 161 ff.

22. Bundesministerium der Justiz Hrsg., Bericht der Kommission für das Zivilprozeßrecht, 1977.

23. Wolfgang Büscher, Klagehäufung im gewerblichen Rechtsschutz – alternativ, kumulativ, eventuell?, GRUR 114 (2012), S. 16 ff.

24. Franz Bydlinski, Juristische Methodenlehre und Rechtsbegriff, 2. Aufl., 2011.

25. Claus – Wilhelm Canaris, Die Feststellung von Lücken im Gesetz, 2. Aufl., 1983.

26. Ralph Christensen/Michael Sokolowski, Die Krise der Kommunikation und die Möglichkeit juristischen Argumentierens, in Kent D. Lerch Hrsg., Die Sprache des Rechts, Band 2: Recht verhandeln : Argumentieren, Begründen und Entscheiden im Diskurs des Rechts, 2005, S. 105 ff.

27. Thomas Drosdeck, Die herrschende Meinung – Autorität als Rechtsquelle, 1989.

28. Karl Engisch, Einführung in das juristische Denken, 10. Aufl., 2005.

29. Karl Engisch, Logische Studien zur Gesetzesanwendung, 3. Aufl., 1963.

30. Wolfgang Fikentscher, Methoden des Rechts in vergleichender Darstellung, Band Ⅳ, 1977.

31. Wolfgang Fikentscher, Methoden des Rechts in vergleichender Darstellung, Band Ⅲ, 1976.

32. Christian Fischer, Topoi verdeckter Rechtsfortbildungen im Zivilrecht, 2007.

33. Frank Fischer, Der Tatbestand im Zivilurteil unter besonderer Berücksichtigung der Bezugnahmen, JuS 45 (2005), S. 904 ff.

34. Werner Flume, Allgemeiner Teil des Bürgerlichen Rechts: Das Rechtsgeschäft, 4. Aufl., 1992.

35. Ulrich Foerste, Zur Rechtskraft in Ausgleichszusammenhängen, ZZP 108 (1995), S. 167 ff.

36. Georg Furtner, Das Urteil im Zivilprozeß, 4. Aufl., 1978.

37. Wolfgang Gast, Juristische Rhetorik, 4. Aufl., 2006.

38. Apostolos S. Georgiades, Die Anspruchskonkurrenz im Zivilrecht und Zivilprozeßrecht, 1967.

39. Peter Gottwald, Die Begründung von Gerichtsentscheidungen in Deutschland—aus Sicht der Praxis und der Wissenschaft, in Lubosš Tichy/Pavel Holländer/Alexander Bruns Hrsg., Begründung von Gerichtsentscheidungen, 2011, S. 127 ff.

40. Peter Gottwald, Die Revisionsinstanz als Tatsacheninstanz, 1975.

41. Peter Gottwald, Die Stellung des Sachverständigen und seines Gutachtens im deutschen Zivilprozess, Ritsumeikan Law Review 36 (2018), S. 121 ff.

42. Peter Gottwald, Streitgegenstandslehre und Sinnzusammenhänge, in Peter Gottwald/

Reinhard Greger/Hanns Prütting Hrsg., Dogmatische Grundfragen des Zivilprozesses im geeinten Europa: Akademisches Symposium zu Ehren von Karl Heinz Schwab aus Anlass seines 80. Geburtstages, 2000, S. 85 ff.

43. Wolfgang Grunsky, Grundlagen des Verfahrensrechts, 2. Aufl., 1974.

44. Walther J. Habscheid, Der Streitgegenstand im Zivilprozess und im Streitverfahren der Freiwilligen Gerichtsbarkeit, 1956.

45. Walther J. Habscheid, Die neuere Entwicklung der Lehre vom Streitgegenstand im Zivilprozeß, in FS Karl Heinz Schwab, 1990, S. 191 ff.

46. Fritjof Haft, Juristische Rhetorik, 7. Aufl., 2007.

47. Carl Hahn, Die gesammten Materialien zur Civilprozessordnung, 1. Aufl., 1880.

48. Dietmar Hainmüller, Der Anscheinsbeweis und die Fahrlässigkeitstat im heutigen deutschen Schadensersatzprozess, 1966.

49. Oskar Hartwieg, Tatsachen-und Normarbeit im Rechtsvergleich, 2003.

50. Oskar Hartwieg/Hans Albrecht Hesse, Die Entscheidung im Zivilprozess, 1981.

51. Christian Heinrich, Die Beweislast bei Rechtsgeschäften, 1996.

52. Konrad Hellwig, System des deutschen Zivilprozeßrechts (Band 1), 1912.

53. Wolfram Henckel, Prozessrecht und materielles Recht, 1970.

54. Horst – Eberhard Henke, Die Tatfrage: der unbestimmte Begriff im Zivilrecht und seine Revisibilität, 1966.

55. Christian Hofmann, Schadensverteilung bei Missbrauch der ec – Karte – Zugleich Besprechung des Urteils des BGH vom 5. Oktober 2004 = WM 2004, 2309, WM 59 (2005).

56. Norbert Höhne, Vom Sandwichdiagramm zur Struktur einer selektiven Dokumentation—Die Tatbestandsfassung im Zivilurteil, JA 37 (2005).

57. Michael Huber, Das Strafurteil, 2. Aufl., 2004.

58. Michael Huber, Das Zivilurteil, 2. Aufl., 2003.

59. Michael Huber, Modernisierung der Justiz? Anmerkungen zu dem die ZPO betreffenden Teil des beabsichtigten Justizmodernisierungsgesetzes, ZPR 36 (2003).

60. Matthias Jacobs, Der Gegenstand des Feststellungsverfahrens, 2005.

61. Nils Jansen/Reinhard Zimmermann, Vertragsschluss und Irrtum im europäischen Vertragsrecht, AcP 210 (2010).

62. Othmar Jauernig/Burkhard Hess, Zivilprozessrecht, 30. Aufl., 2011.

63. Carsten Jungmann, Der »Anscheinsbeweis ohne ersten Anschein«, ZZP 120

(2007).

64. Torsten Kaiser/Horst Kaiser/Jan Kaiser, Materielles Zivilrecht im Assessorexamen, 9. Aufl., 2018.

65. Arthur Kaufmann, Das Verfahren der Rechtsgewinnung, 1999.

66. Arthur Kaufmann, Problemgeschichte der Rechtsphilosophie, in Arthur Kaufmann/ Winfried Hassemer/Ulfrid Neumann Hrsg., Einführung in die Rechtsphilosophie und Rechtstheorie der Gegenwart, 8. Aufl., 2011.

67. Dieter Philipp Klass, Reformansätze im zivilrechtlichen Persönlichkeitsschutz unter besonderer Berücksichtigung der persönlichkeitsrechtlichen Feststellungsklage, 1998.

68. Ulrich Klug, Juristische Logik, 4. Aufl., 1982.

69. Dieter Knöringer, Die Assessorklausur im Zivilprozess, 15. Aufl., 2014.

70. Dieter Knöringer, Die Assessorklausur im Zivilprozess, 17. Aufl., 2018.

71. Gerhard Köbler, Wie werde ich Jurist?, 5. Aufl., 2007.

72. Hans-Joachim Koch, Deduktive Entscheidungsbegründung, in Robert Alexy/Hans-Joachim Koch/Lothar Kuhlen/Helmut Rüßmann, Elemente einer juristischen Begründungslehre, 2003, S. 37 ff.

73. Hans-Joachim Koch/Helmut Rüßmann, Juristische Begründungslehre, 1982.

74. Helmut Kollhosser, Anscheinbeweis und freie richterliche Beweiswürdigung, AcP 165 (1965), S. 46 ff.

75. Ernst A. Kramer, Juristische Methodenlehre, 3. Aufl., 2010.

76. Martin Kriele, Theorie der Rechtsgewinnung, 2. Aufl., 1976.

77. Karl Larenz, Methodenlehre der Rechtswissenschaft, 6. Aufl., 1991.

78. Karl Larenz/Jörg Neuner, Allgemeiner Teil des Bürgerlichen Rechts, 11. Aufl., 2016.

79. Dieter Leipold, Beweislastregeln und gesetzliche Vermutungen, 1966.

80. Friedrich Lent, Die Gesetzeskonkurrenz im bürgerlichen Recht und Zivilprozeß (Band 2), 1916.

81. Friedrich Lent, Zivilprozessrecht, 9. Aufl., 1959.

82. Jörg Lücke, Begründungszwang und Verfassung, 1987.

83. Philippe Mastronardi, Juristisches Denken, 2. Aufl., 2003.

84. Dieter Medicus, Allgemeiner Teil des BGB, 10. Aufl., 2010.

85. Dieter Medicus/Jens Peterson, Bürgerliches Recht, 27. Aufl., 2019.

86. Dieter Medicus/Jens Peterson, Grundwissen zum Bürgerlichen Recht, 9. Aufl.,

2011.

87. Caroline Meller – Hannich, Die Rolle des Sachverständigen im deutschen Zivilprozess, ZZP 129 (2016), S. 263 ff.

88. Albrecht Mendelssohn Bartholdy, Grenzen der Rechtskraft, 1900.

89. Thomas M. J. Möllers, Juristische Arbeitstechnik und wissenschaftliches Arbeiten, 5. Aufl., 2010.

90. Arne Pilniok, "h. M." ist kein Argument, JuS 49 (2009), S. 394 ff.

91. Hans – Joachim Musielak, Die Grundlagen der Beweislast im Zivilprozess, 1975.

92. Hans – Joachim Musielak/Wolfgang Voit, Grundkurs ZPO, 13. Aufl., 2016.

93. Muneo Nakamura, Meine Theorie zur Lehre der Entscheidung, 1970.

94. Hideo Nakamura, Die Institution und Dogmatik des Zivilprozesses – eine Betrachtung vom Standpunkt des Rechtskreises aus, ZZP 99 (1986), S. 1 ff.

95. Ulfrid Neumann, Juristische Logik, in Arthur Kaufmann/Winfried Hassemer/Ulfrid Neumann Hrsg, Einführung in die Rechtsphilosophie und Rechtstheorie der Gegenwart, 8. Aufl., 2011, S. 298 ff.

96. Ulfrid Neumann, Theorie der juristischen Argumentation, in Arthur Kaufmann/Winfried Hassemer/Ulfrid Neumann Hrsg., Einführung in die Rechtsphilosophie und Rechtstheorie der Gegenwart, 8. Aufl., 2011, S. 333 fff.

97. Egbert Peters, Zur Rechtskraftlehre Zeuners, ZZP 76 (1963), S. 229 ff.

98. Walther Pielke, Verweisungen im Tatbestand eines zivilgerichtlichen Urteils, JA 38 (2006), S. 202 ff.

99. Hanns Prütting, Die Zulassung der Revision, 1977.

100. Hanns Prütting, Gegenwartsprobleme der Beweislast, 1983.

101. Eckart Ratschow, Rechtswissenschaft und Formale Logik, 1998.

102. Bruno Rimmelspacher, Materiellrechtlicher Anspruch und Streitgegenstandsprobleme im Zivilprozess, 1970.

103. Jürgen Rödig, Die Theorie des gerichtlichen Erkenntnisverfahrens, 1973.

104. Oliver Rommé, Der Anscheinsbeweis im Gefüge von Beweiswürdigung, Beweismaß und Beweislast, 1989.

105. Leo Rosenberg, Die Beweislast, 5. Aufl., 1965.

106. Leo Rosenberg, Lehrbuch des deutschen Zivilprozessrechts, 2. Aufl., 1929.

107. Leo Rosenberg/Karl Heinz Schwab, Zivilprozessrecht, 14. Aufl., 1986.

108. Leo Rosenberg/Karl Heinz Schwab/Peter Gottwald, Zivilprozessrecht, 18. Aufl.,

2018.

109. Hannes Rösler, Präjudizienwirkungen im deutschen Zivilprozessrecht, ZZP 126 (2013), S. 295 ff.

110. Herbert Roth, Materielle Rechtskraft und rechtliche Qualifikation, ZZP 124 (2011), S. 3 ff.

111. Helmut Rüßmann, Normtatsachen – Ein vorläufiger Überblick, in Robert Alexy/Hans-Joachim Koch/Lothar Kuhlen/Helmut Rüßmann, Elemente einer juristischen Begründungslehre, 2003, S. 357 ff.

112. Helmut Rüßmann, Die Streitgegenstandslehre und die Rechtsprechung des EuGH – nationales Recht unter gemeineuropäischem Einfluß?, ZZP 111 (1998), S. 399 ff.

113. Keizo Sakamoto(坂本恵三), Rechtskräftige Entscheidung und Nachforderung in Unterhalts – und Schadensersatzsachen in Japan, 1990.

114. Haimo Schack, Internationales Zivilverfahrensrecht, 7. Aufl., 2017.

115. Jan Schapp, Das Zivilrecht als Anspruchssystem, JuS 32 (1992), S. 537 ff.

116. Eberhard Schilken, Gerichtsverfassungsrecht, 4. Aufl., 2007.

117. Hans Schlosser, Neuere Europäische Rechtsgeschichte, 2012.

118. Egon Schneider, Beweis und Beweiswürdigung, 5. Aufl., 1994.

119. Egon Schneider, Die Klage im Zivilprozess, 3. Aufl., 2007.

120. Egon Schneider/Friedrich E. Schnapp, Logik für Juristen, 6. Aufl., 2006.

121. Winfried Schuschke/Martin Kessen/Björn Höltje, Zivilrechtliche Arbeitstechnik im Assessorexamen, 35. Aufl., 2013.

122. Karl Heinz Schwab, Der Streitgegenstand im Zivilprozess, 1954.

123. Karl Heinz Schwab, Die Bedeutung der Entscheidungsgründe, in FS Eduard Bötticher, 1969, S. 321 ff.

124. Karl Heinz Schwab, Zur Abkehr moderner Beweislastlehren von der Normentheorie, FS Bruns, 1978, S. 505 ff.

125. Erich Schwinge, Grundlagen des Revisionsrechts, 2. Aufl., 1960.

126. Peter Siegburg, Zum Tatbestand des erstinstanzlichen Urteils im Bauprozess, ZfBR 25 (2002), S. 635 ff.

127. Fabian Stein, Der Streitgegenstand im Zivilprozess, JuS 56 (2016), S. 122 ff.

128. Hartmut Strube, Richter und Technik, Anmerkung zu BGH XI ZR 210/03 v. 5. 10. 2004, BKR 4 (2004), S. 493 ff.

129. Rolf Stürner, Der deutsche Prozeßrechtslehrer am Ende des 20. Jahrhunderts, in FS

Gerhard Lüke, 1997, S. 829 ff.

130. Rolf Stürner, Parteidisposition über Anfang, Gegenstand und Umfang des Verfahrens in wichtigen europäischen Prozessordnungen, in FS Andreas Heldrich, 2005, S. 1061 ff.

131. Rolf Stürner, Rechtskraft in Europa, in FS Rolf A. Schütze, 1999, S. 913 ff.

132. Rolf Stürner/Christoph Kern, Comparative Civil Procedure Law – Fundamentals and Recent Trends, in GS Konuralp, Band 1,2009, S. 997 ff.

133. Jochen Taupitz, Prozessuale Folgen der »vorzeitigen« Vernichtung von Krankenunterlagen, ZZP 100 (1987), S. 287 ff.

134. Bernadette Tuschak, Die herrschende Meinung als Indikator europäischer Rechtskultur, 2009.

135. Hannes Unberath, Der Zweck der Rechtsmittel nach der ZPO – Reform – Theorie und Praxis, ZZP, 120 (2007), S. 323 ff.

136. Markus van den Hövel, Die Tenorierung im Zivilurteil, 5. Aufl., 2010.

137. Gregor Vollkommer, Bindungswirkung des rechtskräftigen Strafurteils im nachfolgenden Schadensersatzprozess des Geschädigten, ZIP 25 (2003), S. 2061 ff.

138. Adolf Wach, Vorträge über die Reichs – Civilprocessordnung, 2. Aufl., 1896.

139. Gerhard Wagner, Prozessverträge: Privatautonomie im Verfahrensrecht, 1998.

140. Wolf – Dietrich Walker, Die Streitgegenstandslehre und die Rechtsprechung des EuGH – nationales Recht unter gemeineuropäischem Einfluß?, ZZP 111 (1998), S. 429 ff.

141. Peng – Hsiang Wang (王鹏翔), Defeasibility in der juristischen Begründung, 2004.

142. Uwe Wesel, Fast alles, Was Recht ist, 8. Aufl., 2007.

143. Georg Wildhagen, Der bürgerliche Rechtsstreit, 1912.

144. Albrecht Zeuner, Die objektiven Grenzen der Rechtskraft im Rahmen rechtlicher Sinnzusammenhänge, 1959.

145. Albrecht Zeuner, Rechtsvergleichende Bemerkungen zur objektiven Begrenzung der Rechtskraft im Zivilprozeß, in FS Konrad Zweigert, 1981, S. 603 ff.

146. Albrecht Zeuner, Zum Verhältnis zwischen internationaler Rechtshängigkeit nach Art. 21 EuGVÜ und Rechtshängigkeit nach den Regeln der ZPO, in FS Gerhard Lüke, 1997, S. 1003 ff.

147. Walter Zimmermann, Klage, Gutachten und Urteil, 21. Aufl., 2019.

148. Reinhold Zippelius, Juristische Methodenlehre, 11. Aufl., 2012.

149. Konrad Zweigert/Hein Kötz, Einführung in die Rechtsvergleichung, 3. Aufl.,

1996.

150. Bearbeiter, in:Alternativkommentar zur Zivilprozeßordnung, 1987.

151. Adolf Baumbach/Wolfgang Lauterbach/Peter Hartmann/Monika Anders/Burkhard Gehle/Bearbeiter, ZPO, 78. Aufl., 2020.

152. Adolf Baumbach/Wolfgang Lauterbach/Jan Albers/Peter Hartmann, ZPO, 77. Aufl., 2019.

153. Otto Rudolf Kissel/Herbert Mayer, Gerichtsverfassungsgesetz, 9. Aufl., 2018.

154. Bearbeiter, in: Münchener Kommentar BGB, 8. Aulf.

Band 1: 2018, §§ 1-240;

Band 2: 2019, §§ 241-310 BGB;

Band 4: 2019, §§ 433-534 BGB;

Band 8: 2020, §§ 854-1296 BGB.

155. Bearbeiter, in: Münchener Kommentar HGB, Band 1: §§ 1-104a, 5. Aufl., 2021.

156. Bearbeiter, in: Münchener Kommentar ZPO, 6. Aufl., 2020.

Band 1:Einleitung, §§ 1-354 ZPO;

Band 2: §§ 355-945b ZPO.

157. Bearbeiter, in: Münchener Kommentar ZPO, Band 3: §§ 946-1117 ZPO, EGZPO, GVG, EGGVG, UKlaG, Internationales und Europäisches Zivilprozessrecht, 5. Aufl., 2017.

158. Musielak/Voit/Bearbeiter, Kommentar zur ZPO, 18. Aufl., 2021.

159. Bearbeiter, in: Palandt, Bürgerliches Gesetzbuch, 79. Aufl., 2020.

160. Ingo Saenger Hrsg., ZPO, Handkommentar, 8. Aufl., 2019.

161. Bearbeiter, in: Staudinger, Kommentar zum Bürgerlichen Gesetzbuch, 2019, §§241-243; §§ 889-902.

162. Bearbeiter, in: Stein/Jonas, ZPO, 23. Aufl.

Band 1: 2014, §§ 1-77;

Band 2: 2016, §§ 78-147;

Band 3: 2016, §§ 148-270;

Band 4: 2018, §§ 271-327;

Band 5: 2015, §§ 328-510c.

163. Bearbeiter, in: Stein/Jonas, ZPO, 22. Aufl.

Band 4: 2008, §§ 253-327;

Band 6：2013，§ § 511 –703d.

164. Bearbeiter，in：Stein/Jonas，ZPO，Band 5/1，21. Aufl.，1994，§ § 511 –591.

165. Bearbeiter，in：Thomas/Putzo，ZPO，40. Aufl.，2019.

166. Bearbeiter，in：Wieczorek/Schütze，ZPO，4. Aufl.

Band 4：2013，§ § 253 –299a；

Band 6：2014，§ § 355 –510c.

167. Bearbeiter，in：Wieczorek/Schütze，ZPO，Band Ⅲ 1，3. Aufl.，2005，§ § 542 –591.

168. Bearbeiter，in：Zöller，ZPO，33. Aufl.，2020.

四、英文资料

1. Terence Anderson，David Schum & William Twining，*Analysis of Evidence*，Cambridge University Press，2005.

2. Neil Andrews，*Andrews on Civil Procedure*，Intersentia，2019.

3. Lee Applebaum，*The Steady Growth of Business Courts*，in Carol R. Flango，Amy M. McDowell，Charles F. Campbell & Neal B. Kauder eds.，Future Trends in State Courts 2011，National Center for State Courts，2011.

4. Dame Mary Arden，*Judgment Writing*，*Are Shorter Judgments Achievable*?，128 Law Quarterly Review 515（2012）.

5. William Blair，*The New Litigation Landscape*：*International Commercial Courts and Procedural Innovations*，9 International Journal of Procedural Law 212（2019）.

6. Kenneth S. Broun et al.，*McCormick on Evidence*，Thomas/West，2006.

7. Oscar G. Chase，Helen Hershkoff，Linda Silberman，John Sorabji，Rolf Stürner，Yasuhei Taniguchi & Vincenzo Varano，*Civil Litigation in Comparative Context*，West Academic Publishing，2017.

8. Kevin M. Clermont，*Standards of Proof Revisited*，33 Vermont Law Review 469（2009）.

9. Kevin M. Clermont & Emily Sherwin，*A Comparative View of Standards of Proof*，50 American Journal of Comparative Law 243（2002）.

10. Ross Cranston，*Complex Litigation*：*the Commercial Court*，26 Civil Justice Quarterly 190（2007）.

11. Mirjan R. Damaska，*Evidence Law Adrift*，Yale University，1997.

12. Christopher R. Drahozal，*Business Courts and the Future of Arbitration*，10 Cardozo

Journal of Conflict Resolution 491 (2009).

13. Rochelle C. Dreyfuss, *Forums of the Future: The Role of Specialized Courts in Resolving Business Disputes*, 61 Brooklyn Law Review 1 (1995).

14. Ronald Dworkin, *Taking Rights Seriously*, Harvard University Press, 1977.

15. Jonah B. Gelbach, *Locking the Doors to Discovery? Assessing the Effects of Twombly and Iqbal on Access to Discovery*, 121 Yale Law Journal 2270 (2012).

16. Peter Gottwald, *Comparative Civil Procedure*, 22 Ritsumeikan Law Review 23 (2005).

17. Jean L. Goutal, *Characteristics of Judicial Style in France, Britain and the U. S. A.*, 24 American Journal of Comparative Law 43 (1976).

18. Hock L. Ho, *The Judicial Duty to Give Reasons*, 20 Legal Studies 42 (2000).

19. Fleming James, Geoffrey C. Hazard & John Lubsdorf, *Civil Procedure*, Foundation Press, 2001.

20. J. A. Jolowicz, *On Civil Procedure*, Cambridge University Press, 2000.

21. Marta Requejo Isidro, *International Commercial Courts in the Litigation Market*, 9 International Journal of Procedural Law 4 (2019).

22. Louis Kaplow, *Burden of Proof*, 121 Yale Law Journal 738 (2012).

23. Amalia D. Kessler, *A Revolution in Commerce*, Yale University Press, 2007.

24. Eric J. Konopka, *Hey, That's Cheating! The Misuse of the Irreparable Injury Rule as a Shortcut to Preclude Unjust - Enrichment Claims*, 114 Columbia Law Review 2045 (2014).

25. William M. Landes & Richard A. Posner, *Adjudication as a Private Good*, 8 The Journal of Legal Studies 235 (1979).

26. Douglas Laylock, *The Death of the Irreparable Injury Rule*, 103 Harvard Law Review 687 (1990).

27. Hodge M. Malek, Jonathan Auburn & Roderick Bagshaw, *Phipson on Evidence*, Sweet & Maxwell Ltd., 2010.

28. Colm P. McGrath & Helmut Koziol, *Is Style of Reasoning a Fundamental Difference Between the Common Law and the Civil Law?*, 78 Rabels Zeitschrift für ausländisches und internationales Privatrecht 709 (2014).

29. Carl F. Minzner, *China's Turn Against Law*, 59 American Journal of Comparative Law 935 (2011).

30. Edmund M. Morgan, *Some Problems of Proof under the Anglo - American System*

of Litigation, Columbia University Press, 1956.

31. Hiroshi Motomura, *Using Judgements as Evidence*, 70 Minnesota Law Review 979 (1986).

32. Christopher B. Mueller, Laird C. Kirkpatrick & Liesa L. Richter, *Evidence*, Wolters Kluwer, 2018.

33. Henry S. Noyes, *If you (Re) Build it, They Will Come: Contracts to Remake the Rules of Litigation in Arbitration's Image*, 30 Harvard Journal of Law & Public Policy 579 (2007).

34. Note, *A History and Interpretation of Rule* 60(*a*) *of the Federal Rules of Civil Procedure*, 42 Drake Law Review 461 (1993).

35. Solomon E. Salako, *The Hearsay Rule and the Civil Evidence Act* 1995: *Where Are We Now?*, 19 Civil Justice Quarterly 371 (2000).

36. Guy I. Seidman, *The New Comparative Civil Procedure*, in Colin Picker and Guy I. Seidman eds., The Dynamism of Civil Procedure - Global Trends and Developments, Springer, 2016, p. 19-44.

37. John Sorabji, *English Civil Justice after the Woolf and Jackson Reforms*, Cambridge University Press, 2014.

38. Eva Steiner, *French Law: A Comparative Approach*, Oxford University Press, 2010.

39. Jeffrey W. Stempel, *A More Complete Look at Complexity*, 40 Arizona Law Review 781 (1998).

40. Thomas Stipanowich & Veronique Fraser, *The International Task Force on Mixed Mode Dispute Resolution: Exploring the Interplay between Mediation, Evaluation and Arbitration in Commercial Cases*, 40 Fordham International Law Journal 839 (2017).

41. Colin Tapper, *Cross & Tapper on Evidence*, Oxford University Press, 2007.

42. Michele Taruffo, *Rethinking the Standards of Proof*, 51 American Journal of Comparative Law 659 (2003).

43. James B. Thayer, *A Preliminary Treatise on Evidence at the Common Law*, Little, Brown and Company, 1898.

44. William Twining, *Rethinking Evidence*, Cambridge University Press, 2006.

45. Geoffrey Vos ed., *The White Book Service 2019: Civil Procedure*, Sweet & Maxwell, 2019 (westlaw).

46. John Henry Wigmore, *A Treatise on the Anglo - American System of Evidence in*

Trials at Common Law, Little, Brown and Company, 1940.

47. Charles Alan Wright & Mary Kay Kane, *Law of Federal Courts*, Thomson Reuters, 2011.

48. Charles Alan Wright & Arthur R. Miller, *Federal Practice & Procedure*, 2020 (westlaw).

49. Stephen C. Yeazell & Joanna C. Schwartz, *Civil Procedure*, Wolters Kluwer, 2019.

50. Adrian A. S. Zuckerman, *Zuckerman on Civil Procedure: Principles of Practice*, Sweet & Maxwell, 2013.

五、日文资料

1. 新堂幸司『民事訴訟法』(弘文堂,2019 年)。

2. 三木浩一 = 笠井正俊 = 垣内秀介 = 菱田雄郷『民事訴訟法』(有斐閣,2018 年)。

3. 伊藤眞『民事訴訟法』(有斐閣,2016 年)。

4. 松本博之 = 上野泰男『民事訴訟法』(弘文堂,2015 年)。

5. 川嶋四郎『民事訴訟法』(日本評論社,2013 年)。

6. 上田徹一郎『民事訴訟法』(法学書院,2011 年)。

博士论文后记

离上一次写论文后记已有四年的时间，在北京大学做学生也快有十年了。硕士论文后记中提及的“志业”和“风景”现今看来仍不过时，这次就谈些别的吧。

如今漂泊在德国拜仁，心里总要同时惦记着有七个小时时差的两块土地上发生的事情。无论算不算上裹挟着大量信息片段的新近网络媒体，视野算是开阔了，对很多事情和事物也都有了初步的陋见。回想刚走进中关村北边那片校园时的自己，时间确实带来了很多变化。同样对知识如饥似渴，但是关注的面儿变窄了，脑子里也有了许多条条框框。看着别人发表的高论，心里就开始犯嘀咕：按照他自己的逻辑是不是有道理，成不成体系？结合问题的既有讨论背景是不是有依据，是否回应了相关的既有观点？与我对相关问题的之前思考比较，到底哪个听起来更靠谱？拿到中国实践当中去，会不会只是阳春白雪或者暗藏着利益集团的巨大利益？拓展到世界的范围，从其他国家历史上的做法和当今普遍的潮流中能否找到更多的启发？这可不止于学术和专业的问题。于是，话痨的毛病在家里越来越严重，即使不唠叨，脑子里也停不下。

这些变化始于十年前，但是在最近四年里尤其剧烈。我想，这应该是个值得庆幸的现象，是个值得继续坚持的方向。除了自己的因素外，需要感谢很多人在我的变化中留下的痕迹。首先是我的家人。我的父母，曹佩华先生和陈玉玲女士。养育之恩与对我不成熟思想的容忍、提醒和辩驳，同样无以为报。如今我在海外生活，但我们的精神却时刻保持联系。这份生命体验是你们给我最好的礼物，也是我陪伴你们最好的机会。感谢若微在德国的陪伴，除了忍受和被迫参与清谈之外，我落下的每一个字都曾被你的目光停驻，饱含力量。

在这四年的博士生活中，感谢导师傅郁林老师，感谢您对我七年来的引领、指导、爱护和鞭策，让我从懵懂青年一步步走向成熟。如果说言传身教是前三年的主基调，那么后四年中您的培养则更侧重于提携、启发和辩论。无论是我这些年来所完成的初步研究还是博士论文写作各个阶段的突破，每一个关键时刻都有您的身影相伴。这份算不上成熟的博士论文，既是对研究方向的探索，也是这段师生缘的印迹。同样需要感谢的还有诉讼法专业的四位先生：感谢你们对学生的指导，让我的学习、研究和论文能够坚持在正确的轨道上，进一步追求完善；感谢你们的关爱和包容，让我能够兼顾两边的学业。还要感谢各位师兄、师姐、师弟、师妹和友人，无论是民诉师门内外、北大内外还是海内外，我记忆中的各种片段中都留有你们的参与。

在历时两年多的博士论文写作中，则需要提及一些特别的感谢。除了几位先生在博士论文的各个阶段提出了非常有帮助的修改建议外，还要感谢李曼师妹、哲玮师兄、卢佩师姐通读了全文并提出了详细的修改建议。贺剑博士阅读了多个章节，张扬律师阅读了第六章的初稿并从不同的角度提出意见。国家留学基金委为我在德国的深造提供了充分的研究资助，德国雷根斯堡大学的导师彼得·哥特瓦尔德(Peter Gottwald)教授为我提供了优良的研究环境，感谢你们对学术后辈的栽培。雷根斯堡大学法学院图书馆也成为我这两年多来待的时间最长的地方，左手边落地窗外四季的变换，见证着这篇博士论文由薄到厚的过程。此外，还要感谢武汉的杨凯老师为我博士一年级时三个月的实习调研提供了诸多便利，使我能够感性地理解、体谅我国司法和法官的现实处境。

寥寥千字，对师友而言自然不成敬意，对自己则权当是一个阶段结束的标志吧。与四年前的结语一样，言未尽，心已远。万千事，需躬行。

2014 年 3 月 5 日下午
于雷根斯堡大学法学院图书馆

后　记

时光如梭，自完成博士论文已经有六年的时间，其间正式入职上海交通大学凯原法学院从事博士后研究工作，两年期满回到北京大学法学院民事诉讼法学专业，正式开启教师生涯。本书关注的研究主题，源于2010年夏天与导师傅郁林教授商量的博士论文选题，至今更有十年光景。除了博士论文后记已经记录的内容，犹如本书的实质内容一样，也有一些需要增补的地方。

本书的内容，主要建立在博士论文开启的研究的基础之上，大概覆盖其中2/3的主题。除了提交博士论文时已经发表或者基本完成的部分外，其他各章大多是博士论文中各章下面的节或者段扩张而成的，由原来留下的楔子逐渐发展成一出相对独立的“折子戏”。博士毕业之后五年的研究工作，也可以被概括为“按图索骥”，大致循着研究方向和知识路线图，聚焦于民事一审裁判技术总论与其中常常争议最大的事实认定技术。而就余下的审判对象（诉讼标的问题）和程序性裁判技术（不限于立案裁判技术），也曾零散发表过一些中间性成果，未来也应当逐步填充这些留白之处。犹记得提交硕士论文时傅郁林教授曾说，“硕士论文你就要写十万字，博士论文还不得写一百万字”，也许还真被导师说中了。

正式从事教学工作之后，也发现教学相长绝非空谈。这不仅意味着选课同学的疑惑、追问与洞见促使授课教师不断查漏补缺，而且也使年轻研究者如履薄冰，沉下心来反复锤炼自己的知识体系与授课方式。特别是自2016年回到北京大学任教以来,刘哲玮师兄带着师弟一起开设了面向多类别同学的民事诉讼案例研习课程和面向本科生同学的民事诉讼法专题课程,我们也在教学与集体备课中习惯被追问和自我追问,重温学术初心与抱负。也许我们的课程只是各位同学在北京大学生活中稀松平常的51课时(虽然我知道同学们投入很多),但是对我们来说,责任的分量则远远超过若干份"10万+"的常规作业的厚度与无数备课直至深夜的键盘响声。正如博士论文完成时对诉讼法学专业导师组各位老师的感恩一样,在教学工作中也更深刻地感受到民事诉讼法学方向潘剑锋教授、傅郁林教授两位领路人对年轻人的期望、提携与要求、包容,他们也以不同方式鼓励我完成这本书的出版。

在本书的写作过程中,本人感谢诸多师友和北京大学的很多研究生同学(尤其是本人直接指导的陈亚莉、符怡然、白鸽、李逸梦、刘耕蒲、唐丽、许文韬、尹航、郑怡硕、彭雨溶、王宇、王越、袁梦迪、庄玥、马骁同学)的批评和建议,感谢李昕航、陈宗庆、康朔、陈英齐、张玉琢、廖树衡和马海棋诸位本科生同学出色的科研助手工作,感谢彭雨溶同学在调整中文脚注格式和刘耕蒲同学在整理中文参考文献中花费的精力。傅郁林教授和李曼博士也曾在博士论文的最初写作中,通读全书,甚至下笔修改词句,使本书多数部分中的表达更为妥当,这些内容多数也保留在本书中。在本书初稿完成之后,田朗亮师兄也曾通读全书并提出来自实务视角的批注。现在在我国台湾地区政治大学从教的刘明生教授对文中不少涉及法学专业与学术规范的内容提供了有益建议。我在德国的恩师彼得·哥特瓦尔德教授,通过在雷根斯堡对我十年来的指导(Begleitung/Betreuung/Belehrung),也在个人成长与学术观点形成方面对我产生了潜移默化的影响。其对观点的开放包容和对研究的严谨坚守,在很大程度上引导我对世界而非一国的视野关注,说服我对比较而非闭门的方法偏爱。上海交通大学凯原法学院的王福华教授,热情接纳我成为他指导的博士后研究人员,让我在获得了人生第一份工作合同的同时,有幸能够得到王老师的全程指导。北京大学的许德峰教授和张双根教授不嫌我愚钝,让我有机会成为他们的科研助手,在本科和硕士阶段一窥他们所从事的民商法学术研究的一角;葛云松教授和贺剑教授师徒,也同时在实体法和程序法上常常启发我重整并不清晰的研究思路。不必说,没有我的父亲曹佩华先生、母亲陈玉玲女士和夫人黄若微,就没有现在的我,自然也不会有呈现给读者的这本书。夫妻二人蹲守在德国慕尼黑市 Harras 地铁站旁不到三十平方米的开间中最后校对博士论文，在 Westpark 湖畔饭后散步时一倾听一唠叨、一吐槽一辩护，是美好的回忆，也是努力的动力。

同样需要感谢的是，本书各章内容以阶段性成果的形式，分别在《中国法学》《武汉大学学报（哲学社会科学版）》《法学》《现代法学》《比较法研究》《法治现代化研究》《中国社会科学报》《北方法学》《苏州大学学报（法学版）》《法学家》《法学研究》《国家检察官学院学报》有幸发表，同时感谢各位编辑老师的提携、鼓励以及在编辑过程中对我原有文字和认识的指点与指正。借此次出版成书的契机，我也更新了所有原来分别引用不同版本的德文、英文、日文和中文文献，适量增加了一些文章发表后的进展和原来因为篇幅所限删除的片段，并且做了万余处文字调整。由于本书中大部分章节的核心部分已经独立发表，而且多有意识地被覆盖在初步的整体理论框架之下，因而在行文中难免涉及在脚注中依一般学术规范自引、同时又在正文中以圆括号标注的方式，追求本书内部引致准确与充分的情形。对于一部分实务中裁判技术的描述，本书也没有为了标榜引注裁判的新鲜度，而刻意地将其更新到本书出版前的最后时刻。整体来看，从 2014 年博士论文答辩到现在确实发生很多变化，当时较新的材料现在已经成为大时代下的“巨流前浪”，曾经的讨论对象也因为规则变动、政策更迭和学术讨论的深入而时过境迁，本书尽可能在保留原有观察和写作思路与体现最新理论和实务发展之间寻求恰当的平衡。这当然不容易，笔者尽力而为。此外，感谢法律出版社青年法学学术著作出版基金的资助与赵明霞编辑老师的鼓励与指引，没有她们，本书也没有面世的机会。

新冠肺炎疫情仍在继续，在不遗忘、不拔高和实事求是之下，各做各的一份事去。

2020 年 5 月 22 日

2020 年 11 月 10 日

2021 年 5 月 26 日

2022 年 2 月 7 日

于北京大学法学院陈明楼